旅順博物館藏
新疆出土漢文
文獻

王振芬 孟憲實 榮新江 主編

總目索引 中

中華書局

THE CATALOGUE AND INDEX OF CHINESE TEXTS FROM XINJIANG IN THE LUSHUN MUSEUM

II

Edited by

Wang Zhenfen

Meng Xianshi

Rong Xinjiang

ZHONGHUA BOOK COMPANY

BEIJING

2020

經册二十

LM20-1469-01-01 《大般涅槃經》卷三二

北涼曇無讖譯，CBETA，T12，no.374，p.554，a2-6。此爲經卷引首部分及第一紙殘片，殘存有紅色絲帶裝幀，卷端竹製前軸，紙張粘接連續，有外題"大般涅槃經卷第卅二"。高昌郡時期。

LM20-1469-02-01 佛教經録

唐時期。

參：《旅博選粹》，190。

LM20-1469-02-02 《大般若波羅蜜多經》外題

唐玄奘譯。唐時期。

LM20-1469-02-03 《大般若經》卷一〇八外題

唐玄奘譯。唐時期。

參：《旅博選粹》，190。

LM20-1469-02-04 佛經外題

唐時期。

LM20-1469-02-05 佛教經録

唐時期。

參：《旅博選粹》，190；王振芬、孟彦弘 2017，184-185；榮新江 2019a，40。

LM20-1469-02-06 《一切經音義》卷八

唐玄應撰，CBETA，C56，no.1163，p.936，b6-7。唐時期。

參：趙洋 2018，35。

LM20-1469-02-07 佛典殘片

唐時期。

LM20-1469-02-08 《妙法蓮華經》卷二外題

姚秦鳩摩羅什譯。唐時期。

參：《旅博選粹》；100。

LM20-1469-02-09 《六度集經》外題

吳康僧會譯。唐時期。

參：《旅博選粹》，175。

LM20-1469-03-01　　殘片

有朱絲欄。唐時期。

參:《旅博選粹》, 190。

LM20-1469-03-02　　《佛説佛名經》卷六

元魏菩提流支譯, CBETA, T14, no.440, p.144, b20-21。唐時期。

LM20-1469-03-03　　佛經外題

唐時期。

LM20-1469-03-04　　佛典殘片

西州回鶻時期。

LM20-1469-03-05　　《佛説佛名經》

元魏菩提流支譯, CBETA, T14, no.440。與 LM20-1459-35-01《佛説佛名經》爲同一寫本,
據此定名。唐時期。

LM20-1469-03-06　　《象頭精舍經》外題

隋毗尼多流支譯。唐時期。

LM20-1469-03-07　　《佛説佛名經》卷八

元魏菩提流支譯, CBETA, T14, no.440, p.162, a19-21。唐時期。

LM20-1469-03-08　　佛典殘片

唐時期。

LM20-1469-03-09　　佛名經

唐時期。

LM20-1469-03-10　　《佛説佛名經》卷七

元魏菩提流支譯, CBETA, T14, no.440, p.149, c12-14。唐時期。

LM20-1469-04-01　　佛經外題

唐時期。

LM20-1469-04-02　　佛教經録

唐時期。

LM20-1469-04-03　　佛典殘片

唐時期。

LM20-1469-04-04　　佛經外題

唐時期。

LM20-1469-04-05　　佛經外題

唐時期。

LM20-1469-04-06　　《四分律藏》外題

姚秦佛陀耶舍、竺佛念等譯。唐時期。

參:《旅博選粹》,158。

LM20-1469-04-07 《大般涅槃經》經題

高昌國時期。

LM20-1469-04-08 《佛説佛名經》

譯者不詳,此段文字多處可見。唐時期。

LM20-1469-04-09 佛經外題

唐時期。

LM20-1469-04-10 《大智度論》經題

姚秦鳩摩羅什譯。唐時期。

LM20-1469-04-11 佛經外題

唐時期。

LM20-1469-04-12 《大智度論》卷五外題

姚秦鳩摩羅什譯。唐時期。

參:《旅博選粹》,143。

LM20-1469-04-13 佛教經録

唐時期。

LM20-1469-04-14 佛經外題

唐時期。

LM20-1469-05-01 佛經外題

唐時期。

LM20-1469-05-02 《大般若經》外題

西州回鶻時期。

參:橘堂晃一 2010,94。

LM20-1469-05-03 《佛説佛名經》卷七(十六卷本)

作者不詳。參《七寺經》3,374頁,679行。唐時期。

LM20-1469-05-04 《大般若經》外題

唐時期。

LM20-1469-05-05 《一切經音義》卷一

唐玄應撰,CBETA, C56, no.1163, p.821, c18–19。唐時期。

參:趙洋 2018,33–34。

LM20-1469-05-06 佛經外題

唐時期。

LM20-1469-05-07 《觀世音經讚》

題金剛菩薩撰,據 LM20-1506-C0871c+LM20-1506-C0032 首題定名,參 BD3351。唐

時期。

參：《旅博選粹》, 170；榮新江 2019a, 36；嚴世偉 2019, 306、333、339。

LM20-1469-05-08 《妙法蓮華經》經題

姚秦鳩摩羅什譯。高昌國時期。

LM20-1469-05-09 《大般涅槃經》外題

唐時期。

LM20-1469-05-10 佛經尾題

唐時期。

LM20-1469-05-11 佛經外題

唐時期。

LM20-1469-06-01a 《大方廣佛華嚴經》（五十卷本）

東晉佛陀跋陀羅譯, 此段文字多處可見。細字寫本。高昌國時期。

LM20-1469-06-01b 《大方廣佛華嚴經》卷一四（五十卷本）

東晉佛陀跋陀羅譯,《中華大藏經》第 12 册, 170c13-17；參 CBETA, T09, no.278, p.504, c29-p.505, a1。細字寫本。高昌國時期。

LM20-1469-06-01c 《大方廣佛華嚴經》卷一四（五十卷本）

東晉佛陀跋陀羅譯,《中華大藏經》第 12 册, 171a7-11；參 CBETA, T09, no.278, p.505, a15-22。細字寫本。高昌國時期。

LM20-1469-06-02 《大方廣佛華嚴經》卷一五（五十卷本）

東晉佛陀跋陀羅譯,《中華大藏經》第 12 册, 178c12-179a9；參 CBETA, T09, no.278, p.509, a26-b14。細字寫本。高昌國時期。

參：《旅博選粹》, 43。

LM20-1469-06-03a 《大方廣佛華嚴經》（五十卷本）

東晉佛陀跋陀羅譯, 此段文字多處可見。細字寫本。高昌國時期。

LM20-1469-06-03b 《大方廣佛華嚴經》（五十卷本）

東晉佛陀跋陀羅譯, 此段文字多處可見。細字寫本。高昌國時期。

LM20-1469-06-03c 《大方廣佛華嚴經》（五十卷本）

東晉佛陀跋陀羅譯, 此段文字多處可見。細字寫本。高昌國時期。

LM20-1469-06-03d 《大方廣佛華嚴經》（五十卷本）

東晉佛陀跋陀羅譯, 此段文字多處可見。細字寫本。高昌國時期。

LM20-1469-06-03e 《大方廣佛華嚴經》（五十卷本）

東晉佛陀跋陀羅譯, 此段文字多處可見。細字寫本。高昌國時期。

LM20-1469-06-04a 《大方廣佛華嚴經》卷一四（五十卷本）

東晉佛陀跋陀羅譯,《中華大藏經》第 12 册, 170c9-13；參 CBETA, T09, no.278, p.504, c24-p.505, a1。細字寫本。高昌國時期。

LM20-1469-06-04b **《大方廣佛華嚴經》卷一四（五十卷本）**

東晉佛陀跋陀羅譯，《中華大藏經》第 12 冊, 171b1-5; 參 CBETA, T09, no.278, p.505, b1-5。細字寫本。高昌國時期。

LM20-1469-06-05a **《大方廣佛華嚴經》（五十卷本）**

東晉佛陀跋陀羅譯，此段文字多處可見。細字寫本。高昌國時期。

LM20-1469-06-05b **《大方廣佛華嚴經》卷一四（五十卷本）**

東晉佛陀跋陀羅譯，《中華大藏經》第 12 冊, 173a9-15; 參 CBETA, T09, no.278, p.506, c4-10。細字寫本。左上角有貼附殘片，無法揭取。高昌國時期。

LM20-1469-06-06 **《大方廣佛華嚴經》卷一五（五十卷本）**

東晉佛陀跋陀羅譯，《中華大藏經》第 12 冊, 178b10-c10; 參 CBETA, T09, no.278, p.509, a5-24。細字寫本。高昌國時期。

參：《旅博選粹》, 43。

LM20-1469-06-07a **《大方廣佛華嚴經》卷一四（五十卷本）**

東晉佛陀跋陀羅譯，《中華大藏經》第 12 冊, 173c3-9; 參 CBETA, T09, no.278, p.507, a10-17。細字寫本。高昌國時期。

LM20-1469-06-07b **《大方廣佛華嚴經》卷一四（五十卷本）**

東晉佛陀跋陀羅譯，《中華大藏經》第 12 冊, 172c13-17; 參 CBETA, T09, no.278, p.506, b16-20。細字寫本。高昌國時期。

LM20-1469-06-08a **《大方廣佛華嚴經》卷一四（五十卷本）**

東晉佛陀跋陀羅譯，《中華大藏經》第 12 冊, 174b15-c1; 參 CBETA, T09, no.278, p.507, c8-12。細字寫本。高昌國時期。

LM20-1469-06-08b **《大方廣佛華嚴經》卷一五（五十卷本）**

東晉佛陀跋陀羅譯，《中華大藏經》第 12 冊, 181b9-13; 參 CBETA, T09, no.278, p.511, a6-12。細字寫本。高昌國時期。

LM20-1469-06-09a **《大方廣佛華嚴經》卷一四（五十卷本）**

東晉佛陀跋陀羅譯，《中華大藏經》第 12 冊, 175c7-11; 參 CBETA, T09, no.278, p.508, b25-29。細字寫本。高昌國時期。

LM20-1469-06-09b **《大方廣佛華嚴經》卷一四（五十卷本）**

東晉佛陀跋陀羅譯，《中華大藏經》第 12 冊, 175b8-9; 參 CBETA, T09, no.278, p.508, b4-6。細字寫本。高昌國時期。

LM20-1469-06-09c **《大方廣佛華嚴經》卷一四（五十卷本）**

東晉佛陀跋陀羅譯，《中華大藏經》第 12 冊, 174c15-19; 參 CBETA, T09, no.278, p.507, c27-p.508, a4。細字寫本。高昌國時期。

LM20-1469-06-10　《大方廣佛華嚴經》卷一四（五十卷本）

　　東晉佛陀跋陀羅譯,《中華大藏經》第 12 册, 174b13–20; 參 CBETA, T09, no.278, p.507, c6–13。細字寫本。高昌國時期。

LM20-1469-07-01　《大方廣佛華嚴經》卷一四（五十卷本）

　　東晉佛陀跋陀羅譯,《中華大藏經》第 12 册, 171b14–c1; 參 CBETA, T09, no.278, p.505, b14–21。細字寫本。高昌國時期。

　　參:《旅博選粹》, 44。

LM20-1469-07-02　《大方廣佛華嚴經》卷一四（五十卷本）

　　東晉佛陀跋陀羅譯,《中華大藏經》第 12 册, 171c11–16; 參 CBETA, T09, no.278, p.505, c9–14。細字寫本。高昌國時期。

　　參:《旅博選粹》, 44。

LM20-1469-07-03　《大方廣佛華嚴經》卷一四（五十卷本）

　　東晉佛陀跋陀羅譯,《中華大藏經》第 12 册, 172a5–12; 參 CBETA, T09, no.278, p.505, c24–p.506, a2。細字寫本。高昌國時期。

　　參:《旅博選粹》, 44。

LM20-1469-07-04　《大方廣佛華嚴經》卷一四（五十卷本）

　　東晉佛陀跋陀羅譯。細字寫本。高昌國時期。

　　參:《旅博選粹》, 44。

LM20-1469-07-05　《大方廣佛華嚴經》卷一五（五十卷本）

　　東晉佛陀跋陀羅譯,《中華大藏經》第 12 册, 179b12–c11; 參 CBETA, T09, no.278, p.509, c6–27。細字寫本。下部 "生威儀" 殘片應接於第 3 行下。高昌國時期。

　　參:《旅博選粹》, 43。

LM20-1469-07-06　《大方廣佛華嚴經》卷一五（五十卷本）

　　東晉佛陀跋陀羅譯,《中華大藏經》第 12 册, 179a11–b9; 參 CBETA, T09, no.278, p.509, b16–c6。細字寫本。高昌國時期。

　　參:《旅博選粹》, 43;《旅博研究》, 218。

LM20-1469-07-07　《大方廣佛華嚴經》卷一四（五十卷本）

　　東晉佛陀跋陀羅譯,《中華大藏經》第 12 册, 172c13–18; 參 CBETA, T09, no.278, p.506, b16–21。細字寫本。高昌國時期。

　　參:《旅博選粹》, 44。

LM20-1469-07-08　《大方廣佛華嚴經》卷一四（五十卷本）

　　東晉佛陀跋陀羅譯,《中華大藏經》第 12 册, 173c1–8; 參 CBETA, T09, no.278, p.507, a9–15。細字寫本。高昌國時期。

　　參:《旅博選粹》, 44。

LM20-1469-08-01　《大方廣佛華嚴經》卷一四（五十卷本）

東晉佛陀跋陀羅譯，《中華大藏經》第 12 册，173c19–174a5; 參 CBETA, T09, no.278, p.507, a28–b5。細字寫本。高昌國時期。

LM20-1469-08-02a　《大方廣佛華嚴經》卷一五（五十卷本）

東晉佛陀跋陀羅譯，《中華大藏經》第 12 册，178b9–14; 參 CBETA, T09, no.278, p.509, a4–8。細字寫本。高昌國時期。

LM20-1469-08-02b　《大方廣佛華嚴經》卷一四（五十卷本）

東晉佛陀跋陀羅譯，《中華大藏經》第 12 册，175c4–8; 參 CBETA, T09, no.278, p.508, b21–c4。細字寫本。有貼附殘片，無法揭取。高昌國時期。

LM20-1469-08-03　《大方廣佛華嚴經》卷一四（五十卷本）

東晉佛陀跋陀羅譯，《中華大藏經》第 12 册，173a9–14; 參 CBETA, T09, no.278, p.506, c2–9。細字寫本。有貼附殘片，無法揭取。高昌國時期。

參:《旅博選粹》，44。

LM20-1469-08-04　《大方廣佛華嚴經》卷一四（五十卷本）

東晉佛陀跋陀羅譯，《中華大藏經》第 12 册，173b5–11; 參 CBETA, T09, no.278, p.506, c21–28。細字寫本。高昌國時期。

參:《旅博選粹》，44。

LM20-1469-08-05　《大方廣佛華嚴經》卷一四（五十卷本）

東晉佛陀跋陀羅譯，《中華大藏經》第 12 册，175a9–16; 參 CBETA, T09, no.278, p.508, a15–21，"濡"作"軟"。細字寫本。高昌國時期。

參:《旅博選粹》，44。

LM20-1469-08-06　《大方廣佛華嚴經》卷一四（五十卷本）

東晉佛陀跋陀羅譯，《中華大藏經》第 12 册，174c11–18; 參 CBETA, T09, no.278, p.507, c25–p.508, a2。細字寫本。高昌國時期。

參:《旅博選粹》，44。

LM20-1469-08-07a　《大方廣佛華嚴經》卷一四（五十卷本）

東晉佛陀跋陀羅譯，《中華大藏經》第 12 册，175b6–10; 參 CBETA, T09, no.278, p.508, b3–7。細字寫本。高昌國時期。

LM20-1469-08-07b　《大方廣佛華嚴經》卷一四（五十卷本）

東晉佛陀跋陀羅譯，《中華大藏經》第 12 册，175c4–12; 參 CBETA, T09, no.278, p.508, b21–c1，"勉"作"免"。細字寫本。有貼附殘片，無法揭取。高昌國時期。

LM20-1469-08-08a　《大方廣佛華嚴經》卷一四（五十卷本）

東晉佛陀跋陀羅譯，《中華大藏經》第 12 册，174a16–18; 參 CBETA, T09, no.278, p.507, b16–18。細字寫本。高昌國時期。

LM20-1469-08-08b　《大方廣佛華嚴經》卷一四（五十卷本）

東晉佛陀跋陀羅譯，《中華大藏經》第 12 册，176a1-7；參 CBETA, T09, no.278, p.508, c11-17。細字寫本。高昌國時期。

LM20-1469-08-08c　《大方廣佛華嚴經》卷一四（五十卷本）

東晉佛陀跋陀羅譯，此段文字多處可見。細字寫本。高昌國時期。

LM20-1469-08-09　《大方廣佛華嚴經》卷一四（五十卷本）

東晉佛陀跋陀羅譯，《中華大藏經》第 12 册，174a17-b2；參 CBETA, T09, no.278, p.507, b17-22。細字寫本。高昌國時期。

參：《旅博選粹》，44。

LM20-1469-08-10　《大方廣佛華嚴經》卷一四（五十卷本）

東晉佛陀跋陀羅譯，《中華大藏經》第 12 册，175b5-12；參 CBETA, T09, no.278, p.508, b3-9。細字寫本。高昌國時期。

參：《旅博選粹》，44。

LM20-1469-09-01　《大方廣佛華嚴經》卷一四（五十卷本）

東晉佛陀跋陀羅譯，《中華大藏經》第 12 册，176a3-10；參 CBETA, T09, no.278, p.508, c13-22。細字寫本。高昌國時期。

參：《旅博選粹》，41、44。

LM20-1469-09-02　《觀世音經讚》

題金剛菩薩撰，據 LM20-1506-C0871c+LM20-1502-C0032 首題定名，參 BD3351。唐時期。

參：《旅博選粹》，179；橘堂晃一 2010, 94；嚴世偉 2019, 307-308、333、339。

LM20-1469-09-03　《大方廣佛華嚴經》卷一五（五十卷本）

東晉佛陀跋陀羅譯，《中華大藏經》第 12 册，178b11-18；參 CBETA, T09, no.278, p.509, a6-12。細字寫本。高昌國時期。

LM20-1469-09-04　《觀世音經讚》

題金剛菩薩撰，據 LM20-1506-C0871c+LM20-1502-C0032 首題定名，參 BD3351。唐時期。

參：《旅博選粹》，189；嚴世偉 2019, 308、333、339。

LM20-1469-09-05　《大方廣佛華嚴經》卷七（五十卷本）

東晉佛陀跋陀羅譯，《中華大藏經》第 12 册，89a1-10；參 CBETA, T09, no.278, p.452, b5-11。細字寫本。高昌國時期。

參：《旅博選粹》，43。

LM20-1469-09-06　《大方廣佛華嚴經》卷一三（五十卷本）

東晉佛陀跋陀羅譯，《中華大藏經》第 12 册，155b4-14；參 CBETA, T09, no.278, p.495, a28–b10。細字寫本。高昌國時期。

參:《旅博選粹》, 43。

LM20-1469-09-07　《救疾經》題記

高昌國時期。

參:《旅博選粹》, 202。

LM20-1469-09-08　《觀世音經讚》

題金剛菩薩撰, 據 LM20-1506-C0871c+LM20-1502-C0032 首題定名, 參 BD3351。唐時期。

參:《旅博選粹》, 179; 橘堂晃一 2010, 94; 嚴世偉 2019, 307、333、339。

LM20-1469-09-09　《十地經論義記》卷一

隋慧遠撰, CBETA, X45, no.753, p.35, a2–7。唐時期。

LM20-1469-10-01　法數

有雙行小字注。高昌國時期。

參:《旅博選粹》, 170。

LM20-1469-10-02　佛典殘片

第 3、6、7 行天頭有墨點。有雙行小字。高昌國時期。

參:《旅博選粹》, 70;《旅博研究》, 219。

LM20-1469-10-03　法數

有雙行小字注。高昌國時期。

參:《旅博選粹》, 170。

LM20-1469-10-04　法數

有雙行小字注。高昌國時期。

參:《旅博選粹》, 170。

LM20-1469-10-05　法數

有雙行小字注。高昌國時期。

參:《旅博選粹》, 170。

LM20-1469-10-06　法數

有雙行小字注。高昌國時期。

參:《旅博選粹》, 170。

LM20-1469-10-07　法數

有雙行小字注。高昌國時期。

參:《旅博選粹》, 170。

LM20-1469-10-08　法數

有雙行小字注。高昌國時期。

　　　參：《旅博選粹》，170。

LM20-1469-11-01　《觀世音經讚》

　　　題金剛菩薩撰，據 LM20-1506-C0871c+LM20-1502-C0032 首題定名，參 BD3351。唐
時期。

　　　參：《旅博選粹》，179；橘堂晃一 2010，94；嚴世偉 2019，312-313、335、340。

LM20-1469-11-02　《彌沙塞五分戒本》

　　　劉宋佛陀什等譯，此段文字多處可見。有雙行小字注。唐時期。

LM20-1469-11-03　《觀世音經讚》

　　　題金剛菩薩撰，據 LM20-1506-C0871c+LM20-1502-C0032 首題定名，參 BD3351。唐
時期。

　　　參：《旅博選粹》，108；橘堂晃一 2010，94；嚴世偉 2019，309-310、334、339。

LM20-1469-11-04　《觀世音經讚》

　　　題金剛菩薩撰，據 LM20-1506-C0871c+LM20-1502-C0032 首題定名，參 BD3351。唐
時期。

　　　參：《旅博選粹》，108；橘堂晃一 2010，94；嚴世偉 2019，310-311、334、339。

LM20-1469-11-05　《大法鼓經》注疏

　　　參劉宋求那跋陀羅譯《大法鼓經》卷上，CBETA，T09，no.270，p.293，b20-22。有雙行小
字注。高昌國時期。

　　　參：《旅博選粹》，112。

LM20-1469-11-06　《中阿含經》卷一六

　　　東晉僧伽提婆譯，CBETA，T01，no.26，p.525，a10-12。唐時期。

　　　參：《旅博選粹》，87。

LM20-1469-11-07　藥方殘片

　　　唐時期。

　　　參：游自勇 2019b，55。

LM20-1469-11-08　佛典注疏

　　　參劉宋求那跋陀羅、菩提耶舍譯《眾事分阿毗曇論》卷五，CBETA，T26，no.1541，p.649，
b9-11。有雙行小字注。高昌國時期。

LM20-1469-12-01　佛典注疏

　　　參明智旭述《成唯識論觀心法要》卷一，CBETA，X51，no.824，p.298，a13-14；明通潤撰
《成唯識論集解》卷八，CBETA，X50，no.821，p.773，c8-9。唐時期。

LM20-1469-12-02　《觀世音經讚》

　　　題金剛菩薩撰，據 LM20-1506-C0871c+LM20-1502-C0032 首題定名，參 BD3351。唐
時期。

參：嚴世偉 2019, 318、326、337、340。

LM20-1469-12-03　《入楞伽經》注疏

參元魏菩提留支譯《入楞伽經》卷五, CBETA, T16, no.671, p.542, b19。唐時期。

參：《旅博選粹》, 171。

LM20-1469-12-04　《毛詩·小雅·四月》鄭氏箋

參《毛詩》卷一三,《四部叢刊初編》, 商務印書館, 1919 年, 葉 5b。有雙行小字注。唐時期。

參：張娜麗 2003a, 29–31, 圖 8; 徐媛媛 2018, 6–7; 朱玉麒、孟彥弘 2019, 42。

LM20-1469-12-05　《法門名義集》

唐李師政撰, CBETA, T54, no.2124, p.203, c5–12, 第 1 行"故生"作"故發生", 第 4 行"此"作"此是"。唐時期。

參：《旅博選粹》, 171。

LM20-1469-12-06　《觀世音經讚》

題金剛菩薩撰, 據 LM20-1506-C0871c+LM20-1502-C0032 首題定名, 參 BD3351。唐時期。

參：嚴世偉 2019, 320、338。

LM20-1469-12-07　《放光般若經》注疏

參西晉無羅叉譯《放光般若經》卷一四, CBETA, T08, no.221, p.98, a15–16。有雙行小字注。高昌郡時期。

參：《旅博選粹》, 6。

LM20-1469-12-08　《妙法蓮華經》卷一

姚秦鳩摩羅什譯, CBETA, T09, no.262, p.7, b21–24。高昌國時期。

LM20-1469-12-09　題記（？）

參唐善導集《轉經行道願往生淨土法事讚》卷下, CBETA, T47, no.1979, p.438, a29。唐時期。

LM20-1469-12-10　典籍殘片

唐時期。

LM20-1469-12-11　典籍殘片

有雙行小字注。唐時期。

LM20-1469-12-12　《維摩經義疏》卷二

隋吉藏撰, CBETA, T38, no.1781, p.925, a2–4。唐時期。

LM20-1469-13-01a　《佛說五王經》

譯者不詳, CBETA, T14, no.523, p.796, c17。可與 LM20-1469-13-07 綴合, 據此定名。有貼附殘片, 無法揭取。唐時期。

LM20-1469-13-01b　佛典殘片

唐時期。

LM20-1469-13-02　《佛説五王經》

　　譯者不詳, CBETA, T14, no.523, p.796, c9-12。唐時期。

LM20-1469-13-03　《佛説五王經》

　　譯者不詳, CBETA, T14, no.523, p.796, c23-24。唐時期。

LM20-1469-13-04　《佛説五王經》

　　譯者不詳, CBETA, T14, no.523, p.796, b28-c2。唐時期。

LM20-1469-13-05　《佛説五王經》

　　譯者不詳, CBETA, T14, no.523, p.796, c4-7。唐時期。

LM20-1469-13-06　《佛説五王經》

　　譯者不詳, CBETA, T14, no.523, p.796, b27-28。唐時期。

LM20-1469-13-07　《佛説五王經》

　　譯者不詳, CBETA, T14, no.523, p.796, c15-18。唐時期。

LM20-1469-13-08　《佛説五王經》

　　譯者不詳, CBETA, T14, no.523。有貼附殘片, 無法揭取。唐時期。

LM20-1469-14-01　《大般涅槃經》注疏

　　參北涼曇無讖譯《大般涅槃經》卷二五, CBETA, T12, no.374, p.516, c17。高昌國時期。

　　參:《旅博選粹》, 74; 橘堂晃一 2006a, 97; 榮新江 2019a, 28。

LM20-1469-14-02　《大般涅槃經》注疏

　　參北涼曇無讖譯《大般涅槃經》卷二五, CBETA, T12, no.374, p.516, c11-17。高昌國時期。

　　參:《旅博選粹》, 74。

LM20-1469-14-03　《大般涅槃經》注疏

　　高昌國時期。

　　參:《旅博選粹》, 74。

LM20-1469-14-04　《大般涅槃經》注疏

　　高昌國時期。

　　參:《旅博選粹》, 74。

LM20-1469-14-05　《大般涅槃經》注疏

　　高昌國時期。

　　參:《旅博選粹》, 74。

LM20-1469-14-06a　殘片

　　唐時期。

LM20-1469-14-06b　殘片

　　唐時期。

LM20-1469-14-06c　　殘片

LM20-1469-14-06d　　殘片

LM20-1469-14-06e　　殘片

　　唐時期。

LM20-1469-14-06f　　殘片

LM20-1469-14-06g　　殘片

　　唐時期。

LM20-1469-14-06h　　殘片

　　唐時期。

LM20-1469-14-07　《妙法蓮華經》卷六

　　姚秦鳩摩羅什譯，CBETA，T09，no.262，p.47，b8-10。唐時期。

LM20-1469-15-01a　《大般涅槃經》注疏

　　高昌國時期。

LM20-1469-15-01b　《大般涅槃經》注疏

　　高昌國時期。

LM20-1469-15-01c　《大般涅槃經》注疏

　　參北涼曇無讖譯《大般涅槃經》卷二。高昌國時期。

LM20-1469-15-02　《大般涅槃經》注疏

　　高昌國時期。

　　參：《旅博選粹》，74；《旅博研究》，219。

LM20-1469-15-03　《大般涅槃經》注疏

　　高昌國時期。

　　參：《旅博選粹》，74。

LM20-1469-15-04　《大般涅槃經》注疏

　　高昌國時期。

　　參：《旅博選粹》，74。

LM20-1469-15-05a　《大般涅槃經》注疏

　　高昌國時期。

LM20-1469-15-05b　《大般涅槃經》注疏

　　高昌國時期。

LM20-1469-15-05c　《大般涅槃經》注疏

　　高昌國時期。

LM20-1469-15-06　《妙法蓮華經》卷六

　　姚秦鳩摩羅什譯，CBETA，T09，no.262，p.47，b7-11。有別片文字疊印。唐時期。

LM20-1469-15-07　《妙法蓮華經》卷六

姚秦鳩摩羅什譯, CBETA, T09, no.262, p.47, b10。高昌國時期。

LM20-1469-16-01　《佛華嚴入如來德智不思議境界經》卷下

隋闍那崛多譯, CBETA, T10, no.303, p.920, c7-11。唐時期。

LM20-1469-16-02　《大般涅槃經》卷三〇

北涼曇無讖譯, CBETA, T12, no.374, p.557, c8-13; 卷三二, CBETA, T12, no.375, p.803, c18-23。唐時期。

LM20-1469-16-03　佛典殘片

高昌國時期。

LM20-1469-16-04a　《大般泥洹經》

東晉法顯譯。高昌國時期。

LM20-1469-16-04b　《大般泥洹經》

東晉法顯譯。高昌國時期。

LM20-1469-16-04c　《大般泥洹經》

東晉法顯譯。高昌國時期。

LM20-1469-16-04d　《大般泥洹經》

東晉法顯譯。高昌國時期。

LM20-1469-16-04e　《大般泥洹經》

東晉法顯譯。高昌國時期。

LM20-1469-16-04f　《大般泥洹經》

東晉法顯譯。高昌國時期。

LM20-1469-16-04g　《大般泥洹經》

東晉法顯譯。高昌國時期。

LM20-1469-16-04h　《大般泥洹經》

東晉法顯譯。高昌國時期。

LM20-1469-16-04i　《大般泥洹經》卷四

東晉法顯譯, CBETA, T12, no.376, p.879, c11-12。高昌國時期。

LM20-1469-16-04j　佛典殘片

唐時期。

LM20-1469-16-04k　《大般涅槃經》注疏

高昌國時期。

LM20-1469-16-04l　《大般泥洹經》

東晉法顯譯。高昌國時期。

LM20-1469-16-04m　《大般涅槃經》注疏

高昌國時期。

LM20-1469-16-04n 《大般泥洹經》

東晉法顯譯。高昌國時期。

LM20-1469-16-04o 佛典殘片

唐時期。

LM20-1469-16-04p 《大般泥洹經》卷四

東晉法顯譯, CBETA, T12, no.376, p.879, c14–15。高昌國時期。

LM20-1469-16-04q 殘片

LM20-1469-16-04r 《大般泥洹經》

東晉法顯譯。高昌國時期。

LM20-1469-16-04s 殘片

唐時期。

LM20-1469-16-04t 殘片

LM20-1469-16-04u 《大般泥洹經》卷四

東晉法顯譯, CBETA, T12, no.376, p.879, c23。高昌國時期。

LM20-1469-16-04v 佛典殘片

唐時期。

LM20-1469-16-04w 殘片

LM20-1469-16-04x 殘片

LM20-1469-16-04y 殘片

唐時期。

LM20-1469-17-01 佛典殘片

參譯者不詳《佛説目連問戒律中五百輕重事》, CBETA, T24, no.1483a, p.972, c6–8。
唐時期。參:《旅博選粹》, 189。

LM20-1469-17-02a 《佛説相好經》

作者不詳。西州回鶻時期。
參: 史睿 2019, 83。

LM20-1469-17-02b 《佛説相好經》

作者不詳。西州回鶻時期。
參: 史睿 2019, 83。

LM20-1469-17-02c 《佛説相好經》

作者不詳。西州回鶻時期。
參: 史睿 2019, 83。

LM20-1469-17-02d 《佛説相好經》

作者不詳，CBETA，ZW03，no.31b，p.417，a2-3。西州回鶻時期。

參：史睿 2019，83。

LM20-1469-17-02e　《佛説相好經》

作者不詳。西州回鶻時期。

參：史睿 2019，83。

LM20-1469-17-02f　《佛説相好經》

作者不詳。西州回鶻時期。

參：史睿 2019，83。

LM20-1469-17-02g　《佛説相好經》

譯者不詳，CBETA，ZW03，no.31b，p.417，a1-2。西州回鶻時期。

參：史睿 2019，83。

LM20-1469-17-03a　《佛説相好經》

作者不詳。西州回鶻時期。

參：史睿 2019，83。

LM20-1469-17-03b　《佛説相好經》

作者不詳。西州回鶻時期。

參：史睿 2019，83。

LM20-1469-17-03c　《佛説相好經》

作者不詳。西州回鶻時期。

參：史睿 2019，83。

LM20-1469-17-03d　《佛説相好經》

作者不詳，CBETA，ZW03，no.31b，p.416，a13-14。西州回鶻時期。

參：史睿 2019，83。

LM20-1469-17-03e　《佛説相好經》

作者不詳，CBETA，ZW03，no.31b，p.416，a11-13。西州回鶻時期。

參：史睿 2019，83。

LM20-1469-17-04　佛典殘片

西州回鶻時期。

LM20-1469-17-05a　佛典殘片

西州回鶻時期。

LM20-1469-17-05b　佛典殘片

西州回鶻時期。

LM20-1469-17-06　《佛説相好經》

作者不詳，CBETA，ZW03，no.31b，此段文字多處可見。西州回鶻時期。

LM20-1469-17-07a 《佛說相好經》

作者不詳, CBETA, ZW03, no.31a, p.407, a7。西州回鶻時期。

LM20-1469-17-07b 《佛說相好經》

作者不詳, CBETA, ZW03, no.31b, p.416, a7–10。西州回鶻時期。

LM20-1469-17-08 《佛說相好經》

作者不詳, CBETA, ZW03, no.31b, p.417, a7–8。西州回鶻時期。

LM20-1469-18-01 《佛說相好經》

作者不詳, CBETA, ZW03, no.31b, p.417, a12–p.418, a3。西州回鶻時期。

LM20-1469-18-02 《佛說相好經》

作者不詳, CBETA, ZW03, no.31b, p.419, a1–6。西州回鶻時期。

LM20-1469-18-03 《佛說相好經》

作者不詳, CBETA, ZW03, no.31b, p.420, a6–17。西州回鶻時期。

LM20-1469-18-04 《佛說相好經》

作者不詳, CBETA, ZW03, no.31b, p.415, a19–p.416, a6。西州回鶻時期。

LM20-1469-19-01 《佛說相好經》

作者不詳, CBETA, ZW03, no.31b, p.418, a4–13。西州回鶻時期。

參:《旅博選粹》, 186。

LM20-1469-19-02 《佛說相好經》

作者不詳, CBETA, ZW03, no.31b, p.419, a6–11。西州回鶻時期。

參:《旅博選粹》, 186。

LM20-1469-19-03 《佛說相好經》

作者不詳, CBETA, ZW03, no.31b, p.416, a12–18。西州回鶻時期。

參:《旅博選粹》, 186。

LM20-1469-20-01a 無字殘片

LM20-1469-20-01b 無字殘片

LM20-1469-20-01c 無字殘片

LM20-1469-20-01d 無字殘片

LM20-1469-20-01e 無字殘片

LM20-1469-20-01f 無字殘片

LM20-1469-20-01g 佛典殘片

LM20-1469-20-01h 無字殘片

LM20-1469-20-01i 佛典殘片

LM20-1469-20-01j 佛典殘片

LM20-1469-20-01k 佛典殘片

LM20-1469-20-01l　《四分律刪繁補闕行事鈔》卷中

唐道宣撰述，CBETA, T40, no.1804, p.74, a18–19。唐時期。

LM20-1469-20-01m　無字殘片

LM20-1469-20-01n　文書殘片

LM20-1469-20-01o　文書殘片

LM20-1469-20-01p　佛典殘片

LM20-1469-20-01q　《四分律刪繁補闕行事鈔》卷中

唐道宣撰述，CBETA, T40, no.1804, p.74, a11–14。有朱筆句讀。唐時期。

LM20-1469-20-01r　文書殘片

LM20-1469-20-01s　無字殘片

LM20-1469-20-01t　無字殘片

LM20-1469-20-01u　無字殘片

LM20-1469-20-02a　無字殘片

LM20-1469-20-02b　《四分律刪繁補闕行事鈔》卷中

唐道宣撰，CBETA, T40, no.1804, p.74, a7–11。有朱筆句讀。唐時期。

LM20-1469-20-02c　佛典殘片

LM20-1469-20-02d　佛典殘片

LM20-1469-20-02e　《四分律刪繁補闕行事鈔》卷中

唐道宣撰，CBETA, T40, no.1804, p.74, a19–b5。有朱筆句讀。唐時期。

LM20-1469-20-02f　《四分律刪繁補闕行事鈔》卷中

唐道宣撰，CBETA, T40, no.1804, p.74, a9–10。唐時期。

LM20-1469-20-02g　無字殘片

LM20-1469-20-02h　文書殘片

LM20-1469-20-02i　文書殘片

LM20-1469-20-03a　《四分律刪繁補闕行事鈔》卷中

唐道宣撰，CBETA, T40, no.1804, p.73, c19–p.74, a8。有朱筆句讀。唐時期。

LM20-1469-20-03b　《四分律刪繁補闕行事鈔》卷中

唐道宣撰，CBETA, T40, no.1804, p.74, a9–24, 第 2 行 "戒答" 作 "施答"。有朱筆句讀。
唐時期。

LM20-1469-20-04　《大般涅槃經》卷二一

北涼曇無讖譯，CBETA, T12, no.374, p.487, b10–13。高昌國時期。

參：史睿 2019, 79。

LM20-1469-20-05　《妙法蓮華經》卷七

姚秦鳩摩羅什譯，CBETA, T09, no.262, p.58, a24–b1。唐時期。

LM20-1469-20-06　《成唯識論》注疏

　　唐時期。

　　參：《旅博選粹》，171。

LM20-1469-20-07　《阿毗曇毗婆沙論》卷八

　　北涼浮陀跋摩、道泰譯，CBETA，T28，no.1546，p.51，a18–21。高昌郡時期。

LM20-1469-21-01a　《四分律刪繁補闕行事鈔》卷中

　　唐道宣撰，CBETA，T40，no.1804，p.73，c27–29。左下角貼附殘片，係同卷 p.74，a2，無
法揭取。唐時期。

LM20-1469-21-01b　《四分律刪繁補闕行事鈔》卷中

　　唐道宣撰，CBETA，T40，no.1804，p.74，a15–18。唐時期。

LM20-1469-21-01c　《四分律刪繁補闕行事鈔》卷中

　　唐道宣撰，CBETA，T40，no.1804，p.74，a2–7。有朱筆句讀。唐時期。

LM20-1469-21-02　《大般涅槃經》卷四

　　北涼曇無讖譯，CBETA，T12，no.374，p.388，c15–20。高昌國時期。

LM20-1469-21-03　《妙法蓮華經》卷四

　　姚秦鳩摩羅什譯，CBETA，T09，no.262，p.32，b19–23。唐時期。

　　參：史睿 2019，81。

LM20-1469-22-01　《佛本行集經》卷五

　　隋闍那崛多譯，CBETA，T03，no.190，p.677，a2–9。唐時期。

　　參：段真子 2019，153。

LM20-1469-22-02　《妙法蓮華經》卷四

　　姚秦鳩摩羅什譯，CBETA，T09，no.262，p.29，a21–23。唐時期。

LM20-1469-22-03　　願文

　　高昌國時期。

　　參：《旅博選粹》，202。

LM20-1469-22-04　《妙法蓮華經》卷二

　　姚秦鳩摩羅什譯，CBETA，T09，no.262，p.14，c19–24。高昌國時期。

LM20-1469-22-05　《文殊師利所説摩訶般若波羅蜜經》卷上

　　梁曼陀羅仙譯，CBETA，T08，no.232，p.727，c1–3。唐時期。

LM20-1469-22-06　《五分律》卷二三

　　劉宋佛陀什、竺道生等譯，CBETA，T22，no.1421，p.156，b10–12。高昌國時期。

LM20-1469-23-01　《小品般若波羅蜜經》卷六

　　姚秦鳩摩羅什譯，CBETA，T08，no.227，p.564，b28–c11。唐時期。

LM20-1469-23-02　《僧伽吒經》卷四

元魏月婆首那譯，CBETA, T13, no.423, p.974, b13–16，"勇"作"踊"。唐時期。

LM20-1469-23-03　典籍殘片

西州回鶻時期。

LM20-1469-23-04　《大般若波羅蜜多經》卷二三三

唐玄奘譯，CBETA, T06, no.220, p.174, b20–22。唐時期。

LM20-1469-23-05　《大般涅槃經》卷七

北涼曇無讖譯，CBETA, T12, no.374, p.408, a23–27。高昌國時期。

LM20-1469-23-06　《妙法蓮華經》卷七

姚秦鳩摩羅什譯，CBETA, T09, no.262, p.59, b21–24。唐時期。

LM20-1469-23-07　《大般若波羅蜜多經》卷八

唐玄奘譯，CBETA, T05, no.220, p.41, c18–21。唐時期。

LM20-1469-23-08　《摩訶般若波羅蜜經》卷一一

姚秦鳩摩羅什譯，CBETA, T08, no.223, p.300, c3–5。高昌國時期。

LM20-1469-24-01　《金剛般若波羅蜜經》

姚秦鳩摩羅什譯，CBETA, T08, no.235, p.751, c23–29。唐時期。

LM20-1469-24-02　《大方廣佛華嚴經》卷五（五十卷本）

東晉佛陀跋陀羅譯，《中華大藏經》第 12 册，56a13–21；參 CBETA, T09, no.278, p.430, c1–8。高昌國時期。

LM20-1469-24-03　《金光明經》卷三

北涼曇無讖譯，CBETA, T16, no.663, p.348, c14–p.349, a1。唐時期。

LM20-1469-25-01　《合部金光明經》卷三

梁真諦譯，隋寶貴合，CBETA, T16, no.664, p.373, a6–15。高昌國時期。

LM20-1469-25-02　《大般涅槃經》卷六

北涼曇無讖譯，CBETA, T12, no.374, p.402, b3–19。唐時期。

LM20-1469-26-01　《佛説法句經》

作者不詳，CBETA, T85, no.2901, p.1434, b19–23。唐時期。

LM20-1469-26-02　《合部金光明經》卷八

隋闍那崛多譯，隋寶貴合，CBETA, T16, no.664, p.401, b16–c3。唐時期。

LM20-1469-27-01　《金剛般若波羅蜜經》

元魏菩提流支譯，CBETA, T08, no.236a, p.755, b25–c9。唐時期。

參：《旅博選粹》，147。

LM20-1469-27-02　《合部金光明經》卷一

梁真諦譯，隋寶貴合，CBETA, T16, no.664, p.365, b6–11。唐時期。

LM20-1469-28-01　《金剛般若波羅蜜經》

姚秦鳩摩羅什譯，CBETA，T08，no.235，p.749，a27-b16。唐時期。

LM20-1469-28-02　《菩薩瓔珞本業經》卷下

姚秦竺佛念譯，CBETA，T24，no.1485，p.1022，c10-p.1023，a5，第 6 行 "坐" 作 "座"。高昌國時期。

參：《旅博選粹》，141。

LM20-1469-28-03　《救疾經》

作者不詳，CBETA，T85，no.2878，p.1362，b28-c9，第 6 行 "病" 作 "經"。高昌國時期。

參：馬俊傑 2019，432。

LM20-1469-29-01　《妙法蓮華經》卷六

姚秦鳩摩羅什譯，CBETA，T09，no.262，p.49，c1-12。唐時期。

LM20-1469-29-02　《大方等大雲請雨經》

北周闍那耶舍譯，CBETA，T19，no.992，p.504，b19-c2。唐時期。

LM20-1469-30-01　《小品般若波羅蜜經》卷五

姚秦鳩摩羅什譯，CBETA，T08，no.227，p.557，a21-29，第 5 行 "怨害水難世" 作 "怨賊毒害無水之處汝"。高昌國時期。

LM20-1469-30-02　《金光明經》卷三

北涼曇無讖譯，CBETA，T16，no.663，p.349，a19-24。右下角貼附一殘片，背有 "又過" 二字，無法揭取。唐時期。

LM20-1469-30-03　《妙法蓮華經》卷七

姚秦鳩摩羅什譯，CBETA，T09，no.262，p.57，a20-b14。唐時期。

LM20-1469-31-01　《妙法蓮華經》卷一

姚秦鳩摩羅什譯，CBETA，T09，no.262，p.2，a25-b6。唐時期。

LM20-1469-31-02　《大般若波羅蜜多經》卷四六〇

唐玄奘譯，CBETA，T07，no.220，p.325，a9-12。唐時期。

LM20-1469-32-01　《大般涅槃經》卷二八

北涼曇無讖譯，CBETA，T12，no.374，p.543，b26-c8。高昌國時期。

參：《旅博選粹》，128。

LM20-1469-32-02　《光讚經》卷二

西晉竺法護譯，CBETA，T08，no.222，p.163，a10-15，"名色无" 作 "名色不"。高昌國時期。

LM20-1469-32-03　《妙法蓮華經》卷六

姚秦鳩摩羅什譯，CBETA，T09，no.262，p.42，b1-9。左下角有婆羅謎字母 3 行。唐時期。

LM20-1469-33-01　《大般若波羅蜜多經》卷二七七

唐玄奘譯，CBETA，T06，no.220，p.403，a24-b4。唐時期。

LM20-1469-33-02　《佛頂尊勝陀羅尼經序》

唐志静述，CBETA, T19, no.967, p.349, b19–27。唐時期。

參：史睿 2019, 79。

LM20-1469-33-03　《佛説灌頂經》卷一一

東晉帛尸梨蜜多羅譯，CBETA, T21, no.1331, p.531, a29–b3。唐時期。

LM20-1469-33-04　《金光明經》卷三

北涼曇無讖譯，CBETA, T24, no.1483b, p.984, a14–16。兩片佛典殘片相對粘貼在一起，可録出文字。唐時期。

LM20-1469-33-05　《妙法蓮華經》卷七

姚秦鳩摩羅什譯，CBETA, T09, no.262, p.56, c22–25, "賣持" 作 "齋持"。唐時期。

LM20-1469-33-06　《佛説無量壽經》卷上

曹魏康僧鎧譯，CBETA, T12, no.360, p.271, a16。高昌國時期。

LM20-1469-34-01　《救疾經》

作者不詳，CBETA, T85, no.2878, p.1362, a18–24。唐時期。

參：馬俊傑 2019, 441。

LM20-1469-34-02　《彌沙塞部和醯五分律》卷二

劉宋佛陀什、竺道生等譯，CBETA, T22, no.1421, p.10, b25–28。唐時期。

LM20-1469-34-03　《大般若波羅蜜多經》卷四五

唐玄奘譯，CBETA, T05, no.220, p.256, c13–18。唐時期。

LM20-1469-34-04　《大般涅槃經》卷一〇

北涼曇無讖譯，CBETA, T12, no.374, p.427, b27–c4。高昌國時期。

LM20-1469-34-05　《金光明經》卷一

北涼曇無讖譯，CBETA, T16, no.663, p.336, a10–16, "或" 作 "惑"。高昌國時期。

LM20-1469-35-01　《大般涅槃經》卷二三

北涼曇無讖譯，CBETA, T12, no.374, p.500, c29–p.501, a7。高昌國時期。

LM20-1469-35-02　《大般涅槃經》卷二二

北涼曇無讖譯，CBETA, T12, no.374, p.496, b8–12。高昌國時期。

LM20-1469-35-03　《小品般若波羅蜜經》卷五

姚秦鳩摩羅什譯，CBETA, T08, no.227, p.558, b8–11。高昌國時期。

LM20-1469-35-04　《妙法蓮華經》卷三

姚秦鳩摩羅什譯，CBETA, T09, no.262, p.23, c8–13。唐時期。

LM20-1469-35-05　《梵網經》卷下

姚秦鳩摩羅什譯，CBETA, T24, no.1484, p.1004, c17–20。唐時期。

LM20-1469-35-06　《妙法蓮華經》卷七

姚秦鳩摩羅什譯，CBETA, T09, no.262, p.62, a16–19。唐時期。

LM20-1469-35-07 《善惡因果經》

作者不詳，CBETA, T85, no.2881, p.1381, c26-28，"釿斫"作"斫"。唐時期。

LM20-1469-35-08 《妙法蓮華經》卷二

姚秦鳩摩羅什譯，CBETA, T09, no.262, p.16, c16-19。右上角貼附殘片，存"立門"二字，無法揭取。唐時期。

LM20-1469-36-01 《妙法蓮華經》卷七

姚秦鳩摩羅什譯，CBETA, T09, no.262, p.56, b3-6。唐時期。

LM20-1469-36-02 《妙法蓮華經》卷七

姚秦鳩摩羅什譯，CBETA, T09, no.262, p.57, c23-29。唐時期。

LM20-1469-36-03 《阿毗達磨大毗婆沙論》卷一八二

唐玄奘譯，CBETA, T27, no.1545, p.914, c8-12。唐時期。

LM20-1469-36-04 《妙法蓮華經》卷二

姚秦鳩摩羅什譯，CBETA, T09, no.262, p.18, a4。高昌國時期。

LM20-1469-36-05 《大般涅槃經》卷三三

北涼曇無讖譯，CBETA, T12, no.374, p.561, a11-14。高昌國時期。

LM20-1469-36-06 《佛説無常經》

唐義净譯，CBETA, T17, no.801, p.745, c12-15。唐時期。

LM20-1469-36-07 《妙法蓮華經》卷四

姚秦鳩摩羅什譯，CBETA, T09, no.262, p.27, b18-19。唐時期。

LM20-1469-36-08 佛典殘片

高昌國時期。

LM20-1469-36-09 《大般涅槃經》卷八

北涼曇無讖譯，CBETA, T12, no.374, p.413, b22-24。高昌國時期。

LM20-1469-36-10 佛經尾題

唐時期。

LM20-1469-36-11 《放光般若經》卷八

西晉無羅叉譯，CBETA, T08, no.221, p.56, b4-8。高昌國時期。

LM20-1469-36-12 佛典殘片

參譯者不詳《千手千眼觀世音菩薩廣大圓滿無礙大悲心陀羅尼經》，CBETA, T20, no.1060, p.107, a5-8。高昌國時期。

LM20-1469-36-13 《金光明經》卷三

北涼曇無讖譯，CBETA, T16, no.663, p.349, a24。唐時期。

LM20-1469-37-01 《光讚經》卷一

西晉竺法護譯，CBETA, T08, no.222, p.147, c11-14。高昌國時期。

LM20-1469-37-02　《四分律》卷四五

姚秦佛陀耶舍、竺佛念等譯，此段文字多處可見。唐時期。

LM20-1469-37-03　《妙法蓮華經》卷三

姚秦鳩摩羅什譯，CBETA, T09, no.262, p.24, a27–b4。唐時期。

LM20-1469-37-04　《大智度論》卷一〇

姚秦鳩摩羅什譯，CBETA, T25, no.1509, p.134, c18–24。高昌郡時期。

LM20-1469-37-05　《妙法蓮華經》卷三（十卷本）

姚秦鳩摩羅什譯，CBETA, T09, no.262, p.19, a8–12、CBETA, T09, no.262, p.19, a18–19。高昌國時期。

LM20-1469-37-06　《放光般若經》卷二〇

西晉無羅叉譯，CBETA, T08, no.221, p.141, a24–27，"作空"作"作人空"。高昌國時期。

LM20-1469-37-07　《放光般若經》卷一三

西晉無羅叉譯，CBETA, T08, no.221, p.90, b8–10，"想"作"相"。高昌國時期。

LM20-1469-37-08　《妙法蓮華經》卷四

姚秦鳩摩羅什譯，CBETA, T09, no.262, p.28, a23–28。唐時期。

LM20-1469-37-09　《大般涅槃經》卷三六

北涼曇無讖譯，CBETA, T12, no.374, p.576, b3–5。高昌國時期。

LM20-1469-37-10　《大般若波羅蜜多經》

唐玄奘譯，此段文字多處可見。唐時期。

LM20-1469-37-11　《救疾經》

作者不詳，CBETA, T85, no.2878, p.1361, c22–25。唐時期。

參：馬俊傑 2019, 447。

LM20-1469-38-01　佛典殘片

唐時期。

LM20-1469-38-02　佛典殘片

高昌郡時期。

LM20-1469-38-03　佛典注疏

唐時期。

LM20-1469-38-04　《大般涅槃經》卷二〇

北涼曇無讖譯，CBETA, T12, no.374, p.485, c2–6。高昌郡時期。

LM20-1469-38-05　佛名經

參元魏菩提流支譯《佛說佛名經》卷一一，CBETA, T14, no.440, p.175, a16。高昌國時期。

LM20-1469-38-06　佛典殘片

唐時期。

LM20-1469-38-07 《金剛般若波羅蜜經》

姚秦鳩摩羅什譯，CBETA，T08，no.235，p.750，c7-9。唐時期。

LM20-1469-38-08 《大般涅槃經》卷一四

北涼曇無讖譯，CBETA，T12，no.374，p.445，c3-5。高昌國時期。

LM20-1469-38-09 陀羅尼

唐時期。

LM20-1469-38-10 佛典殘片

唐時期。

LM20-1469-38-11 佛典殘片

唐時期。

LM20-1469-38-12 殘片

唐時期。

LM20-1469-38-13 《大般涅槃經》卷二一

北涼曇無讖譯，CBETA，T12，no.374，p.488，a9-10。高昌國時期。

LM20-1469-38-14 《大般涅槃經》卷三〇

北涼曇無讖譯，CBETA，T12，no.374，p.544，c21-23。高昌國時期。

LM20-1469-38-15 殘片

唐時期。

LM20-1469-38-16 殘片

高昌國時期。

LM20-1469-38-17 《金剛般若波羅蜜經》

姚秦鳩摩羅什譯，CBETA，T08，no.235，p.752，a16-18。唐時期。

LM20-1469-38-18 《金光明經》卷三

北涼曇無讖譯，CBETA，T16，no.663，p.349，b17-18。唐時期。

LM20-1469-38-19 佛典殘片

高昌國時期。

LM20-1469-38-20 佛典殘片

唐時期。

LM20-1469-38-21 佛典殘片

唐時期。

經冊二十一

LM20-1470-01-01　《梵網經菩薩戒序》

參東晉釋慧融等集《鳩摩羅什法師誦法》，CBETA，D07，no.8779，p.3，a15-p.4，a4；北宋慧因注《梵網經菩薩戒注》，CBETA，X38，no.691，p.551，b15-c3。有雙行小字注。唐時期。

LM20-1470-01-02　《梵網經》卷下

姚秦鳩摩羅什譯，CBETA，T24，no.1484，p.1003，a22-28，"病者"作"病"，"此戒"作"此"，"莫"作"勿"，"難保今"作"難保"。唐時期。

參：《旅博選粹》，140。

LM20-1470-01-03　《摩訶般若波羅蜜經》卷一〇

姚秦鳩摩羅什譯，CBETA，T08，no.223，p.291，a12-17。高昌國時期。

LM20-1470-01-04　《佛説罪福報應經》

劉宋求那跋陀羅譯，CBETA，T17，no.747a，p.563，b7-9。高昌國時期。

LM20-1470-01-05　《摩訶般若波羅蜜經》卷二五

姚秦鳩摩羅什譯，CBETA，T08，no.223，p.401，c5-7。唐時期。

LM20-1470-01-06　《根本説一切有部毗奈耶》卷一四

唐義凈譯，CBETA，T23，no.1442，p.696，c5-8。唐時期。

LM20-1470-01-07　《妙法蓮華經》卷二

姚秦鳩摩羅什譯，CBETA，T09，no.262，p.14，a16-23。唐時期。

LM20-1470-02-01　《大般涅槃經》卷一六

北涼曇無讖譯，CBETA，T12，no.374，p.461，a11-13。高昌國時期。

LM20-1470-02-02　《妙法蓮華經》卷七

姚秦鳩摩羅什譯，CBETA，T09，no.262，p.62，a1-4。高昌國時期。

LM20-1470-02-03　《大般涅槃經》卷二三

北涼曇無讖譯，CBETA，T12，no.374，p.503，b23-25。唐時期。

LM20-1470-02-04　《十住經》卷一

姚秦鳩摩羅什譯，CBETA，T10，no.286，p.499，b22-29。唐時期。

LM20-1470-02-05　《金剛般若波羅蜜經》

元魏菩提流支譯，CBETA，T08，no.236a，p.754，c25-p.755，a3。唐時期。

LM20-1470-02-06 《中天竺舍衛國祇洹寺圖經》卷下

唐道宣撰，CBETA，T45，no.1899，p.893，a4-8，"乾闥王"作"乾闥婆王"，"不斷絕"作"不斷"，"滅度"作"滅後"，"娑竭龍王"作"娑竭羅龍王"，"建"作"造"。唐時期。

參:《旅博選粹》，150。

LM20-1470-02-07 《大般涅槃經》卷六

北涼曇無讖譯，CBETA，T12，no.374，p.400，a10-15。高昌國時期。

LM20-1470-02-08 《根本説一切有部毗奈耶》卷一

唐義凈譯，CBETA，T23，no.1442，p.627，a13-28。唐時期。

LM20-1470-03-01 《大般涅槃經》卷二四

北涼曇無讖譯，CBETA，T12，no.374，p.505，a16-18。高昌國時期。

LM20-1470-03-02 《大般若波羅蜜多經》卷五二九

唐玄奘譯，CBETA，T07，no.220，p.717，b13-15。唐時期。

LM20-1470-03-03 《合部金光明經》卷二

北涼曇無讖譯，隋寶貴合，CBETA，T16，no.664，p.366，c13-21，"慘"作"躁"。高昌國時期。

LM20-1470-03-04 《妙法蓮華經》卷六

姚秦鳩摩羅什譯，CBETA，T09，no.262，p.48，c9-11。唐時期。

LM20-1470-03-05 《菩薩地持經》卷六

北涼曇無讖譯，CBETA，T30，no.1581，p.919，a24-27。第2、3行間有小字"五"。高昌國時期。

參:《旅博選粹》，64。

LM20-1470-03-06 《妙法蓮華經》卷五

姚秦鳩摩羅什譯，CBETA，T09，no.262，p.45，c19-29。高昌國時期。

LM20-1470-03-07 《大般涅槃經》卷三一

北涼曇無讖譯，CBETA，T12，no.374，p.553，a22-25。高昌國時期。

LM20-1470-03-08 《金剛般若波羅蜜經》

姚秦鳩摩羅什譯，CBETA，T08，no.235，p.751，b19-24。唐時期。

LM20-1470-03-09 《大智度論》卷一二

姚秦鳩摩羅什譯，CBETA，T25，no.1509，p.148，c14-16。高昌國時期。

LM20-1470-03-10 《大方廣佛華嚴經》卷二二

唐實叉難陀譯，CBETA，T10，no.279，p.116，b23-27。唐時期。

LM20-1470-04-01 《金光明經》卷四

北涼曇無讖譯，CBETA，T16，no.663，p.357，a22-b5，"瑠璃"作"琉璃"，"弈"作"奕"。唐時期。

LM20-1470-04-02 《大般若波羅蜜多經》卷二〇一

唐玄奘譯, CBETA, T06, no.220, p.5, b13–15。唐時期。

LM20-1470-04-03　《大般涅槃經》卷二

北涼曇無讖譯, CBETA, T12, no.374, p.374, c18–26。唐時期。

LM20-1470-04-04　佛典殘片

唐時期。

LM20-1470-04-05　《妙法蓮華經》卷二

姚秦鳩摩羅什譯, CBETA, T09, no.262, p.12, a15–27。唐時期。

LM20-1470-04-06　佛典殘片

參唐義净譯《根本薩婆多部律攝》卷三, CBETA, T24, no.1458, p.542, b24。唐時期。

LM20-1470-04-07　陀羅尼集

參譯者不詳《陀羅尼雜集》卷二, CBETA, T21, no.1336, p.586, a8–15。高昌國時期。

參：《旅博選粹》, 176; 磯邊友美 2006, 206–208、216; 橘堂晃一 2010, 91。

LM20-1470-04-08　《維摩義記》卷一

隋慧遠撰, CBETA, T38, no.1776, p.422, b1–7。高昌國時期。

LM20-1470-04-09　《大般涅槃經》卷二七

北涼曇無讖譯, CBETA, T12, no.374, p.527, a7–8。唐時期。

LM20-1470-05-01　《妙法蓮華經》卷四

姚秦鳩摩羅什譯, CBETA, T09, no.262, p.28, a19–26。唐時期。

LM20-1470-05-02　《大智度論》卷九〇

姚秦鳩摩羅什譯, CBETA, T25, no.1509, p.699, a4–14。高昌國時期。

LM20-1470-05-03　《妙法蓮華經》卷二

姚秦鳩摩羅什譯, CBETA, T09, no.262, p.15, b4–9。唐時期。

LM20-1470-05-04　《金剛般若波羅蜜經》

姚秦鳩摩羅什譯, CBETA, T08, no.235, p.750, c10–17。唐時期。

LM20-1470-05-05　《金光明經》卷一

北涼曇無讖譯, CBETA, T16, no.663, p.339, b5–13。唐時期。

LM20-1470-05-06　《四分律》卷四九

姚秦佛陀耶舍、竺佛念等譯, CBETA, T22, no.1428, p.933, a16–29, 第 9 行 "雜" 作 "爾雜"。唐時期。

LM20-1470-06-01　《合部金光明經》卷三

梁真諦譯, 隋寶貴合, CBETA, T16, no.664, p.372, c19–27。唐時期。

LM20-1470-06-02　《菩薩瓔珞本業經》卷下

姚秦竺佛念譯, CBETA, T24, no.1485, p.1022, c12–p.1023, a5。高昌國時期。

參：《旅博選粹》, 141。

LM20-1470-06-03 《佛頂尊勝陀羅尼經》

唐佛陀波利譯，CBETA，T19，no.967，p.352，a9–14。唐時期。

LM20-1470-06-04 《大般涅槃經》卷六

北涼曇無讖譯，CBETA，T12，no.374，p.400，a11–15。高昌國時期。

LM20-1470-06-05 《金光明經》卷二

北涼曇無讖譯，CBETA，T16，no.663，p.342，b15–24。唐時期。

LM20-1470-07-01 《金光明經》卷一

北涼曇無讖譯，CBETA，T16，no.663，p.336，b23–c22。唐時期。

參：《旅博選粹》，133。

LM20-1470-08-01 《佛說觀藥王藥上二菩薩經》

劉宋畺良耶舍譯，CBETA，T20，no.1161，p.660，c25–p.661，a11。唐時期。

LM20-1470-08-02 陀羅尼集

參譯者不詳《陀羅尼雜集》卷二，CBETA，T21，no.1336，p，586，a3–13。高昌國時期。

參：《旅博選粹》，176；橘堂晃一 2010，91。

LM20-1470-08-03 《陀羅尼雜集》卷三

譯者不詳，CBETA，T21，no.1336，p.595，c9–c13。高昌國時期。

LM20-1470-08-04 佛名經

唐時期。

LM20-1470-08-05 《妙法蓮華經》卷二

姚秦鳩摩羅什譯，CBETA，T09，no.262，p.12，a12–17，第6行"而"作"而說"。唐時期。

LM20-1470-08-06 佛典殘片

高昌國時期。

LM20-1470-08-07 《大般涅槃經》卷三九

北涼曇無讖譯，CBETA，T12，no.374，p.592，c15–18。高昌國時期。

LM20-1470-08-08 《大通方廣懺悔滅罪莊嚴成佛經》卷下

作者不詳，CBETA，T85，no.2871，p.1354，c26–p.1355，a12，第3行"滿"作"千"，第4行"及"作"諸梵"，第5行"如來世去"作"如來去世"，第11行"光所聞"作"光佛所聞"。高昌國時期。

LM20-1470-09-01 《大般涅槃經》卷一六

北涼曇無讖譯，CBETA，T12，no.374，p.457，c23–p.458，a7。唐時期。

LM20-1470-09-02 《大般涅槃經》卷二二

北涼曇無讖譯，CBETA，T12，no.374，p.497，c26–p.498，a10，第8行"味"作"未"。唐時期。

LM20-1470-10-01 《大般涅槃經》卷七

北涼曇無讖譯，CBETA，T12，no.374，p.406，c26–a4。高昌國時期。

LM20-1470-10-02　《諸佛要集經》卷上

西晉竺法護譯，CBETA，T17，no.810，p.759，a9–16。唐時期。

LM20-1470-10-03　《大般涅槃經》卷一六

北涼曇無讖譯，CBETA，T12，no.374，p.462，a15–27，第 2 行"康"作"糠"。高昌
國時期。

LM20-1470-11-01　《妙法蓮華經》卷五

姚秦鳩摩羅什譯，CBETA，T09，no.262，p.41，b5–10。唐時期。

LM20-1470-11-02　《金剛般若波羅蜜經》

姚秦鳩摩羅什譯，CBETA，T08，no.235，p.752，b23–29。高昌國時期。

LM20-1470-11-03　《妙法蓮華經》卷二

姚秦鳩摩羅什譯，CBETA，T09，no.262，p.12，a7–13。唐時期。

LM20-1470-11-04　《大方廣佛華嚴經》卷四七（五十卷本）

東晉佛陀跋陀羅譯，《中華大藏經》第 12 册，580a14–b4；參 CBETA，T09，no.278，p.759，
c7–18。高昌國時期。

LM20-1470-12-01　《出曜經》卷二二

姚秦竺佛念譯，CBETA，T04，no.212，p.726，a26–b17，第 5 行"演"作"實"，第 11 行"角"
作"捔"。高昌國時期。

參：《旅博選粹》，159。

LM20-1470-12-02　《佛本行集經》卷五

隋闍那崛多譯，CBETA，T03，no.190，p.673，a10–24。唐時期。

參：《旅博選粹》，87。

LM20-1470-13-01　《維摩詰所説經》卷中

姚秦鳩摩羅什譯，CBETA，T14，no.475，p.551，a17–24，"憙"作"喜"。唐時期。

參：王梅 2006，155。

LM20-1470-13-02　《大般涅槃經》卷三一

北涼曇無讖譯，CBETA，T12，no.374，p.549，b12–22，"濡"作"軟"。高昌國時期。

LM20-1470-14-01　《大般涅槃經》卷二八

北涼曇無讖譯，CBETA，T12，no.374，p.532，a4–16，"蒔葫"作"植胡"。高昌國時期。

LM20-1470-14-02　《大方廣佛華嚴經》卷三七（五十卷本）

東晉佛陀跋陀羅譯，《中華大藏經》第 12 册，446c18–447a4；參 CBETA，T09，
no.278，p.677，c21–27。高昌國時期。

LM20-1470-14-03　《妙法蓮華經》卷七

姚秦鳩摩羅什譯，CBETA，T09，no.262，p.58，b21–24。唐時期。

LM20-1470-14-04　《大般涅槃經》卷二一

北涼曇無讖譯，CBETA, T12, no.374, p.489, a17–25，"正柔濡"作"平正柔軟"、"流離"作"琉璃"、"身安樂"作"身心安樂"。高昌國時期。

LM20-1470-15-01 《大智度論》卷八〇

姚秦鳩摩羅什譯，CBETA, T25, no.1509, p.625, a10–20。高昌國時期。

參：《旅博選粹》，144。

LM20-1470-15-02 《佛說觀佛三昧海經》卷二

東晉佛陀跋陀羅譯，CBETA, T15, no.643, p.656, a18–b1，第6行"逕"作"經"、"五百生"作"五生"，第8行"皆"作"睫"，第9行"來來生"作"未來生"，第10行"彌勒菩薩"作"彌勒"。高昌國時期。

參：《旅博選粹》，133。

LM20-1470-16-01 《大方廣佛華嚴經》卷三七（五十卷本）

東晉佛陀跋陀羅譯，《中華大藏經》第12册，447a3–10；參CBETA, T09, no.278, p.677, c26–p.678, a4，"寶鐙"作"寶燈"、"土与"作"土興"。高昌國時期。

參：《旅博選粹》，113。

LM20-1470-16-02 《妙法蓮華經》卷六

姚秦鳩摩羅什譯，CBETA, T09, no.262, p.47, a12–23，"窟"作"寙"。唐時期。

LM20-1470-16-03 佛典殘片

參唐玄奘譯《大般若波羅蜜多經》卷五六八，CBETA, T07, no.220, p.932, c4–8；CBETA, T07, no.220, p.934, a23–29。唐時期。

LM20-1470-16-04 《大般涅槃經》卷二二

北涼曇無讖譯，CBETA, T12, no.374, p.496, c3–8。高昌國時期。

LM20-1470-17-01 《大般涅槃經》卷二八

北涼曇無讖譯，CBETA, T12, no.374, p.533, b27–c9。唐時期。

LM20-1470-17-02 《雜阿含經》卷四七

劉宋求那跋陀羅譯，CBETA, T02, no.99, p.342, b29–c3。唐時期。

LM20-1470-17-03 《大般涅槃經》卷三七

北涼曇無讖譯，CBETA, T12, no.374, p.583, b5–15。唐時期。

LM20-1470-18-01 《緣生初勝分法本經》卷上

隋達摩笈多譯，CBETA, T16, no.716, p.831, b4–15。唐時期。

LM20-1470-18-02 《妙法蓮華經》卷一

姚秦鳩摩羅什譯，CBETA, T09, no.262, p.3, a15–b1，"摩"作"魔"。唐時期。

LM20-1470-18-03 《道行般若經》卷六

後漢支婁迦讖譯，CBETA, T08, no.224, p.455, a9–20，"政"作"正"。高昌國時期。

參：孫傳波2006，177。

LM20-1470-19-01　《大智度論》卷二

姚秦鳩摩羅什譯，CBETA，T25，no.1509，p.66，b19-21。唐時期。

LM20-1470-19-02　《妙法蓮華經》卷四

姚秦鳩摩羅什譯，CBETA，T09，no.262，p.27，c20-29。唐時期。

LM20-1470-19-03　《大般涅槃經》卷二二

北涼曇無讖譯，CBETA，T12，no.374，p.497，b4-16。高昌國時期。

LM20-1470-19-04　《賢劫經》卷一

西晉竺法護譯，CBETA，T14，no.425，p.7，c23-p.8，a14。唐時期。

LM20-1470-20-01　《大般涅槃經》卷七

北涼曇無讖譯，CBETA，T12，no.374，p.405，b8-17。高昌國時期。

LM20-1470-20-02　《金剛般若波羅蜜經》

姚秦鳩摩羅什譯，CBETA，T08，no.235，p.749，a5-10，"若非"作"非"。唐時期。

LM20-1470-20-03　《大般涅槃經》卷三八

北涼曇無讖譯，CBETA，T12，no.374，p.590，b9-11。高昌國時期。

LM20-1470-20-04　《大方廣佛華嚴經》卷五

唐實叉難陀譯，CBETA，T10，no.279，p.22，c20-29。唐時期。

參：史睿 2019，79。

LM20-1470-20-05　《大般涅槃經》卷一二

北涼曇無讖譯，CBETA，T12，no.374，p.438，b17-24，"之"作"乏"。唐時期。

LM20-1470-20-06　《大般涅槃經》卷七

北涼曇無讖譯，CBETA，T12，no.374，p.404，c26-p.405，a2。高昌國時期。

LM20-1470-21-01　《維摩詰所説經》卷上

姚秦鳩摩羅什譯，CBETA，T14，no.475，p.543，a5-11。唐時期。

LM20-1470-21-02　《道行般若經》卷五

後漢支婁迦讖譯，CBETA，T08，no.224，p.449，c11-18，第 4 行"色亦不"作"色識者亦不"。唐時期。

參：孫傳波 2006，175-176、197。

LM20-1470-21-03　《大般涅槃經》卷六

北涼曇無讖譯，CBETA，T12，no.374，p.400，a3-15。高昌國時期。

LM20-1470-21-04　《佛説灌頂經》卷一二

東晉帛尸梨蜜多羅譯，CBETA，T21，no.1331，p.533，a23-25。唐時期。

LM20-1470-21-05　《佛本行集經》卷五

隋闍那崛多譯，CBETA，T03，no.190，p.674，b28-c9。唐時期。

LM20-1470-21-06　《妙法蓮華經》卷三

姚秦鳩摩羅什譯，CBETA, T09, no.262, p.26, c15–22。唐時期。

LM20-1470-21-07　《大般涅槃經》卷二

北涼曇無讖譯，CBETA, T12, no.374, p.376, c5–15。唐時期。

LM20-1470-22-01　《太上洞淵神咒經》卷六

作者不詳，與敦煌本 S.930 同。《正統道藏》第 6 册，21a10–b1，"汝鬼"作"女鬼"，"取男子"作"取人男子"，"老公"作"老者"，"火毒"作"災毒"，"可治日"作"可治療"，"不去者"作"不去"，"遊逸天下"作"遊行"，"臃腫下"作"癰腫口"，"中此"作"中"，"國主大臣"作"人民卒然"。唐時期。

參：《旅博選粹》，208；榮新江 2007, 413；都築晶子 2010, 77；橘堂晃一 2010, 94；趙洋 2017a, 189；趙洋 2017b, 202–203。

LM20-1470-22-02　《佛説仁王般若波羅蜜經》卷下

姚秦鳩摩羅什譯，CBETA, T08, no.245, p.833, c1–7，"破"作"滅破"。高昌國時期。

LM20-1470-22-03　《佛本行集經》卷五

隋闍那崛多譯，CBETA, T03, no.190, p.674, b13–22。唐時期。

LM20-1470-23-01　《維摩義記》

參敦煌本 P.2273（《法藏敦煌西域文獻》第 10 册，317 頁上）。高昌國時期。

參：《旅博選粹》，71；橘堂晃一 2006a, 94；榮新江 2019a, 28。

LM20-1470-23-02　《大般涅槃經》卷二二

北涼曇無讖譯，CBETA, T12, no.374, p.498, a17–27，"摩滅"作"磨滅"。唐時期。

LM20-1470-23-03　《大般涅槃經》卷一二

北涼曇無讖譯，CBETA, T12, no.374, p.437, b8–15。唐時期。

LM20-1470-23-04　《妙法蓮華經》卷三

姚秦鳩摩羅什譯，CBETA, T09, no.262, p.21, b18–25。唐時期。

LM20-1470-23-05　《月燈三昧經》卷三

高齊那連提耶舍譯，CBETA, T15, no.639, p.562, a10–19。唐時期。

LM20-1470-23-06　《妙法蓮華經》卷五

姚秦鳩摩羅什譯，CBETA, T09, no.262, p.42, b28–c8，第 5 行"法"作"説"。高昌國時期。

LM20-1470-24-01　《佛説灌頂經》卷一二

東晉帛尸梨蜜多羅譯，CBETA, T21, no.1331, p.536, a22–23。唐時期。

LM20-1470-24-02　《妙法蓮華經》卷一

姚秦鳩摩羅什譯，CBETA, T09, no.262, p.2, a17–27。唐時期。

LM20-1470-24-03　《妙法蓮華經馬明菩薩品第三十》

作者不詳，CBETA, T85, no.2899, p.1429, b13–18。唐時期。

LM20-1470-24-04　《悲華經》卷二

北涼曇無讖譯，CBETA, T03, no.157, p.175, b17–22。唐時期。

參：陰會蓮 2006, 110–111、114–116, 圖 6。

LM20-1470-24-05 《佛説須摩提菩薩經》

西晉竺法護譯，CBETA, T12, no.334, p.76, c18–p.77, a4。唐時期。

LM20-1470-25-01 《妙法蓮華經》卷一

姚秦鳩摩羅什譯，CBETA, T09, no.262, p.3, a22–b3。唐時期。

LM20-1470-25-02 《摩訶般若波羅蜜經》卷一一

姚秦鳩摩羅什譯，CBETA, T08, no.223, p.301, a9–15。高昌國時期。

LM20-1470-25-03 《摩訶般若波羅蜜經》卷二五

姚秦鳩摩羅什譯，CBETA, T08, no.223, p.403, c25–p.404, a4, “汝如”作“如汝”。高昌國時期。

LM20-1470-25-04 《道行般若經》卷五

後漢支婁迦讖譯，CBETA, T08, no.224, p.449, c19–25。唐時期。

參：孫傳波 2006, 175。

LM20-1470-25-05 《金光明經》卷一

北涼曇無讖譯，CBETA, T16, no.663, p.339, b12–19。唐時期。

LM20-1470-25-06 《摩訶般若波羅蜜經》卷二五

姚秦鳩摩羅什譯，CBETA, T08, no.223, p.404, c5–7。高昌國時期。

LM20-1470-26-01 《大般涅槃經》卷二九

北涼曇無讖譯，CBETA, T12, no.374, p.535, c19–22, “判”作“牉”。高昌國時期。

LM20-1470-26-02 《大般若波羅蜜多經》卷一二八

唐玄奘譯，CBETA, T05, no.220, p.701, c16–22, 第 2 行、第 3 行“恒住”作“法界”, 第 4 行“恒”作“法”。唐時期。

LM20-1470-26-03 《佛頂尊勝陀羅尼經》

唐佛陀波利譯，CBETA, T19, no.967, p.351, a24–29。唐時期。

LM20-1470-26-04 《金光明經》卷一

北涼曇無讖譯，CBETA, T16, no.663, p.336, c24–p.337, a5。高昌國時期。

LM20-1470-27-01 《妙法蓮華經》卷五

姚秦鳩摩羅什譯，CBETA, T09, no.262, p.44, c20–25。唐時期。

LM20-1470-27-02 《妙法蓮華經》卷六

姚秦鳩摩羅什譯，CBETA, T09, no.262, p.48, a21–b5, “中”作“上”。唐時期。

LM20-1470-27-03 《金光明經》卷三

北涼曇無讖譯，CBETA, T16, no.663, p.350, c1–10, “味”作“氣”。唐時期。

LM20-1470-27-04a 《妙法蓮華經》卷二

姚秦鳩摩羅什譯，CBETA, T09, no.262, p.12, a26–b2。唐時期。

LM20-1470-27-04b 《大般涅槃經》卷二四

北涼曇無讖譯，CBETA, T12, no.374, p.510, a20–25。高昌國時期。

LM20-1470-27-05 《大般若波羅蜜多經》卷二七七

唐玄奘譯，CBETA, T06, no.220, p.403, b1–11。唐時期。

LM20-1470-28-01 《本事經》卷一

唐玄奘譯，CBETA, T17, no.765, p.662, b19–25。唐時期。

LM20-1470-28-02 《天地八陽神咒經》

唐義淨譯，CBETA, T85, no.2897, p.1422, b26–c3。唐時期。

LM20-1470-28-03 《大般涅槃經》卷九

北涼曇無讖譯，CBETA, T12, no.374, p.417, b14–24。高昌國時期。

LM20-1470-29-01 《金光明經》卷三

北涼曇無讖譯，CBETA, T16, no.663, p.351, a20–b1。唐時期。

LM20-1470-29-02 《顯揚聖教論》卷三

唐玄奘譯，CBETA, T31, no.1602, p.492, a5–12。唐時期。

LM20-1470-29-03 《大般涅槃經》卷二三

北涼曇無讖譯，CBETA, T12, no.374, p.499, c13–18。高昌國時期。

LM20-1470-29-04 《大般涅槃經》卷三七

北涼曇無讖譯，CBETA, T12, no.374, p.584, b1–8。高昌國時期。

LM20-1470-30-01 《樂瓔珞莊嚴方便品經》

姚秦曇摩耶舍譯，CBETA, T14, no.566, p.938, c28–p.939, a13。唐時期。

LM20-1470-30-02 《佛説灌頂經》卷一二

東晉帛尸梨蜜多羅譯，CBETA, T21, no.1331, p.534, c29–p.535, a7。"是"原作"來"，由別筆淡墨改正。唐時期。

LM20-1470-30-03 《阿毗曇心論經》卷五

高齊那連提耶舍譯，CBETA, T28, no.1551, p.863, b6–11。唐時期。

LM20-1470-30-04 《摩訶僧祇比丘尼戒本》

東晉法顯、覺賢譯，CBETA, T22, no.1427, p.566, b9–17。高昌國時期。

LM20-1470-30-05 《佛説大安般守意經》卷下

後漢安世高譯，CBETA, T15, no.602, p.169, c1–6。唐時期。

LM20-1470-31-01 《大般涅槃經》卷一〇

北涼曇無讖譯，CBETA, T12, no.374, p.425, c16–19。高昌國時期。

LM20-1470-31-02 《大般若波羅蜜多經》卷五一九

唐玄奘譯，CBETA, T07, no.220, p.655, a15–18。唐時期。

LM20-1470-31-03　《大般涅槃經》卷二〇

北涼曇無讖譯，CBETA, T12, no.374, p.482, a25–b2。唐時期。

LM20-1470-31-04　《阿毗曇毗婆沙論》卷五七

北涼浮陀跋摩、道泰譯，CBETA, T28, no.1546, p.399, c10–18。唐時期。

LM20-1470-31-05　《大般涅槃經》卷二三

北涼曇無讖譯，CBETA, T12, no.374, p.501, c2–8，"想"作"相"。高昌國時期。

LM20-1470-32-01　《大方廣佛華嚴經》卷四九（五十卷本）

東晉佛陀跋陀羅譯，《中華大藏經》第 12 册，602c6–13；參 CBETA, T09, no.278, p.772, b6–14。第 2、3 行間有小"大"字。高昌國時期。

參：《旅博選粹》，46。

LM20-1470-32-02　《四分律》卷四九

姚秦佛陀耶舍、竺佛念等譯，CBETA, T22, no.1428, p.933, a23–b1。高昌國時期。

LM20-1470-32-03　佛典殘片

參唐玄奘譯《大般若波羅蜜多經》卷五六八，CBETA, T07, no.220, p.934, a29–b2, c26–29，"心喜具足"作"心喜足"。唐時期。

LM20-1470-32-04　《大般若波羅蜜多經》卷五三七

唐玄奘譯，CBETA, T07, no.220, p.757, b25–c7。唐時期。

LM20-1470-33-01　《大般涅槃經》卷二二

北涼曇無讖譯，CBETA, T12, no.374, p.497, c20–p.498, a2。高昌國時期。

參：《旅博選粹》，50；王宇、王梅 2006b，54。

LM20-1470-33-02　《大智度論》卷九〇

姚秦鳩摩羅什譯，CBETA, T25, no.1509, p.695, c11–19，第 6 行"寂滅"作"常寂滅"。高昌國時期。

LM20-1470-33-03　《妙法蓮華經》卷七

姚秦鳩摩羅什譯，CBETA, T09, no.262, p.57, a29–b3。唐時期。

LM20-1470-33-04　《小品般若波羅蜜經》卷九

姚秦鳩摩羅什譯，CBETA, T08, no.227, p.576, a27–b5。高昌國時期。

參：孫傳波 2006，191。

LM20-1470-33-05　《妙法蓮華經》卷二

姚秦鳩摩羅什譯，CBETA, T09, no.262, p.18, a3–7。唐時期。

LM20-1470-34-01　《善見律毗婆沙》卷一〇

蕭齊僧伽跋陀羅譯，CBETA, T24, no.1462, p.746, c13–p.747, a14。唐時期。

參：《旅博選粹》，139。

LM20-1470-34-02　《四分比丘尼戒本》

姚秦佛陀耶舍譯，CBETA，T22，no.1431，p.1031，a19-b3，第 6 行"比丘尼僧和合"作"僧集合和"。唐時期。

LM20-1470-34-03 《大般涅槃經》卷一八

北涼曇無讖譯，CBETA，T12，no.374，p.472，a24-28，"我无净"作"我無樂無净"。高昌國時期。

LM20-1470-34-04 《妙法蓮華經》卷五

姚秦鳩摩羅什譯，CBETA，T09，no.262，p.41，a11-19。唐時期。

LM20-1470-34-05 《合部金光明經》卷二

梁真諦譯，隋寶貴合，CBETA，T16，no.664，p.368，b29-c4。唐時期。

LM20-1470-35-01 《大般涅槃經》卷二七

北涼曇無讖譯，CBETA，T12，no.374，p.525，b9-13，"盲者"作"盲雖"。高昌國時期。參：《旅博選粹》，72。

LM20-1470-35-02 《妙法蓮華經》卷六

姚秦鳩摩羅什譯，CBETA，T09，no.262，p.50，c25-p.51，a3，"逕"作"經"。高昌國時期。

LM20-1470-35-03 佛典殘片

參北涼曇無讖譯《大般涅槃經》卷一〇，CBETA，T12，no.374，p.428，b7-12。高昌國時期。

LM20-1470-35-04 《佛説灌頂經》卷一二

東晉帛尸梨蜜多羅譯，CBETA，T21，no.1331，p.533，a20-25，"瑠璃"作"琉璃"。唐時期。

LM20-1470-36-01 《摩訶般若波羅蜜經》卷一〇

姚秦鳩摩羅什譯，CBETA，T08，no.223，p.291，c20-p.292，a2。高昌國時期。

LM20-1470-36-02 《合部金光明經》卷二

梁真諦譯，隋寶貴合，CBETA，T16，no.664，p.368，c3-12，"鄣業"作"業障"。唐時期。

LM20-1470-36-03 《大般涅槃經》卷二七

北涼曇無讖譯，CBETA，T12，no.374，p.524，b1-4。高昌國時期。

LM20-1470-37-01 《大般涅槃經》卷一三

北涼曇無讖譯，CBETA，T12，no.374，p.44，b12-20。高昌國時期。

LM20-1470-37-02 《大方廣佛華嚴經》卷一五

東晉佛陀跋陀羅譯，CBETA，T09，no.278，p.496，c2-9。唐時期。

LM20-1470-37-03 《大般涅槃經》卷二五

北涼曇無讖譯，CBETA，T12，no.374，p.517，a11-23。高昌國時期。

LM20-1470-38-01 《合部金光明經》卷六

隋闍那崛多譯，隋寶貴合，CBETA，T16，no.664，p.386，a13-20。唐時期。

LM20-1470-38-02 《大般涅槃經》卷二

北涼曇無讖譯, CBETA, T12, no.374, p.374, a14–21。高昌國時期。

LM20-1470-38-03　《大般若波羅蜜多經》卷四六〇

唐玄奘譯, CBETA, T07, no.220, p.324, b16–23。唐時期。

LM20-1470-38-04　《大般涅槃經》卷三二

北涼曇無讖譯, CBETA, T12, no.374, p.557, a14–18。高昌國時期。

LM20-1470-38-05　《大方廣佛華嚴經》卷三三（五十卷本）

東晉佛陀跋陀羅譯,《中華大藏經》第 12 册, 398a23–b11; 參 CBETA, T09, no.278, p.645, b26–c7, "念" 作 "心"。高昌國時期。

經冊二十二

LM20-1471-01　空號

LM20-1471-02-01　《佛説觀無量壽佛經》外題

劉宋畺良耶舍譯。高昌國時期。

參：《净土集成》，119。

LM20-1471-02-02　《佛説無量壽經》卷上

曹魏康僧鎧譯，CBETA，T12，no.360，p.266，b27-c2。高昌國時期。

參：《旅博選粹》，113；《净土集成》，6-7。

LM20-1471-02-03　《佛説無量壽經》卷上

曹魏康僧鎧譯，CBETA，T12，no.360，p.266，c28-p.267，a2，"地動"作"地種"。唐時期。

參：《旅博選粹》，114；《净土集成》，6-7；房學惠、孫慧珍2006，39；王振芬2017，66。

LM20-1471-03-01　《佛説無量壽經》卷上

曹魏康僧鎧譯，CBETA，T12，no.360，p.267，a5-10。唐時期。

參：《旅博選粹》，114；《净土集成》，6-7。

LM20-1471-03-02　《佛説無量壽經》卷上

曹魏康僧鎧譯，CBETA，T12，no.360，p.267，a9-13。唐時期。

參：《旅博選粹》，114；《净土集成》，8-9。

LM20-1471-03-03　《佛説無量壽經》卷上

曹魏康僧鎧譯，CBETA，T12，no.360，p.269，b7-11。高昌國時期。

參：《旅博選粹》，114；《净土集成》，10-11。

LM20-1471-03-04　《佛説無量壽經》卷上

曹魏康僧鎧譯，CBETA，T12，no.360，p.271，a2-5。唐時期。

參：《旅博選粹》，114；《净土集成》，12-13。

LM20-1471-04-01　《佛説無量壽經》卷下

曹魏康僧鎧譯，CBETA，T12，no.360，p.275，b10-14。唐時期。

參：《旅博選粹》，115；《净土集成》，16-17。

LM20-1471-04-02　《佛説無量壽經》卷下

曹魏康僧鎧譯，CBETA，T12，no.360，p.275，b12-15。高昌國時期。

參:《旅博選粹》, 115;《净土集成》, 16–17。

LM20-1471-04-03　《佛説無量壽經》卷下

曹魏康僧鎧譯, CBETA, T12, no.360, p.275, c19–24。高昌國時期。

參:《旅博選粹》, 115;《净土集成》, 18–19。

LM20-1471-05-01　《佛説無量壽經》卷下

曹魏康僧鎧譯, CBETA, T12, no.360, p.278, a13–19。高昌國時期。

參:《旅博選粹》, 115;《净土集成》, 20–21。

LM20-1471-05-02　《佛説無量壽經》卷下

曹魏康僧鎧譯, CBETA, T12, no.360, p.278, a18–22。高昌國時期。

參:《旅博選粹》, 115;《净土集成》, 20–21。

LM20-1471-05-03　《佛説無量壽經》卷下

曹魏康僧鎧譯, CBETA, T12, no.360, p.278, a26–b2。高昌國時期。

參:《旅博選粹》, 115;《净土集成》, 20–21。

LM20-1471-06-01　《佛説無量壽經》卷下

曹魏康僧鎧譯, CBETA, T12, no.360, p.278, b22–c7。唐時期。

參:《旅博選粹》, 116;《净土集成》, 22–23; 房學慧、孫慧珍 2006, 39。

LM20-1471-07　空號

LM20-1471-08-01　《佛説觀無量壽佛經》

劉宋畺良耶舍譯, CBETA, T12, no.365, p.341, a14–18。唐時期。

參:《旅博選粹》, 116;《净土集成》, 28–29。

LM20-1471-08-02　《佛説觀無量壽佛經》

劉宋畺良耶舍譯, CBETA, T12, no.365, p.341, b6–10。高昌國時期。

參:《旅博選粹》, 116;《净土集成》, 30–31。

LM20-1471-08-03　《佛説觀無量壽佛經》

劉宋畺良耶舍譯, CBETA, T12, no.365, p.342, a2–5。高昌國時期。

參:《旅博選粹》, 116;《净土集成》, 32–33。

LM20-1471-08-04　《佛説觀無量壽佛經》

劉宋畺良耶舍譯, CBETA, T12, no.365, p.342, a7–9, "想見" 作 "見"。高昌國時期。

參:《旅博選粹》, 116;《净土集成》, 32–33。

LM20-1471-09-01　《佛説觀無量壽佛經》

劉宋畺良耶舍譯, CBETA, T12, no.365, p.342, a8–12。高昌國時期。

參:《旅博選粹》, 116;《净土集成》, 32–33。

LM20-1471-09-02　《佛説觀無量壽佛經》

劉宋畺良耶舍譯, CBETA, T12, no.365, p.342, a16–20, "明了" 作 "了了"。高昌國時期。

參：《旅博選粹》，117；《净土集成》，34—35。

LM20-1471-09-03　《佛說觀無量壽佛經》

劉宋畺良耶舍譯，CBETA，T12，no.365，p.342，b13—19。唐時期。

參：《旅博選粹》，117；《净土集成》，36—37。

LM20-1471-09-04　《佛說觀無量壽佛經》

劉宋畺良耶舍譯，CBETA，T12，no.365，p.342，b17—25。唐時期。

參：《旅博選粹》，117；《净土集成》，36—37。

LM20-1471-10-01　《佛說觀無量壽佛經》

劉宋畺良耶舍譯，CBETA，T12，no.365，p.342，b22—c4。高昌國時期。

參：《旅博選粹》，117；《净土集成》，38—39。

LM20-1471-10-02　《佛說觀無量壽佛經》

劉宋畺良耶舍譯，CBETA，T12，no.365，p.342，c16—22。唐時期。

參：《旅博選粹》，118；《净土集成》，40—41。

LM20-1471-10-03　《佛說觀無量壽佛經》

劉宋畺良耶舍譯，CBETA，T12，no.365，p.342，c29—p.343，a4。唐時期。

參：《旅博選粹》，118；《净土集成》，40—41。

LM20-1471-10-04　《佛說觀無量壽佛經》

劉宋畺良耶舍譯，CBETA，T12，no.365，p.343，c7—12。高昌國時期。

參：《旅博選粹》，118；《净土集成》，42—43。

LM20-1471-11-01　《佛說觀無量壽佛經》

劉宋畺良耶舍譯，CBETA，T12，no.365，p.343，c13—17。高昌國時期。

參：《旅博選粹》，118；《净土集成》，42—43。

LM20-1471-11-02　《佛說觀無量壽佛經》

劉宋畺良耶舍譯，CBETA，T12，no.365，p.343，c15—16。高昌國時期。

參：《旅博選粹》，118；《净土集成》，44—45。

LM20-1471-11-03　《佛說觀無量壽佛經》

劉宋畺良耶舍譯，CBETA，T12，no.365，p.343，c17—21，"豪"作"毫"。高昌國時期。

參：《旅博選粹》，118；《净土集成》，44—45。

LM20-1471-11-04　《佛說觀無量壽佛經》

劉宋畺良耶舍譯，CBETA，T12，no.365，p.344，a10—19。唐時期。

參：《旅博選粹》，119；《净土集成》，46—47。

LM20-1471-12-01　《佛說觀無量壽佛經》

劉宋畺良耶舍譯，CBETA，T12，no.365，p.344，c20—p.345，a3。唐時期。

參：《旅博選粹》，119；《净土集成》，48—49。

LM20-1471-12-02　《佛説觀無量壽佛經》

劉宋畺良耶舍譯，CBETA, T12, no.365, p.345, a9–13。高昌國時期。

參：《旅博選粹》, 119；《净土集成》, 50–51。

LM20-1471-12-03　《佛説觀無量壽佛經》

劉宋畺良耶舍譯，CBETA, T12, no.365, p.345, a12–17。高昌國時期。

參：《旅博選粹》, 119；《净土集成》, 50–51。

LM20-1471-12-04　《佛説觀無量壽佛經》

劉宋畺良耶舍譯，CBETA, T12, no.365, p.345, a7–9。有朱筆句讀。高昌國時期。

參：《旅博選粹》, 119；《净土集成》, 52–53。

LM20-1471-13-01　《佛説觀無量壽佛經》

劉宋畺良耶舍譯，CBETA, T12, no.365, p.345, a27–29。高昌國時期。

參：《旅博選粹》, 120；《净土集成》, 52–53。

LM20-1471-13-02　《佛説觀無量壽佛經》

劉宋畺良耶舍譯，CBETA, T12, no.365, p.345, b2–4。高昌國時期。

參：《旅博選粹》, 120；《净土集成》, 52–53。

LM20-1471-13-03　《佛説觀無量壽佛經》

劉宋畺良耶舍譯，CBETA, T12, no.365, p.345, b15–18。高昌國時期。

參：《旅博選粹》, 120；《净土集成》, 52–53。

LM20-1471-13-04　《佛説觀無量壽佛經》

劉宋畺良耶舍譯，CBETA, T12, no.365, p.345, b25–c2。高昌國時期。

參：《旅博選粹》, 120；《净土集成》, 56–57、123；橘堂晃一 2010, 95；三谷真澄 2019, 19。

LM20-1471-13-05　《佛説觀無量壽佛經》

劉宋畺良耶舍譯，CBETA, T12, no.365, p.345, c16–20。唐時期。

參：《旅博選粹》, 121；《净土集成》, 58–59。

LM20-1471-14-01　《佛説觀無量壽佛經》

劉宋畺良耶舍譯，CBETA, T12, no.365, p.345, c26–p.346, a4。唐時期。背面爲胡語文書，無法揭取拍攝。

參：《旅博選粹》, 121；《净土集成》, 58–59。

LM20-1471-14-02　《佛説觀無量壽佛經》

劉宋畺良耶舍譯，CBETA, T12, no.365, p.346, a6–13，"逕"作"經"。唐時期。

參：《旅博選粹》, 121；《净土集成》, 60–61。

LM20-1471-14-03　《佛説觀無量壽佛經》

劉宋畺良耶舍譯，CBETA, T12, no.365, p.346, a12–13。唐時期。

參:《旅博選粹》, 121;《净土集成》, 60-61、123; 三谷真澄 2019, 19。

LM20-1471-14-04 《佛説觀無量壽佛經》

劉宋畺良耶舍譯, CBETA, T12, no.365, p.346, b13-18, "持" 作 "好持"。高昌國時期。

參:《旅博選粹》, 121;《净土集成》, 62-63、131。

LM20-1471-15 空號

LM20-1471-16-01 《佛説阿彌陀經》

姚秦鳩摩羅什譯, CBETA, T12, no.366, p.346, c7-12。唐時期。

參:《旅博選粹》, 122;《净土集成》, 62-63。

LM20-1471-16-02 《佛説阿彌陀經》

姚秦鳩摩羅什譯, CBETA, T12, no.366, p.346, c12-16。唐時期。

參:《旅博選粹》, 122;《净土集成》, 64-65。

LM20-1471-16-03 《佛説阿彌陀經》

姚秦鳩摩羅什譯, CBETA, T12, no.366, p.346, c14-p.347, a2。唐時期。

參:《旅博選粹》, 122;《净土集成》, 64-65。

LM20-1471-16-04 《佛説阿彌陀經》

姚秦鳩摩羅什譯, CBETA, T12, no.366, p.346, c15-p.347, a5。唐時期。

參:《旅博選粹》, 122;《净土集成》, 64-65。

LM20-1471-17-01 《佛説阿彌陀經》

姚秦鳩摩羅什譯, CBETA, T12, no.366, p.347, a4-10。唐時期。

參:《旅博選粹》, 122;《净土集成》, 66-67、131。

LM20-1471-17-02 《佛説阿彌陀經》

姚秦鳩摩羅什譯, CBETA, T12, no.366, p.347, a6-9。唐時期。

參:《旅博選粹》, 122;《净土集成》, 68-69。

LM20-1471-17-03 《佛説阿彌陀經》

姚秦鳩摩羅什譯, CBETA, T12, no.366, p.346, c3-5。唐時期。

參:《旅博選粹》, 122;《净土集成》, 63-63。

LM20-1471-17-04 《佛説阿彌陀經》

姚秦鳩摩羅什譯, CBETA, T12, no.366, p.347, a10-11。唐時期。

參:《旅博選粹》, 123;《净土集成》, 68-69。

LM20-1471-17-05 《佛説阿彌陀經》

姚秦鳩摩羅什譯, CBETA, T12, no.366, p.347, a18-22。唐時期。

參:《旅博選粹》, 123;《净土集成》, 72-73。

LM20-1471-18-01 《佛説阿彌陀經》

姚秦鳩摩羅什譯, CBETA, T12, no.366, p.347, a10-21"。高昌國時期。

参：《旅博選粹》, 123;《净土集成》, 70-71。

LM20-1471-18-02　《佛説阿彌陀經》

姚秦鳩摩羅什譯, CBETA, T12, no.366, p.347, b1-5。唐時期。

参：《旅博選粹》, 123;《净土集成》, 74-75。

LM20-1471-18-03　《佛説阿彌陀經》

姚秦鳩摩羅什譯, CBETA, T12, no.366, p.347, b1-6。唐時期。

参：《旅博選粹》, 123;《净土集成》, 76-77。

LM20-1471-19-01　《佛説阿彌陀經》

姚秦鳩摩羅什譯, CBETA, T12, no.366, p.347, b4-8。唐時期。

参：《旅博選粹》, 124;《净土集成》, 76-77。

LM20-1471-19-02　《佛説阿彌陀經》

姚秦鳩摩羅什譯, CBETA, T12, no.366, p.347, b17-22, "恒沙"作"恒河沙"。唐時期。

参：《旅博選粹》, 124;《净土集成》, 78-79。

LM20-1471-20-01　《佛説阿彌陀經》

姚秦鳩摩羅什譯, CBETA, T12, no.366, p.347, b19-23。唐時期。

参：《旅博選粹》, 124;《净土集成》, 80-81。

LM20-1471-20-02　《佛説阿彌陀經》

姚秦鳩摩羅什譯, CBETA, T12, no.366, p.347, b26-29。唐時期。

参：《旅博選粹》, 124;《净土集成》, 82-83;三谷真澄 2019, 19。

LM20-1471-20-03　《佛説阿彌陀經》

姚秦鳩摩羅什譯, CBETA, T12, no.366, p.347, b26-c01。唐時期。

参：《旅博選粹》, 124;《净土集成》, 82-83、123。

LM20-1471-20-04　《佛説阿彌陀經》

姚秦鳩摩羅什譯, CBETA, T12, no.366, p.347, c1-10, "阻"作"沮"。唐時期。

LM20-1471-21-01　《佛説阿彌陀經》

姚秦鳩摩羅什譯, CBETA, T12, no.366, p.347, c1-8。唐時期。

参：《净土集成》, 87。

LM20-1471-21-02　《佛説阿彌陀經》

姚秦鳩摩羅什譯, CBETA, T12, no.366, p.347, b29-c6。唐時期。

参：《净土集成》, 85。

LM20-1471-21-03　《佛説阿彌陀經》

姚秦鳩摩羅什譯, CBETA, T12, no.366, p.347, c12-p.348, a2。唐時期。

参：《净土集成》, 89。

LM20-1471-22-01　《佛説阿彌陀經》

姚秦鳩摩羅什譯，CBETA，T12，no.366，p.348，a1-4。唐時期。

參：《净土集成》，89。

LM20-1471-22-02 《佛説阿彌陀經》

姚秦鳩摩羅什譯，此段文字多處可見。唐時期。

參：《旅博選粹》，125;《净土集成》，80-81。

LM20-1471-22-03 《佛説阿彌陀經》

姚秦鳩摩羅什譯，此段文字多處可見。唐時期。

參：《旅博選粹》，125;《净土集成》，82-83。

LM20-1471-22-04 《佛説阿彌陀經》

姚秦鳩摩羅什譯，CBETA，T12，no.366，p.348，a10-12。唐時期。

參：《净土集成》，91。

LM20-1471-22-05 《佛説阿彌陀經》

姚秦鳩摩羅什譯，CBETA，T12，no.366，p.348，a14-18。唐時期。

參：《净土集成》，91。

LM20-1471-23-01 《佛説阿彌陀經》

姚秦鳩摩羅什譯，CBETA，T12，no.366，p.348，a14-27。西州回鶻時期。

參：《净土集成》，117。

LM20-1471-23-02 《稱讚净土佛攝受經》

唐玄奘譯，CBETA，T12，no.367，p.349，c27-p.350，a6。唐時期。

LM20-1471-24-01 《集諸經禮懺儀》卷下

唐智昇撰，善導集記，CBETA，T47，no.1982，p.466，a19-23。西州回鶻時期。

LM20-1471-24-02 禮懺文

參唐善導集記《往生禮讚偈》，CBETA，T47，no.1980，p.440，c9-10;唐智昇撰，善導集記《集諸經禮懺儀》卷下，CBETA，T47，no.1982，p.468，b19;《持齋念佛懺悔禮文》，CBETA，T85，no.2829，p.1267，a23;中村不折藏敦煌本《禮懺文》，CBETA，T85，no.2854，p.1304，b15-16;唐宗密述《圓覺經道場修證儀》卷二，CBETA，X74，no.1475，p.387，a1。西州回鶻時期。

參：《净土集成》，117。

LM20-1471-25-01r 《集諸經禮懺儀》卷上

唐智昇撰、善導集記，CBETA，T47，no.1982，p.462，b8-c15，"違"作"圍"。西州回鶻時期。

參：《净土集成》，115。

LM20-1471-25-01v 唐某年户籍

存"元年貌減就實"六字。唐時期。無法揭取拍攝。

LM20-1471-25-02　禮懺文

參唐智昇撰，善導集記《集諸經禮懺儀》卷下，CBETA，T47，no.1982，p.467，b6-8。
有墨點。西州回鶻時期。

參：《净土集成》，119。

LM20-1471-26　空號

LM20-1471-27　空號

LM20-1471-28-01　《現在十方千五百佛名並雜佛同號》

作者不詳，CBETA，T85，no.2905，p.1447，c24-27。唐時期。

參：《净土集成》，119。

LM20-1471-28-02a　禮懺文

唐時期。

參：《旅博選粹》，165；《净土集成》，121。

LM20-1471-28-02b　禮懺文

參唐智昇撰，善導集記《集諸經禮懺儀》卷下，CBETA，T47，no.1982，p.470，a25-26；
唐善導集記《往生禮讚偈》，CBETA，T47，no.1980，p.442，c11-12。唐時期。

參：《净土集成》，121。

LM20-1471-28-03　《大乘起世論》

作者不詳，CBETA，ZW03，no.24，p.68，a19-p.69，a2。有朱筆句讀。西州回鶻時期。

參：《净土集成》，121。

LM20-1471-29-01　《佛説廣博嚴净不退轉輪經》卷六

劉宋智嚴譯，CBETA，T09，no.268，p.282，a13-19。西州回鶻時期。

參：《净土集成》，119。

LM20-1471-29-02r　《十住毗婆沙論》卷五

姚秦鳩摩羅什譯，CBETA，T26，no.1521，p.44，a2-5。高昌國時期。

參：《净土集成》，101。

LM20-1471-29-02v　佛典殘片

西州回鶻時期。無法揭取拍攝。

經册二十三

LM20-1472-01-01 《大方廣佛華嚴經》卷一六（五十卷本）

　　東晉佛陀跋陀羅譯，《中華大藏經》第 12 册，200b2-5; 參 CBETA, T09, no.278, p.522, c3-5。高昌國時期。

LM20-1472-01-02a 《大方廣佛華嚴經》卷一六（五十卷本）

　　東晉佛陀跋陀羅譯，《中華大藏經》第 12 册，200c1-4; 參 CBETA, T09, no.278, p.522, c21-24。高昌國時期。

LM20-1472-01-02b 《大方廣佛華嚴經》卷一六（五十卷本）

　　東晉佛陀跋陀羅譯，《中華大藏經》第 12 册，200b4-9; 參 CBETA, T09, no.278, p.523, b6-11。高昌國時期。

LM20-1472-01-03 《大方廣佛華嚴經》卷一六（五十卷本）

　　東晉佛陀跋陀羅譯，《中華大藏經》第 12 册，200c5-8; 參 CBETA, T09, no.278, p.522, c25-27。高昌國時期。

LM20-1472-01-04 《大方廣佛華嚴經》卷一六（五十卷本）

　　東晉佛陀跋陀羅譯，《中華大藏經》第 12 册，200a17-19; 參 CBETA, T09, no.278, p.522, b24-26。高昌國時期。

LM20-1472-01-05 《大方廣佛華嚴經》卷一六（五十卷本）

　　東晉佛陀跋陀羅譯，《中華大藏經》第 12 册，200a22-23; 參 CBETA, T09, no.278, p.522, b28-c1。高昌國時期。

LM20-1472-01-06 《大般涅槃經》卷三一

　　北涼曇無讖譯，CBETA, T12, no.374, p.548, c9-12。高昌國時期。

LM20-1472-01-07 《大般涅槃經》卷三一

　　北涼曇無讖譯，CBETA, T12, no.374, p.548, c4-8。高昌國時期。

LM20-1472-01-08 《大般涅槃經》卷二九

　　北涼曇無讖譯，CBETA, T12, no.374, p.548, b29-c3。高昌國時期。

LM20-1472-02-01 《大方廣佛華嚴經》卷一六（五十卷本）

　　東晉佛陀跋陀羅譯，《中華大藏經》第 12 册，200a12-15; 參 CBETA, T09, no.278, p.522, b20-22, "諸中"作"諸法中"。高昌國時期。

LM20-1472-02-02 《大方廣佛華嚴經》卷一六（五十卷本）

東晉佛陀跋陀羅譯,《中華大藏經》第 12 册, 200a6-9; 參 CBETA, T09, no.278, p.523, a17-20。高昌國時期。

LM20-1472-02-03　《大方廣佛華嚴經》卷一六（五十卷本）

東晉佛陀跋陀羅譯,《中華大藏經》第 12 册, 200b16-18; 參 CBETA, T09, no.278, p.522, c14-17。高昌國時期。

LM20-1472-02-04　《大方廣佛華嚴經》卷一六（五十卷本）

東晉佛陀跋陀羅譯,《中華大藏經》第 12 册, 201a2-5; 參 CBETA, T09, no.278, p.523, a13-17。高昌國時期。

LM20-1472-02-05　《大方廣佛華嚴經》卷一六（五十卷本）

東晉佛陀跋陀羅譯,《中華大藏經》第 12 册, 200c21-201a1; 參 CBETA, T09, no.278, p.523, a10-13。高昌國時期。

LM20-1472-02-06　《大方廣佛華嚴經》卷一六（五十卷本）

東晉佛陀跋陀羅譯,《中華大藏經》第 12 册, 200c16-19; 參 CBETA, T09, no.278, p.523, a5-9。高昌國時期。

LM20-1472-03-01　《大方廣佛華嚴經》卷一六（五十卷本）

東晉佛陀跋陀羅譯,《中華大藏經》第 12 册, 200b7-9; 參 CBETA, T09, no.278, p.522, c7-9。高昌國時期。

LM20-1472-03-02　《大方廣佛華嚴經》卷一六（五十卷本）

東晉佛陀跋陀羅譯,《中華大藏經》第 12 册, 200b20-22; 參 CBETA, T09, no.278, p.522, c18-21,"平滿足"作"平等滿足"。高昌國時期。

LM20-1472-03-03　《大方廣佛華嚴經》卷一六（五十卷本）

東晉佛陀跋陀羅譯,《中華大藏經》第 12 册, 200c13-16; 參 CBETA, T09, no.278, p.523, a2-6。高昌國時期。

LM20-1472-03-04　《大方廣佛華嚴經》卷一六（五十卷本）

東晉佛陀跋陀羅譯,《中華大藏經》第 12 册, 200a10-12; 參 CBETA, T09, no.278, p.522, b17-19。高昌國時期。

LM20-1472-03-05　《大方廣佛華嚴經》卷一六（五十卷本）

東晉佛陀跋陀羅譯,《中華大藏經》第 12 册, 200a4-6; 參 CBETA, T09, no.278, p.522, b13-15。高昌國時期。

LM20-1472-03-06　《大方廣佛華嚴經》卷一六（五十卷本）

東晉佛陀跋陀羅譯,《中華大藏經》第 12 册, 199c13-14; 參 CBETA, T09, no.278, p.522, b1-2。高昌國時期。

LM20-1472-03-07　《大方廣佛華嚴經》卷一六（五十卷本）

東晉佛陀跋陀羅譯,《中華大藏經》第 12 册, 200a12-14; 參 CBETA, T09, no.278, p.522, c10–14。高昌國時期。

LM20-1472-03-08 《大方廣佛華嚴經》卷一六（五十卷本）

東晉佛陀跋陀羅譯，《中華大藏經》第 12 册，199c22–200a1; 參 CBETA, T09, no.278, p.522, b9–11。高昌國時期。

LM20-1472-03-09 《大方廣佛華嚴經》卷一六（五十卷本）

東晉佛陀跋陀羅譯，《中華大藏經》第 12 册，199c18–19; 參 CBETA, T09, no.278, p.522, b5–7。高昌國時期。

LM20-1472-03-10 《大方廣佛華嚴經》卷一六（五十卷本）

東晉佛陀跋陀羅譯，《中華大藏經》第 12 册，199c8–9; 參 CBETA, T09, no.278, p.522, a26–27。高昌國時期。

LM20-1472-03-11 《大方廣佛華嚴經》卷一六（五十卷本）

東晉佛陀跋陀羅譯，《中華大藏經》第 12 册，201a11–13; 參 CBETA, T09, no.278, p.523, a21–23。高昌國時期。

LM20-1472-04-01 《大般涅槃經》卷三

北涼曇無讖譯, CBETA, T12, no.374, p.380, b2–5。高昌國時期。

LM20-1472-04-02 《大智度論》卷七〇

姚秦鳩摩羅什譯, CBETA, T25, no.1509, p.547, c28–p.548, a25。高昌國時期。

LM20-1472-04-03 《天公經》

作者不詳, CBETA, T85, no.2876, p.1361, a22–24。唐時期。

LM20-1472-04-04 《天公經》

作者不詳, CBETA, ZW01, no.14a, p.371, a2–5, "斫"作"缺"。唐時期。

LM20-1472-04-05a 殘片

LM20-1472-04-05b 《天請問經》

唐玄奘譯, CBETA, T15, no.592, p.124, b15–18。唐時期。

LM20-1472-04-06a 《天公經》

作者不詳, CBETA, T85, no.2876, p.1361, a13。唐時期。

LM20-1472-04-06b 《天公經》

作者不詳, CBETA, T85, no.2876, p.1361, a12–13。唐時期。

LM20-1472-04-07 《天請問經》

唐玄奘譯, CBETA, T15, no.592, p.124, b24–c1。唐時期。

LM20-1472-04-08 《天請問經》

唐玄奘譯, CBETA, T15, no.592, p.124, b18–24。唐時期。

LM20-1472-05-01 《大般涅槃經》卷三

北涼曇無讖譯, CBETA, T12, no.374, p.379, c18–27。高昌國時期。

LM20-1472-05-02　《大般涅槃經》卷三

　　北涼曇無讖譯，CBETA，T12，no.374，p.379，b26-c2，"性"作"姓"，"坐"作"座"。高昌國時期。

LM20-1472-05-03　《大般涅槃經》卷三

　　北涼曇無讖譯，CBETA，T12，no.374，p.380，a8-17。高昌國時期。

LM20-1472-05-04　《大般涅槃經》卷三

　　北涼曇無讖譯，CBETA，T12，no.374，p.379，c6-11。高昌國時期。

LM20-1472-06-01a　《薩婆多部毗尼摩得勒伽》卷五

　　劉宋僧伽跋摩譯，CBETA，T23，no.1441，p.595，c24-p.596，a14。唐時期。

LM20-1472-06-01b　《薩婆多部毗尼摩得勒伽》卷五

　　劉宋僧伽跋摩譯，CBETA，T23，no.1441，p.596，a10-14。唐時期。

LM20-1472-06-02　《薩婆多部毗尼摩得勒伽》卷五

　　劉宋僧伽跋摩譯，CBETA，T23，no.1441，p.596，a14-21。唐時期。

LM20-1472-06-03　《薩婆多部毗尼摩得勒伽》卷五

　　劉宋僧伽跋摩譯，CBETA，T23，no.1441，p.597，b14-c7，第15行"罪鑽"作"罪讚"。唐時期。

LM20-1472-06-04　《大般涅槃經》卷一九

　　北涼曇無讖譯，CBETA，T12，no.374，p.478，b7-9。高昌國時期。

LM20-1472-06-05　《薩婆多部毗尼摩得勒伽》卷五

　　劉宋僧伽跋摩譯，CBETA，T23，no.1441，p.595，b23-c6。唐時期。

LM20-1472-06-06　《薩婆多部毗尼摩得勒伽》卷五

　　劉宋僧伽跋摩譯，CBETA，T23，no.1441，p.595，c7-24，第12行"儐"作"擯"。唐時期。

LM20-1472-07-01a　殘片

LM20-1472-07-01b　《薩婆多部毗尼摩得勒伽》卷五

　　劉宋僧伽跋摩譯，CBETA，T23，no.1441，p.597，b29-c14。唐時期。

LM20-1472-08-01　《大智度論》卷六七

　　姚秦鳩摩羅什譯，CBETA，T25，no.1509，p.532，b16-19。高昌國時期。

LM20-1472-08-02　《大智度論》卷六七

　　姚秦鳩摩羅什譯，CBETA，T25，no.1509，p.532，b19-21。高昌國時期。

LM20-1472-08-03　《大智度論》卷六七

　　姚秦鳩摩羅什譯，CBETA，T25，no.1509，p.532，b9-11。高昌國時期。

LM20-1472-08-04　《大智度論》卷六七

　　姚秦鳩摩羅什譯，CBETA，T25，no.1509，p.532，b7-9。高昌國時期。

LM20-1472-08-05　《大智度論》卷六七

　　姚秦鳩摩羅什譯，CBETA，T25，no.1509，p.532，b2-4。高昌國時期。

LM20-1472-08-06　《大智度論》卷六七

　　姚秦鳩摩羅什譯，CBETA，T25，no.1509，p.532，b4–6。高昌國時期。

LM20-1472-08-07　《大智度論》卷六七

　　姚秦鳩摩羅什譯，CBETA，T25，no.1509，p.532，b14–17。高昌國時期。

LM20-1472-08-08　《大智度論》卷六七

　　姚秦鳩摩羅什譯，CBETA，T25，no.1509，p.532，b12–14。高昌國時期。

LM20-1472-08-09　《大智度論》卷六七

　　姚秦鳩摩羅什譯，CBETA，T25，no.1509，p.532，b22–24。高昌國時期。

LM20-1472-08-10　《大智度論》卷六七并題記

　　姚秦鳩摩羅什譯，CBETA，T25，no.1509，p.532，c12–23。高昌國時期。

LM20-1472-09-01　《出曜經》卷二二

　　姚秦竺佛念譯，CBETA，T04，no.212，p.726，a27–b6。唐時期。

LM20-1472-09-02　《妙法蓮華經》卷四

　　姚秦鳩摩羅什譯，CBETA，T09，no.262，p.34，b25–28。唐時期。

LM20-1472-09-03　《大智度論》卷六七

　　姚秦鳩摩羅什譯，CBETA，T25，no.1509，p.532，a27–b2。高昌國時期。

LM20-1472-09-04　《大般涅槃經》卷一一

　　北涼曇無讖譯，CBETA，T12，no.374，p.431，c10–12。高昌國時期。

LM20-1472-09-05　《大般涅槃經》卷一一

　　北涼曇無讖譯，CBETA，T12，no.374，p.431，c6–10。高昌國時期。

LM20-1472-09-06　《大智度論》卷六七

　　姚秦鳩摩羅什譯，CBETA，T25，no.1509，p.532，a25–28。高昌國時期。

LM20-1472-09-07　《大般涅槃經》卷一一

　　北涼曇無讖譯，CBETA，T12，no.374，p.431，c2–4。高昌國時期。

LM20-1472-09-08　《大般涅槃經》卷一一

　　北涼曇無讖譯，CBETA，T12，no.374，p.431，b29–c2。高昌國時期。

LM20-1472-09-09　《大般涅槃經》卷一一

　　北涼曇無讖譯，CBETA，T12，no.374，p.431，c12–14。高昌國時期。

LM20-1472-09-10　《大般涅槃經》卷一一

　　北涼曇無讖譯，CBETA，T12，no.374，p.431，b28–c1。高昌國時期。

LM20-1472-09-11　《大般涅槃經》卷一一

　　北涼曇無讖譯，CBETA，T12，no.374，p.431，c3–7。高昌國時期。

LM20-1472-10-01a　《千眼千臂觀世音菩薩陀羅尼神咒經》

　　唐智通譯，此段文字多處可見。唐時期。

LM20-1472-10-01b　殘片

唐時期。

LM20-1472-10-01c　《千眼千臂觀世音菩薩陀羅尼神咒經》

唐智通譯，此段文字多處可見。唐時期。

LM20-1472-10-01d　殘片

LM20-1472-10-01e　《大般涅槃經》卷一六

北涼曇無讖譯，CBETA, T12, no.374, p.462, c8–10。唐時期。

LM20-1472-10-02a　《千眼千臂觀世音菩薩陀羅尼神咒經》卷下

唐智通譯，CBETA, T20, no.1057b, p.96, a21–23。唐時期。

LM20-1472-10-02b　《千眼千臂觀世音菩薩陀羅尼神咒經》卷下

唐智通譯，CBETA, T20, no.1057a, p.89, b20–22。唐時期。

LM20-1472-10-02c　《千眼千臂觀世音菩薩陀羅尼神咒經》卷下

唐智通譯，CBETA, T20, no.1057b, p.96, a8–10。唐時期。

LM20-1472-10-03　《千眼千臂觀世音菩薩陀羅尼神咒經》卷下

唐智通譯，CBETA, T20, no.1057b, p.96, a24–25。唐時期。

LM20-1472-10-04a　《千眼千臂觀世音菩薩陀羅尼神咒經》卷下

唐智通譯，據 LM20-1472-10-02 定名。唐時期。

LM20-1472-10-04b　《千眼千臂觀世音菩薩陀羅尼神咒經》卷下

唐智通譯，據 LM20-1472-10-02 定名。唐時期。

LM20-1472-10-04c　《千眼千臂觀世音菩薩陀羅尼神咒經》卷下

唐智通譯，CBETA, T20, no.1057b, p.95, b23–25。唐時期。

LM20-1472-10-04d　《千眼千臂觀世音菩薩陀羅尼神咒經》卷下

唐智通譯，據 LM20-1472-10-02 定名。唐時期。

LM20-1472-10-04e　《千眼千臂觀世音菩薩陀羅尼神咒經》卷下

唐智通譯，據 LM20-1472-10-02 定名。唐時期。

LM20-1472-10-04f　《千眼千臂觀世音菩薩陀羅尼神咒經》卷下

唐智通譯，CBETA, T20, no.1057a, p.89, b10–12，"次"作"欲"。唐時期。

LM20-1472-10-05a　《千眼千臂觀世音菩薩陀羅尼神咒經》卷下

唐智通譯，此段文字多處可見。唐時期。

LM20-1472-10-05b　《千眼千臂觀世音菩薩陀羅尼神咒經》卷下

唐智通譯，CBETA, T20, no.1057b, p.96, a18–20。唐時期。

LM20-1472-10-06a　《十地經論》卷一

元魏菩提流支等譯，CBETA, T26, no.1522, p.124, b29–c2。唐時期。

LM20-1472-10-06b　佛典殘片

唐時期。

LM20-1472-10-07a　《千眼千臂觀世音菩薩陀羅尼神咒經》卷下

唐智通譯，CBETA, T20, no.1057b, p.96, a4–7。唐時期。

LM20-1472-10-07b　《千眼千臂觀世音菩薩陀羅尼神咒經》卷下

唐智通譯，CBETA, T20, no.1057b, p.96, a12–14。唐時期。

LM20-1472-10-08　《合部金光明經》卷二

梁真諦譯，隋寶貴合，CBETA, T16, no.664, p.372, b1–2。唐時期。

LM20-1472-10-09a　《合部金光明經》卷二

梁真諦譯，隋寶貴合，CBETA, T16, no.664, p.372, a25–28。唐時期。

LM20-1472-10-09b　《合部金光明經》

梁真諦譯，隋寶貴合，此段文字多處可見。唐時期。

LM20-1472-11-01　《光讚經》卷七

西晉竺法護譯，CBETA, T08, no.222, p.198, a26–b8。高昌國時期。

LM20-1472-11-02　《大般涅槃經》卷一二

北涼曇無讖譯，CBETA, T12, no.374, p.437, b3–6。高昌國時期。

LM20-1472-11-03　《妙法蓮華經》卷九（十卷本）

姚秦鳩摩羅什譯，CBETA, T09, no.262, p.51, c9–15。唐時期。

LM20-1472-11-04　《十地經論》卷一

元魏菩提流支等譯，CBETA, T26, no.1522, p.124, c3–6。唐時期。

LM20-1472-11-05a　《大般涅槃經》卷一二

北涼曇無讖譯，CBETA, T12, no.374, p.437, b3–6。高昌國時期。

LM20-1472-11-05b　《大般涅槃經》卷一二

北涼曇無讖譯，CBETA, T12, no.374, p.437, b5–7。高昌國時期。

LM20-1472-11-06a　《十地經論》卷一

元魏菩提流支等譯，CBETA, T26, no.1522, p.124, c17–18。唐時期。

LM20-1472-11-06b　《十地經論》卷一

元魏菩提流支等譯，CBETA, T26, no.1522, p.124, c6–17。唐時期。

LM20-1472-12-01　《大寶積經》卷四二

唐玄奘譯，CBETA, T11, no.310, p.242, a5–14。唐時期。

LM20-1472-12-02　《大般涅槃經》卷一九

北涼曇無讖譯，CBETA, T12, no.374, p.479, c13–20。高昌國時期。

LM20-1472-12-03　《大般涅槃經》卷一〇

劉宋慧嚴等譯，CBETA, T12, no.375, p.666, c3–7。高昌國時期。

LM20-1472-12-04　《大般涅槃經》卷一九

北涼曇無讖譯，CBETA, T12, no.374, p.479, c7–13。高昌國時期。

LM20-1472-12-05　《十地經論》卷二

元魏菩提流支等譯，CBETA, T26, no.1522, p.133, b2–p.134, a19。唐時期。

LM20-1472-13-01　《光讚經》卷二

西晉竺法護譯，CBETA, T08, no.222, p.163, a3–12。高昌國時期。

LM20-1472-13-02　《大般涅槃經》注疏

參北涼曇無讖譯《大般涅槃經》卷一二，CBETA, T12, no.374, p.434, b9–11。高昌國時期。

LM20-1472-13-03　《大般涅槃經》注疏

與 LM20-1472-13-02 等爲同一寫本，據以定名。高昌國時期。

LM20-1472-13-04　《大般涅槃經》注疏

參北涼曇無讖譯《大般涅槃經》卷一三，CBETA, T12, no.374, p.440, b1–4。高昌國時期。

LM20-1472-13-05　《大般涅槃經》卷三五

北涼曇無讖譯，CBETA, T12, no.374, p.572, c18–21。高昌郡時期。

參：王宇、王梅 2006b, 58。

LM20-1472-13-06　《大般涅槃經》注疏

參北涼曇無讖譯《大般涅槃經》卷二七，CBETA, T12, no.374, p.522, b26–29。高昌國時期。

LM20-1472-13-07　《大般涅槃經》卷三五

北涼曇無讖譯，CBETA, T12, no.374, p.572, c24–p.573, a1。高昌郡時期。

LM20-1472-13-08　《大般涅槃經》卷三五

北涼曇無讖譯，CBETA, T12, no.374, p.572, c10–12。高昌郡時期。

參：王宇、王梅 2006b, 58。

LM20-1472-13-09　《大般涅槃經》注疏

參北涼曇無讖譯《大般涅槃經》卷二七，CBETA, T12, no.374, p.522, b24–26。高昌國時期。

LM20-1472-13-10　《大般涅槃經》卷三五

北涼曇無讖譯，CBETA, T12, no.374, p.572, c6–8。高昌郡時期。

參：王宇、王梅 2006b, 58。

LM20-1472-13-11　《大般涅槃經》卷三五

北涼曇無讖譯，CBETA, T12, no.374, p.572, c1–4。有朱筆句讀。高昌郡時期。

LM20-1472-14-01　《光讚經》卷二

西晉竺法護譯，CBETA, T08, no.222, p.163, a14–25，"莫"作"寞"。高昌國時期。

LM20-1472-14-02　《大般涅槃經》卷三五

北涼曇無讖譯, CBETA, T12, no.374, p.572, c29–p.573, a4。高昌郡時期。

參: 王宇、王梅 2006b, 58。

LM20-1472-14-03 《大般涅槃經》注疏

參北涼曇無讖譯《大般涅槃經》卷二七, CBETA, T12, no.374, p.525, c3–7。高昌國時期。

LM20-1472-14-04 《維摩詰所説經》卷下

姚秦鳩摩羅什譯, CBETA, T14, no.475, p.556, c20–23。高昌國時期。

LM20-1472-14-05 《大般涅槃經》卷三五

北涼曇無讖譯, CBETA, T12, no.374, p.572, c20–24。有朱筆句讀。高昌郡時期。

LM20-1472-14-06 《大般涅槃經》注疏

參北涼曇無讖譯《大般涅槃經》卷二七, CBETA, T12, no.374, p.522, b24–28。高昌國時期。

LM20-1472-14-07 《法句譬喻經》卷三

西晉法炬、法立譯, CBETA, T04, no.211, p.599, a9–11。高昌國時期。

LM20-1472-14-08 《大般涅槃經》注疏

與 LM20-1472-13-02 等爲同一寫本, 據此定名。高昌國時期。

LM20-1472-14-09 《大般涅槃經》注疏

與 LM20-1472-13-02 等爲同一寫本, 據此定名。高昌國時期。

LM20-1472-14-10 《大般涅槃經》卷三五

北涼曇無讖譯, CBETA, T12, no.374, p.572, c12–16。高昌郡時期。

參: 王宇、王梅 2006b, 58。

LM20-1472-14-11 《大般涅槃經》注疏

參北涼曇無讖譯《大般涅槃經》卷二七, CBETA, T12, no.374, p.522, c7–9。高昌國時期。

LM20-1472-14-12 《大般涅槃經》卷二七

北涼曇無讖譯, CBETA, T12, no.374, p.522, c5–8。高昌國時期。

LM20-1472-15-01 《大般涅槃經》卷一〇

北涼曇無讖譯, CBETA, T12, no.374, p.426, b18–23。唐時期。

LM20-1472-15-02 《大般涅槃經》卷一〇

北涼曇無讖譯, CBETA, T12, no.374, p.426, b23–27。唐時期。

LM20-1472-15-03 《大般涅槃經》卷一〇

北涼曇無讖譯, CBETA, T12, no.374, p.426, b13–16。唐時期。

LM20-1472-15-04 《大般涅槃經》卷一〇

北涼曇無讖譯, CBETA, T12, no.374, p.426, c6–7。唐時期。

LM20-1472-15-05 《大般涅槃經》卷一〇

北涼曇無讖譯, CBETA, T12, no.374, p.426, b2-6。唐時期。

LM20-1472-15-06　《大般涅槃經》卷一〇

北涼曇無讖譯, CBETA, T12, no.374, p.426, a26-b1。唐時期。

LM20-1472-15-07　《大般涅槃經》卷一〇

北涼曇無讖譯, CBETA, T12, no.374, p.426, c1-4。唐時期。

LM20-1472-15-08　《大般涅槃經》卷一〇

北涼曇無讖譯, CBETA, T12, no.374, p.426, c1-4。唐時期。

LM20-1472-15-09　《大般涅槃經》卷一〇

北涼曇無讖譯, CBETA, T12, no.374, p.425, c6-8。唐時期。

LM20-1472-15-10　《大般涅槃經》卷一〇

北涼曇無讖譯, CBETA, T12, no.374, p.425, b29-c3。唐時期。

LM20-1472-16-01　《大般涅槃經》卷三五

北涼曇無讖譯, CBETA, T12, no.374, p.570, c16-22。高昌郡時期。

參: 王宇、王梅 2006b, 57。

LM20-1472-16-02　《大般涅槃經》卷三五

北涼曇無讖譯, CBETA, T12, no.374, p.570, c10-14, "无有窮過道"作"有無窮過"。高昌郡時期。

參: 王宇、王梅 2006b, 58。

LM20-1472-16-03　《大般涅槃經》卷三五

北涼曇無讖譯, CBETA, T12, no.374, p.571, a28-b6。高昌郡時期。

LM20-1472-16-04　《大般涅槃經》卷三五

北涼曇無讖譯, CBETA, T12, no.374, p.571, a1-7。高昌郡時期。

LM20-1472-17-01　《大般涅槃經》卷三五

北涼曇無讖譯, CBETA, T12, no.374, p.570, b7-13。高昌郡時期。

參: 王宇、王梅 2006b, 57。

LM20-1472-17-02　《大般涅槃經》卷三五

北涼曇無讖譯, CBETA, T12, no.374, p.571, b20-25。有朱筆句讀。高昌郡時期。

參: 王宇、王梅 2006b, 57。

LM20-1472-17-03　《大般涅槃經》卷三五

北涼曇無讖譯, CBETA, T12, no.374, p.571, a22-27。高昌郡時期。

參: 王宇、王梅 2006b, 57。

LM20-1472-17-04　《大般涅槃經》卷三五

北涼曇無讖譯, CBETA, T12, no.374, p.570, b26-c3。第 5 行 "者" 字下有墨點。高昌郡時期。

LM20-1472-18-01 　《大般涅槃經》卷三五

　　北涼曇無讖譯, CBETA, T12, no.374, p.570, b20–25。高昌郡時期。

　　參: 王宇、王梅 2006b, 58。

LM20-1472-18-02 　《大般涅槃經》卷三五

　　北涼曇無讖譯, CBETA, T12, no.374, p.570, a18–24。有朱筆句讀。高昌郡時期。

　　參: 王宇、王梅 2006b, 57。

LM20-1472-18-03 　《大般涅槃經》卷三五

　　北涼曇無讖譯, CBETA, T12, no.374, p.570, a24–b2。高昌郡時期。

　　參: 王宇、王梅 2006b, 57。

LM20-1472-18-04 　《大般涅槃經》卷三五

　　北涼曇無讖譯, CBETA, T12, no.374, p.570, c3–19。高昌郡時期。

　　參: 王宇、王梅 2006b, 57。

LM20-1472-19-01 　《大般涅槃經》卷三五

　　北涼曇無讖譯, CBETA, T12, no.374, p.571, a15–21。高昌郡時期。

　　參: 王宇、王梅 2006b, 57。

LM20-1472-19-02 　《大般涅槃經》卷三五

　　北涼曇無讖譯, CBETA, T12, no.374, p.571, b27–c4。高昌郡時期。

　　參: 王宇、王梅 2006b, 57。

LM20-1472-19-03 　《大般涅槃經》卷三五

　　北涼曇無讖譯, CBETA, T12, no.374, p.571, c27–p.572, a4。高昌郡時期。

　　參: 王宇、王梅 2006b, 57。

LM20-1472-19-04 　《大般涅槃經》卷三五

　　北涼曇無讖譯, CBETA, T12, no.374, p.569, c7–12。高昌郡時期。

　　參: 王宇、王梅 2006b, 57。

LM20-1472-20-01 　《大般涅槃經》卷三五

　　北涼曇無讖譯, CBETA, T12, no.374, p.571, c13–17。高昌郡時期。

　　參: 王宇、王梅 2006b, 57。

LM20-1472-20-02 　《大般涅槃經》卷三五

　　北涼曇無讖譯, CBETA, T12, no.374, p.571, a8–14。高昌郡時期。

　　參: 王宇、王梅 2006b, 57。

LM20-1472-20-03 　《大般涅槃經》卷三五

　　北涼曇無讖譯, CBETA, T12, no.374, p.571, c21–25。高昌郡時期。

　　參: 王宇、王梅 2006b, 57。

LM20-1472-20-04 　《大般涅槃經》卷三五

北涼曇無讖譯, CBETA, T12, no.374, p.571, c5–11。高昌郡時期。

　　參: 王宇、王梅 2006b, 57。

LM20-1472-21-01　《大般涅槃經》卷三五

北涼曇無讖譯。CBETA, T12, no.374, p.570, b2–8。有朱筆句讀。高昌郡時期。

　　參: 王宇、王梅 2006b, 57。

LM20-1472-21-02　《大般涅槃經》卷三五

北涼曇無讖譯, CBETA, T12, no.374, p.569, c13–19。高昌郡時期。

　　參: 王宇、王梅 2006b, 58。

LM20-1472-21-03　《大般涅槃經》卷三五

北涼曇無讖譯, CBETA, T12, no.374, p.570, b13–20, "妒嫉"作"嫉妒"。高昌郡時期。

　　參: 王宇、王梅 2006b, 57。

LM20-1472-21-04　《大般涅槃經》卷三五

北涼曇無讖譯, CBETA, T12, no.374, p.570, a1–7。高昌郡時期。

　　參: 王宇、王梅 2006b, 57。

LM20-1472-22-01　《大般涅槃經》卷二五

北涼曇無讖譯, CBETA, T12, no.374, p.510, b10–p.511, a16, "唅"作"冷"。高昌國時期。

LM20-1472-22-02　《大般涅槃經》卷二五

北涼曇無讖譯, CBETA, T12, no.374, p.512, b2–13。高昌郡時期。

LM20-1472-22-03　《大般涅槃經》卷三五

北涼曇無讖譯, CBETA, T12, no.374, p.570, c24–p.571, a1。高昌郡時期。

LM20-1472-22-04　《大般涅槃經》卷二五

北涼曇無讖譯, CBETA, T12, no.374, p.514, c1–4。高昌郡時期。

　　參: 王宇、王梅 2006b, 56。

LM20-1472-22-05　《大般涅槃經》卷二五

北涼曇無讖譯, CBETA, T12, no.374, p.514, a21–28。高昌郡時期。

LM20-1472-23-01　《大般涅槃經》卷二五

北涼曇無讖譯, CBETA, T12, no.374, p.512, c28–p.513, a10。高昌郡時期。

　　參: 王宇、王梅 2006b, 57。

LM20-1472-23-02　《大般涅槃經》卷二五

北涼曇無讖譯, CBETA, T12, no.374, p.513, c2–8。高昌郡時期。

　　參: 王宇、王梅 2006b, 57。

LM20-1472-23-03a　《大般涅槃經》卷二五

北涼曇無讖譯, CBETA, T12, no.374, p.513, c14–15。高昌郡時期。

LM20-1472-23-03b 《大般涅槃經》卷二五

北涼曇無讖譯, CBETA, T12, no.374, p.512, a24–28。高昌郡時期。

參: 王宇、王梅 2006b, 57。

LM20-1472-23-04 《大般涅槃經》卷二五

北涼曇無讖譯, CBETA, T12, no.374, p.513, c7–14。高昌郡時期。

參:《旅博選粹》, 17; 王宇、王梅 2006b, 55。

LM20-1472-23-05 《大般涅槃經》卷二五

北涼曇無讖譯, CBETA, T12, no.374, p.514, a15–22。高昌郡時期。

參:《旅博選粹》, 17; 王宇、王梅 2006b, 55。

LM20-1472-24-01 《大般涅槃經》注疏

參北涼曇無讖譯《大般涅槃經》卷二七, CBETA, T12, no.374, p.523, a2–9。高昌國時期。

LM20-1472-24-02 《大般涅槃經》注疏

與 LM20-1472-13-02 等爲同一寫本, 據此定名。高昌國時期。

LM20-1472-24-03 《大般涅槃經》注疏

參北涼曇無讖譯《大般涅槃經》卷二七, CBETA, T12, no.374, p.525, c25–29。高昌國時期。

LM20-1472-24-04 《大般涅槃經》注疏

與 LM20-1472-13-02 等爲同一寫本, 據此定名。高昌國時期。

LM20-1472-24-05 《大般涅槃經》注疏

參北涼曇無讖譯《大般涅槃經》卷二七, CBETA, T12, no.374, p.523, a4–9。高昌國時期。

LM20-1472-24-06 《大般涅槃經》注疏

參北涼曇無讖譯《大般涅槃經》卷二七, CBETA, T12, no.374, p.523, a4–9。高昌國時期。

LM20-1472-24-07 《大般涅槃經》注疏

與 LM20-1472-13-02 等爲同一寫本, 據此定名。高昌國時期。

LM20-1472-24-08 《妙法蓮華經》卷三

姚秦鳩摩羅什譯, CBETA, T09, no.262, p.25, c28–p.26, a3, "將衆"作"將人衆"。唐時期。

LM20-1472-25-01 《大般涅槃經》卷二五

北涼曇無讖譯, CBETA, T12, no.374, p.511, a16–20。高昌國時期。

LM20-1472-25-02 《妙法蓮華經》卷三

姚秦鳩摩羅什譯, CBETA, T09, no.262, p.25, c25–29。唐時期。

LM20-1472-25-03 《妙法蓮華經》卷三

姚秦鳩摩羅什譯, CBETA, T09, no.262, p.25, c22–26。唐時期。

LM20-1472-25-04 《大般涅槃經》注疏

參北涼曇無讖譯《大般涅槃經》卷二七，CBETA，T12，no.374，p.523，a17-25。高昌國時期。

LM20-1472-25-05　《大般涅槃經》注疏

與 LM20-1472-13-02 等爲同一寫本，據此定名。高昌國時期。

LM20-1472-25-06　《大般涅槃經》卷四〇

北涼曇無讖譯，CBETA，T12，no.374，p.601，a24-25。高昌國時期。

LM20-1472-25-07　《大般涅槃經》注疏

參北涼曇無讖譯《大般涅槃經》卷二七，CBETA，T12，no.374，p.523，a10-20。高昌國時期。

LM20-1472-25-08　《大般涅槃經》注疏

參北涼曇無讖譯《大般涅槃經》卷二七，CBETA，T12，no.374，p.523，a10-20。高昌國時期。

LM20-1472-25-09　《大般涅槃經》卷四〇

北涼曇無讖譯，CBETA，T12，no.374，p.601，a12-14。高昌國時期。

LM20-1472-26-01　《妙法蓮華經》卷四

姚秦鳩摩羅什譯，CBETA，T09，no.262，p.33，b7-11。唐時期。

LM20-1472-26-02　《妙法蓮華經》卷四

姚秦鳩摩羅什譯，CBETA，T09，no.262，p.32，b27-c1。唐時期。

LM20-1472-26-03　《妙法蓮華經》卷四

姚秦鳩摩羅什譯，CBETA，T09，no.262，p.32，c25-28。唐時期。

LM20-1472-26-04　《妙法蓮華經》卷四

姚秦鳩摩羅什譯，CBETA，T09，no.262，p.32，c6-13。唐時期。

LM20-1472-26-05　《妙法蓮華經》卷四

姚秦鳩摩羅什譯，CBETA，T09，no.262，p.33，a22-28。唐時期。

LM20-1472-26-06　《妙法蓮華經》卷四

姚秦鳩摩羅什譯，CBETA，T09，no.262，p.33，a29-b7。唐時期。

LM20-1472-27-01　《妙法蓮華經》卷四

姚秦鳩摩羅什譯，CBETA，T09，no.262，p.32，c13-18。唐時期。

LM20-1472-27-02　《妙法蓮華經》卷四

姚秦鳩摩羅什譯，CBETA，T09，no.262，p.32，c19-23。唐時期。

LM20-1472-27-03　《妙法蓮華經》卷四

姚秦鳩摩羅什譯，CBETA，T09，no.262，p.33，a8-13。唐時期。

LM20-1472-27-04　《妙法蓮華經》卷四

姚秦鳩摩羅什譯，CBETA，T09，no.262，p.32，c3-7。唐時期。

LM20-1472-27-05 《妙法蓮華經》卷四

姚秦鳩摩羅什譯，CBETA，T09，no.262，p.33，a15-20。唐時期。

LM20-1472-27-06 《妙法蓮華經》卷四

姚秦鳩摩羅什譯，CBETA，T09，no.262，p.33，a1-6。唐時期。

LM20-1472-28-01 《大般涅槃經》注疏

參北涼曇無讖譯《大般涅槃經》卷二七，CBETA，T12，no.374，p.523，a26-b6。高昌國時期。

LM20-1472-28-02 《大般涅槃經》注疏

參北涼曇無讖譯《大般涅槃經》卷二七，CBETA，T12，no.374，p.523，b2-10。高昌國時期。

LM20-1472-28-03 《光讚經》卷五

西晉竺法護譯，CBETA，T08，no.222，p.182，a14-18。高昌國時期。

LM20-1472-28-04 《大般涅槃經》注疏

參北涼曇無讖譯《大般涅槃經》卷二七，CBETA，T12，no.374，p.523，a15-25。高昌國時期。

LM20-1472-28-05 《大般涅槃經》注疏

參北涼曇無讖譯《大般涅槃經》卷二七，CBETA，T12，no.374，p.523，a21-b10。高昌國時期。

LM20-1472-29-01 《大般涅槃經》注疏

參北涼曇無讖譯《大般涅槃經》卷二七，CBETA，T12，no.374，p.523，b6-21。高昌國時期。

LM20-1472-29-02 《大般涅槃經》注疏

參北涼曇無讖譯《大般涅槃經》卷二七，CBETA，T12，no.374，p.523，b1-10。高昌國時期。

LM20-1472-29-03 《大般涅槃經》注疏

參北涼曇無讖譯《大般涅槃經》卷二七，CBETA，T12，no.374，p.523，a26-b6。高昌國時期。

LM20-1472-29-04 《大般涅槃經》注疏

參北涼曇無讖譯《大般涅槃經》卷二七，CBETA，T12，no.374，p.523，a28-b10。高昌國時期。

LM20-1472-30-01 《大般涅槃經》注疏

參北涼曇無讖譯《大般涅槃經》卷二七，CBETA，T12，no.374，p.523，b15-24。高昌國時期。

LM20-1472-30-02 《大般涅槃經》注疏

　　與 LM20-1472-13-02 等爲同一寫本，據此定名。高昌國時期。

LM20-1472-30-03　《大般涅槃經》注疏

　　參北涼曇無讖譯《大般涅槃經》卷二七，CBETA，T12，no.374，p.523，b19-23。高昌國時期。

LM20-1472-30-04　《大般涅槃經》注疏

　　與 LM20-1472-13-02 等爲同一寫本，據此定名。高昌國時期。

LM20-1472-31-01　《大般涅槃經》注疏

　　與 LM20-1472-13-02 等爲同一寫本，據此定名。高昌國時期。

LM20-1472-31-02　《大般涅槃經》注疏

　　參北涼曇無讖譯《大般涅槃經》卷二七，CBETA，T12，no.374，p.523，b15-23。高昌國時期。

LM20-1472-31-03　《大般涅槃經》注疏

　　參北涼曇無讖譯《大般涅槃經》卷二七，CBETA，T12，no.374，p.523，b7-13。高昌國時期。

LM20-1472-31-04　《大般涅槃經》注疏

　　參北涼曇無讖譯《大般涅槃經》卷二七，CBETA，T12，no.374，p.523，b11-16。高昌國時期。

LM20-1472-32-01　《光讚經》卷五

　　西晉竺法護譯，CBETA，T08，no.222，p.182，b20-24，"者著"作"者"。高昌國時期。

LM20-1472-32-02　《光讚經》卷五

　　西晉竺法護譯，CBETA，T08，no.222，p.182，b27-c1，"羼波"作"羼提波"。高昌國時期。

LM20-1472-32-03　《光讚經》卷五

　　西晉竺法護譯，CBETA，T08，no.222，p.182，a20-25。高昌國時期。

LM20-1472-32-04　《光讚經》卷五

　　西晉竺法護譯，CBETA，T08，no.222，p.182，a27-b3。高昌國時期。

LM20-1472-32-05　《光讚經》卷五

　　西晉竺法護譯，CBETA，T08，no.222，p.182，b4-10。高昌國時期。

LM20-1472-33-01　《光讚經》卷五

　　西晉竺法護譯，CBETA，T08，no.222，p.181，b28-c1。高昌國時期。

LM20-1472-33-02　《光讚經》卷五

　　西晉竺法護譯，CBETA，T08，no.222，p.181，c2-3。高昌國時期。

LM20-1472-33-03　《光讚經》卷五

　　西晉竺法護譯，CBETA，T08，no.222，p.182，c8-10。高昌國時期。

LM20-1472-33-04　《光讚經》卷五

西晉竺法護譯，CBETA，T08，no.222，p.181，b25–27。高昌國時期。

LM20-1472-33-05　《光讚經》卷五

西晉竺法護譯，CBETA，T08，no.222，p.182，a6–12，"因緣"作"有因緣"。高昌國時期。

LM20-1472-33-06　《光讚經》卷五

西晉竺法護譯，CBETA，T08，no.222，p.182，b12–16。高昌國時期。

LM20-1472-34-01　《光讚經》卷五

西晉竺法護譯，CBETA，T08，no.222，p.183，c21–26。高昌國時期。

LM20-1472-34-02　《光讚經》卷五

西晉竺法護譯，CBETA，T08，no.222，p.183，a27–29。高昌國時期。

LM20-1472-34-03　《光讚經》卷五

西晉竺法護譯，CBETA，T08，no.222，p.183，a29–b2。高昌國時期。

LM20-1472-34-04　《光讚經》卷五

西晉竺法護譯，CBETA，T08，no.222，p.184，a9–13。高昌國時期。

LM20-1472-34-05　《光讚經》卷五

西晉竺法護譯，CBETA，T08，no.222，p.183，b19–24。高昌國時期。

LM20-1472-34-06　《光讚經》卷五

西晉竺法護譯，CBETA，T08，no.222，p.184，a27–b4，"得"作"復"，"修"作"崇"。高昌國時期。

LM20-1472-34-07　《光讚經》卷五

西晉竺法護譯，CBETA，T08，no.222，p.184，a8–10，"佛"作"弘"，"欺"作"斯"。高昌國時期。

LM20-1472-35-01　《光讚經》卷五

西晉竺法護譯，CBETA，T08，no.222，p.183，b26–c3。高昌國時期。

LM20-1472-35-02　《光讚經》卷五

西晉竺法護譯，CBETA，T08，no.222，p.183，b13–17。高昌國時期。

LM20-1472-35-03　《光讚經》卷五

西晉竺法護譯，CBETA，T08，no.222，p.183，c12–17。高昌國時期。

LM20-1472-35-04　《光讚經》卷五

西晉竺法護譯，CBETA，T08，no.222，p.183，c29–p.184，a5，"六波羅蜜爲檀"作"六波羅蜜檀"。高昌國時期。

LM20-1472-35-05　《光讚經》卷五

西晉竺法護譯，CBETA，T08，no.222，p.183，c2–9，"想"作"相"。高昌國時期。

LM20-1472-36-01　《大智度論》卷八五

姚秦鳩摩羅什譯，CBETA，T25，no.1509，p.653，c24–p.654，a2。高昌郡時期。

參:《旅博選粹》, 60。

LM20-1472-36-02 《大智度論》卷八五

姚秦鳩摩羅什譯, CBETA, T25, no.1509, p.653, c3-10。高昌郡時期。

參:《旅博選粹》, 60。

LM20-1472-36-03 《大智度論》卷八五

姚秦鳩摩羅什譯, CBETA, T25, no.1509, p.653, a14-15, "蜜乃至"作"道乃至"。高昌郡時期。

參:《旅博選粹》, 60。

LM20-1472-36-04 《大智度論》卷八五

姚秦鳩摩羅什譯, CBETA, T25, no.1509, p.653, c13-21。高昌郡時期。

參:《旅博選粹》, 60。

LM20-1472-36-05 《大智度論》卷八五

姚秦鳩摩羅什譯, CBETA, T25, no.1509, p.653, b12-19, "論者言"作"論釋曰"。第5行天頭界欄外有一墨點。高昌郡時期。

參:《旅博選粹》, 60。

LM20-1472-36-06 《大智度論》卷八五

姚秦鳩摩羅什譯, CBETA, T25, no.1509, p.653, a23-26。高昌郡時期。

LM20-1472-36-07 《大智度論》卷八五

姚秦鳩摩羅什譯, CBETA, T25, no.1509, p.653, b22-28, "便"作"更"。高昌郡時期。

參:《旅博選粹》, 60。

LM20-1472-36-08 《大智度論》卷八五

姚秦鳩摩羅什譯, CBETA, T25, no.1509, p.653, b3-10。高昌郡時期。

參:《旅博選粹》, 60。

LM20-1472-36-09 《大智度論》卷八五

姚秦鳩摩羅什譯, CBETA, T25, no.1509, p.653, b4-6。高昌郡時期。

參:《旅博選粹》, 60。

LM20-1472-36-10 《大智度論》卷八五

姚秦鳩摩羅什譯, CBETA, T25, no.1509, p.653, a21-29。高昌郡時期。

LM20-1472-36-11 《大智度論》卷八五

姚秦鳩摩羅什譯, CBETA, T25, no.1509, p.651, c28-p.652, a4。高昌郡時期。

LM20-1472-36-12 《大智度論》卷八五

姚秦鳩摩羅什譯, CBETA, T25, no.1509, p.651, c20-26。高昌郡時期。

LM20-1472-36-13 《大智度論》卷八五

姚秦鳩摩羅什譯, CBETA, T25, no.1509, p.653, a12-20。高昌郡時期。

參：《旅博選粹》，60。

LM20-1472-36-14　《大智度論》卷八五

姚秦鳩摩羅什譯，CBETA，T25，no.1509，p.652，a6–12。高昌郡時期。

LM20-1472-37-01　《大智度論》卷八五

姚秦鳩摩羅什譯，CBETA，T25，no.1509，p.654，a6–14。高昌郡時期。

參：《旅博選粹》，60。

LM20-1472-37-02　《大智度論》卷八五

姚秦鳩摩羅什譯，CBETA，T25，no.1509，p.654，a27–b7，"皆畢"作"皆是畢"。高昌郡時期。

參：《旅博選粹》，60。

LM20-1472-37-03　《大智度論》卷八五

姚秦鳩摩羅什譯，CBETA，T25，no.1509，p.653，a3–10。高昌郡時期。

LM20-1472-37-04　《大智度論》卷八五

姚秦鳩摩羅什譯，CBETA，T25，no.1509，p.654，a17–24。高昌郡時期。

參：《旅博選粹》，60。

LM20-1472-37-05　《大智度論》卷八五

姚秦鳩摩羅什譯，CBETA，T25，no.1509，p.652，c24–p.653，a1，"生諸法中"作"生法中"，"相自"作"自"。高昌郡時期。

LM20-1472-37-06　《大智度論》卷八五

姚秦鳩摩羅什譯，CBETA，T25，no.1509，p.652，b26–c4。高昌郡時期。

LM20-1472-37-07　《大智度論》卷八五

姚秦鳩摩羅什譯，CBETA，T25，no.1509，p.652，b1–10。高昌郡時期。

LM20-1472-37-08　《大智度論》卷八五

姚秦鳩摩羅什譯，CBETA，T25，no.1509，p.652，c5–12，"菩提何等"作"菩提言何等"。高昌郡時期。

LM20-1472-37-09　《大智度論》卷八五

姚秦鳩摩羅什譯，CBETA，T25，no.1509，p.652，b19–24。高昌郡時期。

參：《旅博選粹》，30。

LM20-1472-37-10　《大智度論》卷八五

姚秦鳩摩羅什譯，CBETA，T25，no.1509，p.652，a21–26。高昌郡時期。

參：《旅博選粹》，30。

LM20-1472-37-11　《大智度論》卷八五

姚秦鳩摩羅什譯，CBETA，T25，no.1509，p.652，c15–20。高昌郡時期。

參：《旅博選粹》，30。

LM20-1472-37-12　《大智度論》卷八五

姚秦鳩摩羅什譯，CBETA, T25, no.1509, p.652, b11–16，"相若"作"若"。高昌郡時期。

參：《旅博選粹》，30。

LM20-1472-37-13　《大智度論》卷八五

姚秦鳩摩羅什譯，CBETA, T25, no.1509, p.652, a13–19。高昌郡時期。

參：《旅博選粹》，30。

LM20-1472-38-01　《大般涅槃經》卷二五

北涼曇無讖譯，CBETA, T12, no.374, p.512, c7–13。高昌郡時期。

參：王宇、王梅 2006b, 55。

LM20-1472-38-02　《大般涅槃經》卷二五

北涼曇無讖譯，CBETA, T12, no.374, p.512, c17–27。高昌郡時期。

參：王宇、王梅 2006b, 55。

LM20-1472-38-03　《大般涅槃經》卷二五

北涼曇無讖譯，CBETA, T12, no.374, p.514, b27–c2。高昌郡時期。

參：王宇、王梅 2006b, 55。

LM20-1472-38-04　《大般涅槃經》卷二五

北涼曇無讖譯，CBETA, T12, no.374, p.512, b12–18, 第 4 行有小字 "是"。高昌郡時期。

參：王宇、王梅 2006b, 55。

LM20-1472-38-05　《大般涅槃經》卷二五

北涼曇無讖譯，CBETA, T12, no.374, p.512, c1–5。高昌郡時期。

LM20-1472-38-06　《大般涅槃經》卷二五

北涼曇無讖譯，CBETA, T12, no.374, p.514, a3–13，"邑"作"悒"。高昌郡時期。

參：王宇、王梅 2006b, 55。

LM20-1472-38-07　《大般涅槃經》卷二五

北涼曇無讖譯，CBETA, T12, no.374, p.513, c14–18。高昌郡時期。

參：王宇、王梅 2006b, 55。

LM20-1472-38-08a　《大般涅槃經》卷二五

北涼曇無讖譯，CBETA, T12, no.374, p.512, a18–24。高昌郡時期。

參：王宇、王梅 2006b, 55。

LM20-1472-38-08b　《大般涅槃經》卷二五

北涼曇無讖譯，CBETA, T12, no.374, p.513, a11–16。高昌郡時期。

參：王宇、王梅 2006b, 55。

LM20-1472-38-08c　《大般涅槃經》卷二三

北涼曇無讖譯，CBETA, T12, no.374, p.513, a16–21。高昌郡時期。

參：王宇、王梅 2006b, 55。

LM20-1472-38-09 《大般涅槃經》卷二五

北涼曇無讖譯, CBETA, T12, no.374, p.514, c25–p.515, a9。高昌郡時期。

參:《旅博選粹》, 17; 王宇、王梅 2006b, 56。

經册二十四

LM20-1473-01-01 《大般涅槃經》卷三四

　　北涼曇無讖譯，CBETA, T12, no.374, p.569, a8–9。高昌郡時期。

　　參：王宇、王梅 2006b, 57。

LM20-1473-01-02 《大般涅槃經》卷三五

　　北涼曇無讖譯，CBETA, T12, no.374, p.572, a6–10。高昌郡時期。

　　參：王宇、王梅 2006b, 58。

LM20-1473-01-03 《大般涅槃經》卷三四

　　北涼曇無讖譯，CBETA, T12, no.374, p.568, c13–14。高昌郡時期。

　　參：王宇、王梅 2006b, 56。

LM20-1473-01-04 《大般涅槃經》卷三四

　　北涼曇無讖譯，CBETA, T12, no.374, p.568, c22–24。高昌郡時期。

　　參：王宇、王梅 2006b, 57。

LM20-1473-01-05 《大般涅槃經》卷三五

　　北涼曇無讖譯，CBETA, T12, no.374, p.569, b15–19。高昌郡時期。

LM20-1473-01-06 《大般涅槃經》卷三五

　　北涼曇無讖譯，CBETA, T12, no.374, p.569, b26–c1。有朱筆句讀。高昌郡時期。

　　參：王宇、王梅 2006b, 57。

LM20-1473-01-07 《大般涅槃經》卷三五

　　北涼曇無讖譯，CBETA, T12, no.374, p.569, a25–28。有朱筆句讀。高昌郡時期。

　　參：王宇、王梅 2006b, 57。

LM20-1473-02-01 《大般涅槃經》卷三五

　　北涼曇無讖譯，CBETA, T12, no.374, p.569, a29–b4。有朱筆句讀。高昌郡時期。

　　參：王宇、王梅 2006b, 57。

LM20-1473-02-02 《大般涅槃經》卷三五

　　北涼曇無讖譯，CBETA, T12, no.374, p.569, c2–7。高昌郡時期。

　　參：王宇、王梅 2006b, 57。

LM20-1473-02-03 《大般涅槃經》卷三五

　　北涼曇無讖譯，CBETA, T12, no.374, p.569, b10–14。有朱筆句讀。高昌郡時期。

參：王宇、王梅 2006b, 58。

LM20-1473-02-04　《大般涅槃經》卷三五

北涼曇無讖譯，CBETA, T12, no.374, p.572, b7–10。高昌郡時期。

LM20-1473-03-01　《大般涅槃經》卷二五并題記

北涼曇無讖譯，CBETA, T12, no.374, p.515, c29–p.516, a6。高昌國時期。

參：王宇、王梅 2006b, 56。

LM20-1473-03-02a　佛典殘片

唐時期。

LM20-1473-03-02b　佛典殘片

唐時期。

LM20-1473-03-03　《大般涅槃經》卷一〇

北涼曇無讖譯，CBETA, T12, no.374, p.427, c25–26。唐時期。

LM20-1473-03-04a　殘片

唐時期。

LM20-1473-03-04b　《十方千五百佛名經》

譯者不詳。參《十方千五百佛名經》全文, 204 頁。唐時期。

LM20-1473-03-05a　《大般涅槃經》卷一〇

北涼曇無讖譯，CBETA, T12, no.374, p.425, c10–14。唐時期。

LM20-1473-03-05b　《大般涅槃經》卷一〇

北涼曇無讖譯，CBETA, T12, no.374, p.426, a8–12。唐時期。

LM20-1473-04-01　《大般涅槃經》卷一〇

北涼曇無讖譯，CBETA, T12, no.374, p.425, c27–p.426, a2。唐時期。

LM20-1473-04-02　《大般涅槃經》卷一〇

北涼曇無讖譯，CBETA, T12, no.374, p.425, c16–19。唐時期。

LM20-1473-04-03　《大般涅槃經》卷一〇

北涼曇無讖譯，CBETA, T12, no.374, p.426, a13–20。唐時期。

LM20-1473-04-04　《大般涅槃經》卷一〇

北涼曇無讖譯，CBETA, T12, no.374, p.425, c22–26。唐時期。

LM20-1473-04-05　《大般涅槃經》卷一〇

北涼曇無讖譯，CBETA, T12, no.374, p.426, a21–24。唐時期。

LM20-1473-04-06　《大般涅槃經》卷一〇

北涼曇無讖譯，CBETA, T12, no.374, p.426, a4–7。唐時期。

LM20-1473-05-01　《大般涅槃經》卷二五

北涼曇無讖譯，CBETA, T12, no.374, p.513, a21–b11。高昌郡時期。

　　參：王宇、王梅 2006b, 55。

LM20-1473-05-02　《大般涅槃經》卷二五

　　北涼曇無讖譯，CBETA, T12, no.374, p.514, b24-27。高昌郡時期。

LM20-1473-05-03　《大般涅槃經》卷二五

　　北涼曇無讖譯，CBETA, T12, no.374, p.513, c24-p.514, a3。高昌郡時期。

　　參：王宇、王梅 2006b, 55。

LM20-1473-05-04　《大般涅槃經》卷二五

　　北涼曇無讖譯，CBETA, T12, no.374, p.514, c5-14。高昌郡時期。

　　參：王宇、王梅 2006b, 56。

LM20-1473-05-05　《大般涅槃經》卷二五

　　北涼曇無讖譯，CBETA, T12, no.374, p.512, a12-18。高昌郡時期。

　　參：王宇、王梅 2006b, 55。

LM20-1473-06-01　《大般涅槃經》卷二五

　　北涼曇無讖譯，CBETA, T12, no.374, p.514, c17-28。高昌郡時期。

　　參：王宇、王梅 2006b, 56。

LM20-1473-06-02　《大般涅槃經》卷二五

　　北涼曇無讖譯，CBETA, T12, no.374, p.512, b19-29。高昌郡時期。

　　參：王宇、王梅 2006b, 55。

LM20-1473-06-03　《大般涅槃經》卷二五

　　北涼曇無讖譯，CBETA, T12, no.374, p.513, b18-27。高昌郡時期。

　　參：王宇、王梅 2006b, 55。

LM20-1473-07-01　《大般涅槃經》卷二五

　　北涼曇無讖譯，CBETA, T12, no.374, p.514, c5-23, 第15行 "伽" 作 "迦"。高昌國時期。

　　參：王宇、王梅 2006b, 56。

LM20-1473-07-02　《大般涅槃經》卷二五

　　北涼曇無讖譯，CBETA, T12, no.374, p.514, c24-p.515, a13。高昌國時期。

　　參：王宇、王梅 2006b, 56。

LM20-1473-08-01　《大般涅槃經》卷三五

　　北涼曇無讖譯，CBETA, T12, no.374, p.571, b6-12。高昌郡時期。

LM20-1473-08-02　《大般涅槃經》卷三五

　　北涼曇無讖譯，CBETA, T12, no.374, p.569, c18-24。高昌郡時期。

　　參：王宇、王梅 2006b, 57。

LM20-1473-08-03　《大般涅槃經》卷三五

　　北涼曇無讖譯，CBETA, T12, no.374, p.571, b13-20。高昌郡時期。

參：王宇、王梅 2006b，57。

LM20-1473-08-04 《大般涅槃經》卷三五

北涼曇無讖譯，CBETA，T12，no.374，p.570，a7–12。高昌郡時期。

參：王宇、王梅 2006b，57。

LM20-1473-08-05 《大般涅槃經》卷三五

北涼曇無讖譯，CBETA，T12，no.374，p.569，c24–29。高昌郡時期。

參：王宇、王梅 2006b，57。

LM20-1473-08-06 《大般涅槃經》卷三五

北涼曇無讖譯，CBETA，T12，no.374，p.570，a12–18。高昌郡時期。

參：王宇、王梅 2006b，57。

LM20-1473-09-01 《大般涅槃經》卷二五

北涼曇無讖譯，CBETA，T12，no.374，p.515，b21–c10，第 5 行"加"作"如"，第 15 行"專"作"污"。高昌國時期。

參：王宇、王梅 2006b，56。

LM20-1473-09-02 《大般涅槃經》卷二五

北涼曇無讖譯，CBETA，T12，no.374，p.515，c10–29。高昌國時期。

LM20-1473-10-01 《大般涅槃經》卷三五

北涼曇無讖譯，CBETA，T12，no.374，p.569，b5–9。高昌郡時期。

參：王宇、王梅 2006b，57。

LM20-1473-10-02 《大般涅槃經》卷三五

北涼曇無讖譯，CBETA，T12，no.374，p.569，b20–24。高昌郡時期。

參：王宇、王梅 2006b，57。

LM20-1473-10-03 《大般涅槃經》卷三五

北涼曇無讖譯，CBETA，T12，no.374，p.572，a28–b4。高昌郡時期。

參：王宇、王梅 2006b，58。

LM20-1473-10-04 《大般涅槃經》卷三四

北涼曇無讖譯，CBETA，T12，no.374，p.568，c17–20。高昌郡時期。

參：王宇、王梅 2006b，57。

LM20-1473-10-05 《大般涅槃經》卷三四

北涼曇無讖譯，CBETA，T12，no.374，p.568，c26–p.569，a1。高昌郡時期。

參：王宇、王梅 2006b，57。

LM20-1473-10-06 《大般涅槃經》卷三四

北涼曇無讖譯，CBETA，T12，no.374，p.569，a2–5。高昌郡時期。

參：王宇、王梅 2006b，57。

LM20-1473-10-07　《大般涅槃經》卷三四

北涼曇無讖譯，CBETA, T12, no.374, p.568, c8–9。高昌郡時期。

LM20-1473-10-08　《大般涅槃經》卷三四

北涼曇無讖譯，CBETA, T12, no.374, p.568, c10–11。高昌郡時期。

LM20-1473-10-09　《大般涅槃經》卷三五

北涼曇無讖譯，CBETA, T12, no.374, p.572, b15–18。高昌郡時期。

參：王宇、王梅 2006b, 58。

LM20-1473-10-10　《大般涅槃經》卷三四

北涼曇無讖譯，CBETA, T12, no.374, p.568, c15–16。高昌郡時期。

參：王宇、王梅 2006b, 57。

LM20-1473-11-01　《大般涅槃經》卷二五

北涼曇無讖譯，CBETA, T12, no.374, p.515, a13–b3。高昌國時期。

參：王宇、王梅 2006b, 56。

LM20-1473-11-02　《大般涅槃經》卷二五

北涼曇無讖譯，CBETA, T12, no.374, p.515, b2–21，第 17 行 "遺" 作 "貴"。高昌國時期。

參：王宇、王梅 2006b, 56。

LM20-1473-12-01　《大般涅槃經》卷三五

北涼曇無讖譯，CBETA, T12, no.374, p.572, a21–26。高昌郡時期。

參：王宇、王梅 2006b, 58。

LM20-1473-12-02　《大般涅槃經》卷三五

北涼曇無讖譯，CBETA, T12, no.374, p.572, a13–17。高昌郡時期。

LM20-1473-12-03　《大般涅槃經》卷三四

北涼曇無讖譯，CBETA, T12, no.374, p.569, a9–11。高昌郡時期。

參：王宇、王梅 2006b, 57。

經册二十五

LM20-1474-01-01 《妙法蓮華經》卷五

姚秦鳩摩羅什譯，CBETA，T09，no.262，p.42，b14–22。西州回鶻時期。

LM20-1474-01-02 《妙法蓮華經》卷五

姚秦鳩摩羅什譯，CBETA，T09，no.262，p.41，c11–19。唐時期。

LM20-1474-01-03 《妙法蓮華經》卷五

姚秦鳩摩羅什譯，CBETA，T09，no.262，p.41，b29–c11。唐時期。

LM20-1474-02A-01 《妙法蓮華經》卷五

姚秦鳩摩羅什譯，CBETA，T09，no.262，p.42，a7–26。西州回鶻時期。

LM20-1474-02A-02 《妙法蓮華經》卷五

姚秦鳩摩羅什譯，CBETA，T09，no.262，p.42，b9–13。唐時期。

LM20-1474-02A-03 《妙法蓮華經》卷五

姚秦鳩摩羅什譯，CBETA，T09，no.262，p.41，c25–p.42，a2。唐時期。

LM20-1474-02A-04 《妙法蓮華經》卷七

姚秦鳩摩羅什譯，CBETA，T09，no.262，p.60，b17–22。唐時期。

LM20-1474-02B-05 《妙法蓮華經》卷五

姚秦鳩摩羅什譯，CBETA，T09，no.262，p.41，c22–27。唐時期。

LM20-1474-02B-06 《妙法蓮華經》卷五

姚秦鳩摩羅什譯，CBETA，T09，no.262，p.42，a13–14。唐時期。

LM20-1474-02B-07 《妙法蓮華經》卷五

姚秦鳩摩羅什譯，CBETA，T09，no.262，p.41，c12–13。唐時期。

LM20-1474-02B-08 《妙法蓮華經》卷五

姚秦鳩摩羅什譯，CBETA，T09，no.262，p.42，b23–29。唐時期。

LM20-1474-02B-09 《妙法蓮華經》卷五

姚秦鳩摩羅什譯，CBETA，T09，no.262，p.43，a10–17。唐時期。

LM20-1474-03A-01 《妙法蓮華經》卷五

姚秦鳩摩羅什譯，CBETA，T09，no.262，p.42，b12–21。唐時期。

LM20-1474-03A-02 《妙法蓮華經》卷五

姚秦鳩摩羅什譯，CBETA，T09，no.262，p.42，b26–27。唐時期。

LM20-1474-03A-03　《妙法蓮華經》卷五

　　姚秦鳩摩羅什譯，CBETA, T09, no.262, p.43, a17–20。唐時期。

LM20-1474-03A-04　《妙法蓮華經》卷五

　　姚秦鳩摩羅什譯，CBETA, T09, no.262, p.42, b22–26。唐時期。

LM20-1474-03A-05　《妙法蓮華經》卷五

　　姚秦鳩摩羅什譯，CBETA, T09, no.262, p.43, b1–b3。唐時期。

LM20-1474-03A-06　《妙法蓮華經》卷五

　　姚秦鳩摩羅什譯，CBETA, T09, no.262, p.42, a29–b2。唐時期。

LM20-1474-03B-07　《大般涅槃經》卷三三

　　北涼曇無讖譯，CBETA, T12, no.374, p.563, b29–c4。高昌國時期。

　　參：王宇、王梅 2006b, 50；《旅博選粹》, 129。

LM20-1474-03B-08　《大般涅槃經》卷五

　　北涼曇無讖譯，CBETA, T12, no.374, p.392, a8–15。高昌國時期。

　　參：王宇、王梅 2006b, 49。

LM20-1474-03B-09　《大般涅槃經》卷二一

　　北涼曇無讖譯，CBETA, T12, no.374, p.488, c2–5。唐時期。

　　參：王宇、王梅 2006b, 50。

LM20-1474-03B-10　《大寶積經》卷五四

　　唐玄奘譯，CBETA, T11, no.310, p.321, b2–9。唐時期。

LM20-1474-04A-01　《大般涅槃經》經題

　　高昌國時期。

LM20-1474-04A-02　《妙法蓮華經》卷三

　　姚秦鳩摩羅什譯，CBETA, T09, no.262, p.19, b22–c4。唐時期。

LM20-1474-04A-03　《金光明經》卷三

　　北涼曇無讖譯，CBETA, T16, no.663, p.348, b5–13。唐時期。

LM20-1474-04A-04　《大般涅槃經》卷四

　　北涼曇無讖譯，CBETA, T12, no.374, p.387, c22–p.388, a3。高昌郡時期。

　　參：《旅博選粹》, 48；王宇、王梅 2006b, 49。

LM20-1474-04B-05　《大般涅槃經》卷二九

　　北涼曇無讖譯，CBETA, T12, no.374, p.540, a20–23。高昌國時期。

　　參：王宇、王梅 2006b, 50。

LM20-1474-04B-06　《大方等大集經》卷八

　　北涼曇無讖譯，CBETA, T13, no.397, p.50, c12–17。高昌國時期。

LM20-1474-04B-07　《大般涅槃經》卷二四

北涼曇無讖譯，CBETA，T12，no.374，p.505，a18-25。高昌國時期。

參：王宇、王梅 2006b，50。

LM20-1474-04B-08　《妙法蓮華經》卷六

姚秦鳩摩羅什譯，CBETA，T09，no.262，p.54，c20-23。唐時期。

LM20-1474-04B-09　《大般涅槃經》卷四

北涼曇無讖譯，CBETA，T12，no.374，p.390，a8-16。高昌國時期。

參：王宇、王梅 2006b，49。

LM20-1474-05A-01　《勝天王般若波羅蜜經》卷四

陳月婆首那譯，CBETA，T08，no.231，p.709，a7-12。唐時期。

LM20-1474-05A-02　《般若波羅蜜多心經》

唐玄奘譯，CBETA，T08，no.251，p.848，c22。唐時期。

LM20-1474-05A-03　《金剛般若波羅蜜經》

姚秦鳩摩羅什譯，CBETA，T08，no.235，p.750，c11-15。唐時期。

LM20-1474-05A-04　《大智度論》卷七〇

姚秦鳩摩羅什譯，CBETA，T25，no.1509，p.547，c4-6。高昌國時期。

LM20-1474-05A-05　《金剛般若波羅蜜經》

姚秦鳩摩羅什譯，CBETA，T08，no.235，p.751，a24-b4。唐時期。

LM20-1474-05B-06r　《般若波羅蜜多心經》注疏

參唐玄奘譯《般若波羅蜜多心經》，CBETA，T08，no.251，p.848，c10-17。有朱筆句讀及校改。西州回鶻時期。

參：《旅博選粹》，171；吕媛媛 2019b，276-277。

LM20-1474-05B-06v　殘片

有"叁、壹、柒□、貳、拾、碩、壹"等字。無法揭取拍攝。

LM20-1474-05B-07　《大智度論》卷七〇

姚秦鳩摩羅什譯，CBETA，T25，no.1509，p.547，c17-22。下有貼附殘片，無法揭取。高昌國時期。

LM20-1474-05B-08　《放光般若經》卷一三

西晉無羅叉譯，CBETA，T08，no.221，p.92，a5-13，"緣者終不起念"作"緣終不起"，"如佛言"作"佛言"。高昌國時期。

LM20-1474-05B-09　《合部金光明經》卷三

梁真諦譯，隋寶貴合，CBETA，T16，no.664，p.373，a10-15，第 3、4 行間脱漏一行文字。唐時期。

LM20-1474-06A-01　《妙法蓮華經》卷五

姚秦鳩摩羅什譯，CBETA，T09，no.262，p.37，b12-23。唐時期。

LM20-1474-06A-02 《妙法蓮華經》卷五

姚秦鳩摩羅什譯，CBETA，T09，no.262，p.45，b16–21。唐時期。

LM20-1474-06A-03 《大般涅槃經》卷三七

北涼曇無讖譯，CBETA，T12，no.374，p.582，c19–27。唐時期。

LM20-1474-06B-04 《法住經》注疏

參唐玄奘譯《佛臨涅槃記法住經》，CBETA，T12，no.390，p.1113，a24–c22。有朱筆句讀。西州回鶻時期。

參：《旅博選粹》，171。

LM20-1474-06B-05 《大般涅槃經》卷二一

北涼曇無讖譯，CBETA，T12，no.374，p.488，c22–27。高昌國時期。

LM20-1474-06B-06 《法住經》注疏

參唐玄奘譯《佛臨涅槃記法住經》，CBETA，T12，no.390，p.1113，a14–c20。有朱筆句讀及墨筆校改。西州回鶻時期。

參：《旅博選粹》，171。

LM20-1474-07A-01 《大般若波羅蜜多經》卷二一三

唐玄奘譯，CBETA，T06，no.220，p.67，c10–16。唐時期。

LM20-1474-07A-02 《大般若波羅蜜多經》卷五二七

唐玄奘譯，CBETA，T07，no.220，p.703，c11–17。唐時期。

LM20-1474-07A-03 《大般若波羅蜜多經》卷五二七

唐玄奘譯，CBETA，T07，no.220，p.703，c15–23。唐時期。

LM20-1474-07A-04 《金剛般若波羅蜜經》

元魏菩提流支譯，CBETA，T08，no.236a，p.753，c5–10。唐時期。

LM20-1474-07A-05 《大般若波羅蜜多經》卷五七七

唐玄奘譯，CBETA，T07，no.220，p.980，a29–b4。唐時期。

LM20-1474-07A-06 《金剛般若波羅蜜經》

元魏菩提流支譯，CBETA，T08，no.236a，p.753，c21–25。唐時期。

LM20-1474-07B-07 《道行般若經》卷三

後漢支婁迦讖譯，CBETA，T08，no.224，p.441，a16–23。唐時期。

LM20-1474-07B-08 《摩訶般若波羅蜜經》卷二一

姚秦鳩摩羅什譯，CBETA，T08，no.223，p.370，b27–c4。高昌國時期。

LM20-1474-07B-09 《金剛般若波羅蜜經》

元魏菩提流支譯，CBETA，T08，no.236a，p.755，a19–20。唐時期。

LM20-1474-07B-10 《摩訶般若波羅蜜經》卷二五

姚秦鳩摩羅什譯，CBETA，T08，no.223，p.404，c7–9。高昌國時期。

LM20-1474-07B-11 《小品般若波羅蜜經》卷一

姚秦鳩摩羅什譯，CBETA，T08，no.227，p.541，a29–b4。高昌國時期。

LM20-1474-07B-12 《大般若波羅蜜多經》卷二五

唐玄奘譯，CBETA，T05，no.220，p.141，a28–b8。唐時期。

LM20-1474-07B-13 《佛説仁王般若波羅蜜經》卷下

姚秦鳩摩羅什譯，CBETA，T08，no.245，p.830，c4–16。高昌國時期。

LM20-1474-08A-01 《摩訶般若波羅蜜經》卷二

姚秦鳩摩羅什譯，CBETA，T08，no.223，p.231，c13–19。高昌國時期。

LM20-1474-08A-02 《金剛般若波羅蜜經》

元魏菩提流支譯，CBETA，T08，no.236a，p.752，c29–p.753，a4。唐時期。

LM20-1474-08A-03 《小品般若波羅蜜經》卷二

姚秦鳩摩羅什譯，CBETA，T08，no.227，p.544，b5–11。高昌國時期。

參：孫傳波2006，185。

LM20-1474-08A-04 《摩訶般若波羅蜜經》卷二七

姚秦鳩摩羅什譯，CBETA，T08，no.223，p.424，a2–7；姚秦鳩摩羅什譯《小品般若波羅蜜經》卷一〇，CBETA，T08，no.227，p.586，b26–c2。高昌郡時期。

LM20-1474-08A-05 《金剛般若波羅蜜經》

姚秦鳩摩羅什譯，CBETA，T08，no.235，p.751，b27–c2；元魏菩提流支譯《金剛般若波羅蜜經》，CBETA，T08，no.236a，p.755，c26–28；CBETA，T08，no.236a，p.760，c4–7。唐時期。

LM20-1474-08A-06 《放光般若經》卷一〇

西晉無羅叉譯，CBETA，T08，no.221，p.70，a6–11。高昌郡時期。

LM20-1474-08B-07 《摩訶般若波羅蜜經》卷二二

姚秦鳩摩羅什譯，CBETA，T08，no.223，p.377，c2–4。高昌郡時期。

LM20-1474-08B-08 《大般若波羅蜜多經》卷四二〇

唐玄奘譯，CBETA，T07，no.220，p.109，a2–6。唐時期。

LM20-1474-08B-09 《摩訶般若波羅蜜經》卷二二

姚秦鳩摩羅什譯，CBETA，T08，no.223，p.377，c11–12。高昌郡時期。

LM20-1474-08B-10 《摩訶般若波羅蜜經》卷二二

姚秦鳩摩羅什譯，CBETA，T08，no.223，p.378，a7–10。高昌郡時期。

LM20-1474-08B-11 《摩訶般若波羅蜜經》卷二二

姚秦鳩摩羅什譯，CBETA，T08，no.223，p.377，c13–16。高昌郡時期。

LM20-1474-08B-12 《摩訶般若波羅蜜經》卷二二

姚秦鳩摩羅什譯，CBETA，T08，no.223，p.377，b19–22。高昌郡時期。

LM20-1474-08B-13 《摩訶般若波羅蜜經》卷二二

姚秦鳩摩羅什譯，CBTEA，T08，no.223，p.377，c19–21。高昌郡時期。

LM20-1474-08B-14 《坐禪三昧經》卷上

姚秦鳩摩羅什譯，CBETA，T15，no.614，p.274，c29–p.275，a2。高昌郡時期。

LM20-1474-08B-15 《摩訶般若波羅蜜經》卷二二

姚秦鳩摩羅什譯，CBETA，T08，no.223，p.378，a16–18。高昌郡時期。

LM20-1474-08B-16 《佛説仁王般若波羅蜜經》卷下

姚秦鳩摩羅什譯，CBETA，T08，no.245，p.831，a19–22。高昌國時期。

LM20-1474-09A-01 《金剛般若波羅蜜經》

姚秦鳩摩羅什譯，CBETA，T08，no.235，p.752，b25–c3。唐時期。

LM20-1474-09A-02 《金剛般若波羅蜜經》尾題

姚秦鳩摩羅什譯。唐時期。

LM20-1474-09A-03 《金剛般若波羅蜜經》

姚秦鳩摩羅什譯，CBETA，T08，no.235，p.748，c17–23。唐時期。

LM20-1474-09B-04 《道行般若經》外題

後漢支婁迦讖譯。高昌國時期。

LM20-1474-10A-01 《般若波羅蜜多心經》

唐玄奘譯，CBETA，T08，no.251，p.848，c14–24，“密”作“蜜”，“大明”作“大明咒”，“莎婆呵”作“僧莎訶”。西州回鶻時期。

參：《旅博選粹》，96。

LM20-1474-10A-02 《般若波羅蜜多心經》

唐玄奘譯，CBETA，T08，no.251，p.848，c17–19。西州回鶻時期。

LM20-1474-10A-03 《般若波羅蜜多心經》

唐玄奘譯，CBETA，T08，no.251，p.848，c20–24。唐時期。

參：《旅博選粹》，96。

LM20-1474-10A-04 《般若波羅蜜多心經》

唐玄奘譯，CBETA，T08，no.251，p.848，c4–8。西州回鶻時期。

參：《旅博選粹》，96。

LM20-1474-10A-05 《般若波羅蜜多心經》

唐玄奘譯，CBETA，T08，no.251，p.848，c17–18。唐時期。

LM20-1474-10B-06 《般若波羅蜜多心經》

唐玄奘譯，CBETA，T08，no.251，p.848，c18–24。西州回鶻時期。

參：《旅博選粹》，96。

LM20-1474-10B-07 《佛説仁王般若波羅蜜經》卷上

姚秦鳩摩羅什譯，CBETA，T08，no.245，p.826，b19–21。高昌國時期。

LM20-1474-10B-08　《般若波羅蜜多心經》

唐玄奘譯，CBETA，T08，no.251，p.848，c9–11。唐時期。

LM20-1474-10B-09　《大般涅槃經》卷二四

北涼曇無讖譯，CBETA，T12，no.374，p.509，b6–13。高昌國時期。

參：王宇、王梅 2006b，50。

LM20-1474-11A-01　《合部金光明經》卷三

梁真諦譯，隋寶貴合，CBETA，T16，no.664，p.377，a20–b2，第 10 行 "其塔若" 作 "其塔"。唐時期。

參：《旅博選粹》，135。

LM20-1474-11A-02　《金剛般若波羅蜜經》

元魏菩提流支譯，CBETA，T08，no.236a，p.753，c21–27，"菩薩在" 作 "如來昔在"。唐時期。

LM20-1474-11B-03　《妙法蓮華經》卷六

姚秦鳩摩羅什譯，CBETA，T09，no.262，p.48，c7–12。唐時期。

LM20-1474-11B-04　《大般若波羅蜜多經》卷四一四

唐玄奘譯，CBETA，T07，no.220，p.78，c14–18。唐時期。

LM20-1474-11B-05　《妙法蓮華經》卷三

姚秦鳩摩羅什譯，CBETA，T09，no.262，p.25，b8–13。唐時期。

LM20-1474-11B-06　《合部金光明經》卷三尾題

梁真諦譯，隋寶貴合，CBETA，T16，no.664，p.372，c2–7。高昌國時期。

LM20-1474-11B-07　《根本説一切有部毗奈耶雜事》卷四〇

唐義浄譯，此段文字多處可見。唐時期。

LM20-1474-11B-08　《摩訶般若波羅蜜經》卷二五

姚秦鳩摩羅什譯，CBETA，T08，no.223，p.403，c11–13。高昌國時期。

LM20-1474-11B-09　佛典注疏

參隋灌頂撰《大般涅槃經疏》卷二〇，CBETA，T38，no.1767，p.153，b16–19。高昌國時期。

LM20-1474-11B-10　《妙法蓮華經》卷三

姚秦鳩摩羅什譯，CBETA，T09，no.262，p.20，a27–b2。高昌國時期。

LM20-1474-11B-11　《佛説轉女身經》

劉宋曇摩蜜多譯，CBETA，T14，no.564，p.919，a8–11。高昌國時期。

LM20-1474-12A-01　《合部金光明經》卷五

北涼曇無讖譯，隋寶貴合，CBETA，T16，no.664，p.385，b19–26。唐時期。

LM20-1474-12A-02　《金光明經》卷三

北涼曇無讖譯，CBETA，T16，no.663，p.348，a27–b6，"於時" 作 "爾時"。唐時期。

LM20-1474-12A-03　《妙法蓮華經》卷五

姚秦鳩摩羅什譯, CBETA, T09, no.262, p.42, a29-b4。唐時期。

LM20-1474-12A-04 　《金光明經》卷一

北涼曇無讖譯, CBETA, T16, no.663, p.336, b6-10。欄外天頭有分節號。高昌郡時期。

LM20-1474-12A-05 　《金光明經》卷四

北涼曇無讖譯, CBETA, T16, no.663, p.356, c22-26, "立向"作"合掌向"。高昌國時期。

LM20-1474-12A-06 　《金光明經》卷二

北涼曇無讖譯, CBETA, T16, no.663, p.343, c17-23。高昌國時期。

LM20-1474-12B-07 　《合部金光明經》卷六

隋闍那崛多譯, 寶貴合, CBETA, T16, no.664, p.386, a8-12。唐時期。

LM20-1474-12B-08 　《合部金光明經》卷二

梁真諦譯, 隋寶貴合, CBETA, T16, no.664, p.372, b12-21, "義"作"世"。唐時期。

LM20-1474-12B-09 　《合部金光明經》卷二

梁真諦譯, 隋寶貴合, CBETA, T16, no.664, p.372, b18-24。唐時期。

LM20-1474-12B-10 　《合部金光明經》卷二

梁真諦譯, 隋寶貴合, CBETA, T16, no.664, p.372, b9-13。下層有貼附殘片, 文字見本經卷二, CBETA, T16, no.664, p.372, b7-10, 無法揭取。唐時期。

LM20-1474-12B-11 　《合部金光明經》卷二

梁真諦譯, 隋寶貴合, CBETA, T16, no.664, p.372, b14。下層有貼附殘片, 文字見本經卷二, CBETA, T16, no.664, p.372, b9-11, 無法揭取。唐時期。

LM20-1474-12B-12 　《合部金光明經》卷二經題

梁真諦譯, 隋寶貴合。唐時期。

LM20-1474-12B-13 　《合部金光明經》卷二

梁真諦譯, 隋寶貴合, CBETA, T16, no.664, p.372, b22-24。唐時期。

LM20-1474-12B-14 　《合部金光明經》卷二

梁真諦譯, 隋寶貴合, CBETA, T16, no.664, p.372, b22-24。唐時期。

LM20-1474-13A-01 　《合部金光明經》卷七

北涼曇無讖譯, 隋寶貴合, CBETA, T16, no.664, p.391, c9-16。高昌國時期。

LM20-1474-13A-02 　《金光明經》卷一

北涼曇無讖譯, CBETA, T16, no.663, p.335, b7-16。唐時期。

LM20-1474-13B-03 　《佛説灌頂經》卷一二

東晉帛尸梨蜜多羅譯, CBETA, T21, no.1331, p.533, b26-c6。唐時期。

LM20-1474-13B-04 　《佛説藥師琉璃光佛本願功德經》

參東晉帛尸梨密多羅譯《佛説灌頂章句拔除過罪生死得度經》, CBETA, F3, no.88, p.2, b24, "流離"作"琉璃"。下層有貼附殘片, 無法揭取。唐時期。

LM20-1474-13B-05 《佛説灌頂經》卷一二

東晉帛尸梨蜜多羅譯，CBETA, T21, no.1331, p.534, c12–14，"世界有佛"作"有佛"。唐時期。

LM20-1474-13B-06 《四分律》卷一五

姚秦佛陀耶舍、竺佛念等譯，CBETA, T22, no.1428, p.668, c8–19。唐時期。

LM20-1474-13B-07 《大般涅槃經》卷一九

北涼曇無讖譯，CBETA, T12, no.374, p.478, a17–29。唐時期。

LM20-1474-14A-01 《佛説灌頂經》卷一二

東晉帛尸梨蜜多羅譯，CBETA, T21, no.1331, p.534, c25–p.535, a1。唐時期。

LM20-1474-14A-02 《大般若波羅蜜多經》

唐玄奘譯，此段文字多處可見。唐時期。

LM20-1474-14A-03 《小品般若波羅蜜經》卷七

姚秦鳩摩羅什譯，CBETA, T08, no.227, p.570, c29–p.571, a15，"若如處"作"若處"。高昌國時期。

LM20-1474-14A-04 《佛説灌頂經》卷一二

東晉帛尸梨蜜多羅譯，CBETA, T21, no.1331, p.535, a5–9。唐時期。

LM20-1474-14A-05 《佛説灌頂經》卷一二

東晉帛尸梨蜜多羅譯，CBETA, T21, no.1331, p.534, c11–15。唐時期。

LM20-1474-14A-06 《佛説灌頂經》卷一二

東晉帛尸梨蜜多羅譯，CBETA, T21, no.1331, p.534, a1–5。唐時期。

LM20-1474-14A-07 《佛説灌頂經》卷一二

東晉帛尸梨蜜多羅譯，CBETA, T21, no.1331, p.535, a2–5。唐時期。

LM20-1474-14A-08 《佛説灌頂經》卷一二

東晉帛尸梨蜜多羅譯，CBETA, T21, no.1331, p.533, a16–22，"流離"作"琉璃"。唐時期。

LM20-1474-14B-09 《佛説灌頂經》卷一二

東晉帛尸梨蜜多羅譯，CBETA, T21, no.1331, p.533, b11–15。西州回鶻時期。

LM20-1474-14B-10 《佛説灌頂經》卷一二

東晉帛尸梨蜜多羅譯，CBETA, T21, no.1331, p.533, a1–11，"无所悉將施与"作"無數悉以賜與"。唐時期。

LM20-1474-14B-11 《妙法蓮華經》卷二

姚秦鳩摩羅什譯，CBETA, T09, no.262, p.12, a7–8。唐時期。

LM20-1474-14B-12 《佛説灌頂經》卷一二

東晉帛尸梨蜜多羅譯，CBETA, T21, no.1331, p.534, a18–23。唐時期。

LM20-1474-14B-13 《佛説灌頂經》卷一二

東晉帛尸梨蜜多羅譯，CBETA, T21, no.1331, p.534, c25–27。唐時期。

LM20-1474-14B-14　《妙法蓮華經》卷四

姚秦鳩摩羅什譯，CBETA, T09, no.262, p.30, a23–28。高昌郡時期。

LM20-1474-15A-01　《妙法蓮華經》卷四

姚秦鳩摩羅什譯，CBETA, T09, no.262, p.29, a11–17。唐時期。

LM20-1474-15A-02　《佛説灌頂經》卷一二

東晉帛尸梨蜜多羅譯，CBETA, T21, no.1331, p.534, a4–12。唐時期。

LM20-1474-15A-03　《佛説灌頂經》卷一二

東晉帛尸梨蜜多羅譯，CBETA, T21, no.1331, p.533, c28–p.534, a2。唐時期。

LM20-1474-15A-04　《大智度論》卷四四

姚秦鳩摩羅什譯，CBETA, T25, no.1509, p.378, a18–24。唐時期。

LM20-1474-15A-05　《佛説灌頂經》卷一二

東晉帛尸梨蜜多羅譯，CBETA, T21, no.1331, p.534, c26–29，“離”作“璃”，“少”作“小”。唐時期。

LM20-1474-15A-06　《佛説灌頂經》卷一二

東晉帛尸梨蜜多羅譯，CBETA, T21, no.1331, p.534, a2–5。唐時期。

LM20-1474-15A-07　《佛説灌頂拔除過罪生死得度經》

參東晉帛尸梨蜜多羅譯《佛説灌頂經》卷一二，CBETA, T21, no.1331, p.533, a23–26。高昌國時期。

LM20-1474-15A-08　《佛説灌頂經》卷一二

東晉帛尸梨蜜多羅譯，CBETA, T21, no.1331, p.532, b28–c1。唐時期。

LM20-1474-15A-09　《佛母大孔雀明王經》卷中

唐不空譯，CBETA, T19, no.982, p.425, a22–28。唐時期。

LM20-1474-15B-10　《佛説灌頂經》卷一二

東晉帛尸梨蜜多羅譯，CBETA, T21, no.1331, p.532, b20–27。西州回鶻時期。

LM20-1474-15B-11　《佛説灌頂經》卷一二

東晉帛尸梨蜜多羅譯，CBETA, T21, no.1331, p.534, c1–9。唐時期。

LM20-1474-15B-12　《妙法蓮華經》卷一

姚秦鳩摩羅什譯，CBETA, T09, no.262, p.3, c6–12。唐時期。

LM20-1474-15B-13　《佛説灌頂拔除過罪生死得度經》

參東晉帛尸梨蜜多羅譯《佛説灌頂經》卷一二，CBETA, T21, no.1331, p.533, b6–14，第 5 行“右”作“有”，第 7 行“流離”作“瑠璃”。高昌國時期。

LM20-1474-16A-01　《佛説藥師如來本願經》

隋達摩笈多譯，CBETA, T14, no.449, p.402, a11–b16，第 22 行“悥”作“喜”。唐時期。

LM20-1474-16A-02 《藥師琉璃光如來本願功德經》

　　唐玄奘譯，CBETA，T14，no.450，p.406，a24–b4。唐時期。

LM20-1474-16A-03 《藥師琉璃光如來本願功德經》

　　唐玄奘譯，CBETA，T14，no.450，p.406，b12–c9。唐時期。

LM20-1474-16B-04 《藥師琉璃光如來本願功德經》

　　唐玄奘譯，CBETA，T14，no.450，p.406，b2–12。唐時期。

LM20-1474-17A-01 《大般涅槃經》卷三二

　　北涼曇無讖譯，CBETA，T12，no.374，p.554，a7–9。高昌國時期。

LM20-1474-17A-02 《大般涅槃經》卷二二

　　北涼曇無讖譯，CBETA，T12，no.374，p.494，c22–26。高昌國時期。

LM20-1474-17A-03 《央掘魔羅經》卷一

　　劉宋求那跋陀羅譯，CBETA，T02，no.120，p.516，c21–28。西州回鶻時期。

LM20-1474-17B-04 《四分比丘尼戒本》

　　姚秦佛陀耶舍譯，CBETA，T22，no.1431，p.1037，b20–29。唐時期。

LM20-1474-17B-05 《四分比丘尼戒本》

　　姚秦佛陀耶舍譯，CBETA，T22，no.1431，p.1037，c11–23。唐時期。

LM20-1474-17B-06 《菩薩戒本》

　　存尾題。高昌國時期。

　　參：《旅博選粹》，174。

LM20-1474-18A-01 《四分比丘尼戒本》

　　姚秦佛陀耶舍譯，CBETA，T22，no.1431，p.1037，a29–19。唐時期。

LM20-1474-18A-02 《四分律》卷五七

　　姚秦佛陀耶舍、竺佛念等譯，CBETA，T22，no.1428，p.986，b21–29。唐時期。

LM20-1474-18A-03 勝鬘經疏

　　參昭法師撰《勝鬘經疏》，CBETA，T85，no.2762，p.277，b28–c1。有雙行小字注。高昌國時期。

LM20-1474-18A-04 比丘尼戒本

　　參姚秦佛陀耶舍譯《四分比丘尼戒本》，CBETA，T22，no.1431，p.1031，c1–c10；姚秦佛
　　陀耶舍、竺佛念等譯《四分律》卷二二，CBETA，T22，no.1428，p.716，c19–22。唐時期。

LM20-1474-19A-01 《一切經音義》卷五

　　唐玄應撰，CBETA，C056，no.1163，p.895，b8–18。唐時期。

　　參：《旅博選粹》，162；張娜麗2007，253–254；范舒2014，107–112；趙洋2018，35。

LM20-1474-19A-02 《妙法蓮華經》卷三

　　姚秦鳩摩羅什譯，CBETA，T09，no.262，p.25，b17–20。高昌國時期。

LM20-1474-19A-03 《一切經音義》卷五

唐玄應撰，CBETA，C056，no.1163，p.895，a15–b6，“兒也”作“兒雜色爲斑也”，“須也”作“須者也”。唐時期。

參：《旅博選粹》，162；張娜麗 2007，253–254；范舒 2014，107–112；趙洋 2018，34–35。

LM20-1474-19B-04　《大般涅槃經》卷一五

北涼曇無讖譯，CBETA，T12，no.374，p.451，c3–10。高昌國時期。

LM20-1474-19B-05　《大般涅槃經》卷一五

北涼曇無讖譯，CBETA，T12，no.374，p.451，b24–c2。高昌國時期。

LM20-1474-19B-06　《大般涅槃經》卷三七

北涼曇無讖譯，CBETA，T12，no.374，p.581，c2–7。高昌國時期。

LM20-1474-19B-07　《佛説灌頂經》卷一一

東晉帛尸梨蜜多羅譯，CBETA，T21，no.1331，p.531，a14–19，“如是”作“如此”。下有貼附殘片，存“黄（？）布”二字，無法揭取。唐時期。

經册二十六

LM20-1475-01-01 《顯揚聖教論》卷三

唐玄奘譯，CBETA，T31，no.1602，p.491，c15-p.491，c28。唐時期。

參：《旅博選粹》，147。

LM20-1475-01-02 《大方廣佛華嚴經》卷一六

唐實叉難陀譯，CBETA，T10，no.279，p.85，a23-b7。唐時期。

LM20-1475-02A-01 《大方廣佛華嚴經》卷二三

東晉佛陀跋陀羅譯，CBETA，T09，no.278，p.544，c11-26。唐時期。

LM20-1475-02B-02 《顯揚聖教論》卷三

唐玄奘譯，CBETA，T31，no.1602，p.491，b25-c14。唐時期。

LM20-1475-03A-01 《菩薩瓔珞本業經》卷上

唐澄觀述，CBETA，T24，no.1485，p.1016，a22-b1。唐時期。

LM20-1475-03A-02 《十地經論》卷七

元魏菩提流支譯，CBETA，T26，no.1522，p.163，a8-10。高昌國時期。

LM20-1475-03B-03 《佛說佛名經》卷一

元魏菩提流支譯，CBETA，T14，no.440，p.117，b1-4；《佛說佛名經》卷二，CBETA，T14，no.441，p.192，b7-11。唐時期。

LM20-1475-03B-04 佛名經

高昌國時期。

LM20-1475-03B-05 《佛說佛名經》卷七

元魏菩提流支譯，CBETA，T14，no.440，p.154，b16-18。唐時期。

LM20-1475-03B-06 《佛說佛名經》卷一五

譯者不詳，CBETA，T14，no.441，p.243，c18-21；卷三〇，CBETA，T14，no.441，p.308，b25-28。高昌國時期。

LM20-1475-03B-07 《佛說佛名經》卷六

元魏菩提流支譯，CBETA，T14，no.440，p.147，a24-27；譯者不詳《佛說佛名經》卷一五，CBETA，T14，no.441，p.241，b10-11。西州回鶻時期。

LM20-1475-03B-08 《佛說佛名經》卷五

元魏菩提流支譯，此段文字多處可見。唐時期。

LM20-1475-03B-09　《十方千五百佛名經》

譯者不詳，CBETA，T14，no.442，p.316，b12-14。高昌國時期。

LM20-1475-03B-10　佛名經

唐時期。

LM20-1475-03B-11　佛名經

唐時期。

LM20-1475-03B-12　《十方千五百佛名經》

譯者不詳，CBETA，T14，no.442，p.317，b24-c2。高昌國時期。

LM20-1475-03B-13　《十方千五百佛名經》

譯者不詳，CBETA，T14，no.442，p.317，b11-26。高昌國時期。

LM20-1475-04A-01　《佛説佛名經》卷四

元魏菩提流支譯，CBETA，T14，no.440，p.134，a27-b4；譯者不詳《佛説佛名經》卷九，CBETA，T14，no.441，p.220，a8-14。西州回鶻時期。

LM20-1475-04A-02　《十方千五百佛名經》

譯者不詳，CBETA，T14，no.442，p.317，b11-18。高昌國時期。

LM20-1475-04A-03　《現在十方千五百佛名並雜佛同號》

作者不詳，CBETA，T85，no.2905，p.1449，a3-9。高昌國時期。

LM20-1475-04A-04　《十方千五百佛名經》

譯者不詳，CBETA，T14，no.442，p.315，b19-29，第4行"精"作"釋"，第5行"肩"作"賢"，第8行"意"作"幢"。參《十方千五百佛名經》全文，199-200頁。高昌國時期。

LM20-1475-04B-05　《佛説佛名經》卷九

元魏菩提流支譯，此段文字多處可見。西州回鶻時期。

LM20-1475-04B-06　佛名經

參譯者不詳《十方千五百佛名經》，CBETA，T14，no.442，p.316，c6-14。高昌國時期。

LM20-1475-04B-07　《佛説佛名經》卷四

元魏菩提流支譯，CBETA，T14，no.440，p.136，c15-21。高昌國時期。

LM20-1475-04B-08　《佛説佛名經》卷一六

譯者不詳，CBETA，T14，no.441，p.247，b29-c5。唐時期。

LM20-1475-04B-09　佛名經

唐時期。

LM20-1475-04B-10　《佛説佛名經》卷一八

譯者不詳，CBETA，T14，no.441，p.256，c16-20。唐時期。

LM20-1475-04B-11　《佛説佛名經》卷五

元魏菩提流支譯，此段文字多處可見。有朱色捺印佛像。唐時期。

LM20-1475-05A-01 《集諸經禮懺儀》卷上

唐智昇撰，CBETA，T47，no.1982，p.456，b26-c27，第 14 行 "渠" 作 "劬"。西州回鶻時期。

參：《旅博選粹》，190。

LM20-1475-05A-02 佛名經

唐時期。

LM20-1475-05A-03 《十方千五百佛名經》

譯者不詳，CBETA，T14，no.442，p.317，b15-20。高昌國時期。

LM20-1475-06A-01 《大方廣佛華嚴經》卷五（五十卷本）

東晉佛陀跋陀羅譯，《中華大藏經》第 12 册，55b13-17；參 CBETA，T09，no.278，p.430，a12-15，a19-24。高昌國時期。

LM20-1475-06A-02 《大方廣佛華嚴經》卷四八（五十卷本）

東晉佛陀跋陀羅譯，《中華大藏經》第 12 册，569b11-14；參 CBETA，T09，no.278，p.769，c23-28。高昌國時期。

LM20-1475-06B-03 《維摩詰所説經》卷上

姚秦鳩摩羅什譯，CBETA，T14，no.475，p.539，b4-16。唐時期。

參：王梅 2006，150。

LM20-1475-06B-04 《維摩詰所説經》卷中

姚秦鳩摩羅什譯，CBETA，T14，no.475，p.546，a3-6。唐時期。

LM20-1475-06B-05 《維摩詰所説經》卷中

姚秦鳩摩羅什譯，CBETA，T14，no.475，p.546，b12-20。唐時期。

LM20-1475-06B-06 《維摩詰所説經》卷中

姚秦鳩摩羅什譯，CBETA，T14，no.475，p.549，a23-b1。唐時期。

LM20-1475-06B-07 《維摩詰所説經》卷上

姚秦鳩摩羅什譯，CBETA，T14，no.475，p.540，a20-26。高昌國時期。

LM20-1475-06B-08 《維摩詰所説經》卷中

姚秦鳩摩羅什譯，CBETA，T14，no.475，p.546，b1-9，"延" 作 "旬"。唐時期。

LM20-1475-07A-01 《大般涅槃經》卷一九

北涼曇無讖譯，CBETA，T12，no.374，p.478，a26-b6。高昌國時期。

LM20-1475-07A-02 《維摩詰所説經》卷下

姚秦鳩摩羅什譯，CBETA，T14，no.475，p.553，c3-8。有朱點。唐時期。

參：王梅 2006，148。

LM20-1475-07A-03 《大般涅槃經》卷一二

北涼曇無讖譯，CBETA，T12，no.374，p.439，c2-11。高昌國時期。

LM20-1475-07A-04 《金剛般若波羅蜜經》

姚秦鳩摩羅什譯，CBETA, T08, no.235, p.750, b2–6。唐時期。

LM20-1475-07A-05　《維摩詰所説經》卷上

姚秦鳩摩羅什譯，CBETA, T14, no.475, p.539, a8–12。唐時期。

LM20-1475-07A-06　《維摩詰所説經》卷中

姚秦鳩摩羅什譯，CBETA, T14, no.475, p.546, a5–8。唐時期。

LM20-1475-07A-07　《維摩詰所説經》卷上

姚秦鳩摩羅什譯，CBETA, T14, no.475, p.544, a6–14。唐時期。

參：王梅 2006, 152。

LM20-1475-07B　空號

LM20-1475-08A-01　《佛説廣博嚴凈不退轉輪經》卷一

劉宋智嚴譯，CBETA, T09, no.268, p.254, c23–p.255, a7。高昌國時期。

LM20-1475-08A-02　《妙法蓮華經》卷一

姚秦鳩摩羅什譯，CBETA, T09, no.262, p.7, a1–8。唐時期。

LM20-1475-08A-03　《大方等大集經》卷一

北涼曇無讖譯，CBETA, T13, no.397, p.5, b8–16。高昌郡時期。

參：《旅博選粹》, 53。

LM20-1475-08A-04　《大方等大集經》卷一四

北涼曇無讖譯，CBETA, T13, no.397, p.100, a16–20。高昌國時期。

LM20-1475-08A-05　《妙法蓮華經》卷六

姚秦鳩摩羅什譯，CBETA, T09, no.262, p.50, b27–c2。唐時期。

LM20-1475-08B　空號

LM20-1475-09A-01　《大寶積經》外題

唐時期。

LM20-1475-09A-02　《大方廣佛華嚴經》卷三九

唐實叉難陀譯，CBETA, T10, no.279, p.207, b11–21。唐時期。

LM20-1475-09B-03　《大般涅槃經》卷一八

北涼曇無讖譯，CBETA, T12, no.374, p.471, a21–b10。高昌國時期。

LM20-1475-10A-01　《佛説救病苦厄經》外題

作者不詳。高昌國時期。

參：《旅博選粹》, 153。

LM20-1475-10A-02　《佛説救疾病經》

作者不詳，CBETA, T85, no.2878, p.1361, b17–19。唐時期。

LM20-1475-10A-03　《思益梵天所問經》卷一

姚秦鳩摩羅什譯，CBETA, T15, no.586, p.39, a15–b6。唐時期。

LM20-1475-10A-04 《思益梵天所問經》卷一

　　姚秦鳩摩羅什譯，CBETA, T15, no.586, p.40, b15-20。唐時期。

LM20-1475-10B　空號

LM20-1475-11A　空號

LM20-1475-11B　空號

LM20-1475-12A　空號

LM20-1475-12B　空號

LM20-1475-13A-01 《妙法蓮華經》卷六

　　姚秦鳩摩羅什譯，CBETA, T09, no.262, p.51, a6-12。唐時期。

LM20-1475-13A-02 《妙法蓮華經》卷六

　　姚秦鳩摩羅什譯，CBETA, T09, no.262, p.50, c10-16。唐時期。

LM20-1475-13A-03 《妙法蓮華經》卷六

　　姚秦鳩摩羅什譯，CBETA, T09, no.262, p.50, c28-p.51, a7。唐時期。

LM20-1475-13A-04 《妙法蓮華經》卷六

　　姚秦鳩摩羅什譯，CBETA, T09, no.262, p.51, b16-24。唐時期。

LM20-1475-13A-05 《妙法蓮華經》卷六

　　姚秦鳩摩羅什譯，CBETA, T09, no.262, p.50, c10-20。唐時期。

LM20-1475-13B-06 《妙法蓮華經》卷六

　　姚秦鳩摩羅什譯，CBETA, T09, no.262, p.50, c2-14。唐時期。

LM20-1475-13B-07 《妙法蓮華經》卷六

　　姚秦鳩摩羅什譯，CBETA, T09, no.262, p.50, c20-p.51, a7。唐時期。

LM20-1475-14A-01 《妙法蓮華經》卷六

　　姚秦鳩摩羅什譯，CBETA, T09, no.262, p.50, c10-23。高昌國時期。

LM20-1475-14A-02 《妙法蓮華經》卷六

　　姚秦鳩摩羅什譯，CBETA, T09, no.262, p.51, a22-b10。唐時期。

LM20-1475-14B-03 《妙法蓮華經》卷六

　　姚秦鳩摩羅什譯，CBETA, T09, no.262, p.51, a20-b1。唐時期。

LM20-1475-14B-04 《添品妙法蓮華經》卷六

　　隋闍那崛多、笈多譯，CBETA, T09, no.264, p.184, c6-11。唐時期。

LM20-1475-14B-05 《妙法蓮華經》卷六

　　姚秦鳩摩羅什譯，CBETA, T09, no.262, p.51, b21-24。高昌國時期。

LM20-1475-14B-06 《妙法蓮華經》卷六

　　姚秦鳩摩羅什譯，CBETA, T09, no.262, p.50, c8-13。唐時期。

LM20-1475-14B-07 《妙法蓮華經》卷六

姚秦鳩摩羅什譯，CBETA, T09, no.262, p.50, c5–10。唐時期。

LM20-1475-14B-08　《妙法蓮華經》卷六

姚秦鳩摩羅什譯，CBETA, T09, no.262, p.51, b5–20。唐時期。

LM20-1475-14B-09　《妙法蓮華經》卷六

姚秦鳩摩羅什譯，CBETA, T09, no.262, p.50, c14–19。唐時期。

LM20-1475-14B-10　佛典殘片

唐時期。

LM20-1475-15A-01　《摩訶般若波羅蜜經》卷四

姚秦鳩摩羅什譯，CBETA, T08, no.223, p.243, b16–c2。高昌國時期。

LM20-1475-15A-02　《摩訶般若波羅蜜經》卷一四

姚秦鳩摩羅什譯，CBETA, T08, no.223, p.325, b23–c4。高昌國時期。

LM20-1475-15A-03　《勝天王般若波羅蜜經》卷四

陳月婆首那譯，CBETA, T08, no.231, p.707, a24–29。高昌國時期。

LM20-1475-15A-04　《金光明最勝王經》卷六

唐義淨譯，CBETA, T16, no.665, p.428, c26–p.429, a13。唐時期。

LM20-1475-15B-05　《佛説仁王般若波羅蜜經》卷下

姚秦鳩摩羅什譯，CBETA, T08, no.245, p.830, c16–24。高昌國時期。

LM20-1475-15B-06　《摩訶般若波羅蜜經》卷二五

姚秦鳩摩羅什譯，CBETA, T08, no.223, p.403, c18–26。高昌國時期。

LM20-1475-15B-07　《金剛般若波羅蜜經》

元魏菩提流支譯，CBETA, T08, no.236a, p.755, b26–c3。唐時期。

LM20-1475-15B-08　《勝天王般若波羅蜜經》卷四

陳月婆首那譯，CBETA, T08, no.231, p.711, a19–b2。高昌國時期。

LM20-1475-16A-01　《大般若波羅蜜多經》卷一二一

唐玄奘譯，CBETA, T05, no.220, p.666, b23–c1。唐時期。

LM20-1475-16A-02　《大般若波羅蜜多經》卷四

唐玄奘譯，CBETA, T05, no.220, p.17, b25–c1。唐時期。

LM20-1475-16A-03　《摩訶般若波羅蜜經》卷二五

姚秦鳩摩羅什譯，CBETA, T08, no.223, p.402, b21–c1。高昌國時期。

LM20-1475-16A-04　《大般若波羅蜜多經》卷二六

唐玄奘譯，CBETA, T05, no.220, p.143, b21–b27。唐時期。

LM20-1475-16B-05　《小品般若波羅蜜經》卷三

姚秦鳩摩羅什譯，CBETA, T08, no.227, p.550, b6–10。高昌郡時期。

LM20-1475-16B-06　《小品般若波羅蜜經》卷一〇

姚秦鳩摩羅什譯，CBETA, T08, no.227, p.580, c1–12, 第 9 行 "當聞" 作 "當從誰聞"。
唐時期。

參: 孫傳波 2006, 192。

LM20-1475-16B-07　《金剛般若波羅蜜經》

姚秦鳩摩羅什譯，CBETA, T08, no.235, p.750, c16–23。唐時期。

LM20-1475-16B-08　《小品般若波羅蜜經》卷九

姚秦鳩摩羅什譯，CBETA, T08, no.227, p.580, a10–15。高昌國時期。

LM20-1475-17A-01　《金剛般若波羅蜜經》

元魏菩提流支譯，CBETA, T08, no.236a, p.755, b26–c7。唐時期。

LM20-1475-17A-02　《金剛般若波羅蜜經》

元魏菩提流支譯，CBETA, T08, no.236a, p.755, a29–b8。唐時期。

LM20-1475-17A-03　《金剛般若波羅蜜經》

姚秦鳩摩羅什譯，CBETA, T08, no.235, p.750, b8–16。唐時期。

LM20-1475-17A-04　《金剛般若波羅蜜經》

姚秦鳩摩羅什譯，CBETA, T08, no.235, p.751, c23–p.752, a1。唐時期。

LM20-1475-17A-05　《金剛般若波羅蜜經》

姚秦鳩摩羅什譯，CBETA, T08, no.235, p.749, a5–11。唐時期。

LM20-1475-17B-06　《小品般若波羅蜜經》卷二

姚秦鳩摩羅什譯，CBETA, T08, no.227, p.544, c20–p.545, a3。高昌國時期。

參: 孫傳波 2006, 185。

LM20-1475-17B-07　《摩訶般若波羅蜜經》卷二五

姚秦鳩摩羅什譯，CBETA, T08, no.223, p.404, c8–15。高昌國時期。

LM20-1475-17B-08　《放光般若經》卷七

西晉無羅叉譯，CBETA, T08, no.221, p.48, a15–19。高昌國時期。

LM20-1475-17B-09　《小品般若波羅蜜經》卷四

姚秦鳩摩羅什譯，CBETA, T08, no.227, p.552, a13–21。高昌國時期。

參: 孫傳波 2006, 188。

LM20-1475-18A-01　《勝天王般若波羅蜜經》卷四

陳月婆首那譯，CBETA, T08, no.231, p.711, a22–b2。高昌國時期。

LM20-1475-18A-02　《摩訶般若波羅蜜經》卷一五

姚秦鳩摩羅什譯，CBETA, T08, no.223, p.328, a7–13。高昌國時期。

LM20-1475-18A-03　《大般若波羅蜜多經》卷三五二

唐玄奘譯，CBETA, T06, no.220, p.809, a28–b9。唐時期。

LM20-1475-18A-04　《佛説仁王般若波羅蜜經》卷上

姚秦鳩摩羅什譯，CBETA, T08, no.245, p.829, b16-c1，"想"作"相"。高昌國時期。

LM20-1475-18B-05　《金剛般若波羅蜜經》

姚秦鳩摩羅什譯，CBETA, T08, no.235, p.751, b10-23。唐時期。

LM20-1475-18B-06　金剛經注疏

參元魏菩提流支譯《金剛仙論》，CBETA, T25, no.1512, p.807, b27-28。唐時期。

LM20-1475-18B-07　《放光般若經》卷二

西晉無羅叉譯，CBETA, T08, no.221, p.8, c25-p.9, a7。高昌國時期。

LM20-1475-18B-08　《金剛般若波羅蜜經》

元魏菩提流支譯，CBETA, T08, no.236a, p.754, b1-8。唐時期。

LM20-1475-18B-09　《大般若波羅蜜多經》卷一一九

唐玄奘譯，CBETA, T05, no.220, p.654, b18-26。唐時期。

LM20-1475-19A-01　《金剛般若波羅蜜經》

元魏菩提流支譯，CBETA, T08, no.236a, p.753, a3-12。唐時期。

LM20-1475-19A-02　《金剛般若波羅蜜經》

姚秦鳩摩羅什譯，CBETA, T08, no.235, p.749, a8-15。唐時期。

LM20-1475-19A-03　《光讚經》卷五

西晉竺法護譯，CBETA, T08, no.222, p.178, b11-20。高昌國時期。

LM20-1475-19A-04　《放光般若經》卷二〇

西晉無羅叉譯，CBETA, T08, no.221, p.142, c10-15。高昌國時期。

LM20-1475-19A-05　《大般若波羅蜜多經》卷一二九

唐玄奘譯，CBETA, T05, no.220, p.708, c5-13；卷四三〇，CBETA, T05, no.220, p.165, b17-25。唐時期。

LM20-1475-19B-06a　《摩訶般若波羅蜜經》卷四

姚秦鳩摩羅什譯，CBETA, T08, no.223, p.245, c27-p.246, a5。高昌國時期。

LM20-1475-19B-06b　《放光般若經》卷二

西晉無羅叉譯，CBETA, T08, no.221, p.12, c27-p.13, a4。高昌國時期。

LM20-1475-19B-07　《大般涅槃經》卷二八

劉宋慧嚴等譯，CBETA, T12, no.375, p.790, b22-29。高昌國時期。

LM20-1475-19B-08　《大般涅槃經》卷三七

北涼曇無讖譯，CBETA, T12, no.374, p.583, b3-9。高昌國時期。

LM20-1475-19B-09　《大般涅槃經》卷一三

北涼曇無讖譯，CBETA, T12, no.374, p.443, b3-13。高昌國時期。

LM20-1475-20-01　《大智度論》卷三一

姚秦鳩摩羅什譯，CBETA, T25, no.1509, p.291, a28-b3。高昌國時期。

LM20-1475-20-02 《妙法蓮華經》卷二

姚秦鳩摩羅什譯，CBETA，T09，no.262，p.12，a28–b11。唐時期。

LM20-1475-20-03 《妙法蓮華經》卷六

姚秦鳩摩羅什譯，CBETA，T09，no.262，p.52，a23–b11。唐時期。

經册二十七

LM20-1476-01　空號

LM20-1476-02-01　《妙法蓮華經》卷二

　　姚秦鳩摩羅什譯，CBETA，T09，no.262，p.14，a14-29，"焰"作"炎"。唐時期。

LM20-1476-02-02　《妙法蓮華經》卷二

　　姚秦鳩摩羅什譯，CBETA，T09，no.262，p.14，b5-17。唐時期。

LM20-1476-02-03　《妙法蓮華經》卷二

　　姚秦鳩摩羅什譯，CBETA，T09，no.262，p.14，b16-21。唐時期。

LM20-1476-03-01　《妙法蓮華經》卷二

　　姚秦鳩摩羅什譯，CBETA，T09，no.262，p.14，b5-8。唐時期。

LM20-1476-03-02　《妙法蓮華經》卷二

　　姚秦鳩摩羅什譯，CBETA，T09，no.262，p.14，b5-10。唐時期。

LM20-1476-03-03　《妙法蓮華經》卷二

　　姚秦鳩摩羅什譯，CBETA，T09，no.262，p.14，b14-16。唐時期。

LM20-1476-03-04　《妙法蓮華經》卷二

　　姚秦鳩摩羅什譯，CBETA，T09，no.262，p.14，b14-17。唐時期。

LM20-1476-03-05　《妙法蓮華經》卷二

　　姚秦鳩摩羅什譯，CBETA，T09，no.262，p.14，b21-25。高昌國時期。

LM20-1476-03-06　《妙法蓮華經》卷二

　　姚秦鳩摩羅什譯，CBETA，T09，no.262，p.14，b21-26。唐時期。

LM20-1476-03-07　《妙法蓮華經》卷二

　　姚秦鳩摩羅什譯，CBETA，T09，no.262，p.14，b22-28。唐時期。背面有回鶻文，無法揭取拍攝。

LM20-1476-04-01　《妙法蓮華經》卷二

　　姚秦鳩摩羅什譯，CBETA，T09，no.262，p.14，b26-29，"坐師子坐"作"坐師子座"。高昌國時期。

LM20-1476-04-02　《妙法蓮華經》卷二

　　姚秦鳩摩羅什譯，CBETA，T09，no.262，p.14，b6-c1，第18行"焰"作"炎"。唐時期。
　　參：《旅博選粹》，103。

LM20-1476-04-03　《妙法蓮華經》卷二

　　姚秦鳩摩羅什譯，CBETA，T09，no.262，p.14，b17-c4。第5、6行間有回鶻文。唐時期。
　　參：《旅博選粹》，103。

LM20-1476-05-01　《妙法蓮華經》卷二

　　姚秦鳩摩羅什譯，CBETA，T09，no.262，p.14，b26-c1。唐時期。

LM20-1476-05-02　《妙法蓮華經》卷二

　　姚秦鳩摩羅什譯，CBETA，T09，no.262，p.14，c1-6，"智"作"知"。高昌國時期。

LM20-1476-05-03　《妙法蓮華經》卷二

　　姚秦鳩摩羅什譯，CBETA，T09，no.262，p.14，c2-7。唐時期。

LM20-1476-06-01　《妙法蓮華經》卷二

　　姚秦鳩摩羅什譯，CBETA，T09，no.262，p.14，c6-9。高昌國時期。

LM20-1476-06-02　《妙法蓮華經》卷二

　　姚秦鳩摩羅什譯，CBETA，T09，no.262，p.14，b28-c11。唐時期。

LM20-1476-06-03　《妙法蓮華經》卷二

　　姚秦鳩摩羅什譯，CBETA，T09，no.262，p.14，c12-15。高昌國時期。

LM20-1476-06-04　《妙法蓮華經》卷二

　　姚秦鳩摩羅什譯，CBETA，T09，no.262，p.14，c16-20。唐時期。

LM20-1476-06-05　《妙法蓮華經》卷二

　　姚秦鳩摩羅什譯，CBETA，T09，no.262，p.14，c16-22。高昌國時期。

LM20-1476-06-06　《妙法蓮華經》卷二

　　姚秦鳩摩羅什譯，CBETA，T09，no.262，p.14，c26-27。高昌國時期。

LM20-1476-07-01　《妙法蓮華經》卷二

　　姚秦鳩摩羅什譯，CBETA，T09，no.262，p.14，c13-16。高昌國時期。

LM20-1476-07-02　《妙法蓮華經》卷二

　　姚秦鳩摩羅什譯，CBETA，T09，no.262，p.14，c13-21。唐時期。

LM20-1476-07-03　《妙法蓮華經》卷二

　　姚秦鳩摩羅什譯，CBETA，T09，no.262，p.14，c29-p.15，a5。唐時期。

LM20-1476-07-04a　《妙法蓮華經》卷二

　　姚秦鳩摩羅什譯，CBETA，T09，no.262，p.15，a6-9。高昌國時期。

LM20-1476-07-04b　《妙法蓮華經》卷二

　　姚秦鳩摩羅什譯，CBETA，T09，no.262，p.15，a9-14。高昌國時期。

LM20-1476-07-04c　《妙法蓮華經》卷二

　　姚秦鳩摩羅什譯，CBETA，T09，no.262，p.15，a14-17。高昌國時期。

LM20-1476-08-01　《妙法蓮華經》卷二

姚秦鳩摩羅什譯，CBETA, T09, no.262, p.15, a11–18。唐時期。

LM20-1476-08-02a　《妙法蓮華經》卷二

姚秦鳩摩羅什譯，CBETA, T09, no.262, p.15, a19–24。高昌國時期。

LM20-1476-08-02b　《妙法蓮華經》卷二

姚秦鳩摩羅什譯，CBETA, T09, no.262, p.15, a27–28。高昌國時期。

LM20-1476-08-03　《妙法蓮華經》卷二

姚秦鳩摩羅什譯，CBETA, T09, no.262, p.14, c29–p.15, b1。唐時期。

LM20-1476-08-04　《妙法蓮華經》卷二

姚秦鳩摩羅什譯，CBETA, T09, no.262, p.15, a29–b2。高昌國時期。

LM20-1476-08-05　《妙法蓮華經》卷二

姚秦鳩摩羅什譯，CBETA, T09, no.262, p.15, b20–24，“或”作“惑”。唐時期。

LM20-1476-09-01　《妙法蓮華經》卷二

姚秦鳩摩羅什譯，CBETA, T09, no.262, p.15, b26–c9。唐時期。

LM20-1476-10-01a　《妙法蓮華經》卷二

姚秦鳩摩羅什譯，CBETA, T09, no.262, p.15, c2–6。高昌國時期。

LM20-1476-10-01b　《妙法蓮華經》卷二

姚秦鳩摩羅什譯，CBETA, T09, no.262, p.15, c7–9。高昌國時期。

LM20-1476-10-02　《妙法蓮華經》卷二

姚秦鳩摩羅什譯，CBETA, T09, no.262, p.15, c12–16。高昌國時期。

LM20-1476-10-03　《妙法蓮華經》卷二

姚秦鳩摩羅什譯，CBETA, T09, no.262, p.16, a16–b6。唐時期。

參：《旅博選粹》，83。

LM20-1476-10-04　《妙法蓮華經》卷二

姚秦鳩摩羅什譯，CBETA, T09, no.262, p.16, a8–11。高昌國時期。

LM20-1476-11-01a　《妙法蓮華經》卷二

姚秦鳩摩羅什譯，CBETA, T09, no.262, p.15, c9–14，“婉”作“宛”。高昌國時期。

LM20-1476-11-01b　《妙法蓮華經》卷二

姚秦鳩摩羅什譯，CBETA, T09, no.262, p.15, c14–16。高昌國時期。

LM20-1476-11-01c　《妙法蓮華經》卷二

姚秦鳩摩羅什譯，CBETA, T09, no.262, p.15, c17–22。高昌國時期。

LM20-1476-11-01d　《妙法蓮華經》卷二

姚秦鳩摩羅什譯，CBETA, T09, no.262, p.15, c23–28。高昌國時期。

LM20-1476-11-02　《妙法蓮華經》卷二

姚秦鳩摩羅什譯，CBETA, T09, no.262, p.16, b4–7。唐時期。

LM20-1476-12　空號

LM20-1476-13　空號

LM20-1476-14-01　《妙法蓮華經》卷二

姚秦鳩摩羅什譯，CBETA，T09，no.262，p.16，b8–10。唐時期。

LM20-1476-14-02　《妙法蓮華經》卷二

姚秦鳩摩羅什譯，CBETA，T09，no.262，p.16，b8–12。唐時期。

LM20-1476-14-03　《妙法蓮華經》卷二

姚秦鳩摩羅什譯，CBETA，T09，no.262，p.16，b19–23。唐時期。

LM20-1476-14-04　《妙法蓮華經》卷二

姚秦鳩摩羅什譯，CBETA，T09，no.262，p.16，b21–26。唐時期。

LM20-1476-14-05　《妙法蓮華經》卷二

姚秦鳩摩羅什譯，CBETA，T09，no.262，p.16，b22–28。唐時期。

LM20-1476-15-01　《妙法蓮華經》卷二

姚秦鳩摩羅什譯，CBETA，T09，no.262，p.16，b7–13。唐時期。

LM20-1476-15-02　《妙法蓮華經》卷二

姚秦鳩摩羅什譯，CBETA，T09，no.262，p.16，b25–28。唐時期。

LM20-1476-16-01　《妙法蓮華經》卷二

姚秦鳩摩羅什譯，CBETA，T09，no.262，p.16，b11–c4。唐時期。

LM20-1476-16-02　《妙法蓮華經》卷二

姚秦鳩摩羅什譯，CBETA，T09，no.262，p.16，c4–8。唐時期。

LM20-1476-16-03　《妙法蓮華經》卷二

姚秦鳩摩羅什譯，CBETA，T09，no.262，p.16，c5–9。唐時期。

LM20-1476-17-01　《妙法蓮華經》卷二

姚秦鳩摩羅什譯，CBETA，T09，no.262，p.16，c2–5。唐時期。

LM20-1476-17-02　《妙法蓮華經》卷二

姚秦鳩摩羅什譯，CBETA，T09，no.262，p.16，c15–21。高昌郡時期。

參：《旅博選粹》，12。

LM20-1476-17-03　《妙法蓮華經》卷二

姚秦鳩摩羅什譯，CBETA，T09，no.262，p.16，c15–22。唐時期。

LM20-1476-18-01　《妙法蓮華經》卷二

姚秦鳩摩羅什譯，CBETA，T09，no.262，p.16，c27–p.17，a5。唐時期。

LM20-1476-18-02　《妙法蓮華經》卷二

姚秦鳩摩羅什譯，CBETA，T09，no.262，p.17，a3–7，“云何”作“云是”。高昌國時期。

LM20-1476-18-03　《妙法蓮華經》卷二

姚秦鳩摩羅什譯, CBETA, T09, no.262, p.17, a1–14。唐時期。

LM20-1476-19-01 《妙法蓮華經》卷二

姚秦鳩摩羅什譯, CBETA, T09, no.262, p.17, a5–8。唐時期。

LM20-1476-19-02 《妙法蓮華經》卷二

姚秦鳩摩羅什譯, CBETA, T09, no.262, p.17, a5–9。西州回鶻時期。

LM20-1476-19-03 《妙法蓮華經》卷二

姚秦鳩摩羅什譯, CBETA, T09, no.262, p.17, a11–13。高昌國時期。

LM20-1476-19-04 《妙法蓮華經》卷二

姚秦鳩摩羅什譯, CBETA, T09, no.262, p.17, b2–14, "希"作"悕", "吾"作"我"。唐時期。

LM20-1476-20-01 《妙法蓮華經》卷二

姚秦鳩摩羅什譯, CBETA, T09, no.262, p.17, b12–20。唐時期。

LM20-1476-20-02 《妙法蓮華經》卷二

姚秦鳩摩羅什譯, CBETA, T09, no.262, p.17, b23–27。唐時期。

LM20-1476-20-03 《妙法蓮華經》卷二

姚秦鳩摩羅什譯, CBETA, T09, no.262, p.17, b24–27。唐時期。

LM20-1476-20-04 《妙法蓮華經》卷二

姚秦鳩摩羅什譯, CBETA, T09, no.262, p.17, b29–c6。唐時期。

LM20-1476-21-01 《妙法蓮華經》卷二

姚秦鳩摩羅什譯, CBETA, T09, no.262, p.17, b22–c6。唐時期。

參:郭富純、王振芬 2006, 10。

LM20-1476-21-02 《妙法蓮華經》卷二

姚秦鳩摩羅什譯, CBETA, T09, no.262, p.17, c7–14, "乘"作"法", "無有心"作"無心"。高昌郡時期。

參:《旅博選粹》, 11。

LM20-1476-21-03 《妙法蓮華經》卷二

姚秦鳩摩羅什譯, CBETA, T09, no.262, p.17, c17–23。唐時期。

LM20-1476-22-01 《妙法蓮華經》卷二

姚秦鳩摩羅什譯, CBETA, T09, no.262, p.17, c23–26。唐時期。

LM20-1476-22-02 《妙法蓮華經》卷二

姚秦鳩摩羅什譯, CBETA, T09, no.262, p.17, c22–p.18, a4。唐時期。

LM20-1476-22-03 《妙法蓮華經》卷二

姚秦鳩摩羅什譯, CBETA, T09, no.262, p.18, a6–11。唐時期。

LM20-1476-22-04 《妙法蓮華經》卷二

姚秦鳩摩羅什譯，CBETA, T09, no.262, p.18, a19–22。唐時期。

LM20-1476-23-01a 《妙法蓮華經》卷二

姚秦鳩摩羅什譯，CBETA, T09, no.262, p.17, c18–25。唐時期。

LM20-1476-23-01b 《妙法蓮華經》卷二

姚秦鳩摩羅什譯，CBETA, T09, no.262, p.17, c125–p.18, a11。唐時期。

LM20-1476-23-02 《妙法蓮華經》卷二

姚秦鳩摩羅什譯，CBETA, T09, no.262, p.18, a16–25。唐時期。

LM20-1476-24-01 《妙法蓮華經》卷二

姚秦鳩摩羅什譯，CBETA, T09, no.262, p.18, a12–b12。分欄書寫。高昌郡時期。

參：《旅博選粹》，12；郭富純、王振芬 2006，10；孫傳波 2008，67。

LM20-1476-24-02 《妙法蓮華經》卷二

姚秦鳩摩羅什譯，CBETA, T09, no.262, p.18, b7–22。唐時期。

LM20-1476-25-01 《妙法蓮華經》卷二

姚秦鳩摩羅什譯，CBETA, T09, no.262, p.18, b10–16。唐時期。

LM20-1476-25-02 《妙法蓮華經》卷二

姚秦鳩摩羅什譯，CBETA, T09, no.262, p.19, a10–12。高昌國時期。

LM20-1476-26 空號

LM20-1476-27 空號

LM20-1476-28-01 《妙法蓮華經》卷三

姚秦鳩摩羅什譯，CBETA, T09, no.262, p.19, a18–20。唐時期。

LM20-1476-28-02 《妙法蓮華經》卷三

姚秦鳩摩羅什譯，CBETA, T09, no.262, p.19, a24–b2。唐時期。

LM20-1476-28-03 《妙法蓮華經》卷三

姚秦鳩摩羅什譯，CBETA, T09, no.262, p.19, b2–7。唐時期。

LM20-1476-28-04 《妙法蓮華經》卷三

姚秦鳩摩羅什譯，CBETA, T09, no.262, p.19, b2–8。唐時期。

LM20-1476-29-01 《妙法蓮華經》卷三

姚秦鳩摩羅什譯，CBETA, T09, no.262, p.19, b1–4。唐時期。

LM20-1476-29-02 《妙法蓮華經》卷三

姚秦鳩摩羅什譯，CBETA, T09, no.262, p.19, a28–b6。唐時期。

LM20-1476-29-03 《妙法蓮華經》卷三

姚秦鳩摩羅什譯，CBETA, T09, no.262, p.19, b5–9。唐時期。

LM20-1476-29-04 《妙法蓮華經》卷三

姚秦鳩摩羅什譯，CBETA, T09, no.262, p.19, b28–c4。唐時期。

LM20-1476-30-01　《妙法蓮華經》卷三

姚秦鳩摩羅什譯, CBETA, T09, no.262, p.19, c12–23。唐時期。

LM20-1476-30-02　《妙法蓮華經》卷三

姚秦鳩摩羅什譯, CBETA, T09, no.262, p.19, c23–27。唐時期。

LM20-1476-30-03　《妙法蓮華經》卷三

姚秦鳩摩羅什譯, CBETA, T09, no.262, p.20, a23–27。高昌國時期。

LM20-1476-30-04　《妙法蓮華經》卷三

姚秦鳩摩羅什譯, CBETA, T09, no.262, p.20, a24–27。唐時期。

LM20-1476-30-05　《妙法蓮華經》卷三

姚秦鳩摩羅什譯, CBETA, T09, no.262, p.20, b8–11。唐時期。背面有回鶻文, 無法揭取拍攝。

LM20-1476-31-01　《妙法蓮華經》卷三

姚秦鳩摩羅什譯, CBETA, T09, no.262, p.20, a23–27。高昌國時期。

LM20-1476-31-02　《妙法蓮華經》卷三

姚秦鳩摩羅什譯, CBETA, T09, no.262, p.20, a23–26。唐時期。

LM20-1476-31-03　《妙法蓮華經》卷三

姚秦鳩摩羅什譯, CBETA, T09, no.262, p.20, b1–13。唐時期。背面有回鶻文, 無法揭取拍攝。

LM20-1476-32-01　《妙法蓮華經》卷三

姚秦鳩摩羅什譯, CBETA, T09, no.262, p.20, b9–13。唐時期。

LM20-1476-32-02　《妙法蓮華經》卷三

姚秦鳩摩羅什譯, CBETA, T09, no.262, p.20, b6–23。高昌國時期。

LM20-1476-33　空號

LM20-1476-34-01　《妙法蓮華經》卷五

姚秦鳩摩羅什譯, CBETA, T09, no.262, p.42, a15–28, 尾題 "妙法蓮華經卷第五"。唐時期。

參:《旅博選粹》, 109。

LM20-1476-35　空號

LM20-1476-36-01　《妙法蓮華經》

姚秦鳩摩羅什譯, 此段文字多處可見。唐時期。

LM20-1476-36-02　《妙法蓮華經》卷三

姚秦鳩摩羅什譯, CBETA, T09, no.262, p.20, b24–28。唐時期。

LM20-1476-36-03　《妙法蓮華經》卷三

姚秦鳩摩羅什譯, CBETA, T09, no.262, p.20, b29–c3。唐時期。

LM20-1476-36-04 《妙法蓮華經》卷三

　　姚秦鳩摩羅什譯，CBETA, T09, no.262, p.20, c5–21。唐時期。

LM20-1476-37-01 《妙法蓮華經》卷三

　　姚秦鳩摩羅什譯，CBETA, T09, no.262, p.20, c3–5。唐時期。

LM20-1476-37-02 《妙法蓮華經》卷三

　　姚秦鳩摩羅什譯，CBETA, T09, no.262, p.20, c5–14。唐時期。

LM20-1476-37-03 《妙法蓮華經》卷三

　　姚秦鳩摩羅什譯，CBETA, T09, no.262, p.21, a22–27。唐時期。

LM20-1476-37-04 《妙法蓮華經》卷三

　　姚秦鳩摩羅什譯，CBETA, T09, no.262, p.21, b14–16。唐時期。

經册二十八

LM20-1477-01　空號

LM20-1477-02-01　《妙法蓮華經》卷一

　　姚秦鳩摩羅什譯，CBETA，T09, no.262, p.7, a29–b6。唐時期。

LM20-1477-02-02　《妙法蓮華經》卷一

　　姚秦鳩摩羅什譯，CBETA，T09, no.262, p.7, a29–b8。唐時期。

LM20-1477-02-03　《妙法蓮華經》卷一

　　姚秦鳩摩羅什譯，CBETA，T09, no.262, p.7, b10–17。唐時期。

LM20-1477-02-04　《妙法蓮華經》卷一

　　姚秦鳩摩羅什譯，CBETA，T09, no.262, p.7, b15–18。唐時期。

LM20-1477-03-01　《妙法蓮華經》卷一

　　姚秦鳩摩羅什譯，CBETA，T09, no.262, p.7, b1–10。唐時期。

LM20-1477-03-02　《妙法蓮華經》卷一

　　姚秦鳩摩羅什譯，CBETA，T09, no.262, p.7, b16–20。唐時期。

LM20-1477-03-03　《妙法蓮華經》卷一

　　姚秦鳩摩羅什譯，CBETA，T09, no.262, p.7, b19–24。高昌國時期。

LM20-1477-04-01　《妙法蓮華經》卷一

　　姚秦鳩摩羅什譯，CBETA，T09, no.262, p.7, c4–10。唐時期。

LM20-1477-04-02　《妙法蓮華經》卷一

　　姚秦鳩摩羅什譯，CBETA，T09, no.262, p.7, c9–14。唐時期。

LM20-1477-04-03　《妙法蓮華經》卷一

　　姚秦鳩摩羅什譯，CBETA，T09, no.262, p.8, a17–25。唐時期。

LM20-1477-04-04　《妙法蓮華經》卷一

　　姚秦鳩摩羅什譯，CBETA，T09, no.262, p.8, a6–23。唐時期。

LM20-1477-05-01　《妙法蓮華經》卷一

　　姚秦鳩摩羅什譯，CBETA，T09, no.262, p.7, c21–28。唐時期。

LM20-1477-05-02　《妙法蓮華經》卷一

　　姚秦鳩摩羅什譯，CBETA，T09, no.262, p.7, c27–p.8, a8。唐時期。

LM20-1477-05-03　《妙法蓮華經》卷一

姚秦鳩摩羅什譯，CBETA，T09，no.262，p.8，a17-21。唐時期。

LM20-1477-05-04 《妙法蓮華經》卷一

姚秦鳩摩羅什譯，CBETA，T09，no.262，p.8，a15-27。唐時期。

LM20-1477-05-05 《妙法蓮華經》卷一

姚秦鳩摩羅什譯，CBETA，T09，no.262，p.8，b20-c3。唐時期。

LM20-1477-06-01 《妙法蓮華經》卷一

姚秦鳩摩羅什譯，CBETA，T09，no.262，p.8，b2-8。唐時期。

LM20-1477-06-02 《妙法蓮華經》卷一

姚秦鳩摩羅什譯，CBETA，T09，no.262，p.8，b23-c3。唐時期。

LM20-1477-06-03 《妙法蓮華經》卷一

姚秦鳩摩羅什譯，CBETA，T09，no.262，p.8，b26-c5。唐時期。

LM20-1477-06-04 《妙法蓮華經》卷一

姚秦鳩摩羅什譯，CBETA，T09，no.262，p.8，c26-p.9，a2。唐時期。

LM20-1477-06-05 《妙法蓮華經》卷一

姚秦鳩摩羅什譯，CBETA，T09，no.262，p.9，a1-8。唐時期。

LM20-1477-07-01 《妙法蓮華經》卷一

姚秦鳩摩羅什譯，CBETA，T09，no.262，p.8，c7-12。唐時期。

LM20-1477-07-02 《妙法蓮華經》卷一

姚秦鳩摩羅什譯，CBETA，T09，no.262，p.8，c1-13。唐時期。

參：《旅博選粹》，98。

LM20-1477-07-03 《妙法蓮華經》卷一

姚秦鳩摩羅什譯，CBETA，T09，no.262，p.9，a6-8。唐時期。

LM20-1477-07-04 《妙法蓮華經》卷一

姚秦鳩摩羅什譯，CBETA，T09，no.262，p.9，a2-10。唐時期。

LM20-1477-07-05 《妙法蓮華經》卷一

姚秦鳩摩羅什譯，CBETA，T09，no.262，p.9，a1-12。唐時期。

LM20-1477-08-01 《妙法蓮華經》卷一

姚秦鳩摩羅什譯，CBETA，T09，no.262，p.8，c10-p.9，a21，第17行"饒銅跋"作"鐃銅鈸"。唐時期。

LM20-1477-08-02 《妙法蓮華經》卷一

姚秦鳩摩羅什譯，CBETA，T09，no.262，p.9，a16-29。高昌國時期。

LM20-1477-08-03 《妙法蓮華經》卷一

姚秦鳩摩羅什譯，CBETA，T09，no.262，p.8，c29-p.9，b1。唐時期。

LM20-1477-09-01 《妙法蓮華經》卷一

姚秦鳩摩羅什譯，CBETA, T09, no.262, p.9, a13–19，"跋"作"鈸"。唐時期。

LM20-1477-09-02 《妙法蓮華經》卷一

姚秦鳩摩羅什譯，CBETA, T09, no.262, p.9, a24–b11。唐時期。

LM20-1477-09-03 《妙法蓮華經》卷一

姚秦鳩摩羅什譯，CBETA, T09, no.262, p.9, c13–20。唐時期。

LM20-1477-10-01 《妙法蓮華經》卷一

姚秦鳩摩羅什譯，CBETA, T09, no.262, p.9, c22–26。高昌國時期。

LM20-1477-10-02 《妙法蓮華經》卷一

姚秦鳩摩羅什譯，CBETA, T09, no.262, p.9, c19–p.10, a12。唐時期。

LM20-1477-10-03 《妙法蓮華經》卷一

姚秦鳩摩羅什譯，CBETA, T09, no.262, p.10, a28–b19。唐時期。

LM20-1477-10-04 《妙法蓮華經》卷一

姚秦鳩摩羅什譯，CBETA, T09, no.262, p.10, b19–21。行間及空白處寫有粟特文。唐時期。背面有回鶻文，無法揭取拍攝。

參:《旅博選粹》, 100; 吉田豐 2012, 40。

LM20-1477-11-01 《妙法蓮華經》卷一

姚秦鳩摩羅什譯，CBETA, T09, no.262, p.10, a14–20。唐時期。

LM20-1477-11-02 《妙法蓮華經》卷一

姚秦鳩摩羅什譯，CBETA, T09, no.262, p.10, a19–24。唐時期。

LM20-1477-11-03 《妙法蓮華經》卷一

姚秦鳩摩羅什譯，CBETA, T09, no.262, p.10, b3–9。唐時期。

LM20-1477-11-04 《妙法蓮華經》卷一

姚秦鳩摩羅什譯，CBETA, T09, no.262, p.10, b14–20。唐時期。

LM20-1477-11-05 《妙法蓮華經》卷一

姚秦鳩摩羅什譯，CBETA, T09, no.262, p.10, a27–b21。唐時期。

參:《旅博選粹》, 99。

LM20-1477-12 空號

LM20-1477-13 空號

LM20-1477-14-01 《妙法蓮華經》卷二

姚秦鳩摩羅什譯，CBETA, T09, no.262, p.10, b28。高昌國時期。

LM20-1477-14-02 《妙法蓮華經》卷二

姚秦鳩摩羅什譯，CBETA, T09, no.262, p.10, b28–c2。唐時期。

LM20-1477-14-03 《妙法蓮華經》卷二

姚秦鳩摩羅什譯，CBETA, T09, no.262, p.10, b28–c3。唐時期。

LM20-1477-14-04　《妙法蓮華經》卷二

姚秦鳩摩羅什譯，CBETA，T09，no.262，p.10，c5-6。唐時期。

LM20-1477-14-05　《妙法蓮華經》卷二

姚秦鳩摩羅什譯，CBETA，T09，no.262，p.10，b28-c9。唐時期。

LM20-1477-15-01　《妙法蓮華經》卷二

姚秦鳩摩羅什譯，CBETA，T09，no.262，p.10，b28-c3。品題下有小字卷次“二”。唐時期。

LM20-1477-15-02　《妙法蓮華經》卷二

姚秦鳩摩羅什譯，CBETA，T09，no.262，p.10，b28-c3。品題下有小字卷次“二”。唐時期。

LM20-1477-15-03　《妙法蓮華經》卷二

姚秦鳩摩羅什譯，CBETA，T09，no.262，p.10，b29-c14，第5行“於來”作“於如來”，第7行“尊者”作“尊”。唐時期。

LM20-1477-16-01　《妙法蓮華經》卷二

姚秦鳩摩羅什譯，CBETA，T09，no.262，p.10，c12-14。唐時期。

LM20-1477-16-02　《妙法蓮華經》卷二

姚秦鳩摩羅什譯，CBETA，T09，no.262，p.10，c12-14。唐時期。

LM20-1477-16-03　《妙法蓮華經》卷二

姚秦鳩摩羅什譯，CBETA，T09，no.262，p.10，c9-p.11，a5。唐時期。背面有回鶻文，無法揭取拍攝。

LM20-1477-17-01　《妙法蓮華經》卷二

姚秦鳩摩羅什譯，CBETA，T09，no.262，p.10，c13-15。唐時期。

LM20-1477-17-02　《妙法蓮華經》卷二

姚秦鳩摩羅什譯，CBETA，T09，no.262，p.10，c14-27。唐時期。

LM20-1477-17-03　《妙法蓮華經》卷二

姚秦鳩摩羅什譯，CBETA，T09，no.262，p.10，c27-p.11，a8。唐時期。

LM20-1477-18-01　《妙法蓮華經》卷二

姚秦鳩摩羅什譯，CBETA，T09，no.262，p.10，c12-p.11，a18。唐時期。

LM20-1477-18-02　《妙法蓮華經》卷二

姚秦鳩摩羅什譯，CBETA，T09，no.262，p.11，a21-27。唐時期。

LM20-1477-18-03　《妙法蓮華經》卷二

姚秦鳩摩羅什譯，CBETA，T09，no.262，p.11，a22-26。唐時期。

LM20-1477-19-01　《妙法蓮華經》卷二

姚秦鳩摩羅什譯，CBETA，T09，no.262，p.10，c27-p.11，a18。唐時期。

LM20-1477-19-02　《妙法蓮華經》卷二

姚秦鳩摩羅什譯，CBETA，T09，no.262，p.11，a22-28。唐時期。

LM20-1477-20-01　《妙法蓮華經》卷二

　　姚秦鳩摩羅什譯, CBETA, T09, no.262, p.11, a10–b7。唐時期。

　　參:《旅博選粹》, 99。

LM20-1477-21-01　《妙法蓮華經》卷二

　　姚秦鳩摩羅什譯, CBETA, T09, no.262, p.11, a22–b10。唐時期。

LM20-1477-21-02　《妙法蓮華經》卷二

　　姚秦鳩摩羅什譯, CBETA, T09, no.262, p.11, b14–17。唐時期。

LM20-1477-21-03　《妙法蓮華經》卷二

　　姚秦鳩摩羅什譯, CBETA, T09, no.262, p.11, b13–18。唐時期。

LM20-1477-22-01　《妙法蓮華經》卷二

　　姚秦鳩摩羅什譯, CBETA, T09, no.262, p.11, b11–19。唐時期。

LM20-1477-22-02　《妙法蓮華經》卷二

　　姚秦鳩摩羅什譯, CBETA, T09, no.262, p.11, b11–21。唐時期。

LM20-1477-22-03　《妙法蓮華經》卷二

　　姚秦鳩摩羅什譯, CBETA, T09, no.262, p.11, b15–26。唐時期。

LM20-1477-22-04　《妙法蓮華經》卷二

　　姚秦鳩摩羅什譯, CBETA, T09, no.262, p.11, c1–7。唐時期。

LM20-1477-23-01　《妙法蓮華經》注疏

　　參姚秦鳩摩羅什譯《妙法蓮華經》卷二, CBETA, T09, no.262, p.11, b15–22。有雙行小字注。唐時期。

　　參:《旅博選粹》, 101。

LM20-1477-23-02　《妙法蓮華經》卷二

　　姚秦鳩摩羅什譯, CBETA, T09, no.262, p.11, b19–26。唐時期。

LM20-1477-23-03　《妙法蓮華經》卷二

　　姚秦鳩摩羅什譯, CBETA, T09, no.262, p.11, c3–8。唐時期。

LM20-1477-23-04　《妙法蓮華經》卷二

　　姚秦鳩摩羅什譯, CBETA, T09, no.262, p.11, c3–9。唐時期。

LM20-1477-24-01　《妙法蓮華經》卷二

　　姚秦鳩摩羅什譯, CBETA, T09, no.262, p.11, c4–6。唐時期。

LM20-1477-24-02　《妙法蓮華經》卷二

　　姚秦鳩摩羅什譯, CBETA, T09, no.262, p.11, c9–11。唐時期。

LM20-1477-24-03　《妙法蓮華經》卷二

　　姚秦鳩摩羅什譯, CBETA, T09, no.262, p.11, c6–11。唐時期。

LM20-1477-24-04　《妙法蓮華經》卷二

姚秦鳩摩羅什譯, CBETA, T09, no.262, p.11, c11–14。高昌國時期。

LM20-1477-24-05 《妙法蓮華經》卷二

姚秦鳩摩羅什譯, CBETA, T09, no.262, p.11, c12–18。唐時期。

LM20-1477-25-01 《妙法蓮華經》卷二

姚秦鳩摩羅什譯, CBETA, T09, no.262, p.11, c6–11。唐時期。

LM20-1477-25-02 《妙法蓮華經》卷二

姚秦鳩摩羅什譯, CBETA, T09, no.262, p.11, c8–12。唐時期。

LM20-1477-25-03 《妙法蓮華經》卷二

姚秦鳩摩羅什譯, CBETA, T09, no.262, p.11, c20–24。唐時期。

LM20-1477-25-04 《妙法蓮華經》卷二

姚秦鳩摩羅什譯, CBETA, T09, no.262, p.11, c21–26。唐時期。

LM20-1477-25-05 《妙法蓮華經》卷二

姚秦鳩摩羅什譯, CBETA, T09, no.262, p.11, c22–p.12, a1。唐時期。

LM20-1477-26-01 《妙法蓮華經》卷二

姚秦鳩摩羅什譯, CBETA, T09, no.262, p.11, c22–p.12, a3。西州回鶻時期。

LM20-1477-26-02 《妙法蓮華經》卷二

姚秦鳩摩羅什譯, CBETA, T09, no.262, p.12, a15–21。唐時期。

LM20-1477-26-03 《妙法蓮華經》卷二

姚秦鳩摩羅什譯, CBETA, T09, no.262, p.12, a24–b1。唐時期。

LM20-1477-27-01 《妙法蓮華經》卷二

姚秦鳩摩羅什譯, CBETA, T09, no.262, p.12, a6–16。唐時期。

LM20-1477-27-02 《妙法蓮華經》卷二

姚秦鳩摩羅什譯, CBETA, T09, no.262, p.11, c20–p.12, b5, 第9行"菩薩"作"菩提", 第11行"曼羅"作"曼陀羅", 第19行"過上"作"過世"。西州回鶻時期。

參:《旅博選粹》, 102。

LM20-1477-28-01 《妙法蓮華經》卷二

姚秦鳩摩羅什譯, CBETA, T09, no.262, p.12, b8–11。唐時期。

LM20-1477-28-02 《妙法蓮華經》卷二

姚秦鳩摩羅什譯, CBETA, T09, no.262, p.12, b8–15。唐時期。

LM20-1477-28-03 《妙法蓮華經》卷二

姚秦鳩摩羅什譯, CBETA, T09, no.262, p.12, b17–20。唐時期。

LM20-1477-28-04 《妙法蓮華經》卷二

姚秦鳩摩羅什譯, CBETA, T09, no.262, p.12, b14–22。唐時期。

LM20-1477-29-01 《妙法蓮華經》卷二

姚秦鳩摩羅什譯, CBETA, T09, no.262, p.12, b8–16。唐時期。

LM20-1477-29-02　《妙法蓮華經》卷二

姚秦鳩摩羅什譯, CBETA, T09, no.262, p.12, b14–16。唐時期。

LM20-1477-29-03　《妙法蓮華經》卷二

姚秦鳩摩羅什譯, CBETA, T09, no.262, p.12, b15–24。唐時期。

LM20-1477-29-04　《妙法蓮華經》卷二

姚秦鳩摩羅什譯, CBETA, T09, no.262, p.12, b17–26。唐時期。

LM20-1477-30-01　《妙法蓮華經》卷二

姚秦鳩摩羅什譯, CBETA, T09, no.262, p.12, b26–28。唐時期。

LM20-1477-30-02　《妙法蓮華經》卷二

姚秦鳩摩羅什譯, CBETA, T09, no.262, p.12, b26–28。唐時期。

LM20-1477-30-03　《妙法蓮華經》卷二

姚秦鳩摩羅什譯, CBETA, T09, no.262, p.12, c10–13。唐時期。

LM20-1477-30-04　《妙法蓮華經》卷二

姚秦鳩摩羅什譯, CBETA, T09, no.262, p.12, c12–16。唐時期。

LM20-1477-30-05　《妙法蓮華經》卷二

姚秦鳩摩羅什譯, CBETA, T09, no.262, p.12, c15–17。唐時期。

LM20-1477-31-01　《妙法蓮華經》卷二

姚秦鳩摩羅什譯, CBETA, T09, no.262, p.12, b22–c1。唐時期。

LM20-1477-31-02　《妙法蓮華經》卷二

姚秦鳩摩羅什譯, CBETA, T09, no.262, p.12, b29–c1。唐時期。

LM20-1477-31-03　《妙法蓮華經》卷二

姚秦鳩摩羅什譯, CBETA, T09, no.262, p.12, c15–18。唐時期。

LM20-1477-31-04　《妙法蓮華經》卷二

姚秦鳩摩羅什譯, CBETA, T09, no.262, p.12, c18–21。高昌國時期。

LM20-1477-31-05　《妙法蓮華經》卷二

姚秦鳩摩羅什譯, CBETA, T09, no.262, p.13, a7–10。高昌國時期。

LM20-1477-32-01　《妙法蓮華經》卷二

姚秦鳩摩羅什譯, CBETA, T09, no.262, p.13, a6–10。唐時期。

LM20-1477-32-02　《妙法蓮華經》卷二

姚秦鳩摩羅什譯, CBETA, T09, no.262, p.13, a6–12。西州回鶻時期。

LM20-1477-32-03　《妙法蓮華經》卷二

姚秦鳩摩羅什譯, CBETA, T09, no.262, p.13, a10–12。高昌國時期。

LM20-1477-32-04　《妙法蓮華經》卷二

姚秦鳩摩羅什譯，CBETA，T09，no.262，p.13，b5-8。高昌郡時期。

參：《旅博選粹》，37。

LM20-1477-32-05　《妙法蓮華經》卷二

姚秦鳩摩羅什譯，CBETA，T09，no.262，p.13，b6-9。唐時期。

LM20-1477-33-01　《妙法蓮華經》卷二

姚秦鳩摩羅什譯，CBETA，T09，no.262，p.13，a10-13。唐時期。

LM20-1477-33-02　《妙法蓮華經》卷二

姚秦鳩摩羅什譯，CBETA，T09，no.262，p.13，a23-26。西州回鶻時期。

LM20-1477-33-03　《妙法蓮華經》卷二

姚秦鳩摩羅什譯，CBETA，T09，no.262，p.13，b2-4。唐時期。

LM20-1477-33-04　《妙法蓮華經》卷二

姚秦鳩摩羅什譯，CBETA，T09，no.262，p.13，b8-10。唐時期。

LM20-1477-33-05　《妙法蓮華經》卷二

姚秦鳩摩羅什譯，CBETA，T09，no.262，p.13，b7-12。唐時期。

LM20-1477-34-01　《妙法蓮華經》卷二

姚秦鳩摩羅什譯，CBETA，T09，no.262，p.13，b2-15。最後1行欄外天頭有回鶻文。
唐時期。

參：《旅博選粹》，104。

LM20-1477-34-02　《妙法蓮華經》卷二

姚秦鳩摩羅什譯，CBETA，T09，no.262，p.13，b22-28。唐時期。

LM20-1477-34-03　《妙法蓮華經》卷二

姚秦鳩摩羅什譯，CBETA，T09，no.262，p.13，b26-c2。高昌國時期。

LM20-1477-34-04　《妙法蓮華經》卷二

姚秦鳩摩羅什譯，CBETA，T09，no.262，p.13，b25-c1。唐時期。

LM20-1477-35-01　《妙法蓮華經》卷二

姚秦鳩摩羅什譯，CBETA，T09，no.262，p.13，b8-17。有朱筆句讀。唐時期。

LM20-1477-35-02　《妙法蓮華經》卷二

姚秦鳩摩羅什譯，CBETA，T09，no.262，p.13，b11-16。唐時期。

LM20-1477-35-03　《妙法蓮華經》卷二

姚秦鳩摩羅什譯，CBETA，T09，no.262，p.13，b29-c3。高昌國時期。

LM20-1477-35-04　《妙法蓮華經》卷二

姚秦鳩摩羅什譯，CBETA，T09，no.262，p.13，b25-c2。唐時期。

LM20-1477-35-05　《妙法蓮華經》卷二

姚秦鳩摩羅什譯，CBETA，T09，no.262，p.13，b28-c2。唐時期。

LM20-1477-36-01　《妙法蓮華經》卷二

姚秦鳩摩羅什譯，CBETA, T09, no.262, p.13, b28–c4。唐時期。

LM20-1477-36-02　《妙法蓮華經》卷二

姚秦鳩摩羅什譯，CBETA, T09, no.262, p.13, b19–c3。唐時期。

LM20-1477-36-03　《妙法蓮華經》卷二

姚秦鳩摩羅什譯，CBETA, T09, no.262, p.13, b27–c4。唐時期。

LM20-1477-36-04　《妙法蓮華經》卷二

姚秦鳩摩羅什譯，CBETA, T09, no.262, p.13, c1–4。高昌國時期。

LM20-1477-37-01　《妙法蓮華經》卷二

姚秦鳩摩羅什譯，CBETA, T09, no.262, p.13, b28–c4。唐時期。

LM20-1477-37-02　《妙法蓮華經》卷二

姚秦鳩摩羅什譯，CBETA, T09, no.262, p.13, c16–20。唐時期。

LM20-1477-37-03　《妙法蓮華經》卷二

姚秦鳩摩羅什譯，CBETA, T09, no.262, p.13, c17–21。唐時期。

LM20-1477-37-04　《妙法蓮華經》卷二

姚秦鳩摩羅什譯，CBETA, T09, no.262, p.13, c15–22。唐時期。

經冊二十九

LM20-1478-01　空號

LM20-1478-02-01　《妙法蓮華經》卷六

　　姚秦鳩摩羅什譯，CBETA, T09, no.262, p.47, b25–c5。唐時期。

LM20-1478-02-02　《妙法蓮華經》卷六

　　姚秦鳩摩羅什譯，CBETA, T09, no.262, p.47, c3–8。唐時期。

LM20-1478-02-03　《妙法蓮華經》卷六

　　姚秦鳩摩羅什譯，CBETA, T09, no.262, p.50, b10–12。唐時期。

LM20-1478-03-01　《妙法蓮華經》卷六

　　姚秦鳩摩羅什譯，CBETA, T09, no.262, p.48, b12–17。唐時期。

LM20-1478-04　空號

LM20-1478-05　空號

LM20-1478-06-01　《妙法蓮華經》卷七（八卷本）

　　姚秦鳩摩羅什譯，CBETA, T09, no.262, p.50, b23–c9, 第1行下有小字“七”。唐時期。
　　參：《旅博選粹》，110。

LM20-1478-06-02　《妙法蓮華經》卷六

　　姚秦鳩摩羅什譯，CBETA, T09, no.262, p.50, c15–22。唐時期。

LM20-1478-06-03　《妙法蓮華經》卷六

　　姚秦鳩摩羅什譯，CBETA, T09, no.262, p.50, c26–29。唐時期。

LM20-1478-07-01　《妙法蓮華經》卷六

　　姚秦鳩摩羅什譯，CBETA, T09, no.262, p.50, c13–23。唐時期。

LM20-1478-08　空號

LM20-1478-09-01　《妙法蓮華經》卷六（八卷本）

　　姚秦鳩摩羅什譯，CBETA, T09, no.262, p.51, b25–c8。唐時期。

LM20-1478-10　空號

LM20-1478-11　空號

LM20-1478-12-01　《妙法蓮華經》卷六

　　姚秦鳩摩羅什譯，CBETA, T09, no.262, p.51, c8–9。唐時期。

LM20-1478-12-02　《妙法蓮華經》卷九（十卷本）

姚秦鳩摩羅什譯, CBETA, T09, no.262, p.51, c9–12, 第 1 行下有小字 "九"。唐時期。

LM20-1478-12-03 《妙法蓮華經》卷六

姚秦鳩摩羅什譯, CBETA, T09, no.262, p.52, a4–9。高昌國時期。

LM20-1478-12-04 《妙法蓮華經》卷六

姚秦鳩摩羅什譯, CBETA, T09, no.262, p.51, c27–29。唐時期。

LM20-1478-12-05 《妙法蓮華經》卷六

姚秦鳩摩羅什譯, CBETA, T09, no.262, p.52, a5–11。唐時期。

LM20-1478-13-01 《妙法蓮華經》卷六

姚秦鳩摩羅什譯, CBETA, T09, no.262, p.51, c17–29。唐時期。

LM20-1478-13-02 《妙法蓮華經》卷六

姚秦鳩摩羅什譯, CBETA, T09, no.262, p.52, a14–20。唐時期。

LM20-1478-13-03 《妙法蓮華經》卷六

姚秦鳩摩羅什譯, CBETA, T09, no.262, p.52, a15–21。唐時期。

LM20-1478-14-01 《妙法蓮華經》卷六

姚秦鳩摩羅什譯, CBETA, T09, no.262, p.52, a17–23。唐時期。

LM20-1478-14-02 《妙法蓮華經》卷六

姚秦鳩摩羅什譯, CBETA, T09, no.262, p.52, a20–b2。唐時期。

LM20-1478-15-01 《妙法蓮華經》卷六

姚秦鳩摩羅什譯, CBETA, T09, no.262, p.52, b9–15。唐時期。

LM20-1478-15-02 《妙法蓮華經》卷六

姚秦鳩摩羅什譯, CBETA, T09, no.262, p.52, b7–23。唐時期。背面有回鶻文, 無法揭取拍攝。

參:《旅博選粹》, 109。

LM20-1478-16 空號

LM20-1478-17 空號

LM20-1478-18-01 《妙法蓮華經》卷六

姚秦鳩摩羅什譯, CBETA, T09, no.262, p.52, c1–5。唐時期。

LM20-1478-18-02 《妙法蓮華經》卷六

姚秦鳩摩羅什譯, CBETA, T09, no.262, p.52, c29–p.53, a5。唐時期。

LM20-1478-19 空號

LM20-1478-20 空號

LM20-1478-21 空號

LM20-1478-22-01 《添品妙法蓮華經》卷六

隋闍那崛多、達摩笈多譯, CBETA, T09, no.264, p.187, c12–20。唐時期。

LM20-1478-22-02 《妙法蓮華經》卷六

姚秦鳩摩羅什譯，CBETA，T09，no.262，p.53，a23–25。唐時期。

LM20-1478-22-03 《妙法蓮華經》卷六

姚秦鳩摩羅什譯，CBETA，T09，no.262，p.54，a15–23。唐時期。

LM20-1478-22-04 《妙法蓮華經》卷六

姚秦鳩摩羅什譯，CBETA，T09，no.262，p.54，b25–28。唐時期。

LM20-1478-23-01 《妙法蓮華經》卷六

姚秦鳩摩羅什譯，CBETA，T09，no.262，p.53，b11–29。唐時期。

LM20-1478-23-02 《妙法蓮華經》卷六

姚秦鳩摩羅什譯，CBETA，T09，no.262，p.55，a6–9。唐時期。

LM20-1478-23-03 《妙法蓮華經》卷六外題

姚秦鳩摩羅什譯，CBETA，T09，no.262，p.55，a9。唐時期。

LM20-1478-24 空號

LM20-1478-25 空號

LM20-1478-26-01 《妙法蓮華經》卷七

姚秦鳩摩羅什譯，CBETA，T09，no.262，p.55，a22–b10。唐時期。

參:《旅博選粹》，111。

LM20-1478-26-02 《妙法蓮華經》卷七

姚秦鳩摩羅什譯，CBETA，T09，no.262，p.55，b6–17，第9行"相"作"想"。唐時期。

參:《旅博選粹》，111。

LM20-1478-27-01 《妙法蓮華經》卷七

姚秦鳩摩羅什譯，CBETA，T09，no.262，p.55，b3–12。唐時期。

LM20-1478-27-02 《妙法蓮華經》卷七

姚秦鳩摩羅什譯，CBETA，T09，no.262，p.55，b3–22。唐時期。

LM20-1478-28-01 《妙法蓮華經》卷七

姚秦鳩摩羅什譯，CBETA，T09，no.262，p.55，b9–17。唐時期。

參:《旅博選粹》，111。

LM20-1478-28-02 《妙法蓮華經》卷七

姚秦鳩摩羅什譯，CBETA，T09，no.262，p.55，c23–28。唐時期。

LM20-1478-28-03 《妙法蓮華經》卷七

姚秦鳩摩羅什譯，CBETA，T09，no.262，p.56，a7–20，第10行"大自在"作"或現大自在"。唐時期。

LM20-1478-29-01 《妙法蓮華經》卷七

姚秦鳩摩羅什譯，CBETA，T09，no.262，p.55，c28–29。唐時期。

LM20-1478-29-02　《妙法蓮華經》卷七

姚秦鳩摩羅什譯，CBETA，T09，no.262，p.56，a2–3。唐時期。

LM20-1478-29-03　《妙法蓮華經》卷七

姚秦鳩摩羅什譯，CBETA，T09，no.262，p.56，a4–5。唐時期。

LM20-1478-29-04　《妙法蓮華經》卷七

姚秦鳩摩羅什譯，CBETA，T09，no.262，p.56，a24–b1。唐時期。

LM20-1478-29-05　《妙法蓮華經》卷七

姚秦鳩摩羅什譯，CBETA，T09，no.262，p.56，b27–c1。唐時期。

LM20-1478-30　空號

LM20-1478-31　空號

LM20-1478-32-01　《妙法蓮華經》卷七外題

姚秦鳩摩羅什譯，CBETA，T09，no.262，p.56，c2。唐時期。

LM20-1478-32-02　《妙法蓮華經》卷七

姚秦鳩摩羅什譯，CBETA，T09，no.262，p.56，c2–6。西州回鶻時期。

參：《旅博選粹》，178。

LM20-1478-32-03　《妙法蓮華經》卷七

姚秦鳩摩羅什譯，CBETA，T09，no.262，p.56，c2–3。唐時期。

LM20-1478-32-04　《妙法蓮華經》卷七

姚秦鳩摩羅什譯，CBETA，T09，no.262，p.56，c29–p.57，a3。唐時期。

LM20-1478-32-05　《妙法蓮華經》卷七

姚秦鳩摩羅什譯，CBETA，T09，no.262，p.57，a3–9。唐時期。

LM20-1478-33-01　《妙法蓮華經》卷七

姚秦鳩摩羅什譯，CBETA，T09，no.262，p.56，c26–p.57，a7。唐時期。

LM20-1478-33-02　《妙法蓮華經》卷七

姚秦鳩摩羅什譯，CBETA，T09，no.262，p.56，c27–p.57，a12。唐時期。

LM20-1478-33-03　《妙法蓮華經》卷七

姚秦鳩摩羅什譯，CBETA，T09，no.262，p.57，a10–17。唐時期。

LM20-1478-33-04　《妙法蓮華經》卷七

姚秦鳩摩羅什譯，CBETA，T09，no.262，p.57，a11–16。唐時期。

LM20-1478-34-01　《妙法蓮華經》卷七

姚秦鳩摩羅什譯，CBETA，T09，no.262，p.57，a12–18。唐時期。

LM20-1478-34-02　《妙法蓮華經》卷七

姚秦鳩摩羅什譯，CBETA，T09，no.262，p.57，a15–16。天頭有回鶻文。唐時期。背面有回鶻文，無法揭取拍攝。

參:《旅博選粹》,179。

LM20-1478-34-03　《妙法蓮華經》卷七

姚秦鳩摩羅什譯, CBETA, T09, no.262, p.57, a20–22。唐時期。

LM20-1478-34-04　《妙法蓮華經》卷七

姚秦鳩摩羅什譯, CBETA, T09, no.262, p.57, a20–26。唐時期。

LM20-1478-34-05　《妙法蓮華經》卷七

姚秦鳩摩羅什譯, CBETA, T09, no.262, p.57, a26–b4。唐時期。

LM20-1478-35-01　《妙法蓮華經》卷七

姚秦鳩摩羅什譯, CBETA, T09, no.262, p.57, a20–25。唐時期。

LM20-1478-35-02　《妙法蓮華經》卷七

姚秦鳩摩羅什譯, CBETA, T09, no.262, p.57, a18–22。天頭有回鶻文塗抹。唐時期。背面有回鶻文,無法揭取拍攝。

參:《旅博選粹》,179。

LM20-1478-35-03　《妙法蓮華經》卷七

姚秦鳩摩羅什譯, CBETA, T09, no.262, p.57, a19–23。唐時期。

LM20-1478-35-04　《妙法蓮華經》卷七

姚秦鳩摩羅什譯, CBETA, T09, no.262, p.57, a26–b7。唐時期。

LM20-1478-36-01　《妙法蓮華經》卷七

姚秦鳩摩羅什譯, CBETA, T09, no.262, p.57, b20–24。唐時期。

LM20-1478-36-02　《妙法蓮華經》卷七

姚秦鳩摩羅什譯, CBETA, T09, no.262, p.57, c5–12。唐時期。

LM20-1478-36-03　《妙法蓮華經》卷七

姚秦鳩摩羅什譯, CBETA, T09, no.262, p.57, b22–c20。唐時期。

LM20-1478-37-01　《妙法蓮華經》卷七

姚秦鳩摩羅什譯, CBETA, T09, no.262, p.57, b27–c11。唐時期。

LM20-1478-37-02　《妙法蓮華經》卷七

姚秦鳩摩羅什譯, CBETA, T09, no.262, p.57, c12–22。唐時期。

LM20-1478-37-03　《妙法蓮華經》卷七

姚秦鳩摩羅什譯, CBETA, T09, no.262, p.57, c16–24。唐時期。

經册三十

LM20-1479-01　空號

LM20-1479-02-01　《妙法蓮華經》卷一

　　姚秦鳩摩羅什譯，CBETA, T09, no.262, p.1, c18–19。唐時期。

LM20-1479-02-02　《妙法蓮華經》卷一

　　姚秦鳩摩羅什譯，CBETA, T09, no.262, p.1, c18–19。唐時期。

LM20-1479-02-03　《妙法蓮華經》卷一

　　姚秦鳩摩羅什譯，CBETA, T09, no.262, p.1, c18–20。唐時期。

LM20-1479-02-04　《妙法蓮華經》卷一

　　姚秦鳩摩羅什譯，CBETA, T09, no.262, p.1, c18–19。高昌國時期。

LM20-1479-02-05　《妙法蓮華經》卷一

　　姚秦鳩摩羅什譯，CBETA, T09, no.262, p.1, c18–19。唐時期。

LM20-1479-02-06　《妙法蓮華經》卷一

　　姚秦鳩摩羅什譯，CBETA, T09, no.262, p.1, c20–22，"煩"作"煩惱"。唐時期。背面有回鶻文，無法揭取拍攝。

LM20-1479-02-07　《妙法蓮華經》卷一

　　姚秦鳩摩羅什譯，CBETA, T09, no.262, p.1, c18–p.2, a2。唐時期。

LM20-1479-03-01　《妙法蓮華經》卷一

　　姚秦鳩摩羅什譯，CBETA, T09, no.262, p.1, c19–25。唐時期。

LM20-1479-03-02　《妙法蓮華經》卷一

　　姚秦鳩摩羅什譯，CBETA, T09, no.262, p.1, c27–p.2, a3。唐時期。

LM20-1479-03-03　《妙法蓮華經》卷一

　　姚秦鳩摩羅什譯，CBETA, T09, no.262, p.1, c21–26。唐時期。

LM20-1479-03-04　《妙法蓮華經》卷一

　　姚秦鳩摩羅什譯，CBETA, T09, no.262, p.1, c28–p.2, a1。唐時期。

LM20-1479-03-05　《妙法蓮華經》卷一

　　姚秦鳩摩羅什譯，CBETA, T09, no.262, p.1, c26–p.2, a8。唐時期。

LM20-1479-04-01　《妙法蓮華經》卷一

　　姚秦鳩摩羅什譯，CBETA, T09, no.262, p.1, c18–p.2, a8。唐時期。

LM20-1479-04-02　《妙法蓮華經》卷一

　　姚秦鳩摩羅什譯，CBETA, T09, no.262, p.2, a7-14, 第 1 行爲小字"第二張　鳴字號"。

　　印本。西州回鶻時期。

　　參：《旅博選粹》, 197。

LM20-1479-04-03　《妙法蓮華經》卷一

　　姚秦鳩摩羅什譯，CBETA, T09, no.262, p.2, a7-12。唐時期。

LM20-1479-05-01　《妙法蓮華經》卷一

　　姚秦鳩摩羅什譯，CBETA, T09, no.262, p.2, a7-10。唐時期。

LM20-1479-05-02　《妙法蓮華經》卷一

　　姚秦鳩摩羅什譯，CBETA, T09, no.262, p.2, a9-12。唐時期。

LM20-1479-05-03　《妙法蓮華經》卷一

　　姚秦鳩摩羅什譯，CBETA, T09, no.262, p.2, a11-18。唐時期。

LM20-1479-06-01　《妙法蓮華經》卷一

　　姚秦鳩摩羅什譯，CBETA, T09, no.262, p.1, c14-p.2, a18。唐時期。

　　參：《旅博選粹》, 82。

LM20-1479-06-02　《妙法蓮華經》卷一

　　姚秦鳩摩羅什譯，CBETA, T09, no.262, p.2, a18-23。唐時期。

LM20-1479-07-01　《妙法蓮華經》卷一

　　姚秦鳩摩羅什譯，CBETA, T09, no.262, p.2, a17-24。唐時期。

LM20-1479-08-01　《妙法蓮華經》卷一

　　姚秦鳩摩羅什譯，CBETA, T09, no.262, p.2, a18-24。唐時期。

LM20-1479-08-02　《妙法蓮華經》卷一

　　姚秦鳩摩羅什譯，CBETA, T09, no.262, p.2, a20-29。唐時期。

LM20-1479-08-03　《妙法蓮華經》卷一

　　姚秦鳩摩羅什譯，CBETA, T09, no.262, p.2, a25-b9。唐時期。

LM20-1479-08-04　《妙法蓮華經》卷一

　　姚秦鳩摩羅什譯，CBETA, T09, no.262, p.2, a29-5。唐時期。

LM20-1479-09-01　《妙法蓮華經》卷一

　　姚秦鳩摩羅什譯，CBETA, T09, no.262, p.2, a17-29。唐時期。

LM20-1479-09-02　《妙法蓮華經》卷一

　　姚秦鳩摩羅什譯，CBETA, T09, no.262, p.2, b6-10。唐時期。

LM20-1479-09-03　《妙法蓮華經》卷一

　　姚秦鳩摩羅什譯，CBETA, T09, no.262, p.2, b7-11。高昌國時期。

LM20-1479-10-01　《妙法蓮華經》卷一

姚秦鳩摩羅什譯，CBETA, T09, no.262, p.2, b7-12。唐時期。

LM20-1479-10-02　《妙法蓮華經》卷一

姚秦鳩摩羅什譯，CBETA, T09, no.262, p.2, b7-14。高昌國時期。

LM20-1479-10-03　《妙法蓮華經》卷一

姚秦鳩摩羅什譯，CBETA, T09, no.262, p.2, b19-25。唐時期。

LM20-1479-10-04　《妙法蓮華經》卷一

姚秦鳩摩羅什譯，CBETA, T09, no.262, p.2, b28-c7。唐時期。

LM20-1479-11-01　《妙法蓮華經》卷一

姚秦鳩摩羅什譯，CBETA, T09, no.262, p.2, b17-21。高昌國時期。

LM20-1479-11-02　《妙法蓮華經》卷一

姚秦鳩摩羅什譯，CBETA, T09, no.262, p.2, b16-22。唐時期。

LM20-1479-11-03　《妙法蓮華經》卷一

姚秦鳩摩羅什譯，CBETA, T09, no.262, p.2, c5-8。唐時期。

LM20-1479-11-04　《妙法蓮華經》卷一

姚秦鳩摩羅什譯，CBETA, T09, no.262, p.2, c3-9。唐時期。

LM20-1479-11-05　《妙法蓮華經》卷一

姚秦鳩摩羅什譯，CBETA, T09, no.262, p.2, c4-10。高昌國時期。

LM20-1479-12-01　《妙法蓮華經》卷一

姚秦鳩摩羅什譯，CBETA, T09, no.262, p.2, c6-12。唐時期。

LM20-1479-12-02　《妙法蓮華經》卷一

姚秦鳩摩羅什譯，CBETA, T09, no.262, p.2, c10-p.3, a11。細字寫本。唐時期。

LM20-1479-12-03　《妙法蓮華經》卷一

姚秦鳩摩羅什譯，CBETA, T09, no.262, p.3, a11-12。唐時期。

LM20-1479-12-04　《妙法蓮華經》卷一

姚秦鳩摩羅什譯，CBETA, T09, no.262, p.3, b4-6。唐時期。

LM20-1479-12-05　《妙法蓮華經》卷一

姚秦鳩摩羅什譯，CBETA, T09, no.262, p.3, b2-7。唐時期。

LM20-1479-12-06r　《妙法蓮華經》卷一

姚秦鳩摩羅什譯，CBETA, T09, no.262, p.3, a25-b8。細字寫本。唐時期。

LM20-1479-12-06v　《妙法蓮華經》卷一

姚秦鳩摩羅什譯，CBETA, T09, no.262, p.2, c22-p.3, a12。唐時期。無法揭取拍攝。

LM20-1479-13-01　《妙法蓮華經》卷一

姚秦鳩摩羅什譯，CBETA, T09, no.262, p.3, a12-27。唐時期。

參：《旅博選粹》，97。

LM20-1479-13-02　《妙法蓮華經》卷一

　　姚秦鳩摩羅什譯，CBETA，T09，no.262，p.3，c23-27。唐時期。

LM20-1479-13-03　《妙法蓮華經》卷一

　　姚秦鳩摩羅什譯，CBETA，T09，no.262，p.3，c10-18。唐時期。

LM20-1479-14-01　《妙法蓮華經》卷一

　　姚秦鳩摩羅什譯，CBETA，T09，no.262，p.3，c24-28。唐時期。

LM20-1479-14-02　《妙法蓮華經》卷一

　　姚秦鳩摩羅什譯，CBETA，T09，no.262，p.3，c26-p.4，a2。唐時期。

LM20-1479-14-03　《妙法蓮華經》卷一

　　姚秦鳩摩羅什譯，CBETA，T09，no.262，p.3，c23-p.4，a9。唐時期。

LM20-1479-15-01　《妙法蓮華經》卷一

　　姚秦鳩摩羅什譯，CBETA，T09，no.262，p.3，c25-28。唐時期。

LM20-1479-15-02　《妙法蓮華經》卷一

　　姚秦鳩摩羅什譯，CBETA，T09，no.262，p.3，c26-p.4，a6，"八子"作"八王子"。唐時期。

LM20-1479-15-03　《妙法蓮華經》卷一

　　姚秦鳩摩羅什譯，CBETA，T09，no.262，p.4，a3-8。唐時期。

LM20-1479-15-04　《妙法蓮華經》卷一

　　姚秦鳩摩羅什譯，CBETA，T09，no.262，p.4，a3-7。唐時期。

LM20-1479-15-05　《妙法蓮華經》卷一

　　姚秦鳩摩羅什譯，CBETA，T09，no.262，p.4，a4-6。唐時期。

LM20-1479-16-01　《妙法蓮華經》卷一

　　姚秦鳩摩羅什譯，CBETA，T09，no.262，p.3，c27-p.4，a9。唐時期。

LM20-1479-16-02　《妙法蓮華經》卷一

　　姚秦鳩摩羅什譯，CBETA，T09，no.262，p.4，a8-9。唐時期。

LM20-1479-16-03　《妙法蓮華經》卷一

　　姚秦鳩摩羅什譯，CBETA，T09，no.262，p.4，a7-17。唐時期。

LM20-1479-16-04　《妙法蓮華經》卷一

　　姚秦鳩摩羅什譯，CBETA，T09，no.262，p.4，a14-23。唐時期。

LM20-1479-17-01　《妙法蓮華經》卷一

　　姚秦鳩摩羅什譯，CBETA，T09，no.262，p.4，a7-9，"億"作"萬"。唐時期。

LM20-1479-17-02　《妙法蓮華經》卷一

　　姚秦鳩摩羅什譯，CBETA，T09，no.262，p.4，a9-13。唐時期。

LM20-1479-17-03　《妙法蓮華經》卷一

　　姚秦鳩摩羅什譯，CBETA，T09，no.262，p.4，a11-15。唐時期。

LM20-1479-17-04　《妙法蓮華經》卷一

　　姚秦鳩摩羅什譯，CBETA, T09, no.262, p.4, a21–26。唐時期。

LM20-1479-17-05　《妙法蓮華經》卷一

　　姚秦鳩摩羅什譯，CBETA, T09, no.262, p.4, a21–26。唐時期。

LM20-1479-17-06　《妙法蓮華經》卷一

　　姚秦鳩摩羅什譯，CBETA, T09, no.262, p.4, a22–25。唐時期。

LM20-1479-18-01　《妙法蓮華經》卷一

　　姚秦鳩摩羅什譯，CBETA, T09, no.262, p.4, b14–17。唐時期。

LM20-1479-18-02　《妙法蓮華經》卷一

　　姚秦鳩摩羅什譯，CBETA, T09, no.262, p.4, a26–29。唐時期。

LM20-1479-18-03　《妙法蓮華經》卷一

　　姚秦鳩摩羅什譯，CBETA, T09, no.262, p.4, b1–7。高昌國時期。

LM20-1479-18-04　《妙法蓮華經》卷一

　　姚秦鳩摩羅什譯，CBETA, T09, no.262, p.4, b28–c7。唐時期。

LM20-1479-18-05　《妙法蓮華經》卷一

　　姚秦鳩摩羅什譯，CBETA, T09, no.262, p.4, b24–c7。唐時期。

LM20-1479-18-06　《妙法蓮華經》卷一

　　姚秦鳩摩羅什譯，CBETA, T09, no.262, p.4, c4–9。唐時期。

LM20-1479-19-01　《妙法蓮華經》卷一

　　姚秦鳩摩羅什譯，CBETA, T09, no.262, p.4, b17–19。唐時期。

LM20-1479-19-02　《妙法蓮華經》卷一

　　姚秦鳩摩羅什譯，CBETA, T09, no.262, p.4, b17–19。唐時期。

LM20-1479-19-03　《妙法蓮華經》卷一

　　姚秦鳩摩羅什譯，CBETA, T09, no.262, p.4, b18–25。唐時期。

LM20-1479-19-04　《妙法蓮華經》卷一

　　姚秦鳩摩羅什譯，CBETA, T09, no.262, p.4, c4–9。唐時期。

LM20-1479-19-05　《妙法蓮華經》卷一

　　姚秦鳩摩羅什譯，CBETA, T09, no.262, p.5, a1–7。唐時期。

LM20-1479-19-06　《妙法蓮華經》卷一

　　姚秦鳩摩羅什譯，CBETA, T09, no.262, p.5, a4–10。唐時期。

LM20-1479-20-01　《妙法蓮華經》卷一

　　姚秦鳩摩羅什譯，CBETA, T09, no.262, p.5, a4–12。唐時期。

LM20-1479-20-02　《妙法蓮華經》卷一

　　姚秦鳩摩羅什譯，CBETA, T09, no.262, p.5, a2–12。唐時期。

LM20-1479-20-03　《妙法蓮華經》卷一

　　姚秦鳩摩羅什譯，CBETA，T09，no.262，p.4，c6-p.5，b2。細字寫本。唐時期。

LM20-1479-21-01　《妙法蓮華經》卷一

　　姚秦鳩摩羅什譯，CBETA，T09，no.262，p.4，c29-p.5，a12。唐時期。

LM20-1479-21-02　《妙法蓮華經》卷一

　　姚秦鳩摩羅什譯，CBETA，T09，no.262，p.5，a29-b4。唐時期。

LM20-1479-21-03　《妙法蓮華經》卷一

　　姚秦鳩摩羅什譯，CBETA，T09，no.262，p.5，a25-b13。唐時期。

LM20-1479-21-04　《妙法蓮華經》卷一

　　姚秦鳩摩羅什譯，CBETA，T09，no.262，p.5，b17。唐時期。

LM20-1479-21-05　《妙法蓮華經》卷一

　　姚秦鳩摩羅什譯，CBETA，T09，no.262，p.5，b15-21。唐時期。

　　參：《旅博選粹》，97。

LM20-1479-22-01　《妙法蓮華經》卷一

　　姚秦鳩摩羅什譯，CBETA，T09，no.262，p.5，b16-24。唐時期。

LM20-1479-23　空號

LM20-1479-24-01　《妙法蓮華經》卷一

　　姚秦鳩摩羅什譯，CBETA，T09，no.262，p.5，b22-26。唐時期。

LM20-1479-24-02　《妙法蓮華經》卷一

　　姚秦鳩摩羅什譯，CBETA，T09，no.262，p.5，c9-15。唐時期。

LM20-1479-24-03　《妙法蓮華經》卷一

　　姚秦鳩摩羅什譯，CBETA，T09，no.262，p.5，c7-15。唐時期。

LM20-1479-25-01　《妙法蓮華經》卷一

　　姚秦鳩摩羅什譯，CBETA，T09，no.262，p.5，c9-26。唐時期。

LM20-1479-25-02　《妙法蓮華經》卷一

　　姚秦鳩摩羅什譯，CBETA，T09，no.262，p.5，c12-26。唐時期。

LM20-1479-26-01　《妙法蓮華經》卷一

　　姚秦鳩摩羅什譯，CBETA，T09，no.262，p.5，c11-25。唐時期。

LM20-1479-26-02　《妙法蓮華經》卷一

　　姚秦鳩摩羅什譯，CBETA，T09，no.262，p.5，c20-24。唐時期。

　　參：《旅博選粹》，98。

LM20-1479-26-03　《妙法蓮華經》卷一

　　姚秦鳩摩羅什譯，CBETA，T09，no.262，p.6，a5-10。唐時期。

LM20-1479-26-04　《妙法蓮華經》卷一

姚秦鳩摩羅什譯，CBETA, T09, no.262, p.6, a2–12。唐時期。

參：《旅博選粹》, 98。

LM20-1479-27-01　《妙法蓮華經》卷一

姚秦鳩摩羅什譯，CBETA, T09, no.262, p.5, c14–26。唐時期。

LM20-1479-27-02　《妙法蓮華經》卷一

姚秦鳩摩羅什譯，CBETA, T09, no.262, p.5, c22–26。唐時期。

LM20-1479-27-03　《妙法蓮華經》卷一

姚秦鳩摩羅什譯，CBETA, T09, no.262, p.5, c23–p.6, a13。唐時期。

參：《旅博選粹》, 98。

LM20-1479-27-04　《妙法蓮華經》卷一

姚秦鳩摩羅什譯，CBETA, T09, no.262, p.6, a7–15。唐時期。

LM20-1479-28-01　《妙法蓮華經》卷一

姚秦鳩摩羅什譯，CBETA, T09, no.262, p.6, a22–26。高昌國時期。

LM20-1479-28-02　《妙法蓮華經》卷一

姚秦鳩摩羅什譯，CBETA, T09, no.262, p.6, a20–b2。唐時期。

參：《旅博選粹》, 98。

LM20-1479-28-03　《妙法蓮華經》卷一

姚秦鳩摩羅什譯，CBETA, T09, no.262, p.6, b1–13。唐時期。

參：《旅博選粹》, 98。

LM20-1479-29-01　《妙法蓮華經》卷一

姚秦鳩摩羅什譯，CBETA, T09, no.262, p.6, a28–b12。唐時期。

LM20-1479-29-02　《妙法蓮華經》卷一

姚秦鳩摩羅什譯，CBETA, T09, no.262, p.6, b19–c6。唐時期。

LM20-1479-30-01　《妙法蓮華經》卷一

姚秦鳩摩羅什譯，CBETA, T09, no.262, p.6, b4–c10。唐時期。背面有回鶻文，無法揭取拍攝。

參：《旅博選粹》, 100。

LM20-1479-31-01　《妙法蓮華經》卷一

姚秦鳩摩羅什譯，CBETA, T09, no.262, p.6, c7–11。唐時期。

LM20-1479-32-01a　《妙法蓮華經》卷一

姚秦鳩摩羅什譯，CBETA, T09, no.262, p.6, c11。唐時期。

LM20-1479-32-01b　《妙法蓮華經》卷一

姚秦鳩摩羅什譯，CBETA, T09, no.262, p.6, b12–c18。唐時期。

LM20-1479-33-01　《妙法蓮華經》卷一

姚秦鳩摩羅什譯，CBETA, T09, no.262, p.6, c17–p.7, a4。唐時期。

LM20-1479-34-01 《妙法蓮華經》卷一

姚秦鳩摩羅什譯，CBETA, T09, no.262, p.7, a3–9。唐時期。

LM20-1479-34-02 《妙法蓮華經》卷一

姚秦鳩摩羅什譯，CBETA, T09, no.262, p.7, a6–10。高昌國時期。

LM20-1479-34-03 《妙法蓮華經》卷一

姚秦鳩摩羅什譯，CBETA, T09, no.262, p.7, a14–19。唐時期。

LM20-1479-34-04 《妙法蓮華經》卷一

姚秦鳩摩羅什譯，CBETA, T09, no.262, p.7, a14–22。唐時期。

LM20-1479-35-01 《妙法蓮華經》卷一

姚秦鳩摩羅什譯，CBETA, T09, no.262, p.7, a5–12。唐時期。

LM20-1479-35-02 《妙法蓮華經》卷一

姚秦鳩摩羅什譯，CBETA, T09, no.262, p.7, a9–14。唐時期。

LM20-1479-35-03 《妙法蓮華經》卷一

姚秦鳩摩羅什譯，CBETA, T09, no.262, p.7, a18–26。唐時期。

LM20-1479-35-04 《妙法蓮華經》卷一

姚秦鳩摩羅什譯，CBETA, T09, no.262, p.7, a22–27。唐時期。

LM20-1479-36-01 《妙法蓮華經》卷一

姚秦鳩摩羅什譯，CBETA, T09, no.262, p.7, a12–27。唐時期。

LM20-1479-36-02 《妙法蓮華經》卷一

姚秦鳩摩羅什譯，CBETA, T09, no.262, p.7, a28–b3。唐時期。

LM20-1479-36-03 《妙法蓮華經》卷一

姚秦鳩摩羅什譯，CBETA, T09, no.262, p.7, a24–b5。唐時期。

LM20-1479-37-01 《妙法蓮華經》卷一

姚秦鳩摩羅什譯，CBETA, T09, no.262, p.7, a25–27。高昌國時期。

LM20-1479-37-02 《妙法蓮華經》卷一

姚秦鳩摩羅什譯，CBETA, T09, no.262, p.7, a20–29。唐時期。

LM20-1479-37-03 《妙法蓮華經》卷一

姚秦鳩摩羅什譯，CBETA, T09, no.262, p.7, a25–b4。唐時期。

LM20-1479-37-04 《妙法蓮華經》卷一

姚秦鳩摩羅什譯，CBETA, T09, no.262, p.7, b1–4。高昌國時期。

經冊三十一

LM20-1480-01　空號

LM20-1480-02-01　《妙法蓮華經》卷三

　　姚秦鳩摩羅什譯, CBETA, T09, no.262, p.21, b10–17。唐時期。

LM20-1480-02-02　《妙法蓮華經》卷三

　　姚秦鳩摩羅什譯, CBETA, T09, no.262, p.21, b28–c3。唐時期。

LM20-1480-02-03　《妙法蓮華經》卷三

　　姚秦鳩摩羅什譯, CBETA, T09, no.262, p.21, c2–3。唐時期。

LM20-1480-03-01　《妙法蓮華經》卷三

　　姚秦鳩摩羅什譯, CBETA, T09, no.262, p.21, b16–25, "馮"作"馬"。唐時期。

LM20-1480-03-02　《妙法蓮華經》卷三

　　姚秦鳩摩羅什譯, CBETA, T09, no.262, p.21, c24–p.22, a6。唐時期。

LM20-1480-04-01　書狀

　　唐時期。

　　參: 王珍仁、劉廣堂、孫慧珍 1993, 33, 圖一;《旅博研究》, 170(作"大郎狀符")。

LM20-1480-04-02　唐西州諸縣寺名簿

　　據永安城等地名,當爲西州文書。文書底部貼附佛經殘文"告□徒衆法等深心",無法揭取。
　　唐時期。

　　參: 王珍仁、劉廣堂、孫慧珍 1993, 33, 圖二;《旅博研究》, 163(作"交河縣給田文書")。

　　參: 嚴世偉 2018, 31。

LM20-1480-04-03　書狀

　　唐時期。

　　參: 王珍仁、劉廣堂、孫慧珍 1993, 33, 圖三;《旅博研究》, 164(作"兵役文書")。

LM20-1480-04-04　《御注金剛般若波羅蜜經宣演》卷下

　　唐道氤集, CBETA, T85, no.2733, p.26, a12–22。有朱筆勾畫。唐時期。

　　參: 王珍仁、劉廣堂、孫慧珍 1993, 34, 圖四。

LM20-1480-04-05　《觀無量壽佛經疏》卷四

　　隋智顗撰, CBETA, T37, no.1753, p.270, c9–18。唐時期。

　　參: 王珍仁、劉廣堂、孫慧珍 1993, 33–34, 圖五;《旅博選粹》, 171。

LM20-1480-04-06　唐告身

抄本，有朱筆勾記。唐時期。

參：王珍仁、劉廣堂、孫慧珍 1993, 35, 圖六；《旅博研究》, 165（作"儀制令"）。

LM20-1480-04-07　唐張抱義等田畝帳

人名旁有墨點和朱色勾畫。唐時期。

參：王珍仁、劉廣堂、孫慧珍 1993, 35, 圖七；《旅博研究》, 165（作"給田文書"）。

LM20-1480-04-08　《金剛映》卷上

唐寶達集，CBETA, T85, no.2734, p.53, a11-17, "僧"作"劫"。唐時期。

參：王珍仁、劉廣堂、孫慧珍 1993, 35, 圖八；李昀 2017, 92。

LM20-1480-04-09　文書殘片

人名旁有點記。唐時期。

參：王珍仁、劉廣堂、孫慧珍, 1993, 36, 圖九。

LM20-1480-04-10　《毛詩·小雅·采芑》

白文本，有朱筆句讀。唐時期。

參：王珍仁、劉廣堂、孫慧珍 1993, 36, 圖十；《旅博研究》, 172（作"佛典殘片"）；徐媛媛 2018, 8-9。

LM20-1480-04-11　佛典殘片

西州回鶻時期。

參：王珍仁、劉廣堂、孫慧珍 1993, 36, 圖十一；《旅博研究》, 172-173。

LM20-1480-04-12　典籍殘片

唐時期。

參：王珍仁、劉廣堂、孫慧珍 1993, 37, 圖十二；《旅博研究》, 173（作"佛教文書"）。

LM20-1480-04-13　唐康田允等名籍

唐時期。

參：王珍仁、劉廣堂、孫慧珍 1993, 37, 圖十三；《旅博研究》, 166。

LM20-1480-04-14　唐西州青苗簿

唐時期。

參：王珍仁、劉廣堂、孫慧珍 1993, 37, 圖十四；《旅博研究》, 165-166（作"佃田文書"）。

LM20-1480-04-15　唐西州某縣知禮等辯辭

唐時期。

參：王珍仁、劉廣堂、孫慧珍 1993, 37-38, 圖十五；《旅博研究》, 167-168（作"羅藏師牒"）。

LM20-1480-04-16　唐大惠辭爲男重差事

唐時期。

參：王珍仁、劉廣堂、孫慧珍 1993, 38（文），圖十六；凍國棟 2002, 163；《旅博研究》,

168–169（作"某僧申被里正、鄉司補差丁牒"）。

LM20-1480-04-17　唐開元二十九年（七四一）前後西州高昌縣欠田簿

與 Ot.2905 可以綴合，據池田温定名。唐時期。

參：池田温 1979，391–398。王珍仁、劉廣堂、孫慧珍 1993，38，圖十七；《旅博研究》，169（作"給田文書"，原署"1480-5-7"），片山章雄 2009b，61，附圖；片山章雄、王振芬、孫慧珍 2009，7；孟憲實 2019a，60。

LM20-1480-04-18　唐西州諸寺名籍

唐時期。

參：王珍仁、劉廣堂、孫慧珍 1993，39，圖十八；《旅博研究》，170（作"差役文書"）。

LM20-1480-04-19　文書殘片

有朱印殘跡。唐時期。

參：王珍仁、劉廣堂、孫慧珍 1993，39，圖十九。

LM20-1480-04-20　工具單

疑爲大谷探險隊工具單。清時期。

參：王珍仁、劉廣堂、孫慧珍 1993，39–40，圖二十。

LM20-1480-05　空號

LM20-1480-06-01　《妙法蓮華經》卷三

姚秦鳩摩羅什譯，CBETA，T09，no.262，p.22，a18–19。高昌國時期。

LM20-1480-06-02　《妙法蓮華經》卷三

姚秦鳩摩羅什譯，CBETA，T09，no.262，p.22，a18–20。唐時期。

LM20-1480-06-03　《妙法蓮華經》卷三

姚秦鳩摩羅什譯，CBETA，T09，no.262，p.22，a19–b2。唐時期。

LM20-1480-07-01　《妙法蓮華經》卷四（八卷本）

姚秦鳩摩羅什譯，CBETA，T09，no.262，p.22，a19–24，第 1 行前有小字"四"。唐時期。

LM20-1480-07-02　《妙法蓮華經》卷三

姚秦鳩摩羅什譯，CBETA，T09，no.262，p.22，a23–26。唐時期。

LM20-1480-07-03　《妙法蓮華經》卷三

姚秦鳩摩羅什譯，CBETA，T09，no.262，p.22，a22–27。唐時期。

LM20-1480-08-01　《妙法蓮華經》卷三

姚秦鳩摩羅什譯，CBETA，T09，no.262，p.22，a23–28。高昌國時期。

LM20-1480-08-02　《妙法蓮華經》卷三

姚秦鳩摩羅什譯，CBETA，T09，no.262，p.22，a26–28。西州回鶻時期。

LM20-1480-08-03　《妙法蓮華經》卷三

姚秦鳩摩羅什譯，CBETA，T09，no.262，p.22，a25–b2。唐時期。

LM20-1480-08-04　《妙法蓮華經》卷三

姚秦鳩摩羅什譯，CBETA, T09, no.262, p.22, a29–b3。西州回鶻時期。

LM20-1480-09-01　《妙法蓮華經》卷三

姚秦鳩摩羅什譯，CBETA, T09, no.262, p.22, a25–b1。唐時期。

LM20-1480-09-02　《妙法蓮華經》卷三

姚秦鳩摩羅什譯，CBETA, T09, no.262, p.22, a27–b2。唐時期。

LM20-1480-09-03　《妙法蓮華經》卷三

姚秦鳩摩羅什譯，CBETA, T09, no.262, p.22, a27–b5。唐時期。

LM20-1480-09-04　《妙法蓮華經》卷三

姚秦鳩摩羅什譯，CBETA, T09, no.262, p.22, b2–8。唐時期。

LM20-1480-10-01　《妙法蓮華經》卷三

姚秦鳩摩羅什譯，CBETA, T09, no.262, p.22, a27–b7。唐時期。

LM20-1480-10-02　《妙法蓮華經》卷三

姚秦鳩摩羅什譯，CBETA, T09, no.262, p.22, a28–b15。唐時期。

LM20-1480-11-01　《妙法蓮華經》卷三

姚秦鳩摩羅什譯，CBETA, T09, no.262, p.22, a27–b13。唐時期。

LM20-1480-11-02　《妙法蓮華經》卷三

姚秦鳩摩羅什譯，CBETA, T09, no.262, p.22, b2–7。唐時期。

LM20-1480-11-03　《妙法蓮華經》卷三

姚秦鳩摩羅什譯，CBETA, T09, no.262, p.22, b2–9。唐時期。

LM20-1480-11-04　《妙法蓮華經》卷三

姚秦鳩摩羅什譯，CBETA, T09, no.262, p.22, b3–8。唐時期。

LM20-1480-12-01　《妙法蓮華經》卷三

姚秦鳩摩羅什譯，CBETA, T09, no.262, p.22, b3–10。唐時期。

LM20-1480-12-02　《妙法蓮華經》卷三

姚秦鳩摩羅什譯，CBETA, T09, no.262, p.22, b5–11。唐時期。

LM20-1480-12-03　《妙法蓮華經》卷三

姚秦鳩摩羅什譯，CBETA, T09, no.262, p.22, b17–23。唐時期。

LM20-1480-12-04　《妙法蓮華經》卷三

姚秦鳩摩羅什譯，CBETA, T09, no.262, p.22, b1–26。唐時期。

LM20-1480-13-01　《妙法蓮華經》卷三

姚秦鳩摩羅什譯，CBETA, T09, no.262, p.22, b7–13。唐時期。

LM20-1480-13-02　《妙法蓮華經》卷三

姚秦鳩摩羅什譯，CBETA, T09, no.262, p.22, b10–18。唐時期。

LM20-1480-14-01　《妙法蓮華經》卷三

　　姚秦鳩摩羅什譯，CBETA, T09, no.262, p.22, b16–21。唐時期。

LM20-1480-14-02　《妙法蓮華經》卷三

　　姚秦鳩摩羅什譯，CBETA, T09, no.262, p.22, b15–23。唐時期。

LM20-1480-14-03　《妙法蓮華經》卷三

　　姚秦鳩摩羅什譯，CBETA, T09, no.262, p.22, b24–c5。唐時期。

LM20-1480-15-01　《妙法蓮華經》卷三

　　姚秦鳩摩羅什譯，CBETA, T09, no.262, p.22, b18–20。唐時期。

LM20-1480-15-02　《妙法蓮華經》卷三

　　姚秦鳩摩羅什譯，CBETA, T09, no.262, p.22, b20–25。唐時期。

LM20-1480-15-03　《妙法蓮華經》卷三

　　姚秦鳩摩羅什譯，CBETA, T09, no.262, p.22, b29–c5。唐時期。

LM20-1480-15-04　《妙法蓮華經》卷三

　　姚秦鳩摩羅什譯，CBETA, T09, no.262, p.22, c1–7。唐時期。

LM20-1480-16-01　《妙法蓮華經》卷三

　　姚秦鳩摩羅什譯，CBETA, T09, no.262, p.22, c5–8。唐時期。

LM20-1480-16-02　《妙法蓮華經》卷三

　　姚秦鳩摩羅什譯，CBETA, T09, no.262, p.22, c2–16，第6行“作”作“租”，第9行“佛畢”作“佛畢已”。高昌國時期。

LM20-1480-16-03　《妙法蓮華經》卷三

　　姚秦鳩摩羅什譯，CBETA, T09, no.262, p.22, c26–p.23, a9。唐時期。

LM20-1480-17-01　《妙法蓮華經》卷三

　　姚秦鳩摩羅什譯，CBETA, T09, no.262, p.22, c25–p.23, a1。唐時期。

LM20-1480-17-02　《妙法蓮華經》卷三

　　姚秦鳩摩羅什譯，CBETA, T09, no.262, p.22, c28–p.23, a8。唐時期。

LM20-1480-17-03　《妙法蓮華經》卷三

　　姚秦鳩摩羅什譯，CBETA, T09, no.262, p.23, a6–16。唐時期。

LM20-1480-17-04　《妙法蓮華經》卷三

　　姚秦鳩摩羅什譯，CBETA, T09, no.262, p.23, a18–20。唐時期。

LM20-1480-18-01　《妙法蓮華經》卷三

　　姚秦鳩摩羅什譯，CBETA, T09, no.262, p.23, a17–21。唐時期。

LM20-1480-18-02　《妙法蓮華經》卷三

　　姚秦鳩摩羅什譯，CBETA, T09, no.262, p.23, a19–29。唐時期。

LM20-1480-18-03　《妙法蓮華經》卷三

姚秦鳩摩羅什譯，CBETA，T09，no.262，p.23，a28–b5。唐時期。

LM20-1480-19-01 《妙法蓮華經》卷三

姚秦鳩摩羅什譯，CBETA，T09，no.262，p.23，a28–b2。唐時期。

LM20-1480-19-02 《妙法蓮華經》卷三

姚秦鳩摩羅什譯，CBETA，T09，no.262，p.23，a28–b3。唐時期。

LM20-1480-19-03 《妙法蓮華經》卷三

姚秦鳩摩羅什譯，CBETA，T09，no.262，p.23，a27–b7。唐時期。

LM20-1480-20-01 《妙法蓮華經》卷三

姚秦鳩摩羅什譯，CBETA，T09，no.262，p.23，b22–25。唐時期。

LM20-1480-20-02 《妙法蓮華經》卷三

姚秦鳩摩羅什譯，CBETA，T09，no.262，p.23，c1–5。高昌國時期。

LM20-1480-20-03 《妙法蓮華經》卷三

姚秦鳩摩羅什譯，CBETA，T09，no.262，p.23，c23–28。唐時期。

LM20-1480-21-01 《妙法蓮華經》卷三

姚秦鳩摩羅什譯，CBETA，T09，no.262，p.23，a27–b4，"坐"作"座"。唐時期。背面有回鶻文，無法揭取拍攝。

LM20-1480-21-02 《妙法蓮華經》卷三

姚秦鳩摩羅什譯，CBETA，T09，no.262，p.23，c11–13。唐時期。

LM20-1480-21-03 《妙法蓮華經》卷三

姚秦鳩摩羅什譯，CBETA，T09，no.262，p.23，c27–p.24，a5。高昌國時期。

LM20-1480-22-01a 《妙法蓮華經》卷三

姚秦鳩摩羅什譯，CBETA，T09，no.262，p.23，a16–22。唐時期。背面有回鶻文，無法揭取拍攝。

LM20-1480-22-01b 《妙法蓮華經》卷三

姚秦鳩摩羅什譯，CBETA，T09，no.262，p.23，a26–b3。唐時期。背面有回鶻文，無法揭取拍攝。

LM20-1480-22-01c 《妙法蓮華經》卷三

姚秦鳩摩羅什譯，CBETA，T09，no.262，p.23，a21–26。唐時期。背面有回鶻文，無法揭取拍攝。

LM20-1480-22-01d 《妙法蓮華經》卷三

姚秦鳩摩羅什譯，CBETA，T09，no.262，p.23，b3–26。唐時期。背面有回鶻文，無法揭取拍攝。

LM20-1480-22-02r 《妙法蓮華經》卷三

姚秦鳩摩羅什譯，CBETA，T09，no.262，p.23，b26–p.24，a7。唐時期。

參:《旅博選粹》, 205。

LM20-1480-22-02v　粟特文殘片

西州回鶻時期。無法揭取拍攝。

參:《旅博選粹》, 205; 吉田豐 2012, 40; Yoshida 2013, 201–218。

LM20-1480-23　空號

LM20-1480-24-01　《妙法蓮華經》卷三

姚秦鳩摩羅什譯, CBETA, T09, no.262, p.24, a15–19。高昌國時期。

LM20-1480-24-02　《妙法蓮華經》卷三

姚秦鳩摩羅什譯, CBETA, T09, no.262, p.24, a15–25。唐時期。

LM20-1480-24-03　《妙法蓮華經》卷三

姚秦鳩摩羅什譯, CBETA, T09, no.262, p.24, a13–29, 第 12 行 "羅" 作 "花"。唐時期。

LM20-1480-25-01　《妙法蓮華經》卷三

姚秦鳩摩羅什譯, CBETA, T09, no.262, p.24, b8–12。唐時期。

LM20-1480-25-02　《妙法蓮華經》卷三

姚秦鳩摩羅什譯, CBETA, T09, no.262, p.24, b10–12。唐時期。

LM20-1480-25-03　《妙法蓮華經》卷三

姚秦鳩摩羅什譯, CBETA, T09, no.262, p.24, b23–25。高昌國時期。

LM20-1480-26-01　《妙法蓮華經》卷三

姚秦鳩摩羅什譯, CBETA, T09, no.262, p.24, b22–26。唐時期。

LM20-1480-26-02　《妙法蓮華經》卷三

姚秦鳩摩羅什譯, CBETA, T09, no.262, p.24, b27–29。唐時期。

LM20-1480-26-03a　《妙法蓮華經》卷三

姚秦鳩摩羅什譯, CBETA, T09, no.262, p.24, c4–8。高昌國時期。

LM20-1480-26-03b　《妙法蓮華經》卷三

姚秦鳩摩羅什譯, CBETA, T09, no.262, p.24, c11–13。高昌國時期。

LM20-1480-26-04　《妙法蓮華經》卷三

姚秦鳩摩羅什譯, CBETA, T09, no.262, p.24, c26–p.25, a4。唐時期。

LM20-1480-26-05　《妙法蓮華經》卷三

姚秦鳩摩羅什譯, CBETA, T09, no.262, p.25, a6–7。唐時期。

LM20-1480-27-01　《妙法蓮華經》卷三

姚秦鳩摩羅什譯, CBETA, T09, no.262, p.24, c13–17。唐時期。

LM20-1480-27-02　《妙法蓮華經》卷三

姚秦鳩摩羅什譯, CBETA, T09, no.262, p.24, c20–21。唐時期。

LM20-1480-27-03　《妙法蓮華經》卷三

姚秦鳩摩羅什譯, CBETA, T09, no.262, p.24, c26–28。唐時期。

LM20-1480-27-04 《妙法蓮華經》卷三

姚秦鳩摩羅什譯, CBETA, T09, no.262, p.25, a4–15。高昌國時期。

參:《旅博選粹》, 80。

LM20-1480-28-01 《妙法蓮華經》卷三

姚秦鳩摩羅什譯, CBETA, T09, no.262, p.25, a28–b1。唐時期。

LM20-1480-28-02 《妙法蓮華經》卷三

姚秦鳩摩羅什譯, CBETA, T09, no.262, p.25, a27–b3。唐時期。

LM20-1480-28-03 《妙法蓮華經》卷三

姚秦鳩摩羅什譯, CBETA, T09, no.262, p.25, b5–8。唐時期。

LM20-1480-28-04 《妙法蓮華經》卷三

姚秦鳩摩羅什譯, CBETA, T09, no.262, p.25, b6–8。唐時期。

LM20-1480-28-05 《妙法蓮華經》卷三

姚秦鳩摩羅什譯, CBETA, T09, no.262, p.25, b4–22。唐時期。

LM20-1480-29-01 《妙法蓮華經》卷三

姚秦鳩摩羅什譯, CBETA, T09, no.262, p.25, b2–8。唐時期。

LM20-1480-30-01 《妙法蓮華經》卷三

姚秦鳩摩羅什譯, CBETA, T09, no.262, p.25, b20–c8。高昌國時期。

LM20-1480-30-02 《妙法蓮華經》卷三

姚秦鳩摩羅什譯, CBETA, T09, no.262, p.25, b26–c1。唐時期。

LM20-1480-31-01 《妙法蓮華經》卷三

姚秦鳩摩羅什譯, CBETA, T09, no.262, p.25, c3–8。唐時期。

LM20-1480-31-02 《妙法蓮華經》卷三

姚秦鳩摩羅什譯, CBETA, T09, no.262, p.25, b27–29。唐時期。

LM20-1480-31-03 《妙法蓮華經》卷三

姚秦鳩摩羅什譯, CBETA, T09, no.262, p.25, c2–6。唐時期。

LM20-1480-31-04 《妙法蓮華經》卷三

姚秦鳩摩羅什譯, CBETA, T09, no.262, p.25, c13–21。高昌國時期。

LM20-1480-32-01 《妙法蓮華經》卷三

姚秦鳩摩羅什譯, CBETA, T09, no.262, p.25, c18–21。唐時期。

LM20-1480-32-02 《妙法蓮華經》卷三

姚秦鳩摩羅什譯, CBETA, T09, no.262, p.26, a3–7。唐時期。背面有回鶻文, 無法揭取拍攝。

LM20-1480-32-03 《妙法蓮華經》卷三

姚秦鳩摩羅什譯，CBETA，T09，no.262，p.26，a5–6。唐時期。

LM20-1480-32-04　《妙法蓮華經》卷三

姚秦鳩摩羅什譯，CBETA，T09，no.262，p.26，a11–12。唐時期。

LM20-1480-32-05　《妙法蓮華經》卷三

姚秦鳩摩羅什譯，CBETA，T09，no.262，p.26，a14–16。唐時期。

LM20-1480-32-06　《妙法蓮華經》卷三

姚秦鳩摩羅什譯，CBETA，T09，no.262，p.26，a17–19。唐時期。

LM20-1480-33-01　《妙法蓮華經》卷三

姚秦鳩摩羅什譯，CBETA，T09，no.262，p.26，a8–9。唐時期。

LM20-1480-33-02　《妙法蓮華經》卷三

姚秦鳩摩羅什譯，CBETA，T09，no.262，p.26，a1–10。唐時期。

LM20-1480-33-03　《妙法蓮華經》卷三

姚秦鳩摩羅什譯，CBETA，T09，no.262，p.26，a21–22。唐時期。

LM20-1480-33-04　《妙法蓮華經》卷三

姚秦鳩摩羅什譯，CBETA，T09，no.262，p.26，a21–25。唐時期。

LM20-1480-33-05　《妙法蓮華經》卷三

姚秦鳩摩羅什譯，CBETA，T09，no.262，p.26，a24–25。唐時期。

LM20-1480-34-01　《妙法蓮華經》卷三

姚秦鳩摩羅什譯，CBETA，T09，no.262，p.26，a23–26。唐時期。

LM20-1480-34-02　《妙法蓮華經》卷三

姚秦鳩摩羅什譯，CBETA，T09，no.262，p.26，a28–b1。唐時期。

LM20-1480-34-03　《妙法蓮華經》卷三

姚秦鳩摩羅什譯，CBETA，T09，no.262，p.26，b5–7。唐時期。

LM20-1480-34-04　《妙法蓮華經》卷三

姚秦鳩摩羅什譯，CBETA，T09，no.262，p.26，b7–9。唐時期。

LM20-1480-34-05　《妙法蓮華經》卷三

姚秦鳩摩羅什譯，CBETA，T09，no.262，p.26，b27。唐時期。

LM20-1480-34-06　《妙法蓮華經》卷三

姚秦鳩摩羅什譯，CBETA，T09，no.262，p.26，b25。高昌國時期。

LM20-1480-34-07　《妙法蓮華經》卷三

姚秦鳩摩羅什譯，CBETA，T09，no.262，p.26，b23–25。唐時期。

LM20-1480-34-08　《妙法蓮華經》卷三

姚秦鳩摩羅什譯，CBETA，T09，no.262，p.26，b29–c2。唐時期。

LM20-1480-35-01　《妙法蓮華經》卷三

姚秦鳩摩羅什譯, CBETA, T09, no.262, p.26, b13–15。唐時期。

LM20-1480-35-02　《妙法蓮華經》卷三

姚秦鳩摩羅什譯, CBETA, T09, no.262, p.26, b15–17。唐時期。

LM20-1480-35-03　《妙法蓮華經》卷三

姚秦鳩摩羅什譯, CBETA, T09, no.262, p.26, b21–23。唐時期。

LM20-1480-35-04　《妙法蓮華經》卷三

姚秦鳩摩羅什譯, CBETA, T09, no.262, p.26, b19。唐時期。

LM20-1480-35-05　《妙法蓮華經》卷三

姚秦鳩摩羅什譯, CBETA, T09, no.262, p.26, c2–4。唐時期。

LM20-1480-35-06　《妙法蓮華經》卷三

姚秦鳩摩羅什譯, CBETA, T09, no.262, p.26, c2–4。唐時期。

LM20-1480-35-07　《妙法蓮華經》卷三

姚秦鳩摩羅什譯, CBETA, T09, no.262, p.26, c6。唐時期。

LM20-1480-35-08　《妙法蓮華經》卷三

姚秦鳩摩羅什譯, CBETA, T09, no.262, p.26, c8–10。唐時期。

LM20-1480-36-01　《妙法蓮華經》卷三

姚秦鳩摩羅什譯, CBETA, T09, no.262, p.26, c8–10。高昌國時期。

LM20-1480-36-02　《妙法蓮華經》卷三

姚秦鳩摩羅什譯, CBETA, T09, no.262, p.26, b17–c12。高昌國時期。

LM20-1480-36-03　《妙法蓮華經》卷三

姚秦鳩摩羅什譯, CBETA, T09, no.262, p.26, c17–19。唐時期。

LM20-1480-36-04　《妙法蓮華經》卷三

姚秦鳩摩羅什譯, CBETA, T09, no.262, p.26, c19–21。唐時期。

LM20-1480-36-05　《妙法蓮華經》卷三

姚秦鳩摩羅什譯, CBETA, T09, no.262, p.26, c19–23。高昌國時期。

LM20-1480-36-06　《妙法蓮華經》卷三

姚秦鳩摩羅什譯, CBETA, T09, no.262, p.26, c21–23。唐時期。

LM20-1480-37-01　《妙法蓮華經》卷三

姚秦鳩摩羅什譯, CBETA, T09, no.262, p.26, c10–12。唐時期。

LM20-1480-37-02　《妙法蓮華經》卷三

姚秦鳩摩羅什譯, CBETA, T09, no.262, p.26, c12–13。唐時期。

LM20-1480-37-03　《妙法蓮華經》卷三

姚秦鳩摩羅什譯, CBETA, T09, no.262, p.26, c13–15。高昌國時期。

LM20-1480-37-04　《妙法蓮華經》卷三

姚秦鳩摩羅什譯, CBETA, T09, no.262, p.26, c15。唐時期。

LM20-1480-37-05　《妙法蓮華經》卷三

姚秦鳩摩羅什譯, CBETA, T09, no.262, p.26, c25。唐時期。

LM20-1480-37-06　《妙法蓮華經》卷三

姚秦鳩摩羅什譯, CBETA, T09, no.262, p.26, c27-29。唐時期。

LM20-1480-37-07　《妙法蓮華經》卷三

姚秦鳩摩羅什譯, CBETA, T09, no.262, p.26, c25-29。唐時期。

LM20-1480-37-08　《妙法蓮華經》卷三

姚秦鳩摩羅什譯, CBETA, T09, no.262, p.26, c29-p.27, a2。唐時期。

經冊三十二

LM20-1481-01　空號

LM20-1481-02-01　《妙法蓮華經》卷四

　　姚秦鳩摩羅什譯，CBETA，T09，no.262，p.31，b16–c16。高昌國時期。

LM20-1481-02-02　《妙法蓮華經》卷四

　　姚秦鳩摩羅什譯，CBETA，T09，no.262，p.31，c16–p.32，a18，第14行"其所説"作"其説法"。高昌國時期。

LM20-1481-03　空號

LM20-1481-04-01　《妙法蓮華經》卷四

　　姚秦鳩摩羅什譯，CBETA，T09，no.262，p.32，a19–b15。末有尾題"妙法蓮華經卷第五"。高昌國時期。

LM20-1481-05　空號

LM20-1481-06　空號

LM20-1481-07　空號

LM20-1481-08-01　《妙法蓮華經》卷四

　　姚秦鳩摩羅什譯，CBETA，T09，no.262，p.32，b6–24，"瑠"作"琉"。唐時期。

LM20-1481-08-02　《妙法蓮華經》卷四

　　姚秦鳩摩羅什譯，CBETA，T09，no.262，p.32，b16–c3。唐時期。

LM20-1481-09-01　《妙法蓮華經》卷四

　　姚秦鳩摩羅什譯，CBETA，T09，no.262，p.32，b16–17。唐時期。

LM20-1481-09-02　《妙法蓮華經》卷四

　　姚秦鳩摩羅什譯，CBETA，T09，no.262，p.32，b16–23。唐時期。

LM20-1481-09-03　《妙法蓮華經》卷四

　　姚秦鳩摩羅什譯，CBETA，T09，no.262，p.32，b25–28。唐時期。

LM20-1481-09-04　《妙法蓮華經》卷四

　　姚秦鳩摩羅什譯，CBETA，T09，no.262，p.32，c2–4。高昌國時期。

LM20-1481-10-01　《妙法蓮華經》卷四

　　姚秦鳩摩羅什譯，CBETA，T09，no.262，p.32，b23–c4。西州回鶻時期。

LM20-1481-10-02　《妙法蓮華經》卷四

姚秦鳩摩羅什譯，CBETA, T09, no.262, p.32, c6–10。高昌國時期。

LM20-1481-10-03　《妙法蓮華經》卷四

姚秦鳩摩羅什譯，CBETA, T09, no.262, p.32, c17–22。唐時期。

LM20-1481-10-04　《妙法蓮華經》卷四

姚秦鳩摩羅什譯，CBETA, T09, no.262, p.32, c16–20。唐時期。

LM20-1481-10-05　《妙法蓮華經》卷四

姚秦鳩摩羅什譯，CBETA, T09, no.262, p.32, c18–21。唐時期。

LM20-1481-11-01　《妙法蓮華經》卷四

姚秦鳩摩羅什譯，CBETA, T09, no.262, p.32, c7–11。唐時期。

LM20-1481-11-02　《妙法蓮華經》卷四

姚秦鳩摩羅什譯，CBETA, T09, no.262, p.32, c16–17。唐時期。

LM20-1481-11-03　《妙法蓮華經》卷四

姚秦鳩摩羅什譯，CBETA, T09, no.262, p.32, c16–17。唐時期。

LM20-1481-11-04　《妙法蓮華經》卷四

姚秦鳩摩羅什譯，CBETA, T09, no.262, p.32, c7–9。唐時期。

LM20-1481-11-05　《妙法蓮華經》卷四

姚秦鳩摩羅什譯，CBETA, T09, no.262, p.32, c21–25。唐時期。

LM20-1481-11-06　《妙法蓮華經》注疏

參姚秦鳩摩羅什譯《妙法蓮華經》卷四，CBETA, T09, no.262, p.32, c21–24。有雙行小字注。唐時期。

參：《旅博選粹》，105。

LM20-1481-12-01　《妙法蓮華經》卷四

姚秦鳩摩羅什譯，CBETA, T09, no.262, p.32, c13–24。唐時期。

LM20-1481-12-02　《妙法蓮華經》卷四

姚秦鳩摩羅什譯，CBETA, T09, no.262, p.32, c16–p.33, a4。唐時期。背面有回鶻文，無法揭取拍攝。

LM20-1481-13-01　《妙法蓮華經》卷四

姚秦鳩摩羅什譯，CBETA, T09, no.262, p.32, c23–28。唐時期。

LM20-1481-13-02　《妙法蓮華經》卷四

姚秦鳩摩羅什譯，CBETA, T09, no.262, p.32, c25–p.33, a5。唐時期。背面有回鶻文，無法揭取拍攝。

LM20-1481-13-03　《妙法蓮華經》卷四

姚秦鳩摩羅什譯，CBETA, T09, no.262, p.33, a5–10, 第 2 行 "豪" 作 "毫"。唐時期。

LM20-1481-14-01　《妙法蓮華經》卷四

姚秦鳩摩羅什譯，CBETA, T09, no.262, p.33, a25-b3。唐時期。

LM20-1481-14-02 《妙法蓮華經》卷四

姚秦鳩摩羅什譯，CBETA, T09, no.262, p.33, a17-25。唐時期。

LM20-1481-14-03 《妙法蓮華經》卷四

姚秦鳩摩羅什譯，CBETA, T09, no.262, p.33, b23-26。唐時期。

LM20-1481-14-04 《妙法蓮華經》卷四

姚秦鳩摩羅什譯，CBETA, T09, no.262, p.33, b25-27。唐時期。

LM20-1481-15-01 《妙法蓮華經》卷四

姚秦鳩摩羅什譯，CBETA, T09, no.262, p.33, b11-16。唐時期。

LM20-1481-15-02 《妙法蓮華經》卷四

姚秦鳩摩羅什譯，CBETA, T09, no.262, p.33, b13-22。唐時期。

LM20-1481-15-03 《妙法蓮華經》卷四

姚秦鳩摩羅什譯，CBETA, T09, no.262, p.33, b14-28。唐時期。

LM20-1481-16-01 《妙法蓮華經》卷四

姚秦鳩摩羅什譯，CBETA, T09, no.262, p.33, c2-8。唐時期。

LM20-1481-16-02 《妙法蓮華經》卷四

姚秦鳩摩羅什譯，CBETA, T09, no.262, p.33, c3-9。高昌國時期。

LM20-1481-16-03 《妙法蓮華經》卷四

姚秦鳩摩羅什譯，CBETA, T09, no.262, p.33, c6-11。唐時期。

LM20-1481-16-04 《妙法蓮華經》卷四

姚秦鳩摩羅什譯，CBETA, T09, no.262, p.33, c11-14。唐時期。

LM20-1481-17-01 《妙法蓮華經》卷四

姚秦鳩摩羅什譯，CBETA, T09, no.262, p.33, b27-c11。唐時期。

LM20-1481-17-02 《妙法蓮華經》卷四

姚秦鳩摩羅什譯，CBETA, T09, no.262, p.33, c20-26。唐時期。

LM20-1481-17-03 《妙法蓮華經》卷四

姚秦鳩摩羅什譯，CBETA, T09, no.262, p.33, c21-26。唐時期。

LM20-1481-18-01 《妙法蓮華經》卷四

姚秦鳩摩羅什譯，CBETA, T09, no.262, p.33, c19-p.34, a2。唐時期。

LM20-1481-18-02 《妙法蓮華經》卷四

姚秦鳩摩羅什譯，CBETA, T09, no.262, p.34, a6-10。唐時期。

LM20-1481-18-03 《妙法蓮華經》卷四

姚秦鳩摩羅什譯，CBETA, T09, no.262, p.34, a6-14。唐時期。

LM20-1481-19-01 《妙法蓮華經》卷四

姚秦鳩摩羅什譯，CBETA, T09, no.262, p.34, a4–6。唐時期。

LM20-1481-19-02　《妙法蓮華經》卷四

姚秦鳩摩羅什譯，CBETA, T09, no.262, p.34, a2–10。唐時期。

LM20-1481-19-03　《妙法蓮華經》卷四

姚秦鳩摩羅什譯，CBETA, T09, no.262, p.34, a10–14。唐時期。

LM20-1481-19-04　《妙法蓮華經》卷四

姚秦鳩摩羅什譯，CBETA, T09, no.262, p.34, a13–16。唐時期。

LM20-1481-20-01　《妙法蓮華經》卷四

姚秦鳩摩羅什譯，CBETA, T09, no.262, p.34, b1–14。唐時期。

LM20-1481-21-01　《妙法蓮華經》卷四

姚秦鳩摩羅什譯，CBETA, T09, no.262, p.34, a28–b18。高昌國時期。

LM20-1481-22　空號

LM20-1481-23　空號

LM20-1481-24-01　《妙法蓮華經》卷四

姚秦鳩摩羅什譯，CBETA, T09, no.262, p.34, b16–25。唐時期。

LM20-1481-24-02　《妙法蓮華經》卷四

姚秦鳩摩羅什譯，CBETA, T09, no.262, p.34, c9–24。唐時期。

LM20-1481-24-03　《妙法蓮華經》卷四

姚秦鳩摩羅什譯，CBETA, T09, no.262, p.34, c28–p.35, a6。唐時期。

LM20-1481-25-01　《妙法蓮華經》卷四

姚秦鳩摩羅什譯，CBETA, T09, no.262, p.34, b22–c11。唐時期。

LM20-1481-25-02　《妙法蓮華經》卷四

姚秦鳩摩羅什譯，CBETA, T09, no.262, p.34, c29–p.35, a5。唐時期。背面有回鶻文，無法揭取拍攝。

LM20-1481-26-01　《妙法蓮華經》卷四

姚秦鳩摩羅什譯，CBETA, T09, no.262, p.35, a3–13。唐時期。

LM20-1481-26-02　《妙法蓮華經》卷四

姚秦鳩摩羅什譯，CBETA, T09, no.262, p.35, b13–16。唐時期。

LM20-1481-26-03　《妙法蓮華經》卷四

姚秦鳩摩羅什譯，CBETA, T09, no.262, p.35, b10–13。唐時期。

LM20-1481-27-01　《妙法蓮華經》卷四

姚秦鳩摩羅什譯，CBETA, T09, no.262, p.35, a12–16。唐時期。

LM20-1481-27-02　《妙法蓮華經》卷四

姚秦鳩摩羅什譯，CBETA, T09, no.262, p.35, a14–18。唐時期。

LM20-1481-27-03　《妙法蓮華經》卷四

姚秦鳩摩羅什譯，CBETA，T09，no.262，p.35，b25–28。唐時期。

LM20-1481-27-04　《妙法蓮華經》卷四

姚秦鳩摩羅什譯，CBETA，T09，no.262，p.35，c11–19。唐時期。

LM20-1481-28-01　《妙法蓮華經》卷四

姚秦鳩摩羅什譯，CBETA，T09，no.262，p.35，a14–25。西州回鶻時期。

LM20-1481-29-01　《妙法蓮華經》卷四

姚秦鳩摩羅什譯，CBETA，T09，no.262，p.35，a26–b2。西州回鶻時期。

LM20-1481-30　空號

LM20-1481-31　空號

LM20-1481-32-01　《妙法蓮華經》卷四

姚秦鳩摩羅什譯，CBETA，T09，no.262，p.35，c21–p.36，a5。西州回鶻時期。

參：《旅博選粹》，107。

LM20-1481-32-02　《妙法蓮華經》卷四

姚秦鳩摩羅什譯，CBETA，T09，no.262，p.36，a7–11。唐時期。

LM20-1481-33-01　《妙法蓮華經》卷四

姚秦鳩摩羅什譯，CBETA，T09，no.262，p.35，c27–p.36，a1。唐時期。

LM20-1481-33-02　《妙法蓮華經》卷四

姚秦鳩摩羅什譯，CBETA，T09，no.262，p.35，c28–p.36，a3。唐時期。

LM20-1481-33-03　《妙法蓮華經》卷四

姚秦鳩摩羅什譯，CBETA，T09，no.262，p.36，a2–15，第3行“忍”作“忍力”，第8、9行間補小字“瞋濁諂曲”。高昌國時期。

參：《旅博選粹》，39。

LM20-1481-34-01　《妙法蓮華經》卷四

姚秦鳩摩羅什譯，CBETA，T09，no.262，p.36，a13–17。唐時期。

LM20-1481-34-02　《妙法蓮華經》卷四

姚秦鳩摩羅什譯，CBETA，T09，no.262，p.36，a23–b4。高昌國時期。

LM20-1481-35-01　《妙法蓮華經》卷四

姚秦鳩摩羅什譯，CBETA，T09，no.262，p.36，a11–24。高昌國時期。

LM20-1481-35-02　《妙法蓮華經》卷四

姚秦鳩摩羅什譯，CBETA，T09，no.262，p.36，b5–23。高昌國時期。

LM20-1481-36-01　《妙法蓮華經》卷四

姚秦鳩摩羅什譯，CBETA，T09，no.262，p.36，b23–c7。唐時期。

LM20-1481-36-02　《妙法蓮華經》卷四

姚秦鳩摩羅什譯, CBETA, T09, no.262, p.36, b29–c24。唐時期。

LM20-1481-37-01　《妙法蓮華經》卷四

姚秦鳩摩羅什譯, CBETA, T09, no.262, p.36, c7–19。唐時期。

LM20-1481-37-02　《妙法蓮華經》卷五（八卷本）

姚秦鳩摩羅什譯,《定本法華經》, 137b9–18; 參 CBETA, T09, no.262, p.36, c24–p.37, a14。唐時期。

經册三十三

LM20-1482-01　空號

LM20-1482-02　空號

LM20-1482-03　空號

LM20-1482-04　空號

LM20-1482-05　空號

LM20-1482-06-01　《妙法蓮華經》卷五

　　姚秦鳩摩羅什譯，CBETA，T09，no.262，p.37，a9–11。唐時期。

LM20-1482-06-02　《妙法蓮華經》卷五

　　姚秦鳩摩羅什譯，CBETA，T09，no.262，p.37，a9–12。唐時期。

LM20-1482-06-03　《妙法蓮華經》卷五

　　姚秦鳩摩羅什譯，CBETA，T09，no.262，p.37，a16–23。唐時期。

LM20-1482-07-01　《妙法蓮華經》卷五

　　姚秦鳩摩羅什譯，CBETA，T09，no.262，p.37，a10–18。西州回鶻時期。

　　參：《旅博選粹》，107。

LM20-1482-07-02　《妙法蓮華經》卷五

　　姚秦鳩摩羅什譯，CBETA，T09，no.262，p.37，a17–22。唐時期。

LM20-1482-07-03　《妙法蓮華經》卷五

　　姚秦鳩摩羅什譯，CBETA，T09，no.262，p.37，c2–7。唐時期。

LM20-1482-08-01r　《妙法蓮華經》卷五

　　姚秦鳩摩羅什譯，CBETA，T09，no.262，p.37，c25–p.38，a27。唐時期。

　　參：《旅博選粹》，206；橘堂晃一 2010，95；三谷真澄 2012，34。

LM20-1482-08-01v　粟特文殘片

　　西州回鶻時期。無法揭取拍攝。

　　參：《旅博選粹》，207；吉田豐 2012，40。

LM20-1482-08-02　《妙法蓮華經》卷五

　　姚秦鳩摩羅什譯，CBETA，T09，no.262，p.38，a11–29。唐時期。

LM20-1482-09　空號

LM20-1482-10　空號

LM20-1482-11　空號

LM20-1482-12-01　《妙法蓮華經》卷五

　　　姚秦鳩摩羅什譯, CBETA, T09, no.262, p.38, b18–28。唐時期。

LM20-1482-12-02　《妙法蓮華經》卷五

　　　姚秦鳩摩羅什譯, CBETA, T09, no.262, p.38, b21–25。高昌國時期。

LM20-1482-12-03　《妙法蓮華經》卷五

　　　姚秦鳩摩羅什譯, CBETA, T09, no.262, p.38, c21–26, "顧"作"順"。唐時期。

LM20-1482-12-04　《妙法蓮華經》卷五

　　　姚秦鳩摩羅什譯, CBETA, T09, no.262, p.39, a7–14。唐時期。

LM20-1482-12-05　《妙法蓮華經》卷五

　　　姚秦鳩摩羅什譯, CBETA, T09, no.262, p.39, a12–16。唐時期。

LM20-1482-13-01　《妙法蓮華經》卷五

　　　姚秦鳩摩羅什譯, CBETA, T09, no.262, p.38, c19–p.39, a4。唐時期。

LM20-1482-13-02　《妙法蓮華經》卷五

　　　姚秦鳩摩羅什譯, CBETA, T09, no.262, p.39, a14–17。唐時期。

LM20-1482-13-03　《妙法蓮華經》卷五

　　　姚秦鳩摩羅什譯, CBETA, T09, no.262, p.39, a12–19。唐時期。

LM20-1482-14-01　《妙法蓮華經》卷五

　　　姚秦鳩摩羅什譯, CBETA, T09, no.262, p.39, a18–25。唐時期。

LM20-1482-14-02　《妙法蓮華經》卷五

　　　姚秦鳩摩羅什譯, CBETA, T09, no.262, p.39, a25–b3。唐時期。

LM20-1482-14-03　《妙法蓮華經》卷五

　　　姚秦鳩摩羅什譯, CBETA, T09, no.262, p.39, b16–19。唐時期。

LM20-1482-14-04　《妙法蓮華經》卷五

　　　姚秦鳩摩羅什譯, CBETA, T09, no.262, p.39, b15–25。唐時期。

LM20-1482-15-01　《妙法蓮華經》卷五

　　　姚秦鳩摩羅什譯, CBETA, T09, no.262, p.39, b9–11。唐時期。

LM20-1482-15-02　《妙法蓮華經》卷五

　　　姚秦鳩摩羅什譯, CBETA, T09, no.262, p.39, b6–12。高昌國時期。

LM20-1482-16　空號

LM20-1482-17　空號

LM20-1482-18-01　《妙法蓮華經》卷五

　　　姚秦鳩摩羅什譯, CBETA, T09, no.262, p.39, c18。唐時期。

LM20-1482-18-02　《妙法蓮華經》卷五

姚秦鳩摩羅什譯，CBETA，T09，no.262，p.39，c18。唐時期。

LM20-1482-18-03　《妙法蓮華經》卷七（十卷本）

姚秦鳩摩羅什譯，CBETA，T09，no.262，p.39，c18–21，第1行下有小字"七"。唐時期。

LM20-1482-18-04　《妙法蓮華經》卷七（十卷本）

姚秦鳩摩羅什譯，CBETA，T09，no.262，p.39，c19–29，第1行下有小字"七"。唐時期。

LM20-1482-19-01　《妙法蓮華經》卷七（十卷本）

姚秦鳩摩羅什譯，CBETA，T09，no.262，p.39，c19–24，第1行下有小字"七"。唐時期。

LM20-1482-19-02　《妙法蓮華經》卷五

姚秦鳩摩羅什譯，CBETA，T09，no.262，p.39，c28–p.40，a3。唐時期。

LM20-1482-19-03　《妙法蓮華經》卷五

姚秦鳩摩羅什譯，CBETA，T09，no.262，p.39，c28–p.40，a2。唐時期。

LM20-1482-19-04　《妙法蓮華經》卷五

姚秦鳩摩羅什譯，CBETA，T09，no.262，p.39，c29–p.40，a3。唐時期。

LM20-1482-20-01　《妙法蓮華經》卷五

姚秦鳩摩羅什譯，CBETA，T09，no.262，p.39，c23–p.40，a3。唐時期。

LM20-1482-20-02　《妙法蓮華經》卷五

姚秦鳩摩羅什譯，CBETA，T09，no.262，p.40，a1–3。唐時期。

LM20-1482-20-03　《妙法蓮華經》卷五

姚秦鳩摩羅什譯，CBETA，T09，no.262，p.40，a7–15。唐時期。

LM20-1482-20-04　《妙法蓮華經》卷五

姚秦鳩摩羅什譯，CBETA，T09，no.262，p.40，a6–16。唐時期。

LM20-1482-21-01　《妙法蓮華經》卷五

姚秦鳩摩羅什譯，CBETA，T09，no.262，p.40，a2–6。唐時期。背面有回鶻文，無法揭取拍攝。

LM20-1482-21-02　《妙法蓮華經》卷五

姚秦鳩摩羅什譯，CBETA，T09，no.262，p.39，c29–p.40，a10。唐時期。

LM20-1482-21-03　《妙法蓮華經》卷五

姚秦鳩摩羅什譯，CBETA，T09，no.262，p.40，a14–18。唐時期。

LM20-1482-21-04　《妙法蓮華經》卷五

姚秦鳩摩羅什譯，CBETA，T09，no.262，p.40，a14–21。唐時期。

LM20-1482-22-01　《妙法蓮華經》卷五

姚秦鳩摩羅什譯，CBETA，T09，no.262，p.40，a16–21。唐時期。

LM20-1482-22-02　《妙法蓮華經》卷五

姚秦鳩摩羅什譯，CBETA，T09，no.262，p.40，a21–27。唐時期。

LM20-1482-22-03　《妙法蓮華經》卷五

　　姚秦鳩摩羅什譯, CBETA, T09, no.262, p.40, b18–20。高昌國時期。

LM20-1482-22-04　《妙法蓮華經》卷五

　　姚秦鳩摩羅什譯, CBETA, T09, no.262, p.40, b17–21。高昌國時期。

LM20-1482-23-01　《妙法蓮華經》卷五

　　姚秦鳩摩羅什譯, CBETA, T09, no.262, p.40, a24–29。高昌國時期。

LM20-1482-23-02　《妙法蓮華經》卷五

　　姚秦鳩摩羅什譯, CBETA, T09, no.262, p.40, a27–b5。唐時期。

LM20-1482-23-03　《妙法蓮華經》卷五

　　姚秦鳩摩羅什譯, CBETA, T09, no.262, p.40, b18–24。唐時期。

LM20-1482-23-04　《妙法蓮華經》卷五

　　姚秦鳩摩羅什譯, CBETA, T09, no.262, p.40, c15–19。唐時期。

LM20-1482-24-01　《妙法蓮華經》卷五

　　姚秦鳩摩羅什譯, CBETA, T09, no.262, p.40, c21–25。唐時期。

LM20-1482-24-02　《妙法蓮華經》卷五

　　姚秦鳩摩羅什譯, CBETA, T09, no.262, p.40, c15–28。唐時期。

LM20-1482-24-03　《妙法蓮華經》卷五

　　姚秦鳩摩羅什譯, CBETA, T09, no.262, p.40, c26–p.41, a1。唐時期。

LM20-1482-24-04　《妙法蓮華經》卷五

　　姚秦鳩摩羅什譯, CBETA, T09, no.262, p.41, a3–5。唐時期。

LM20-1482-25-01　《妙法蓮華經》卷五

　　姚秦鳩摩羅什譯, CBETA, T09, no.262, p.40, c28–p.41, a1。唐時期。

LM20-1482-25-02　《妙法蓮華經》卷五

　　姚秦鳩摩羅什譯, CBETA, T09, no.262, p.40, c25–p.41, a1。唐時期。

LM20-1482-25-03　《妙法蓮華經》卷五

　　姚秦鳩摩羅什譯, CBETA, T09, no.262, p.41, a4–12。唐時期。

LM20-1482-25-04　《妙法蓮華經》卷五

　　姚秦鳩摩羅什譯, CBETA, T09, no.262, p.41, b1–3。唐時期。

LM20-1482-26-01　《妙法蓮華經》卷五

　　姚秦鳩摩羅什譯, CBETA, T09, no.262, p.41, a6–b10。唐時期。

經册三十四

LM20-1483-01　空號

LM20-1483-02　空號

LM20-1483-03　空號

LM20-1483-04　空號

LM20-1483-05　空號

LM20-1483-06　空號

LM20-1483-07　空號

LM20-1483-08　空號

LM20-1483-09　空號

LM20-1483-10　空號

LM20-1483-11-01　《妙法蓮華經》卷四外題

　　姚秦鳩摩羅什譯。唐時期。

LM20-1483-11-02　《妙法蓮華經》外題

　　姚秦鳩摩羅什譯。唐時期。

LM20-1483-12　空號

LM20-1483-13　空號

LM20-1483-14　空號

LM20-1483-15　空號

LM20-1483-16　空號

LM20-1483-17　空號

LM20-1483-18　空號

LM20-1483-19　空號

LM20-1483-20　空號

LM20-1483-21　空號

LM20-1483-22　空號

LM20-1483-23　空號

LM20-1483-24　空號

LM20-1483-25　空號

LM20-1483-26-01　《妙法蓮華經》卷五

　　姚秦鳩摩羅什譯，CBETA，T09，no.262，p.42，a27–b1。唐時期。

LM20-1483-26-02　《妙法蓮華經》卷五

　　姚秦鳩摩羅什譯，CBETA，T09，no.262，p.42，c20–24。唐時期。

LM20-1483-26-03　《妙法蓮華經》卷五

　　姚秦鳩摩羅什譯，CBETA，T09，no.262，p.43，c25–p.44，a3。唐時期。

LM20-1483-26-04　《妙法蓮華經》卷五

　　姚秦鳩摩羅什譯，CBETA，T09，no.262，p.44，a2–5。唐時期。

LM20-1483-27-01　《妙法蓮華經》卷五

　　姚秦鳩摩羅什譯，CBETA，T09，no.262，p.43，c2–26。唐時期。背面有回鶻文，無法揭取拍攝。

　　參：《旅博選粹》，109。

LM20-1483-28　空號

LM20-1483-29　空號

LM20-1483-30-01　《妙法蓮華經》卷五

　　姚秦鳩摩羅什譯，CBETA，T09，no.262，p.44，a6–12。唐時期。

LM20-1483-30-02　《妙法蓮華經》外題

　　姚秦鳩摩羅什譯。唐時期。

LM20-1483-30-03　《妙法蓮華經》外題

　　姚秦鳩摩羅什譯。唐時期。

LM20-1483-31-01　《妙法蓮華經》外題

　　姚秦鳩摩羅什譯。唐時期。

LM20-1483-32　空號

LM20-1483-33　空號

LM20-1483-34-01　《妙法蓮華經》卷六外題

　　姚秦鳩摩羅什譯。唐時期。

LM20-1483-34-02　《妙法蓮華經》卷六（八卷本）

　　姚秦鳩摩羅什譯，《定本法華經》，173a14–18；參 CBETA，T09，no.262，p.46，b12–13。西州回鶻時期。背面有回鶻文，無法揭取拍攝。

　　參：《旅博選粹》，108。

LM20-1483-35-01　《妙法蓮華經》卷六

　　姚秦鳩摩羅什譯，CBETA，T09，no.262，p.46，b21–24。唐時期。

LM20-1483-35-02　《妙法蓮華經》卷六

　　姚秦鳩摩羅什譯，CBETA，T09，no.262，p.47，b15–23。唐時期。

LM20-1483-35-03　《妙法蓮華經》卷六

姚秦鳩摩羅什譯，CBETA，T09，no.262，p.46，c28–p.47，a2。唐時期。

LM20-1483-35-04　《妙法蓮華經》卷六

姚秦鳩摩羅什譯，CBETA，T09，no.262，p.46，c28–p.47，a1。唐時期。

經册三十五

LM20-1484-01　空號

LM20-1484-02-01　《妙法蓮華經》卷三

　　姚秦鳩摩羅什譯，CBETA, T09, no.262, p.27, a2-4。唐時期。

LM20-1484-02-02　《妙法蓮華經》卷三

　　姚秦鳩摩羅什譯，CBETA, T09, no.262, p.26, c25-p.27, a4。唐時期。

LM20-1484-02-03　《妙法蓮華經》卷三

　　姚秦鳩摩羅什譯，CBETA, T09, no.262, p.27, a2-6。高昌國時期。

LM20-1484-02-04　《妙法蓮華經》卷三

　　姚秦鳩摩羅什譯，CBETA, T09, no.262, p.27, a14。唐時期。

LM20-1484-02-05r　《妙法蓮華經》卷三

　　姚秦鳩摩羅什譯，CBETA, T09, no.262, p.27, a1-16。唐時期。背面有回鶻文，無法揭取拍攝。

LM20-1484-02-05v　胡語殘片

　　回鶻文，無法揭取拍攝。

LM20-1484-02-06　《妙法蓮華經》卷三

　　姚秦鳩摩羅什譯，CBETA, T09, no.262, p.27, a16。唐時期。

LM20-1484-03-01　《妙法蓮華經》卷三

　　姚秦鳩摩羅什譯，CBETA, T09, no.262, p.27, a6-8。唐時期。

LM20-1484-03-02　《妙法蓮華經》卷三

　　姚秦鳩摩羅什譯，CBETA, T09, no.262, p.27, a10。高昌國時期。

LM20-1484-03-03　《妙法蓮華經》卷三

　　姚秦鳩摩羅什譯，CBETA, T09, no.262, p.27, a8-10。唐時期。

LM20-1484-03-04　《妙法蓮華經》卷三

　　姚秦鳩摩羅什譯，CBETA, T09, no.262, p.27, a12。唐時期。

LM20-1484-03-05　《妙法蓮華經》卷三

　　姚秦鳩摩羅什譯，CBETA, T09, no.262, p.27, a18-20。唐時期。

LM20-1484-03-06　《妙法蓮華經》卷三

　　姚秦鳩摩羅什譯，CBETA, T09, no.262, p.27, a20-22，"中道"作"中路"。唐時期。

LM20-1484-03-07 《妙法蓮華經》卷三

姚秦鳩摩羅什譯，CBETA，T09，no.262，p.27，a19-21。唐時期。

LM20-1484-03-08 《妙法蓮華經》卷三

姚秦鳩摩羅什譯，CBETA，T09，no.262，p.27，a14-22。高昌國時期。

LM20-1484-04-01 《妙法蓮華經》卷三

姚秦鳩摩羅什譯，CBETA，T09，no.262，p.27，a18-23。唐時期。

LM20-1484-04-02 《妙法蓮華經》卷三

姚秦鳩摩羅什譯，CBETA，T09，no.262，p.27，a22-23。唐時期。

LM20-1484-04-03 《妙法蓮華經》卷三

姚秦鳩摩羅什譯，CBETA，T09，no.262，p.27，a23-25。唐時期。

LM20-1484-04-04 《妙法蓮華經》卷三

姚秦鳩摩羅什譯，CBETA，T09，no.262，p.27，a25-27。唐時期。

LM20-1484-04-05 《妙法蓮華經》卷三

姚秦鳩摩羅什譯，CBETA，T09，no.262，p.27，a27-29。唐時期。

LM20-1484-04-06 《妙法蓮華經》卷三

姚秦鳩摩羅什譯，CBETA，T09，no.262，p.27，a29-b2。唐時期。

LM20-1484-04-07 《妙法蓮華經》卷三

姚秦鳩摩羅什譯，CBETA，T09，no.262，p.27，b3。唐時期。

LM20-1484-04-08 《妙法蓮華經》卷三

姚秦鳩摩羅什譯，CBETA，T09，no.262，p.27，a28-b3。唐時期。

LM20-1484-05-01 《妙法蓮華經》卷三

姚秦鳩摩羅什譯，CBETA，T09，no.262，p.26，c24-p.27，a29。唐時期。

LM20-1484-05-02 《妙法蓮華經》卷三

姚秦鳩摩羅什譯，CBETA，T09，no.262，p.27，b5。唐時期。

LM20-1484-05-03 《妙法蓮華經》卷三

姚秦鳩摩羅什譯，CBETA，T09，no.262，p.27，b7。唐時期。

LM20-1484-05-04 《妙法蓮華經》卷三

姚秦鳩摩羅什譯，CBETA，T09，no.262，p.27，b2-9。高昌國時期。

LM20-1484-06 空號

LM20-1484-07 空號

LM20-1484-08-01 《妙法蓮華經》卷四經題

姚秦鳩摩羅什譯，CBETA，T09，no.262，p.27，b12。唐時期。

LM20-1484-08-02 《妙法蓮華經》卷四

姚秦鳩摩羅什譯，CBETA，T09，no.262，p.27，b16。唐時期。

LM20-1484-08-03　《妙法蓮華經》卷四

姚秦鳩摩羅什譯，CBETA, T09, no.262, p.27, b16–21。第1行下有小字"四"。唐時期。

參：《旅博選粹》, 104。

LM20-1484-08-04　《妙法蓮華經》卷四

姚秦鳩摩羅什譯，CBETA, T09, no.262, p.27, b17–20。唐時期。

LM20-1484-08-05　《妙法蓮華經》卷四

姚秦鳩摩羅什譯，CBETA, T09, no.262, p.27, b18–23。唐時期。

LM20-1484-09-01　《妙法蓮華經》卷四

姚秦鳩摩羅什譯，CBETA, T09, no.262, p.27, b16–21。唐時期。

LM20-1484-09-02　《妙法蓮華經》卷四

姚秦鳩摩羅什譯，CBETA, T09, no.262, p.27, b16–22。唐時期。

LM20-1484-09-03　《妙法蓮華經》卷四

姚秦鳩摩羅什譯，CBETA, T09, no.262, p.27, b16–23。唐時期。

LM20-1484-09-04　《妙法蓮華經》卷四

姚秦鳩摩羅什譯，CBETA, T09, no.262, p.27, b21–24。唐時期。

LM20-1484-10-01　《妙法蓮華經》卷四

姚秦鳩摩羅什譯，CBETA, T09, no.262, p.27, b20–26。唐時期。

參：《旅博選粹》, 104。

LM20-1484-10-02　《妙法蓮華經》卷四

姚秦鳩摩羅什譯，CBETA, T09, no.262, p.27, b28–c5。唐時期。

LM20-1484-10-03　《妙法蓮華經》卷四

姚秦鳩摩羅什譯，CBETA, T09, no.262, p.28, a29–b11。唐時期。

LM20-1484-10-04　《妙法蓮華經》卷四

姚秦鳩摩羅什譯，CBETA, T09, no.262, p.28, b9–17, "當作佛"作"得成佛"。唐時期。

LM20-1484-11-01　《妙法蓮華經》卷四

姚秦鳩摩羅什譯，CBETA, T09, no.262, p.27, c21–29, "宮陵"作"宮殿"。唐時期。

LM20-1484-11-02　《妙法蓮華經》卷四

姚秦鳩摩羅什譯，CBETA, T09, no.262, p.28, b24–27。唐時期。

LM20-1484-11-03　《妙法蓮華經》卷四

姚秦鳩摩羅什譯，CBETA, T09, no.262, p.28, c2–3。唐時期。

LM20-1484-11-04　《妙法蓮華經》卷四

姚秦鳩摩羅什譯，CBETA, T09, no.262, p.28, c2–5。唐時期。

LM20-1484-12-01　《妙法蓮華經》卷四

姚秦鳩摩羅什譯，CBETA, T09, no.262, p.28, c19–25。唐時期。

LM20-1484-12-02 《妙法蓮華經》卷四

姚秦鳩摩羅什譯，CBETA，T09，no.262，p.29，a5–9。唐時期。

LM20-1484-12-03 《妙法蓮華經》卷四

姚秦鳩摩羅什譯，CBETA，T09，no.262，p.28，c29–p.29，a17。高昌國時期。

參：《旅博選粹》，107。

LM20-1484-13-01 《妙法蓮華經》卷四

姚秦鳩摩羅什譯，CBETA，T09，no.262，p.29，a11–16。唐時期。

LM20-1484-13-02 《妙法蓮華經》卷四

姚秦鳩摩羅什譯，CBETA，T09，no.262，p.29，a27–b18。唐時期。

LM20-1484-13-03 《妙法蓮華經》卷四

姚秦鳩摩羅什譯，CBETA，T09，no.262，p.29，b21–22。唐時期。

LM20-1484-14 空號

LM20-1484-15 空號

LM20-1484-16-01 《妙法蓮華經》卷四

姚秦鳩摩羅什譯，CBETA，T09，no.262，p.29，b20–23。唐時期。

LM20-1484-16-02 《妙法蓮華經》卷四

姚秦鳩摩羅什譯，CBETA，T09，no.262，p.29，b20–23。唐時期。

LM20-1484-16-03 《妙法蓮華經》卷四

姚秦鳩摩羅什譯，CBETA，T09，no.262，p.29，b19–24。唐時期。

LM20-1484-16-04 《妙法蓮華經》卷四

姚秦鳩摩羅什譯，CBETA，T09，no.262，p.29，c11–14。唐時期。

LM20-1484-16-05 《妙法蓮華經》卷四

姚秦鳩摩羅什譯，CBETA，T09，no.262，p.29，c1–6。高昌國時期。

LM20-1484-17-01r 《妙法蓮華經》卷四

姚秦鳩摩羅什譯，CBETA，T09，no.262，p.29，b20–25。唐時期。

LM20-1484-17-01v 《妙法蓮華經》卷四

姚秦鳩摩羅什譯，CBETA，T09，no.262，p.29，b26–c1。唐時期。無法揭取拍攝。

LM20-1484-17-02 《妙法蓮華經》卷四

姚秦鳩摩羅什譯，CBETA，T09，no.262，p.29，b22–28。唐時期。

LM20-1484-17-03 《妙法蓮華經》卷四

姚秦鳩摩羅什譯，CBETA，T09，no.262，p.29，c6–13。高昌國時期。

參：《旅博選粹》，112。

LM20-1484-17-04 《妙法蓮華經》卷四

姚秦鳩摩羅什譯，CBETA，T09，no.262，p.29，c6–13。唐時期。

參:《旅博選粹》, 112。

LM20-1484-18-01　《妙法蓮華經》卷四

姚秦鳩摩羅什譯, CBETA, T09, no.262, p.29, c19–28。高昌國時期。

LM20-1484-18-02　《妙法蓮華經》卷四

姚秦鳩摩羅什譯, CBETA, T09, no.262, p.30, a19–24。唐時期。

LM20-1484-18-03　《妙法蓮華經》卷四

姚秦鳩摩羅什譯, CBETA, T09, no.262, p.30, a18–24。唐時期。

LM20-1484-19-01　《妙法蓮華經》卷四

姚秦鳩摩羅什譯, CBETA, T09, no.262, p.29, c16–p.30, a3。唐時期。

LM20-1484-19-02　《妙法蓮華經》卷四

姚秦鳩摩羅什譯, CBETA, T09, no.262, p.30, a22–24。唐時期。

LM20-1484-19-03　《妙法蓮華經》卷四

姚秦鳩摩羅什譯, CBETA, T09, no.262, p.30, a22–b2。唐時期。

LM20-1484-20-01　《妙法蓮華經》卷四

姚秦鳩摩羅什譯, CBETA, T09, no.262, p.30, a24–b6。唐時期。

LM20-1484-20-02　《妙法蓮華經》卷四

姚秦鳩摩羅什譯, CBETA, T09, no.262, p.30, a29–b8。唐時期。

LM20-1484-20-03　《妙法蓮華經》卷四

姚秦鳩摩羅什譯, CBETA, T09, no.262, p.30, b4–11。唐時期。

LM20-1484-20-04　《妙法蓮華經》卷四

姚秦鳩摩羅什譯, CBETA, T09, no.262, p.30, b12–17。唐時期。

LM20-1484-21-01　《妙法蓮華經》卷四

姚秦鳩摩羅什譯, CBETA, T09, no.262, p.30, a22–b10, 第 6 行 "亦示" 作 "以示"。
唐時期。

LM20-1484-21-02　《妙法蓮華經》卷四

姚秦鳩摩羅什譯, CBETA, T09, no.262, p.30, b10–20。唐時期。

LM20-1484-21-03　《妙法蓮華經》卷四

姚秦鳩摩羅什譯, CBETA, T09, no.262, p.30, b16–20。唐時期。

LM20-1484-22-01　《妙法蓮華經》卷四

姚秦鳩摩羅什譯, CBETA, T09, no.262, p.30, b12–28。高昌國時期。

LM20-1484-23-01　《妙法蓮華經》卷四

姚秦鳩摩羅什譯, CBETA, T09, no.262, p.30, b20–c1。唐時期。

LM20-1484-24　空號

LM20-1484-25　空號

LM20-1484-26-01 《妙法蓮華經》卷四

　　姚秦鳩摩羅什譯，CBETA，T09，no.262，p.30，b28–c2。唐時期。

LM20-1484-26-02 《妙法蓮華經》卷四

　　姚秦鳩摩羅什譯，CBETA，T09，no.262，p.30，b28–c1。唐時期。

LM20-1484-26-03 《妙法蓮華經》卷四

　　姚秦鳩摩羅什譯，CBETA，T09，no.262，p.30，b26–c3。唐時期。

LM20-1484-26-04 《妙法蓮華經》卷四

　　姚秦鳩摩羅什譯，CBETA，T09，no.262，p.30，c2–7。唐時期。

LM20-1484-26-05 《妙法蓮華經》卷四

　　姚秦鳩摩羅什譯，CBETA，T09，no.262，p.30，c2–8。唐時期。

LM20-1484-27-01 《妙法蓮華經》卷四

　　姚秦鳩摩羅什譯，CBETA，T09，no.262，p.30，b28–c2。唐時期。背面有回鶻文，無法揭取拍攝。

LM20-1484-27-02 《妙法蓮華經》卷四

　　姚秦鳩摩羅什譯，CBETA，T09，no.262，p.30，c3–6。唐時期。

LM20-1484-27-03 《妙法蓮華經》卷四

　　姚秦鳩摩羅什譯，CBETA，T09，no.262，p.30，c8–11。唐時期。

LM20-1484-27-04 《妙法蓮華經》卷四

　　姚秦鳩摩羅什譯，CBETA，T09，no.262，p.30，c9–16。唐時期。

LM20-1484-28-01 《妙法蓮華經》卷四

　　姚秦鳩摩羅什譯，CBETA，T09，no.262，p.30，c14–22。高昌國時期。

LM20-1484-28-02 《妙法蓮華經》卷四

　　姚秦鳩摩羅什譯，CBETA，T09，no.262，p.30，c17–p.31，a3。唐時期。

LM20-1484-29-01 《妙法蓮華經》卷四

　　姚秦鳩摩羅什譯，CBETA，T09，no.262，p.30，c21–23。唐時期。

LM20-1484-29-02 《妙法蓮華經》卷四

　　姚秦鳩摩羅什譯，CBETA，T09，no.262，p.30，c17–24。唐時期。

LM20-1484-29-03 《妙法蓮華經》卷四

　　姚秦鳩摩羅什譯，CBETA，T09，no.262，p.30，c27–p.31，a1。唐時期。

LM20-1484-29-04 《妙法蓮華經》卷四

　　姚秦鳩摩羅什譯，CBETA，T09，no.262，p.30，c26–p.31，a2。唐時期。

LM20-1484-30-01 《妙法蓮華經》卷四

　　姚秦鳩摩羅什譯，CBETA，T09，no.262，p.30，c28–p.31，a4。唐時期。

LM20-1484-30-02 《妙法蓮華經》卷四

姚秦鳩摩羅什譯, CBETA, T09, no.262, p.31, a11–16。唐時期。

LM20-1484-30-03 《妙法蓮華經》卷四

姚秦鳩摩羅什譯, CBETA, T09, no.262, p.31, a27–b13。唐時期。背面有"槍""蜕"等字, 無法揭取拍攝。

LM20-1484-30-04 《妙法蓮華經》卷四

姚秦鳩摩羅什譯, CBETA, T09, no.262, p.31, b11–16。唐時期。

LM20-1484-31-01 《妙法蓮華經》卷四

姚秦鳩摩羅什譯, CBETA, T09, no.262, p.31, a26–b7。高昌國時期。

LM20-1484-31-02 《妙法蓮華經》卷四

姚秦鳩摩羅什譯, CBETA, T09, no.262, p.31, b4–10。高昌國時期。

LM20-1484-31-03 《妙法蓮華經》卷四

姚秦鳩摩羅什譯, CBETA, T09, no.262, p.31, b10–17, "十八"作"八十"。唐時期。

LM20-1484-31-04 《妙法蓮華經》卷四

姚秦鳩摩羅什譯, CBETA, T09, no.262, p.31, b13–18。唐時期。

LM20-1484-32-01 《妙法蓮華經》卷四

姚秦鳩摩羅什譯, CBETA, T09, no.262, p.31, b16–19。唐時期。

LM20-1484-32-02 《妙法蓮華經》卷四

姚秦鳩摩羅什譯, CBETA, T09, no.262, p.31, b17–23。唐時期。

LM20-1484-32-03 《妙法蓮華經》卷四

姚秦鳩摩羅什譯, CBETA, T09, no.262, p.31, c1–15。唐時期。

LM20-1484-33-01 《妙法蓮華經》卷四

姚秦鳩摩羅什譯, CBETA, T09, no.262, p.31, b19–26。唐時期。

LM20-1484-33-02 《妙法蓮華經》卷四

姚秦鳩摩羅什譯, CBETA, T09, no.262, p.31, b28–29。唐時期。

LM20-1484-33-03 《妙法蓮華經》卷四

姚秦鳩摩羅什譯, CBETA, T09, no.262, p.31, c15–22。唐時期。

LM20-1484-34-01 《妙法蓮華經》卷四

姚秦鳩摩羅什譯, CBETA, T09, no.262, p.31, c17–p.32, a18, 第21行"水遠"作"近水"。唐時期。

參:《旅博選粹》, 105。

LM20-1484-35-01 《妙法蓮華經》卷四

姚秦鳩摩羅什譯, CBETA, T09, no.262, p.32, a8–16。唐時期。

LM20-1484-36-01 《妙法蓮華經》卷四

姚秦鳩摩羅什譯, CBETA, T09, no.262, p.32, a25–b15。唐時期。

LM20-1484-37-01　《妙法蓮華經》卷四

姚秦鳩摩羅什譯，CBETA，T09，no.262，p.32，a12−b21，第 5 行"處此"作"處衆"，第 12 行"漠"作"寞"。高昌國時期。

參：《旅博選粹》，106。

經册三十六

LM20-1485-01　空號

LM20-1485-02-01　《妙法蓮華經》卷七

姚秦鳩摩羅什譯，CBETA，T09，no.262，p.57，c28-p.58，a13，"抓可畏"作"爪可怖"。唐時期。

LM20-1485-02-02　《妙法蓮華經》卷七

姚秦鳩摩羅什譯，CBETA，T09，no.262，p.58，a11-17。唐時期。

LM20-1485-02-03　《妙法蓮華經》卷七

姚秦鳩摩羅什譯，CBETA，T09，no.262，p.58，b1-7。唐時期。

參：《旅博選粹》，110。

LM20-1485-02-04　《妙法蓮華經》卷七

姚秦鳩摩羅什譯，CBETA，T09，no.262，p.58，b5-7。唐時期。

LM20-1485-03-01　《妙法蓮華經》卷七

姚秦鳩摩羅什譯，CBETA，T09，no.262，p.58，a19-b4，"當禮"作"頂禮"。唐時期。

LM20-1485-03-02　《妙法蓮華經》卷七

姚秦鳩摩羅什譯，CBETA，T09，no.262，p.58，a21-b4。唐時期。

LM20-1485-03-03　《妙法蓮華經》卷七

姚秦鳩摩羅什譯，CBETA，T09，no.262，p.58，a12-25。唐時期。

參：《旅博選粹》，108。

LM20-1485-03-04　《妙法蓮華經》卷七

姚秦鳩摩羅什譯，CBETA，T09，no.262，p.56，c14-19。唐時期。

LM20-1485-04　空號

LM20-1485-05　空號

LM20-1485-06-01　《妙法蓮華經》卷七

姚秦鳩摩羅什譯，CBETA，T09，no.262，p.58，b8-10。唐時期。

LM20-1485-06-02　《妙法蓮華經》卷七

姚秦鳩摩羅什譯，CBETA，T09，no.262，p.58，b10-12。唐時期。

LM20-1485-06-03　《妙法蓮華經》卷七

姚秦鳩摩羅什譯，CBETA，T09，no.262，p.58，b7-10。唐時期。

LM20-1485-06-04　《妙法蓮華經》卷七

姚秦鳩摩羅什譯，CBETA，T09，no.262，p.58，b9–12。唐時期。

LM20-1485-06-05 《妙法蓮華經》卷七

姚秦鳩摩羅什譯，CBETA，T09，no.262，p.58，b16–20。唐時期。

LM20-1485-06-06 《妙法蓮華經》卷七

姚秦鳩摩羅什譯，CBETA，T09，no.262，p.58，c1–4。有雙行小字注。唐時期。

LM20-1485-07-01 《妙法蓮華經》卷七

姚秦鳩摩羅什譯，CBETA，T09，no.262，p.58，b7–17。唐時期。

LM20-1485-07-02 《妙法蓮華經》卷七

姚秦鳩摩羅什譯，CBETA，T09，no.262，p.58，b11–14，"若讀若誦"作"若讀誦"。高昌國時期。

參：《旅博選粹》，41。

LM20-1485-07-03 《妙法蓮華經》卷七

姚秦鳩摩羅什譯，CBETA，T09，no.262，p.58，c4–11。唐時期。

LM20-1485-07-04 《妙法蓮華經》卷七

姚秦鳩摩羅什譯，CBETA，T09，no.262，p.58，c12–p.59，a2。有雙行小字注。唐時期。

LM20-1485-08-01 《妙法蓮華經》卷七

姚秦鳩摩羅什譯，CBETA，T09，no.262，p.58，c11–p.59，a8。有雙行小字注。唐時期。

LM20-1485-08-02 《妙法蓮華經》卷七

姚秦鳩摩羅什譯，CBETA，T09，no.262，p.59，b20–c2。唐時期。

LM20-1485-09-01 《妙法蓮華經》卷七

姚秦鳩摩羅什譯，CBETA，T09，no.262，p.59，a28–b4。有雙行小字注。唐時期。

LM20-1485-09-02 《妙法蓮華經》卷七

姚秦鳩摩羅什譯，CBETA，T09，no.262，p.59，b21–28，"説此"作"説是"。高昌國時期。

參：《旅博選粹》，41。

LM20-1485-09-03 《妙法蓮華經》卷七

姚秦鳩摩羅什譯，CBETA，T09，no.262，p.58，b7–13。唐時期。

參：《旅博選粹》，110。

LM20-1485-10 空號

LM20-1485-11 空號

LM20-1485-12-01 《妙法蓮華經》卷七

姚秦鳩摩羅什譯，CBETA，T09，no.262，p.60，b23–c6。唐時期。

LM20-1485-12-02 《妙法蓮華經》卷七

姚秦鳩摩羅什譯，CBETA，T09，no.262，p.60，a14–16。唐時期。

LM20-1485-12-03 《妙法蓮華經》卷七

姚秦鳩摩羅什譯, CBETA, T09, no.262, p.60, c25-29。唐時期。

LM20-1485-12-04　《妙法蓮華經》卷七

姚秦鳩摩羅什譯, CBETA, T09, no.262, p.60, c27-p.61, a1。唐時期。背面有回鶻文, 無法揭取拍攝。

LM20-1485-13　空號

LM20-1485-14　空號

LM20-1485-15　空號

LM20-1485-16-01　《妙法蓮華經》卷七

姚秦鳩摩羅什譯, CBETA, T09, no.262, p.61, a11-16。唐時期。

LM20-1485-16-02　《妙法蓮華經》卷七

姚秦鳩摩羅什譯, CBETA, T09, no.262, p.61, a27-b10。唐時期。

LM20-1485-16-03　《妙法蓮華經》

姚秦鳩摩羅什譯, 此段文字多處可見。唐時期。

LM20-1485-16-04　《妙法蓮華經》卷七

姚秦鳩摩羅什譯, CBETA, T09, no.262, p.61, c9-p.62, a3, 第 6 行 "力守護" 作 "力故守護"。唐時期。

參:《旅博選粹》, 112。

LM20-1485-17-01　《妙法蓮華經》卷七

姚秦鳩摩羅什譯, CBETA, T09, no.262, p.61, b26-c8, 第 6 行 "所所" 作 "所"。唐時期。

LM20-1485-17-02　《妙法蓮華經》卷七

姚秦鳩摩羅什譯, CBETA, T09, no.262, p.62, a1-19, 第 12 行 "大眾之中" 作 "大眾中", 第 14 行 "所不" 作 "所願不", 第 15 行 "款若" 作 "報若", 第 16 行 "罪款" 作 "罪報"。高昌國時期。

參:《旅博選粹》, 41。

LM20-1485-18　空號

LM20-1485-19　空號

LM20-1485-20-01　《妙法蓮華經》卷八外題

姚秦鳩摩羅什譯。高昌國時期。

LM20-1485-20-02　《妙法蓮華經》卷八外題

姚秦鳩摩羅什譯。唐時期。

LM20-1485-20-03　《妙法蓮華經》卷七

姚秦鳩摩羅什譯, CBETA, T09, no.262, p.62, a29-b1。高昌國時期。

LM20-1485-21　空號

LM20-1485-22　空號

LM20-1485-23　　空號

LM20-1485-24　　空號

LM20-1485-25　　空號

LM20-1485-26　　空號

LM20-1485-27　　空號

LM20-1485-28　　空號

LM20-1485-29　　空號

LM20-1485-30　　空號

LM20-1485-31　　空號

LM20-1485-32　　空號

LM20-1485-33　　空號

LM20-1485-34-01　《妙法蓮華經》卷六

姚秦鳩摩羅什譯，CBETA，T09，no.262，p.51，a5–8。高昌國時期。

經冊三十七

LM20-1486-01-01　《大般若波羅蜜多經》卷四七一

　　唐玄奘譯，CBETA，T07，no.220，p.383，b7-14。印本。行間夾寫回鶻文。西州回鶻時期。

LM20-1486-01-02　《大般若波羅蜜多經》卷四四五

　　唐玄奘譯，CBETA，T07，no.220，p.243，c7-16。印本。西州回鶻時期。

LM20-1486-01-03　《大般若波羅蜜多經》卷二六二

　　唐玄奘譯，CBETA，T06，no.220，p.326，a26-b2。印本。西州回鶻時期。

LM20-1486-01-04　《大般若波羅蜜多經》卷四七一

　　唐玄奘譯，CBETA，T07，no.220，p.383，a11-18。印本。西州回鶻時期。

LM20-1486-01-05　《大方廣佛華嚴經》卷六三

　　唐實叉難陀譯，CBETA，T10，no.279，p.339，b29-c3。印本。西州回鶻時期。

　　參：李際寧 2006，237-238；陳耕 2019，346。

LM20-1486-02-01a　《大般若波羅蜜多經》

　　唐玄奘譯，此段文字多處可見。印本。西州回鶻時期。

LM20-1486-02-01b　《大般若波羅蜜多經》

　　唐玄奘譯，此段文字多處可見。印本。西州回鶻時期。

LM20-1486-02-01c　《大般若波羅蜜多經》

　　唐玄奘譯，此段文字多處可見。印本。西州回鶻時期。

LM20-1486-02-01d　《大般若波羅蜜多經》

　　唐玄奘譯，此段文字多處可見。印本。西州回鶻時期。

LM20-1486-02-01e　《大般若波羅蜜多經》

　　唐玄奘譯，此段文字多處可見。印本。西州回鶻時期。

LM20-1486-02-01f　《大般若波羅蜜多經》

　　唐玄奘譯，此段文字多處可見。印本。西州回鶻時期。

LM20-1486-02-01g　《大般若波羅蜜多經》

　　唐玄奘譯，此段文字多處可見。印本。西州回鶻時期。

LM20-1486-02-01h　《大般若波羅蜜多經》卷五四八

　　唐玄奘譯，CBETA，T05，no.220，p.823，a27-28。有朱點。印本。西州回鶻時期。

LM20-1486-02-01i　《大般若波羅蜜多經》卷六五

唐玄奘譯，CBETA，T05，no.220，p.369，b10–13。印本。第1、2行夾刻小字"般若六十五"。西州回鶻時期。

LM20-1486-02-02 《大般若波羅蜜多經》卷四四五

唐玄奘譯，CBETA，T07，no.220，p.244，b27–c10。印本。第3、4行間夾刻小字"般若四百四十五"、"六"。西州回鶻時期。

參：《旅博選粹》，194；陳耕2019，344。

LM20-1486-02-03a 佛教咒語

印本。西州回鶻時期。

參：《旅博選粹》，199。

LM20-1486-02-03b 佛教咒語

朱印本。西州回鶻時期。

LM20-1486-02-03c 佛教咒語

朱印本。西州回鶻時期。

LM20-1486-02-03d 佛教咒語

朱印本。西州回鶻時期。

LM20-1486-03-01 《大般若波羅蜜多經》卷四四五

唐玄奘譯，CBETA，T07，no.220，p.243，b24–c11。印本。西州回鶻時期。

參：陳耕2019，347。

LM20-1486-03-02 《阿毗達磨順正理論》卷八〇

唐玄奘譯，CBETA，T29，no.1562，p.773，b15–21。印本。西州回鶻時期。

LM20-1486-03-03a 佛教咒語

朱印本。西州回鶻時期。

LM20-1486-03-03b 佛教咒語

印本。西州回鶻時期。

LM20-1486-04-01a 佛典殘片

印本。西州回鶻時期。

LM20-1486-04-01b 佛典殘片

印本。西州回鶻時期。

LM20-1486-04-01c 佛典殘片

印本。西州回鶻時期。

LM20-1486-04-01d 佛典殘片

印本。西州回鶻時期。

LM20-1486-04-01e 佛典殘片

印本。西州回鶻時期。

LM20-1486-04-01f　佛典殘片

印本。西州回鶻時期。

LM20-1486-04-01g　佛典殘片

印本。西州回鶻時期。

LM20-1486-04-01h　佛典殘片

印本。西州回鶻時期。

LM20-1486-04-01i　佛典殘片

印本。西州回鶻時期。

LM20-1486-04-01j　佛典殘片

印本。西州回鶻時期。

LM20-1486-04-01k　佛典殘片

印本。西州回鶻時期。

LM20-1486-04-01l　《大般若波羅蜜多經》

唐玄奘譯，此段文字多處可見。印本。西州回鶻時期。

LM20-1486-04-01m　佛典殘片

印本。西州回鶻時期。

LM20-1486-04-01n　佛典殘片

印本。西州回鶻時期。

LM20-1486-04-01o　佛典殘片

印本。西州回鶻時期。

LM20-1486-04-01p　佛典殘片

印本。西州回鶻時期。

LM20-1486-04-01q　佛典殘片

印本。西州回鶻時期。

LM20-1486-04-01r　佛典殘片

印本。西州回鶻時期。

LM20-1486-04-01s　佛典殘片

印本。西州回鶻時期。

LM20-1486-04-01t　佛典殘片

印本。西州回鶻時期。

LM20-1486-04-01u　佛典殘片

印本。西州回鶻時期。

LM20-1486-04-01v　佛典殘片

印本。西州回鶻時期。

LM20-1486-04-01w　佛典殘片

　印本。西州回鶻時期。

LM20-1486-04-01x　佛典殘片

　印本。西州回鶻時期。

LM20-1486-04-01y　佛典殘片

　印本。西州回鶻時期。

LM20-1486-04-01z　佛典殘片

　印本。西州回鶻時期。

LM20-1486-04-01z（a）　佛典殘片

　印本。西州回鶻時期。

LM20-1486-04-01z（b）　佛典殘片

　印本。西州回鶻時期。

LM20-1486-04-01z（c）　佛典殘片

　印本。西州回鶻時期。

LM20-1486-04-01z（d）　佛典殘片

　印本。西州回鶻時期。

LM20-1486-04-01z（e）　佛典殘片

　印本。西州回鶻時期。

LM20-1486-04-01z（f）　佛典殘片

　印本。西州回鶻時期。

LM20-1486-04-01z（g）　佛典殘片

　印本。西州回鶻時期。

LM20-1486-04-01z（h）　佛典殘片

　印本。西州回鶻時期。

LM20-1486-04-02a　《大般若波羅蜜多經》

　唐玄奘譯，此段文字多處可見。印本。西州回鶻時期。

LM20-1486-04-02b　《大般若波羅蜜多經》

　唐玄奘譯，此段文字多處可見。印本。西州回鶻時期。

LM20-1486-04-02c　《大般若波羅蜜多經》

　印本。西州回鶻時期。

LM20-1486-04-02d　《大般若波羅蜜多經》卷五三一

　唐玄奘譯，此段文字多處可見。印本。西州回鶻時期。

LM20-1486-04-02e　《大般若波羅蜜多經》

　唐玄奘譯，此段文字多處可見。印本。西州回鶻時期。

LM20-1486-04-02f　《大般若波羅蜜多經》

唐玄奘譯，此段文字多處可見。印本。西州回鶻時期。

LM20-1486-04-02g　《大般若波羅蜜多經》

唐玄奘譯，此段文字多處可見。印本。西州回鶻時期。

LM20-1486-04-02h　《大般若波羅蜜多經》

唐玄奘譯，此段文字多處可見。印本。西州回鶻時期。

LM20-1486-04-02i　《大般若波羅蜜多經》

唐玄奘譯，此段文字多處可見。印本。西州回鶻時期。

參：李際寧 2006, 232。

LM20-1486-04-02j　《大般若波羅蜜多經》

唐玄奘譯，此段文字多處可見。印本。西州回鶻時期。

LM20-1486-04-02k　《大般若波羅蜜多經》

唐玄奘譯，此段文字多處可見。印本。西州回鶻時期。

LM20-1486-04-03　《大般若波羅蜜多經》卷五三四

唐玄奘譯，CBETA, T07, no.220, p.742, c26-p.743, a1。印本。西州回鶻時期。

LM20-1486-04-04　佛教咒語

印本。西州回鶻時期。

LM20-1486-04-05　佛教咒語

印本。西州回鶻時期。

LM20-1486-04-06　佛教咒語

印本。西州回鶻時期。

LM20-1486-04-07　佛教咒語

印本。西州回鶻時期。

LM20-1486-04-08　佛教咒語

印本。西州回鶻時期。

LM20-1486-04-09　佛教咒語

印本。西州回鶻時期。

LM20-1486-04-10a　佛典殘片

印本。西州回鶻時期。

LM20-1486-04-10b　佛典殘片

印本。西州回鶻時期。

LM20-1486-04-10c　佛典殘片

印本。西州回鶻時期。

LM20-1486-04-10d　佛典殘片

印本。西州回鶻時期。

LM20-1486-04-10e　佛典殘片

印本。西州回鶻時期。

LM20-1486-04-10f　佛典殘片

印本。西州回鶻時期。

LM20-1486-04-10g　佛典殘片

印本。西州回鶻時期。

LM20-1486-04-10h　佛典殘片

印本。西州回鶻時期。

LM20-1486-04-10i　《大般若波羅蜜多經》卷四

唐玄奘譯，CBETA，T05，no.220，p.17，b21–24。印本。西州回鶻時期。

LM20-1486-04-10j　佛典殘片

印本。西州回鶻時期。

LM20-1486-04-10k　佛典殘片

印本。西州回鶻時期。

LM20-1486-04-10l　佛典殘片

印本。西州回鶻時期。

LM20-1486-04-11　《大般若波羅蜜多經》

唐玄奘譯，此段文字多處可見。印本。西州回鶻時期。

LM20-1486-05-01　《大般若波羅蜜多經》

唐玄奘譯，此段文字多處可見。印本。西州回鶻時期。

參：李際寧 2006，232。

LM20-1486-05-02a　佛典殘片

印本。西州回鶻時期。

LM20-1486-05-02b　佛典殘片

印本。西州回鶻時期。

LM20-1486-05-02c　《大般若波羅蜜多經》卷三一七

唐玄奘譯，CBETA，T06，no.220，p.615，c26。第1行爲夾刻小字"般若三"。印本。西州回鶻時期。

LM20-1486-05-02d　佛典殘片

印本。西州回鶻時期。

LM20-1486-05-02e　佛典殘片

印本。西州回鶻時期。

LM20-1486-05-02f　佛典殘片

印本。西州回鶻時期。

LM20-1486-05-02g　佛典殘片

印本。西州回鶻時期。

LM20-1486-05-02h　佛典殘片

印本。西州回鶻時期。

LM20-1486-05-03　佛典殘片

印本。西州回鶻時期。

LM20-1486-05-04　《大般若波羅蜜多經》卷五四七

唐玄奘譯，CBETA, T07, no.220, p.813, c4-6。印本。西州回鶻時期。

LM20-1486-05-05　《大般若波羅蜜多經》卷八二

唐玄奘譯，CBETA, T05, no.220, p.458, c14-17。印本。西州回鶻時期。

LM20-1486-05-06　《大般若波羅蜜多經》卷三一七

唐玄奘譯，CBETA, T06, no.220, p.615, c23-28。印本。第 2、3 行間夾刻小字 "三百一十七"、"二"。西州回鶻時期。

參：李際寧 2006, 232。

LM20-1486-05-07　《大般若波羅蜜多經》卷一六六

唐玄奘譯，此段文字多處可見。印本。西州回鶻時期。

LM20-1486-05-08　《大般若波羅蜜多經》卷五三一

唐玄奘譯，此段文字多處可見。第 1、2 行間夾刻小字。印本。西州回鶻時期。

LM20-1486-05-09　《大般若波羅蜜多經》

唐玄奘譯，此段文字多處可見。印本。西州回鶻時期。

LM20-1486-05-10a　《大般若波羅蜜多經》卷二九二

唐玄奘譯，CBETA, T06, no.220, p.483, b28-c1。印本。西州回鶻時期。

參：李際寧 2006, 232。

LM20-1486-05-10b　《大般若波羅蜜多經》卷二九七

唐玄奘譯，CBETA, T06, no.220, p.509, b8-9。印本。西州回鶻時期。

參：李際寧 2006, 232。

LM20-1486-05-10c　佛典殘片

印本。西州回鶻時期。

LM20-1486-05-11　佛教咒語

印本。西州回鶻時期。

LM20-1486-05-12a　佛教咒語

印本。西州回鶻時期。

LM20-1486-05-12b　佛教咒語

印本。西州回鶻時期。

LM20-1486-05-13a 佛教咒語

印本。西州回鶻時期。

LM20-1486-05-13b 佛教咒語

印本。西州回鶻時期。

LM20-1486-05-14a 佛教咒語

印本。西州回鶻時期。

LM20-1486-05-14b 佛教咒語

印本。西州回鶻時期。

LM20-1486-05-15a 佛教咒語

印本。西州回鶻時期。

LM20-1486-05-15b 佛教咒語

印本。西州回鶻時期。

LM20-1486-05-16a 佛教咒語

印本。西州回鶻時期。

LM20-1486-05-16b 佛教咒語

印本。西州回鶻時期。

LM20-1486-06-01a 《大般若波羅蜜多經》卷五三一

唐玄奘譯，CBETA，T07，no.220，p.724，c27–28。印本。西州回鶻時期。

參：陳耕 2019，346。

LM20-1486-06-01b 《大般若波羅蜜多經》

唐玄奘譯，此段文字多處可見。印本。西州回鶻時期。

LM20-1486-06-02 《雜阿含經》卷三〇

劉宋求那跋陀羅譯，CBETA，T02，no.99，p.215，b27–c2。印本。西州回鶻時期。

LM20-1486-06-03a 佛典殘片

印本。西州回鶻時期。

LM20-1486-06-03b 《大般若波羅蜜多經》

唐玄奘譯，此段文字多處可見。印本。西州回鶻時期。

LM20-1486-06-04 《阿毗達磨俱舍論》卷五

唐玄奘譯，CBETA，T29，no.1558，p.24，a13–15。印本。西州回鶻時期。

LM20-1486-06-05a 佛典殘片

印本。西州回鶻時期。

LM20-1486-06-05b 《大般若波羅蜜多經》

唐玄奘譯，此段文字多處可見。印本。西州回鶻時期。

LM20-1486-06-05c　佛典殘片

印本。西州回鶻時期。

LM20-1486-06-06　《大般若波羅蜜多經》

唐玄奘譯，此段文字多處可見。印本。西州回鶻時期。

LM20-1486-06-07　《增壹阿含經》卷七

東晉僧伽提婆譯，CBETA, T02, no.125, p.577, c6-9。印本。西州回鶻時期。

LM20-1486-06-08　《大般若波羅蜜多經》卷五六七

唐玄奘譯，CBETA, T07, no.220, p.928, a18-20。印本。西州回鶻時期。

LM20-1486-06-09a　《中阿含經》卷三

東晉僧伽提婆譯，CBETA, T01, no.26, p.438, b16-20。印本。西州回鶻時期。

LM20-1486-06-09b　《大般若波羅蜜多經》

唐玄奘譯，此段文字多處可見。印本。西州回鶻時期。

LM20-1486-06-10a　佛典殘片

印本。西州回鶻時期。

LM20-1486-06-10b　佛典殘片

印本。西州回鶻時期。

LM20-1486-06-10c　佛典殘片

印本。西州回鶻時期。

LM20-1486-06-11　《大般若波羅蜜多經》

唐玄奘譯，此段文字多處可見。印本。西州回鶻時期。

LM20-1486-06-12　《大般若波羅蜜多經》卷一六七

唐玄奘譯，此段文字多處可見。印本。西州回鶻時期。

LM20-1486-06-13　《大般若波羅蜜多經》卷九三

唐玄奘譯，CBETA, T05, no.220, p.520, c4-7。印本。西州回鶻時期。

參：陳耕 2019, 355-357、361。

LM20-1486-06-14a　佛典殘片

印本。西州回鶻時期。

LM20-1486-06-14b　佛典殘片

印本。西州回鶻時期。

LM20-1486-06-15a　佛典殘片

印本。西州回鶻時期。

LM20-1486-06-15b　佛典殘片

印本。西州回鶻時期。

LM20-1486-06-16a　《大般若波羅蜜多經》

唐玄奘譯，此段文字多處可見。印本。西州回鶻時期。

LM20-1486-06-16b　佛典殘片

印本。西州回鶻時期。

LM20-1486-06-17a　佛典殘片

印本。西州回鶻時期。

LM20-1486-06-17b　《大般若波羅蜜多經》卷四九二

唐玄奘譯，此段文字多處可見。印本。西州回鶻時期。

LM20-1486-06-18a　佛典殘片

印本。西州回鶻時期。

LM20-1486-06-18b　《大般若波羅蜜多經》

唐玄奘譯，此段文字多處可見。印本。西州回鶻時期。

LM20-1486-06-19a　佛典殘片

印本。西州回鶻時期。

LM20-1486-06-19b　《大般若波羅蜜多經》卷五六四

唐玄奘譯，CBETA，T07，no.220，p.910，b7-8。印本。西州回鶻時期。

LM20-1486-06-20a　《大般若波羅蜜多經》卷四八三

唐玄奘譯，此段文字多處可見。印本。西州回鶻時期。

LM20-1486-06-20b　佛典殘片

印本。西州回鶻時期。

LM20-1486-06-20c　佛典殘片

印本。西州回鶻時期。

LM20-1486-06-20d　《大般若波羅蜜多經》卷七六

唐玄奘譯，CBETA，T05，no.220，p.429，a16-17。印本。西州回鶻時期。

LM20-1486-06-21a　佛典殘片

第2行欄外有"于"等四小字。印本。西州回鶻時期。

LM20-1486-06-21b　佛典殘片

印本。西州回鶻時期。

LM20-1486-07-01a　《別譯雜阿含經》卷二

譯者不詳，CBETA，T02，no.100，p.383，c2-4。印本。西州回鶻時期。

LM20-1486-07-01b　佛典殘片

印本。西州回鶻時期。

LM20-1486-07-01c　佛典殘片

印本。西州回鶻時期。

LM20-1486-07-01d　佛典殘片

印本。西州回鶻時期。

LM20-1486-07-01e　佛典殘片

印本。西州回鶻時期。

LM20-1486-07-02　《大方廣圓覺修多羅了義經》

唐佛陀多羅譯，CBETA，T17, no.842, p.914, a14–18。印本。西州回鶻時期。

LM20-1486-07-03　《摩訶般若波羅蜜經》卷七

姚秦鳩摩羅什譯，CBETA，T08, no.223, p.275, b20–23。印本。西州回鶻時期。

LM20-1486-07-04a　佛典殘片

印本。西州回鶻時期。

LM20-1486-07-04b　佛典殘片

印本。西州回鶻時期。

LM20-1486-07-04c　《金光明最勝王經》卷三

唐義净譯，CBETA，T16, no.665, p.415, c6–7。印本。西州回鶻時期。

LM20-1486-07-04d　佛典殘片

印本。西州回鶻時期。

LM20-1486-07-04e　佛典殘片

印本。西州回鶻時期。

LM20-1486-07-04f　佛典殘片

印本。西州回鶻時期。

LM20-1486-07-04g　佛典殘片

印本。西州回鶻時期。

LM20-1486-07-04h　佛典殘片

印本。西州回鶻時期。

LM20-1486-07-04i　佛典殘片

印本。西州回鶻時期。

LM20-1486-07-05a　《金光明最勝王經》卷一〇

唐義净譯，CBETA，T16, no.665, p.452, b6–7。印本。西州回鶻時期。

參：李際寧 2006, 233。竺沙雅章 2006, 126。

LM20-1486-07-05b　佛典殘片

印本。西州回鶻時期。

LM20-1486-07-06a　佛典殘片

印本。西州回鶻時期。

LM20-1486-07-06b　《阿毗達磨俱舍論》卷四

唐玄奘譯，CBETA，T29, no.1558, p.23, b11–12。印本。西州回鶻時期。

LM20-1486-07-06c 《增壹阿含經》卷三八

東晉僧伽提婆譯，CBETA，T02，no.125，p.756，a12–13。印本。西州回鶻時期。

LM20-1486-07-07a 《別譯雜阿含經》卷二

譯者不詳，CBETA，T02，no.100，p.383，c3–9。印本。西州回鶻時期。

LM20-1486-07-07b 殘片

印本。西州回鶻時期。

LM20-1486-07-08a 無字殘片

LM20-1486-07-08b 禄命書

參徐子平撰《珞琭子三命消息賦注》，《叢書集成初編》第715册，中華書局，1985年，41頁。印本。西州回鶻時期。

LM20-1486-07-08c 佛典殘片

印本。西州回鶻時期。

LM20-1486-07-08d 佛典殘片

印本。西州回鶻時期。

LM20-1486-07-08e 佛典殘片

印本。西州回鶻時期。

LM20-1486-07-09a 佛典殘片

印本。西州回鶻時期。

LM20-1486-07-09b 佛典殘片

印本。西州回鶻時期。

LM20-1486-07-10a 佛典殘片

行間夾刻小字。印本。西州回鶻時期。

LM20-1486-07-10b 《大般若波羅蜜多經》

唐玄奘譯，此段文字多處可見。印本。西州回鶻時期。

LM20-1486-07-11 《大般若波羅蜜多經》卷三八一

唐玄奘譯，CBETA，T06，no.220，p.967，a20–24。印本。西州回鶻時期。

LM20-1486-07-12a 《大般若波羅蜜多經》

唐玄奘譯，此段文字多處可見。印本。西州回鶻時期。

參：陳耕2019，345。

LM20-1486-07-12b 佛典殘片

印本。西州回鶻時期。

LM20-1486-07-13 佛典殘片

印本。西州回鶻時期。

LM20-1486-07-14a 《大般若波羅蜜多經》

唐玄奘譯，此段文字多處可見。印本。西州回鶻時期。

LM20-1486-07-14b　《大般若波羅蜜多經》卷四二七

唐玄奘譯，CBETA，T07，no.220，p.144，c7–9。印本。西州回鶻時期。

LM20-1486-07-15　《金光明最勝王經》卷三

唐義净譯，CBETA，T16，no.665，p.416，a10–14。印本。西州回鶻時期。

LM20-1486-07-16　《大般若波羅蜜多經》

唐玄奘譯，此段文字多處可見。印本。西州回鶻時期。

LM20-1486-08-01　《大般若波羅蜜多經》

唐玄奘譯，此段文字多處可見。印本。西州回鶻時期。

LM20-1486-08-02a　《大般若波羅蜜多經》

唐玄奘譯，此段文字多處可見。印本。西州回鶻時期。

LM20-1486-08-02b　《大般若波羅蜜多經》

唐玄奘譯，此段文字多處可見。印本。西州回鶻時期。

LM20-1486-08-03a　佛典殘片

印本。西州回鶻時期。

LM20-1486-08-03b　《大般若波羅蜜多經》卷三八一

唐玄奘譯，CBETA，T06，no.220，p.967，c7–8。印本。西州回鶻時期。

LM20-1486-08-04　《大般若波羅蜜多經》卷二九一

唐玄奘譯，CBETA，T06，no.220，p.480，a23–b3。印本。西州回鶻時期。

LM20-1486-08-05a　《大般若波羅蜜多經》

唐玄奘譯，此段文字多處可見。印本。西州回鶻時期。

LM20-1486-08-05b　《大般若波羅蜜多經》

唐玄奘譯，此段文字多處可見。印本。西州回鶻時期。

LM20-1486-08-05c　佛典殘片

印本。西州回鶻時期。

LM20-1486-08-06　佛典殘片

印本。西州回鶻時期。

LM20-1486-08-07　《大般若波羅蜜多經》卷三四六

唐玄奘譯，CBETA，T06，no.220，p.775，c26–p.776，a5。印本。西州回鶻時期。

LM20-1486-08-08a　佛典殘片

印本。西州回鶻時期。

LM20-1486-08-08b　《大般若波羅蜜多經》卷一七二

唐玄奘譯，CBETA，T05，no.220，p.924，b7–12。第2、3行間夾刻小字"音"。印本。西州回鶻時期。

LM20-1486-08-09a 佛典殘片

印本。西州回鶻時期。

LM20-1486-08-09b 佛典殘片

印本。西州回鶻時期。

LM20-1486-08-09c 佛典殘片

印本。西州回鶻時期。

LM20-1486-08-10a 佛典殘片

印本。西州回鶻時期。

LM20-1486-08-10b 佛典殘片

印本。西州回鶻時期。

LM20-1486-08-11a 佛典殘片

印本。西州回鶻時期。

LM20-1486-08-11b 佛典殘片

印本。西州回鶻時期。

LM20-1486-08-12a 殘片

LM20-1486-08-12b 《長阿含經》卷七

姚秦佛陀耶舍、竺佛念譯，CBETA，T01，no.1，p.46，c6-8。印本。西州回鶻時期。

LM20-1486-08-13a 佛典殘片

印本。西州回鶻時期。

LM20-1486-08-13b 佛典殘片

印本。西州回鶻時期。

LM20-1486-08-13c 《大般若波羅蜜多經》

唐玄奘譯，此段文字多處可見。印本。西州回鶻時期。

LM20-1486-08-14 《大般若波羅蜜多經》

唐玄奘譯，此段文字多處可見。印本。西州回鶻時期。

LM20-1486-08-15 《大般若波羅蜜多經》

唐玄奘譯，此段文字多處可見。印本。西州回鶻時期。

LM20-1486-08-16 《大般若波羅蜜多經》

唐玄奘譯，此段文字多處可見。印本。西州回鶻時期。

LM20-1486-08-17a 佛典殘片

印本。西州回鶻時期。

LM20-1486-08-17b 佛典殘片

印本。西州回鶻時期。

LM20-1486-08-18 《大般若波羅蜜多經》

唐玄奘譯，此段文字多處可見。印本。西州回鶻時期。

LM20-1486-08-19　《大般若波羅蜜多經》卷五四六

唐玄奘譯，CBETA, T07, no.220, p.811, a11–13。印本。西州回鶻時期。

LM20-1486-09-01　《大般若波羅蜜多經》卷三九〇

唐玄奘譯，CBETA, T06, no.220, p.1019, b5–9。印本。西州回鶻時期。

LM20-1486-09-02a　佛典殘片

印本。西州回鶻時期。

LM20-1486-09-02b　佛典殘片

印本。西州回鶻時期。

LM20-1486-09-02c　佛典殘片

印本。西州回鶻時期。

LM20-1486-09-02d　《大般若波羅蜜多經》

唐玄奘譯，此段文字多處可見。印本。西州回鶻時期。

LM20-1486-09-02e　佛典殘片

印本。西州回鶻時期。

LM20-1486-09-03a　《大般若波羅蜜多經》卷三一三

唐玄奘譯，CBETA, T06, no.220, p.596, a11–13。印本。西州回鶻時期。

LM20-1486-09-03b　《大般若波羅蜜多經》卷一三〇

唐玄奘譯，CBETA, T05, no.220, p.711, b22–26。印本。西州回鶻時期。

LM20-1486-09-04a　佛典殘片

印本。西州回鶻時期。

LM20-1486-09-04b　佛典殘片

印本。西州回鶻時期。

LM20-1486-09-04c　佛典殘片

印本。西州回鶻時期。

LM20-1486-09-05　《大般若波羅蜜多經》卷三七

唐玄奘譯，CBETA, T05, no.220, p.207, a15–17。印本。西州回鶻時期。

LM20-1486-09-06　《大般若波羅蜜多經》卷三九〇

唐玄奘譯，CBETA, T06, no.220, p.1016, b1–3。印本。西州回鶻時期。

LM20-1486-09-07　《大般若波羅蜜多經》卷四八三

唐玄奘譯，CBETA, T07, no.220, p.454, c3–7。印本。西州回鶻時期。

LM20-1486-09-08a　佛典殘片

印本。西州回鶻時期。

LM20-1486-09-08b　佛典殘片

印本。西州回鶻時期。

LM20-1486-09-08c　佛典殘片

印本。西州回鶻時期。

LM20-1486-09-08d　《大般若波羅蜜多經》

唐玄奘譯，此段文字多處可見。印本。西州回鶻時期。

LM20-1486-09-08e　《大般若波羅蜜多經》卷五三一

唐玄奘譯，CBETA，T07，no.220，p.726，a15。印本。西州回鶻時期。

LM20-1486-09-08f　佛典殘片

印本。西州回鶻時期。

LM20-1486-09-08g　《大般若波羅蜜多經》卷一六六

唐玄奘譯，CBETA，T05，no.220，p.895，b3–4。印本。西州回鶻時期。

LM20-1486-09-08h　佛典殘片

印本。西州回鶻時期。

LM20-1486-09-08i　佛典殘片

印本。西州回鶻時期。

LM20-1486-09-09　佛典殘片

印本。西州回鶻時期。

LM20-1486-09-10　《大般若波羅蜜多經》卷一六七

唐玄奘譯，CBETA，T05，no.220，p.899，a17–20，"菩提得"作"菩提有"。印本。西州回鶻時期。

LM20-1486-09-11a　佛典殘片

第1、2行間夾刻小字"百一十二"。印本。西州回鶻時期。

LM20-1486-09-11b　佛典殘片

印本。西州回鶻時期。

LM20-1486-09-12a　佛典殘片

印本。西州回鶻時期。

LM20-1486-09-12b　佛典殘片

印本。西州回鶻時期。

LM20-1486-09-13　《大般若波羅蜜多經》卷六五

唐玄奘譯，CBETA，T05，no.220，p.368，a15–17。印本。西州回鶻時期。

LM20-1486-09-14　《大般若波羅蜜多經》卷六七

唐玄奘譯，CBETA，T05，no.220，p.376，c20–22。印本。西州回鶻時期。

LM20-1486-09-15　《大般若波羅蜜多經》

唐玄奘譯，此段文字多處可見。印本。西州回鶻時期。

LM20-1486-09-16　《大般若波羅蜜多經》卷三九〇

唐玄奘譯，CBETA, T06, no.220, p.1019, b10–12。印本。西州回鶻時期。

LM20-1486-09-17　《大般若波羅蜜多經》卷三七

唐玄奘譯，CBETA, T05, no.220, p.204, b1–4。印本。西州回鶻時期。

LM20-1486-09-18a　《大般若波羅蜜多經》

唐玄奘譯，此段文字多處可見。印本。西州回鶻時期。

LM20-1486-09-18b　佛典殘片

印本。西州回鶻時期。

LM20-1486-09-19a　佛典殘片

印本。西州回鶻時期。

LM20-1486-09-19b　佛典殘片

印本。西州回鶻時期。

LM20-1486-10-01　《廣大寶樓閣善住祕密陀羅尼經》卷中

唐菩提流志譯，CBETA, T19, no.1006, p.645, b13–14。印本。原圖正面向內粘貼，下有貼附殘片，可見“青膠”“廣大寶”，亦係本經，無法揭取。西州回鶻時期。

LM20-1486-10-02a　佛典殘片

印本。西州回鶻時期。

LM20-1486-10-02b　佛典殘片

印本。西州回鶻時期。

LM20-1486-10-02c　佛典殘片

印本。西州回鶻時期。

LM20-1486-10-02d　佛典殘片

印本。西州回鶻時期。

LM20-1486-10-02e　佛典殘片

印本。西州回鶻時期。

LM20-1486-10-02f　佛典殘片

印本。西州回鶻時期。

LM20-1486-10-03a　佛典殘片

印本。西州回鶻時期。

LM20-1486-10-03b　《大般若波羅蜜多經》

唐玄奘譯，此段文字多處可見。印本。西州回鶻時期。

LM20-1486-10-03c　佛典殘片

印本。西州回鶻時期。

LM20-1486-10-03d　佛典殘片

印本。西州回鶻時期。

LM20-1486-10-03e　佛典殘片

印本。西州回鶻時期。

LM20-1486-10-03f　佛典殘片

印本。西州回鶻時期。

LM20-1486-10-03g　《大般若波羅蜜多經》卷五七六

唐玄奘譯，CBETA，T07，no.220，p.974，c27-28。印本。西州回鶻時期。

LM20-1486-10-04a　佛典殘片

印本。西州回鶻時期。

LM20-1486-10-04b　佛典殘片

印本。西州回鶻時期。

LM20-1486-10-04c　《大般若波羅蜜多經》

唐玄奘譯，此段文字多處可見。印本。西州回鶻時期。

LM20-1486-10-05a　《大般若波羅蜜多經》卷三九〇

唐玄奘譯，CBETA，T06，no.220，p.1019，a12-13。印本。西州回鶻時期。

LM20-1486-10-05b　《大般若波羅蜜多經》卷二八九

唐玄奘譯，CBETA，T06，no.220，p.472，a2-4。印本。西州回鶻時期。

LM20-1486-10-06　《大般若波羅蜜多經》

唐玄奘譯，此段文字多處可見。印本。西州回鶻時期。

LM20-1486-10-07a　《大般若波羅蜜多經》

唐玄奘譯，此段文字多處可見。印本。西州回鶻時期。

LM20-1486-10-07b　《大般若波羅蜜多經》卷三八一

唐玄奘譯，CBETA，T06，no.220，p.967，c3-5。印本。西州回鶻時期。

LM20-1486-10-08　《大般若波羅蜜多經》卷三一二

唐玄奘譯，CBETA，T06，no.220，p.589，b11-14。印本。西州回鶻時期。

LM20-1486-10-09　《佛説普門品經》

西晉竺法護譯，CBETA，T11，no.315b，p.777，c27-28。印本。西州回鶻時期。

LM20-1486-10-10　《大般若波羅蜜多經》卷二〇

唐玄奘譯，CBETA，T05，no.220，p.108，a13-16。印本。西州回鶻時期。

LM20-1486-10-11　《雜阿含經》卷三八

劉宋求那跋陀羅譯，CBETA，T02，no.99，p.280，a21-23。印本。西州回鶻時期。

LM20-1486-10-12　佛典殘片

第1、2行間夾刻小字"□十四"。印本。西州回鶻時期。

LM20-1486-10-13　《阿毗達磨俱舍論》卷六

唐玄奘譯, CBETA, T29, no.1558, p.33, c3–4。印本。西州回鶻時期。

LM20-1486-10-14a　佛典殘片

印本。西州回鶻時期。

LM20-1486-10-14b　佛典殘片

印本。西州回鶻時期。

LM20-1486-10-14c　佛典殘片

印本。西州回鶻時期。

LM20-1486-10-14d　佛典殘片

印本。西州回鶻時期。

LM20-1486-10-15　《大般若波羅蜜多經》卷五三〇

唐玄奘譯, CBETA, T07, no.220, p.720, b15–18。印本。西州回鶻時期。

LM20-1486-10-16a　佛教咒語

印本。西州回鶻時期。

LM20-1486-10-16b　佛典殘片

印本。西州回鶻時期。

LM20-1486-10-17　《大般若波羅蜜多經》卷五五三

唐玄奘譯, CBETA, T07, no.220, p.849, b15–18。印本。西州回鶻時期。

LM20-1486-11-01a　《大般若波羅蜜多經》

唐玄奘譯, 此段文字多處可見。印本。西州回鶻時期。

LM20-1486-11-01b　《大般若波羅蜜多經》卷五二六

唐玄奘譯, CBETA, T07, no.220, p.699, b3–4。印本。西州回鶻時期。

LM20-1486-11-02　《大般若波羅蜜多經》卷五三一

唐玄奘譯, CBETA, T07, no.220, p.725, a11–14。印本。西州回鶻時期。

LM20-1486-11-03a　佛典殘片

印本。西州回鶻時期。

LM20-1486-11-03b　佛典殘片

印本。西州回鶻時期。

LM20-1486-11-03c　佛典殘片

印本。西州回鶻時期。

LM20-1486-11-03d　《大般若波羅蜜多經》

唐玄奘譯, 此段文字多處可見。印本。西州回鶻時期。

LM20-1486-11-03e　佛典殘片

印本。西州回鶻時期。

LM20-1486-11-03f　佛典殘片

印本。西州回鶻時期。

LM20-1486-11-03g　佛典殘片

印本。西州回鶻時期。

LM20-1486-11-03h　佛典殘片

印本。西州回鶻時期。

LM20-1486-11-03i　佛典殘片

印本。西州回鶻時期。

LM20-1486-11-04　《大般若波羅蜜多經》卷三九〇

唐玄奘譯，CBETA，T06，no.220，p.1015，c8-10。印本。西州回鶻時期。

LM20-1486-11-05　佛典殘片

印本。西州回鶻時期。

LM20-1486-11-06a　《大般若波羅蜜多經》

唐玄奘譯，此段文字多處可見。印本。西州回鶻時期。

LM20-1486-11-06b　《大般若波羅蜜多經》卷七六

唐玄奘譯，CBETA，T05，no.220，p.429，a6-9。印本。西州回鶻時期。

LM20-1486-11-07　《大般若波羅蜜多經》卷一七二

唐玄奘譯，CBETA，T05，no.220，p.923，b7-11。第 5、6 行間夾刻二小字。印本。西州回鶻時期。

LM20-1486-11-08a　《大般若波羅蜜多經》

唐玄奘譯，此段文字多處可見。印本。西州回鶻時期。

LM20-1486-11-08b　佛典殘片

印本。西州回鶻時期。

LM20-1486-11-09　《大般若波羅蜜多經》卷七六

唐玄奘譯，CBETA，T05，no.220，p.427，c24-27。印本。西州回鶻時期。

LM20-1486-11-10　《大般若波羅蜜多經》

唐玄奘譯，此段文字多處可見。印本。西州回鶻時期。

LM20-1486-11-11a　佛典殘片

印本。西州回鶻時期。

LM20-1486-11-11b　《大般若波羅蜜多經》卷五二

唐玄奘譯，CBETA，T05，no.220，p.293，b13-14，"總"作"能"。印本。西州回鶻時期。

LM20-1486-11-12a　佛典殘片

印本。西州回鶻時期。

LM20-1486-11-12b　佛典殘片

印本。西州回鶻時期。

LM20-1486-11-12c　佛典殘片

印本。西州回鶻時期。

LM20-1486-11-12d　佛典殘片

印本。西州回鶻時期。

LM20-1486-11-12e　佛典殘片

印本。西州回鶻時期。

LM20-1486-11-12f　佛典殘片

印本。西州回鶻時期。

LM20-1486-11-12g　佛典殘片

印本。西州回鶻時期。

LM20-1486-11-12h　佛典殘片

印本。西州回鶻時期。

LM20-1486-11-12i　《大般若波羅蜜多經》

唐玄奘譯，此段文字多處可見。印本。西州回鶻時期。

LM20-1486-11-12j　《大般若波羅蜜多經》卷四八三

唐玄奘譯，CBETA, T07, no.220, p.449, c11–12。印本。西州回鶻時期。

LM20-1486-11-13　《大般若波羅蜜多經》

唐玄奘譯，此段文字多處可見。印本。西州回鶻時期。

LM20-1486-11-14a　佛典殘片

印本。西州回鶻時期。

LM20-1486-11-14b　佛典殘片

印本。西州回鶻時期。

LM20-1486-11-14c　佛典殘片

印本。西州回鶻時期。

LM20-1486-11-14d　佛典殘片

印本。西州回鶻時期。

LM20-1486-11-14e　佛典殘片

印本。西州回鶻時期。

LM20-1486-11-14f　佛典殘片

印本。西州回鶻時期。

LM20-1486-11-15　《阿毗達磨俱舍論》卷五

唐玄奘譯，CBETA, T29, no.1558, p.29, c17–19。印本。西州回鶻時期。

參：陳耕 2019, 347。

LM20-1486-11-16　《大般若波羅蜜多經》

唐玄奘譯，此段文字多處可見。印本。西州回鶻時期。

LM20-1486-11-17a　佛典殘片

印本。西州回鶻時期。

LM20-1486-11-17b　《妙法蓮華經》卷五

姚秦鳩摩羅什譯，CBETA, T09, no.262, p.39, a29–b3。印本。西州回鶻時期。

LM20-1486-11-18　佛典殘片

印本。西州回鶻時期。

LM20-1486-11-19a　佛典殘片

印本。西州回鶻時期。

LM20-1486-11-19b　佛典殘片

印本。西州回鶻時期。

LM20-1486-11-19c　《摩訶僧祇律》卷三〇

東晉佛陀跋陀羅、法顯譯，CBETA, T22, no.1425, p.468, a29。印本。西州回鶻時期。

LM20-1486-11-20　佛典殘片

印本。西州回鶻時期。

參:《旅博選粹》, 199。

LM20-1486-12-01a　佛典殘片

印本。西州回鶻時期。

LM20-1486-12-01b　佛典殘片

印本。西州回鶻時期。

LM20-1486-12-01c　佛典殘片

印本。西州回鶻時期。

LM20-1486-12-01d　佛典殘片

印本。西州回鶻時期。

LM20-1486-12-01e　《大般若波羅蜜多經》卷一七二

唐玄奘譯，CBETA, T05, no.220, p.923, b18–19。印本。西州回鶻時期。

LM20-1486-12-02a　《大般若波羅蜜多經》

唐玄奘譯，此段文字多處可見。印本。西州回鶻時期。

LM20-1486-12-02b　《大般若波羅蜜多經》卷二〇

唐玄奘譯，CBETA, T05, no.220, p.108, a9–11。印本。西州回鶻時期。

LM20-1486-12-03　佛典殘片

印本。西州回鶻時期。

LM20-1486-12-04a　《大般若波羅蜜多經》

唐玄奘譯，此段文字多處可見。印本。西州回鶻時期。

LM20-1486-12-04b　佛典殘片

印本。西州回鶻時期。

LM20-1486-12-04c　佛典殘片

印本。西州回鶻時期。

LM20-1486-12-05a　《大般若波羅蜜多經》

唐玄奘譯，此段文字多處可見。印本。西州回鶻時期。

LM20-1486-12-05b　佛典殘片

印本。西州回鶻時期。

LM20-1486-12-05c　佛典殘片

印本。西州回鶻時期。

LM20-1486-12-05d　佛典殘片

印本。西州回鶻時期。

LM20-1486-12-05e　佛典殘片

印本。西州回鶻時期。

LM20-1486-12-06a　佛典殘片

印本。西州回鶻時期。

LM20-1486-12-06b　佛典殘片

印本。西州回鶻時期。

LM20-1486-12-06c　佛典殘片

印本。西州回鶻時期。

LM20-1486-12-06d　佛典殘片

印本。西州回鶻時期。

LM20-1486-12-06e　佛典殘片

印本。西州回鶻時期。

LM20-1486-12-07a　佛典殘片

印本。西州回鶻時期。

LM20-1486-12-07b　佛典殘片

印本。西州回鶻時期。

LM20-1486-12-07c　佛典殘片

印本。西州回鶻時期。

LM20-1486-12-07d　佛典殘片

印本。西州回鶻時期。

LM20-1486-12-08a　佛典殘片

印本。西州回鶻時期。

LM20-1486-12-08b　《大般若波羅蜜多經》

唐玄奘譯,此段文字多處可見。行間夾刻小字“般若”。印本。西州回鶻時期。

LM20-1486-12-09a　佛典殘片

印本。西州回鶻時期。

LM20-1486-12-09b　佛典殘片

印本。西州回鶻時期。

LM20-1486-12-09c　佛典殘片

印本。西州回鶻時期。

LM20-1486-12-10a　佛典殘片

印本。西州回鶻時期。

LM20-1486-12-10b　佛典殘片

印本。西州回鶻時期。

LM20-1486-12-10c　佛典殘片

印本。西州回鶻時期。

LM20-1486-12-10d　佛典殘片

印本。西州回鶻時期。

LM20-1486-12-10e　佛典殘片

印本。西州回鶻時期。

LM20-1486-12-11a　《大般若波羅蜜多經》

唐玄奘譯,此段文字多處可見。印本。西州回鶻時期。

LM20-1486-12-11b　殘片

印本。西州回鶻時期。

LM20-1486-12-12a　《大般若波羅蜜多經》

唐玄奘譯,此段文字多處可見。印本。西州回鶻時期。

LM20-1486-12-12b　佛典殘片

印本。西州回鶻時期。

LM20-1486-12-13a　《大般若波羅蜜多經》

唐玄奘譯,此段文字多處可見。印本。西州回鶻時期。

LM20-1486-12-13b　《大般若波羅蜜多經》

唐玄奘譯,此段文字多處可見。印本。西州回鶻時期。

LM20-1486-12-14a　佛典殘片

印本。西州回鶻時期。

LM20-1486-12-14b　佛典殘片

印本。西州回鶻時期。

LM20-1486-12-14c　佛典殘片

印本。西州回鶻時期。

LM20-1486-12-15a　佛典殘片

印本。西州回鶻時期。

LM20-1486-12-15b　佛典殘片

印本。西州回鶻時期。

LM20-1486-12-15c　佛典殘片

印本。西州回鶻時期。

LM20-1486-12-15d　佛典殘片

印本。西州回鶻時期。

LM20-1486-12-16a　佛典殘片

印本。西州回鶻時期。

LM20-1486-12-16b　佛典殘片

印本。西州回鶻時期。

LM20-1486-12-16c　《大般若波羅蜜多經》

唐玄奘譯，此段文字多處可見。印本。西州回鶻時期。

LM20-1486-12-17a　佛典殘片

印本。西州回鶻時期。

LM20-1486-12-17b　佛典殘片

印本。西州回鶻時期。

LM20-1486-12-18a　《大般若波羅蜜多經》卷五一

唐玄奘譯，CBETA，T05，no.220，p.288，a12–15。印本。西州回鶻時期。

LM20-1486-12-18b　佛典殘片

印本。西州回鶻時期。

LM20-1486-12-19a　佛典殘片

印本。西州回鶻時期。

LM20-1486-12-19b　佛典殘片

印本。西州回鶻時期。

LM20-1486-12-19c　佛典殘片

印本。西州回鶻時期。

LM20-1486-12-20a　《大般若波羅蜜多經》

唐玄奘譯，此段文字多處可見。印本。西州回鶻時期。

LM20-1486-12-20b　佛典殘片

印本。西州回鶻時期。

LM20-1486-12-20c　佛典殘片

　　印本。西州回鶻時期。

LM20-1486-12-21a　《大般若波羅蜜多經》

　　唐玄奘譯，此段文字多處可見。印本。西州回鶻時期。

LM20-1486-12-21b　佛典殘片

　　印本。西州回鶻時期。

LM20-1486-13-01a　佛典殘片

　　印本。西州回鶻時期。

LM20-1486-13-01b　佛典殘片

　　印本。西州回鶻時期。

LM20-1486-13-02a　佛典殘片

　　印本。西州回鶻時期。

LM20-1486-13-02b　佛典殘片

　　印本。西州回鶻時期。

LM20-1486-13-02c　佛典殘片

　　印本。西州回鶻時期。

LM20-1486-13-03a　佛典殘片

　　印本。西州回鶻時期。

LM20-1486-13-03b　佛典殘片

　　印本。西州回鶻時期。

LM20-1486-13-03c　佛典殘片

　　印本。西州回鶻時期。

LM20-1486-13-04a　佛典殘片

　　印本。西州回鶻時期。

LM20-1486-13-04b　佛典殘片

　　印本。西州回鶻時期。

LM20-1486-13-04c　佛典殘片

　　印本。西州回鶻時期。

LM20-1486-13-05a　佛典殘片

　　印本。西州回鶻時期。

LM20-1486-13-05b　佛典殘片

　　印本。西州回鶻時期。

LM20-1486-13-05c　佛典殘片

　　印本。西州回鶻時期。

LM20-1486-13-06a　佛典殘片

印本。西州回鶻時期。

LM20-1486-13-06b　佛典殘片

印本。西州回鶻時期。

LM20-1486-13-06c　佛典殘片

印本。西州回鶻時期。

LM20-1486-13-07a　佛典殘片

印本。西州回鶻時期。

LM20-1486-13-07b　佛典殘片

印本。西州回鶻時期。

LM20-1486-13-08a　佛典殘片

印本。西州回鶻時期。

LM20-1486-13-08b　佛典殘片

印本。西州回鶻時期。

LM20-1486-13-08c　佛典殘片

印本。西州回鶻時期。

LM20-1486-13-09a　佛典殘片

印本。西州回鶻時期。

LM20-1486-13-09b　《大般若波羅蜜多經》

唐玄奘譯，此段文字多處可見。印本。西州回鶻時期。

LM20-1486-13-09c　佛典殘片

印本。西州回鶻時期。

LM20-1486-13-09d　佛典殘片

印本。西州回鶻時期。

LM20-1486-13-10a　佛典殘片

印本。西州回鶻時期。

LM20-1486-13-10b　佛典殘片

印本。西州回鶻時期。

LM20-1486-13-10c　佛典殘片

印本。西州回鶻時期。

LM20-1486-13-11a　佛典殘片

印本。西州回鶻時期。

LM20-1486-13-11b　佛典殘片

印本。西州回鶻時期。

LM20-1486-13-12a 佛典殘片

印本。西州回鶻時期。

LM20-1486-13-12b 佛典殘片

印本。西州回鶻時期。

LM20-1486-13-13a 佛典殘片

印本。西州回鶻時期。

LM20-1486-13-13b 佛典殘片

印本。西州回鶻時期。

LM20-1486-13-14a 佛典殘片

印本。西州回鶻時期。

LM20-1486-13-14b 《大般若波羅蜜多經》卷一七二

唐玄奘譯，CBETA，T05，no.220，p.923，b17–18。印本。西州回鶻時期。

LM20-1486-13-15a 佛典殘片

印本。西州回鶻時期。

LM20-1486-13-15b 佛典殘片

印本。西州回鶻時期。

LM20-1486-13-16a 佛典殘片

印本。西州回鶻時期。

LM20-1486-13-16b 佛典殘片

印本。西州回鶻時期。

LM20-1486-13-17a 《大般若波羅蜜多經》

唐玄奘譯，此段文字多處可見。印本。西州回鶻時期。

LM20-1486-13-17b 《大般若波羅蜜多經》

唐玄奘譯，此段文字多處可見。印本。西州回鶻時期。

LM20-1486-13-18a 佛典殘片

印本。西州回鶻時期。

LM20-1486-13-18b 佛典殘片

印本。西州回鶻時期。

LM20-1486-13-19a 佛典殘片

印本。西州回鶻時期。

LM20-1486-13-19b 佛典殘片

印本。西州回鶻時期。

LM20-1486-13-19c 佛典殘片

印本。西州回鶻時期。

LM20-1486-13-19d　佛典殘片

印本。西州回鶻時期。

LM20-1486-13-19e　佛典殘片

印本。西州回鶻時期。

LM20-1486-13-19f　佛典殘片

印本。西州回鶻時期。

LM20-1486-13-20a　佛典殘片

印本。西州回鶻時期。

LM20-1486-13-20b　《大般若波羅蜜多經》

唐玄奘譯，此段文字多處可見。印本。西州回鶻時期。

LM20-1486-13-21a　《大般若波羅蜜多經》

唐玄奘譯，此段文字多處可見。第 1 行有小字 "劒"。印本。西州回鶻時期。

LM20-1486-13-21b　佛典殘片

印本。西州回鶻時期。

LM20-1486-13-22a　佛典殘片

印本。西州回鶻時期。

LM20-1486-13-22b　佛典殘片

印本。西州回鶻時期。

LM20-1486-13-22c　佛典殘片

印本。西州回鶻時期。

LM20-1486-13-22d　佛典殘片

印本。西州回鶻時期。

LM20-1486-13-23a　佛典殘片

印本。西州回鶻時期。

LM20-1486-13-23b　佛典殘片

印本。西州回鶻時期。

LM20-1486-13-23c　佛典殘片

印本。西州回鶻時期。

LM20-1486-13-24a　佛典殘片

印本。西州回鶻時期。

LM20-1486-13-24b　佛典殘片

印本。西州回鶻時期。

LM20-1486-13-25a　佛典殘片

印本。西州回鶻時期。

LM20-1486-13-25b　佛典殘片

印本。西州回鶻時期。

LM20-1486-14-01a　佛典殘片

印本。西州回鶻時期。

LM20-1486-14-01b　佛典殘片

印本。西州回鶻時期。

LM20-1486-14-01c　佛典殘片

印本。西州回鶻時期。

LM20-1486-14-01d　佛典殘片

印本。西州回鶻時期。

LM20-1486-14-01e　佛典殘片

印本。西州回鶻時期。

LM20-1486-14-01f　佛典殘片

印本。西州回鶻時期。

LM20-1486-14-01g　佛典殘片

印本。西州回鶻時期。

LM20-1486-14-01h　佛典殘片

印本。西州回鶻時期。

LM20-1486-14-01i　佛典殘片

印本。西州回鶻時期。

LM20-1486-14-01j　佛典殘片

印本。西州回鶻時期。

LM20-1486-14-01k　佛典殘片

印本。西州回鶻時期。

LM20-1486-14-01l　佛典殘片

印本。西州回鶻時期。

LM20-1486-14-01m　佛典殘片

印本。西州回鶻時期。

LM20-1486-14-01n　佛典殘片

印本。西州回鶻時期。

LM20-1486-14-01o　佛典殘片

印本。西州回鶻時期。

LM20-1486-14-01p　佛典殘片

印本。西州回鶻時期。

LM20-1486-14-01q　佛典殘片

印本。西州回鶻時期。

LM20-1486-14-01r　佛典殘片

印本。西州回鶻時期。

LM20-1486-14-01s　佛典殘片

印本。西州回鶻時期。

LM20-1486-14-01t　佛典殘片

印本。西州回鶻時期。

LM20-1486-14-02a　佛典殘片

印本。西州回鶻時期。

LM20-1486-14-02b　佛典殘片

印本。西州回鶻時期。

LM20-1486-14-02c　佛典殘片

印本。西州回鶻時期。

LM20-1486-14-02d　《大般若波羅蜜多經》卷一七二

唐玄奘譯, CBETA, T05, no.220, p.925, b11–12。印本。西州回鶻時期。

LM20-1486-14-02e　佛典殘片

印本。西州回鶻時期。

LM20-1486-14-02f　佛典殘片

印本。西州回鶻時期。

LM20-1486-14-02g　《大般若波羅蜜多經》卷三八一

唐玄奘譯, CBETA, T06, no.220, p.967, c10–11。印本。西州回鶻時期。

LM20-1486-14-02h　佛典殘片

印本。西州回鶻時期。

LM20-1486-14-02i　佛典殘片

印本。西州回鶻時期。

LM20-1486-14-02j　佛典殘片

印本。西州回鶻時期。

LM20-1486-14-03a　《大般若波羅蜜多經》卷七

唐玄奘譯, CBETA, T05, no.220, p.35, a12–13。印本。西州回鶻時期。

LM20-1486-14-03b　佛典殘片

印本。西州回鶻時期。

LM20-1486-14-03c　佛典殘片

印本。西州回鶻時期。

LM20-1486-14-03d　佛典殘片

印本。西州回鶻時期。

LM20-1486-14-03e　佛典殘片

印本。西州回鶻時期。

LM20-1486-14-03f　佛典殘片

印本。西州回鶻時期。

LM20-1486-14-03g　佛典殘片

印本。西州回鶻時期。

LM20-1486-14-03h　佛典殘片

印本。西州回鶻時期。

LM20-1486-14-03i　佛典殘片

印本。西州回鶻時期。

LM20-1486-14-04a　佛典殘片

印本。西州回鶻時期。

LM20-1486-14-04b　佛典殘片

印本。西州回鶻時期。

LM20-1486-14-04c　佛典殘片

印本。西州回鶻時期。

LM20-1486-14-04d　佛典殘片

印本。西州回鶻時期。

LM20-1486-14-04e　佛典殘片

印本。西州回鶻時期。

LM20-1486-14-04f　佛典殘片

印本。西州回鶻時期。

LM20-1486-14-04g　佛典殘片

印本。西州回鶻時期。

LM20-1486-14-04h　佛典殘片

印本。西州回鶻時期。

LM20-1486-14-04i　佛典殘片

印本。西州回鶻時期。

LM20-1486-14-04j　佛典殘片

印本。西州回鶻時期。

LM20-1486-14-05a　《大般若波羅蜜多經》

唐玄奘譯，此段文字多處可見。印本。西州回鶻時期。

LM20-1486-14-05b　佛典殘片

印本。西州回鶻時期。

LM20-1486-14-06a　佛典殘片

印本。西州回鶻時期。

LM20-1486-14-06b　佛典殘片

印本。西州回鶻時期。

LM20-1486-14-06c　《大般若波羅蜜多經》卷三一〇

唐玄奘譯，CBETA，T06，no.220，p.579，b6-7。印本。西州回鶻時期。

LM20-1486-14-06d　佛典殘片

印本。西州回鶻時期。

LM20-1486-14-06e　佛典殘片

印本。西州回鶻時期。

LM20-1486-14-06f　佛典殘片

印本。西州回鶻時期。

LM20-1486-14-06g　佛典殘片

印本。西州回鶻時期。

LM20-1486-14-06h　佛典殘片

印本。西州回鶻時期。

LM20-1486-14-06i　佛典殘片

印本。西州回鶻時期。

LM20-1486-14-06j　佛典殘片

印本。西州回鶻時期。

LM20-1486-14-07a　《大般若波羅蜜多經》

唐玄奘譯，此段文字多處可見。印本。西州回鶻時期。

LM20-1486-14-07b　佛典殘片

印本。西州回鶻時期。

LM20-1486-14-07c　佛典殘片

印本。西州回鶻時期。

LM20-1486-14-08a　《大般若波羅蜜多經》卷三八一

唐玄奘譯，CBETA，T06，no.220，p.969，a28-29。印本。西州回鶻時期。

LM20-1486-14-08b　《大般若波羅蜜多經》卷八

唐玄奘譯，CBETA，T05，no.220，p.40，c17-19。印本。西州回鶻時期。

LM20-1486-14-08c　佛典殘片

印本。西州回鶻時期。

LM20-1486-14-09a　《大般若波羅蜜多經》

唐玄奘譯，此段文字多處可見。印本。西州回鶻時期。

LM20-1486-14-09b　佛典殘片

印本。西州回鶻時期。

LM20-1486-14-09c　佛典殘片

印本。西州回鶻時期。

LM20-1486-14-10a　《大般若波羅蜜多經》卷六五

唐玄奘譯，CBETA，T05，no.220，p.368，a7–9。印本。西州回鶻時期。

LM20-1486-14-10b　佛典殘片

印本。西州回鶻時期。

LM20-1486-14-10c　佛典殘片

印本。西州回鶻時期。

LM20-1486-14-11a　佛典殘片

印本。西州回鶻時期。

LM20-1486-14-11b　佛典殘片

印本。西州回鶻時期。

LM20-1486-14-11c　佛典殘片

印本。西州回鶻時期。

LM20-1486-14-11d　佛典殘片

印本。西州回鶻時期。

LM20-1486-14-11e　佛典殘片

印本。西州回鶻時期。

LM20-1486-14-11f　佛典殘片

印本。西州回鶻時期。

LM20-1486-14-11g　佛典殘片

印本。西州回鶻時期。

LM20-1486-14-11h　佛典殘片

印本。西州回鶻時期。

LM20-1486-14-11i　佛典殘片

印本。西州回鶻時期。

LM20-1486-14-12a　佛典殘片

印本。西州回鶻時期。

LM20-1486-14-12b　佛典殘片

印本。西州回鶻時期。

LM20-1486-14-13a　佛典殘片

印本。西州回鶻時期。

LM20-1486-14-13b　《大般若波羅蜜多經》

唐玄奘譯，此段文字多處可見。印本。西州回鶻時期。

LM20-1486-14-14a　佛典殘片

印本。西州回鶻時期。

LM20-1486-14-14b　《大般若波羅蜜多經》

唐玄奘譯，此段文字多處可見。印本。西州回鶻時期。

LM20-1486-14-14c　《大般若波羅蜜多經》卷三九〇

唐玄奘譯，CBETA, T06, no.220, p.1015, b22–23。行間夾刻小字"般若三百九十"。印本。
西州回鶻時期。

LM20-1486-15-01a　佛典殘片

印本。西州回鶻時期。

LM20-1486-15-01b　佛典殘片

印本。西州回鶻時期。

LM20-1486-15-01c　《大般若波羅蜜多經》卷三八一

唐玄奘譯，CBETA, T06, no.220, p.967, c13–15。印本。西州回鶻時期。

LM20-1486-15-02a　佛典殘片

印本。西州回鶻時期。

LM20-1486-15-02b　佛典殘片

印本。西州回鶻時期。

LM20-1486-15-02c　佛典殘片

第1行欄外刻有"主骨"二字。印本。西州回鶻時期。

LM20-1486-15-03　佛典殘片

印本。西州回鶻時期。

LM20-1486-15-04a　佛典殘片

印本。西州回鶻時期。

LM20-1486-15-04b　《不空胃索神咒心經》

唐玄奘譯，CBETA, T20, no.1094, p.403, c9–10。印本。西州回鶻時期。

LM20-1486-15-05a　佛典殘片

印本。西州回鶻時期。

LM20-1486-15-05b　佛典殘片

印本。西州回鶻時期。

LM20-1486-15-05c　《大般若波羅蜜多經》

唐玄奘譯，此段文字多處可見。印本。西州回鶻時期。

LM20-1486-15-05d 佛典殘片

印本。西州回鶻時期。

LM20-1486-15-06a 佛典殘片

印本。西州回鶻時期。

LM20-1486-15-06b 佛典殘片

印本。西州回鶻時期。

LM20-1486-15-06c 《大般若波羅蜜多經》卷一一七

唐玄奘譯，CBETA，T05，no.220，p.641，c25-27。印本。西州回鶻時期。

LM20-1486-15-07a 佛典殘片

印本。西州回鶻時期。

LM20-1486-15-07b 佛教咒語

印本。西州回鶻時期。

LM20-1486-15-07c 佛典殘片

印本。西州回鶻時期。

LM20-1486-15-08a 佛典殘片

印本。西州回鶻時期。

LM20-1486-15-08b 《大般若波羅蜜多經》

唐玄奘譯，此段文字多處可見。印本。西州回鶻時期。

LM20-1486-15-09 《大般若波羅蜜多經》卷四八三

唐玄奘譯，CBETA，T07，no.220，p.450，a8-12。印本。西州回鶻時期。

LM20-1486-15-10a 佛典殘片

印本。西州回鶻時期。

LM20-1486-15-10b 佛典殘片

印本。西州回鶻時期。

LM20-1486-15-11a 佛典殘片

印本。西州回鶻時期。

LM20-1486-15-11b 《大般若波羅蜜多經》卷六五

唐玄奘譯，CBETA，T05，no.220，p.368，a13-14。印本。西州回鶻時期。

LM20-1486-15-12a 《大般若波羅蜜多經》卷三七

唐玄奘譯，CBETA，T05，no.220，p.204，c22-23。印本。西州回鶻時期。

LM20-1486-15-12b 《大般若波羅蜜多經》

唐玄奘譯，此段文字多處可見。印本。西州回鶻時期。

LM20-1486-15-13a 佛典殘片

印本。西州回鶻時期。

LM20-1486-15-13b　《大般若波羅蜜多經》卷四六

唐玄奘譯，CBETA, T05, no.220, p.261, b3。印本。西州回鶻時期。

LM20-1486-15-14a　佛典殘片

印本。西州回鶻時期。

LM20-1486-15-14b　佛典殘片

西州回鶻時期。

LM20-1486-15-15a　佛教咒語

印本。西州回鶻時期。

LM20-1486-15-15b　佛教咒語

印本。西州回鶻時期。

LM20-1486-15-16a　佛典殘片

印本。西州回鶻時期。

LM20-1486-15-16b　佛典殘片

印本。西州回鶻時期。

LM20-1486-15-17a　《大般若波羅蜜多經》

唐玄奘譯，此段文字多處可見。印本。西州回鶻時期。

LM20-1486-15-17b　《阿毗達磨俱舍論》卷二二

唐玄奘譯，CBETA, T29, no.1558, p.116, a2–3。印本。西州回鶻時期。

LM20-1486-15-18a　佛典殘片

印本。西州回鶻時期。

LM20-1486-15-18b　佛典殘片

印本。西州回鶻時期。

LM20-1486-15-19　《大般若波羅蜜多經》卷六七

唐玄奘譯，CBETA, T05, no.220, p.377, a19–23。印本。西州回鶻時期。

LM20-1486-16-01a　《中阿含經》卷三

東晉僧伽提婆譯，CBETA, T01, no.26, p.434, c17–19。印本。西州回鶻時期。

LM20-1486-16-01b　《增壹阿含經》卷五一

東晉僧伽提婆譯，CBETA, T02, no.125, p.825, c11–13。印本。西州回鶻時期。

LM20-1486-16-02a　佛典殘片

印本。西州回鶻時期。

參：陳耕 2019, 361。

LM20-1486-16-02b　佛典殘片

印本。西州回鶻時期。

LM20-1486-16-02c　佛典殘片

印本。西州回鶻時期。

LM20-1486-16-03a　佛典殘片

LM20-1486-16-03b　佛典殘片

LM20-1486-16-04　《大般若波羅蜜多經》

唐玄奘譯，此段文字多處可見。印本。西州回鶻時期。

LM20-1486-16-05　《佛説最上根本大樂金剛不空三昧大教王經》卷七

北宋法賢譯，CBETA, T08, no.244, p.819, c24-27。印本。西州回鶻時期。

參：《旅博選粹》, 194；竺沙雅章 2006, 124、132；李際寧 2006, 233。

LM20-1486-16-06　《大般若波羅蜜多經》

唐玄奘譯，此段文字多處可見。印本。西州回鶻時期。

LM20-1486-16-07　《大般若波羅蜜多經》

唐玄奘譯，此段文字多處可見。印本。西州回鶻時期。

LM20-1486-16-08　《大般若波羅蜜多經》

唐玄奘譯，此段文字多處可見。印本。西州回鶻時期。

LM20-1486-16-09　《大般若波羅蜜多經》卷二六二

唐玄奘譯，CBETA, T06, no.220, p.327, c22-26。印本。西州回鶻時期。

LM20-1486-16-10　《新集藏經音義隨函録》

後晉可洪撰，CBETA, K35, no.1257, p.178, c8-9。有朱筆劃痕。印本。西州回鶻時期。

LM20-1486-17-01　《摩訶僧祇律》卷五

東晉佛陀跋陀羅、法顯譯，CBETA, T22, no.1425, p.263, b16-18。印本。西州回鶻時期。

LM20-1486-17-02　《阿毗達磨發智論》卷一二

唐玄奘譯，CBETA, T26, no.1544, p.981, b17-18。印本。西州回鶻時期。

LM20-1486-17-03　《摩訶僧祇律》卷五

東晉佛陀跋陀羅、法顯譯，CBETA, T22, no.1425, p.264, b25-27，"言置"作"將詣"。印本。西州回鶻時期。

LM20-1486-17-04　《妙法蓮華經》卷三

姚秦鳩摩羅什譯，CBETA, T09, no.262, p.20, a3-7。印本。西州回鶻時期。

LM20-1486-17-05　《阿毗達磨發智論》卷一二

唐玄奘譯，CBETA, T26, no.1544, p.981, b17-18。印本。時期

LM20-1486-17-06　《阿毗達磨發智論》卷一二

唐玄奘譯，CBETA, T26, no.1544, p.981, b13-15。印本。西州回鶻時期。

LM20-1486-17-07　《大般若波羅蜜多經》卷一六〇

唐玄奘譯，CBETA, T05, no.220, p.864, b20-24。印本。西州回鶻時期。

LM20-1486-17-08　《雜阿含經》卷五

劉宋求那跋陀羅譯，CBETA，T02，no.99，p.30，b13–20。印本。西州回鶻時期。

LM20-1486-17-09a　《大般若波羅蜜多經》卷四四一

唐玄奘譯，CBETA，T07，no.220，p.225，b27–29。第 1 行右夾刻小字 "般若四百四十一" "十"。西州回鶻時期。

LM20-1486-17-09b　《大般若波羅蜜多經》卷四四一

唐玄奘譯，此段文字多處可見。第 2 行左夾刻小字 "般若四百四十一"。印本。第 1 行貼附於 LM20-1486-17-09a 下，無法揭取。西州回鶻時期。

LM20-1486-18-01　《大般若波羅蜜多經》卷二八二

唐玄奘譯，此段文字多處可見。印本。西州回鶻時期。

參：李際寧 2006，232。

LM20-1486-18-02　佛典殘片

印本。西州回鶻時期。

LM20-1486-18-03　《阿毗達磨俱舍論》卷一〇

唐玄奘譯，CBETA，T29，no.1558，p.54，a15–18。第 2 行 "處" 字欄外校作 "緣"，與今本同。印本。西州回鶻時期。

參：李際寧 2006，233。

LM20-1486-18-04　《阿毗達磨俱舍論》卷一七

唐玄奘譯，CBETA，T29，no.1558，p.89，a23–25。第 1 行右夾刻小字 "經"，第 1、2 行間夾刻小字 "二□"。印本。西州回鶻時期。

LM20-1486-18-05　佛典殘片

印本。西州回鶻時期。

LM20-1486-18-06　《大般若波羅蜜多經》卷九五

唐玄奘譯，CBETA，T05，no.220，p.527，c16–19。印本。西州回鶻時期。

LM20-1486-18-07a　《大般若波羅蜜多經》

唐玄奘譯，此段文字多處可見。印本。西州回鶻時期。

LM20-1486-18-07b　《大般若波羅蜜多經》

唐玄奘譯，此段文字多處可見。印本。西州回鶻時期。

LM20-1486-18-08a　佛典殘片

印本。西州回鶻時期。

LM20-1486-18-08b　佛典殘片

印本。西州回鶻時期。

LM20-1486-18-08c　佛典殘片

印本。西州回鶻時期。

LM20-1486-18-09　《大般若波羅蜜多經》

唐玄奘譯，此段文字多處可見。印本。西州回鶻時期。

LM20-1486-18-10a　《大般若波羅蜜多經》

唐玄奘譯，此段文字多處可見。印本。西州回鶻時期。

LM20-1486-18-10b　《大般若波羅蜜多經》卷五三三

唐玄奘譯，CBETA, T07, no.220, p.738, a6-8。印本。西州回鶻時期。

LM20-1486-18-11a　《大般若波羅蜜多經》

唐玄奘譯，此段文字多處可見。印本。西州回鶻時期。

LM20-1486-18-11b　《大般若波羅蜜多經》

唐玄奘譯，此段文字多處可見。印本。西州回鶻時期。

LM20-1486-18-12　《大般若波羅蜜多經》

唐玄奘譯，此段文字多處可見。印本。西州回鶻時期。

LM20-1486-18-13　《增壹阿含經》卷七

東晉僧伽提婆譯，CBETA, T02, no.125, p.578, a8-11。印本。西州回鶻時期。

LM20-1486-19-01　《大般若波羅蜜多經》經題

唐玄奘譯，此段文字多處可見。西州回鶻時期。

參：陳耕 2019, 353-357。

LM20-1486-19-02　《大般若波羅蜜多經》

唐玄奘譯，此段文字多處可見。印本。西州回鶻時期。

參：《旅博選粹》，196；李際寧 2006, 231。

LM20-1486-19-03　《大般若波羅蜜多經》

唐玄奘譯，此段文字多處可見。西州回鶻時期。

LM20-1486-19-04　《摩訶僧祇律》卷三八

東晉佛陀跋陀羅、法顯譯，CBETA, T22, no.1425, p.528, c25-27。印本。西州回鶻時期。

LM20-1486-19-05　佛典殘片

印本。西州回鶻時期。

LM20-1486-19-06　《大般若波羅蜜多經》卷五七七

唐玄奘譯，CBETA, T07, no.220, p.982, b6-8。印本。西州回鶻時期。

LM20-1486-19-07a　佛典殘片

印本。西州回鶻時期。

LM20-1486-19-07b　殘片

西州回鶻時期。

LM20-1486-19-08　《雜阿含經》卷九

劉宋求那跋陀羅譯，CBETA, T02, no.99, p.57, a3-5。印本。西州回鶻時期。

LM20-1486-19-09　《瑜伽師地論》卷九

唐玄奘譯，CBETA, T30, no.1579, p.322, a11–12。行間夾刻小字"瑜伽九"。印本。西州回鶻時期。

參: 李際寧 2006, 233。

LM20-1486-19-10　佛典殘片

參唐玄奘譯《大般若波羅蜜多經》卷三三三，CBETA, T06, no.220, p.705, c23–24。印本。西州回鶻時期。

LM20-1486-19-11a　《大般若波羅蜜多經》

唐玄奘譯，此段文字多處可見。印本。西州回鶻時期。

LM20-1486-19-11b　《長阿含經》卷一八

姚秦佛陀耶舍、竺佛念譯，CBETA, T01, no.1, p.117, a10–11。印本。西州回鶻時期。

LM20-1486-19-12　《大般若波羅蜜多經》

唐玄奘譯，此段文字多處可見。印本。西州回鶻時期。

LM20-1486-19-13　佛典殘片

印本。西州回鶻時期。

LM20-1486-19-14　佛典殘片

印本。西州回鶻時期。

LM20-1486-19-15　《妙法蓮華經》卷三

姚秦鳩摩羅什譯，CBETA, T09, no.262, p.24, b25–26。有朱筆句讀。印本。西州回鶻時期。

LM20-1486-19-16　殘片

印本。西州回鶻時期。

LM20-1486-20-01　《長阿含經》卷四

姚秦佛陀耶舍、竺佛念譯，CBETA, T01, no.1, p.29, b15–17。印本。西州回鶻時期。

參: 李際寧 2006, 233。

LM20-1486-20-02　《大般若波羅蜜多經》卷四四一

唐玄奘譯，CBETA, T07, no.220, p.225, c4–5。印本。西州回鶻時期。

LM20-1486-20-03　佛典殘片

印本。西州回鶻時期。

LM20-1486-20-04　佛典殘片

印本。西州回鶻時期。

LM20-1486-20-05　佛典殘片

印本。西州回鶻時期。

LM20-1486-20-06a　無字殘片

LM20-1486-20-06b　佛典殘片

印本。西州回鶻時期。

LM20-1486-20-07　佛典殘片

印本。西州回鶻時期。

LM20-1486-20-08　《妙法蓮華經》卷三

姚秦鳩摩羅什譯，CBETA，T09，no.262，p.23，b6-7。有朱筆句讀。印本。西州回鶻時期。

LM20-1486-20-09　佛典殘片

印本。西州回鶻時期。

LM20-1486-20-10　佛典殘片

印本。西州回鶻時期。

LM20-1486-20-11　佛典殘片

參東晉佛陀跋陀羅、法顯譯《摩訶僧祇律》卷二九，CBETA，T22，no.1425，p.466，a2-3。
印本。西州回鶻時期。

LM20-1486-20-12a　佛典殘片

印本。西州回鶻時期。

LM20-1486-20-12b　《大般若波羅蜜多經》卷三二六

唐玄奘譯，CBETA，T06，no.220，p.669，b26-27。印本。西州回鶻時期。

LM20-1486-20-13　佛典殘片

印本。西州回鶻時期。

LM20-1486-20-14　《大般若波羅蜜多經》卷三五三

唐玄奘譯，CBETA，T06，no.220，p.817，b22-23。印本。西州回鶻時期。

LM20-1486-20-15　佛典殘片

印本。西州回鶻時期。

參：陳耕 2019，347。

LM20-1486-20-16a　《大般若波羅蜜多經》

唐玄奘譯，此段文字多處可見。印本。西州回鶻時期。

LM20-1486-20-16b　《大般若波羅蜜多經》

唐玄奘譯，此段文字多處可見。印本。西州回鶻時期。

LM20-1486-20-16c　《大般若波羅蜜多經》

唐玄奘譯，此段文字多處可見。印本。西州回鶻時期。

LM20-1486-20-16d　《大般若波羅蜜多經》

唐玄奘譯，此段文字多處可見。印本。西州回鶻時期。

LM20-1486-20-16e　《大般若波羅蜜多經》

唐玄奘譯，此段文字多處可見。印本。西州回鶻時期。

LM20-1486-20-16f　《大般若波羅蜜多經》

唐玄奘譯，此段文字多處可見。印本。西州回鶻時期。

LM20-1486-20-17 《大般若波羅蜜多經》卷五一一

唐玄奘譯，CBETA, T07, no.220, p.607, b3-6。印本。西州回鶻時期。

LM20-1486-20-18 殘片

印本。西州回鶻時期。

LM20-1486-20-19 《大般若波羅蜜多經》

唐玄奘譯，此段文字多處可見。西州回鶻時期。

參：陳耕 2019, 352、355。

LM20-1486-21-01 《大般若波羅蜜多經》卷五四二

唐玄奘譯，CBETA, T07, no.220, p.788, a8-15。印本。西州回鶻時期。

參：竺沙雅章 2006, 121、129。

LM20-1486-21-02 《大般若波羅蜜多經》卷三四五經題

唐玄奘譯。印本。西州回鶻時期。

LM20-1486-21-03 佛典殘片

印本。西州回鶻時期。

LM20-1486-21-04 佛典殘片

印本。西州回鶻時期。

參：陳耕 2019, 347。

LM20-1486-21-05 佛典殘片

印本。西州回鶻時期。

LM20-1486-21-06a 佛典殘片

印本。西州回鶻時期。

LM20-1486-21-06b 佛典殘片

印本。西州回鶻時期。

LM20-1486-21-07 佛典殘片

印本。西州回鶻時期。

LM20-1486-21-08 《增壹阿含經》卷二八

東晉僧伽提婆譯，CBETA, T02, no.125, p.707, c18-19。印本。西州回鶻時期。

LM20-1486-21-09a 佛典殘片

西州回鶻時期。

LM20-1486-21-09b 佛經扉畫

印本。西州回鶻時期。

LM20-1486-21-10 佛典殘片

印本。西州回鶻時期。

LM20-1486-21-11　　佛典殘片

印本。西州回鶻時期。

LM20-1486-21-12　　佛典殘片

印本。西州回鶻時期。

LM20-1486-21-13a　　佛典殘片

印本。西州回鶻時期。

LM20-1486-21-13b　　佛典殘片

印本。西州回鶻時期。

LM20-1486-21-14　　佛典殘片

印本。西州回鶻時期。

LM20-1486-21-15a　　佛典殘片

印本。西州回鶻時期。

LM20-1486-21-15b　　佛典殘片

印本。西州回鶻時期。

LM20-1486-21-16　　佛典殘片

印本。西州回鶻時期。

LM20-1486-21-17a　　佛典殘片

印本。西州回鶻時期。

LM20-1486-21-17b　　佛典殘片

印本。西州回鶻時期。

LM20-1486-21-17c　　佛典殘片

印本。西州回鶻時期。

LM20-1486-22-01　　《大般若波羅蜜多經》卷六二

唐玄奘譯，CBETA，T05，no.220，p.349，b19-c14。印本。西州回鶻時期。

參：《旅博選粹》，193；李際寧 2006，231；竺沙雅章 2006，121、129。

LM20-1486-22-02　　《大般若波羅蜜多經》卷六二

唐玄奘譯，CBETA，T05，no.220，p.349，b11-18。印本。西州回鶻時期。

LM20-1486-22-03　　《阿育王經》卷七

梁僧伽婆羅譯，CBETA，T50，no.2043，p.154，a28-b4。印本。西州回鶻時期。

參：陳耕 2019，346。

LM20-1486-22-04　　《大般若波羅蜜多經》卷四四五

唐玄奘譯，CBETA，T07，no.220，p.243，a8-12。印本。西州回鶻時期。

LM20-1486-22-05　　《雜阿含經》卷一二

劉宋求那跋陀羅譯，CBETA，T02，no.99，p.83，a9-11。第 1、2 行間夾刻小字"雜阿含十二"。印本。西州回鶻時期。

LM20-1486-23-01 《妙法蓮華經》卷一

姚秦鳩摩羅什譯，CBETA, T09, no.262, p.9, b21-28。西州回鶻時期。

參：陳耕 2019, 354。

LM20-1486-23-02 《金光明最勝王經》卷五

唐義净譯，CBETA, T16, no.665, p.425, a16-22。第 1、2 行刻有小字 "无" 及卍字。印本。

西州回鶻時期。

參：《旅博選粹》, 199; 竺沙雅章 2006, 126、133。

LM20-1486-23-03 《增壹阿含經》卷一三

東晉僧伽提婆譯，CBETA, T02, no.125, p.614, b10-16。印本。西州回鶻時期。

LM20-1486-23-04 《大般若波羅蜜多經》卷二六二

唐玄奘譯，CBETA, T06, no.220, p.326, c12-20。印本。西州回鶻時期。

LM20-1486-24-01 《沙彌羅經》

譯者不詳，CBETA, T17, no.750, p.572, c8-10。印本。西州回鶻時期。

LM20-1486-24-02 佛典殘片

印本。西州回鶻時期。

LM20-1486-24-03 《大唐三藏聖教序》

唐太宗撰。印本。西州回鶻時期。

參：陳耕 2019, 347、348。

LM20-1486-24-04 《大般若波羅蜜多經》卷二六二

唐玄奘譯，CBETA, T06, no.220, p.329, a20-22。印本。西州回鶻時期。

LM20-1486-24-05 《增壹阿含經》卷一三

東晉僧伽提婆譯，CBETA, T02, no.125, p.614, b23-26。印本。西州回鶻時期。

LM20-1486-24-06 《大般若波羅蜜多經》卷六二

唐玄奘譯，CBETA, T05, no.220, p.349, b5-10。印本。西州回鶻時期。

LM20-1486-24-07 《大般若波羅蜜多經》卷四四八

唐玄奘譯，CBETA, T07, no.220, p.264, a3-6。印本。西州回鶻時期。

LM20-1486-24-08 《增壹阿含經》卷一三

東晉僧伽提婆譯，CBETA, T02, no.125, p.614, b16-2。印本。西州回鶻時期。

LM20-1486-25-01 《大般若波羅蜜多經》卷四〇四

唐玄奘譯，CBETA, T07, no.220, p.22, c13-16。印本。西州回鶻時期。

LM20-1486-25-02 《雜阿含經》卷一二

劉宋求那跋陀羅譯，CBETA, T02, no.99, p.83, a19-22。印本。西州回鶻時期。

LM20-1486-25-03 《大般若波羅蜜多經》

唐玄奘譯，此段文字多處可見。印本。西州回鶻時期。

LM20-1486-25-04　《雜阿含經》卷三

劉宋求那跋陀羅譯，CBETA, T02, no.99, p.15, b14–17。印本。西州回鶻時期。

LM20-1486-25-05　《大般若波羅蜜多經》卷二〇四

唐玄奘譯，CBETA, T06, no.220, p.18, b27–c1。印本。西州回鶻時期。

參：陳耕 2019, 355。

LM20-1486-25-06　《大般若波羅蜜多經》卷二九四

唐玄奘譯，CBETA, T06, no.220, p.493, c15–22。印本。西州回鶻時期。

參：陳耕 2019, 352、355。

LM20-1486-26-01　《雜阿含經》卷一七

劉宋求那跋陀羅譯 CBETA, T02, no.99, p.118, a3–5。印本。西州回鶻時期。

LM20-1486-26-02　《大般若波羅蜜多經》卷五一一

唐玄奘譯，CBETA, T07, no.220, p.611, b28–c2。印本。西州回鶻時期。

LM20-1486-26-03　佛典殘片

印本。西州回鶻時期。原圖正面向内粘貼。

LM20-1486-26-04　《增壹阿含經》卷三一

東晉僧伽提婆譯，CBETA, T02, no.125, p.722, a20–23。印本。西州回鶻時期。

參：陳耕 2019, 347。

LM20-1486-26-05　《大般若波羅蜜多經》卷三六二

唐玄奘譯，CBETA, T06, no.220, p.868, b21–23。印本。西州回鶻時期。

LM20-1486-26-06　《雜阿含經》卷四一

劉宋求那跋陀羅譯，CBETA, T02, no.99, p.301, b10–12。行間夾刻小字“息”。印本。西州回鶻時期。

LM20-1486-26-07　《大般若波羅蜜多經》卷三七五

唐玄奘譯，CBETA, T06, no.220, p.934, b6–11。印本。西州回鶻時期。

LM20-1486-26-08　《大般若波羅蜜多經》卷三一三

唐玄奘譯，CBETA, T06, no.220, p.595, c3–8。印本。西州回鶻時期。

LM20-1486-26-09　《大般若波羅蜜多經》卷四七一

唐玄奘譯，CBETA, T07, no.220, p.387, a1–5。印本。西州回鶻時期。

LM20-1486-26-10　《大般若波羅蜜多經》卷二三九

唐玄奘譯，CBETA, T06, no.220, p.205, b14–23, 第 8 行“法界”作“一切”。印本。西州回鶻時期。

LM20-1486-27-01　《大般若波羅蜜多經》卷五四六

唐玄奘譯，CBETA, T07, no.220, p.810, a23–27。印本。西州回鶻時期。

LM20-1486-27-02　《大般若波羅蜜多經》卷五九

唐玄奘譯，此段文字多處可見。印本。西州回鶻時期。

LM20-1486-27-03　《妙法蓮華經》卷二

姚秦鳩摩羅什譯，CBETA, T09, no.262, p.15, c1–5。印本。西州回鶻時期。

LM20-1486-27-04　《雜阿含經》卷一

劉宋求那跋陀羅譯，CBETA, T02, no.99, p.7, a29–b3。印本。西州回鶻時期。

LM20-1486-27-05　《大般若波羅蜜多經》卷二六二

唐玄奘譯，CBETA, T06, no.220, p.329, a25–b1。印本。西州回鶻時期。

LM20-1486-27-06　《大般若波羅蜜多經》卷四七〇

唐玄奘譯，CBETA, T07, no.220, p.380, b18–21。印本。西州回鶻時期。

LM20-1486-27-07　《大般若波羅蜜多經》卷四四五

唐玄奘譯，CBETA, T07, no.220, p.245, c19–21。印本。西州回鶻時期。

LM20-1486-27-08　《大般若波羅蜜多經》卷七

唐玄奘譯，CBETA, T05, no.220, p.34, c8–10。印本。西州回鶻時期。

LM20-1486-27-09　《佛説無常經》

唐義净譯，CBETA, T17, no.801, p.746, b4–6。印本。西州回鶻時期。

LM20-1486-27-10　佛典殘片

印本。西州回鶻時期。

LM20-1486-28-01　《大般若波羅蜜多經》卷二六二

唐玄奘譯，CBETA, T06, no.220, p.328, a5–10。印本。西州回鶻時期。

LM20-1486-28-02　《大般若波羅蜜多經》卷二五八

唐玄奘譯，CBETA, T06, no.220, p.304, c16–18。印本。西州回鶻時期。

LM20-1486-28-03　佛典殘片

印本。西州回鶻時期。

LM20-1486-28-04　《光讚經》卷一

西晉竺法護譯，CBETA, T08, no.222, p.148, a22–23。印本。西州回鶻時期。

LM20-1486-28-05　《大般若波羅蜜多經》卷一九〇

唐玄奘譯，此段文字多處可見。印本。西州回鶻時期。

LM20-1486-28-06　《大般若波羅蜜多經》卷一九〇

唐玄奘譯，此段文字多處可見。印本。西州回鶻時期。

LM20-1486-28-07　《妙法蓮華經》卷一

姚秦鳩摩羅什譯，CBETA, T09, no.262, p.9, c2–8。印本。西州回鶻時期。

參：陳耕 2019, 354。

LM20-1486-28-08　《妙法蓮華經》卷二

姚秦鳩摩羅什譯，CBETA，T09，no.262，p.17，c8–12。印本。西州回鶻時期。

LM20-1486-28-09 《大般若波羅蜜多經》卷三一三

唐玄奘譯，CBETA，T06，no.220，p.598，c24–27。印本。西州回鶻時期。

LM20-1486-28-10 佛典殘片

印本。西州回鶻時期。

LM20-1486-28-11 佛典殘片

印本。西州回鶻時期。

LM20-1486-28-12 《大般若波羅蜜多經》

唐玄奘譯，此段文字多處可見。印本。西州回鶻時期。

LM20-1486-28-13a 《大般若波羅蜜多經》卷三〇六

唐玄奘譯，CBETA，T06，no.220，p.560，b6–11。印本。西州回鶻時期。

LM20-1486-28-13b 佛典殘片

印本。西州回鶻時期。

LM20-1486-28-14a 《妙法蓮華經》卷二

姚秦鳩摩羅什譯，CBETA，T09，no.262，p.17，b24–25。唐時期。

LM20-1486-28-14b 《長阿含經》卷一七

姚秦佛陀耶舍、竺佛念譯，CBETA，T01，no.1，p.107，c17–19。行間夾刻小字"十七"。印本。西州回鶻時期。

LM20-1486-29-01 《大般若波羅蜜多經》卷三六〇

唐玄奘譯，CBETA，T06，no.220，p.853，c4–9。行間夾刻小字"般若三百六十"。印本。西州回鶻時期。

參：《旅博選粹》，193；李際寧 2006，232。

LM20-1486-29-02 無字殘片

LM20-1486-29-03 《大般若波羅蜜多經》卷五四六

唐玄奘譯，CBETA，T07，no.220，p.812，c2–4。行間夾刻小字"十"。印本。西州回鶻時期。

LM20-1486-29-04 《合部金光明經》卷二

梁真諦譯，隋寶貴合，CBETA，T16，no.664，p.371，a21–22。行間夾刻小字"十。"印本。西州回鶻時期。

LM20-1486-29-05 《合部金光明經》卷六

北涼曇無讖譯，隋寶貴合，CBETA，T16，no.664，p.387，c19–20。印本。西州回鶻時期。

LM20-1486-29-06 《大般若波羅蜜多經》卷一六五

唐玄奘譯，CBETA，T05，no.220，p.886，b8–11。印本。西州回鶻時期。

LM20-1486-29-07 《阿毗達磨順正理論》卷八〇

唐玄奘譯，CBETA，T29，no.1562，p.773，b22。行間夾刻小字"正理論八十"。印本。西州回鶻時期。

參：李際寧 2006，233。

LM20-1486-29-08　《大般若波羅蜜多經》卷四三六

唐玄奘譯，CBETA，T07，no.220，p.195，b21。印本。西州回鶻時期。

LM20-1486-29-09　佛典殘片

唐時期。

LM20-1486-29-10　《大唐龍興三藏聖教序》

唐中宗撰。參《中華大藏經》（漢文部分）第 36 册，425。印本。西州回鶻時期。

參：陳耕 2019，346；李紅揚 2020，72-73。

LM20-1486-29-11　佛典殘片

印本。西州回鶻時期。

LM20-1486-29-12　佛典殘片

印本。有戳記。西州回鶻時期。

參：李際寧 2002b，20-25。

LM20-1486-29-13　《妙法蓮華經》卷二

姚秦鳩摩羅什譯，CBETA，T09，no.262，p.16，c18-19。唐時期。

LM20-1486-29-14　《大般若波羅蜜多經》卷一三五

唐玄奘譯，CBETA，T05，no.220，p.737，b26-28。印本。西州回鶻時期。

LM20-1486-29-15　《大般若波羅蜜多經》卷一九五

唐玄奘譯，CBETA，T05，no.220，p.1047，a15-17。印本。西州回鶻時期。

LM20-1486-29-16　《大般若波羅蜜多經》卷一四七

唐玄奘譯，CBETA，T05，no.220，p.796，c12-15。印本。西州回鶻時期。

LM20-1486-29-17　《大般若波羅蜜多經》

唐玄奘譯，此段文字多處可見。印本。西州回鶻時期。

LM20-1486-30-01　《妙法蓮華經》卷一

姚秦鳩摩羅什譯，CBETA，T09，no.262，p.9，c3-8。受水浸泡。印本。西州回鶻時期。

參：陳耕 2019，354。

LM20-1486-30-02　《大般若波羅蜜多經》卷四四五

唐玄奘譯，CBETA，T07，no.220，p.245，b26-28。印本。西州回鶻時期。

LM20-1486-30-03　胡語殘片

西州回鶻時期。

LM20-1486-30-04　《中阿含經》卷九

東晉僧伽提婆譯，CBETA，T01，no.26，p.478，c21-23。印本。西州回鶻時期。

LM20-1486-30-05　佛典殘片

印本。西州回鶻時期。

LM20-1486-30-06　無字殘片

印本。西州回鶻時期。

LM20-1486-30-07a　佛典殘片

印本。西州回鶻時期。

LM20-1486-30-07b　《阿毗達磨俱舍論》卷五

唐玄奘譯，CBETA，T29，no.1558，p.28，a11–13。印本。西州回鶻時期。

LM20-1486-30-08　佛典殘片

受水浸泡，字迹無法辨認。印本。西州回鶻時期。

LM20-1486-30-09　《阿毗達磨俱舍論》卷五

唐玄奘譯，CBETA，T29，no.1558，p.28，a12–14。印本。西州回鶻時期。

LM20-1486-30-10　《大般若波羅蜜多經》卷五四六

唐玄奘譯，CBETA，T07，no.220，p.811，a21–25。印本。西州回鶻時期。

LM20-1486-30-11　佛典殘片

印本。西州回鶻時期。

LM20-1486-30-12　佛典殘片

印本。西州回鶻時期。

LM20-1486-30-13　佛典殘片

印本。西州回鶻時期。

LM20-1486-30-14a　《大般若波羅蜜多經》卷八

唐玄奘譯，CBETA，T05，no.220，p.40，c1–5。印本。下貼附 LM20-1486-30-14b。西州回鶻時期。

LM20-1486-30-14b　禮懺文

印本。下貼附 LM20-1486-30-14c。西州回鶻時期。

LM20-1486-30-14c　殘片

印本。西州回鶻時期。

LM20-1486-30-15　《廣大寶樓閣善住祕密陀羅尼經》卷中

唐菩提流志譯，CBETA，T19，no.1006，p.643，c14–16。印本。西州回鶻時期。

LM20-1486-30-16　佛典殘片

印本。西州回鶻時期。

LM20-1486-30-17　《大般若波羅蜜多經》卷四〇四

唐玄奘譯，CBETA，T07，no.220，p.22，c13–18。行間夾刻小字“若四百四”“十四”。印本。西州回鶻時期。

LM20-1486-30-18　佛典殘片

印本。西州回鶻時期。

LM20-1486-30-19 《中阿含經》卷三九

東晉僧伽提婆譯，CBETA, T01, no.26, p.673, b12-13。印本。西州回鶻時期。

LM20-1486-30-20 佛典殘片

印本。西州回鶻時期。

LM20-1486-30-21 佛典殘片

印本。西州回鶻時期。

LM20-1486-30-22 《長阿含經》卷一五

姚秦佛陀耶舍、竺佛念譯，CBETA, T01, no.1, p.96, b17-21。印本。西州回鶻時期。

LM20-1486-31-01a 《大般若波羅蜜多經》卷二六二

唐玄奘譯，CBETA, T06, no.220, p.327, c11-14。印本。西州回鶻時期。

LM20-1486-31-01b 佛典殘片

印本。西州回鶻時期。

LM20-1486-31-02 《釋摩訶衍論》卷二

姚秦筏提摩多譯，CBETA, T32, no.1668, p.610, a5-7。印本。西州回鶻時期。
參：《旅博選粹》，196。

LM20-1486-31-03 佛典殘片

參唐玄奘譯《阿毗達磨俱舍論》卷六，CBETA, T29, no.1558, p.30, c16-17; 唐玄奘譯《阿毗達磨順正理論》卷一五，CBETA, T29, no.1562, p.418, c12-13。印本。西州回鶻時期。

LM20-1486-31-04 佛典殘片

印本。西州回鶻時期。

LM20-1486-31-05 《大般若波羅蜜多經》

唐玄奘譯，此段文字多處可見。印本。西州回鶻時期。

LM20-1486-31-06 佛典殘片

印本。西州回鶻時期。

LM20-1486-31-07 佛教咒語

印本。西州回鶻時期。

LM20-1486-31-08a 佛典殘片

印本。西州回鶻時期。

LM20-1486-31-08b 佛典殘片

印本。西州回鶻時期。

LM20-1486-31-08c 佛典殘片

印本。西州回鶻時期。

LM20-1486-31-08d 佛典殘片

印本。西州回鶻時期。

LM20-1486-31-08e　佛典殘片

印本。西州回鶻時期。

LM20-1486-31-08f　佛典殘片

印本。西州回鶻時期。

LM20-1486-31-08g　佛典殘片

印本。西州回鶻時期。

LM20-1486-31-08h　佛典殘片

印本。西州回鶻時期。

LM20-1486-31-08i　佛典殘片

印本。西州回鶻時期。

LM20-1486-31-08j　佛典殘片

印本。西州回鶻時期。

LM20-1486-31-08k　佛典殘片

印本。西州回鶻時期。

LM20-1486-31-09　《大般若波羅蜜多經》

唐玄奘譯,此段文字多處可見。印本。西州回鶻時期。

LM20-1486-31-10　佛典殘片

印本。西州回鶻時期。

LM20-1486-31-11　佛教咒語

印本。西州回鶻時期。

LM20-1486-31-12　佛典殘片

印本。西州回鶻時期。

LM20-1486-31-13　佛教咒語

印本。西州回鶻時期。

LM20-1486-31-14a　佛典殘片

印本。西州回鶻時期。

LM20-1486-31-14b　佛典殘片

印本。西州回鶻時期。

LM20-1486-31-14c　佛典殘片

印本。西州回鶻時期。

LM20-1486-31-15a　《妙法蓮華經》卷四

姚秦鳩摩羅什譯,CBETA,T09,no.262,p.36,a15。有朱筆句讀。印本。西州回鶻時期。

LM20-1486-31-15b　佛典殘片

印本。西州回鶻時期。

LM20-1486-31-16　《大般若波羅蜜多經》卷五六九

唐玄奘譯，CBETA, T07, no.220, p.939, a29–b2。印本。西州回鶻時期。

LM20-1486-31-17a　佛典殘片

印本。西州回鶻時期。

LM20-1486-31-17b　佛典殘片

印本。西州回鶻時期。

LM20-1486-31-18　《大般若波羅蜜多經》卷五八五

唐玄奘譯，CBETA, T07, no.220, p.1024, c2–5。印本。西州回鶻時期。

LM20-1486-31-19　《大般若波羅蜜多經》卷五六七

唐玄奘譯，CBETA, T07, no.220, p.928, a25–26。印本。西州回鶻時期。

LM20-1486-31-20　《增壹阿含經》卷五一

東晉僧伽提婆譯，CBETA, T02, no.125, p.829, c21–22。印本。西州回鶻時期。

LM20-1486-31-21　佛典殘片

參唐玄奘譯《大般若波羅蜜多經》卷五〇五，CBETA, T07, no.220, p.574, c15–17。印本。
西州回鶻時期。

LM20-1486-31-22　佛典殘片

印本。西州回鶻時期。

LM20-1486-31-23a　《大般若波羅蜜多經》

唐玄奘譯，此段文字多處可見。印本。西州回鶻時期。

參：陳耕 2019, 358。

LM20-1486-31-23b　《大般若波羅蜜多經》

唐玄奘譯，此段文字多處可見。印本。西州回鶻時期。

LM20-1486-31-24a　佛典殘片

印本。西州回鶻時期。

LM20-1486-31-24b　佛典殘片

印本。西州回鶻時期。

LM20-1486-31-25a　佛典殘片

西州回鶻時期。

LM20-1486-31-25b　佛典殘片

印本。西州回鶻時期。

LM20-1486-31-26a　佛典殘片

印本。西州回鶻時期。

LM20-1486-31-26b　佛典殘片

印本。西州回鶻時期。

LM20-1486-32-01a　佛典殘片

印本。西州回鶻時期。

LM20-1486-32-01b　佛典殘片

印本。西州回鶻時期。

LM20-1486-32-01c　佛典殘片

印本。西州回鶻時期。

LM20-1486-32-01d　佛典殘片

印本。西州回鶻時期。

LM20-1486-32-01e　佛典殘片

印本。西州回鶻時期。

LM20-1486-32-02a　佛典殘片

印本。西州回鶻時期。

LM20-1486-32-02b　佛典殘片

印本。西州回鶻時期。

LM20-1486-32-02c　佛典殘片

印本。西州回鶻時期。

LM20-1486-32-02d　佛典殘片

印本。西州回鶻時期。

LM20-1486-32-02e　佛典殘片

印本。西州回鶻時期。

LM20-1486-32-03a　佛典殘片

印本。西州回鶻時期。

LM20-1486-32-03b　佛典殘片

印本。西州回鶻時期。

LM20-1486-32-03c　佛典殘片

印本。西州回鶻時期。

LM20-1486-32-03d　佛典殘片

印本。西州回鶻時期。

LM20-1486-32-03e　佛典殘片

印本。西州回鶻時期。

LM20-1486-32-03f　佛典殘片

印本。西州回鶻時期。

LM20-1486-32-04a　佛典殘片

印本。西州回鶻時期。

LM20-1486-32-04b　佛典殘片

印本。西州回鶻時期。

LM20-1486-32-04c　《大般若波羅蜜多經》

唐玄奘譯，此段文字多處可見。印本。西州回鶻時期。

LM20-1486-32-04d　佛典殘片

印本。西州回鶻時期。

LM20-1486-32-05a　佛典殘片

印本。西州回鶻時期。

LM20-1486-32-05b　佛典殘片

印本。西州回鶻時期。

LM20-1486-32-05c　佛典殘片

印本。西州回鶻時期。

LM20-1486-32-05d　佛典殘片

印本。西州回鶻時期。

LM20-1486-32-06a　《大般若波羅蜜多經》

唐玄奘譯，此段文字多處可見。印本。西州回鶻時期。

LM20-1486-32-06b　佛典殘片

印本。西州回鶻時期。

LM20-1486-32-06c　《大般若波羅蜜多經》

唐玄奘譯，此段文字多處可見。印本。西州回鶻時期。

LM20-1486-32-06d　《大般若波羅蜜多經》

唐玄奘譯，此段文字多處可見。印本。西州回鶻時期。

LM20-1486-32-07a　《大般若波羅蜜多經》

唐玄奘譯，此段文字多處可見。印本。西州回鶻時期。

LM20-1486-32-07b　《大般若波羅蜜多經》卷四八三

唐玄奘譯，CBETA, T07, no.220, p.449, b28–29。印本。西州回鶻時期。

LM20-1486-32-07c　佛典殘片

印本。西州回鶻時期。

LM20-1486-32-07d　《大般若波羅蜜多經》

唐玄奘譯，此段文字多處可見。印本。西州回鶻時期。

LM20-1486-32-08a　《大般若波羅蜜多經》

唐玄奘譯，此段文字多處可見。印本。西州回鶻時期。

LM20-1486-32-08b　佛典殘片

印本。西州回鶻時期。

LM20-1486-32-09 《大般若波羅蜜多經》卷八七

唐玄奘譯，CBETA, T05, no.220, p.486, a18–20。印本。西州回鶻時期。

LM20-1486-32-10a 《大般若波羅蜜多經》

唐玄奘譯，此段文字多處可見。印本。西州回鶻時期。

LM20-1486-32-10b 《大般若波羅蜜多經》

唐玄奘譯，此段文字多處可見。印本。西州回鶻時期。

LM20-1486-32-11a 《大智度論》卷六二

姚秦鳩摩羅什譯，CBETA, T25, no.1509, p.496, c14–16。印本。西州回鶻時期。

LM20-1486-32-11b 《大般若波羅蜜多經》

唐玄奘譯，此段文字多處可見。印本。西州回鶻時期。

LM20-1486-32-11c 《大般若波羅蜜多經》

唐玄奘譯，此段文字多處可見。印本。西州回鶻時期。

LM20-1486-32-11d 佛典殘片

印本。西州回鶻時期。

LM20-1486-32-12a 佛典殘片

西州回鶻時期。

LM20-1486-32-12b 佛典殘片

印本。西州回鶻時期。

LM20-1486-32-12c 佛典殘片

印本。西州回鶻時期。

LM20-1486-32-12d 佛典殘片

印本。西州回鶻時期。

LM20-1486-32-13a 《大般若波羅蜜多經》

唐玄奘譯，此段文字多處可見。印本。西州回鶻時期。

LM20-1486-32-13b 《大般若波羅蜜多經》卷七六

唐玄奘譯，CBETA, T05, no.220, p.427, c9–10。第 2 行爲夾刻小字 "荒"。印本。西州回鶻時期。

LM20-1486-32-14a 佛典殘片

印本。西州回鶻時期。

LM20-1486-32-14b 佛典殘片

印本。西州回鶻時期。

LM20-1486-32-14c 佛典殘片

印本。西州回鶻時期。

LM20-1486-32-15a　佛典殘片

印本。西州回鶻時期。

LM20-1486-32-15b　《大般若波羅蜜多經》卷三八

唐玄奘譯，CBETA，T05，no.220，p.210，a29–b2。印本。西州回鶻時期。

LM20-1486-32-16　《大般若波羅蜜多經》卷一八四

唐玄奘譯，CBETA，T05，no.220，p.992，c18–24。印本。西州回鶻時期。

LM20-1486-32-17a　《大般若波羅蜜多經》四八三

唐玄奘譯，CBETA，T07，no.220，p.449，c16–19。印本。西州回鶻時期。

LM20-1486-32-17b　佛典殘片

印本。西州回鶻時期。

LM20-1486-32-18a　《大般若波羅蜜多經》

唐玄奘譯，此段文字多處可見。印本。西州回鶻時期。

LM20-1486-32-18b　佛典殘片

印本。西州回鶻時期。

LM20-1486-32-19a　《大般若波羅蜜多經》

唐玄奘譯，此段文字多處可見。印本。西州回鶻時期。

LM20-1486-32-19b　《大般若波羅蜜多經》

唐玄奘譯，此段文字多處可見。印本。西州回鶻時期。

LM20-1486-32-20a　《大般若波羅蜜多經》

唐玄奘譯，此段文字多處可見。印本。西州回鶻時期。

LM20-1486-32-20b　《大般若波羅蜜多經》

唐玄奘譯，此段文字多處可見。印本。西州回鶻時期。

LM20-1486-33-01a　佛典殘片

印本。西州回鶻時期。

LM20-1486-33-01b　佛典殘片

印本。西州回鶻時期。

LM20-1486-33-01c　佛典殘片

印本。西州回鶻時期。

LM20-1486-33-01d　佛典殘片

印本。西州回鶻時期。

LM20-1486-33-02　《大般若波羅蜜多經》卷六五

唐玄奘譯，CBETA，T05，no.220，p.364，c29–p.365，a1。印本。西州回鶻時期。

LM20-1486-33-03a　佛典殘片

印本。西州回鶻時期。

LM20-1486-33-03b　佛典殘片

印本。西州回鶻時期。

LM20-1486-33-04a　佛典殘片

印本。西州回鶻時期。

LM20-1486-33-04b　《大般若波羅蜜多經》

唐玄奘譯，此段文字多處可見。印本。西州回鶻時期。

LM20-1486-33-05a　佛典殘片

印本。西州回鶻時期。

LM20-1486-33-05b　佛典殘片

欄外寫小字"古□"。印本。西州回鶻時期。

LM20-1486-33-05c　佛典殘片

印本。西州回鶻時期。

LM20-1486-33-06a　佛典殘片

印本。西州回鶻時期。

LM20-1486-33-06b　佛典殘片

印本。西州回鶻時期。

LM20-1486-33-06c　佛典殘片

印本。西州回鶻時期。

LM20-1486-33-07a　《大般若波羅蜜多經》卷三八一

唐玄奘譯，CBETA，T06，no.220，p.969，c3-5。印本。西州回鶻時期。

LM20-1486-33-07b　《大般若波羅蜜多經》

唐玄奘譯，此段文字多處可見。印本。西州回鶻時期。

LM20-1486-33-07c　佛典殘片

印本。西州回鶻時期。

LM20-1486-33-08a　佛典殘片

印本。西州回鶻時期。

LM20-1486-33-08b　佛典殘片

印本。西州回鶻時期。

LM20-1486-33-09a　《大般若波羅蜜多經》

唐玄奘譯，此段文字多處可見。印本。西州回鶻時期。

LM20-1486-33-09b　《大般若波羅蜜多經》卷五一一

唐玄奘譯，CBETA，T07，no.220，p.612，c6-7。印本。西州回鶻時期。

LM20-1486-33-10a　佛典殘片

印本。西州回鶻時期。

LM20-1486-33-10b　佛典殘片

印本。西州回鶻時期。

LM20-1486-33-10c　佛典殘片

印本。西州回鶻時期。

LM20-1486-33-10d　佛典殘片

印本。西州回鶻時期。

LM20-1486-33-11a　佛典殘片

印本。西州回鶻時期。

LM20-1486-33-11b　佛典殘片

印本。西州回鶻時期。

LM20-1486-33-11c　佛典殘片

印本。西州回鶻時期。

LM20-1486-33-11d　佛典殘片

印本。西州回鶻時期。

LM20-1486-33-12a　《大般若波羅蜜多經》

唐玄奘譯，此段文字多處可見。印本。西州回鶻時期。

LM20-1486-33-12b　佛典殘片

印本。西州回鶻時期。

LM20-1486-33-13　《大般若波羅蜜多經》卷四

唐玄奘譯，CBETA, T05, no.220, p.17, c28-p.18, a1。印本。西州回鶻時期。

LM20-1486-33-14a　《大般若波羅蜜多經》卷四

唐玄奘譯，CBETA, T05, no.220, p.18, a9-10。印本。西州回鶻時期。

LM20-1486-33-14b　《大般若波羅蜜多經》

唐玄奘譯，此段文字多處可見。印本。西州回鶻時期。

LM20-1486-33-15a　《大般若波羅蜜多經》卷五六四

唐玄奘譯，CBETA, T07, no.220, p.910, b9-10。印本。西州回鶻時期。

LM20-1486-33-15b　《大般若波羅蜜多經》卷三一七

唐玄奘譯，CBETA, T06, no.220, p.615, c7-9。印本。西州回鶻時期。

LM20-1486-33-16　《大般若波羅蜜多經》

唐玄奘譯，此段文字多處可見。印本。西州回鶻時期。

LM20-1486-33-17a　佛典殘片

印本。西州回鶻時期。

LM20-1486-33-17b　佛典殘片

印本。西州回鶻時期。

LM20-1486-33-17c　佛典殘片

印本。西州回鶻時期。

LM20-1486-33-17d　佛典殘片

印本。西州回鶻時期。

LM20-1486-33-18a　佛典殘片

印本。西州回鶻時期。

LM20-1486-33-18b　佛典殘片

印本。西州回鶻時期。

LM20-1486-33-18c　《金剛般若波羅蜜經》

元魏菩提流支譯，CBETA，T08，no.236b，p.759，c24。唐時期。

LM20-1486-33-19a　佛典殘片

印本。西州回鶻時期。

LM20-1486-33-19b　佛典殘片

唐時期。

LM20-1486-33-20a　《大般若波羅蜜多經》

唐玄奘譯，此段文字多處可見。印本。西州回鶻時期。

LM20-1486-33-20b　《大般若波羅蜜多經》卷三八一

唐玄奘譯，CBETA，T06，no.220，p.967，c20–22。印本。西州回鶻時期。

LM20-1486-33-21a　《雜阿含經》卷三〇

劉宋求那跋陀羅譯，CBETA，T02，no.99，p.215，c11–13。印本。西州回鶻時期。

LM20-1486-33-21b　佛典殘片

印本。西州回鶻時期。

LM20-1486-33-21c　佛典殘片

印本。有貼附殘片，無法揭取。西州回鶻時期。

LM20-1486-33-22a　佛典殘片

印本。西州回鶻時期。

LM20-1486-33-22b　佛典殘片

印本。西州回鶻時期。

LM20-1486-33-22c　佛典殘片

印本。西州回鶻時期。

LM20-1486-33-22d　佛典殘片

印本。西州回鶻時期。

LM20-1486-33-23a　佛典殘片

印本。西州回鶻時期。

LM20-1486-33-23b　佛典殘片

"敬"字缺筆避諱。印本。西州回鶻時期。

LM20-1486-33-24a　佛典殘片

第1行右側有朱筆。印本。西州回鶻時期。

LM20-1486-33-24b　佛典殘片

印本。西州回鶻時期。

LM20-1486-33-25a　佛典殘片

印本。西州回鶻時期。

LM20-1486-33-25b　《大般若波羅蜜多經》

唐玄奘譯，此段文字多處可見。印本。西州回鶻時期。

LM20-1486-33-26a　《阿毗達磨俱舍論》卷五

唐玄奘譯，CBETA, T29, no.1558, p.28, c3–4。行間有朱筆。印本。西州回鶻時期。

LM20-1486-33-26b　佛典殘片

印本。西州回鶻時期。

LM20-1486-33-26c　殘片

印本。西州回鶻時期。

LM20-1486-34-01a　《大般若波羅蜜多經》卷五六一

唐玄奘譯，CBETA, T07, no.220, p.896, a17–20，"出現"作"出"。印本。西州回鶻時期。

參：竺沙雅章 2006, 123、131；陳耕 2019, 358。

LM20-1486-34-01b　《大般若波羅蜜多經》

唐玄奘譯。印本。西州回鶻時期。

參：竺沙雅章 2006, 123、131。

LM20-1486-34-02a　《大般若波羅蜜多經》卷三三〇

唐玄奘譯，CBETA, T06, no.220, p.688, c25–26。印本。西州回鶻時期。

LM20-1486-34-02b　佛典殘片

欄外有"奴各"二字。印本。西州回鶻時期。

LM20-1486-34-03a　《大般若波羅蜜多經》

唐玄奘譯，此段文字多處可見。印本。西州回鶻時期。

LM20-1486-34-03b　佛典殘片

印本。西州回鶻時期。

LM20-1486-34-03c　佛典殘片

印本。西州回鶻時期。

LM20-1486-34-04a　佛典殘片

印本。西州回鶻時期。

LM20-1486-34-04b 《大般若波羅蜜多經》

唐玄奘譯，此段文字多處可見。印本。西州回鶻時期。

LM20-1486-34-05a 《大般若波羅蜜多經》卷三四六

唐玄奘譯，CBETA，T06，no.220，p.776，a13-14。印本。西州回鶻時期。

LM20-1486-34-05b 佛典殘片

印本。西州回鶻時期。

LM20-1486-34-05c 佛典殘片

印本。西州回鶻時期。

LM20-1486-34-06a 佛典殘片

印本。西州回鶻時期。

參：陳耕 2019，346。

LM20-1486-34-06b 《大般若波羅蜜多經》

唐玄奘譯，此段文字多處可見。印本。西州回鶻時期。

LM20-1486-34-07 《大般若波羅蜜多經》卷七六

唐玄奘譯，CBETA，T05，no.220，p.430，c20-28。印本。西州回鶻時期。

參：陳耕 2019，346。

LM20-1486-34-08 《大般若波羅蜜多經》卷五三一

唐玄奘譯，CBETA，T07，no.220，p.727，a10-11。印本。西州回鶻時期。

LM20-1486-34-09 《大般若波羅蜜多經》經題

唐玄奘譯。印本。西州回鶻時期。

LM20-1486-34-10 佛典殘片

印本。西州回鶻時期。

LM20-1486-34-11 《大般若波羅蜜多經》

唐玄奘譯，此段文字多處可見。印本。西州回鶻時期。

LM20-1486-34-12 佛典殘片

印本。西州回鶻時期。

LM20-1486-34-13 《大般若波羅蜜多經》卷五七七

唐玄奘譯，CBETA，T07，no.220，p.980，a23-28。印本。西州回鶻時期。

LM20-1486-34-14 《大般若波羅蜜多經》卷五四八

唐玄奘譯，CBETA，T07，no.220，p.824，b1-6。印本。西州回鶻時期。

LM20-1486-34-15 佛典殘片

印本。西州回鶻時期。

LM20-1486-34-16 《大般若波羅蜜多經》卷六五

唐玄奘譯，CBETA，T05，no.220，p.369，a27-b1。印本。西州回鶻時期。

LM20-1486-35-01a　《大般若波羅蜜多經》

唐玄奘譯，此段文字多處可見。印本。西州回鶻時期。

LM20-1486-35-01b　扉畫

印本。西州回鶻時期。

LM20-1486-35-02a　《大般若波羅蜜多經》

唐玄奘譯，此段文字多處可見。印本。西州回鶻時期。

LM20-1486-35-02b　《大般若波羅蜜多經》

唐玄奘譯，此段文字多處可見。印本。西州回鶻時期。

LM20-1486-35-03a　《大般若波羅蜜多經》

唐玄奘譯，此段文字多處可見。印本。西州回鶻時期。

LM20-1486-35-03b　《大般若波羅蜜多經》

唐玄奘譯，此段文字多處可見。印本。西州回鶻時期。

LM20-1486-35-04a　佛典殘片

印本。西州回鶻時期。

LM20-1486-35-04b　《大般若波羅蜜多經》卷五七三

唐玄奘譯，CBETA, T07, no.220, p.958, c1–3。印本。西州回鶻時期。

LM20-1486-35-05a　扉畫

印本。西州回鶻時期。

LM20-1486-35-05b　《大般若波羅蜜多經》

唐玄奘譯，此段文字多處可見。印本。西州回鶻時期。

LM20-1486-35-06a　佛典殘片

印本。西州回鶻時期。

LM20-1486-35-06b　佛典殘片

印本。西州回鶻時期。

LM20-1486-35-06c　佛典殘片

印本。西州回鶻時期。

LM20-1486-35-07a　佛典殘片

印本。西州回鶻時期。

LM20-1486-35-07b　佛典殘片

印本。西州回鶻時期。

LM20-1486-35-07c　佛典殘片

印本。西州回鶻時期。

LM20-1486-35-08a　《大般若波羅蜜多經》

唐玄奘譯，此段文字多處可見。印本。西州回鶻時期。

LM20-1486-35-08b 《大般若波羅蜜多經》

唐玄奘譯，此段文字多處可見。印本。西州回鶻時期。

參：陳耕 2019，346。

LM20-1486-35-09 《大般若波羅蜜多經》卷一六七

唐玄奘譯，CBETA，T05，no.220，p.900，b9-12。印本。西州回鶻時期。

LM20-1486-35-10a 《大般若波羅蜜多經》

唐玄奘譯，此段文字多處可見。印本。西州回鶻時期。

LM20-1486-35-10b 佛典殘片

印本。西州回鶻時期。

LM20-1486-35-11 《大般若波羅蜜多經》卷三一三

唐玄奘譯，CBETA，T06，no.220，p.596，a19-23。印本。西州回鶻時期。

LM20-1486-35-12a 《大般若波羅蜜多經》卷七六

唐玄奘譯，CBETA，T05，no.220，p.430，c26-27。印本。西州回鶻時期。

LM20-1486-35-12b 《大般若波羅蜜多經》

唐玄奘譯，此段文字多處可見。印本。西州回鶻時期。

LM20-1486-35-13a 佛典殘片

印本。西州回鶻時期。

LM20-1486-35-13b 《大般若波羅蜜多經》

唐玄奘譯，此段文字多處可見。印本。西州回鶻時期。

LM20-1486-35-14a 佛典殘片

印本。西州回鶻時期。

LM20-1486-35-14b 《大般若波羅蜜多經》

唐玄奘譯，此段文字多處可見。印本。西州回鶻時期。

LM20-1486-35-14c 殘片

印本。西州回鶻時期。

LM20-1486-35-14d 佛典殘片

印本。西州回鶻時期。

LM20-1486-35-15a 佛典殘片

印本。西州回鶻時期。

LM20-1486-35-15b 佛典殘片

印本。西州回鶻時期。

LM20-1486-35-16 《諸經日誦集要》

撰者不詳，CBETA，J19，no.B044，p.131，c24-p.132，a2。印本。西州回鶻時期。

參：《旅博選粹》，199；竺沙雅章 2006，127、134。

LM20-1486-35-17a　佛典殘片

印本。西州回鶻時期。

LM20-1486-35-17b　《大般若波羅蜜多經》

唐玄奘譯，此段文字多處可見。印本。西州回鶻時期。

LM20-1486-35-17c　《大般若波羅蜜多經》

唐玄奘譯，此段文字多處可見。印本。西州回鶻時期。

LM20-1486-35-18a　《大般若波羅蜜多經》

唐玄奘譯，此段文字多處可見。印本。西州回鶻時期。

LM20-1486-35-18b　《大般若波羅蜜多經》

唐玄奘譯，此段文字多處可見。印本。西州回鶻時期。

LM20-1486-35-18c　《大般若波羅蜜多經》

唐玄奘譯，此段文字多處可見。印本。西州回鶻時期。

LM20-1486-35-19a　《大般若波羅蜜多經》

唐玄奘譯，此段文字多處可見。印本。西州回鶻時期。

LM20-1486-35-19b　佛典殘片

印本。西州回鶻時期。

LM20-1486-35-20a　《大般若波羅蜜多經》

唐玄奘譯，此段文字多處可見。印本。西州回鶻時期。

LM20-1486-35-20b　《大般若波羅蜜多經》

唐玄奘譯，此段文字多處可見。印本。西州回鶻時期。

LM20-1486-35-20c　《大般若波羅蜜多經》

唐玄奘譯，此段文字多處可見。印本。西州回鶻時期。

LM20-1486-35-21　《大般若波羅蜜多經》卷二二

唐玄奘譯，CBETA, T05, no.220, p.126, a11–12。印本。西州回鶻時期。

LM20-1486-35-22a　佛典殘片

印本。西州回鶻時期。

LM20-1486-35-22b　《阿毗達磨俱舍論》卷五

唐玄奘譯，CBETA, T29, no.1558, p.28, c24–25。印本。西州回鶻時期。

LM20-1486-36-01　《大般若波羅蜜多經》卷一六七

唐玄奘譯，CBETA, T05, no.220, p.897, b21–25；p.897, c10–14。印本。西州回鶻時期。

LM20-1486-36-02a　佛典殘片

印本。西州回鶻時期。

LM20-1486-36-02b　佛典殘片

印本。西州回鶻時期。

LM20-1486-36-03a 《大般若波羅蜜多經》

唐玄奘譯，此段文字多處可見。印本。西州回鶻時期。

LM20-1486-36-03b 《大般若波羅蜜多經》

唐玄奘譯，此段文字多處可見。印本。西州回鶻時期。

LM20-1486-36-04a 佛典殘片

印本。西州回鶻時期。

LM20-1486-36-04b 《大般若波羅蜜多經》卷六五

唐玄奘譯，CBETA, T05, no.220, p.365, a17–20。印本。西州回鶻時期。

LM20-1486-36-05a 《大般若波羅蜜多經》卷四三七

唐玄奘譯，CBETA, T07, no.220, p.199, a11–12。印本。西州回鶻時期。

LM20-1486-36-05b 《大般若波羅蜜多經》

唐玄奘譯，此段文字多處可見。印本。西州回鶻時期。

LM20-1486-36-06a 《大般若波羅蜜多經》

唐玄奘譯，此段文字多處可見。印本。西州回鶻時期。

LM20-1486-36-06b 《大般若波羅蜜多經》卷三八七

唐玄奘譯，CBETA, T06, no.220, p.999, c10–12。印本。西州回鶻時期。

LM20-1486-36-07a 佛典殘片

印本。西州回鶻時期。

LM20-1486-36-07b 佛典殘片

唐時期。

LM20-1486-36-07c 殘片

LM20-1486-36-07d 《大般若波羅蜜多經》卷六四

唐玄奘譯，此段文字多處可見。印本。西州回鶻時期。

LM20-1486-36-08a 《大般若波羅蜜多經》

唐玄奘譯，此段文字多處可見。印本。西州回鶻時期。

LM20-1486-36-08b 殘片

印本。西州回鶻時期。

LM20-1486-36-08c 《大般若波羅蜜多經》

唐玄奘譯，此段文字多處可見。印本。西州回鶻時期。

LM20-1486-36-09 《大般若波羅蜜多經》卷四三七

唐玄奘譯，CBETA, T07, no.220, p.199, a29–b2。印本。西州回鶻時期。

LM20-1486-36-10a 佛典殘片

印本。西州回鶻時期。

LM20-1486-36-10b 《大般若波羅蜜多經》

唐玄奘譯，此段文字多處可見。印本。西州回鶻時期。

LM20-1486-36-11a　佛典殘片

印本。西州回鶻時期。

LM20-1486-36-11b　《大般若波羅蜜多經》卷七六

唐玄奘譯，CBETA, T05, no.220, p.427, b24–27。印本。西州回鶻時期。

LM20-1486-36-12a　《大般若波羅蜜多經》卷六五

唐玄奘譯，CBETA, T05, no.220, p.365, c1–2。印本。西州回鶻時期。

LM20-1486-36-12b　《大般若波羅蜜多經》卷三四六

唐玄奘譯，CBETA, T06, no.220, p.776, a1–4; 卷五二一, CBETA, T07, no.220, p.671, c8–11。印本。西州回鶻時期。

LM20-1486-36-13　《大般若波羅蜜多經》卷五四六

唐玄奘譯，CBETA, T07, no.220, p.809, a13–22。印本。西州回鶻時期。

LM20-1486-36-14a　殘片

印本。西州回鶻時期。

LM20-1486-36-14b　佛典殘片

印本。西州回鶻時期。

LM20-1486-36-14c　佛典殘片

印本。西州回鶻時期。

LM20-1486-36-15　《大方廣佛華嚴經》卷五一

唐實叉難陀譯，CBETA, T10, no.279, p.268, b28–c2。印本。西州回鶻時期。

LM20-1486-37-01　佛典殘片

印本。西州回鶻時期。

LM20-1486-37-02a　佛典殘片

印本。西州回鶻時期。

LM20-1486-37-02b　佛典殘片

印本。西州回鶻時期。

LM20-1486-37-03　《大般若波羅蜜多經》卷二八九

唐玄奘譯，CBETA, T06, no.220, p.472, b20–23。印本。西州回鶻時期。

LM20-1486-37-04a　佛典殘片

印本。西州回鶻時期。

LM20-1486-37-04b　《大般若波羅蜜多經》卷五一

唐玄奘譯，CBETA, T05, no.220, p.287, c8–11。印本。西州回鶻時期。

LM20-1486-37-04c　佛典殘片

印本。西州回鶻時期。

LM20-1486-37-05a　佛典殘片

印本。西州回鶻時期。

LM20-1486-37-05b　佛典殘片

印本。西州回鶻時期。

LM20-1486-37-06　《大般若波羅蜜多經》卷五一〇

唐玄奘譯，CBETA, T07, no.220, p.604, b1-4。印本。西州回鶻時期。

LM20-1486-37-07　《大般若波羅蜜多經》卷四三七

唐玄奘譯，CBETA, T07, no.220, p.199, c3-8。印本。西州回鶻時期。

LM20-1486-37-08a　《大般若波羅蜜多經》卷五三一

唐玄奘譯，CBETA, T07, no.220, p.725, a5-8。印本。西州回鶻時期。

LM20-1486-37-08b　《大般若波羅蜜多經》卷五七六

唐玄奘譯，CBETA, T07, no.220, p.975, a5-7。印本。西州回鶻時期。

LM20-1486-37-09　《中阿含經》

東晉僧伽提婆譯，此段文字多處可見。印本。西州回鶻時期。

LM20-1486-37-10　《大般若波羅蜜多經》

唐玄奘譯，此段文字多處可見。印本。西州回鶻時期。

LM20-1486-37-11a　《妙法蓮華經》卷一

姚秦鳩摩羅什譯，CBETA, T09, no.262, p.9, b17-23。西州回鶻時期。

參：陳耕 2019, 354。

LM20-1486-37-11b　《妙法蓮華經》卷一

姚秦鳩摩羅什譯，CBETA, T09, no.262, p.9, b22。西州回鶻時期。

參：陳耕 2019, 354。

LM20-1486-37-12　《妙法蓮華經》卷一

姚秦鳩摩羅什譯，CBETA, T09, no.262, p.9, c21-24。西州回鶻時期。

參：陳耕 2019, 354。

LM20-1486-37-13　《妙法蓮華經》卷一

姚秦鳩摩羅什譯，CBETA, T09, no.262。西州回鶻時期。

參：陳耕 2019, 354。

LM20-1486-37-14　佛典殘片

印本。西州回鶻時期。

LM20-1486-37-15　《妙法蓮華經》卷一

姚秦鳩摩羅什譯，CBETA, T09, no.262, p.9, c18-22。西州回鶻時期。

參：陳耕 2019, 354。

LM20-1486-38-01　《大般若波羅蜜多經》

唐玄奘譯，此段文字多處可見。印本。西州回鶻時期。

LM20-1486-38-02　《大般若波羅蜜多經》

唐玄奘譯，此段文字多處可見。印本。西州回鶻時期。

LM20-1486-38-03　《佛說彌勒下生成佛經》

姚秦鳩摩羅什譯，CBETA, T14, no.454, p.423, c13-15。印本。西州回鶻時期。

LM20-1486-38-04　《阿毗達磨順正理論》卷八〇

唐玄奘譯，CBETA, T29, no.1562, p.773, b13-16。印本。西州回鶻時期。

LM20-1486-38-05　《大般若波羅蜜多經》

唐玄奘譯，此段文字多處可見。印本。西州回鶻時期。

LM20-1486-38-06　《妙法蓮華經》卷五

姚秦鳩摩羅什譯，CBETA, T09, no.262, p.38, b5-11。印本。西州回鶻時期。

參：《旅博選粹》，199；竺沙雅章 2006，125、132。

LM20-1486-38-07　《佛說彌勒下生成佛經》

姚秦鳩摩羅什譯，CBETA, T14, no.454, p.423, c13-15。印本。西州回鶻時期。

LM20-1486-38-08　《佛說觀彌勒菩薩上生兜率天經》

劉宋沮渠京聲譯，CBETA, T14, no.452, p.418, c17-21。印本。西州回鶻時期。

LM20-1486-38-09　佛典殘片

印本。西州回鶻時期。

LM20-1486-38-10　《妙法蓮華經》卷三

姚秦鳩摩羅什譯，CBETA, T09, no.262, p.22, b7-10。印本。西州回鶻時期。

LM20-1486-38-11　《大般若波羅蜜多經》卷五四六

唐玄奘譯，CBETA, T07, no.220, p.810, a29-b4。印本。西州回鶻時期。

LM20-1486-38-12　《妙法蓮華經》卷五

姚秦鳩摩羅什譯，CBETA, T09, no.262, p.45, b21-24。印本。西州回鶻時期。

LM20-1486-38-13　《長阿含經》卷一七

姚秦佛陀耶舍、竺佛念譯，CBETA, T01, no.1, p.107, b29-c2。印本。西州回鶻時期。

LM20-1486-38-14　《長阿含經》卷八

姚秦佛陀耶舍、竺佛念譯，CBETA, T01, no.1, p.48, c19-20; p.49, a2-3。印本。西州回鶻時期。

LM20-1486-38-15　《大般若波羅蜜多經》

唐玄奘譯，此段文字多處可見。印本。西州回鶻時期。

經册三十八

LM20-1487-01-01a　佛典殘片
　　印本。西州回鶻時期。
LM20-1487-01-01b　佛典殘片
　　印本。西州回鶻時期。
LM20-1487-01-01c　佛典殘片
　　印本。西州回鶻時期。
LM20-1487-01-01d　佛典殘片
　　印本。西州回鶻時期。
LM20-1487-01-02a　佛典殘片
　　印本。西州回鶻時期。
LM20-1487-01-02b　佛典殘片
　　印本。西州回鶻時期。
LM20-1487-01-02c　佛典殘片
　　印本。西州回鶻時期。
LM20-1487-01-02d　佛典殘片
　　印本。西州回鶻時期。
LM20-1487-01-03a　佛典殘片
　　印本。西州回鶻時期。
LM20-1487-01-03b　佛典殘片
　　印本。西州回鶻時期。
LM20-1487-01-03c　佛典殘片
　　印本。西州回鶻時期。
LM20-1487-01-04a　佛典殘片
　　印本。西州回鶻時期。
LM20-1487-01-04b　佛典殘片
　　印本。西州回鶻時期。
LM20-1487-01-05a　佛典殘片
　　印本。西州回鶻時期。

LM20-1487-01-05b　佛典殘片

印本。西州回鶻時期。

LM20-1487-01-06a　佛典殘片

印本。西州回鶻時期。

LM20-1487-01-06b　佛典殘片

印本。西州回鶻時期。

LM20-1487-01-07a　佛典殘片

印本。西州回鶻時期。

LM20-1487-01-07b　佛典殘片

印本。西州回鶻時期。

LM20-1487-01-07c　佛典殘片

印本。西州回鶻時期。

LM20-1487-01-07d　佛典殘片

印本。西州回鶻時期。

LM20-1487-01-08a　《大般若波羅蜜多經》卷四

唐玄奘譯, CBETA, T05, no.220, p.18, c7-8。印本。西州回鶻時期。

LM20-1487-01-08b　佛典殘片

印本。西州回鶻時期。

LM20-1487-01-09a　佛典殘片

印本。西州回鶻時期。

LM20-1487-01-09b　佛典殘片

印本。西州回鶻時期。

LM20-1487-01-09c　佛典殘片

印本。西州回鶻時期。

LM20-1487-01-10　佛典殘片

印本。西州回鶻時期。

LM20-1487-01-11a　佛典殘片

印本。西州回鶻時期。

LM20-1487-01-11b　佛典殘片

印本。西州回鶻時期。

LM20-1487-01-11c　佛典殘片

印本。西州回鶻時期。

LM20-1487-01-12a　佛典殘片

印本。西州回鶻時期。

LM20-1487-01-12b　佛典殘片

印本。西州回鶻時期。

LM20-1487-01-12c　佛典殘片

印本。西州回鶻時期。

LM20-1487-01-13a　《大般若波羅蜜多經》卷五四八

唐玄奘譯，CBETA, T07, no.220, p.818, c18-20。印本。西州回鶻時期。

LM20-1487-01-13b　《大般若波羅蜜多經》卷三〇六

唐玄奘譯，CBETA, T06, no.220, p.560, b27-29。印本。西州回鶻時期。

LM20-1487-01-14a　佛典殘片

印本。西州回鶻時期。

LM20-1487-01-14b　佛典殘片

印本。西州回鶻時期。

LM20-1487-01-15a　佛典殘片

印本。西州回鶻時期。

LM20-1487-01-15b　佛典殘片

印本。西州回鶻時期。

LM20-1487-01-16　《大般若波羅蜜多經》卷三八一

唐玄奘譯，CBETA, T06, no.220, p.968, c29-p.969, a4。印本。西州回鶻時期。

LM20-1487-01-17a　《大般若波羅蜜多經》卷三八一

唐玄奘譯，CBETA, T06, no.220, p.967, b23-25。印本。西州回鶻時期。

LM20-1487-01-17b　佛典殘片

印本。西州回鶻時期。

LM20-1487-01-18a　《大般若波羅蜜多經》卷六五

唐玄奘譯，CBETA, T05, no.220, p.370, b3-4。印本。西州回鶻時期。

LM20-1487-01-18b　佛典殘片

印本。西州回鶻時期。

LM20-1487-01-19　《大般若波羅蜜多經》卷六五

唐玄奘譯，CBETA, T05, no.220, p.365, a16-18。印本。西州回鶻時期。

LM20-1487-02-01　《摩訶僧祇律》卷五

東晉佛陀跋陀羅、法顯譯，CBETA, T22, no.1425, p.265, a17-20。印本。西州回鶻時期。

參: 竺沙雅章 2006, 124、132。

LM20-1487-02-02　《摩訶僧祇律》卷五

東晉佛陀跋陀羅、法顯譯，CBETA, T22, no.1425, p.271, a1-5，"罪人女"作"罪若比丘女人"。印本。西州回鶻時期。

　　參：竺沙雅章 2006，124、132。

LM20-1487-02-03　《摩訶僧祇律》卷五

東晉佛陀跋陀羅、法顯譯，CBETA，T22，no.1425，p.265，c18-22。第 1 行前刻小字“祇律五”、“十二”。印本。西州回鶻時期。

　　參：《旅博選粹》，195；竺沙雅章 2006，124、132。

LM20-1487-02-04　《大般若波羅蜜多經》

唐玄奘譯，此段文字多處可見。印本。西州回鶻時期。

LM20-1487-02-05　《金光明最勝王經疏》卷六

唐慧沼撰，CBETA，T39，no.1788，p.326，a29-b2。第 1、2 行間夾刻小字“十三”。印本。西州回鶻時期。

LM20-1487-02-06　殘片

印本。西州回鶻時期。

LM20-1487-02-07　《大般若波羅蜜多經》

唐玄奘譯，此段文字多處可見。印本。西州回鶻時期。

LM20-1487-03-01　《阿毗達磨發智論》卷一二

唐玄奘譯，CBETA，T26，no.1544，p.979，c14-19。印本。西州回鶻時期。

　　參：《旅博選粹》，196。

LM20-1487-03-02　《摩訶僧祇律》卷五

東晉佛陀跋陀羅、法顯譯，CBETA，T22，no.1425，p.268，a14-18。印本。西州回鶻時期。

　　參：李際寧 2006，233。

LM20-1487-03-03　《摩訶僧祇律》卷五

東晉佛陀跋陀羅、法顯譯，CBETA，T22，no.1425，p.268，c4-7。印本。西州回鶻時期。

　　參：《旅博選粹》，195。

LM20-1487-03-04　《大般若波羅蜜多經》卷二三九

唐玄奘譯，CBETA，T06，no.220，p.206，a2-8，“智智”作“智”。印本。西州回鶻時期。

LM20-1487-03-05　《大般若波羅蜜多經》卷一四六

唐玄奘譯，CBETA，T05，no.220，p.790，b21-24。印本。西州回鶻時期。

　　參：《旅博選粹》，191；竺沙雅章 2006，121、129；榮新江 2007，411；王丁 2008，73、93；陳耕 2019，359。

LM20-1487-04-01　《摩訶僧祇律》卷五

東晉佛陀跋陀羅、法顯譯，CBETA，T22，no.1425，p.266，b8-11。印本。西州回鶻時期。

LM20-1487-04-02　《摩訶僧祇律》卷五

東晉佛陀跋陀羅、法顯譯，CBETA，T22，no.1425，p.269，c20-23。印本。西州回鶻時期。

　　參：《旅博選粹》，195。

LM20-1487-04-03　《阿毗達磨發智論》卷一二

　　唐玄奘譯，CBETA，T26，no.1544，p.979，a24-28。印本。西州回鶻時期。

LM20-1487-04-04　《大般若波羅蜜多經》卷二〇三

　　唐玄奘譯，CBETA，T06，no.220，p.12，b24-c5。印本。西州回鶻時期。

LM20-1487-05-01　《阿毗達磨發智論》卷一二

　　唐玄奘譯，CBETA，T26，no.1544，p.978，c5-8。印本。西州回鶻時期。

LM20-1487-05-02　《摩訶僧祇律》卷五

　　東晉佛陀跋陀羅、法顯譯，CBETA，T22，no.1425，p.267，b19-22。印本。西州回鶻時期。

LM20-1487-05-03　《阿毗達磨發智論》卷一二

　　唐玄奘譯，CBETA，T26，no.1544，p.978，a15-20，"若住異生住胎藏中"作"若異生住胎"。
　　印本。西州回鶻時期。

LM20-1487-05-04　《雜阿含經》卷五

　　劉宋求那跋陀羅譯，CBETA，T02，no.99，p.30，a21-23。印本。西州回鶻時期。

LM20-1487-05-05　《大般若波羅蜜多經》

　　唐玄奘譯，此段文字多處可見。印本。西州回鶻時期。

LM20-1487-05-06　《大般若波羅蜜多經》卷二八二

　　唐玄奘譯，CBETA，T06，no.220，p.434，c7-13。印本。西州回鶻時期。

　　參：陳耕2019，347。

LM20-1487-05-07　《大般若波羅蜜多經》

　　唐玄奘譯，此段文字多處可見。印本。西州回鶻時期。

LM20-1487-06-01　《摩訶僧祇律》卷五

　　東晉佛陀跋陀羅、法顯譯，CBETA，T22，no.1425，p.269，a29-b4，"向此"作"即向此"。
　　印本。西州回鶻時期。

LM20-1487-06-02　《摩訶僧祇律》卷五

　　東晉佛陀跋陀羅、法顯譯，CBETA，T22，no.1425，p.266，c27-p.267，a2。印本。西州回
　　鶻時期。

LM20-1487-06-03　《摩訶僧祇律》卷五

　　東晉佛陀跋陀羅、法顯譯，CBETA，T22，no.1425，p.270，b11-14。印本。西州回鶻時期。

LM20-1487-06-04　《大般若波羅蜜多經》

　　唐玄奘譯，此段文字多處可見。印本。西州回鶻時期。

LM20-1487-06-05　《大般若波羅蜜多經》卷五三三

　　唐玄奘譯，CBETA，T07，no.220，p.738，a16-19。印本。西州回鶻時期。

LM20-1487-07-01　《摩訶僧祇律》卷五

　　東晉佛陀跋陀羅、法顯譯，CBETA，T22，no.1425，p.264，b26-29。印本。西州回鶻時期。

LM20-1487-07-02　《摩訶僧祇律》卷五

東晉佛陀跋陀羅、法顯譯，CBETA，T22，no.1425，p.264，a6–10。印本。西州回鶻時期。

LM20-1487-07-03　《阿毗達磨發智論》卷一二

唐玄奘譯，CBETA，T26，no.1544，p.981，b13–15。印本。西州回鶻時期。

LM20-1487-07-04　《大般若波羅蜜多經》

唐玄奘譯，此段文字多處可見。印本。西州回鶻時期。

LM20-1487-07-05　《大般若波羅蜜多經》卷五三〇

唐玄奘譯，CBETA，T07，no.220，p.720，b19–22。印本。西州回鶻時期。

LM20-1487-07-06　《摩訶僧祇律》卷五

東晉佛陀跋陀羅、法顯譯，CBETA，T22，no.1425，p.262，c27。印本。西州回鶻時期。

LM20-1487-08-01　《摩訶僧祇律》卷五

東晉佛陀跋陀羅、法顯譯，CBETA，T22，no.1425，p.268，c7–8。印本。西州回鶻時期。

LM20-1487-08-02　《阿毗達磨發智論》卷一二

唐玄奘譯，CBETA，T26，no.1544，p.978，c8–10。印本。西州回鶻時期。

LM20-1487-08-03　《大般若波羅蜜多經》

唐玄奘譯，此段文字多處可見。印本。西州回鶻時期。

LM20-1487-08-04a　佛典殘片

印本。西州回鶻時期。

LM20-1487-08-04b　《大般若波羅蜜多經》卷一六〇

唐玄奘譯，CBETA，T05，no.220，p.863，c24–p.864，a1。印本。西州回鶻時期。

LM20-1487-08-05　《大般若波羅蜜多經》卷二五八

唐玄奘譯，CBETA，T06，no.220，p.304，c27–a2。第1、2行間夾刻小字"般若二百五十八"、"三"。印本。西州回鶻時期。

LM20-1487-09-01　《大般若波羅蜜多經》

唐玄奘譯，此段文字多處可見。第1、2行間夾刻小字"十一"、"字"，第3行欄外刻有"觸"字。印本。西州回鶻時期。

LM20-1487-09-02　《大般若波羅蜜多經》卷二八二

唐玄奘譯，CBETA，T06，no.220，p.434，b23–c5。第8、9行間夾刻小字"律"。印本。西州回鶻時期。

LM20-1487-09-03　《大般若波羅蜜多經》卷八五

唐玄奘譯，CBETA，T05，no.220，p.477，b20–23。印本。西州回鶻時期。

LM20-1487-09-04　佛典殘片

印本。西州回鶻時期。

LM20-1487-09-05　《大般若波羅蜜多經》卷一〇五

唐玄奘譯，CBETA，T05，no.220，p.583，b21–23。印本。西州回鶻時期。

LM20-1487-09-06a 《大般若波羅蜜多經》卷四四三

唐玄奘譯，CBETA，T07，no.220，p.233，a26–28。印本。西州回鶻時期。

LM20-1487-09-06b 佛典殘片

唐時期。

LM20-1487-09-07 《大般若波羅蜜多經》卷四四三

唐玄奘譯，CBETA，T07，no.220，p.233，a21–25。第1、2行間夾刻小字"四百四十三"、"五"。印本。西州回鶻時期。

LM20-1487-09-08 《大般若波羅蜜多經》

唐玄奘譯，此段文字多處可見。印本。西州回鶻時期。

LM20-1487-10-01 《大般若波羅蜜多經》卷二六二

唐玄奘譯，CBETA，T06，no.220，p.326，b3–19。印本。西州回鶻時期。

LM20-1487-10-02 《大般若波羅蜜多經》卷二六二

唐玄奘譯，CBETA，T06，no.220，p.327，b25–c14。印本。西州回鶻時期。

LM20-1487-11-01a 《大般若波羅蜜多經》卷二六二

唐玄奘譯，CBETA，T06，no.220，p.327，c9–27。第7、8行間夾刻小字"般若二百六十二"。印本。西州回鶻時期。

參：《旅博選粹》，193；竺沙雅章 2006，123、130。

LM20-1487-11-01b 《大般若波羅蜜多經》卷二六二

唐玄奘譯，CBETA，T06，no.220，p.327，c13–14。

參：《旅博選粹》，193；竺沙雅章 2006，123、130。

LM20-1487-11-02 《大般若波羅蜜多經》卷四四五

唐玄奘譯，CBETA，T07，no.220，p.243，b16–27。第3、4行間夾刻小字"三"、"玉"。印本。西州回鶻時期。

LM20-1487-12-01 《大乘悲分陀利經》卷七

譯者不詳，CBETA，T03，no.158，p.283，b17–26。印本。西州回鶻時期。

參：《旅博選粹》，192。

LM20-1487-12-02 《大般若波羅蜜多經》

唐玄奘譯，此段文字多處可見。印本。西州回鶻時期。

參：陳耕 2018，345。

LM20-1487-12-03 《大般若波羅蜜多經》卷二六二

唐玄奘譯，此段文字多處可見。印本。西州回鶻時期。

LM20-1487-12-04 《大般若波羅蜜多經》卷四六

唐玄奘譯，CBETA，T05，no.220，p.261，c12–18。第3、4行間夾刻小字，地腳處刻有"音

開"等字。印本。西州回鶻時期。

參：《旅博選粹》, 192

LM20-1487-13-01　《大般若波羅蜜多經》卷四六

唐玄奘譯, CBETA, T05, no.220, p.262, b26-c6。第 3、4 行間夾刻小字 "般若四十六"、"十六"。印本。西州回鶻時期。

LM20-1487-13-02　《大般若波羅蜜多經》

唐玄奘譯, 此段文字多處可見。印本。西州回鶻時期。

LM20-1487-13-03　《大般若波羅蜜多經》卷四四一

唐玄奘譯, CBETA, T07, no.220, p.222, a18-21。印本。西州回鶻時期。

LM20-1487-13-04　《長阿含經》卷一八

姚秦佛陀耶舍、竺佛念譯, CBETA, T01, no.1, p.114, c18-23。印本。西州回鶻時期。

LM20-1487-13-05　《大般若波羅蜜多經》卷二〇六

唐玄奘譯, CBETA, T06, no.220, p.31, a24-28。第 3、4 行間夾寫回鶻文。印本。西州回鶻時期。

參：李際寧 2006, 240。

LM20-1487-14-01　《大般若波羅蜜多經》卷一九六

唐玄奘譯, CBETA, T05, no.220, p.1048, c15-25。印本。西州回鶻時期。

參：李際寧 2006, 235-236。

LM20-1487-14-02　《長阿含經》卷一七

姚秦佛陀耶舍、竺佛念譯, CBETA, T01, no.1, p.107, c3-10。印本。西州回鶻時期。

LM20-1487-15-01　《大般若波羅蜜多經》卷二〇六

唐玄奘譯, CBETA, T06, no.220, p.31, a27-b2。印本。西州回鶻時期。

參：《旅博選粹》, 191; 李際寧 2006, 240。

LM20-1487-15-02　《大般若波羅蜜多經》卷三

唐玄奘譯, CBETA, T05, no.220, p.14, c26-29。印本。西州回鶻時期。

LM20-1487-15-03　《大般若波羅蜜多經》卷四六

唐玄奘譯, CBETA, T05, no.220, p.262, b11-22。印本。西州回鶻時期。

參：陳耕 2019, 344。

LM20-1487-15-04　佛典殘片

印本。西州回鶻時期。

LM20-1487-15-05　佛典殘片

印本。西州回鶻時期。

LM20-1487-15-06　佛典殘片

印本。西州回鶻時期。

LM20-1487-16-01 《大般若波羅蜜多經》卷九三

唐玄奘譯，CBETA，T05，no.220，p.520，b25–27。印本。西州回鶻時期。

參：陳耕 2019，351、355。

LM20-1487-16-02 《大般若波羅蜜多經》

唐玄奘譯，此段文字多處可見。印本。西州回鶻時期。

LM20-1487-16-03 《大般若波羅蜜多經》卷八五

唐玄奘譯，CBETA，T05，no.220，p.477，b19–23。印本。西州回鶻時期。

LM20-1487-16-04 《大般若波羅蜜多經》卷五二二

唐玄奘譯，CBETA，T07，no.220，p.672，a11–12。印本。西州回鶻時期。

LM20-1487-16-05   佛典殘片

印本。西州回鶻時期。

參：李際寧 2006，231。

LM20-1487-16-06 《根本説一切有部毗奈耶雜事》卷三三

唐義净譯，CBETA，T24，no.1451，p.370，b20–24。印本。西州回鶻時期。

LM20-1487-16-07 《根本説一切有部毗奈耶雜事》卷三三

唐義净譯，CBETA，T24，no.1451，p.370，b23–25。印本。西州回鶻時期。

LM20-1487-16-08 《增壹阿含經》卷四〇

東晋僧伽提婆譯，CBETA，T02，no.125，p.769，a21–25。印本。西州回鶻時期。

參：《旅博選粹》，196；竺沙雅章 2006，122、130。

LM20-1487-17-01 《大般若波羅蜜多經》

唐玄奘譯，此段文字多處可見。印本。西州回鶻時期。

LM20-1487-17-02 《大般若波羅蜜多經》

唐玄奘譯，此段文字多處可見。印本。西州回鶻時期。

LM20-1487-17-03 《大般若波羅蜜多經》卷四四五

唐玄奘譯，CBETA，T07，no.220，p.245，c18–22。印本。西州回鶻時期。

LM20-1487-17-04   佛典殘片

西州回鶻時期。

LM20-1487-17-05   佛典殘片

印本。西州回鶻時期。

LM20-1487-17-06 《大般若波羅蜜多經》卷四八七

唐玄奘譯，CBETA，T07，no.220，p.475，b23–c15。

印本。右下角有貼附殘片，無法揭取。西州回鶻時期。

LM20-1487-17-07 《增壹阿含經》卷一六

東晋僧伽提婆譯，CBETA，T02，no.125，p.625，a6–15。第9、10行間夾刻小字“增壹阿”。

印本。西州回鶻時期。

　　參：《旅博選粹》，191。

LM20-1487-17-08　空號

LM20-1487-17-09　《大般若波羅蜜多經》卷四七一

　　唐玄奘譯，CBETA，T07，no.220，p.382，c25–28。印本。西州回鶻時期。

LM20-1487-18-01　《大般若波羅蜜多經》卷二六二

　　唐玄奘譯，CBETA，T06，no.220，p.326，c28–p.327，a2。印本。西州回鶻時期。

　　參：李際寧 2006，232。

LM20-1487-18-02　《大般若波羅蜜多經》

　　唐玄奘譯，此段文字多處可見。印本。西州回鶻時期。

LM20-1487-18-03　《大般若波羅蜜多經》卷二六二

　　唐玄奘譯，CBETA，T06，no.220，p.327，b20–29。印本。西州回鶻時期。

LM20-1487-18-04　《大般若波羅蜜多經》卷一二二

　　唐玄奘譯，CBETA，T05，no.220，p.667，a14–22。印本。西州回鶻時期。

　　參：竺沙雅章 2006，121；李際寧 2006，241；陳耕 2019，346。

LM20-1487-18-05　《大般若波羅蜜多經》卷四四五

　　唐玄奘譯，CBETA，T07，no.220，p.247，a1–13。印本。西州回鶻時期。

LM20-1487-19-01　《大般若波羅蜜多經》卷二〇四

　　唐玄奘譯，CBETA，T06，no.220，p.16，b12–16。印本。西州回鶻時期。

LM20-1487-19-02　《大般若波羅蜜多經》卷五六七

　　唐玄奘譯，CBETA，T07，no.220，p.928，b5–15。印本。西州回鶻時期。

LM20-1487-19-03a　《長阿含經》卷四

　　姚秦佛陀耶舍、竺佛念譯，CBETA，T01，no.1，p.27，a25–b1。印本。西州回鶻時期。

LM20-1487-19-03b　佛典殘片

　　印本。西州回鶻時期。

LM20-1487-19-04　《釋摩訶衍論》卷二

　　姚秦筏提摩多譯，CBETA，T32，no.1668，p.609，c24–p.610，a1。印本。西州回鶻時期。

　　參：《旅博選粹》，196；陳耕 2019，345。

LM20-1487-19-05　《大方廣佛華嚴經》卷六三

　　唐實叉難陀譯，CBETA，T10，no.279，p.339，c1–3。印本。西州回鶻時期。

LM20-1487-19-06　佛典殘片

　　印本。西州回鶻時期。

LM20-1487-19-07　《中阿含經》卷六

　　東晉僧伽提婆譯，CBETA，T01，no.26，p.455，a2–3。印本。西州回鶻時期。

LM20-1487-20-01　《大般若波羅蜜多經》卷四四五

唐玄奘譯，CBETA，T07，no.220，p.244，b9–14。印本。西州回鶻時期。

LM20-1487-20-02　《雜阿含經》卷四一

劉宋求那跋陀羅譯，CBETA，T02，no.99，p.301，a29–b9。印本。西州回鶻時期。

參：《旅博選粹》，192。

LM20-1487-20-03　《大般若波羅蜜多經》卷四四五

唐玄奘譯，CBETA，T07，no.220，p.246，c27–p.247，a2。印本。西州回鶻時期。

LM20-1487-20-04　《增壹阿含經》卷三〇

東晉僧伽提婆譯，CBETA，T02，no.125，p.712，c17–26。印本。西州回鶻時期。

LM20-1487-20-05a　《大般若波羅蜜多經》卷一八四

唐玄奘譯，CBETA，T05，no.220，p.993，a9–16。印本。西州回鶻時期。

LM20-1487-20-05b　《大般若波羅蜜多經》

唐玄奘譯，此段文字多處可見。印本。西州回鶻時期。

LM20-1487-21-01　《大般若波羅蜜多經》卷八五

唐玄奘譯，CBETA，T05，no.220，p.477，b19–23。印本。西州回鶻時期。

LM20-1487-21-02　《大般若波羅蜜多經》卷三八一

唐玄奘譯，CBETA，T06，no.220，p.967，c22–p.968，a5。第1、2行間夾刻小字"百八十一""四"。印本。西州回鶻時期。

參：李際寧2006，232。

LM20-1487-21-03　《大般若波羅蜜多經》卷二五二

唐玄奘譯，此段文字多處可見。印本。西州回鶻時期。

LM20-1487-21-04　《大般若波羅蜜多經》卷二六二

唐玄奘譯，CBETA，T06，no.220，p.327，c19–26。印本。西州回鶻時期。

LM20-1487-21-05　《大般若波羅蜜多經》卷二六二

唐玄奘譯，CBETA，T06，no.220，p.327，b20–27。印本。西州回鶻時期。

參：李際寧2006，232。

LM20-1487-21-06　《大般若波羅蜜多經》

唐玄奘譯，此段文字多處可見。印本。西州回鶻時期。

LM20-1487-21-07　《大般若波羅蜜多經》卷二六二

唐玄奘譯，CBETA，T06，no.220，p.327，c18–23。印本。西州回鶻時期。

LM20-1487-22-01　《大般若波羅蜜多經》卷四七一

唐玄奘譯，CBETA，T07，no.220，p.382，c25–27。印本。西州回鶻時期。

LM20-1487-22-02　《大般若波羅蜜多經》二六二

唐玄奘譯，此段文字多處可見。印本。西州回鶻時期。

LM20-1487-22-03　《大般若波羅蜜多經》

唐玄奘譯, 此段文字多處可見。印本。西州回鶻時期。

LM20-1487-22-04　《大般若波羅蜜多經》

唐玄奘譯, 此段文字多處可見。印本。西州回鶻時期。

LM20-1487-22-05　《大般若波羅蜜多經》

唐玄奘譯, 此段文字多處可見。印本。西州回鶻時期。

LM20-1487-22-06　《大般若波羅蜜多經》卷二六二

唐玄奘譯, CBETA, T06, no.220, p.327, c12–22。第 5、6 行間夾刻小字 “九”、“成”。印本。西州回鶻時期。

LM20-1487-22-07　《阿毗達磨俱舍論》卷一五

唐玄奘譯, CBETA, T29, no.1558, p.78, b19–24。印本。西州回鶻時期。

LM20-1487-22-08　《大般若波羅蜜多經》卷九三

唐玄奘譯, CBETA, T05, no.220, p.520, c4–7。印本。西州回鶻時期。

參: 陳耕 2019, 352–361。

LM20-1487-22-09　《大般若波羅蜜多經》卷四六九

唐玄奘譯, CBETA, T07, no.220, p.376, c20–23。印本。西州回鶻時期。

LM20-1487-22-10　《大般若波羅蜜多經》卷一五

唐玄奘譯, CBETA, T05, no.220, p.80, c10–12。印本。西州回鶻時期。

LM20-1487-22-11　《大般若波羅蜜多經》

唐玄奘譯, 此段文字多處可見。印本。西州回鶻時期。

LM20-1487-22-12　《大般若波羅蜜多經》

唐玄奘譯, 此段文字多處可見。印本。西州回鶻時期。

LM20-1487-22-13　《大般若波羅蜜多經》

唐玄奘譯, 此段文字多處可見。印本。西州回鶻時期。

LM20-1487-22-14　《大般若波羅蜜多經》

唐玄奘譯, 此段文字多處可見。印本。西州回鶻時期。

LM20-1487-22-15　《大般若波羅蜜多經》卷三七

唐玄奘譯, CBETA, T05, no.220, p.204, a17–19。印本。西州回鶻時期。

LM20-1487-22-16　《大般若波羅蜜多經》卷三一二

唐玄奘譯, CBETA, T06, no.220, p.589, b15–19。印本。西州回鶻時期。

LM20-1487-22-17　《大般若波羅蜜多經》

唐玄奘譯, 此段文字多處可見。印本。西州回鶻時期。

LM20-1487-23-01　《大般若波羅蜜多經》

唐玄奘譯, 此段文字多處可見。印本。西州回鶻時期。

LM20-1487-23-02 《金光明最勝王經》卷三

唐義净譯，CBETA，T16，no.665，p.415，c17-20。印本。西州回鶻時期。

LM20-1487-23-03 《增壹阿含經》卷三四

東晉僧伽提婆譯，CBETA，T02，no.125，p.736，a26-b2。印本。西州回鶻時期。

LM20-1487-23-04 《大般若波羅蜜多經》

唐玄奘譯，此段文字多處可見。印本。西州回鶻時期。

LM20-1487-23-05 《大般若波羅蜜多經》

唐玄奘譯，此段文字多處可見。西州回鶻時期。

LM20-1487-23-06 《大般若波羅蜜多經》

唐玄奘譯，此段文字多處可見。印本。西州回鶻時期。

LM20-1487-23-07 《釋摩訶衍論》卷二

姚秦筏提摩多譯，CBETA，T32，no.1668，p.610，c29-a3。印本。西州回鶻時期。

參：《旅博選粹》，196。

LM20-1487-23-08a 《四分律》卷九

姚秦佛陀耶舍、竺佛念等譯，CBETA，T22，no.1428，p.622，a4-7。印本。西州回鶻時期。

參：《旅博選粹》，194。

LM20-1487-23-08b 殘片

西州回鶻時期。

LM20-1487-23-09 《大般若波羅蜜多經》

唐玄奘譯，此段文字多處可見，欄外雜寫回鶻文。印本。西州回鶻時期。

LM20-1487-24-01 《大般若波羅蜜多經》卷四四五

唐玄奘譯，CBETA，T07，no.220，p.244，b29-c7。第2、3行間夾寫小字"玉"。印本。西州回鶻時期。

LM20-1487-24-02 佛典殘片

印本。西州回鶻時期。

LM20-1487-24-03 《大般若波羅蜜多經》卷四八八

唐玄奘譯，CBETA，T07，no.220，p.479，c3-8，第1、2行間夾刻小字"般若四百"。印本。西州回鶻時期。

LM20-1487-24-04 《大般若波羅蜜多經》卷二〇六

唐玄奘譯，CBETA，T06，no.220，p.31，a22-24。印本。西州回鶻時期。

LM20-1487-24-05 《大般若波羅蜜多經》

唐玄奘譯，此段文字多處可見。印本。西州回鶻時期。

LM20-1487-24-06 《大般若波羅蜜多經》

唐玄奘譯，此段文字多處可見。印本。西州回鶻時期。

LM20-1487-24-07　《聖多羅菩薩梵讚》

北宋施護譯，CBETA，T20, no.1107, p.477, a14-16。印本。西州回鶻時期。背面有回鶻文，無法揭取拍攝。

LM20-1487-24-08　《增壹阿含經》卷一八

東晉僧伽提婆譯，CBETA，T02, no.125, p.637, c3-5。印本。西州回鶻時期。

LM20-1487-24-09　《大般若波羅蜜多經》

唐玄奘譯，此段文字多處可見。印本。西州回鶻時期。

參：李際寧 2006，242。

LM20-1487-24-10　《大般若波羅蜜多經》

唐玄奘譯，此段文字多處可見。印本。西州回鶻時期。

LM20-1487-24-11　《大般若波羅蜜多經》

唐玄奘譯，此段文字多處可見。印本。西州回鶻時期。

LM20-1487-24-12　殘片

印本。西州回鶻時期。

LM20-1487-24-13　殘片

LM20-1487-24-14　《大般若波羅蜜多經》

唐玄奘譯，此段文字多處可見。印本。西州回鶻時期。

LM20-1487-24-15　《大般若波羅蜜多經》

唐玄奘譯，此段文字多處可見。印本。西州回鶻時期。背面有回鶻文，無法揭取拍攝。

LM20-1487-25-01a　佛典殘片

印本。西州回鶻時期。

LM20-1487-25-01b　佛典殘片

印本。西州回鶻時期。

LM20-1487-25-01c　佛典殘片

印本。西州回鶻時期。

LM20-1487-25-01d　佛典殘片

印本。西州回鶻時期。

LM20-1487-25-02　《大般若波羅蜜多經》卷一七二

唐玄奘譯，CBETA，T05, no.220, p.924, b16-17。印本。西州回鶻時期。

LM20-1487-25-03a　佛典殘片

印本。西州回鶻時期。

LM20-1487-25-03b　《大般若波羅蜜多經》

唐玄奘譯，此段文字多處可見。印本。西州回鶻時期。

LM20-1487-25-03c　佛典殘片

印本。西州回鶻時期。

LM20-1487-25-04 《大般若波羅蜜多經》卷二〇

唐玄奘譯，此段文字多處可見，第1、2行間夾刻小字"般若二十"。印本。西州回鶻時期。

LM20-1487-25-05 《大般若波羅蜜多經》

唐玄奘譯，此段文字多處可見。印本。西州回鶻時期。

LM20-1487-25-06 《大般若波羅蜜多經》卷五三四

唐玄奘譯，CBETA, T07, no.220, p.740, c5-8。印本。西州回鶻時期。

LM20-1487-25-07 《大般若波羅蜜多經》

唐玄奘譯，此段文字多處可見。印本。西州回鶻時期。

LM20-1487-25-08 《大般若波羅蜜多經》

唐玄奘譯，此段文字多處可見。印本。西州回鶻時期。

LM20-1487-25-09a 佛典殘片

印本。西州回鶻時期。

LM20-1487-25-09b 佛典殘片

印本。西州回鶻時期。

LM20-1487-25-09c 佛典殘片

印本。西州回鶻時期。

LM20-1487-25-09d 佛典殘片

印本。西州回鶻時期。

LM20-1487-25-09e 佛典殘片

印本。西州回鶻時期。

LM20-1487-25-10a 佛典殘片

印本。西州回鶻時期。

LM20-1487-25-10b 佛典殘片

印本。西州回鶻時期。

LM20-1487-25-11 《大般若波羅蜜多經》

唐玄奘譯，此段文字多處可見。印本。西州回鶻時期。

LM20-1487-25-12 《大般若波羅蜜多經》卷一七二

唐玄奘譯，CBETA, T05, no.220, p.924, b10-12。第1、2行間夾刻小字"□反""於繹反""以□"。印本。西州回鶻時期。

參：《旅博選粹》，192；竺沙雅章 2006，123、131。

LM20-1487-25-13a 佛典殘片

印本。西州回鶻時期。

LM20-1487-25-13b 佛典殘片

印本。西州回鶻時期。

LM20-1487-26-01　佛典殘片

印本。西州回鶻時期。

LM20-1487-26-02　《大般若波羅蜜多經》卷三八一

唐玄奘譯，CBETA，T06，no.220，p.967，c12–14。印本。西州回鶻時期。

LM20-1487-26-03　佛典殘片

印本。西州回鶻時期。

LM20-1487-26-04　佛典殘片

印本。西州回鶻時期。

LM20-1487-26-05　《大般若波羅蜜多經》

唐玄奘譯，此段文字多處可見。西州回鶻時期。

LM20-1487-26-06　《大般若波羅蜜多經》

唐玄奘譯，此段文字多處可見。印本。西州回鶻時期。

LM20-1487-26-07　《大般若波羅蜜多經》

唐玄奘譯，此段文字多處可見。印本。西州回鶻時期。

LM20-1487-26-08a　佛典殘片

印本。西州回鶻時期。

LM20-1487-26-08b　佛典殘片

印本。西州回鶻時期。

LM20-1487-26-09　佛典殘片

印本。西州回鶻時期。

LM20-1487-26-10　佛典殘片

印本。西州回鶻時期。

LM20-1487-26-11　佛典殘片

印本。西州回鶻時期。

LM20-1487-26-12　佛典殘片

印本。西州回鶻時期。

LM20-1487-26-13　《大般若波羅蜜多經》卷三八一

唐玄奘譯，CBETA，T06，no.220，p.967，c17–18。印本。西州回鶻時期。

LM20-1487-26-14　《大般若波羅蜜多經》

唐玄奘譯，此段文字多處可見。印本。西州回鶻時期。

LM20-1487-26-15　《大般若波羅蜜多經》卷六五

唐玄奘譯，CBETA，T05，no.220，p.369，b17–21。印本。西州回鶻時期。

LM20-1487-26-16　《大般若波羅蜜多經》

唐玄奘譯，此段文字多處可見。印本。西州回鶻時期。

參：《旅博選粹》，192。

LM20-1487-26-17　《大般若波羅蜜多經》卷五一

唐玄奘譯，CBETA, T05, no.220, p.288, a11–17。印本。西州回鶻時期。

LM20-1487-26-18　《大般若波羅蜜多經》

唐玄奘譯，此段文字多處可見。印本。西州回鶻時期。

LM20-1487-26-19　《大般若波羅蜜多經》卷三八一

唐玄奘譯，CBETA, T06, no.220, p.967, c14–21。第 5 行 "頜" 字右側有墨筆圈點。印本。西州回鶻時期。

LM20-1487-26-20　《大般若波羅蜜多經》

唐玄奘譯，此段文字多處可見。印本。西州回鶻時期。

參：李際寧 2006, 232。

LM20-1487-27-01　佛典殘片

印本。西州回鶻時期。

LM20-1487-27-02　《大般若波羅蜜多經》卷六五

唐玄奘譯，CBETA, T05, no.220, p.369, b7–9。印本。西州回鶻時期。

LM20-1487-27-03　《大般若波羅蜜多經》卷三三〇

唐玄奘譯，此段文字多處可見。印本。西州回鶻時期。

LM20-1487-27-04　佛典殘片

印本。西州回鶻時期

LM20-1487-27-05　《大般若波羅蜜多經》

唐玄奘譯，此段文字多處可見。印本。西州回鶻時期。

LM20-1487-27-06　《大般若波羅蜜多經》

唐玄奘譯，此段文字多處可見。印本。西州回鶻時期。

LM20-1487-27-07　《大般若波羅蜜多經》

唐玄奘譯，此段文字多處可見。印本。西州回鶻時期。

LM20-1487-27-08　《大般若波羅蜜多經》卷四八九

唐玄奘譯，CBETA, T07, no.220, p.483, c22–25。印本。西州回鶻時期。

LM20-1487-27-09　《大般若波羅蜜多經》

唐玄奘譯，此段文字多處可見。印本。西州回鶻時期。

LM20-1487-27-10　《大般若波羅蜜多經》卷三一二

唐玄奘譯，CBETA, T06, no.220, p.589, c4–6。印本。西州回鶻時期。

LM20-1487-27-11　《大般若波羅蜜多經》卷一六五

唐玄奘譯，CBETA, T05, no.220, p.888, b25–26。印本。西州回鶻時期。

LM20-1487-27-12　《大般若波羅蜜多經》卷三〇六

唐玄奘譯，CBETA, T06, no.220, p.562, a23-25。印本。西州回鶻時期。

LM20-1487-27-13　《大般若波羅蜜多經》

唐玄奘譯，此段文字多處可見。印本。西州回鶻時期。

LM20-1487-27-14　《大般若波羅蜜多經》

唐玄奘譯，此段文字多處可見。印本。西州回鶻時期。

LM20-1487-27-15　《大般若波羅蜜多經》卷五三一

唐玄奘譯，CBETA, T07, no.220, p.727, a4-7。印本。西州回鶻時期。

LM20-1487-27-16　《大般若波羅蜜多經》

唐玄奘譯，此段文字多處可見。印本。西州回鶻時期。

LM20-1487-27-17　《大般若波羅蜜多經》

唐玄奘譯，此段文字多處可見。印本。西州回鶻時期。

LM20-1487-27-18　佛典殘片

印本。西州回鶻時期。

LM20-1487-27-19　《大般若波羅蜜多經》卷三三〇

唐玄奘譯，CBETA, T06, no.220, p.688, c26-29。印本。西州回鶻時期。

LM20-1487-27-20　《大般若波羅蜜多經》卷二八二

唐玄奘譯，CBETA, T06, no.220, p.431, b15-20。印本。西州回鶻時期。

LM20-1487-28-01　《大般若波羅蜜多經》

唐玄奘譯，此段文字多處可見。印本。西州回鶻時期。

LM20-1487-28-02　《大般若波羅蜜多經》卷五三

唐玄奘譯，CBETA, T05, no.220, p.301, c6。印本。西州回鶻時期。

LM20-1487-28-03　佛典殘片

印本。西州回鶻時期。

LM20-1487-28-04　《大般若波羅蜜多經》卷七六

唐玄奘譯，CBETA, T05, no.220, p.430, c14-21。印本。西州回鶻時期。

LM20-1487-28-05　《大般若波羅蜜多經》卷四

唐玄奘譯，CBETA, T05, no.220, p.18, a23-26。印本。西州回鶻時期。

LM20-1487-28-06　《大般若波羅蜜多經》卷三八一

唐玄奘譯，CBETA, T06, no.220, p.967, c16-17。印本。西州回鶻時期。

LM20-1487-28-07　《大般若波羅蜜多經》卷一七〇

唐玄奘譯，CBETA, T05, no.220, p.917, a13-17。印本。西州回鶻時期。

LM20-1487-28-08　《大般若波羅蜜多經》卷四二七

唐玄奘譯，CBETA, T07, no.220, p.146, a3-4。印本。西州回鶻時期。

LM20-1487-28-09　《大般若波羅蜜多經》

唐玄奘譯，此段文字多處可見。印本。西州回鶻時期。

LM20-1487-28-10　《大般若波羅蜜多經》

唐玄奘譯，此段文字多處可見。印本。西州回鶻時期。

LM20-1487-28-11　《大般若波羅蜜多經》

唐玄奘譯，此段文字多處可見。印本。西州回鶻時期。

LM20-1487-28-12　《大般若波羅蜜多經》卷三九〇

唐玄奘譯，CBETA, T06, no.220, p.1018, c19–25。第 4、5 行間夾刻小字 "般若三百九十"。印本。西州回鶻時期。

LM20-1487-28-13　《大般若波羅蜜多經》卷四

唐玄奘譯，CBETA, T05, no.220, p.19, a17–20。印本。西州回鶻時期。

LM20-1487-29-01　《大般若波羅蜜多經》卷三

唐玄奘譯，CBETA, T05, no.220, p.14, c20–25。印本。西州回鶻時期。

LM20-1487-29-02a　佛典殘片

印本。西州回鶻時期。

LM20-1487-29-02b　《大般若波羅蜜多經》卷三

唐玄奘譯，CBETA, T05, no.220, p.14, c20–25。印本。西州回鶻時期。

LM20-1487-29-03　佛典殘片

印本。西州回鶻時期。

LM20-1487-29-04　佛典殘片

印本。西州回鶻時期。背面有回鶻文，無法揭取拍攝。

LM20-1487-29-05　佛典殘片

印本。西州回鶻時期。

LM20-1487-29-06　《大般若波羅蜜多經》卷四八九

唐玄奘譯，CBETA, T07, no.220, p.484, a17–18。印本。西州回鶻時期。

LM20-1487-29-07　佛典殘片

印本。西州回鶻時期。

LM20-1487-29-08　《大般若波羅蜜多經》卷三八一

唐玄奘譯，CBETA, T06, no.220, p.967, c12–20。第 5 行 "洪" 作 "圓"，第 7 行 "諾" 字右側有墨筆圈點。印本。西州回鶻時期。

LM20-1487-30-01　《阿毗達磨發智論》卷一二

唐玄奘譯，CBETA，T26，no.1544，p.980，b3–11。第 5、6 行間夾刻小字 "智論十二"、"十一"、"弟"。印本。西州回鶻時期。

參：《旅博選粹》，195；竺沙雅章 2006，123、131；李際寧 2006，237。

LM20-1487-30-02　《阿毗達磨發智論》卷一二

　　唐玄奘譯，CBETA, T26, no.1544, p.980, c23–26。印本。西州回鶻時期。

　　參：《旅博選粹》，196；竺沙雅章 2006, 123、131；李際寧 2006, 237。

LM20-1487-30-03　《阿毗達磨發智論》卷一二

　　唐玄奘譯，CBETA, T26, no.1544, p.977, b28–c2。印本。西州回鶻時期。

　　參：《旅博選粹》，195；竺沙雅章 2006, 123、131。

LM20-1487-30-04　《大般若波羅蜜多經》卷一六七

　　唐玄奘譯，CBETA, T05, no.220, p.899, b1–2。印本。西州回鶻時期。

LM20-1487-30-05　《大般若波羅蜜多經》卷五三四

　　唐玄奘譯，CBETA, T07, no.220, p.740, c5–8。印本。西州回鶻時期。

LM20-1487-30-06　《大般若波羅蜜多經》卷七六

　　唐玄奘譯，CBETA, T05, no.220, p.429, a7–10。印本。西州回鶻時期。

LM20-1487-30-07　《大般若波羅蜜多經》

　　唐玄奘譯，此段文字多處可見。印本。西州回鶻時期。

LM20-1487-30-08　《大般若波羅蜜多經》卷二三九

　　唐玄奘譯，CBETA, T06, no.220, p.205, c22–26。印本。西州回鶻時期。

LM20-1487-30-09　《大般若波羅蜜多經》

　　唐玄奘譯，此段文字多處可見。印本。西州回鶻時期。

LM20-1487-31-01　佛典殘片

　　印本。西州回鶻時期。

LM20-1487-31-02　《大般若波羅蜜多經》卷九四

　　唐玄奘譯，CBETA, T05, no.220, p.525, b22–25。印本。西州回鶻時期。

LM20-1487-31-03　佛典殘片

　　印本。西州回鶻時期。

LM20-1487-31-04　佛典殘片

　　印本。西州回鶻時期。

LM20-1487-31-05　佛典殘片

　　印本。西州回鶻時期。

LM20-1487-31-06　《大般若波羅蜜多經》

　　唐玄奘譯，此段文字多處可見。印本。西州回鶻時期。

LM20-1487-31-07　佛典殘片

　　印本。西州回鶻時期。

LM20-1487-31-08　佛典殘片

　　印本。西州回鶻時期。

LM20-1487-31-09 《大般若波羅蜜多經》

唐玄奘譯，此段文字多處可見。印本。西州回鶻時期。

LM20-1487-31-10 《大般若波羅蜜多經》卷一三二

唐玄奘譯，CBETA, T05, no.220, p.719, a12–14。印本。西州回鶻時期。

LM20-1487-31-11 《大般若波羅蜜多經》

唐玄奘譯，此段文字多處可見。印本。西州回鶻時期。

LM20-1487-31-12 佛典殘片

印本。西州回鶻時期。

LM20-1487-31-13 《大般若波羅蜜多經》

唐玄奘譯，此段文字多處可見。印本。西州回鶻時期。

LM20-1487-31-14 《大般若波羅蜜多經》

唐玄奘譯，此段文字多處可見。印本。西州回鶻時期。

LM20-1487-31-15 《大般若波羅蜜多經》

唐玄奘譯，此段文字多處可見。印本。西州回鶻時期。

LM20-1487-31-16 佛典殘片

印本。西州回鶻時期。

LM20-1487-31-17 佛典殘片

印本。西州回鶻時期。

LM20-1487-31-18 《大般若波羅蜜多經》卷四三七

唐玄奘譯，CBETA, T07, no.220, p.198, c6–9。印本。西州回鶻時期。

LM20-1487-31-19 佛典殘片

印本。西州回鶻時期。

LM20-1487-31-20 佛典殘片

印本。西州回鶻時期。

LM20-1487-31-21 《大般若波羅蜜多經》卷九六

唐玄奘譯，CBETA, T05, no.220, p.532, c19–24。印本。西州回鶻時期。

LM20-1487-31-22 《阿毗達磨發智論》卷一二

唐玄奘譯，CBETA, T26, no.1544, p.980, c27–p.981, a1。印本。西州回鶻時期。

參：《旅博選粹》，196；李際寧 2006, 233（作《俱舍論疏》卷二三）。

LM20-1487-31-23 《大般若波羅蜜多經》卷七六

唐玄奘譯，CBETA, T05, no.220, p.430, c13–23。第 1、2 行間夾刻小字"荒"。印本。西州回鶻時期。

LM20-1487-32-01 《大般若波羅蜜多經》卷四七〇

唐玄奘譯，CBETA, T07, no.220, p.378, b17–18。印本。西州回鶻時期。

參: 陳耕 2019, 345。

LM20-1487-32-02 　《大般若波羅蜜多經》

唐玄奘譯, 此段文字多處可見。行間夾刻小字 "金"。印本。西州回鶻時期。

LM20-1487-32-03 　《大般若波羅蜜多經》卷三九〇

唐玄奘譯, CBETA, T06, no.220, p.1015, b20-22。印本。西州回鶻時期。

LM20-1487-32-04 　《大般若波羅蜜多經》卷三八一

唐玄奘譯, CBETA, T06, no.220, p.967, c5-7。印本。西州回鶻時期。

LM20-1487-32-05 　佛典殘片

印本。西州回鶻時期。

LM20-1487-32-06 　佛典殘片

印本。西州回鶻時期。

LM20-1487-32-07 　《大般若波羅蜜多經》卷三九〇

唐玄奘譯, CBETA, T06, no.220, p.1016, b3-5。印本。西州回鶻時期。

LM20-1487-32-08 　《大般若波羅蜜多經》卷三九〇

唐玄奘譯, CBETA, T06, no.220, p.1016, a9-11。印本。西州回鶻時期。

LM20-1487-32-09 　《長阿含經》卷一八

姚秦佛陀耶舍、竺佛念譯, CBETA, T01, no.1, p.118, c1-2。印本。西州回鶻時期。

LM20-1487-32-10 　《大般若波羅蜜多經》四二七

唐玄奘譯, CBETA, T07, no.220, p.144, c8-11。印本。西州回鶻時期。

LM20-1487-32-11 　《大般若波羅蜜多經》卷四四

唐玄奘譯, CBETA, T05, no.220, p.245, c14-15。印本。西州回鶻時期。

LM20-1487-32-12 　《大般若波羅蜜多經》卷二八九

唐玄奘譯, CBETA, T06, no.220, p.471, c5-8。印本。西州回鶻時期。

LM20-1487-32-13 　《梁朝傅大士夾頌金剛經》

作者不詳, CBETA, ZW09, no.73h, p.167, a12-15。印本。西州回鶻時期。

參:《旅博選粹》, 197; 竺沙雅章 2006, 126-127、134。

LM20-1487-32-14 　《增壹阿含經》卷二八

東晉僧伽提婆譯, CBETA, T02, no.125, p.704, a13-16。印本。西州回鶻時期。

LM20-1487-32-15 　《大般若波羅蜜多經》卷三一八

唐玄奘譯, CBETA, T06, no.220, p.968, c11-13。印本。西州回鶻時期。

LM20-1487-32-16 　《大般若波羅蜜多經》卷七六

唐玄奘譯, CBETA, T05, no.220, p.427, c20-22。印本。西州回鶻時期。

LM20-1487-32-17 　《大般若波羅蜜多經》卷三一三

唐玄奘譯, CBETA, T06, no.220, p.596, a21-23。印本。西州回鶻時期。

LM20-1487-32-18 《大般若波羅蜜多經》卷四三七

唐玄奘譯，CBETA, T07, no.220, p.199, b6-7。印本。西州回鶻時期。

LM20-1487-32-19 **佛典殘片**

印本。西州回鶻時期。

LM20-1487-32-20 **佛典殘片**

印本。西州回鶻時期。

LM20-1487-32-21 **佛典殘片**

印本。西州回鶻時期。

LM20-1487-32-22a **佛典殘片**

印本。西州回鶻時期。

LM20-1487-32-22b **佛典殘片**

印本。西州回鶻時期。

LM20-1487-32-23 **佛典殘片**

印本。西州回鶻時期。

LM20-1487-32-24 《大般若波羅蜜多經》卷五〇九

唐玄奘譯，CBETA, T07, no.220, p.600, c4-7。印本。西州回鶻時期。

LM20-1487-32-25 **佛典殘片**

印本。西州回鶻時期。

LM20-1487-32-26 《大般若波羅蜜多經》

唐玄奘譯，此段文字多處可見。印本。西州回鶻時期。

LM20-1487-32-27 **佛典殘片**

印本。西州回鶻時期。

LM20-1487-32-28 **佛典殘片**

印本。西州回鶻時期。

LM20-1487-32-29 《大般若波羅蜜多經》

唐玄奘譯，此段文字多處可見。印本。西州回鶻時期。

LM20-1487-32-30 **佛典殘片**

印本。西州回鶻時期。

LM20-1487-32-31 《大般若波羅蜜多經》卷四三

唐玄奘譯，CBETA, T05, no.220, p.239, c26-28。印本。西州回鶻時期。

LM20-1487-32-32 **佛典殘片**

印本。西州回鶻時期。

LM20-1487-32-33 **佛典殘片**

印本。西州回鶻時期。

LM20-1487-32-34　佛典殘片

印本。西州回鶻時期。

LM20-1487-32-35　佛典殘片

印本。西州回鶻時期。

LM20-1487-32-36　佛典殘片

印本。西州回鶻時期。

LM20-1487-32-37　佛典殘片

印本。西州回鶻時期。

LM20-1487-32-38　佛典殘片

印本。西州回鶻時期。

LM20-1487-32-39　《大般若波羅蜜多經》卷三八一

唐玄奘譯，CBETA，T06，no.220，p.967，c11-13。印本。西州回鶻時期。

LM20-1487-32-40　《大般若波羅蜜多經》卷二七六

唐玄奘譯，CBETA，T06，no.220，p.399，b20-24。印本。西州回鶻時期。

LM20-1487-32-41　《梁朝傅大士夾頌金剛經》

作者不詳，CBETA，ZW09，no.73h，p.167，a15。印本。西州回鶻時期。

參：《旅博選粹》，197；竺沙雅章 2006，126、134。

LM20-1487-32-42　《大般若波羅蜜多經》卷七

唐玄奘譯，CBETA，T05，no.220，p.38，a12-14。印本。西州回鶻時期。

LM20-1487-32-43　《大般若波羅蜜多經》卷三三〇

唐玄奘譯，CBETA，T06，no.220，p.691，c3-7。印本。西州回鶻時期。

LM20-1487-32-44　《大般若波羅蜜多經》卷二〇

唐玄奘譯，CBETA，T05，no.220，p.108，a11-12。印本。西州回鶻時期。

LM20-1487-33-01　佛典殘片

印本。西州回鶻時期。

LM20-1487-33-02　佛典殘片

印本。西州回鶻時期。

LM20-1487-33-03　佛典殘片

印本。西州回鶻時期。

LM20-1487-33-04　《大般若波羅蜜多經》

唐玄奘譯，此段文字多處可見。行間夾刻小字“般若五”。西州回鶻時期。

LM20-1487-33-05　佛典殘片

印本。西州回鶻時期。

LM20-1487-33-06　佛典殘片

印本。西州回鶻時期。

LM20-1487-33-07 《大般若波羅蜜多經》

印本。西州回鶻時期。

LM20-1487-33-08 《大般若波羅蜜多經》卷四三七

唐玄奘譯，CBETA，T07，no.220，p.200，c17–20。印本。西州回鶻時期。

LM20-1487-33-09 佛典殘片

印本。西州回鶻時期。

LM20-1487-33-10 佛典殘片

印本。西州回鶻時期。

LM20-1487-33-11 佛典殘片

印本。西州回鶻時期。

LM20-1487-33-12 佛典殘片

印本。西州回鶻時期。

LM20-1487-33-13 佛典殘片

印本。西州回鶻時期。

LM20-1487-33-14 佛典殘片

印本。西州回鶻時期。

LM20-1487-33-15 佛典殘片

印本。西州回鶻時期。

LM20-1487-33-16 佛典殘片

印本。西州回鶻時期。

LM20-1487-33-17 佛典殘片

印本。西州回鶻時期。

LM20-1487-33-18 《大般若波羅蜜多經》卷三一三

唐玄奘譯，CBETA，T06，no.220，p.598，c12–14。印本。西州回鶻時期。

LM20-1487-33-19 《大般若波羅蜜多經》卷四八三

唐玄奘譯，CBETA，T07，no.220，p.449，c27–28。印本。西州回鶻時期。

LM20-1487-33-20 佛典殘片

印本。西州回鶻時期。

LM20-1487-33-21 《大方廣佛華嚴經》卷四二

唐實叉難陀譯，CBETA，T10，no.279，p.219，a14–15。西州回鶻時期。

LM20-1487-33-22 佛典殘片

印本。西州回鶻時期。

LM20-1487-33-23 《大般若波羅蜜多經》

唐玄奘譯，此段文字多處可見。西州回鶻時期。

LM20-1487-33-24　《大般若波羅蜜多經》卷一七〇

唐玄奘譯，CBETA，T05，no.220，p.915，c5-8，"如五眼"作"如眼處"。第1行前夾刻小字"寒"。印本。西州回鶻時期。

LM20-1487-33-25　佛典殘片

印本。西州回鶻時期。

LM20-1487-33-26　佛典殘片

印本。西州回鶻時期。

LM20-1487-33-27　佛典殘片

印本。西州回鶻時期。

LM20-1487-33-28　佛典殘片

印本。西州回鶻時期。

LM20-1487-33-29　佛典殘片

印本。西州回鶻時期。

LM20-1487-33-30　佛典殘片

印本。西州回鶻時期。

LM20-1487-33-31　《大般若波羅蜜多經》卷四三七

唐玄奘譯，CBETA，T07，no.220，p.200，c20-22。印本。西州回鶻時期。

LM20-1487-33-32　《大般若波羅蜜多經》卷四六九

唐玄奘譯，CBETA，T07，no.220，p.375，b26-27。印本。西州回鶻時期。

LM20-1487-33-33　佛典殘片

印本。西州回鶻時期。

LM20-1487-33-34　《大般若波羅蜜多經》卷三八一

唐玄奘譯，CBETA，T06，no.220，p.967，c7。印本。西州回鶻時期。

LM20-1487-33-35　佛典殘片

印本。西州回鶻時期。

LM20-1487-33-36　佛典殘片

印本。西州回鶻時期。

LM20-1487-33-37　《大般若波羅蜜多經》卷五八三

唐玄奘譯，CBETA，T07，no.220，p.1014，c24-26。印本。西州回鶻時期。

LM20-1487-33-38　佛典殘片

印本。西州回鶻時期。

LM20-1487-33-39　佛典殘片

印本。西州回鶻時期。

LM20-1487-33-40   佛典殘片

印本。西州回鶻時期。

LM20-1487-33-41   《大般若波羅蜜多經》卷三四六

唐玄奘譯, CBETA, T06, no.220, p.776, a7-9。印本。西州回鶻時期。

LM20-1487-33-42   佛典殘片

印本。西州回鶻時期。

LM20-1487-33-43   佛典殘片

印本。西州回鶻時期。

LM20-1487-34-01   佛典殘片

印本。西州回鶻時期。

LM20-1487-34-02   佛典殘片

印本。西州回鶻時期。

LM20-1487-34-03   佛典殘片

印本。西州回鶻時期。

LM20-1487-34-04   佛典殘片

印本。西州回鶻時期。

LM20-1487-34-05   佛典殘片

印本。西州回鶻時期。

LM20-1487-34-06   佛典殘片

印本。西州回鶻時期。

LM20-1487-34-07   《大般若波羅蜜多經》卷二一

唐玄奘譯, CBETA, T05, no.220, p.118, b1。印本。西州回鶻時期。

LM20-1487-34-08   佛典殘片

印本。西州回鶻時期。

LM20-1487-34-09   佛典殘片

印本。西州回鶻時期。

LM20-1487-34-10   《大般若波羅蜜多經》卷三八一

唐玄奘譯, CBETA, T06, no.220, p.969, b14-16。印本。西州回鶻時期。

LM20-1487-34-11   《大般若波羅蜜多經》卷六五

唐玄奘譯, CBETA, T05, no.220, p.370, b15-16。印本。西州回鶻時期。

LM20-1487-34-12   《大般若波羅蜜多經》卷五七七

唐玄奘譯, CBETA, T07, no.220, p.979, c18-23。印本。西州回鶻時期。

LM20-1487-34-13a   佛典殘片

印本。西州回鶻時期。

LM20-1487-34-13b　佛典殘片

印本。西州回鶻時期。

LM20-1487-34-14　《大般若波羅蜜多經》卷三二五

唐玄奘譯，CBETA, T06, no.220, p.660, a26–29。印本。西州回鶻時期。

LM20-1487-34-15　佛典殘片

印本。西州回鶻時期。

LM20-1487-34-16a　佛典殘片

印本。西州回鶻時期。

LM20-1487-34-16b　佛典殘片

印本。西州回鶻時期。

LM20-1487-34-17　《大般若波羅蜜多經》

唐玄奘譯，此段文字多處可見。印本。西州回鶻時期。

LM20-1487-34-18　《大般若波羅蜜多經》卷三一七

唐玄奘譯，CBETA, T06, no.220, p.616, a12–15。印本。西州回鶻時期。

LM20-1487-34-19　佛典殘片

印本。西州回鶻時期。

LM20-1487-34-20　佛典殘片

印本。西州回鶻時期。

LM20-1487-34-21　佛典殘片

印本。西州回鶻時期。

LM20-1487-34-22a　佛典殘片

印本。西州回鶻時期。

LM20-1487-34-22b　《大般若波羅蜜多經》

唐玄奘譯，此段文字多處可見。印本。西州回鶻時期。

LM20-1487-34-23　佛典殘片

西州回鶻時期。

LM20-1487-34-24　佛典殘片

印本。西州回鶻時期。

LM20-1487-34-25　《大般若波羅蜜多經》

唐玄奘譯，此段文字多處可見。印本。西州回鶻時期。

LM20-1487-34-26　《大般若波羅蜜多經》卷三〇六

唐玄奘譯，CBETA, T06, no.220, p.557, c5–7。印本。西州回鶻時期。

LM20-1487-34-27　《大般若波羅蜜多經》

唐玄奘譯，此段文字多處可見。印本。西州回鶻時期。

LM20-1487-34-28　《大般若波羅蜜多經》卷四八三

唐玄奘譯，CBETA，T07，no.220，p.450，c23–25。印本。西州回鶻時期。

LM20-1487-34-29　《大般若波羅蜜多經》卷三九〇

唐玄奘譯，CBETA，T06，no.220，p.1015，b4–6。印本。西州回鶻時期。

LM20-1487-34-30a　佛典殘片

印本。西州回鶻時期。

LM20-1487-34-30b　《大般若波羅蜜多經》卷二八九

唐玄奘譯，CBETA，T06，no.220，p.472，a10–13。印本。西州回鶻時期。

LM20-1487-34-31　《大般若波羅蜜多經》卷三八一

唐玄奘譯，CBETA，T06，no.220，p.967，c19–26。第2行"臆"、第8行"夜"字右側有墨筆圈點，第5、6行間夾刻小字"爲"。印本。西州回鶻時期。

LM20-1487-35-01a　佛典殘片

印本。西州回鶻時期。

LM20-1487-35-01b　佛典殘片

印本。西州回鶻時期。

LM20-1487-35-01c　佛典殘片

印本。西州回鶻時期。

LM20-1487-35-02a　佛典殘片

印本。西州回鶻時期。

LM20-1487-35-02b　佛典殘片

印本。西州回鶻時期。

LM20-1487-35-03　《大般若波羅蜜多經》卷三七

唐玄奘譯，CBETA，T05，no.220，p.204，c11–13。印本。西州回鶻時期。

LM20-1487-35-04　《大般若波羅蜜多經》卷四四五

唐玄奘譯，CBETA，T07，no.220，p.243，b4–9。印本。西州回鶻時期。

LM20-1487-35-05a　佛典殘片

印本。西州回鶻時期。

LM20-1487-35-05b　佛典殘片

印本。西州回鶻時期。

參：陳耕2019，358。

LM20-1487-35-06　佛典殘片

印本。西州回鶻時期。

LM20-1487-35-07　《大般若波羅蜜多經》卷一七

唐玄奘譯，CBETA，T05，no.220，p.93，b22–25。印本。西州回鶻時期。

LM20-1487-35-08　佛典殘片

印本。西州回鶻時期。

LM20-1487-35-09　佛典殘片

印本。西州回鶻時期。

LM20-1487-35-10　佛典殘片

印本。西州回鶻時期。

LM20-1487-35-11　《大般若波羅蜜多經》卷一六五

唐玄奘譯，CBETA，T05，no.220，p.888，c5–9。印本。西州回鶻時期。

LM20-1487-35-12　佛典殘片

印本。西州回鶻時期。

LM20-1487-35-13a　佛典殘片

印本。西州回鶻時期。

LM20-1487-35-13b　佛典殘片

印本。西州回鶻時期。

LM20-1487-35-14　佛典殘片

印本。西州回鶻時期。

LM20-1487-35-15a　佛典殘片

印本。西州回鶻時期。

LM20-1487-35-15b　佛典殘片

印本。西州回鶻時期。

LM20-1487-35-16　《大般若波羅蜜多經》卷三七

唐玄奘譯，CBETA，T05，no.220，p.206，b10–11。印本。西州回鶻時期。

LM20-1487-35-17　《大般若波羅蜜多經》卷一六六

唐玄奘譯，CBETA，T05，no.220，p.895，b3–6。

印本。西州回鶻時期。

LM20-1487-35-18　《大般若波羅蜜多經》卷一六七

唐玄奘譯，CBETA，T05，no.220，p.901，c20–24。印本。西州回鶻時期。

LM20-1487-35-19　《大般若波羅蜜多經》卷五四八

唐玄奘譯，CBETA，T07，no.220，p.820，a15–17。印本。西州回鶻時期。

LM20-1487-35-20　佛典殘片

印本。西州回鶻時期。

LM20-1487-35-21　佛典殘片

印本。西州回鶻時期。

參：陳耕 2019，359、361。

LM20-1487-35-22 《大般若波羅蜜多經》卷一四

唐玄奘譯，CBETA, T05, no.220, p.78, b11-15。印本。西州回鶻時期。

LM20-1487-35-23 《大般若波羅蜜多經》卷三八一

唐玄奘譯，CBETA, T06, no.220, p.967, c12-14。印本。西州回鶻時期。

LM20-1487-35-24 《大般若波羅蜜多經》卷二四五

唐玄奘譯，CBETA, T06, no.220, p.236, b25-26。印本。西州回鶻時期。

LM20-1487-35-25 《大般若波羅蜜多經》卷二四五

唐玄奘譯，CBETA, T06, no.220, p.236, c23-29。印本。西州回鶻時期。

LM20-1487-36-01 佛典殘片

印本。西州回鶻時期。

LM20-1487-36-02 《大般若波羅蜜多經》卷三八一

唐玄奘譯，CBETA, T06, no.220, p.967, a28-b3。印本。西州回鶻時期。

LM20-1487-36-03 《大般若波羅蜜多經》卷三〇六

唐玄奘譯，CBETA, T06, no.220, p.557, c16-18。印本。西州回鶻時期。

LM20-1487-36-04 佛典殘片

印本。西州回鶻時期。

LM20-1487-36-05 佛典殘片

印本。西州回鶻時期。

LM20-1487-36-06 佛典殘片

印本。西州回鶻時期。

LM20-1487-36-07a 佛典殘片

印本。西州回鶻時期。

LM20-1487-36-07b 佛典殘片

印本。西州回鶻時期。

LM20-1487-36-08 《大般若波羅蜜多經》卷一三一

唐玄奘譯，CBETA, T05, no.220, p.714, b23-25。印本。西州回鶻時期。

LM20-1487-36-09 《大般若波羅蜜多經》卷三八一

唐玄奘譯，CBETA, T06, no.220, p.966, c19-20。印本。西州回鶻時期。

LM20-1487-36-10 《大般若波羅蜜多經》卷五八六

唐玄奘譯，CBETA, T07, no.220, p.1032, b5-8。印本。西州回鶻時期。

LM20-1487-36-11 佛典殘片

印本。西州回鶻時期。

LM20-1487-36-12 佛典殘片

印本。西州回鶻時期。

LM20-1487-36-13　佛典殘片

　　印本。西州回鶻時期。

LM20-1487-36-14a　佛典殘片

　　印本。西州回鶻時期。

LM20-1487-36-14b　佛典殘片

　　印本。西州回鶻時期。

LM20-1487-36-14c　佛典殘片

　　印本。西州回鶻時期。

LM20-1487-36-14d　佛典殘片

　　印本。西州回鶻時期。

LM20-1487-36-15　《大般若波羅蜜多經》經題

　　唐玄奘譯。印本。西州回鶻時期。

　　參: 陳耕 2019, 358。

LM20-1487-36-16　《大般若波羅蜜多經》卷三四六

　　唐玄奘譯, CBETA, T06, no.220, p.776, a13-14。印本。西州回鶻時期。

LM20-1487-36-17　《大般若波羅蜜多經》

　　唐玄奘譯, 此段文字多處可見。印本。西州回鶻時期。

LM20-1487-36-18　佛典殘片

　　印本。西州回鶻時期。

LM20-1487-36-19　佛典殘片

　　印本。西州回鶻時期。

LM20-1487-36-20a　佛典殘片

　　印本。西州回鶻時期。

LM20-1487-36-20b　佛典殘片

　　印本。西州回鶻時期。

LM20-1487-36-21　佛典殘片

　　印本。西州回鶻時期。

LM20-1487-36-22　佛典殘片

　　印本。西州回鶻時期。

LM20-1487-36-23　《大般若波羅蜜多經》卷六五

　　唐玄奘譯, CBETA, T05, no.220, p.368, a21-22。印本。西州回鶻時期。

LM20-1487-36-24a　佛典殘片

　　印本。西州回鶻時期。

LM20-1487-36-24b　《大般若波羅蜜多經》卷四三七

唐玄奘譯，CBETA，T07，no.220，p.199，c8–9。印本。西州回鶻時期。

LM20-1487-36-25　佛典殘片

印本。西州回鶻時期。

LM20-1487-36-26　《大般若波羅蜜多經》卷四

唐玄奘譯，CBETA，T05，no.220，p.19，a18–21。印本。西州回鶻時期。

參：陳耕2019，345。

LM20-1487-36-27　佛典殘片

印本。西州回鶻時期。

LM20-1487-36-28　佛典殘片

印本。西州回鶻時期。

參：陳耕2019，358。

LM20-1487-36-29　佛典殘片

印本。西州回鶻時期。

LM20-1487-36-30　佛典殘片

印本。西州回鶻時期。

經册三十九

LM20-1488-01-01 《大般涅槃經》卷二八

北涼曇無讖譯，CBETA, T12, no.374, p.534, a28-b10。唐時期。

LM20-1488-01-02 《大般涅槃經》卷一二

北涼曇無讖譯，CBETA, T12, no.374, p.439, b24-26。唐時期。

LM20-1488-01-03 《大般涅槃經》卷六

北涼曇無讖譯，CBETA, T12, no.374, p.401, c7-13。唐時期。

LM20-1488-01-04 《大般涅槃經》卷三九

北涼曇無讖譯，CBETA, T12, no.374, p.594, a27-b3。高昌國時期。

LM20-1488-02-01 《大般涅槃經》卷五

北涼曇無讖譯，CBETA, T12, no.374, p.393, b23-c9。高昌國時期。

LM20-1488-02-02 《大般涅槃經》卷四〇

北涼曇無讖譯，CBETA, T12, no.374, p.600, b10-24。唐時期。

LM20-1488-02-03 《大般涅槃經》卷二二

北涼曇無讖譯，CBETA, T12, no.374, p.497, b17-22。高昌郡時期。

參：《旅博選粹》，51；王宇、王梅 2006b, 54。

LM20-1488-03-04 《大般涅槃經》卷二八

北涼曇無讖譯，CBETA, T12, no.374, p.529, b6-16。唐時期。

LM20-1488-03-05 《般若波羅蜜多心經》注疏

參唐玄奘譯《般若波羅蜜多心經》卷一，CBETA, T08, no, 251, p.848, c11。經文單行大字，注文單行小字，有朱筆句讀及校改。唐時期。

參：《旅博選粹》，172；吕媛媛 2019b, 274-275。

LM20-1488-04-01 《大般涅槃經》卷一二

北涼曇無讖譯，CBETA, T12, no.374, p.439, b24-28。唐時期。

LM20-1488-04-02 《佛説觀藥王藥上二菩薩經》

劉宋畺良耶舍譯，CBETA, T20, no.1161, p.661, a19-22。唐時期。

LM20-1488-04-03 《勝鬘師子吼一乘大方便方廣經》

劉宋求那跋陀羅譯，CBETA, T12, no.353, p.219, b7-15。高昌國時期。

LM20-1488-04-04 《妙法蓮華經》卷一

姚秦鳩摩羅什譯，CBETA，T09，no.262，p.10，a4–21。唐時期。

LM20-1488-05-05　《佛説觀藥王藥上二菩薩經》

劉宋畺良耶舍譯，CBETA，T20，no.1161，p.662，c28–p.663，a4。高昌國時期。

LM20-1488-05-06　《大般涅槃經》卷三

北涼曇無讖譯，CBETA，T12，no.374，p.380，c2–7。高昌國時期。

LM20-1488-05-07　《大方廣三戒經》卷下

北涼曇無讖譯，CBETA，T11，no.311，p.703，c9–19。唐時期。

LM20-1488-05-08　《大般涅槃經》卷三

北涼曇無讖譯，CBETA，T12，no.374，p.379，b25–29，“性”作“姓”。高昌國時期。

LM20-1488-05-09　《大般涅槃經》卷二三

北涼曇無讖譯，CBETA，T12，no.374，p.502，b27–29。高昌國時期。

LM20-1488-05-10　《妙法蓮華經》卷五

姚秦鳩摩羅什譯，CBETA，T09，no.262，p.43，b3–10。唐時期。

LM20-1488-06-01　《妙法蓮華經》卷五

姚秦鳩摩羅什譯，CBETA，T09，no.262，p.39，b12–14。唐時期。

LM20-1488-06-02　《妙法蓮華經》卷三

姚秦鳩摩羅什譯，CBETA，T09，no.262，p.19，b4–10。唐時期。

LM20-1488-06-03　《妙法蓮華經》卷四

姚秦鳩摩羅什譯，CBETA，T09，no.262，p.34，a2–12。唐時期。

LM20-1488-06-04　《大般涅槃經》卷三三

北涼曇無讖譯，CBETA，T12，no.374，p.563，b2–7。唐時期。

LM20-1488-06-05　《妙法蓮華經》卷五

姚秦鳩摩羅什譯，CBETA，T09，no.262，p.38，a9–16。唐時期。

LM20-1488-07-06　《大般涅槃經》卷五

北涼曇無讖譯，CBETA，T12，no.374，p.390，c23–26。唐時期。

LM20-1488-07-07　《大般涅槃經》卷二五

北涼曇無讖譯，CBETA，T12，no.374，p.512，b2–8。高昌國時期。

LM20-1488-07-08　《大般涅槃經》卷二三

北涼曇無讖譯，CBETA，T12，no.374，p.499，a21–24。高昌國時期。

LM20-1488-07-09　《大般涅槃經》卷五

北涼曇無讖譯，CBETA，T12，no.374，p.391，c23–26。高昌國時期。

LM20-1488-07-10　《妙法蓮華經》卷六

姚秦鳩摩羅什譯，CBETA，T09，no.262，p.51，b7–c4。唐時期。

LM20-1488-08-01　《大般涅槃經》卷一四

北涼曇無讖譯，CBETA, T12, no.374, p.446, b16–19。唐時期。

LM20-1488-08-02　《大般涅槃經後分》卷上

唐若那跋陀羅譯，CBETA, T12, no.377, p.900, a8–13。唐時期。

LM20-1488-08-03　《大般涅槃經》卷一〇

北涼曇無讖譯，CBETA, T12, no.374, p.422, c18–28。唐時期。

LM20-1488-08-04　《大般涅槃經》外題

唐時期。

LM20-1488-09-05　空號

LM20-1488-09-06　《大般涅槃經》卷三

北涼曇無讖譯，CBETA, T12, no.374, p.380, b24–c7。高昌國時期。

參:《旅博選粹》, 126。

LM20-1488-10-01　《大般涅槃經》卷二五

北涼曇無讖譯，CBETA, T12, no.374, p.517, a25–b6，"不於"作"見於"。唐時期。

LM20-1488-10-02　《大般涅槃經》卷七

北涼曇無讖譯，CBETA, T12, no.374, p.404, c3–8。高昌國時期。

LM20-1488-10-03　《妙法蓮華經》卷一

姚秦鳩摩羅什譯，CBETA, T09, no.262, p.5, a5–15。唐時期。

LM20-1488-11-04　《大般涅槃經》卷八

北涼曇無讖譯，CBETA, T12, no.374, p.414, b26–c9，第1行"萌牙"作"萌芽"。唐時期。

LM20-1488-11-05　《大般涅槃經》卷一八

北涼曇無讖譯，CBETA, T12, no.374, p.468, a1–b7。高昌國時期。

LM20-1488-11-06　《大般涅槃經》卷三七

北涼曇無讖譯，CBETA, T12, no.374, p.580, c23–p.581, a12。首行有小字"卷卅七"。唐時期。

LM20-1488-12-01　《大般涅槃經》卷一

北涼曇無讖譯，CBETA, T12, no.374, p.369, c24–p.370, a5。高昌國時期。

LM20-1488-12-02　《妙法蓮華經》卷一

姚秦鳩摩羅什譯，CBETA, T09, no.262, p.7, b28–c4。唐時期。

LM20-1488-12-03　《大般涅槃經》卷九

北涼曇無讖譯，CBETA, T12, no.374, p.422, a18–b1。唐時期。

LM20-1488-13-04　《大般涅槃經》卷二八

北涼曇無讖譯，CBETA, T12, no.374, p.529, a9–29，第8行"想"作"相"。唐時期。

LM20-1488-13-05　《大般涅槃經》卷一六

北涼曇無讖譯，CBETA, T12, no.374, p.462, a23–b7。高昌國時期。

參：《旅博選粹》，130。

LM20-1488-13-06a　佛典殘片

高昌國時期。

LM20-1488-13-06b　佛典殘片

高昌國時期。

LM20-1488-14-01　《大般涅槃經》卷四〇

北涼曇無讖譯，CBETA，T12，no.374，p.599，a6–14。高昌國時期。

LM20-1488-14-02　《妙法蓮華經》卷四

姚秦鳩摩羅什譯，CBETA，T09，no.262，p.29，a16–20。唐時期。

LM20-1488-14-03　《妙法蓮華經》卷二

姚秦鳩摩羅什譯，CBETA，T09，no.262，p.17，b21–c2。唐時期。

LM20-1488-14-04　《大般涅槃經》卷一二

北涼曇無讖譯，CBETA，T12，no.374，p.437，b9–26，第6行“乎”作“于”。西州回鶻時期。

LM20-1488-15-05　《華嚴經論》卷一〇

元魏靈辨造，CBETA，X03，no.208，p.3，c3–6，“越”作“超”。唐時期。

LM20-1488-15-06　《妙法蓮華經》卷四

姚秦鳩摩羅什譯，CBETA，T09，no.262，p.34，b8–14。唐時期。

LM20-1488-15-07　《大般涅槃經》卷二四

北涼曇無讖譯，CBETA，T12，no.374，p.505，a13–17。唐時期。

LM20-1488-15-08　《示所犯者瑜伽法鏡經》

唐室利末多譯，CBETA，T85，no.2896，p.1421，a12–18。唐時期。背面有回鶻文，無法揭取拍攝。

LM20-1488-15-09　《大般涅槃經》卷一二

北涼曇無讖譯，CBETA，T12，no.374，p.439，c19–22。高昌國時期。

LM20-1488-16-01　《大般涅槃經》卷一二

北涼曇無讖譯，CBETA，T12，no.374，p.439，a14–23。高昌國時期。

LM20-1488-16-02　《大般涅槃經》卷三七

北涼曇無讖譯，CBETA，T12，no.374，p.581，b21–c4。唐時期。

LM20-1488-17-03　《大般涅槃經》卷三三

北涼曇無讖譯，CBETA，T12，no.374，p.562，b18–28。唐時期。

LM20-1488-17-04　《合部金光明經》卷二

梁真諦譯，隋寶貴合，CBETA，T16，no.664，p.370，b2–5，“爲欲度”作“爲度”。唐時期。

LM20-1488-17-05　《大般涅槃經》卷二

北涼曇無讖譯，CBETA，T12，no.374，p.374，a22–b1。高昌國時期。

LM20-1488-17-06　《大般涅槃經》卷三八

北涼曇無讖譯，CBETA，T12，no.374，p.588，b27-c3。高昌國時期。

LM20-1488-17-07　《百論》卷下

姚秦鳩摩羅什譯，CBETA，T30，no.1569，p.180，c3-10，"是即涅槃則"作"是即涅槃者"。第 4 行末寫雙行小字"脩妬"。唐時期。

LM20-1488-18-01　《大般涅槃經》外題

高昌國時期。

LM20-1488-18-02　《妙法蓮華經》卷七

姚秦鳩摩羅什譯，CBETA，T09，no.262，p.60，a13-20。唐時期。

LM20-1488-18-03　《道行般若經》卷九

後漢支婁迦讖譯，CBETA，T08，no.224，p.471，a8-14。高昌國時期。

參：孫傳波 2006，182。

LM20-1488-18-04　《佛頂尊勝陀羅尼經》

唐佛陀波利譯，CBETA，T19，no.967，p.351，c20-25。唐時期。

LM20-1488-18-05　《大般涅槃經》卷一五并題記

北涼曇無讖譯，CBETA，T12，no.374，p.452，b17-27。高昌國時期。

LM20-1488-19-06　《大般涅槃經》卷一九

北涼曇無讖譯，CBETA，T12，no.374，p.474，b12-16。高昌國時期。

LM20-1488-19-07　《大般涅槃經》卷六

北涼曇無讖譯，CBETA，T12，no.374，p.401，c6-11，"深奧義"作"深奧"。唐時期。

LM20-1488-19-08　《大般涅槃經》卷七

北涼曇無讖譯，CBETA，T12，no.374，p.403，c6-9。第 3、4 行間有夾寫小字"隨"。唐時期。

LM20-1488-19-09　《大般涅槃經》卷六

北涼曇無讖譯，CBETA，T12，no.374，p.401，c6-18。唐時期。

LM20-1488-20-01　《大般涅槃經》卷二六

北涼曇無讖譯，CBETA，T12，no.374，p.520，a25-b2，"也以是"作"以是"。高昌郡時期。

參：王宇、王梅 2006b，56。

LM20-1488-20-02　《佛説摩訶衍寶嚴經》

譯者不詳，CBETA，T12，no.351，p.195，b10-15。唐時期。

LM20-1488-20-03　《大般涅槃經》卷三〇

北涼曇無讖譯，CBETA，T12，no.374，p.546，b6-14，"无漏无漏无漏即善"作"無漏無漏即善"。高昌國時期。

LM20-1488-20-04 《大般涅槃經》卷六

北涼曇無讖譯，CBETA，T12，no.374，p.401，b26-c3。下有貼附殘片，可見"前""人""後"等字，無法揭取。唐時期。

LM20-1488-20-05 《大方等大集經》卷二

北涼曇無讖譯，CBETA，T13，no.397，p.14，a23-28，"逕"作"經"。高昌國時期。

LM20-1488-20-06 《妙法蓮華經》卷七

姚秦鳩摩羅什譯，CBETA，T09，no.262，p.56，b5-10。唐時期。

LM20-1488-20-07 《大般涅槃經》卷三〇

北涼曇無讖譯，CBETA，T12，no.374，p.545，b8-12。高昌國時期。

LM20-1488-21-08 《大般涅槃經》卷一九

北涼曇無讖譯，CBETA，T12，no.374，p.474，a23-b1。高昌國時期。

LM20-1488-21-09 《大般涅槃經》卷三外題

唐時期。

參：《旅博選粹》，126。

LM20-1488-21-10 《道行般若經》卷五

後漢支婁迦讖譯，CBETA，T08，no.224，p.451，c4-7。高昌郡時期。

參：《旅博選粹》，11；孫傳波2008，65。

LM20-1488-21-11 《大般涅槃經》卷三

劉宋慧嚴等譯，CBETA，T12，no.375，p.618，c15-21。高昌國時期。

LM20-1488-21-12 《大般涅槃經》卷一二

北涼曇無讖譯，CBETA，T12，no.374，p.433，c25-29。唐時期。

LM20-1488-21-13 《大般涅槃經》卷五

北涼曇無讖譯，CBETA，T12，no.374，p.390，b19-28。高昌國時期。

LM20-1488-21-14 《大般涅槃經》卷二四

北涼曇無讖譯，CBETA，T12，no.374，p.504，a3-11。唐時期。

LM20-1488-22-01 《道行般若經》卷三

後漢支婁迦讖譯，CBETA，T08，no.224，p.441，a22-b3。唐時期。

參：《旅博選粹》，93；孫傳波2006，172。

LM20-1488-22-02 《小品般若波羅蜜經》卷九

姚秦鳩摩羅什譯，CBETA，T08，no.227，p.576，a15-b6。第3、4行，第12、13行間有夾寫小字。高昌國時期。

參：《旅博選粹》，94。

LM20-1488-23-03 《大般若波羅蜜多經》卷三三一

唐玄奘譯，CBETA，T06，no.220，p.694，b27-c18，第12行"空十遍"作"定十遍"。第9、

10 行間有夾寫，天頭欄外有“兌”字，表明作廢；第 10 行天頭有“安”字。唐時期。

參：《旅博選粹》，89。

LM20-1488-23-04　《文殊師利所説摩訶般若波羅蜜經》卷上

梁曼陀羅仙譯，CBETA，T08，no.232，p.727，c6–18。唐時期。

參：《旅博選粹》，95。

LM20-1488-24-01　《金剛般若波羅蜜經》

姚秦鳩摩羅什譯，CBETA，T08，no.235，p.750，a6–17。唐時期。

LM20-1488-24-02　《合部金光明經》卷二

梁真諦譯，隋寶貴合，CBETA，T16，no.664，p.372，b1–5。唐時期。

LM20-1488-24-03　《金剛般若波羅蜜經》

姚秦鳩摩羅什譯，CBETA，T08，no.235，p.751，b22–c4。唐時期。

LM20-1488-25-04　《道行般若經》卷五

後漢支婁迦讖譯，CBETA，T08，no.224，p.449，c26–29。唐時期。

參：孫傳波 2006，175。

LM20-1488-25-05　《金剛般若波羅蜜經》

姚秦鳩摩羅什譯，CBETA，T08，no.235，p.749，b20–28。唐時期。

LM20-1488-25-06　《小品般若波羅蜜經》卷一〇

姚秦鳩摩羅什譯，CBETA，T08，no.227，p.581，c14–18，“汝今得三昧”作“汝今得是諸三昧”。高昌國時期。

LM20-1488-25-07　《小品般若波羅蜜經》卷一〇

姚秦鳩摩羅什譯，CBETA，T08，no.227，p.581，c18–24。高昌國時期。

參：孫傳波 2006，193。

LM20-1488-25-08　《大般涅槃經》卷三二

北涼曇無讖譯，CBETA，T12，no.374，p.555，a25–b1。唐時期。

LM20-1488-25-09　《金剛般若波羅蜜經》

姚秦鳩摩羅什譯，CBETA，T08，no.235，p.751，b15–19。唐時期。

LM20-1488-26-01　《合部金光明經》卷二

梁真諦譯，隋寶貴合，CBETA，T16，no.664，p.369，b19–25，“修智我皆隨喜皆悉如前以”作“修定我今悉隨喜以如前隨”，“可愛最上无等皆悉隨喜”作“可愛無上無等並皆隨喜”，“現世中”作“現在世中”。唐時期。

LM20-1488-26-02　《合部金光明經》卷二

梁真諦譯，隋寶貴合，CBETA，T16，no.664，p.369，b25–c3。唐時期。

LM20-1488-26-03　《小品般若波羅蜜經》卷四

姚秦鳩摩羅什譯，CBETA，T08，no.227，p.553，c1–c7。高昌國時期。

LM20-1488-26-04　《佛説仁王般若波羅蜜經》卷下

姚秦鳩摩羅什譯, CBETA, T08, no.245, p.830, a27-b6。唐時期。

LM20-1488-27-05　《般若波羅蜜多心經》

唐玄奘譯, CBETA, T08, no.251, p.848, c4-11。唐時期。

LM20-1488-27-06　《合部金光明經》卷二

梁真諦譯, 隋寶貴合, CBETA, T16, no.664, p.369, b12-18。唐時期。

LM20-1488-27-07　《合部金光明經》卷二

梁真諦譯, 隋寶貴合, CBETA, T16, no.664, p.369, a21-27。唐時期。

LM20-1488-27-08　《妙法蓮華經》卷三

姚秦鳩摩羅什譯, CBETA, T09, no.262, p.24, c24-29。唐時期。

LM20-1488-28-01　《合部金光明經》卷二

梁真諦譯, 隋寶貴合, CBETA, T16, no.664, p.369, a27-b4。唐時期。

LM20-1488-28-02　《合部金光明經》卷二

梁真諦譯, 隋寶貴合, CBETA, T16, no.664, p.372, a26-29。左上角有貼附殘片, 無法揭取。唐時期。

LM20-1488-28-03　《合部金光明經》卷二

梁真諦譯, 隋寶貴合, CBETA, T16, no.664, p.369, a14-20, "辟支菩薩"作"辟支佛菩提"。唐時期。

LM20-1488-28-04　《合部金光明經》卷二

梁真諦譯, 隋寶貴合, CBETA, T16, no.664, p.370, a7-11。唐時期。

LM20-1488-28-05　《合部金光明經》卷二

梁真諦譯, 隋寶貴合, CBETA, T16, no.664, p.372, a21-23。唐時期。

LM20-1488-28-06　空號

LM20-1488-29-07　《合部金光明經》卷二

梁真諦譯, 隋寶貴合, CBETA, T16, no.664, p.369, a7-14, "除滅"作"滅除", "无極天"作"無熱天"。唐時期。

LM20-1488-29-08　《合部金光明經》卷二

梁真諦譯, 隋寶貴合, CBETA, T16, no.664, p.369, b6-12。唐時期。

LM20-1488-29-09　《大般涅槃經》卷三二

北涼曇無讖譯, CBETA, T12, no.374, p.559, a13-20。高昌國時期。

LM20-1488-29-10　《金剛般若波羅蜜經》

姚秦鳩摩羅什譯, CBETA, T08, no.235, p.751, a4-9。唐時期。

LM20-1488-30-01　《大般若波羅蜜多經》卷三二六

唐玄奘譯, CBETA, T06, no.220, p.668, a22-27。唐時期。

LM20-1488-30-02　《大智度論》卷九一

姚秦鳩摩羅什譯，CBETA，T25，no.1509，p.700，a23–b1。高昌國時期。

LM20-1488-30-03　《金剛般若波羅蜜經》

姚秦鳩摩羅什譯，CBETA，T08，no.235，p.751，b25–c4。唐時期。

LM20-1488-30-04　《放光般若經》卷二

西晉無羅叉譯，CBETA，T08，no.221，p.8，c2–6。唐時期。

LM20-1488-30-05　《大般若波羅蜜多經》卷五九九

唐玄奘譯，CBETA，T07，no.220，p.1102，a12–19。唐時期。

LM20-1488-31-06　《大般若波羅蜜多經》卷二三九

唐玄奘譯，CBETA，T06，no.220，p.204，c14–18。唐時期。

LM20-1488-31-07　《大般若波羅蜜多經》卷一三七

唐玄奘譯，CBETA，T05，no.220，p.746，c15–25。唐時期。

LM20-1488-31-08　《大般涅槃經》卷九

北涼曇無讖譯，CBETA，T12，no.374，p.418，a6–12。高昌國時期。

LM20-1488-31-09　《放光般若經》卷一四

北涼曇無讖譯，CBETA，T08，no.221，p.99，c12–14。高昌國時期。

LM20-1488-31-10　《摩訶般若波羅蜜經》卷二五

姚秦鳩摩羅什譯，CBETA，T08，no.223，p.401，b21–26，"法性空法性空"作"法性空性空法"。高昌國時期。

LM20-1488-31-11　《大般涅槃經》卷三六

北涼曇無讖譯，CBETA，T12，no.374，p.580，b20–26。唐時期。

LM20-1488-31-12　《金剛般若波羅蜜經》

元魏菩提流支譯，CBETA，T08，no.236a，p.753，b8–13。唐時期。

LM20-1488-31-13　《大般涅槃經》卷一一

北涼曇無讖譯，CBETA，T12，no.374，p.431，c20–24。唐時期。

LM20-1488-31-14　《大般涅槃經》卷二四

北涼曇無讖譯，CBETA，T12，no.374，p.505，a10–13。唐時期。

LM20-1488-32-01　《大般涅槃經》不分卷

北涼曇無讖譯，CBETA，T12，no.374，p.493，b1–14。唐時期。

LM20-1488-32-02　《合部金光明經》卷二

梁真諦譯，隋寶貴合，CBETA，T16，no.664，p.372，b15–18。唐時期。

LM20-1488-32-03　《合部金光明經》卷二

梁真諦譯，隋寶貴合，CBETA，T16，no.664，p.369，c2–8。唐時期。

LM20-1488-32-04　《摩訶般若波羅蜜經》卷一五

姚秦鳩摩羅什譯，CBETA，T08，no.223，p.334，c1–3。高昌國時期。

LM20-1488-32-05 《勝天王般若波羅蜜經》卷一

陳月婆首那譯，CBETA，T08，no.231，p.693，c12–15。高昌國時期。

LM20-1488-32-06 《大智度論》卷三七

姚秦鳩摩羅什譯，CBETA，T25，no.1509，p.330，c2–6。高昌國時期。

LM20-1488-32-07 《大般涅槃經》卷一〇

北涼曇無讖譯，CBETA，T12，no.374，p.423，a5–8。高昌國時期。

LM20-1488-32-08 《摩訶般若波羅蜜經》卷七

姚秦鳩摩羅什譯，CBETA，T08，no.223，p.272，a11–17。高昌國時期。

LM20-1488-33-09 《合部金光明經》卷二

梁真諦譯，隋寶貴合，CBETA，T16，no.664，p.369，c14–20，"功德是"作"功德故是"，"善女人若欲增"作"善女人欲增"。唐時期。

LM20-1488-33-10 《合部金光明經》卷二

梁真諦譯，隋寶貴合，CBETA，T16，no.664，p.369，a1–7。唐時期。

LM20-1488-33-11 《道行般若經》卷二

後漢支婁迦讖譯，CBETA，T08，no.224，p.433，b4–9，"云"作"芸"，"菜華"作"綵華"，"致乃"作"致及"。高昌國時期。

參：孫傅波 2006，170。

LM20-1488-33-12 《大般若波羅蜜多經》卷二四五

唐玄奘譯，CBETA，T06，no.220，p.236，b28–c6。唐時期。

LM20-1488-34-01 《合部金光明經》卷二

梁真諦譯，隋寶貴合，CBETA，T16，no.664，p.369，c9–15。唐時期。

LM20-1488-34-02 《合部金光明經》卷二

梁真諦譯，隋寶貴合，CBETA，T16，no.664，p.369，c20–28。唐時期。

LM20-1488-34-03 《放光般若經》卷一〇

西晉無羅叉譯，CBETA，T08，no.221，p.73，b7–24，第 2 行"般若波羅蜜中"作"般若波羅蜜者"，第 6 行"知是菩薩魔事"作"知是爲菩薩魔事"。唐時期。

LM20-1488-35-04 《大般若波羅蜜多經》卷五〇八

唐玄奘譯，CBETA，T07，no.220，p.592，c12–21。唐時期。

參：《旅博選粹》，89。

LM20-1488-35-05 《放光般若經》卷一〇

西晉無羅叉譯，CBETA，T07，no.220，p.592，c12–21，"應當"作"當應"，"有留難也"作"有留難者"，"皆是諸佛威恩力"作"皆是諸佛事舍利弗"。高昌郡時期。

參：《旅博選粹》，23。

LM20-1488-35-06 《摩訶般若波羅蜜經》卷二五

姚秦鳩摩羅什譯，CBETA, T08, no.223, p.405, a16–22。高昌國時期。

LM20-1488-36-01 《大般若波羅蜜多經》卷五六六

唐玄奘譯，CBETA, T07, no.220, p.921, a21–b1。唐時期。

LM20-1488-36-02 《大般涅槃經》卷二九

北涼曇無讖譯，CBETA, T12, no.374, p.540, c14–16。唐時期。

LM20-1488-36-03 《大般涅槃經》卷一五

北涼曇無讖譯，CBETA, T12, no.374, p.456, a25–28。唐時期。

LM20-1488-36-04 《佛説觀無量壽佛經》

劉宋畺良耶舍譯，CBETA, T12, no.365, p.342, a1–3。高昌國時期。

LM20-1488-36-05 《大般涅槃經》卷三七

北涼曇無讖譯，CBETA, T12, no.374, p.582, a14–19。高昌國時期。

LM20-1488-36-06 《大般若波羅蜜多經》卷三三〇

唐玄奘譯，CBETA, T06, no.220, p.693, a18–23，"菩薩摩諸"作"菩薩摩訶"，第1、2行間脱漏一行文字。唐時期。

LM20-1488-36-07 《金剛般若波羅蜜經》

姚秦鳩摩羅什譯，CBETA, T08, no.235, p.750, a13–16。唐時期。

LM20-1488-36-08 《大般涅槃經》卷一

北涼曇無讖譯，CBETA, T12, no.374, p.365, c26–p.366, a3，"挑"作"掉"。有貼附殘片，無法揭取。高昌國時期。

LM20-1488-36-09 《文殊師利所説摩訶般若波羅蜜經》卷下

梁曼陀羅仙譯，CBETA, T08, no.232, p.729, c26–29。高昌國時期。

LM20-1488-37-10 《大般若波羅蜜多經》卷四一六

唐玄奘譯，CBETA, T07, no.220, p.87, b28–c5。唐時期。

LM20-1488-37-11 《大般若波羅蜜多經》卷一一九

唐玄奘譯，CBETA, T05, no.220, p.654, b9–17。唐時期。

LM20-1488-37-12 《大般涅槃經》卷二

北涼曇無讖譯，CBETA, T12, no.374, p.373, b27–c3。唐時期。

LM20-1488-37-13 《大般若波羅蜜多經》卷五六六

唐玄奘譯，CBETA, T07, no.220, p.921, a21–b11。唐時期。

LM20-1488-38-01 《大般涅槃經》卷八

北涼曇無讖譯，CBETA, T12, no.374, p.414, c14–17。唐時期。

LM20-1488-38-02 《大般涅槃經》卷六

北涼曇無讖譯，CBETA, T12, no.374, p.397, b9–24，第6行"時狗聞"作"偷狗聞"。高

昌國時期。

LM20-1488-38-03 《阿毗曇毗婆沙論》卷二一

北涼浮陀跋摩、道泰譯，CBETA，T28，no.1546，p.155，b26-29。高昌國時期。

LM20-1488-38-04 《勝天王般若波羅蜜經》卷三

陳月婆首那譯，CBETA，T08，no.231，p.701，c9-11。高昌國時期。

LM20-1488-38-05 《大般涅槃經》卷二三

北涼曇無讖譯，CBETA，T12，no.374，p.502，b24-26，"曰小城"作"爲小城"。高昌國時期。

LM20-1488-38-06 《大般若波羅蜜多經》卷三三八

唐玄奘譯，CBETA，T06，no.220，p.737，b20-25。唐時期。

經册四十

LM20-1489-01-01 《大般涅槃經》卷三

北涼曇無讖譯，CBETA，T12，no.374，p.382，a29–b9。高昌國時期。

LM20-1489-01-02 《大般涅槃經》卷二五

北涼曇無讖譯，CBETA，T12，no.374，p.514，b16–20。高昌郡時期。

參：王宇、王梅 2006b，55。

LM20-1489-01-03 《大般涅槃經》卷三

北涼曇無讖譯，CBETA，T12，no.374，p.382，b11–18。高昌國時期。

LM20-1489-01-04 《大般涅槃經》注疏

參北涼曇無讖譯《大般涅槃經》卷二七，CBETA，T12，no.374，p.523，b13–18。高昌國時期。

LM20-1489-01-05 《摩訶般若波羅蜜經》卷一二

姚秦鳩摩羅什譯，CBETA，T08，no.223，p.312，a24–28。高昌國時期。

LM20-1489-01-06 《大般涅槃經》卷二二

北涼曇無讖譯，CBETA，T12，no.374，p.493，c10–13。高昌國時期。

LM20-1489-01-07 《大般涅槃經》注疏

參北涼曇無讖譯《大般涅槃經》卷二七，CBETA，T12，no.374，p.523，b7–11，“此”作“以”。高昌國時期。

LM20-1489-01-08 《大般涅槃經》卷二五

北涼曇無讖譯，CBETA，T12，no.374，p.514，b21–23。高昌郡時期。

參：王宇、王梅 2006b，55。

LM20-1489-01-09 《摩訶般若波羅蜜經》卷二三

姚秦鳩摩羅什譯，CBETA，T08，no.223，p.385，a17–21，高昌國時期。

LM20-1489-02-01 《合部金光明經》卷二

梁真諦譯，隋寶貴合，CBETA，T16，no.664，p.368，c23–p.369，a1。“敢作”作“敢復作”。唐時期。

LM20-1489-02-02 《合部金光明經》卷二

梁真諦譯，隋寶貴合，CBETA，T16，no.664，p.370，a1–5。唐時期。

LM20-1489-02-03 《合部金光明經》卷二

梁真諦譯, 隋寶貴合, CBETA, T16, no.664, p.372, a16-20。有貼附殘片, 無法揭取。唐時期。

LM20-1489-02-04 《大般涅槃經》卷八

北涼曇無讖譯, CBETA, T12, no.374, p.414, a27-b2。高昌國時期。

LM20-1489-02-05 《大般涅槃經》卷二三

北涼曇無讖譯, CBETA, T12, no.374, p.502, b25-29。高昌國時期。

LM20-1489-02-06 《解深密經》卷一

唐玄奘譯, CBETA, T16, no.676, p.691, b24-29。唐時期。

LM20-1489-02-07 《大般涅槃經》卷八

北涼曇無讖譯, CBETA, T12, no.374, p.414, a25-b27。第17行"寶"字上有貼附殘片"懸"字, 無法揭取。唐時期。

LM20-1489-03-08 《金剛般若波羅蜜經》

元魏菩提流支譯, CBETA, T08, no.236a, p.756, a19-21。唐時期。

LM20-1489-03-09 《大般涅槃經》卷三

北涼曇無讖譯, CBETA.T12.no.374, P.382, c5-14。高昌國時期

LM20-1489-03-10 《大般涅槃經》卷三四

北涼曇無讖譯, CBETA, T12, no.374, p.564, c20-p.565, a1, "集"作"集聚"。高昌國時期。

LM20-1489-03-11 《大般涅槃經》卷八

北涼曇無讖譯, CBETA, T12, no.374, p.414, c14-16; c19-22。唐時期。

LM20-1489-03-12 《妙法蓮華經》卷四

姚秦鳩摩羅什譯, CBETA, T09, no.262, p.34, a22-b3。高昌國時期。

LM20-1489-03-13 《解深密經》卷一

唐玄奘譯, CBETA, T16, no.676, p.691, b19-25。唐時期。

LM20-1489-04-01 《大般涅槃經》注疏

參北涼曇無讖譯《大般涅槃經》卷二, CBETA, T12, no.374, p.372, a10-15。高昌國時期。

LM20-1489-04-02 《妙法蓮華經》卷三

姚秦鳩摩羅什譯, CBETA, T09, no.262, p.25, c5-14。唐時期。

LM20-1489-04-03 《大般涅槃經》注疏

參北涼曇無讖譯《大般涅槃經》卷二, CBETA, T12, no.374, p.447, c21-25。高昌國時期。

LM20-1489-04-04 《大般涅槃經》注疏

參北涼曇無讖譯《大般涅槃經》卷一三, CBETA, T12, no.374, p.443, a7-14。高昌國時期。

LM20-1489-04-05 《金剛般若波羅蜜經》

姚秦鳩摩羅什譯, CBETA, T08, no.235, p.751, c16-19。唐時期。

LM20-1489-04-06 《金剛般若波羅蜜經》

姚秦鳩摩羅什譯, CBETA, T08, no.235, p.751, c20–23。唐時期。

LM20-1489-04-07　《大般涅槃經》卷二五

北涼曇無讖譯, CBETA, T12, no.374, p.514, b11–14, "般涅"作"涅"。高昌郡時期。

LM20-1489-04-08　《大般涅槃經》注疏

參北涼曇無讖譯《大般涅槃經》卷二七, CBETA, T12, no.374, p.523, b17–21。高昌國時期。

LM20-1489-04-09a　《大般涅槃經》注疏

參北涼曇無讖譯《大般涅槃經》卷二七, CBETA, T12, no.374, p.523, b16–20。高昌國時期。

LM20-1489-04-09b　《大般涅槃經》注疏

參北涼曇無讖譯《大般涅槃經》卷二七, CBETA, T12, no.374, P.523, b15–16。高昌國時期。

LM20-1489-04-10　《佛説觀彌勒菩薩上生兜率天經》

劉宋沮渠京聲譯, CBETA, T14, no.452, p.419, b6–8。唐時期。

LM20-1489-04-11　《佛説觀彌勒菩薩上生兜率天經》

劉宋沮渠京聲譯, CBETA, T14, no.452, p.419, b9–11。唐時期。

LM20-1489-04-12　《佛説觀彌勒菩薩上生兜率天經》

劉宋沮渠京聲譯, CBETA, T14, no.452, p.419, a29–b1。唐時期。

LM20-1489-05-13　《妙法蓮華經》卷五

姚秦鳩摩羅什譯, CBETA, T09, no.262, p.44, a13–19。唐時期。

LM20-1489-05-14　《大般若波羅蜜多經》卷二二二

唐玄奘譯, CBETA, T06, no.220, p.117, a17–21。唐時期。

LM20-1489-05-15　《金剛般若波羅蜜經》

姚秦鳩摩羅什譯, CBETA, T08, no.235, p.749, b15–21。唐時期。

LM20-1489-05-16　《合部金光明經》卷一

北涼曇無讖譯, 隋寶貴合, CBETA, T16, no.664, p.360, c29–p.361, a6。唐時期。

LM20-1489-05-17　《摩訶般若波羅蜜經》卷二五

姚秦鳩摩羅什譯, CBETA, T08, no.223, p.403, c11–29。高昌國時期。

參:《旅博選粹》, 92。

LM20-1489-06-01　《大般涅槃經》卷二四

北涼曇無讖譯, CBETA, T12, no.374, p.507, a27–b4。高昌郡時期。

LM20-1489-06-02　《大般若波羅蜜多經》卷五四三

唐玄奘譯, CBETA, T70, no.220, p.790, c15–21。唐時期。

LM20-1489-06-03　《大般涅槃經》卷二四

北涼曇無讖譯, CBETA, T12, no.374, p.506, c20–26。高昌郡時期。

參：王宇、王梅 2006b，51、54。

LM20-1489-06-04 《大般涅槃經》卷四

北涼曇無讖譯，CBETA，T12，no.374，p.388，a4–7。高昌國時期。

LM20-1489-06-05 《大般涅槃經》卷二四

北涼曇無讖譯，CBETA，T12，no.374，p.507，b3–7。高昌郡時期。

參：王宇、王梅 2006b，51、54。

LM20-1489-06-06 《大般涅槃經》卷二四

北涼曇無讖譯，CBETA，T12，no.374，p.507，b18–23。高昌郡時期。

參：王宇、王梅 2006b，55。

LM20-1489-06-07 《大般涅槃經》卷四

北涼曇無讖譯，CBETA，T12，no.374，p.388，a27–b2。高昌國時期。

LM20-1489-06-08 《大般涅槃經》卷二四

北涼曇無讖譯，CBETA，T12，no.374，p.506，c26–p.507，a3，"果"作"施果"。高昌郡時期。

參：王宇、王梅 2006b，51、54。

LM20-1489-06-09 《大般涅槃經》卷二四

北涼曇無讖譯，CBETA，T12，no.374，p.507，a3–8。高昌郡時期。

參：王宇、王梅 2006b，51、54。

LM20-1489-07-10 《大般涅槃經》卷四

北涼曇無讖譯，CBETA，T12，no.374，p.388，a23–26。高昌國時期。

LM20-1489-07-11 《大般涅槃經》卷四

北涼曇無讖譯，CBETA，T12，no.374，p.387，c24–28。高昌國時期。

LM20-1489-07-12 《大般涅槃經》卷二四

北涼曇無讖譯，CBETA，T12，no.374，p.507，a23–27。高昌郡時期。

參：王宇、王梅 2006b，51、55。

LM20-1489-07-13 《大般涅槃經》卷二四

北涼曇無讖譯，CBETA，T12，no.374，p.506，c15–20。高昌郡時期。

參：王宇、王梅 2006b，51、54。

LM20-1489-07-14 《大般涅槃經》卷二四

北涼曇無讖譯，CBETA，T12，no.374，p.507，a8–13。高昌郡時期。

參：王宇、王梅 2006b，51、55。

LM20-1489-07-15 《大般涅槃經》卷四

北涼曇無讖譯，CBETA，T12，no.374，p.388，a13–17。高昌國時期。

LM20-1489-07-16 《大般涅槃經》卷二四

北涼曇無讖譯，CBETA，T12，no.374，p.507，b14–18。高昌郡時期。

參：王宇、王梅 2006b，51、55。

LM20-1489-07-17 《大般涅槃經》卷二四

北涼曇無讖譯，CBETA，T12，no.374，p.507，a18–23。高昌郡時期。

參：王宇、王梅 2006b，51、55。

LM20-1489-07-18 《大般涅槃經》卷二四

北涼曇無讖譯，CBETA，T12，no.374，p.507，a13–18。高昌郡時期。

參：王宇、王梅 2006b，51、55。

LM20-1489-07-19 《大般涅槃經》卷二四

北涼曇無讖譯，CBETA，T12，no.374，p.507，b9–13。高昌郡時期。

參：王宇、王梅 2006b，51、55。

LM20-1489-08-01 《大般涅槃經》卷二一

北涼曇無讖譯，CBETA，T12，no.374，p.487，b1–7。高昌國時期。

LM20-1489-08-02 《大般涅槃經》卷三七

北涼曇無讖譯，CBETA，T12，no.374，p.581，a14–17。高昌國時期。

LM20-1489-08-03a 《大般涅槃經》卷八

北涼曇無讖譯，CBETA，T12，no.374，p.414，c26–28。唐時期。

LM20-1489-08-03b 《大般涅槃經》卷八

北涼曇無讖譯，CBETA，T12，no.374，p.414，c29–p.415，a1。唐時期。

LM20-1489-08-03c 《大般涅槃經》卷八

北涼曇無讖譯，CBETA，T12，no.374，p.414，c27–29。唐時期。

LM20-1489-08-04 《金剛般若波羅蜜經》尾題

唐時期。

LM20-1489-08-05 《摩訶般若波羅蜜經》卷五

姚秦鳩摩羅什譯，CBETA，T08，no.223，p.249，b8–14。高昌國時期。

LM20-1489-08-06 《大智度論》卷二

姚秦鳩摩羅什譯，CBETA，T25，no.1509，p.66，c6–11。唐時期。

LM20-1489-08-07 《小品般若波羅蜜經》卷九

姚秦鳩摩羅什譯，CBETA，T08，no.227，p.577，a11–15。高昌國時期。

LM20-1489-08-08 《放光般若經》卷二

西晉無羅叉譯，CBETA，T08，no.221，p.12，c22–27。高昌國時期。

LM20-1489-08-09 《金剛般若波羅蜜經》

元魏菩提流支譯，CBETA，T08，no.236a，p.754，b23–25。唐時期。

LM20-1489-09-10 《大般涅槃經》卷七

北涼曇無讖譯，CBETA，T12，no.374，p.408，b23–26。高昌國時期。

LM20-1489-09-11 《大般涅槃經》卷四

  北涼曇無讖譯，CBETA, T12, no.374, p.387, c13–16。高昌國時期。

LM20-1489-09-12 《大般涅槃經》卷四

  北涼曇無讖譯，CBETA, T12, no.374, p.387, c4–7。高昌國時期。

LM20-1489-09-13 《大般涅槃經》卷四

  北涼曇無讖譯，CBETA, T12, no.374, p.387, b24–28。高昌國時期。

LM20-1489-09-14 《大般涅槃經》卷四

  北涼曇無讖譯，CBETA, T12, no.374, p.387, b17–21。高昌國時期。

LM20-1489-09-15 《解深密經》卷一

  唐玄奘譯，CBETA, T16, no.676, p.691, a16–21。唐時期。

LM20-1489-09-16 《大智度論》卷三四

  姚秦鳩摩羅什譯，CBETA, T25, no.1509, p.310, a10–16。高昌郡時期。

  參:《旅博選粹》, 2。

LM20-1489-09-17 《大般涅槃經》卷四

  北涼曇無讖譯，CBETA, T12, no.374, p.387, a7–10。高昌國時期。

LM20-1489-09-18 《大般涅槃經》卷四

  北涼曇無讖譯，CBETA, T12, no.374, p.387, b21–24。高昌國時期。

LM20-1489-09-19 《大般涅槃經》卷四

  北涼曇無讖譯，CBETA, T12, no.374, p.387, b13–16。高昌國時期。

LM20-1489-09-20 《大般涅槃經》卷一九

  北涼曇無讖譯，CBETA, T12, no.374, p.474, b1–5。高昌國時期。

LM20-1489-09-21 《大般涅槃經》卷四

  北涼曇無讖譯，CBETA, T12, no.374, p.387, c29–p.388, a3。高昌國時期。

LM20-1489-09-22 《大般涅槃經》卷一九

  北涼曇無讖譯，CBETA, T12, no.374, p.476, a23–26。高昌國時期。

LM20-1489-10-01 《大般涅槃經》卷四

  北涼曇無讖譯，CBETA, T12, no.374, p.387, c20–23。高昌國時期。

LM20-1489-10-02 《大般涅槃經》卷四

  北涼曇無讖譯，CBETA, T12, no.374, p.387, c9–11。高昌國時期。

LM20-1489-10-03 《大般涅槃經》卷四

  北涼曇無讖譯，CBETA, T12, no.374, p.387, a28–b1。高昌國時期。

LM20-1489-10-04 《大般涅槃經》卷四

  北涼曇無讖譯，CBETA, T12, no.374, p.387, b28–c5。高昌國時期。

LM20-1489-10-05 佛典殘片

有貼附殘片，無法揭取。高昌國時期。

LM20-1489-10-06　《大般涅槃經》卷四

北涼曇無讖譯，CBETA, T12, no.374, p.387, c17–19。高昌國時期。

LM20-1489-10-07　《大般涅槃經》卷四

北涼曇無讖譯，CBETA, T12, no.374, p.387, b24–28。高昌國時期。

LM20-1489-10-08　《摩訶般若波羅蜜經》卷一五

姚秦鳩摩羅什譯，CBETA, T08, no.223, p.333, a17–21。高昌國時期。

LM20-1489-10-09　《大般若波羅蜜多經》

唐玄奘譯，此段文字多處可見。唐時期。

LM20-1489-10-10　《解深密經》卷一

唐玄奘譯，CBETA, T16, no.676, p.691, a12–17。唐時期。

LM20-1489-10-11　《解深密經》卷一

唐玄奘譯，CBETA, T16, no.676, p691, a22–29。唐時期。

LM20-1489-10-12　《小品般若波羅蜜經》卷九

姚秦鳩摩羅什譯，CBETA, T08, no.227, p.576, a9–16。高昌國時期。

參：《旅博選粹》，36。

LM20-1489-10-13　《大般涅槃經》卷四

北涼曇無讖譯，CBETA, T12, no.374, p.387, a13–17。有貼附殘片，無法揭取。高昌國時期。

LM20-1489-10-14　《大般涅槃經》卷四

北涼曇無讖譯，CBETA, T12, no.374, p.387, b5–8。高昌國時期。

LM20-1489-10-15　《大智度論》卷二

姚秦鳩摩羅什譯，CBETA, T25, no.1509, p.66, c12–p.67, a3。唐時期。

LM20-1489-10-16　《大般涅槃經》卷四

北涼曇無讖譯，CBETA, T12, no.374, p.388, a17–21。高昌國時期。

LM20-1489-11-17　《大智度論》卷四二

姚秦鳩摩羅什譯，CBETA, T25, no.1509, p.366, a4–11。唐時期。

LM20-1489-11-18　《大般涅槃經》卷八

北涼曇無讖譯，CBETA, T12, no.374, p.415, a2–8。唐時期。

LM20-1489-11-19　《大般若波羅蜜多經》卷三八六

唐玄奘譯，CBETA, T06, no.220, p.998, a27–b1。唐時期。

LM20-1489-11-20　《大般涅槃經》卷五

北涼曇無讖譯，CBETA, T12, no.374, p.390, b28–c3。高昌國時期。

LM20-1489-11-21　《解深密經》卷一

唐玄奘譯，CBETA, T16, no.676, p.691, c7–11。唐時期

LM20-1489-11-22 《金剛般若波羅蜜經》

　　姚秦鳩摩羅什譯，CBETA，T08，no.235，p.750，a16-19。唐時期。

LM20-1489-11-23 《大般涅槃經》卷四

　　北涼曇無讖譯，CBETA，T12，no.374，p.388，b7-11。高昌國時期。

LM20-1489-11-24 《解深密經》卷一

　　唐玄奘譯，CBETA，T16，no.676，p.691，b13-19。唐時期。

LM20-1489-11-25 《大般涅槃經》卷二五

　　北涼曇無讖譯，CBETA，T12，no.374，p.512，b22-28。高昌國時期。

LM20-1489-11-26 《金光明最勝王經》卷三

　　唐義净譯，CBETA，T16，no.665，p.417，b26-28，"得"作"延"；梁真諦譯，隋寶貴合《合部金光明經》卷二，CBETA，T16，no.664，p.372，b8-9。有貼附殘片，無法揭取。唐時期。

LM20-1489-11-27 《解深密經》卷一

　　唐玄奘譯，CBETA，T16，no.676，p.691，b3-7。唐時期。

LM20-1489-11-28 《解深密經》卷一

　　唐玄奘譯，CBETA，T16，no.676，p.691，c1-5。唐時期。

LM20-1489-11-29 《大般涅槃經》卷二一

　　北涼曇無讖譯，CBETA，T12，no.374，p.490，a3-7。高昌國時期。

LM20-1489-11-30 《解深密經》卷一

　　唐玄奘譯，CBETA，T16，no.676，p.691，b8-14。唐時期。

LM20-1489-12-01 《大般若波羅蜜多經》卷四一二

　　唐玄奘譯，CBETA，T07，no.220，p.65，c24-p.66，a1。西州回鶻時期。

LM20-1489-12-02 《大般涅槃經》卷一六

　　北涼曇無讖譯，CBETA，T12，no.374，p.462，b9-12。高昌國時期。

LM20-1489-12-03 《大般涅槃經》卷二〇

　　北涼曇無讖譯，CBETA，T12，no.374，p.480，c15-21。高昌國時期。

LM20-1489-12-04 《妙法蓮華經》卷五

　　姚秦鳩摩羅什譯，CBETA，T09，no.262，p.42，b28-c2。唐時期。

LM20-1489-12-05 佛典殘片

　　唐時期。

LM20-1489-12-06 《大般涅槃經》卷二九

　　北涼曇無讖譯，CBETA，T12，no.374，p.541，a21-27。高昌國時期。

LM20-1489-12-07 《大般若波羅蜜多經》卷三七九

　　唐玄奘譯，CBETA，T06，no.220，p.960，c29-p.961，a3。唐時期。

LM20-1489-12-08 《大般涅槃經》卷六

北涼曇無讖譯，CBETA, T12, no.374, p.402, a23–b5，"義不"作"議不"。高昌國時期。

參：《旅博選粹》，49。

LM20-1489-12-09　《大般涅槃經》卷一八

北涼曇無讖譯，CBETA, T12, no.374, p.473, a10–14。高昌國時期。

LM20-1489-13-10　《大般涅槃經》卷一〇

北涼曇無讖譯，CBETA, T12, no.374, p.423, a13–17。高昌國時期。

LM20-1489-13-11　《大般涅槃經》卷三八

北涼曇無讖譯，CBETA, T12, no.374, p.588, c1–9。高昌國時期。

LM20-1489-13-12　《大般涅槃經》卷三九

北涼曇無讖譯，CBETA, T12, no.374, p.593, b21–26。高昌國時期。

LM20-1489-13-13　《大般若波羅蜜多經》卷五一〇

唐玄奘譯，CBETA, T07, no.220, p.603, b25–29。唐時期。

LM20-1489-13-14　《金剛般若波羅蜜經》

姚秦鳩摩羅什譯，CBETA, T08, no.235, p.752, b19–24。高昌國時期。

LM20-1489-13-15　《摩訶般若波羅蜜經》卷二一

姚秦鳩摩羅什譯，CBETA, T08, no.223, p.369, c16–25。高昌國時期。

LM20-1489-13-16　《妙法蓮華經》卷三

姚秦鳩摩羅什譯，CBETA, T09, no.262, p.25, c13–17。唐時期。

LM20-1489-14-01　《妙法蓮華經》卷四

姚秦鳩摩羅什譯，CBETA, T09, no.262, p.34, b9–23。唐時期。

LM20-1489-14-02　《放光般若經》卷一一

西晉無羅叉譯，CBETA, T08, no.221, p.77, c29–p.78, a3。高昌國時期。

LM20-1489-14-03　《大乘四論玄義》卷七

唐均正撰，CBETA, X46, no.784, p.604, b20–23，"生性"作"佛性"。唐時期。

LM20-1489-14-04　《道行般若經》卷六

後漢支婁迦讖譯，CBETA, T08, no.224, p.454, b14–18。高昌國時期。

參：《旅博選粹》，93；孫傳波 2006, 177。

LM20-1489-15-05　《金剛般若波羅蜜經》

姚秦鳩摩羅什譯，CBETA, T08, no.235, p.751, a6–11。唐時期。

LM20-1489-15-06　《大般涅槃經》卷二七

北涼曇無讖譯，CBETA, T12, no.374, p.527, a13–21。唐時期。

LM20-1489-15-07　《小品般若波羅蜜經》卷三

姚秦鳩摩羅什譯，CBETA, T08, no.227, p.548, b22–28。唐時期。

LM20-1489-15-08　《妙法蓮華經》卷六

姚秦鳩摩羅什譯，CBETA, T09, no.262, p.52, a24–28。唐時期。

LM20-1489-15-09 《大般若波羅蜜多經》卷二四〇

唐玄奘譯，CBETA, T06, no.220, p.213, c18–20。唐時期。

LM20-1489-15-10 《文殊師利問經》卷上

梁僧伽婆羅譯，CBETA, T14, no.468, p.495, c6–11。唐時期。

LM20-1489-15-11 《大般涅槃經》卷一

北涼曇無讖譯，CBETA, T12, no.374, p.367, a11–16。唐時期。

LM20-1489-15-12 佛典殘片

高昌國時期。

LM20-1489-16-01 《金剛般若波羅蜜經》

姚秦鳩摩羅什譯，CBETA, T08, no.235, p.751, b28–c5。唐時期。

LM20-1489-16-02 《大般若波羅蜜多經》卷三〇〇

唐玄奘譯，CBETA, T06, no.220, p.525, c29–p.526, a2。唐時期。

LM20-1489-16-03 《金剛般若波羅蜜經》

元魏菩提流支譯，CBETA, T08, no.236a, p.753, c28–p.754, a2。唐時期。

LM20-1489-16-04 《大般涅槃經》卷二八

北涼曇無讖譯，CBETA, T12, no.374, p.530, a7–12。高昌國時期。

LM20-1489-16-05 《大般若波羅蜜多經》卷一一九

唐玄奘譯，CBETA, T05, no.220, p.654, b19–25。唐時期。

LM20-1489-16-06 《妙法蓮華經》卷二

姚秦鳩摩羅什譯，CBETA, T09, no.262, p.15, b2–8。唐時期。

LM20-1489-16-07 《金剛般若波羅蜜經》

元魏菩提流支譯，CBETA, T08, no.236a, p.753, a6–12。唐時期。

LM20-1489-17-08 《大般若波羅蜜多經》卷二七七

唐玄奘譯，CBETA, T06, no.220, p.403, a23–b10。唐時期。

LM20-1489-17-09 《摩訶般若波羅蜜經》卷二五

姚秦鳩摩羅什譯，CBETA, T08, no.223, p.404, a22–b4。"摩訶般若波羅"欄外天頭有分節號。高昌國時期。

LM20-1489-17-10 《金剛般若波羅蜜經》

姚秦鳩摩羅什譯，CBETA, T08, no.235, p.749, c7–19。唐時期。

LM20-1489-17-11 《維摩詰所説經》卷中

姚秦鳩摩羅什譯，CBETA, T14, no.475, p.545, a5–10。唐時期。

參：王梅 2006, 146。

LM20-1489-18-01 《大品般若經》外題

高昌國時期。

LM20-1489-18-02　《妙法蓮華經》卷四

　　姚秦鳩摩羅什譯，CBETA，T09，no.262，p.29，a20-23。唐時期。

LM20-1489-18-03　《大般若波羅蜜多經》卷一四六

　　唐玄奘譯，CBETA，T05，no.220，p.790，a21-b1。唐時期。

　　參：《旅博選粹》，88。

LM20-1489-18-04　《大般涅槃經》卷五

　　北涼曇無讖譯，CBETA，T12，no.374，p.395，c25-p.396，a2。唐時期。

LM20-1489-18-05　《金剛般若波羅蜜經》

　　姚秦鳩摩羅什譯，CBETA，T08，no.235，p.750，b9-17。唐時期。

LM20-1489-19-06　《金剛般若波羅蜜經》

　　元魏菩提流支譯，CBETA，T08，no.236a，p.755，c12-25。唐時期。

LM20-1489-19-07　《大般涅槃經》卷三七

　　北涼曇無讖譯，CBETA，T12，no.374，p.585，a27-29。唐時期。

LM20-1489-19-08　《大般若波羅蜜多經》卷五一〇

　　唐玄奘譯，CBETA，T07，no.220，p.603，b19-24。唐時期。

LM20-1489-19-09　《摩訶般若波羅蜜經》卷一九

　　姚秦鳩摩羅什譯，CBETA，T08，no.223，p.357，c17-p.358，a2。高昌國時期。

　　參：王宇、王梅2006b，51。

LM20-1489-20-01　《大般涅槃經》卷九外題

　　唐時期。

LM20-1489-20-02　《大般涅槃經後分》卷上

　　唐若那跋陀羅譯，CBETA，T12，no.377，p.904，a17-20。唐時期。

LM20-1489-20-03　佛經外題

　　唐時期。

LM20-1489-20-04　《大般涅槃經》外題

　　唐時期。

LM20-1489-20-05　《妙法蓮華經》卷三

　　姚秦鳩摩羅什譯，CBETA，T09，no.262，p.19，c1-5。唐時期。

LM20-1489-20-06　《大般涅槃經》卷一五外題

　　高昌國時期。

LM20-1489-20-07　《大般涅槃經》卷二一

　　北涼曇無讖譯，CBETA，T12，no.374，p.490，b1-4。高昌國時期。

LM20-1489-20-08　《佛本行集經》卷一七

隋闍那崛多譯, CBETA, T03, no.190, p.733, c2-5。高昌國時期。

參: 段真子 2019, 159。

LM20-1489-21-09　《大般涅槃經後分》卷上

唐若那跋陀羅譯, CBETA, T12, no.377, p.904, a25-b7。唐時期。

LM20-1489-21-10　《大般涅槃經後分》卷上

唐若那跋陀羅譯, CBETA, T12, no.377, p.904, a21-25。唐時期。

LM20-1489-21-11　《大般涅槃經後分》卷上

唐若那跋陀羅譯, CBETA, T12, no.377, p.904, a6-10。唐時期。

LM20-1489-21-12　《大般涅槃經》卷八

北涼曇無讖譯, CBETA, T12, no.374, p.416, a5-11。唐時期。

LM20-1489-22-01a　《大般涅槃經》卷一九

北涼曇無讖譯, CBETA, T12, no.374, p.480, a27-b22, "勉"作"免"。高昌國時期。

參:《旅博選粹》, 128。

LM20-1489-22-01b　《佛説觀彌勒菩薩上生兜率天經》

劉宋沮渠京聲譯, CBETA, T14, no.452, p.419, b12-13。唐時期。

LM20-1489-22-02　《佛説觀彌勒菩薩上生兜率天經》

劉宋沮渠京聲譯, CBETA, T14, no.452, p.419, b12-13。唐時期。

LM20-1489-22-03　《佛説觀彌勒菩薩上生兜率天經》

劉宋沮渠京聲譯, CBETA, T14, no.452, p.419, a28-b1。唐時期。

LM20-1489-22-04　《大般涅槃經》注疏

參北涼曇無讖譯《大般涅槃經》卷二七, CBETA, T12, no.374, p.523, b14-16。高昌國時期。

LM20-1489-22-05　《大般涅槃經》卷一一

北涼曇無讖譯, CBETA, T12, no.374, p.431, b13-18。高昌國時期。

LM20-1489-22-06　《大般涅槃經》卷四

北涼曇無讖譯, CBETA, T12, no.374, p.388, a8-12。有貼附殘片, 無法揭取。高昌國時期。

LM20-1489-22-07　《大般涅槃經》卷四

北涼曇無讖譯, CBETA, T12, no.374, p.388, b3-6。高昌國時期。

LM20-1489-22-08　《摩訶般若波羅蜜經》卷一五

姚秦鳩摩羅什譯, CBETA, T08, no.223, p.334, b7-12。高昌國時期。

LM20-1489-22-09　《大般涅槃經》卷九

北涼曇無讖譯, CBETA, T12, no.374, p.420, c14-17。高昌郡時期。

參:《旅博選粹》, 15; 王宇、王梅 2006b, 53。

LM20-1489-22-10　《大般涅槃經》卷四

北涼曇無讖譯, CBETA, T12, no.374, p.387, a18-27。高昌國時期。

LM20-1489-22-11　《大般涅槃經》卷四

北涼曇無讖譯，CBETA, T12, no.374, p.386, c29-p.387, a5。高昌國時期。

LM20-1489-22-12　《大般涅槃經》卷四

北涼曇無讖譯，CBETA, T12, no.374, p.387, b2-6。高昌國時期。

LM20-1489-22-13　《大般涅槃經》卷四

北涼曇無讖譯，CBETA, T12, no.374, p.387, b9-13。高昌國時期。

LM20-1489-23-14　《放光般若經》卷二

西晉無羅叉譯，CBETA, T08, no.221, p.13, c2-6。高昌國時期。

LM20-1489-23-15　《大般涅槃經》注疏

與 LM20-1472-13-02 爲同一寫本，據此定名。高昌國時期。

LM20-1489-23-16a　《金剛般若波羅蜜經》

元魏菩提流支譯，CBETA, T08, no.236a, p.755, c18-21。細字寫經。唐時期。

LM20-1489-23-16b　《放光般若經》卷一六

西晉無羅叉譯，CBETA, T08, no.221, p.114, a20-22; 同卷 CBETA, T08, no.221, p.127, c24-26。唐時期。

LM20-1489-23-17　《金剛般若波羅蜜經》

姚秦鳩摩羅什譯，CBETA, T08, no.235, p.751, a10-14。唐時期。

LM20-1489-23-18　《大般涅槃經》卷三〇

北涼曇無讖譯，CBETA, T12, no.374, p.546, b15-21。高昌國時期。

LM20-1489-23-19　《大般涅槃經》卷三

北涼曇無讖譯，CBETA, T12, no.374, p.380, b7-10。高昌國時期。

LM20-1489-23-20　《佛説仁王般若波羅蜜經》卷上

姚秦鳩摩羅什譯，CBETA, T08, no.245, p.829, c17-21。高昌國時期。

LM20-1489-23-21　《佛説佛名經》卷一六

譯者不詳，CBETA, T14, no.441, p.247, b14-18。高昌國時期。

LM20-1489-23-22　《大般涅槃經》卷六

北涼曇無讖譯，CBETA, T12, no.374, p.402, a21-25。唐時期。

LM20-1489-23-23　《大般涅槃經》卷一八

北涼曇無讖譯，CBETA, T12, no.374, p.473, b17-23，"恒"作"洹"。高昌國時期。

LM20-1489-23-24　《大般涅槃經》卷一

北涼曇無讖譯，CBETA, T12, no.374, p.365, c26-29。高昌國時期。

LM20-1489-24-01　《大方等大集經》卷二七

劉宋智嚴、寶雲譯，CBETA, T13, no.397, p.189, a27-b1，"坐"作"座"。唐時期。

LM20-1489-24-02　《摩訶般若波羅蜜經》卷五

姚秦鳩摩羅什譯，CBETA, T08, no.223, p.250, b22–25。高昌國時期。

LM20-1489-24-03　《大般涅槃經》卷二二

北涼曇無讖譯，CBETA, T12, no.374, p.493, b27–c3。高昌國時期。

LM20-1489-24-04　《摩訶般若波羅蜜經》卷一四

姚秦鳩摩羅什譯，CBETA, T08, no.223, p.321, a11–13。高昌國時期。

LM20-1489-24-05　《大般涅槃經》卷八

北涼曇無讖譯，CBETA, T12, no.374, p.410, b19–22。高昌國時期。

LM20-1489-24-06　《大般涅槃經》卷四

北涼曇無讖譯，CBETA, T12, no.374, p.387, a1–6。高昌國時期。

LM20-1489-24-07　《大般涅槃經》卷八

北涼曇無讖譯，CBETA, T12, no.374, p.415, b10–11。唐時期。

LM20-1489-24-08　《大般涅槃經》卷二七

北涼曇無讖譯，CBETA, T12, no.374, p.527, a19–23。高昌國時期。

LM20-1489-24-09　《大般涅槃經》卷四

北涼曇無讖譯，CBETA, T12, no.374, p.387, a10–13。高昌國時期。

LM20-1489-24-10　《大般涅槃經》卷三一

北涼曇無讖譯，CBETA, T12, no.374, p.548, b16–20。高昌國時期。

LM20-1489-24-11　《大般涅槃經》卷四

與 LM20-1489-22-11 等爲同一寫本，據此定名。高昌國時期。

LM20-1489-24-12　《大智度論》卷三三

姚秦鳩摩羅什譯，CBETA, T25, no.1509, p.304, b29–c2。高昌國時期。

LM20-1489-25-13　《摩訶般若波羅蜜經》卷二

姚秦鳩摩羅什譯，CBETA, T08, no.223, p231, c16–18。高昌國時期。

LM20-1489-25-14　《大般涅槃經》卷二七

北涼曇無讖譯，CBETA, T12, no.374, p.524, b22–25。唐時期。

LM20-1489-25-15　《大般涅槃經》卷二七

北涼曇無讖譯，CBETA, T12, no.374, p.524, c3。唐時期。

LM20-1489-25-16　《大般涅槃經》卷二七

北涼曇無讖譯，CBETA, T12, no.374, p.524, c13–17。唐時期。

LM20-1489-25-17　《大般涅槃經》卷二七

北涼曇無讖譯，CBETA, T12, no.374, p.524, c2–4。唐時期。

LM20-1489-25-18　《大般涅槃經》卷二七

北涼曇無讖譯，CBETA, T12, no.374, p.524, c9–13。唐時期。

LM20-1489-25-19　《大般涅槃經》卷二七

　　北涼曇無讖譯，CBETA, T12, no.374, p.524, c17–20，"湜"作"醍"。唐時期。

LM20-1489-25-20　《大般涅槃經》卷二七

　　北涼曇無讖譯，CBETA, T12, no.374, p.524, c25–28。唐時期。

LM20-1489-25-21　《大般涅槃經》卷二七

　　北涼曇無讖譯，CBETA, T12, no.374, p.524, c5–8。唐時期。

LM20-1489-25-22　《大般涅槃經》卷二七

　　北涼曇無讖譯，CBETA, T12, no.374, p.524, c29–p.525, a3。唐時期。

LM20-1489-25-23　《大般涅槃經》卷二七

　　北涼曇無讖譯，CBETA, T12, no.374, p.524, c21–25。唐時期。

LM20-1489-25-24　《大般涅槃經》卷二七

　　北涼曇無讖譯，CBETA, T12, no.374, p.524, b27–29。唐時期。

LM20-1489-26-01　《放光般若經》卷七

　　西晉無羅又譯，CBETA, T08, no.221, p.49, b11–14。高昌郡時期。

　　參：《旅博選粹》, 8。

LM20-1489-26-02　《光讚經》卷一

　　西晉竺法護譯，此段文字多處可見。高昌國時期。

LM20-1489-26-03　《大般若波羅蜜多經》卷三六六外題

　　唐玄奘譯。唐時期。

LM20-1489-26-04　《大般涅槃經》外題

　　北涼曇無讖譯。高昌國時期。

LM20-1489-26-05　《大智度論》卷四三

　　姚秦鳩摩羅什譯，CBETA, T25, no.1509, p.371, b4–11。高昌國時期。

LM20-1489-26-06　《大般涅槃經》尾題

　　高昌國時期。

LM20-1489-26-07　《大般涅槃經》卷二五

　　北涼曇無讖譯，CBETA, T12, no.374, p.511, a21–25。唐時期。

LM20-1489-26-08　《大般涅槃經》卷二六

　　北涼曇無讖譯，CBETA, T12, no.374, p.522, a14–16。高昌郡時期。

LM20-1489-26-09　《大般涅槃經》卷二八

　　北涼曇無讖譯，CBETA, T12, no.374, p.530, a22–26。高昌國時期。

LM20-1489-26-10　《救疾經》

　　作者不詳，CBETA, T85, no.2878, p.1362, b19–20。高昌國時期。

　　參：馬俊傑 2019, 230–254。

LM20-1489-26-11　《佛説摩訶衍寶嚴經》

譯者不詳，CBETA, T12, no.351, p.195, b8–11。唐時期。

LM20-1489-26-12 《維摩詰所説經》卷中

姚秦鳩摩羅什譯，CBETA, T14, no.475, p.547, c14–16。唐時期。

LM20-1489-26-13 《大般涅槃經》卷四

北涼曇無讖譯，CBETA, T12, no.374, p.388, c8–11。高昌國時期。

LM20-1489-26-14 《大般涅槃經》卷七

北涼曇無讖譯，CBETA, T12, no.374, p.408, b26–c2。高昌國時期。

LM20-1489-26-15 《大般涅槃經》卷二七

北涼曇無讖譯，CBETA, T12, no.374, p.527, c15–18。高昌國時期。

LM20-1489-26-16 《放光般若經》卷一〇

西晉無羅又譯，CBETA, T08, no.221, p.73, b24–28。有貼附殘片，無法揭取。唐時期。

LM20-1489-27-17 《大般涅槃經》卷三六

北涼曇無讖譯，CBETA, T12, no.374, p.574, c5–10。高昌國時期。

LM20-1489-27-18 《金剛般若波羅蜜經》

姚秦鳩摩羅什譯，CBETA, T08, no.235, p.751, c13–23。第 2、3 行間因竄行而脱漏五行文字。唐時期。

LM20-1489-27-19 《解深密經》卷一

唐玄奘譯，CBETA, T16, no.676, p.691, c11–15。唐時期。

LM20-1489-27-20 《摩訶般若波羅蜜經》卷一八

姚秦鳩摩羅什譯，CBETA, T08, no.223, p.355, b24–27。高昌國時期。

LM20-1489-27-21 《大般涅槃經》外題

唐時期。

LM20-1489-27-22 《四分律比丘戒本》

姚秦佛陀耶舍譯，CBETA, T22, no.1429, p.1022, b11–19; 姚秦佛陀耶舍譯《四分僧戒本》，CBETA, T22, no.1430, p.1030, a9–18。唐時期。

LM20-1489-27-23 《大般涅槃經》卷二一

北涼曇無讖譯，CBETA, T12, no.374, p.487, a6–8。高昌國時期。

LM20-1489-27-24 《道行般若經》卷七

後漢支婁迦讖譯，CBETA, T08, no.224, p.463, a28–b1。高昌郡時期。

參：《旅博選粹》，33; 孫傳波 2006, 178、195。

LM20-1489-27-25 《大智度論》卷三七

姚秦鳩摩羅什譯，CBETA, T25, no.1509, p.335, c1–5。高昌郡時期。

參：《旅博選粹》，21。

LM20-1489-27-26 《大般若波羅蜜多經》

唐玄奘譯，此段文字多處可見。唐時期。

LM20-1489-27-27　《金剛般若波羅蜜經》

姚秦鳩摩羅什譯，CBETA，T08，no.235，p.749，a14–15。唐時期。

LM20-1489-27-28　《大般涅槃經》卷四

北涼曇無讖譯，CBETA，T12，no.374，p.388，b17–22。高昌國時期。

LM20-1489-27-29　《金剛般若波羅蜜經》

姚秦鳩摩羅什譯，CBETA，T08，no.235，p.750，b10–13。唐時期。

LM20-1489-27-30　《大般涅槃經》卷三六

北涼曇無讖譯，CBETA，T12，no.374，p.579，b17–19。唐時期。

LM20-1489-27-31　《大般涅槃經》卷八

北涼曇無讖譯，CBETA，T12，no.374，p.414，b25–26。唐時期。

LM20-1489-27-32　《大智度論》卷七四

姚秦鳩摩羅什譯，CBETA，T25，no.1509，p.583，c23–25。高昌國時期。

LM20-1489-27-33　《大智度論》卷二

姚秦鳩摩羅什譯，CBETA，T25，no.1509，p.66，b28–c5。唐時期。

LM20-1489-28-01　《金剛般若波羅蜜經》

姚秦鳩摩羅什譯，CBETA，T08，no.235，p.750，a13–15。唐時期。

LM20-1489-28-02　《佛説仁王般若波羅蜜經》卷下

姚秦鳩摩羅什譯，CBETA，T08，no.245，p.831，a17–19。高昌國時期。

LM20-1489-28-03　《金剛般若波羅蜜經論》卷下

隋達摩笈多譯，CBETA，T25，no.1510b，p.779，b8–15。有貼附殘片，無法揭取。唐時期。

LM20-1489-28-04　《摩訶般若波羅蜜經》卷二一

姚秦鳩摩羅什譯，CBETA，T08，no.223，p.369，a9–13。唐時期。

LM20-1489-28-05　《妙法蓮華經》卷一

姚秦鳩摩羅什譯，CBETA，T09，no.262，p.3，b19–23。唐時期。

LM20-1489-28-06　《大般涅槃經》卷八

北涼曇無讖譯，CBETA，T12，no.374，p.410，c27–p.411，a2。唐時期。

LM20-1489-28-07　《大般涅槃經》尾題

高昌國時期。

LM20-1489-28-08　《摩訶般若波羅蜜經》卷一二

姚秦鳩摩羅什譯，CBETA，T08，no.223，p.309，c13–15。高昌國時期。

LM20-1489-28-09　《大般涅槃摩耶夫人品經》

唐安法師譯，CBETA，ZW01，no.15a，p.378，a11–13，"忽"作"豁"。第2、3行間有小字"樝"。唐時期。

LM20-1489-28-10 《大般涅槃經》卷三八

北涼曇無讖譯，CBETA, T12, no.374, p.589, c10–12。高昌國時期。

LM20-1489-28-11 《般若波羅蜜多心經》

唐玄奘譯，CBETA, T08, no.251, p.848, c15–19，"救"作"究"。唐時期。

LM20-1489-28-12 《金剛般若波羅蜜經》

姚秦鳩摩羅什譯，CBETA, T08, no.235, p.751, c27–p.752, a2。唐時期。

LM20-1489-28-13 《大般若波羅蜜多經》外題

唐玄奘譯。唐時期。

LM20-1489-28-14 《大般涅槃經》卷二四

北涼曇無讖譯，CBETA, T12, no.374, p.506, c8–10。高昌郡時期。

參：王宇、王梅 2006b，50、54。

LM20-1489-28-15 《大般涅槃經》卷一七

北涼曇無讖譯，CBETA, T12, no.374, p.466, c14–18。唐時期。

LM20-1489-29-16 《金剛般若波羅蜜經》

姚秦鳩摩羅什譯，CBETA, T08, no.235, p.749, a6–9。唐時期。

LM20-1489-29-17 《大般若波羅蜜多經》

唐玄奘譯，此段經文多處可見。唐時期。

LM20-1489-29-18 《摩訶般若波羅蜜經》卷一五

姚秦鳩摩羅什譯，CBETA, T08, no.223, p.328, b1–5。高昌郡時期。

參：《旅博選粹》，30。

LM20-1489-29-19 《大般涅槃經》尾題及題記

高昌國時期。

LM20-1489-29-20 《大般涅槃經》卷三四

北涼曇無讖譯，CBETA, T12, no.374, p.564, c23–26。高昌國時期。

LM20-1489-29-21 《大智度論》卷二

姚秦鳩摩羅什譯，CBETA, T25, no.1509, p.67, a1–5。有貼附殘片，無法揭取。高昌國時期。

LM20-1489-29-22 《合部金光明經》卷二

梁真諦譯，隋寶貴合，CBETA, T16, no.664, p.372, b15–16。唐時期。

LM20-1489-29-23 《大般涅槃經》卷二五

北涼曇無讖譯，CBETA, T12, no.374, p.514, b22–24。高昌國時期。

LM20-1489-29-24 《摩訶般若波羅蜜經》卷二一

姚秦鳩摩羅什譯，CBETA, T08, no.223, p.370, b22–23。高昌國時期。

LM20-1489-29-25 《大般涅槃經》卷四

北涼曇無讖譯，CBETA, T12, no.374, p.390, a24–25。與 LM20-1489-22-11 等爲同一寫

本，據此定名。高昌國時期。

LM20-1489-29-26　《大般若波羅蜜多經》經籤

唐玄奘譯。印本。西州回鶻時期。

LM20-1489-29-27　《大般涅槃經》外題

唐時期。

LM20-1489-29-28　《妙法蓮華經》卷三

姚秦鳩摩羅什譯，CBETA, T09, no.262, p.23, a29–b1。高昌國時期。

LM20-1489-29-29　《金剛般若波羅蜜經》

姚秦鳩摩羅什譯，CBETA, T08, no.235, p.751, b14–17。唐時期。

LM20-1489-29-30　《小品般若波羅蜜經》卷四

姚秦鳩摩羅什譯，CBETA, T08, no.227, p.553, c8–9。高昌國時期。

LM20-1489-29-31　《摩訶般若波羅蜜經》卷一〇

姚秦鳩摩羅什譯，CBETA, T08, no.223, p.290, c15–20。高昌郡時期。

參：《旅博選粹》，29。

LM20-1489-29-32　佛典殘片

唐時期。

LM20-1489-29-33　佛典殘片

高昌國時期。

LM20-1489-29-34　佛典殘片

高昌國時期。

LM20-1489-29-35　《大般涅槃經》卷一四

北涼曇無讖譯，CBETA, T12, no.374, p.447, c18–21。唐時期。

LM20-1489-29-36　佛典殘片

高昌國時期。

LM20-1489-30-01　《金光明經》卷四

北涼曇無讖譯，CBETA, T16, no.663, p.354, c15–19，"自投"作"投"。高昌國時期。

LM20-1489-30-02　《金光明經》卷四

北涼曇無讖譯，CBETA, T16, no.663, p.354, b17–21。高昌國時期。

LM20-1489-30-03a　《金光明經》卷四

與 LM20-1489-30-03b 可以綴合，據此定名。高昌國時期。

LM20-1489-30-03b　《金光明經》卷四

北涼曇無讖譯，CBETA, T16, no.663, p.354, c23–26，"食噉"作"噉食"。高昌國時期。

LM20-1489-30-04a　《金光明經》卷四

與 LM20-1489-30-04b 等爲同一寫本，據此定名。高昌國時期。

LM20-1489-30-04b 《金光明經》卷四

　　北涼曇無讖譯，CBETA, T16, no.663, p.354, c28–p.355, a3。高昌國時期。

LM20-1489-30-05a 《金光明經》卷四

　　北涼曇無讖譯，CBETA, T16, no.663, p.354, c18–22。高昌國時期。

LM20-1489-30-05b 《金光明經》卷四

　　北涼曇無讖譯，CBETA, T16, no.663, p.354, c21–23。高昌國時期。

LM20-1489-30-06 《金光明經》卷四

　　北涼曇無讖譯，CBETA, T16, no.663, p.354, c11–14。高昌國時期。

LM20-1489-30-07 《金光明經》卷四

　　北涼曇無讖譯，CBETA, T16, no.663, p.354, c2–6，"誓"作"大"，"勳"作"熏"。高昌國時期。

LM20-1489-30-08 《金光明經》卷四

　　北涼曇無讖譯，CBETA, T16, no.663, p.354, b27–c1，"厭患"作"患厭"。高昌國時期。

LM20-1489-30-09 《金光明經》卷四

　　北涼曇無讖譯，CBETA, T16, no.663, p.354, b23–25，"如"作"若"。高昌國時期。

LM20-1489-30-10 《金光明經》卷四

　　北涼曇無讖譯，CBETA, T16, no.663, p.354, c6–10。高昌國時期。

LM20-1489-31-11 《妙法蓮華經》卷二

　　姚秦鳩摩羅什譯，CBETA, T09, no.262, p.11, b22–c1。唐時期。

LM20-1489-31-12 《大方廣佛華嚴經》卷四六（五十卷本）

　　東晉佛陀跋陀羅譯，《中華大藏經》第 12 册，566b9–14；參 CBETA, T09, no.278, p.751, b11–18。高昌國時期。

LM20-1489-31-13 《維摩詰所説經》卷上

　　姚秦鳩摩羅什譯，CBETA, T14, no.475, p.540, b13–19。高昌國時期。

　　參:《旅博選粹》, 131; 王梅 2006, 144。

LM20-1489-31-14 《大方廣佛華嚴經》卷三〇（五十卷本）

　　東晉佛陀跋陀羅譯，《中華大藏經》第 12 册，363c5–9；參 CBETA, T09, no.278, p.624, a13–19。高昌國時期。

LM20-1489-31-15 《大方廣佛華嚴經》卷一三（五十卷本）

　　東晉佛陀跋陀羅譯，《中華大藏經》第 12 册，156a14–b2；參 CBETA, T09, no.278, p.495, c21–30。高昌郡時期。

　　參:《旅博選粹》, 45。

LM20-1489-32-01 《大般涅槃經》卷二八

　　北涼曇無讖譯，CBETA, T12, no.374, p.531, a24–b1。高昌國時期。

LM20-1489-32-02　《妙法蓮華經》卷五

　　姚秦鳩摩羅什譯，CBETA，T09，no.262，p.41，b3–12。高昌郡時期。

　　參：《旅博選粹》，40。

LM20-1489-32-03　《大般涅槃經》卷二九

　　北涼曇無讖譯，CBETA，T12，no.374，p.535，c24–p.536，a1。高昌國時期。

LM20-1489-32-04　《妙法蓮華經》卷三

　　姚秦鳩摩羅什譯，CBETA，T09，no.262，p.24，b27–c6。高昌國時期。

LM20-1489-32-05　《大般涅槃經》卷三七

　　北涼曇無讖譯，CBETA，T12，no.374，p.584，a28–b9。高昌郡時期。

　　參：王宇、王梅 2006b，58。

LM20-1489-32-06　《維摩詰所説經》卷中

　　姚秦鳩摩羅什譯，CBETA，T14，no.475，p.546，c9–13。唐時期。

LM20-1489-32-07　《大般涅槃經》卷三六

　　北涼曇無讖譯，CBETA，T12，no.374，p.580，a8–11。高昌國時期。

LM20-1489-33-08　《妙法蓮華經》卷四

　　姚秦鳩摩羅什譯，CBETA，T09，no.262，p.35，a11–15，“羅漢”作“羅漢果”。唐時期。

LM20-1489-33-09　《大般涅槃經》卷三〇

　　北涼曇無讖譯，CBETA，T12，no.374，p.542，c12–17。唐時期。

LM20-1489-33-10　《大般若波羅蜜多經》卷一一九

　　唐玄奘譯，CBETA，T05，no.220，p.654，b25–c1。唐時期。

LM20-1489-33-11　《大般涅槃經》卷一二

　　北涼曇無讖譯，CBETA，T12，no.374，p.439，c29–p.440，a5，“纓絡”作“瓔珞”。唐時期。

LM20-1489-33-12　《千手千眼觀世音菩薩廣大圓滿無礙大悲心陀羅尼經》

　　唐伽梵達摩譯，CBETA，T20，no.1060，p.110，a17–p.111，c2。唐時期。

LM20-1489-33-13　《大般涅槃經》卷三〇

　　北涼曇無讖譯，CBETA，T12，no.374，p.542，a6–14。高昌國時期。

LM20-1489-33-14　《大般涅槃經》卷三九

　　北涼曇無讖譯，CBETA，T12，no.374，p.593，a29–b5，第 6 行“諦者”作“諦”。唐時期。

LM20-1489-34-01　《金光明經》卷四

　　北涼曇無讖譯，CBETA，T16，no.663，p.357，a16–23。高昌國時期。

LM20-1489-34-02　《佛説灌頂經》卷一二

　　東晉帛尸梨蜜多羅譯，CBETA，T21，no.1331，p.535，b26–c2。唐時期。

LM20-1489-34-03　《菩薩善戒經》卷七

　　劉宋求那跋摩譯，CBETA，T30，no.1582，p.998，c26–29。高昌國時期。

LM20-1489-34-04 《雜阿毗曇心論》卷一

劉宋僧伽跋摩等譯，CBETA, T28, no.1552, p.877, a24–27。唐時期。

LM20-1489-34-05 《大般若波羅蜜多經》卷一一〇

唐玄奘譯，CBETA, T05, no.220, p.606, a12–16。唐時期。

LM20-1489-34-06 《妙法蓮華經》卷三

姚秦鳩摩羅什譯，CBETA, T09, no.262, p.26, c1–11。高昌國時期。

LM20-1489-34-07 《佛説仁王般若波羅蜜經》卷下

姚秦鳩摩羅什譯，CBETA, T08, no.245, p.833, b14–20。唐時期。

LM20-1489-35-08 《金剛般若波羅蜜經》

姚秦鳩摩羅什譯，CBETA, T08, no.235, p.749, b5–10。唐時期。

LM20-1489-35-09 《菩薩地持經》卷七

北涼曇無讖譯，CBETA, T30, no.1581, p.925, c17–25。高昌國時期。

LM20-1489-35-10 《合部金光明經》卷一

梁真諦譯，隋寶貴合，CBETA, T16, no.664, p.363, b14–21。唐時期。

LM20-1489-35-11 《大般涅槃經後分》卷下

唐若那跋陀羅譯，CBETA, T12, no.377, p.909, b28–c3。唐時期。

LM20-1489-35-12 《妙法蓮華經》卷五

姚秦鳩摩羅什譯，CBETA, T09, no.262, p.37, a28–b7。高昌國時期。

LM20-1489-35-13 《妙法蓮華經》卷七

姚秦鳩摩羅什譯，CBETA, T09, no.262, p.62, a3–9。高昌國時期。

LM20-1489-36-01 《大般涅槃經》卷一〇

北涼曇無讖譯，CBETA, T12, no.374, p.426, a21–27。高昌國時期。

LM20-1489-36-02 《合部金光明經》卷六

北涼曇無讖譯，隋寶貴合，CBETA, T16, no.664, p.387, c26–p.388, a4。唐時期。

LM20-1489-36-03 《根本説一切有部毗奈耶破僧事》卷一一

唐義净譯，CBETA, T24, no.1450, p.156, a19–20。西州回鶻時期。

LM20-1489-36-04 《維摩詰所説經》卷上

姚秦鳩摩羅什譯，CBETA, T14, no.475, p.543, b16–20。唐時期。

LM20-1489-36-05 《大方廣佛華嚴經》卷二一

唐實叉難陀譯，CBETA, T10, no.279, p.111, b2–7。唐時期。

LM20-1489-36-06 《毗尼母經》卷一

譯者不詳，CBETA, T24, no.1463, p.804, b25–c1。唐時期。

LM20-1489-36-07 《大般涅槃經》卷一

北涼曇無讖譯，CBETA, T12, no.374, p.365, c14–22，“匈”作“胸”。高昌國時期。

LM20-1489-37-08　《佛頂尊勝陀羅尼經》

　　唐佛陀波利譯，CBETA, T19, no.967, p.350, a22-b2。唐時期。

LM20-1489-37-09　《妙法蓮華經》卷一

　　姚秦鳩摩羅什譯，CBETA, T09, no.262, p.3, a2-9。唐時期。

LM20-1489-37-10　《妙法蓮華經》卷六

　　姚秦鳩摩羅什譯，CBETA, T09, no.262, p.47, a11-15。高昌國時期。

LM20-1489-37-11　《妙法蓮華經》卷七

　　姚秦鳩摩羅什譯，CBETA, T09, no.262, p.57, c14-17。唐時期。

LM20-1489-37-12　《摩訶般若波羅蜜經》卷二七

　　姚秦鳩摩羅什譯，CBETA, T08, no.223, p.418, b15-22。有朱筆句讀。唐時期。

LM20-1489-37-13　《大般若波羅蜜多經》卷四二六

　　唐玄奘譯，CBETA, T07, no.220, p.139, c10-14。唐時期。

LM20-1489-37-14　《佛説法句經》

　　作者不詳，CBETA, T85, no.2901, p.1434, b4-11。唐時期。

LM20-1489-37-15　《金光明最勝王經》卷三

　　唐義净譯，CBETA, T16, no.665, p.416, a13-19。唐時期。

LM20-1489-37-16　《悲華經》卷二

　　北涼曇無讖譯，CBETA, T03, no.157, p.175, b16-22，"膳"作"饌"。唐時期。

　　參：陰會蓮2006, 109、113、115。

LM20-1489-38-01　《妙法蓮華經》卷七

　　姚秦鳩摩羅什譯，CBETA, T09, no.262, p.60, b22-27。唐時期。

LM20-1489-38-02　《佛説救護身命經》

　　作者不詳，CBETA, F03, no.248, p.557, a21-24。高昌國時期。

　　參：孟彦弘2018, 51。

LM20-1489-38-03　《大般涅槃經》卷五

　　北涼曇無讖譯，CBETA, T12, no.374, p.394, c8-12。高昌國時期。

LM20-1489-38-04　《悲華經》卷七

　　北涼曇無讖譯，CBETA, T03, no.157, p.213, c16-25。高昌國時期。

　　參：陰會蓮2006, 110、114-116。

LM20-1489-38-05　《大般涅槃經》卷三〇

　　北涼曇無讖譯，CBETA, T12, no.374, p.547, a27-b3。高昌國時期。

　　參：王宇、王梅2006b, 56。

LM20-1489-38-06　《大般若波羅蜜多經》卷五三七

　　唐玄奘譯，CBETA, T07, no.220, p.757, b27-c3。唐時期。

LM20-1489-38-07 《金剛般若波羅蜜經》

元魏菩提流支譯，CBETA，T08，no.236a，p.752，c13–21。唐時期。

LM20-1489-38-08 《道行般若經》卷五

後漢支婁迦讖譯，CBETA，T08，no.224，p.453，a19–25，"閔"作"愍"。高昌郡時期。

參：《旅博選粹》，11；孫傳波 2006，176；郭富純、王振芬 2006，34；孫傳波 2008，66、71。

LM20-1489-38-09 《大般若波羅蜜多經》卷二四五

唐玄奘譯，CBETA，T06，no.220，p.236，c10–18。唐時期。

LM20-1489-38-10 《大般涅槃經》卷三七

北涼曇無讖譯，CBETA，T12，no.374，p.584，a27–b2。高昌國時期。

經册四十一

LM20-1490-01-01 《大般涅槃經》卷三六

北涼曇無讖譯，CBETA，T12，no.374，p.580，c4–16。唐時期。

LM20-1490-01-02 《妙法蓮華經》卷四

姚秦鳩摩羅什譯，CBETA，T09，no.262，p.30，a29–b7。高昌國時期。

LM20-1490-01-03 《大方廣佛華嚴經》卷一七

東晉佛陀跋陀羅譯，CBETA，T09，no.278，p.509，c26–p.510，a6。唐時期。

LM20-1490-01-04 《合部金光明經》卷三

梁真諦譯，隋寶貴合，CBETA，T16，no.664，p.372，c23–p.373，a1。唐時期。

LM20-1490-02-01 　法華經疏

參作者不詳《法華經文外義》，CBETA，ZW02，no.20，p.325，a11–12。唐時期。

參：《旅博選粹》，163。

LM20-1490-02-02 《妙法蓮華經》卷二

姚秦鳩摩羅什譯，CBETA，T09，no.262，p.12，a16–29，第 6 行 "記" 作 "説"。唐時期。

LM20-1490-02-03 《大般涅槃經》卷一三

北涼曇無讖譯，CBETA，T12，no.374，p.440，b3–7，"愛生" 作 "受生"。唐時期。

LM20-1490-02-04 《妙法蓮華經》卷三

姚秦鳩摩羅什譯，CBETA，T09，no.262，p.21，b28–c16。唐時期。

LM20-1490-02-05 《大般若波羅蜜多經》卷四六〇

唐玄奘譯，CBETA，T07，no.220，p.323，c9–15。唐時期。

LM20-1490-03-06 《摩訶般若波羅蜜經》卷二

姚秦鳩摩羅什譯，CBETA，T08，no.223，p.231，a13–29。唐時期。

LM20-1490-03-07 《合部金光明經》卷二

梁真諦譯，隋寶貴合，CBETA，T16，no.664，p.368，a17–21。唐時期。

LM20-1490-03-08 《大般涅槃經》卷一七

北涼曇無讖譯，CBETA，T12，no.374，p.465，c19–25。高昌國時期。

LM20-1490-03-09 《妙法蓮華經》卷三

姚秦鳩摩羅什譯，CBETA，T09，no.262，p.25，c27–p.26，a4。唐時期。

LM20-1490-03-10 《大般涅槃經》卷三七

北涼曇無讖譯，CBETA，T12，no.374，p.586，a2–7。高昌國時期。

LM20-1490-03-11　佛典殘片

高昌國時期。

LM20-1490-03-12　《放光般若經》卷一

西晉無羅叉譯，CBETA，T08，no.221，p.2，a17–21。高昌國時期。

LM20-1490-04-01　《合部金光明經》卷七

北涼曇無讖譯，隋寶貴合，CBETA，T16，no.664，p.391，c25–p.392，a12。唐時期。

LM20-1490-04-02　《合部金光明經》卷七

北涼曇無讖譯，隋寶貴合，CBETA，T16，no.664，p.391，c10–18。唐時期。

LM20-1490-04-03　《大般涅槃經》卷二二

北涼曇無讖譯，CBETA，T12，no.374，p.496，c17–21。高昌國時期。

LM20-1490-04-04　《妙法蓮華經》卷五

姚秦鳩摩羅什譯，CBETA，T09，no.262，p.39，b14–17。唐時期。

LM20-1490-04-05　《大般涅槃經》卷二七

北涼曇無讖譯，CBETA，T12，no.374，p.528，b15–18。高昌國時期。

LM20-1490-04-06　《妙法蓮華經》卷一

姚秦鳩摩羅什譯，CBETA，T09，no.262，p.4，b21–c1。唐時期。

LM20-1490-04-07　《妙法蓮華經》卷六

姚秦鳩摩羅什譯，CBETA，T09，no.262，p.51，c29–p.52，a5。唐時期。

LM20-1490-04-08　《佛本行集經》卷五

隋闍那崛多譯，CBETA，T03，no.190，p.673，c11–16。唐時期。

參：段真子2019，146。

LM20-1490-04-09　《妙法蓮華經》卷四

姚秦鳩摩羅什譯，CBETA，T09，no.262，p.28，c2–9。唐時期。

LM20-1490-04-10　《大般若波羅蜜多經》

唐玄奘譯，此段文字多處可見。唐時期。

LM20-1490-05-11　《大般若波羅蜜多經》卷一八四

唐玄奘譯，CBETA，T05，no.220，p.989，c3–15。唐時期。

LM20-1490-05-12　《大般若波羅蜜多經》卷四〇八

唐玄奘譯，CBETA，T07，no.220，p.43，c8–11。唐時期。

LM20-1490-05-13　《大般若波羅蜜多經》卷六四

唐玄奘譯，CBETA，T05，no.220，p.363，c16–23。唐時期。

LM20-1490-05-14　《妙法蓮華經》卷七

姚秦鳩摩羅什譯，CBETA，T09，no.262，p.56，b2–7。唐時期。

LM20-1490-05-15　《大智度論》卷五

姚秦鳩摩羅什譯，CBETA, T25, no.1509, p.98, c10-19。唐時期。

LM20-1490-05-16　《金光明經》卷二

北涼曇無讖譯，CBETA, T16, no.663, p.343, c21-26。高昌國時期。

LM20-1490-05-17　《妙法蓮華經》卷四

姚秦鳩摩羅什譯，CBETA, T09, no.262, p.33, a19-25。唐時期。

LM20-1490-06-01　《僧伽吒經》卷四

元魏月婆首那譯，CBETA, T13, no.423, p.976, b27-c6。唐時期。

LM20-1490-06-02　《大方廣佛華嚴經》卷八（五十卷本）

東晉佛陀跋陀羅譯，《中華大藏經》12 册，94c18-a1；參 CBETA, T09, no.278, p.456, b7-13。高昌國時期。

LM20-1490-06-03　《金剛般若波羅蜜經》

元魏菩提流支譯，CBETA, T08, no.236a, p.756, c20-26。唐時期。

LM20-1490-06-04　《大般涅槃經》卷四

北涼曇無讖譯，CBETA, T12, no.374, p.387, a20-24。唐時期。

LM20-1490-06-05　《金光明經》卷三

北涼曇無讖譯，CBETA, T16, no.663, p.346, b22-27。高昌國時期。

LM20-1490-06-06　《大方廣佛華嚴經》卷二一（五十卷本）

東晉佛陀跋陀羅譯，《中華大藏經》12 册，259a3-6；參 CBETA, T09, no.278, p.558, b19-23。高昌郡時期。

LM20-1490-06-07　《妙法蓮華經》卷四

姚秦鳩摩羅什譯，CBETA, T09, no.262, p.36, a17-21。高昌郡時期。

LM20-1490-06-08　《妙法蓮華經》卷一

姚秦鳩摩羅什譯，CBETA, T09, no.262, p.2, c15-20。唐時期。

LM20-1490-06-09　《大般涅槃經》卷四○

北涼曇無讖譯，CBETA, T12, no.374, p.603, a1-5。高昌國時期。

LM20-1490-06-10　《大通方廣懺悔滅罪莊嚴成佛經》卷上

作者不詳，CBETA, T85, no.2871, p.1339, c20-24。高昌國時期。

LM20-1490-06-11　《金光明經》卷二

北涼曇無讖譯，CBETA, T16, no.663, p.341, c4-8。高昌郡時期。

LM20-1490-06-12　《妙法蓮華經入疏》卷六

劉宋道威入注，CBETA, X30, no.600, p.136, b22-c3。高昌國時期。

LM20-1490-06-13　佛典殘片

唐時期。

LM20-1490-07-14 《大般涅槃經》卷二三

北涼曇無讖譯，CBETA，T12，no.374，p.499，c18–21。高昌國時期。

LM20-1490-07-15 《妙法蓮華經》卷四

姚秦鳩摩羅什譯，CBETA，T09，no.262，p.35，a28–b2。唐時期。

LM20-1490-07-16 《金剛般若波羅蜜經》

姚秦鳩摩羅什譯，CBETA，T08，no.235，p.748，c21–27。唐時期。

LM20-1490-07-17 《妙法蓮華經》卷七

姚秦鳩摩羅什譯，CBETA，T09，no.262，p.55，b11–14。唐時期。

LM20-1490-07-18 《妙法蓮華經》卷六

姚秦鳩摩羅什譯，CBETA，T09，no.262，p.54，b9–15。唐時期。

LM20-1490-07-19 《大般涅槃經》卷五

北涼曇無讖譯，CBETA，T12，no.374，p.395，a14–17。高昌國時期。

LM20-1490-07-20 《佛説七千佛神符經》

作者不詳，CBETA，T85，no.2904，p.1446，b15–17，"百"作"五"。唐時期。

LM20-1490-07-21 《金光明經》卷三

北涼曇無讖譯，CBETA，T16，no.663，p.347，c15–19。唐時期。

LM20-1490-07-22 《妙法蓮華經》卷七

姚秦鳩摩羅什譯，CBETA，T09，no.262，p.58，c1–7。唐時期。

LM20-1490-07-23 《佛説七千佛神符經》

作者不詳，CBETA，T85，no.2904，p.1446，b9–14。唐時期。

LM20-1490-07-24 《金剛般若波羅蜜經》

元魏菩提流支譯，CBETA，T08，no.236a，p.753，b19–22。唐時期。

LM20-1490-07-25 《道行般若經》卷三

後漢支婁迦讖譯，CBETA，T08，no.224，p.442，b19–22。高昌國時期。

LM20-1490-07-26 《大般涅槃經》卷二三

北涼曇無讖譯，CBETA，T12，no.374，p.500，a12–17。唐時期。

LM20-1490-07-27 《妙法蓮華經》卷六

姚秦鳩摩羅什譯，CBETA，T09，no.262，p.50，a12–21。唐時期。

LM20-1490-08-01 《大般涅槃經》卷三三

北涼曇無讖譯，CBETA，T12，no.374，p.562，c2–4。唐時期。

LM20-1490-08-02 《妙法蓮華經》卷五

姚秦鳩摩羅什譯，CBETA，T09，no.262，p.40，a27–b3。唐時期。

LM20-1490-08-03 《妙法蓮華經》卷三

姚秦鳩摩羅什譯，CBETA，T09，no.262，p.24，c13–17。高昌國時期。

LM20-1490-08-04　《大般涅槃經》卷一〇

北涼曇無讖譯, CBETA, T12, no.374, p.425, c10-15。高昌國時期。

LM20-1490-08-05　《雜阿毗曇心論》卷一

劉宋僧伽跋摩等譯, CBETA, T28, no.1552, p.876, c27-p.877, a1。唐時期。

LM20-1490-08-06　《摩訶般若波羅蜜經》卷二

姚秦鳩摩羅什譯, CBETA, T08, no.223, p.231, a27-b1。唐時期。

LM20-1490-08-07　《正法念處經》卷二七

元魏般若流支譯, CBETA, T17, no.721, p.156, a3-6。唐時期。

LM20-1490-08-08　《道行般若經》卷八

後漢支婁迦讖譯, CBETA, T08, no.224, p.465, b16-20。唐時期。

LM20-1490-08-09　《正法念處經》卷五二

元魏般若流支譯, CBETA, T17, no.721, p.307, a22-25。唐時期。

LM20-1490-08-10　《天請問經》

唐玄奘譯, CBETA, T15, no.592, p.124, b17-21。西州回鶻時期。

LM20-1490-08-11　《妙法蓮華經》卷一

姚秦鳩摩羅什譯, CBETA, T09, no.262, p.2, a11-14。唐時期。

LM20-1490-08-12　《洞玄靈寶長夜之府九幽玉匱明真科》

作者不詳, 約出於東晉, 與敦煌本 P.2730 第 28—30 行同,《正統道藏》第 34 册, 380c4-6。唐時期。

參: 趙洋 2017a, 186; 趙洋 2017b, 197。

LM20-1490-08-13　《大般涅槃經》卷三五

北涼曇無讖譯, CBETA, T12, no.374, p.571, b26-29。高昌國時期。

LM20-1490-08-14　《妙法蓮華經》卷五

姚秦鳩摩羅什譯, CBETA, T09, no.262, p.41, c19-21。唐時期。

LM20-1490-08-15　《天請問經》

唐玄奘譯, CBETA, T15, no.592, p.124, b25-29。西州回鶻時期。

LM20-1490-08-16　《大方等陀羅尼經》卷二

北涼法眾譯, CBETA, T21, no.1339, p.646, c22-25, "妙"作"戒"。西州回鶻時期。

LM20-1490-08-17　佛典殘片

高昌國時期。

LM20-1490-09-18　《妙法蓮華經》卷六

姚秦鳩摩羅什譯, CBETA, T09, no.262, p.46, c10-12。唐時期。

LM20-1490-09-19　《雜阿毗曇心論》卷五

劉宋僧伽跋摩等譯, CBETA, T28, no.1552, p.914, c14-20。高昌國時期。

LM20-1490-09-20 《大般涅槃經》卷二〇

北涼曇無讖譯, CBETA, T12, no.374, p.483, a8–12。高昌國時期。

LM20-1490-09-21 《妙法蓮華經》卷四

姚秦鳩摩羅什譯, CBETA, T09, no.262, p.29, c6–9。唐時期。

LM20-1490-09-22 《大般涅槃經》卷二八

北涼曇無讖譯, CBETA, T12, no.374, p.531, a24–27。高昌國時期。

LM20-1490-09-23 《觀佛三昧海經》尾題

東晉佛陀跋陀羅譯。高昌國時期。

LM20-1490-09-24 《請觀世音菩薩消伏毒害陀羅尼咒經》

東晉法喜譯, CBETA, T20, no.1043, p.34, c4–10。高昌國時期。

LM20-1490-09-25 《維摩詰所説經》卷下

姚秦鳩摩羅什譯, CBETA, T14, no.475, p.556, a27–b3。高昌國時期。

LM20-1490-09-26 《放光般若經》卷八

西晉無羅叉譯, CBETA, T08, no.221, p.60, b11–13。高昌國時期。

LM20-1490-09-27 《金剛般若波羅蜜經》

元魏菩提流支譯, CBETA, T08, no.236a, p.753, a28–b2。高昌國時期。

LM20-1490-09-28 《大般涅槃經》卷一

北涼曇無讖譯, CBETA, T12, no.374, p.371, b12–17。高昌國時期。

LM20-1490-09-29 《大般涅槃經》卷一七

北涼曇無讖譯, CBETA, T12, no.374, p.464, b27–c1。唐時期。

LM20-1490-09-30 《大方等大集經》卷四七

高齊那連提耶舍譯, CBETA, T13, no.397, p.303, c23–26。唐時期。

LM20-1490-10-01 《悲華經》卷一

北涼曇無讖譯, CBETA, T03, no.157, p.167, c9–16。高昌郡時期。

參:《旅博選粹》, 7; 陰會蓮 2006, 107、109、112–115, 圖三。

LM20-1490-10-02 《佛頂尊勝陀羅尼經》

唐佛陀波利譯, CBETA, T19, no.967, p.350, a22–27。唐時期。

LM20-1490-10-03 《大智度論》卷二四

姚秦鳩摩羅什譯, CBETA, T25, no.1509, p.236, c27–p.237, a8。高昌郡時期。

LM20-1490-10-04 《妙法蓮華經》卷四

姚秦鳩摩羅什譯, CBETA, T09, no.262, p.34, a16–21。唐時期。

LM20-1490-10-05 《大般涅槃經》卷三二

北涼曇無讖譯, CBETA, T12, no.374, p.557, b3–8。高昌國時期。

LM20-1490-10-06 《大般若波羅蜜多經》卷一九八

唐玄奘譯，CBETA, T05, no.220, p.1059, b6–16。唐時期。

LM20-1490-10-07　《妙法蓮華經》卷七

姚秦鳩摩羅什譯，CBETA, T09, no.262, p.58, a9–17。唐時期。

LM20-1490-11-08　《合部金光明經》卷七

北涼曇無讖譯，隋寶貴合，CBETA, T16, no.664, p.391, c11–p.392, a5。唐時期。

LM20-1490-11-09　《菩薩本緣經》卷中

吳支謙譯，CBETA, T03, no.153, p.59, b27–c2。唐時期。

LM20-1490-11-10　《大般若波羅蜜多經》卷一九八

唐玄奘譯，CBETA, T05, no.220, p.1059, b15–22。唐時期。

LM20-1490-11-11　《金光明經》卷四

北涼曇無讖譯，CBETA, T16, no.663, p.354, b15–24, 第 3 行 "三子" 作 "三五子"，第 7 行 "又" 作 "然"，"勉" 作 "免"。高昌國時期。

LM20-1490-11-12　《妙法蓮華經》卷二

姚秦鳩摩羅什譯，CBETA, T09, no.262, p.18, a10–18。唐時期。

LM20-1490-11-13　《大般若波羅蜜多經》卷一九八

唐玄奘譯，CBETA, T05, no.220, p.1059, b2–7。唐時期。

LM20-1490-12-01　《小品般若波羅蜜經》卷五

姚秦鳩摩羅什譯，CBETA, T08, no.227, p.557, b10–15, 第 3 行 "故" 作 "是"，"是" 作 "亦"。高昌國時期。

參: 孫傳波 2006, 188。

LM20-1490-12-02　《佛説佛名經》卷一二

元魏菩提流支譯，CBETA, T14, no.440, p.182, b26–28。高昌國時期。唐時期。

LM20-1490-12-03　《妙法蓮華經》卷一

姚秦鳩摩羅什譯，CBETA, T09, no.262, p.2, b13–17。唐時期。

LM20-1490-12-04　《妙法蓮華經》卷五

姚秦鳩摩羅什譯，CBETA, T09, no.262, p.45, c11–14。高昌國時期。

LM20-1490-12-05　《妙法蓮華經》卷四

姚秦鳩摩羅什譯，CBETA, T09, no.262, p.33, c13–15。唐時期。

LM20-1490-12-06　《放光般若經》卷一七

西晉無羅叉譯，CBETA, T08, no.221, p.122, b27–c3。高昌國時期。

LM20-1490-12-07　《救疾經》

作者不詳，CBETA, T85, no.2878, p.1361, c19–22。高昌國時期。

參: 馬俊傑 2019, 248。

LM20-1490-12-08　《金剛般若波羅蜜經》

姚秦鳩摩羅什譯，CBETA, T08, no.235, p.751, a13-16。唐時期。

LM20-1490-12-09 《妙法蓮華經》卷五

姚秦鳩摩羅什譯，CBETA, T09, no.262, p.45, c24-28。高昌國時期。

LM20-1490-12-10 《放光般若經》卷一二

西晉無羅叉譯，CBETA, T08, no.221, p.86, b20-29。高昌國時期。

LM20-1490-12-11 《十地經論》卷一〇

元魏菩提流支譯，CBETA, T26, no.1522, p.180, c12-16。高昌國時期。

LM20-1490-12-12 《大通方廣懺悔滅罪莊嚴成佛經》卷上

作者不詳，CBETA, T85, no.2871, p.1341, c16-19。高昌國時期。

LM20-1490-13-13 《放光般若經》卷一五

西晉無羅叉譯，CBETA, T08, no.221, p.104, a8-13。高昌國時期。

LM20-1490-13-14 《大智度論》卷一三

姚秦鳩摩羅什譯，CBETA, T25, no.1509, p.154, a9-14。高昌國時期。

LM20-1490-13-15 《勝天王般若波羅蜜經》卷七

陳月婆首那譯，CBETA, T08, no.231, p.724, a20-23。高昌國時期。

LM20-1490-13-16 《佛說灌頂經》卷一二

東晉帛尸梨蜜多羅譯，CBETA, T21, no.1331, p.532, c16-22, 第 3 行 "得" 作 "能"，"瘂" 作 "啞"。唐時期。

LM20-1490-13-17 《賢愚經》卷九

元魏慧覺等譯，CBETA, T04, no.202, p.410, b25-29, "任" 作 "妊"。高昌郡時期。

LM20-1490-13-18 《大般涅槃經》卷三〇

北涼曇無讖譯，CBETA, T12, no.374, p.542, a21-26。高昌國時期。

LM20-1490-13-19 《妙法蓮華經》卷一

姚秦鳩摩羅什譯，CBETA, T09, no.262, p.9, a28-b4。唐時期。

LM20-1490-13-20 《金光明經》卷四

北涼曇無讖譯，CBETA, T16, no.663, p.354, b12-16, "怔" 作 "怖"，"事" 作 "士"。高昌國時期。

LM20-1490-13-21 《佛說首楞嚴三昧經》卷下

姚秦鳩摩羅什譯，CBETA, T15, no.642, p.641, b27-c3。高昌國時期。

LM20-1490-13-22 《大般涅槃經》卷一七

北涼曇無讖譯，CBETA, T12, no.374, p.466, c16-20。唐時期。

LM20-1490-13-23 《妙法蓮華經》卷一

姚秦鳩摩羅什譯，CBETA, T09, no.262, p.5, c1-6。唐時期。

LM20-1490-13-24 《小品般若波羅蜜經》卷九

姚秦鳩摩羅什譯，CBETA, T08, no.227, p.579, b29-c4。高昌國時期。

LM20-1490-13-25 《妙法蓮華經》卷五

姚秦鳩摩羅什譯，CBETA, T09, no.262, p.38, c17-21。唐時期。

LM20-1490-14-01 《佛說無量清净平等覺經》卷三

後漢支婁迦讖譯，CBETA, T12, no.361, p.293, b16-20。高昌郡時期。

參：《旅博選粹》，5；郭富純、王振芬 2006, 8；三谷真澄 2008a, 38、44；三谷真澄 2008b, 173；《净土集成》，24-25, 126-129；三谷真澄 2015, 236；三谷真澄 2019, 19。

LM20-1490-14-02 《救疾經》

作者不詳，CBETA, T85, no.2878, p.1361, c21-28，"創"作"瘡"。高昌國時期。

參：馬俊傑 2019, 248。

LM20-1490-14-03 《洞玄靈寶長夜之府九幽玉匱明真科》

作者不詳，約出於東晉，《正統道藏》第 34 册，380a2-6。唐時期。

參：趙洋 2017a, 186；趙洋 2017b, 196-197。

LM20-1490-14-04 《菩薩善戒經》卷一

劉宋求那跋摩譯，CBETA, T30, no.1582, p.966, b9-14。唐時期。

LM20-1490-14-05 《妙法蓮華經》卷四

姚秦鳩摩羅什譯，CBETA, T09, no.262, p.27, c13-18。唐時期。

LM20-1490-14-06 《阿毗達磨大毗婆沙論》卷一二〇

唐玄奘譯，CBETA, T27, no.1545, p.625, c16-22。唐時期。

LM20-1490-14-07 殘片

唐時期。

LM20-1490-14-08 《妙法蓮華經》卷三

姚秦鳩摩羅什譯，CBETA, T09, no.262, p.27, b2-8。唐時期。

LM20-1490-15-09 《雜阿毗曇心論》卷一〇

劉宋僧伽跋摩等譯，CBETA, T28, no.1552, p.958, c11-17, 第 3 行疑有脱文，第 4 行 "若此人"作"此人"。唐時期。

LM20-1490-15-10 《十誦比丘波羅提木叉戒本》

姚秦鳩摩羅什譯，CBETA, T23, no.1436, p.475, b4-18, 第 7 行"逸"作"夜"。高昌國時期。

LM20-1490-15-11 《妙法蓮華經》卷五

姚秦鳩摩羅什譯，CBETA, T09, no.262, p.38, a4-9。唐時期。

LM20-1490-15-12 《佛說阿彌陀經》

姚秦鳩摩羅什譯，CBETA, T12, no.366, p.347, a16-22。唐時期。

參：《净土集成》，73。

LM20-1490-15-13 《大方便佛報恩經》卷七

譯者不詳，CBETA，T03，no.156，p.165，c10–13。唐時期。

LM20-1490-15-14 《達磨大師破相論》

作者不詳，CBETA，X63，no.1220，p.10，a10–22，"父"作"一切"。唐時期。

LM20-1490-15-15 《般泥洹經》卷上

譯者不詳，CBETA，T01，no.6，p.180，c1–10。唐時期。

LM20-1490-15-16 《大般涅槃經》卷二九

北涼曇無讖譯，CBETA，T12，no.374，p.537，c1–6。高昌國時期。

LM20-1490-16-01 《大般若波羅蜜多經》卷五二四

唐玄奘譯，CBETA，T07，no.220，p.685，c1–5。唐時期。

LM20-1490-16-02 《金剛般若波羅蜜經》

姚秦鳩摩羅什譯，CBETA，T08，no.235，p.749，b16–26。唐時期。

LM20-1490-16-03 《大般若波羅蜜多經》卷二八二

唐玄奘譯，CBETA，T06，no.220，p.433，a4–17。唐時期。

LM20-1490-17-04 《金剛般若波羅蜜經》

姚秦鳩摩羅什譯，CBETA，T08，no.235，p.751，b20–c1。唐時期。

LM20-1490-17-05 《大般若波羅蜜多經》卷一九六

唐玄奘譯，CBETA，T05，no.220，p.1051，b17–21。唐時期。

LM20-1490-17-06 《大般若波羅蜜多經》卷四六一

唐玄奘譯，CBETA，T07，no.220，p.331，b22–c2。唐時期。

LM20-1490-17-07 《金剛般若波羅蜜經》

姚秦鳩摩羅什譯，CBETA，T08，no.235，p.751，b15–24。唐時期。

LM20-1490-17-08 《佛說仁王般若波羅蜜經》卷上

姚秦鳩摩羅什譯，CBETA，T08，no.245，p.826，b10–17。高昌國時期。

LM20-1490-17-09 《大智度論》卷三三

姚秦鳩摩羅什譯，CBETA，T25，no.1509，p.303，c24–28，"心"作"戒心"。高昌國時期。

LM20-1490-18-01 《大般若波羅蜜多經》卷三二四

唐玄奘譯，CBETA，T06，no.220，p.658，b22–c16。"根"作"相"。唐時期。

LM20-1490-18-02 《大般若波羅蜜多經》卷二一三

唐玄奘譯，CBETA，T06，no.220，p.68，a11–15。唐時期。

LM20-1490-18-03 《金剛般若波羅蜜經》

元魏菩提流支譯，CBETA，T08，no.236a，p.753，b24–c1。唐時期。

LM20-1490-18-04 《金剛般若波羅蜜經》

元魏菩提流支譯，CBETA，T08，no.236a，p.755，c4–12。唐時期。

LM20-1490-18-05 《金剛般若波羅蜜經》

姚秦鳩摩羅什譯，CBETA, T08, no.235, p.750, a12–19。唐時期。

LM20-1490-19-06 《摩訶般若波羅蜜經》卷一一

姚秦鳩摩羅什譯，CBETA, T08, no.223, p.305, b6–10。唐時期。

LM20-1490-19-07 《金剛般若波羅蜜經》

元魏菩提流支譯，CBETA, T08, no.236a, p.755, c4–13。唐時期。

LM20-1490-19-08 《金剛般若波羅蜜經》

元魏菩提流支譯，CBETA, T08, no.236a, p.754, a18–22。唐時期。

LM20-1490-19-09 《梁朝傅大士頌金剛經》

作者不詳，CBETA, T85, no.2732, p.4, a29–b6。唐時期。

LM20-1490-19-10 《大般若波羅蜜多經》卷二六一

唐玄奘譯，CBETA, T06, no.220, p.322, a2–14。唐時期。

LM20-1490-19-11 《大般涅槃經》卷一〇

北涼曇無讖譯，CBETA, T12, no.374, p.423, a4–10。高昌國時期。

LM20-1490-20-01 《金剛般若波羅蜜經》

元魏菩提流支譯，CBETA, T08, no.236a, p.756, a14–29。唐時期。

LM20-1490-20-02 《大智度論》卷七八

姚秦鳩摩羅什譯，CBETA, T25, no.1509, p.611, b25–c3。高昌國時期。

LM20-1490-20-03 《金剛般若波羅蜜經》

元魏菩提流支譯，CBETA, T08, no.236a, p.756, c20–25。唐時期。

LM20-1490-20-04 《金剛般若波羅蜜經》

元魏菩提流支譯，CBETA, T08, no.236a, p.753, a20–26。唐時期。

LM20-1490-20-05 《金剛般若波羅蜜經》

元魏菩提流支譯，CBETA, T08, no.236a, p.754, a21–b3。唐時期。

LM20-1490-21-06 《大般若波羅蜜多經》卷四

唐玄奘譯，CBETA, T05, no.220, p.19, b29–c4。唐時期。

LM20-1490-21-07 《佛說仁王般若波羅蜜經》卷下

姚秦鳩摩羅什譯，CBETA, T08, no.245, p.830, b19–c4，"受"作"奉"。唐時期。

LM20-1490-21-08 《小品般若波羅蜜經》卷九

姚秦鳩摩羅什譯，CBETA, T08, no.227, p.578, b7–16。高昌國時期。

LM20-1490-21-09 《金剛般若波羅蜜經》

元魏菩提流支譯，CBETA, T08, no.236a, p.754, b15–25，"即"作"則"。唐時期。

LM20-1490-22-01 《大般涅槃經》卷四

北涼曇無讖譯，CBETA, T12, no.374, p.388, b27–c2。高昌國時期。

LM20-1490-22-02　《大般涅槃經》卷二四

　　北涼曇無讖譯，CBETA, T12, no.374, p.506, b3-7。高昌郡時期。

　　參：王宇、王梅 2006b, 50、54。

LM20-1490-22-03　《大般涅槃經》卷二四

　　北涼曇無讖譯，CBETA, T12, no.374, p.506, c5-10。高昌郡時期。

　　參：王宇、王梅 2006b, 50、54。

LM20-1490-22-04　《大般涅槃經》卷二四

　　北涼曇無讖譯，CBETA, T12, no.374, p.505, c19-22。高昌郡時期。

　　參：王宇、王梅 2006b, 50、54。

LM20-1490-22-05　《妙法蓮華經》卷七

　　姚秦鳩摩羅什譯，CBETA, T09, no.262, p.59, b9-10。唐時期。

LM20-1490-22-06　《大般涅槃經》卷二四

　　北涼曇無讖譯，CBETA, T12, no.374, p.505, c25-28。高昌郡時期。

　　參：王宇、王梅 2006b, 50、54。

LM20-1490-22-07　《大般涅槃經》卷二四

　　北涼曇無讖譯，CBETA, T12, no.374, p.506, c10-15。高昌郡時期。

　　參：王宇、王梅 2006b, 50、54。

LM20-1490-22-08　《大般涅槃經》卷二四

　　北涼曇無讖譯，CBETA, T12, no.374, p.506, b19-23。高昌郡時期。

　　參：王宇、王梅 2006b, 50、54。

LM20-1490-22-09　《大般涅槃經》卷二四

　　北涼曇無讖譯，CBETA, T12, no.374, p.506, a22-26。高昌郡時期。

　　參：王宇、王梅 2006b, 50、54。

LM20-1490-22-10　《大般涅槃經》卷二四

　　北涼曇無讖譯，CBETA, T12, no.374, p.506, a27-b2, "遠"作"斷"。高昌郡時期。

LM20-1490-22-11　《佛説仁王般若波羅蜜經》卷上

　　姚秦鳩摩羅什譯，CBETA, T08, no.245, p.829, b28-c6。高昌國時期。

LM20-1490-23-12　《大般涅槃經》卷二四

　　北涼曇無讖譯，CBETA, T12, no.374, p.506, b14-17。高昌郡時期。

　　參：王宇、王梅 2006b, 50、54。

LM20-1490-23-13　《大般涅槃經》卷二四

　　北涼曇無讖譯，CBETA, T12, no.374, p.506, a17-20。高昌郡時期。

　　參：王宇、王梅 2006b, 50、54。

LM20-1490-23-14　《大般涅槃經》卷二四

北涼曇無讖譯, CBETA, T12, no.374, p.506, b29–c6。高昌郡時期。

參: 王宇、王梅 2006b, 50、54。

LM20-1490-23-15　《大般涅槃經》卷二四

北涼曇無讖譯, CBETA, T12, no.374, p.506, b9–13。高昌郡時期。

參: 王宇、王梅 2006b, 50、54。

LM20-1490-23-16　《大般涅槃經》卷二四

北涼曇無讖譯, CBETA, T12, no.374, p.505, c29–p.506, a5。高昌郡時期。

參: 王宇、王梅 2006b, 54。

LM20-1490-23-17　《大般涅槃經》卷二四

北涼曇無讖譯, CBETA, T12, no.374, p.506, b25–29。高昌郡時期。

參: 王宇、王梅 2006b, 50、54。

LM20-1490-24-01　《放光般若經》卷一八

西晉無羅叉譯, CBETA, T08, no.221, p.129, a27–b6。唐時期。

LM20-1490-24-02　《佛說佛名經》卷一一

元魏菩提流支譯, CBETA, T14, no.440, p.175, a7–9。唐時期。

LM20-1490-24-03　《妙法蓮華經》卷七

姚秦鳩摩羅什譯, CBETA, T09, no.262, p.58, b16–20。唐時期。

LM20-1490-24-04　《大般涅槃經》卷一二

北涼曇無讖譯, CBETA, T12, no.374, p.438, b27–c6。高昌國時期。

LM20-1490-24-05　《大般涅槃經》卷三六

北涼曇無讖譯, CBETA, T12, no.374, p.576, c28–p.577, a2。高昌國時期。

LM20-1490-25-06　《梁朝傅大士頌金剛經》

作者不詳, CBETA, T85, no.2732, p.3, a24–b4。西州回鶻時期。

LM20-1490-25-07　《金剛般若波羅蜜經》

姚秦鳩摩羅什譯, CBETA, T08, no.235, p.750, c15–22。唐時期。

LM20-1490-25-08　《添品妙法蓮華經》卷三

隋闍那崛多、達摩笈多譯, CBETA, T09, no.264, p.154, b27–c21。唐時期。

LM20-1490-25-09　《大般涅槃經》卷三九

北涼曇無讖譯, CBETA, T12, no.374, p.591, c9–13。唐時期。

LM20-1490-25-10　《妙法蓮華經》卷二

姚秦鳩摩羅什譯, CBETA, T09, no.262, p.15, a17–22。唐時期。

LM20-1490-25-11　《阿毗達磨順正理論》卷五四

唐玄奘譯, CBETA, T29, no.1562, p.647, a17–2。唐時期。

LM20-1490-25-12　佛典殘片

唐時期。

LM20-1490-25-13 《妙法蓮華經》卷七

姚秦鳩摩羅什譯, CBETA, T09, no.262, p.59, b12-16。唐時期。

LM20-1490-25-14 《大般涅槃經》卷五

北涼曇無讖譯, CBETA, T12, no.374, p.396, b20-27。高昌國時期。

經冊四十二

LM20-1491-01-01　《妙法蓮華經》卷一

姚秦鳩摩羅什譯，CBETA, T09, no.262, p.2, b11–15。唐時期。

LM20-1491-01-02　《大般涅槃經》卷三二

北涼曇無讖譯，CBETA, T12, no.374, p.554, c21–26。高昌國時期。

LM20-1491-01-03　《大般若波羅蜜多經》卷五六六

唐玄奘譯，CBETA, T07, no.220, p.921, b10–17。唐時期。

LM20-1491-01-04　《大般涅槃經》卷七

北涼曇無讖譯，CBETA, T12, no.374, p.406, b7–12。高昌國時期。

LM20-1491-02-01　《大般涅槃經》卷一四

北涼曇無讖譯，CBETA, T12, no.374, p.446, b15–20。唐時期。

LM20-1491-02-02　《大般涅槃經》卷二一

北涼曇無讖譯，CBETA, T12, no.374, p.492, c27–p.493, a2。唐時期。

LM20-1491-02-03　《大智度論》卷二九

姚秦鳩摩羅什譯，CBETA, T25, no.1509, p.274, c6–9。唐時期。

LM20-1491-02-04　《無上內祕真藏經》卷一

作者不詳，約出於隋唐之際，參《正統道藏》第1冊，453a15–20。唐時期。

參：趙洋 2017a, 191；趙洋 2017b, 209–210。

LM20-1491-02-05　《大般若波羅蜜多經》卷五六六

唐玄奘譯，CBETA, T07, no.220, p.921, b6–11。唐時期。

LM20-1491-03-01　《大方廣佛華嚴經》卷二五

東晉佛陀跋陀羅譯，CBETA, T09, no.278, p.555, c14–17。唐時期。

LM20-1491-03-02　《妙法蓮華經》卷五

姚秦鳩摩羅什譯，CBETA, T09, no.262, p.40, b17–21。唐時期。

LM20-1491-03-03　《大般涅槃經》卷二九

北涼曇無讖譯，CBETA, T12, no.374, p.540, c7–12。高昌國時期。

LM20-1491-03-04　《佛本行集經》卷五

隋闍那崛多譯，CBETA, T03, no.190, p.673, a29–b3。唐時期。

參：段真子 2019, 162。

LM20-1491-04-01 《佛本行集經》卷四三

隋闍那崛多譯，CBETA, T03, no.190, p.854, b23–25。唐時期。

參：段真子 2019, 169。

LM20-1491-04-02 《妙法蓮華經》注

參姚秦鳩摩羅什譯《妙法蓮華經》卷二，CBETA, T09, no.262, p.11, a22–27。有雙行小字注。唐時期。

參：《旅博選粹》，101。

LM20-1491-04-03 《中阿含經》卷一一

東晉僧伽提婆譯，CBETA, T01, no.26, p.493, b4–8。唐時期。

LM20-1491-04-04 《大智度論》卷七二

姚秦鳩摩羅什譯，CBETA, T25, no.1509, p.569, c7–12。高昌國時期。

LM20-1491-05-01 《妙法蓮華經》卷三

姚秦鳩摩羅什譯，CBETA, T09, no.262, p.21, b6–15。唐時期。

LM20-1491-05-02 《大智度論》卷三一

姚秦鳩摩羅什譯，CBETA, T25, no.1509, p.290, c12–15。高昌郡時期。

LM20-1491-05-03 《金光明最勝王經》卷四

唐義淨譯，CBETA, T16, no.665, p.421, a4–10。唐時期。

LM20-1491-05-04 《放光般若經》卷一〇

西晉無羅叉譯，CBETA, T08, no.221, p.71, b23–27。唐時期。

LM20-1491-06-01 《妙法蓮華經》卷四

姚秦鳩摩羅什譯，CBETA, T09, no.262, p.32, b27–29。唐時期。

LM20-1491-06-02 《大方便佛報恩經》卷六

譯者不詳，CBETA, T03, no.156, p.155, b22–26。唐時期。

LM20-1491-06-03 《妙法蓮華經》卷一

姚秦鳩摩羅什譯，CBETA, T09, no.262, p.4, c27–p.5, a5。唐時期。

LM20-1491-06-04 《大般若波羅蜜多經》

唐玄奘譯，此段文字多處可見。唐時期。

LM20-1491-06-05 《佛說灌頂拔除過罪生死得度經》

參東晉帛尸梨蜜多羅譯《佛說灌頂經》卷一二，CBETA, T21, no.1331, p.535, b8–10。高昌國時期。

LM20-1491-06-06 《妙法蓮華經》卷六

姚秦鳩摩羅什譯，CBETA, T09, no.262, p.48, c21–28。唐時期。

LM20-1491-07-01 《妙法蓮華經》卷七

姚秦鳩摩羅什譯，CBETA, T09, no.262, p.61, b19–25。唐時期。

LM20-1491-07-02　《道行般若經》卷八

　　後漢支婁迦讖譯，CBETA，T08，no.224，p.465，a10-13。唐時期。

　　參：孫傳波 2006，180。

LM20-1491-07-03　《妙法蓮華經》卷三

　　姚秦鳩摩羅什譯，CBETA，T09，no.262，p.27，a1-6。唐時期。

LM20-1491-07-04　《悲華經》卷一

　　北涼曇無讖譯，CBETA，T03，no.157，p.173，b17-22，"陀"作"婆"。高昌國時期。

　　參：陰會蓮 2006，108-109、113-115，圖四。

LM20-1491-07-05　《道行般若經》卷二

　　後漢支婁迦讖譯，CBETA，T08，no.224，p.436，a26-b1，"恒陀"作"怛薩"。高昌國時期。

　　參：孫傳波 2006，171。

LM20-1491-08-01　《金光明最勝王經》卷一〇

　　唐義净譯，CBETA，T16，no.665，p.452，a5-11。唐時期。

LM20-1491-08-02　《大般涅槃經》卷二六

　　北涼曇無讖譯，CBETA，T12，no.374，p.519，c3-7。唐時期。

LM20-1491-08-03　《撰集百緣經》卷一

　　吳支謙譯，CBETA，T04，no.200，p.205，b28-c1。高昌國時期。

LM20-1491-08-04　《金光明最勝王經》卷四

　　唐義净譯，CBETA，T16，no.665，p.418，a27-b4。唐時期。

LM20-1491-09-01　《大般涅槃經》卷一四

　　北涼曇無讖譯，CBETA，T12，no.374，p.447，a15-19。高昌國時期。

LM20-1491-09-02　《金剛般若波羅蜜經》

　　元魏菩提流支譯，CBETA，T08，no.236a，p.753，b24-27。高昌國時期。

LM20-1491-09-03　《大方廣佛華嚴經》卷一九（五十卷本）

　　東晉佛陀跋陀羅譯，《中華大藏經》第 12 册，235a8-11；參 CBETA，T09，no.278，p.542，
　　b18-21。高昌國時期。

LM20-1491-09-04　《妙法蓮華經》卷五

　　姚秦鳩摩羅什譯，CBETA，T09，no.262，p.45，a11-20。唐時期。

LM20-1491-09-05　《大智度論》卷三四

　　姚秦鳩摩羅什譯，CBETA，T25，no.1509，p.309，c27-p.310，a4。高昌郡時期。

　　參：《旅博選粹》，21。

LM20-1491-10-01　《金剛般若波羅蜜經》

　　姚秦鳩摩羅什譯，CBETA，T08，no.235，p.750，b19-27。唐時期。

LM20-1491-10-02　《大般涅槃經》卷三五

北涼曇無讖譯，CBETA, T12, no.374, p.573, a24-28。高昌國時期。

LM20-1491-10-03　《佛說灌頂經》卷一二

東晉帛尸梨蜜多羅譯，CBETA, T21, no.1331, p.533, a29-b5。唐時期。

LM20-1491-11-01　《大般若波羅蜜多經》卷五九

唐玄奘譯，CBETA, T05, no.220, p.334, a12-17。唐時期。

LM20-1491-11-02　《大般若波羅蜜多經》卷四一

唐玄奘譯，CBETA, T05, no.220, p.231, b4-8。唐時期。

LM20-1491-11-03　《佛頂尊勝陀羅尼經》

唐佛陀波利譯，CBETA, T19, no.967, p.351, b21-25。唐時期。

LM20-1491-11-04　《大般若波羅蜜多經》卷一一

唐玄奘譯，CBETA, T05, no.220, p.59, b12-24。唐時期。

LM20-1491-12-01　《大寶積經》卷三六

唐玄奘譯，CBETA, T11, no.310, p.206, c25-29。唐時期。

LM20-1491-12-02　《大般若波羅蜜多經》卷三七九

唐玄奘譯，CBETA, T06, no.220, p.957, a9-12。唐時期。

LM20-1491-12-03　《佛說灌頂經》卷一二

東晉帛尸梨蜜多羅譯，CBETA, T21, no.1331, p.532, b19-23，"脫"作"諸"。唐時期。

LM20-1491-12-04　《合部金光明經》卷三

梁真諦譯，隋寶貴合，CBETA, T16, no.664, p.374, a21-26。唐時期。

LM20-1491-13-01　《金剛般若波羅蜜經》

元魏菩提流支譯，CBETA, T08, no.236a, p.753, b23-c2。唐時期。

LM20-1491-13-02　《妙法蓮華經》卷一

姚秦鳩摩羅什譯，CBETA, T09, no.262, p.5, b29-c8。唐時期。

LM20-1491-13-03　《妙法蓮華經》卷一

姚秦鳩摩羅什譯，CBETA, T09, no.262, p.7, b21-c1。高昌國時期。

LM20-1491-14-01　仁王經疏

參姚秦鳩摩羅什譯《佛說仁王般若波羅蜜經》卷上，CBETA, T08, no.245, p.827, b22-24。唐時期。

參：《旅博選粹》, 172。

LM20-1491-14-02　《妙法蓮華經》卷六

姚秦鳩摩羅什譯，CBETA, T09, no.262, p.51, c29-p.52, a5。高昌國時期。

LM20-1491-14-03　《大般涅槃經》卷一一

北涼曇無讖譯，CBETA, T12, no.374, p.431, a18-27，第3、7行"汝"作"如"，第5行"蜜"作"密"。高昌國時期。

LM20-1491-14-04　《金剛般若波羅蜜經》

元魏菩提流支譯，CBETA，T08，no.236a，p.754，c11–15。唐時期。

LM20-1491-15-01　《道行般若經》注

參後漢支婁迦讖譯《道行般若經》卷二，CBETA，T08，no.224，p.433，b19–22。有雙行小字注。高昌郡時期。

參：《旅博選粹》，10；孫傳波 2006，170。

LM20-1491-15-02　《妙法蓮華經》卷二

姚秦鳩摩羅什譯，CBETA，T09，no.262，p.13，a18–21，"免生"作"生"。唐時期。

LM20-1491-15-03　《大般涅槃經》卷三八

北涼曇無讖譯，CBETA，T12，no.374，p.590，b7–11，第 4 行"故"作"没"。高昌國時期。

LM20-1491-15-04　《大般涅槃經》卷七

北涼曇無讖譯，CBETA，T12，no.374，p.404，a28–b2。高昌國時期。

LM20-1491-15-05　《金剛般若波羅蜜經》

姚秦鳩摩羅什譯，CBETA，T08，no.235，p.749，c28–p.750，a3。唐時期。

LM20-1491-16-01　佛典殘片

西州回鶻時期。

參：《旅博選粹》，172。

LM20-1491-16-02　《大般若波羅蜜多經》卷三五二

唐玄奘譯，CBETA，T06，no.220，p.810，b27–c3。西州回鶻時期。

LM20-1491-16-03　《大方廣十輪經》卷八

譯者不詳，CBETA，T13，no.410，p.719，b23–27。高昌國時期。

LM20-1491-16-04　《四分律比丘戒本》

姚秦佛陀耶舍譯，CBETA，T22，no.1429，p.1016，a21–26。唐時期。

LM20-1491-17-01　《大般涅槃經》卷一九

北涼曇無讖譯，CBETA，T12，no.374，p.479，c7–9。高昌國時期。

LM20-1491-17-02　《妙法蓮華經》卷四

姚秦鳩摩羅什譯，CBETA，T09，no.262，p.29，a23–29。唐時期。

LM20-1491-17-03　《妙法蓮華經》卷三

姚秦鳩摩羅什譯，CBETA，T09，no.262，p.19，a23–28。唐時期。

LM20-1491-17-04　《妙法蓮華經》卷三

姚秦鳩摩羅什譯，CBETA，T09，no.262，p.23，a7–10。高昌國時期。

LM20-1491-17-05　《佛說觀佛三昧海經》卷三

東晉佛陀跋陀羅譯，CBETA，T15，no.643，p.661，c7–14。高昌國時期。

LM20-1491-18-01　《妙法蓮華經》卷五

姚秦鳩摩羅什譯，CBETA, T09, no.262, p.39, c25-p.40, a1。唐時期。

LM20-1491-18-02 《道行般若經》卷七

後漢支婁迦讖譯，CBETA, T08, no.224, p.459, a26-b1。唐時期。

LM20-1491-18-03 《勝天王般若波羅蜜經》卷五

陳月婆首那譯，CBETA, T08, no.231, p.716, b12-15。高昌國時期。

LM20-1491-18-04 《維摩詰所説經》卷上

姚秦鳩摩羅什譯，CBETA, T14, no.475, p.537, c1-7。唐時期。

LM20-1491-18-05 《佛説觀佛三昧海經》卷一

東晉佛陀跋陀羅譯，CBETA, T15, no.643, p.649, a29-b7。高昌國時期。

LM20-1491-19-01 《金光明經》卷二

北涼曇無讖譯，CBETA, T16, no.663, p.342, a29-b5。唐時期。

LM20-1491-19-02 僧羯磨

與 LM20-1460-31-20 爲同一寫本，據此定名。參姚秦佛陀耶舍、竺佛念等譯《四分律》卷四三，CBETA, T22, no.1428, p.878, c14-16、a6-9、a26-29。有雙行小字注。西州回鶻時期。

參：《旅博選粹》，172。

LM20-1491-19-03 《妙法蓮華經》卷五

姚秦鳩摩羅什譯，CBETA, T09, no.262, p.44, c15-22。唐時期。

LM20-1491-19-04 《妙法蓮華經》卷七

姚秦鳩摩羅什譯，CBETA, T09, no.262, p.55, c12-15。高昌國時期。

LM20-1491-20-01 《過去現在因果經》卷三

劉宋求那跋陀羅譯，CBETA, T03, no.189, p.644, a25-b3。唐時期。

LM20-1491-20-02 《修行道地經》卷二

西晉竺法護譯，CBETA, T15, no.606, p.192, a12-14。唐時期。

LM20-1491-20-03 《妙法蓮華經》卷三

姚秦鳩摩羅什譯，CBETA, T09, no.262, p.22, c25-p.23, a5。唐時期。

LM20-1491-20-04 《佛本行集經》卷二四

隋闍那崛多譯，CBETA, T03, no.190, p.764, a25-29。唐時期。

參：段真子 2019, 167。

LM20-1491-20-05 《妙法蓮華經》卷五

姚秦鳩摩羅什譯，CBETA, T09, no.262, p.38, b2-6。唐時期。

LM20-1491-21-01 《大般涅槃經》卷三五

北涼曇無讖譯，CBETA, T12, no.374, p.573, a21-24。高昌國時期。

LM20-1491-21-02 《四分比丘尼戒本》

姚秦佛陀耶舍譯, CBETA, T22, no.1431, p.1037, b19–22。唐時期。

LM20-1491-21-03 《妙法蓮華經》卷一

姚秦鳩摩羅什譯, CBETA, T09, no.262, p.6, b11–17。唐時期。

LM20-1491-21-04 《光讚經》卷一

西晉竺法護譯, CBETA, T08, no.222, p.148, a13–16。高昌國時期。

LM20-1491-21-05 《大般若波羅蜜多經》卷四二六

唐玄奘譯, CBETA, T07, no.220, p.140, a20–25。唐時期。

LM20-1491-22-01 《根本説一切有部苾芻尼毗奈耶》卷一四

唐義净譯, CBETA, T23, no.1443, p.981, b7–13。唐時期。

LM20-1491-22-02 《大般涅槃經》卷四

北涼曇無讖譯, CBETA, T12, no.374, p.387, c24–26。高昌國時期。

LM20-1491-22-03 《妙法蓮華經》卷四

姚秦鳩摩羅什譯, CBETA, T09, no.262, p.36, b3–6。唐時期。

LM20-1491-22-04 《妙法蓮華經》卷一

姚秦鳩摩羅什譯, CBETA, T09, no.262, p.6, c24–p.7, a2。唐時期。

LM20-1491-23-01 《金光明經》卷四

北涼曇無讖譯, CBETA, T16, no.663, p.352, b18–20。高昌國時期。

LM20-1491-23-02 《妙法蓮華經》卷七

姚秦鳩摩羅什譯, CBETA, T09, no.262, p.56, a5–8。唐時期。

LM20-1491-23-03 《大般涅槃經》卷二六

北涼曇無讖譯, CBETA, T12, no.374, p.521, b7–10, "見"作"所見"。高昌國時期。

LM20-1491-23-04 《大般涅槃經》卷一五

北涼曇無讖譯, CBETA, T12, no.374, p.451, c6–9。唐時期。

LM20-1491-23-05 《大般涅槃經》卷三八

北涼曇無讖譯, CBETA, T12, no.374, p.588, b17–21, "莊"作"壯"。高昌國時期。

LM20-1491-23-06 《妙法蓮華經》卷六

姚秦鳩摩羅什譯, CBETA, T09, no.262, p.51, b20–25。唐時期。

LM20-1491-24-01 《大方廣十輪經》卷二

譯者不詳, CBETA, T13, no.410, p.689, a16–21。高昌國時期。

LM20-1491-24-02 《大般涅槃經》卷七

北涼曇無讖譯, CBETA, T12, no.374, p.405, a7–11。高昌郡時期。

參:《旅博選粹》, 49。

LM20-1491-24-03 《請觀世音菩薩消伏毒害陀羅尼咒經》

東晉竺難提譯, CBETA, T20, no.1043, p.36, c18–26。高昌國時期。

LM20-1491-24-04 《大般涅槃經》卷二九

北涼曇無讖譯，CBETA，T12，no.374，p.536，b28–c4。唐時期。

LM20-1491-25-01 《維摩詰所説經》卷中

姚秦鳩摩羅什譯，CBETA，T14，no.475，p.548，a28–b3。高昌國時期。

LM20-1491-25-02 《佛説法王經》

作者不詳，CBETA，T85，no.2883，p.1388，b11–14。唐時期。

參：《旅博選粹》，155。

LM20-1491-25-03 佛典論疏

唐時期。

LM20-1491-25-04 《妙法蓮華經》卷一

姚秦鳩摩羅什譯，CBETA，T09，no.262，p.7，b27–c3。高昌國時期。

LM20-1491-26-01 《佛説孛經抄》

吳支謙譯，CBETA，T17，no.790，p.735，c9–p.736，a1，"護之"作"護令"。高昌國時期。

LM20-1491-26-02 《道行般若經》卷二

後漢支婁迦讖譯，CBETA，T08，no.224，p.431，c9–14，"佛所言"作"佛言"。高昌國時期。

參：孫傳波2006，171。

LM20-1491-26-03 《妙法蓮華經》卷二

姚秦鳩摩羅什譯，CBETA，T09，no.262，p.18，a7–14。唐時期。

LM20-1491-26-04 《妙法蓮華經》卷一

姚秦鳩摩羅什譯，CBETA，T09，no.262，p.7，b26–c1。唐時期。

LM20-1491-26-05 《大般涅槃經》卷二八

北涼曇無讖譯，CBETA，T12，no.374，p.533，c18–22。唐時期。

LM20-1491-27-01 《妙法蓮華經》卷一

姚秦鳩摩羅什譯，CBETA，T09，no.262，p.6，c3–10。唐時期。

LM20-1491-27-02 《妙法蓮華經》卷一

姚秦鳩摩羅什譯，CBETA，T09，no.262，p.2，a4–7。唐時期。

LM20-1491-27-03 《大般若波羅蜜多經》卷四八四

唐玄奘譯，CBETA，T07，no.220，p.459，b7–10。唐時期。

LM20-1491-27-04 《放光般若經》卷一八

西晉無羅叉譯，CBETA，T08，no.221，p.129，a6–11。高昌國時期。

LM20-1491-27-05 《妙法蓮華經》卷一

姚秦鳩摩羅什譯，CBETA，T09，no.262，p.9，a5–16。唐時期。

LM20-1491-28-01 《大般涅槃經》卷一四

北涼曇無讖譯，CBETA，T12，no.374，p.447，c20–24。唐時期。

LM20-1491-28-02　《金剛般若波羅蜜經》

　　姚秦鳩摩羅什譯，CBETA, T08, no.235, p.752, b28-30。唐時期。

LM20-1491-28-03　《小品般若波羅蜜經》卷九

　　姚秦鳩摩羅什譯，CBETA, T08, no.227, p.576, a29-b4。高昌國時期。

LM20-1491-28-04　《大智度論》卷九一

　　姚秦鳩摩羅什譯，CBETA, T25, no.1509, p.704, b20-25，"皆"作"懈"。高昌國時期。

LM20-1491-29-01　《妙法蓮華經》卷五

　　姚秦鳩摩羅什譯，CBETA, T09, no.262, p.37, b2-6。唐時期。

LM20-1491-29-02　《佛説觀藥王藥上二菩薩經》

　　劉宋畺良耶舍譯，CBETA, T20, no.1161, p.662, b24-29。唐時期。

LM20-1491-29-03　《道行般若經》卷五

　　後漢支婁迦讖譯，CBETA, T08, no.224, p.451, c27-p.452, a2。唐時期。

　　參：孫傳波 2006, 176。

LM20-1491-29-04　《佛本行集經》卷五

　　隋闍那崛多譯，CBETA, T03, no.190, p.674, b9-14。唐時期。

　　參：段真子 2019, 147、163。

LM20-1491-29-05　《妙法蓮華經》卷六

　　姚秦鳩摩羅什譯，CBETA, T09, no.262, p.47, b17-c1。唐時期。

LM20-1491-30-01　《妙法蓮華經》卷一

　　姚秦鳩摩羅什譯，CBETA, T09, no.262, p.2, b28-c2。唐時期。

LM20-1491-30-02　《大般涅槃經》卷七

　　北涼曇無讖譯，CBETA, T12, no.374, p.406, a17-21。高昌國時期。

LM20-1491-30-03　《大般涅槃經》卷三一

　　北涼曇無讖譯，CBETA, T12, no.374, p.549, b20-23。高昌國時期。

LM20-1491-30-04　《放光般若經》卷九

　　西晉無羅叉譯，CBETA, T08, no.221, p.65, c18-23。高昌國時期。

LM20-1491-31-01　《大般涅槃經》卷四〇

　　北涼曇無讖譯，CBETA, T12, no.374, p.600, a5-10。唐時期。

LM20-1491-31-02　《妙法蓮華經》卷四

　　姚秦鳩摩羅什譯，CBETA, T09, no.262, p.29, a7-10。唐時期。

LM20-1491-31-03　佛典殘片

　　高昌國時期。

LM20-1491-31-04　《阿毗曇心論經》卷五

　　高齊那連提耶舍譯，CBETA, T28, no.1551, p.863, b15-19。唐時期。

LM20-1491-31-05 《妙法蓮華經》卷七

姚秦鳩摩羅什譯，CBETA, T09, no.262, p.59, a12–19，"諸"作"詣"。高昌國時期。

LM20-1491-32-01 《佛説灌頂經》卷一一

東晉帛尸梨蜜多羅譯，CBETA, T21, no.1331, p.529, b11–12。唐時期。

LM20-1491-32-02 《佛説灌頂經》卷一二

東晉帛尸梨蜜多羅譯，CBETA, T21, no.1331, p.532, c10–14。西州回鶻時期。

LM20-1491-32-03 《撰集百緣經》卷五

吴支謙譯，CBETA, T04, no.200, p.227, b6–10。唐時期。

LM20-1491-32-04 《放光般若經》卷一三

西晉無羅叉譯，CBETA, T08, no.221, p.91, b8–14，"觀薄"作"觀地薄"。高昌國時期。

LM20-1491-32-05 《佛説彌勒下生成佛經》

姚秦鳩摩羅什譯，CBETA, T14, no.454, p.425, c8–12。高昌國時期。

LM20-1491-33-01 《大智度論》卷七七

姚秦鳩摩羅什譯，CBETA, T25, no.1509, p.606, c21–23。高昌國時期。

LM20-1491-33-02 《大般若波羅蜜多經》卷三七五

唐玄奘譯，CBETA, T06, no.220, p.933, c2–6。唐時期。

LM20-1491-33-03 《維摩詰所説經》卷上

姚秦鳩摩羅什譯，CBETA, T14, no.475, p.537, b19–22。唐時期。

LM20-1491-33-04 《大般涅槃經後分》卷下

唐若那跋陀羅譯，CBETA, T12, no.377, p.908, c6–10。唐時期。

LM20-1491-33-05 《大般涅槃經》卷五

北涼曇無讖譯，CBETA, T12, no.374, p.391, b29–c6。高昌郡時期。

參：《旅博選粹》，15；王宇、王梅 2006b, 53。

LM20-1491-34-01 《佛説佛名經》卷一六

譯者不詳，CBETA, T14, no.441, p.247, b13–18，"金光"作"金剛"。西州回鶻時期。

LM20-1491-34-02 《大方等大集經》卷一三

北涼曇無讖譯，CBETA, T13, no.397, p.91, a17–20。高昌國時期。

LM20-1491-34-03 《善見律毗婆沙》卷一〇

蕭齊僧伽跋陀羅譯，CBETA, T24, no.1462, p.745, b4–7。唐時期。

LM20-1491-34-04 《佛説首楞嚴三昧經》卷下

姚秦鳩摩羅什譯，CBETA, T15, no.642, p.637, b5–6，"辭"作"亂"。高昌國時期。

LM20-1491-34-05 《大方廣佛華嚴經》卷二六

東晉佛陀跋陀羅譯，CBETA, T09, no.278, p.564, b21–24。唐時期。

LM20-1491-34-06 《大般涅槃經》卷九

北涼曇無讖譯，CBETA, T12, no.374, p.416, b26-c5。高昌郡時期。

參：《旅博選粹》，15。

LM20-1491-35-01 《妙法蓮華經》卷三

姚秦鳩摩羅什譯，CBETA, T09, no.262, p.23, c25-p.24, a4。唐時期。

LM20-1491-35-02 《大般涅槃經》卷三五

北涼曇無讖譯，CBETA, T12, no.374, p.573, a15-19。高昌國時期。

LM20-1491-35-03 《佛説佛名經》卷二

元魏菩提流支譯，CBETA, T14, no.440, p.122, b6-10。唐時期。

LM20-1491-35-04 《添品妙法蓮華經》卷三

隋達摩笈多譯，CBETA, T09, no.264, p.154, a6-9。唐時期。

LM20-1491-36-01 《千眼千臂觀世音菩薩陀羅尼神咒經》卷下

唐智通譯，CBETA, T20, no.1057a, p.88, a8-13，"臂觀世音菩薩"作"菩薩"。唐時期。

LM20-1491-36-02 《佛説觀藥王藥上二菩薩經》

劉宋畺良耶舍譯，CBETA, T20, no.1161, p.660, c10-14。唐時期。

LM20-1491-36-03 《阿毗曇八犍度論》卷三

苻秦僧伽提婆、竺佛念譯，CBETA, T26, no.1543, p.780, b16-18。唐時期。

LM20-1491-36-04 《大般涅槃經》卷一七

北涼曇無讖譯，CBETA, T12, no.374, p.465, b7-12。高昌國時期。

LM20-1491-37-01 《大般涅槃經》卷三五

北涼曇無讖譯，CBETA, T12, no.374, p.573, a18-21。高昌國時期。

LM20-1491-37-02 《妙法蓮華經》卷六

姚秦鳩摩羅什譯，CBETA, T09, no.262, p.49, c22-25，"流離"作"琉璃"。高昌國時期。

LM20-1491-37-03 《大般涅槃經》卷三七

北涼曇無讖譯，CBETA, T12, no.374, p.584, a12-16。高昌國時期。

LM20-1491-37-04 《放光般若經》卷一八

西晉無羅叉譯，CBETA, T08, no.221, p.132, a26-29。高昌國時期。

LM20-1491-38-01 《妙法蓮華經》卷六

姚秦鳩摩羅什譯，CBETA, T09, no.262, p.48, b14-21。唐時期。

LM20-1491-38-02 《大般涅槃經》卷三一

北涼曇無讖譯，CBETA, T12, no.374, p.550, b18-22。高昌國時期。

LM20-1491-38-03 《小品般若波羅蜜經》卷四

姚秦鳩摩羅什譯，CBETA, T08, no.227, p.552, b12-15。高昌國時期。

LM20-1491-38-04 《佛説佛名經》卷二

元魏菩提流支譯，CBETA，T14，no.440，p.122，b10-14。唐時期。

LM20-1491-38-05　《四分律删補隨機羯磨》卷上

唐道宣集，CBETA，T40，no.1808，p.497，b4-9。有雙行小字注。唐時期。

經册四十三

LM20-1492-01-01 《合部金光明經》卷一

　　梁真諦譯, 隋寶貴合, CBETA, T16, no.664, p.363, a3-10。唐時期。

LM20-1492-01-02 《大智度論》卷七二

　　姚秦鳩摩羅什譯, CBETA, T25, no.1509, p.567, a27-b1。高昌國時期。

LM20-1492-01-03 《妙法蓮華經》卷六

　　姚秦鳩摩羅什譯, CBETA, T09, no.262, p.51, a28-b4。唐時期。

LM20-1492-02-01 《金剛般若波羅蜜經》

　　元魏菩提流支譯, CBETA, T08, no.236a, p.753, c25-28。唐時期。

LM20-1492-02-02 《示所犯者瑜伽法鏡經》

　　唐室利末多譯, CBETA, T85, no.2896, p.1418, c1-4。唐時期。

LM20-1492-02-03 《金剛般若波羅蜜經》

　　姚秦鳩摩羅什譯, CBETA, T08, no.235, p.749, c7-9。唐時期。

LM20-1492-02-04 《妙法蓮華經》卷六

　　姚秦鳩摩羅什譯, CBETA, T09, no.262, p.51, c11-15。唐時期。

LM20-1492-02-05 《金剛般若波羅蜜經》

　　元魏菩提流支譯, CBETA, T08, no.236a, p.754, c26-29。唐時期。

LM20-1492-02-06 《大智度論》卷四〇

　　姚秦鳩摩羅什譯, CBETA, T25, no.1509, p.354, c29-p.355, a2。高昌國時期。

LM20-1492-03-01 《妙法蓮華經》卷一

　　姚秦鳩摩羅什譯, CBETA, T09, no.262, p.2, b14-18。唐時期。

LM20-1492-03-02 《金剛般若波羅蜜經》

　　元魏菩提流支譯, CBETA, T08, no.236a, p.753, c28-p.754, a1。唐時期。

LM20-1492-03-03 《妙法蓮華經》卷七

　　姚秦鳩摩羅什譯, CBETA, T09, no.262, p.60, c8-12。唐時期。

LM20-1492-03-04 《佛説寶雨經》卷九

　　唐達摩流支譯, CBETA, T16, no.660, p.320, c16-18。唐時期。

LM20-1492-03-05 《大般涅槃經》卷二一

　　北涼曇無讖譯, CBETA, T12, no.374, p.489, c5-10。高昌國時期。

LM20-1492-04-01 《佛説七女觀經》

作者不詳, CBETA, T85, no.2913, p.1459, b28–c7。唐時期。

LM20-1492-04-02 《大般涅槃經》卷一六

北涼曇無讖譯, CBETA, T12, no.374, p.457, c21–23。高昌國時期。

LM20-1492-04-03 《最勝佛頂陀羅尼净除業障咒經》

唐地婆訶羅譯, CBETA, T19, no.970, p.359, b23–c5, "嚀"作"寫", "丶"作"頞"。唐時期。

LM20-1492-04-04 《大方廣佛華嚴經》卷四七(五十卷本)

東晉佛陀跋陀羅譯,《中華大藏經》第12册, 580b18–19; 参 CBETA, T09, no.278, p.760, a3–4。高昌國時期。

LM20-1492-04-05 《妙法蓮華經》卷二

姚秦鳩摩羅什譯, CBETA, T09, no.262, p.18, b19–22, "悕"作"希"。高昌國時期。

LM20-1492-05-01 《妙法蓮華經》卷一

姚秦鳩摩羅什譯, CBETA, T09, no.262, p.5, b7–17, "癈"作"廢"。高昌國時期。

LM20-1492-05-02 《金剛般若波羅蜜經》

元魏菩提流支譯, CBETA, T08, no.236a, p.753, a26–28。高昌國時期。

LM20-1492-05-03 《大般若波羅蜜多經》卷一六五

唐玄奘譯, CBETA, T05, no.220, p.888, a19–22。唐時期。

LM20-1492-05-04 《妙法蓮華經》卷七

姚秦鳩摩羅什譯, CBETA, T09, no.262, p.55, a12–19。第1行前有標示卷數的小字"七"。唐時期。

LM20-1492-05-05 《大般涅槃經》卷三七

北涼曇無讖譯, CBETA, T12, no.374, p.584, c13–16。高昌國時期。

LM20-1492-05-06 《大般涅槃經》卷四〇

北涼曇無讖譯, CBETA, T12, no.374, p.599, a13–17。唐時期。

LM20-1492-06-01 《妙法蓮華經》卷七

姚秦鳩摩羅什譯, CBETA, T09, no.262, p.59, b6–9。唐時期。

LM20-1492-06-02 《妙法蓮華經》卷七

姚秦鳩摩羅什譯, CBETA, T09, no.262, p.60, b2–6。唐時期。

LM20-1492-06-03 《合部金光明經》卷三

梁真諦譯, 隋寶貴合, CBETA, T16, no.664, p.374, a1–3。唐時期。

LM20-1492-06-04 《大般涅槃經》卷一六

北涼曇無讖譯, CBETA, T12, no.374, p.457, b23–25。高昌國時期。

LM20-1492-06-05 《大般涅槃經》卷二三

北涼曇無讖譯, CBETA, T12, no.374, p.499, a17–19。唐時期。

LM20-1492-07-01 《得無垢女經》

元魏般若流支譯，CBETA，T12，no.339，p.106，a24-b1。唐時期。

LM20-1492-07-02 《大般若波羅蜜多經》

唐玄奘譯，此段文字多處可見。唐時期。

LM20-1492-07-03 《佛垂般涅槃略説教誡經》

姚秦鳩摩羅什譯，CBETA，T12，no.389，p.1111，b4-7。唐時期。

LM20-1492-07-04 《佛頂尊勝陀羅尼經》

唐佛陀波利譯，CBETA，T19，no.967，p.350，b23-24。唐時期。

LM20-1492-07-05 《示所犯者瑜伽法鏡經》

唐室利末多譯，CBETA，T85，no.2896，p.1418，c2-4。唐時期。

LM20-1492-07-06 《妙法蓮華經》卷四

姚秦鳩摩羅什譯，CBETA，T09，no.262，p.34，a14-17。唐時期。

LM20-1492-08-01 《妙法蓮華經》卷二

姚秦鳩摩羅什譯，CBETA，T09，no.262，p.12，c26-29。唐時期。

LM20-1492-08-02 《妙法蓮華經》卷六

姚秦鳩摩羅什譯，CBETA，T09，no.262，p.48，b21-23，"未若"作"若末"。高昌國時期。

LM20-1492-08-03 《大般涅槃經》卷六

北涼曇無讖譯，CBETA，T12，no.374，p.398，c19-22。高昌國時期。

LM20-1492-08-04 《佛説灌頂經》卷一二

東晉帛尸梨蜜多羅譯，CBETA，T21，no.1331，p.533，c9-11。唐時期。

LM20-1492-08-05 《妙法蓮華經》卷七

姚秦鳩摩羅什譯，CBETA，T09，no.262，p.57，a24-27。唐時期。

LM20-1492-09-01 《中天竺舍衛國祇洹寺圖經》卷下

唐道宣撰，CBETA，T45，no.1899，p.893，a29-b3。唐時期。

LM20-1492-09-02 佛典殘片

唐時期。

LM20-1492-09-03 《道行般若經》卷五

後漢支婁迦讖譯，CBETA，T08，no.224，p.449，c26-28。高昌國時期。

LM20-1492-09-04 《大智度論》卷七七

姚秦鳩摩羅什譯，CBETA，T25，no.1509，p.607，b16-18。唐時期。

LM20-1492-09-05 《妙法蓮華經》卷七

姚秦鳩摩羅什譯，CBETA，T09，no.262，p.56，a14-17。唐時期。

LM20-1492-09-06 《妙法蓮華經》卷一

姚秦鳩摩羅什譯，CBETA，T09，no.262，p.2，b11-13。唐時期。

LM20-1492-10-01 《根本薩婆多部律攝》卷一三

唐義净譯，CBETA, T24, no.1458, p.603, c4。唐時期。

LM20-1492-10-02 佛典殘片

高昌國時期。

LM20-1492-10-03 《妙法蓮華經》卷六

姚秦鳩摩羅什譯，CBETA, T09, no.262, p.53, c18–19。唐時期。

LM20-1492-10-04 《摩訶般若波羅蜜經》卷五

姚秦鳩摩羅什譯，CBETA, T08, no.223, p.249, b22–25。高昌國時期。

LM20-1492-10-05 《大般涅槃經》卷五

北涼曇無讖譯，CBETA, T12, no.374, p.393, a2–3。高昌國時期。

LM20-1492-10-06 《大般涅槃經》卷四○

北涼曇無讖譯，CBETA, T12, no.374, p.600, b5–8。高昌國時期。

LM20-1492-11-01 《妙法蓮華經》卷四

姚秦鳩摩羅什譯，CBETA, T09, no.262, p.28, c2–4。唐時期。

LM20-1492-11-02 《文殊師利所説摩訶般若波羅蜜經》卷上

梁曼陀羅仙譯，CBETA, T08, no.232, p.728, c5–8。唐時期。

LM20-1492-11-03 《放光般若經》卷一三

西晉無羅叉譯，CBETA, T08, no.221, p.89, a9–11。高昌國時期。

LM20-1492-11-04 《大寶積經》卷一六

西晉竺法護譯，CBETA, T11, no.310, p.88, b18–21。唐時期。

LM20-1492-11-05 《大方等陀羅尼經》卷二

北涼法衆譯，CBETA, T21, no.1339, p.647, a20–22，"蒡"作"以"。西州回鶻時期。

LM20-1492-11-06 《妙法蓮華經》卷五

姚秦鳩摩羅什譯，CBETA, T09, no.262, p.41, a11–14。高昌國時期。

LM20-1492-12-01 佛名經

參元魏菩提流支譯《佛説佛名經》卷六，CBETA, T14, no.440, p.143, b9–10。唐時期。

LM20-1492-12-02 《大般涅槃經》卷四○

北涼曇無讖譯，CBETA, T12, no.374, p.600, a29–b3，"道"作"是"。高昌國時期。

LM20-1492-12-03 《大般若波羅蜜多經》卷一二

唐玄奘譯，CBETA, T05, no.220, p.64, b16–19。唐時期。

LM20-1492-12-04 《妙法蓮華經》卷二

姚秦鳩摩羅什譯，CBETA, T09, no.262, p.13, a4–11。細字寫本。唐時期。

LM20-1492-12-05 《金光明經》卷一

北涼曇無讖譯，CBETA, T16, no.663, p.335, c1–4。唐時期。

LM20-1492-12-06　《金光明經》卷二

　　北涼曇無讖譯，CBETA, T16, no.663, p.343, a9–11。唐時期。

LM20-1492-13-01　《合部金光明經》卷一

　　北涼曇無讖譯，隋寶貴合，CBETA, T16, no.664, p.361, c14–16。唐時期。

LM20-1492-13-02　《大般涅槃經》卷七

　　北涼曇無讖譯，CBETA, T12, no.374, p.408, b15–18，"没"作"殁"。高昌國時期。

LM20-1492-13-03　《金剛般若波羅蜜經》

　　姚秦鳩摩羅什譯，CBETA, T08, no.235, p.749, a22–26。唐時期。

LM20-1492-13-04　　佛典殘片

　　唐時期。

LM20-1492-13-05　《佛説灌頂經》卷一一

　　東晉帛尸梨蜜多羅譯，CBETA, T21, no.1331, p.530, c3–7。西州回鶻時期。

LM20-1492-14-01　《大智度論》卷三〇

　　姚秦鳩摩羅什譯，CBETA, T25, no.1509, p.281, c10–13。高昌國時期。

LM20-1492-14-02　《大般若波羅蜜多經》

　　唐玄奘譯，此段文字多處可見。唐時期。

LM20-1492-14-03　《摩訶般若波羅蜜經》卷一二

　　姚秦鳩摩羅什譯，CBETA, T08, no.223, p.312, a27–29。高昌郡時期。

LM20-1492-14-04　《大智度論》卷三三

　　姚秦鳩摩羅什譯，CBETA, T25, no.1509, p.304, a7–10。高昌國時期。

LM20-1492-14-05　《佛頂尊勝陀羅尼經》

　　唐佛陀波利譯，CBETA, T19, no.967, p.349, b28–c1。唐時期。

LM20-1492-14-06　《合部金光明經》卷四

　　北涼曇無讖譯，隋寶貴合，CBETA, T16, no.664, p.379, c17–22。唐時期。

LM20-1492-15-01　《阿毗達磨大毗婆沙論》卷九七

　　唐玄奘譯，CBETA, T27, no.1545, p.502, c16–18。唐時期。

LM20-1492-15-02　《七佛八菩薩所説大陀羅尼神咒經》卷一

　　譯者不詳，CBETA, T21, no.1332, p.538, c22–26，"菓"作"果"。高昌國時期。

LM20-1492-15-03　《大般涅槃經》卷一〇

　　北涼曇無讖譯，CBETA, T12, no.374, p.425, b9–12。高昌國時期。

LM20-1492-15-04　《金剛般若波羅蜜經》

　　姚秦鳩摩羅什譯，CBETA, T08, no.235, p.751, c16–19。唐時期。

LM20-1492-15-05　《佛頂尊勝陀羅尼經》

　　唐佛陀波利譯，CBETA, T19, no.967, p.349, c2–4。唐時期。

LM20-1492-15-06 《菩薩善戒經》卷七

　　劉宋求那跋摩譯，CBETA, T30, no.1582, p.998, c11–13。高昌國時期。

LM20-1492-15-07 《妙法蓮華經》卷四

　　姚秦鳩摩羅什譯，CBETA, T09, no.262, p.36, a19–20。唐時期。

LM20-1492-16-01 《十方千五百佛名經》

　　譯者不詳，CBETA, T14, no.442, p.313, a28–b3；參《十方千五百佛名經》全文，193 頁。
　　高昌國時期。

LM20-1492-16-02 《大般若波羅蜜多經》

　　唐玄奘譯，此段文字多處可見。唐時期。

LM20-1492-16-03 《大般涅槃經》卷二九

　　北涼曇無讖譯，CBETA, T12, no.374, p.537, b28–c2。高昌國時期。

LM20-1492-16-04 《放光般若經》卷二〇

　　西晉無羅叉譯，CBETA, T08, no.221, p.141, c16–17。高昌國時期。

LM20-1492-16-05 《注維摩詰經》卷一

　　姚秦僧肇撰，CBETA, T38, no.1775, p.332, a7–9。高昌郡時期。

LM20-1492-16-06 《四分律比丘戒本》

　　姚秦佛陀耶舍譯，CBETA, T22, no.1429, p.1015, c7–12。高昌國時期。

LM20-1492-17-01 《大般若波羅蜜多經》卷四九

　　唐玄奘譯，CBETA, T05, no.220, p.274, c21–24。唐時期。

LM20-1492-17-02 《妙法蓮華經》卷四

　　姚秦鳩摩羅什譯，CBETA, T09, no.262, p.27, b28–c1。唐時期。

LM20-1492-17-03 《妙法蓮華經》卷一

　　姚秦鳩摩羅什譯，CBETA, T09, no.262, p.3, c11–12。唐時期。

LM20-1492-17-04 《大般涅槃經》卷一〇

　　北涼曇無讖譯，CBETA, T12, no.374, p.423, a10–13。高昌國時期。

LM20-1492-17-05 《大般涅槃經》卷一三

　　北涼曇無讖譯，CBETA, T12, no.374, p.442, c5–10。第1、2行間夾寫小字。高昌郡時期。
　　參：《旅博選粹》，16；王宇、王梅 2006b，53–54。

LM20-1492-17-06 《羅云忍辱經》

　　西晉法炬譯，CBETA, T14, no.500, p.769, c21–22。高昌國時期。

LM20-1492-18-01 《妙法蓮華經》卷三

　　姚秦鳩摩羅什譯，CBETA, T09, no.262, p.23, a28–b2。高昌國時期。

LM20-1492-18-02 《攝大乘論釋》卷四

　　陳真諦譯，CBETA, T31, no.1595, p.176, b11–12。高昌國時期。

LM20-1492-18-03 《合部金光明經》卷六

北涼曇無讖譯, 隋寶貴合, CBETA, T16, no.664, p.386, c21–24。唐時期。

LM20-1492-18-04 《佛頂尊勝陀羅尼經》

唐佛陀波利譯, CBETA, T19, no.967, p.351, a21–23。唐時期。

LM20-1492-18-05 《佛本行集經》卷五

隋闍那崛多譯, CBETA, T03, no.190, p.675, b14–15。唐時期。

參: 段真子 2019, 152、165。

LM20-1492-18-06 《妙法蓮華經》卷四

姚秦鳩摩羅什譯, CBETA, T09, no.262, p.35, a10–13。唐時期。

LM20-1492-18-07 《妙法蓮華經》卷一

姚秦鳩摩羅什譯, CBETA, T09, no.262, p.6, b7–9。唐時期。

LM20-1492-18-08 《佛説觀藥王藥上二菩薩經》

劉宋畺良耶舍譯, CBETA, T20, no.1161, p.661, a26–b1。高昌國時期。

LM20-1492-18-09 《十方千五百佛名經》

譯者不詳。參《十方千五百佛名經》全文, 191 頁。西州回鶻時期。

LM20-1492-19-01 《大方廣佛華嚴經》卷七二

唐實叉難陀譯, CBETA, T10, no.279, p.393, c24–25。唐時期。

LM20-1492-19-02 《大智度論》卷一八

姚秦鳩摩羅什譯, CBETA, T25, no.1509, p.196, b27–29。高昌國時期。

LM20-1492-19-03 《般泥洹經》卷上

譯者不詳, CBETA, T01, no.6, p.180, b23–25。唐時期。

LM20-1492-19-04 《大般涅槃經》卷九

北涼曇無讖譯, CBETA, T12, no.374, p.418, c12–13。高昌國時期。

LM20-1492-19-05 《般泥洹經》卷上

譯者不詳, CBETA, T01, no.6, p.180, b20–23, "汝到"作"汝去到"。唐時期。

LM20-1492-19-06 《金光明經》卷二

北涼曇無讖譯, CBETA, T16, no.663, p.341, c23–24。唐時期。

LM20-1492-19-07 《妙法蓮華經》卷四

姚秦鳩摩羅什譯, CBETA, T09, no.262, p.33, b12–13。唐時期。

LM20-1492-19-08 《現在十方千五百佛名並雜佛同號》

作者不詳, CBETA, T85, no.2905, p.1447, c24–26。唐時期。

LM20-1492-20-01 《金光明經》卷二

北涼曇無讖譯, CBETA, T16, no.663, p.341, c20–22。唐時期。

LM20-1492-20-02 《金剛般若波羅蜜經》

元魏菩提流支譯，CBETA，T08，no.236a，p.755，a14-17。"輕賤是"作"輕賤何以故是"。
唐時期。

LM20-1492-20-03　佛典殘片

唐時期。

LM20-1492-20-04　《妙法蓮華經》卷一

姚秦鳩摩羅什譯，CBETA，T09，no.262，p.2，c15-19。唐時期。

LM20-1492-20-05　《大方廣佛華嚴經》卷四二（五十卷本）

東晉佛陀跋陀羅譯，《中華大藏經》第 12 册，512c3-5；參 CBETA，T09，no.278，p.717，
a6-8。高昌國時期。

LM20-1492-20-06　《妙法蓮華經》卷三

姚秦鳩摩羅什譯，CBETA，T09，no.262，p.23，b1-2。唐時期。

LM20-1492-20-07　《佛説灌頂經》卷一二

東晉帛尸梨蜜多羅譯，CBETA，T21，no.1331，p.534，c27-p.535，a1。唐時期。

LM20-1492-21-01　《大方廣佛華嚴經》卷六三

唐實叉難陀譯，CBETA，T10，no.279，p.338，a28-b2。唐時期。

LM20-1492-21-02　《大般涅槃經》卷一

北涼曇無讖譯，CBETA，T12，no.374，p.370，c15-17。高昌國時期。

LM20-1492-21-03　《大般涅槃經》卷二八

北涼曇無讖譯，CBETA，T12，no.374，p.529，a5-6。高昌郡時期。

LM20-1492-21-04　《摩訶般若波羅蜜經》卷二四

姚秦鳩摩羅什譯，CBETA，T08，no.223，p.399，c18-21。唐時期。

LM20-1492-21-05　《妙法蓮華經》卷一

姚秦鳩摩羅什譯，CBETA，T09，no.262，p.2，c6-7。唐時期。

LM20-1492-21-06　《阿毗曇八犍度論》卷一六

苻秦僧伽提婆、竺佛念譯，CBETA，T26，no.1543，p.846，c16-18。高昌郡時期。
參：《旅博選粹》，61。

LM20-1492-21-07　《妙法蓮華經》卷七

姚秦鳩摩羅什譯，CBETA，T09，no.262，p.60，c10-12。唐時期。

LM20-1492-22-01　《佛説觀藥王藥上二菩薩經》

劉宋畺良耶舍譯，CBETA，T20，no.1161，p.662，a13-16。唐時期。

LM20-1492-22-02　《大般涅槃經》卷六

北涼曇無讖譯，CBETA，T12，no.374，p.402，b7-9。唐時期。

LM20-1492-22-03　《道行般若經》卷一

後漢支婁迦讖譯，CBETA，T08，no.224，p.428，a21-22。高昌郡時期。

LM20-1492-22-04　《小品般若波羅蜜經》卷九

姚秦鳩摩羅什譯，CBETA，T08，no.227，p.577，b4–6。高昌國時期。

LM20-1492-22-05　《金光明經》卷四

北涼曇無讖譯，CBETA，T16，no.663，p.357，a25–27。唐時期。

LM20-1492-22-06　佛典殘片

唐時期。

LM20-1492-22-07　《佛説七千佛神符經》

作者不詳，CBETA，T85，no.2904，p.1446，a7–10。唐時期。

LM20-1492-23-01　《妙法蓮華經》卷四

姚秦鳩摩羅什譯，CBETA，T09，no.262，p.35，b21–23。高昌國時期。

LM20-1492-23-02　《增壹阿含經》卷三

東晉僧伽提婆譯，CBETA，T02，no.125，p.560，a21–24。高昌國時期。

LM20-1492-23-03　《攝大乘論釋》卷四

陳真諦譯，CBETA，T31，no.1595，p.176，b8–11。唐時期。

LM20-1492-23-04　《大智度論》卷六三

姚秦鳩摩羅什譯，CBETA，T25，no.1509，p.506，b9–12。高昌國時期。

LM20-1492-23-05　《佛説仁王般若波羅蜜經》卷上

姚秦鳩摩羅什譯，CBETA，T08，no.245，p.827，b7–10。高昌國時期。

LM20-1492-23-06　《佛説觀佛三昧海經》卷一

東晉佛陀跋陀羅譯，CBETA，T15，no.643，p.646，c26–p.647，a2。高昌國時期。

LM20-1492-24-01　《妙法蓮華經》卷六

姚秦鳩摩羅什譯，CBETA，T09，no.262，p.54，a10–11。唐時期。

LM20-1492-24-02　《佛頂尊勝陀羅尼經》

唐佛陀波利譯，CBETA，T19，no.967，p.349，b17–20。唐時期。

LM20-1492-24-03　《佛説灌頂經》卷一二

東晉帛尸梨蜜多羅譯，CBETA，T21，no.1331，p.535，b17–21。唐時期。

LM20-1492-24-04　佛典注疏

唐時期。

LM20-1492-24-05　《妙法蓮華經》卷六

姚秦鳩摩羅什譯，CBETA，T09，no.262，p.51，b2–6。高昌國時期。

LM20-1492-24-06　佛典殘片

高昌國時期。

LM20-1492-24-07　《十方千五百佛名經》

譯者不詳，CBETA，T14，no.442，p.313，c9–12，“流離”作“琉璃”。高昌國時期。

LM20-1492-25-01　《妙法蓮華經》卷六

　　姚秦鳩摩羅什譯，CBETA, T09, no.262, p.54, a6-9。高昌國時期。

LM20-1492-25-02　《大般涅槃經》卷四

　　北涼曇無讖譯，CBETA, T12, no.374, p.388, c21-25。高昌郡時期。

　　參：《旅博選粹》，48；王宇、王梅2006b，53。

LM20-1492-25-03　《大般涅槃經》卷二一

　　北涼曇無讖譯，CBETA, T12, no.374, p.493, a28-b1。高昌郡時期。

　　參：《旅博選粹》，16。

LM20-1492-25-04　《妙法蓮華經》卷一

　　姚秦鳩摩羅什譯，CBETA, T09, no.262, p.3, a29-3。唐時期。

LM20-1492-25-05　《十方千五百佛名經》

　　譯者不詳。參《十方千五百佛名經》全文，188頁。唐時期。

LM20-1492-25-06　《大般涅槃經》卷三〇

　　北涼曇無讖譯，CBETA, T12, no.374, p.543, c26-p.544, a1。高昌國時期。

LM20-1492-25-07　《妙法蓮華經》卷三

　　姚秦鳩摩羅什譯，此段文字多處可見。高昌國時期。

LM20-1492-26-01　《妙法蓮華經》卷七

　　姚秦鳩摩羅什譯，CBETA, T09, no.262, p.57, a10-14。唐時期。

LM20-1492-26-02　《妙法蓮華經》卷六

　　姚秦鳩摩羅什譯，CBETA, T09, no.262, p.52, c3-6。唐時期。

LM20-1492-26-03　《金剛秘密善門陀羅尼咒經》

　　譯者不詳，CBETA, T20, no.1138a, p.582, c14-15。高昌國時期。

LM20-1492-26-04　《摩訶般若鈔經》卷五

　　苻秦曇摩蜱、竺佛念譯，CBETA, T08, no.226, p.532, a4-5。高昌國時期。

LM20-1492-26-05　《大般涅槃經》卷七

　　北涼曇無讖譯，CBETA, T12, no.374, p.403, a19-22。高昌國時期。

LM20-1492-26-06　《大般涅槃經》卷一二

　　北涼曇無讖譯，CBETA, T12, no.374, p.437, b12-13。高昌國時期。

LM20-1492-26-07　《佛昇忉利天爲母説法經》卷中

　　西晉竺法護譯，CBETA, T17, no.815, p.795, a29-b2。高昌國時期。

LM20-1492-26-08　《大般涅槃經》卷七

　　北涼曇無讖譯，CBETA, T12, no.374, p.404, c24-26。高昌國時期。

LM20-1492-26-09　《金剛般若波羅蜜經》

　　元魏菩提流支譯，CBETA, T08, no.236a, p.755, b20-22。唐時期。

LM20-1492-27-01　《妙法蓮華經》卷四

姚秦鳩摩羅什譯，CBETA，T09，no.262，p.27，b27–29。唐時期。

LM20-1492-27-02　《金剛般若波羅蜜經》

姚秦鳩摩羅什譯，CBETA，T08，no.235，p.749，b10–14。唐時期。

LM20-1492-27-03　《放光般若經》卷三

西晉無羅叉譯，CBETA，T08，no.221，p.16，a6–7。高昌國時期。

LM20-1492-27-04　《妙法蓮華經》卷六

姚秦鳩摩羅什譯，CBETA，T09，no.262，p.51，c24–27。唐時期。

LM20-1492-27-05　《妙法蓮華經》卷一

姚秦鳩摩羅什譯，CBETA，T09，no.262，p.9，a19–23。唐時期。

LM20-1492-27-06　《大方等大集經》卷七

北涼曇無讖譯，CBETA，T13，no.397，p.43，c27–29。高昌國時期。

LM20-1492-27-07　《佛説灌頂經》卷一一

東晉帛尸梨蜜多羅譯，CBETA，T21，no.1331，p.530，c28–p.531，a1。唐時期。

LM20-1492-27-08　《善見律毗婆沙》卷一〇

蕭齊僧伽跋陀羅譯，CBETA，T24，no.1462，p.743，a9–13。唐時期。

LM20-1492-28-01　《大方等陀羅尼經》卷四

北涼法衆譯，CBETA，T21，no.1339，p.656，c22–25，“虛”作“聞”。高昌國時期。

LM20-1492-28-02　《十誦律》卷三七

姚秦弗若多羅譯，CBETA，T23，no.1435，p.266，b8–10。高昌國時期。

LM20-1492-28-03　《大般涅槃經》卷三六

北涼曇無讖譯，CBETA，T12，no.374，p.578，b24–25。高昌國時期。

LM20-1492-28-04　　僧羯磨

與 LM20-1460-31-20 爲同一寫本，據此定名。參姚秦佛陀耶舍、竺佛念等譯《四分律》
卷四一，CBETA，T22，no.1428，p.860，b11–12。有雙行小字注。唐時期。

LM20-1492-28-05　《佛説弘道廣顯三昧經》卷三

西晉竺法護譯，CBETA，T15，no.635，p.499，a14–15。唐時期。

LM20-1492-28-06　《妙法蓮華經》卷七

姚秦鳩摩羅什譯，CBETA，T09，no.262，p.56，a2–5。唐時期。

LM20-1492-28-07　《妙法蓮華經》卷六

姚秦鳩摩羅什譯，CBETA，T09，no.262，p.52，c11–14。唐時期。

LM20-1492-28-08　《放光般若經》卷二

西晉無羅叉譯，CBETA，T08，no.221，p.12，b18–19。高昌國時期。

LM20-1492-29-01　《大般涅槃經》卷三八

北涼曇無讖譯, CBETA, T12, no.374, p.590, a1–4。高昌國時期。

LM20-1492-29-02 《放光般若經》卷一七

西晉無羅叉譯, CBETA, T08, no.221, p.122, b20–21。高昌郡時期。

LM20-1492-29-03 《佛説轉女身經》

劉宋曇摩蜜多譯, CBETA, T14, no.564, p.920, a22–23。高昌國時期。

LM20-1492-29-04 《佛説仁王般若波羅蜜經》卷下

姚秦鳩摩羅什譯, CBETA, T08, no.245, p.833, a19–22。唐時期。

LM20-1492-29-05 《大般涅槃經》卷七

北涼曇無讖譯, CBETA, T12, no.374, p.405, b17–19。高昌國時期。

LM20-1492-29-06 《合部金光明經》卷三

梁真諦譯, 隋寶貴合, CBETA, T16, no.664, p.373, a3–5。唐時期。

LM20-1492-29-07 《菩薩地持經》卷二

北涼曇無讖譯, CBETA, T30, no.1581, p.894, a26–28。唐時期。

LM20-1492-29-08 佛典殘片

唐時期。

LM20-1492-30-01 《道行般若經》卷二

後漢支婁迦讖譯, CBETA, T08, no.224, p.436, a13–15。高昌郡時期。

參:《旅博選粹》, 10; 孫傳波 2006, 170。

LM20-1492-30-02 《摩訶般若波羅蜜經》卷二三

姚秦鳩摩羅什譯, CBETA, T08, no.223, p.392, b1–3。高昌國時期。

LM20-1492-30-03 《釋摩訶衍論》卷四

姚秦筏提摩多譯, CBETA, T32, no.1668, p.627, b16–18。唐時期。

LM20-1492-30-04 《摩訶僧祇律》卷五

東晉佛陀跋陀羅、法顯譯, CBETA, T22, no.1425, p.271, a4–9。高昌國時期。

LM20-1492-30-05 《佛説大乘造像功德經》卷下

唐提雲般若譯, CBETA, T16, no.694, p.796, b22–23。唐時期。

LM20-1492-30-06 《金光明經》卷二

北涼曇無讖譯, CBETA, T16, no.663, p.346, b5–7。唐時期。

LM20-1492-30-07 《摩訶般若波羅蜜經》卷二七

姚秦鳩摩羅什譯, CBETA, T08, no.223, p.418, b23–24。唐時期。

LM20-1492-30-08 《佛説仁王般若波羅蜜經》卷下

姚秦鳩摩羅什譯, CBETA, T08, no.245, p.833, b8–10。高昌國時期。

LM20-1492-31-01 《大般涅槃經》卷三三

北涼曇無讖譯, CBETA, T12, no.374, p.562, b28–c1。唐時期。

LM20-1492-31-02　《大方廣佛華嚴經》卷四七（五十卷本）

東晉佛陀跋陀羅譯,《中華大藏經》第 12 册, 577a20-b1; 參 CBETA, T09, no.278, p.757, a15-17。高昌國時期。

LM20-1492-31-03　《佛説救護身命經》

作者不詳, CBETA, T85, no.2866, p.1326, b21-24, "是女人"作"有女人", "一切所"作"一切諸願所"。高昌國時期。

參: 孟彦弘 2018, 53。

LM20-1492-31-04　《妙法蓮華經》卷一

姚秦鳩摩羅什譯, CBETA, T09, no.262, p.4, a9-10。唐時期。

LM20-1492-31-05　《護身命經》

作者不詳, CBETA, T85, no.2866, p.1326, b24-26。高昌國時期。

LM20-1492-31-06　《摩訶般若波羅蜜經》卷二三

姚秦鳩摩羅什譯, CBETA, T08, no.223, p.389, b8-12。高昌郡時期。

參:《旅博選粹》, 31。

LM20-1492-31-07　《大方等無想經》卷三

北涼曇無讖譯, CBETA, T12, no.387, p.1092, c25-27。高昌郡時期。

參:《旅博選粹》, 19。

LM20-1492-31-08　《大般涅槃經》注疏

參北涼曇無讖譯《大般涅槃經》卷二七, CBETA, T12, no.374。高昌國時期。

LM20-1492-31-09　《放光般若經》卷一三

西晉無羅叉譯, CBETA, T08, no.221, p.89, b4-7, "知是"作"知復是"。高昌國時期。

LM20-1492-32-01　《金剛秘密善門陀羅尼咒經》

譯者不詳, CBETA, T20, no.1138a, p.582, c20-26。高昌國時期。

LM20-1492-32-02　《金剛般若波羅蜜經》

姚秦鳩摩羅什譯, CBETA, T08, no.235, p.750, b25-27。唐時期。

LM20-1492-32-03　《大般涅槃經》卷三一

北涼曇無讖譯, CBETA, T12, no.374, p.553, a10-14。高昌國時期。

LM20-1492-32-04　《放光般若經》卷一三

西晉無羅叉譯, CBETA, T08, no.221, p.89, b12-14。高昌國時期。

LM20-1492-32-05　《大般涅槃經》卷一四

北涼曇無讖譯, CBETA, T12, no.374, p.446, a15-17。高昌國時期。

LM20-1492-32-06　《佛説灌頂經》卷一二

東晉帛尸梨蜜多羅譯, CBETA, T21, no.1331, p.532, c19-21, "能"作"得"。唐時期。

LM20-1492-32-07　《金剛般若波羅蜜經》

姚秦鳩摩羅什譯，CBETA，T08，no.235，p.748，c21-24。唐時期。

LM20-1492-33-01　《大般涅槃經》卷二五

北涼曇無讖譯，CBETA，T12，no.374，p.516，b14-17。唐時期。

LM20-1492-33-02　《佛説華手經》卷九

姚秦鳩摩羅什譯，CBETA，T16，no.657，p.192，a13-15。高昌國時期。

LM20-1492-33-03　《賢愚經》卷五

元魏慧覺等譯，CBETA，T04，no.202，p.387，a17-19。唐時期。

LM20-1492-33-04　《妙法蓮華經》卷五

姚秦鳩摩羅什譯，CBETA，T09，no.262，p.46，a1-4。高昌國時期。

LM20-1492-33-05　《妙法蓮華經》卷七

姚秦鳩摩羅什譯，CBETA，T09，no.262，p.57，a10-14。唐時期。

LM20-1492-33-06　《妙法蓮華經》卷一

姚秦鳩摩羅什譯，CBETA，T09，no.262，p.5，a13-17。唐時期。

LM20-1492-33-07　《大般涅槃經》卷二五

北涼曇無讖譯，CBETA，T12，no.374，p.516，b15-18。高昌國時期。

LM20-1492-34-01　《妙法蓮華經》卷三

姚秦鳩摩羅什譯，CBETA，T09，no.262，p.25，b24-28。唐時期。

LM20-1492-34-02　《太子須大拏經》

西秦聖堅譯，CBETA，T03，no.171，p.420，c14-16。高昌國時期。

LM20-1492-34-03　《金光明經》卷一

北涼曇無讖譯，CBETA，T16，no.663，p.339，b6-10。唐時期。

LM20-1492-34-04　《金光明經》卷三

北涼曇無讖譯，CBETA，T16，no.663，p.349，a17-22。唐時期。

LM20-1492-34-05　《大寶積經》卷一六

西晉竺法護譯，CBETA，T11，no.310，p.88，b23-26。唐時期。

LM20-1492-34-06　《佛説灌頂經》卷一一

東晉帛尸梨蜜多羅譯，CBETA，T21，no.1331，p.532，a15-16。唐時期。

LM20-1492-35-01　《大般涅槃經》卷三五

北涼曇無讖譯，CBETA，T12，no.374，p.572，c22-24。高昌國時期。

LM20-1492-35-02　《放光般若經》卷二

西晉無羅叉譯，CBETA，T08，no.221，p.9，a12-17。高昌國時期。

LM20-1492-35-03　《佛説觀藥王藥上二菩薩經》

劉宋畺良耶舍譯，CBETA，T20，no.1161，p.660，c27-29。唐時期。

LM20-1492-35-04　《大般涅槃經》卷二四

北涼曇無讖譯，CBETA, T12, no.374, p.507, c29–p.508, a2。高昌郡時期。

LM20-1492-35-05　《佛説仁王般若波羅蜜經》卷下

姚秦鳩摩羅什譯，CBETA, T08, no.245, p.833, b8-9。高昌國時期。

LM20-1492-35-06　《長阿含經》卷一七

姚秦佛陀耶舍、竺佛念譯，CBETA, T01, no.1, p.109, c23-26。唐時期。

LM20-1492-35-07　《妙法蓮華經》卷四

姚秦鳩摩羅什譯，CBETA, T09, no.262, p.29, c7-10。唐時期。

LM20-1492-36-01　殘片

唐時期。

LM20-1492-36-02　《金光明經》卷三

北涼曇無讖譯，CBETA, T16, no.663, p.347, b25-27。高昌國時期。

LM20-1492-36-03　佛典殘片

參作者不詳《佛説救護身命經》，CBETA, T85, no.2866, p.1326, c14-15。高昌國時期。

LM20-1492-36-04　《妙法蓮華經》卷四

姚秦鳩摩羅什譯，CBETA, T09, no.262, p.36, a11-13。唐時期。

LM20-1492-36-05　佛典注疏

高昌國時期。

LM20-1492-36-06　《妙法蓮華經》卷三

姚秦鳩摩羅什譯，CBETA, T09, no.262, p.19, b24-26。唐時期。

LM20-1492-36-07　《大般涅槃經》卷三二

北涼曇無讖譯，CBETA, T12, no.374, p.560, a20-24。高昌國時期。

LM20-1492-37-01　《摩訶般若波羅蜜經》卷四

姚秦鳩摩羅什譯，CBETA, T08, no.223, p.243, c29-p.244, a1。高昌國時期。

LM20-1492-37-02　《金光明經》卷四

北涼曇無讖譯，CBETA, T16, no.663, p.357, a11-16。高昌國時期。

LM20-1492-37-03　《摩訶般若波羅蜜經》卷二五

姚秦鳩摩羅什譯，CBETA, T08, no.223, p.402, b12-15。高昌國時期。

LM20-1492-37-04　《妙法蓮華經》卷七

姚秦鳩摩羅什譯，CBETA, T09, no.262, p.61, a25-26。唐時期。

LM20-1492-37-05　《摩訶般若波羅蜜經》卷二七

姚秦鳩摩羅什譯，CBETA, T08, no.223, p.421, a26-28。唐時期。

LM20-1492-37-06　《金光明最勝王經》卷五

唐義凈譯，CBETA, T16, no.665, p.426, c13-18。唐時期。

LM20-1492-37-07　《善見律毗婆沙》卷一〇

蕭齊僧伽跋陀羅譯，CBETA，T24，no.1462，p.743，a5-7。唐時期。

參：《旅博選粹》，31。

LM20-1492-38-01　佛典殘片

高昌國時期。

LM20-1492-38-02　《撰集百緣經》卷五

吳支謙譯，CBETA，T04，no.200，p.226，a27-b2。唐時期。

LM20-1492-38-03　《佛説觀佛三昧海經》卷一

東晉佛陀跋陀羅譯，CBETA，T15，no.643，p.649，c20-22。高昌國時期。

LM20-1492-38-04　佛典殘片

唐時期。

LM20-1492-38-05　《妙法蓮華經》卷三

姚秦鳩摩羅什譯，CBETA，T09，no.262，p.21，a16-18。唐時期。

LM20-1492-38-06　《大般涅槃經》卷二五

北涼曇無讖譯，CBETA，T12，no.374，p.515，b10-16。高昌國時期。

LM20-1492-38-07　《大般涅槃經》卷三二

北涼曇無讖譯，CBETA，T12，no.374，p.558，a16-17。高昌國時期。

經册四十四

LM20-1493-01-01　《大智度論》卷三八

姚秦鳩摩羅什譯，CBETA，T25, no.1509, p.336, b2-7，"往生品" 作 "釋往生品"。高昌國時期。

LM20-1493-01-02　佛典殘片

唐時期。

LM20-1493-01-03　《雜阿毗曇心論》卷一一

劉宋僧伽跋摩等譯，CBETA，T28, no.1552, p.960, a10-13。唐時期。

LM20-1493-01-04　《妙法蓮華經》卷三

姚秦鳩摩羅什譯，CBETA，T09, no.262, p.19, b19-25。唐時期。

LM20-1493-01-05　《放光般若經》卷二〇

西晉無羅叉譯，CBETA，T08, no.221, p.145, a22-25。唐時期。

LM20-1493-01-06　《小品般若波羅蜜經》卷三

姚秦鳩摩羅什譯，CBETA，T08, no.227, p.548, b4-7。高昌國時期。

參：孫傳波 2006, 186。

LM20-1493-02-01　《妙法蓮華經》卷四

姚秦鳩摩羅什譯，CBETA，T09, no.262, p.35, a19-21。唐時期。

LM20-1493-02-02　佛典殘片

唐時期。

LM20-1493-02-03　《中本起經》卷下

後漢曇果、康孟詳譯，CBETA，T04, no.196, p.159, a10-12，"事何難" 作 "事"。高昌國時期。

LM20-1493-02-04　《悲華經》卷三

北涼曇無讖譯，CBETA，T03, no.157, p.187, b3-7。高昌郡時期。

參：《旅博選粹》，26；陰會蓮 2006, 109、113。

LM20-1493-02-05　《妙法蓮華經》卷一

姚秦鳩摩羅什譯，CBETA，T09, no.262, p.3, a26-b5。唐時期。

LM20-1493-02-06　《光讚經》卷三

西晉竺法護譯，CBETA，T08, no.222, p.170, b12-15。唐時期。

LM20-1493-02-07　《阿毗曇八犍度論》卷二九

苻秦僧伽提婆、竺佛念譯，CBETA, T26, no.1543, p.905, b7–21。第 1、2 行間夾寫小字。細字寫本。高昌郡時期。

LM20-1493-03-01　《涅槃論》

元魏達磨菩提譯，CBETA, T26, no.1527, p.280, b4–8。高昌國時期。背面有字，無法揭取拍攝。

LM20-1493-03-02　佛典注疏

高昌國時期。

LM20-1493-03-03　《金剛般若波羅蜜經》

姚秦鳩摩羅什譯，CBETA, T08, no.235, p.750, a1–2。唐時期。

LM20-1493-03-04　《春秋經傳集解・昭公二十六年》

參西晉杜預撰《春秋經傳集解》，上海古籍出版社，1988 年，1541、1544 頁。有雙行小字注。唐時期。

參：《旅博選粹》，172、233；朱月仁 2018，24。

LM20-1493-03-05　《摩訶般若波羅蜜經》卷二六

姚秦鳩摩羅什譯，CBETA, T08, no.223, p.411, c16–18。高昌國時期。

LM20-1493-03-06　《妙法蓮華經》卷一

姚秦鳩摩羅什譯，CBETA, T09, no.262, p.4, a26–b3。唐時期。

LM20-1493-04-01　《唐開元律疏・名例》

參《唐律疏議》卷三《名例》，中華書局，1983 年，76 頁。唐時期。

參：陳燁軒 2016，181–201。

LM20-1493-04-02　《光讚經》卷一

西晉竺法護譯，CBETA, T08, no.222, p.154, a6–9。高昌國時期。

LM20-1493-04-03　《妙法蓮華經》卷一

姚秦鳩摩羅什譯，CBETA, T09, no.262, p.22, a17。唐時期。

LM20-1493-04-04　《十方千五百佛名經》

譯者不詳，CBETA, T14, no.442, p.316, b13–14。高昌國時期。

LM20-1493-04-05　《佛說滅十方冥經》

西晉竺法護譯，CBETA, T14, no.435, p.107, a16–18，"讀" 作 "諷"。高昌國時期。

LM20-1493-04-06　《大般涅槃經》卷二六

北涼曇無讖譯，CBETA, T12, no.374, p.519, b16–18。高昌郡時期。

LM20-1493-04-07　佛典殘片

唐時期。

LM20-1493-04-08　《大般涅槃經》卷二二

北涼曇無讖譯，CBETA, T12, no.374, p.493, b13–17。高昌國時期。

LM20-1493-05-01　《大乘百法明門論開宗義記》

唐曇曠撰，CBETA, T85, no.2810, p.1046, a19–23。唐時期。

LM20-1493-05-02　《妙法蓮華經》卷一

姚秦鳩摩羅什譯，CBETA, T09, no.262, p.2, a3–6。唐時期。

LM20-1493-05-03　《因明入正理論》

唐玄奘譯，CBETA, T32, no.1630, p.12, c19–22，"辨"作"辯"。唐時期。

LM20-1493-05-04　《佛説姤陀越國王經》

劉宋沮渠京聲譯，CBETA, T14, no.518, p.792, b20。高昌國時期。

LM20-1493-05-05　殘片

唐時期。

LM20-1493-06-01　《小品般若波羅蜜經》卷一〇

姚秦鳩摩羅什譯，CBETA, T08, no.227, p.586, b27–28。唐時期。

LM20-1493-06-02　《仁王般若經疏》卷中

隋吉藏撰，CBETA, T33, no.1707, p.335, b3–15，"令衆得"作"令衆生得"。高昌國時期。

LM20-1493-06-03　《妙法蓮華經》卷六

姚秦鳩摩羅什譯，CBETA, T09, no.262, p.50, a14–16。唐時期。

LM20-1493-06-04　《摩訶般若波羅蜜經》卷一七

姚秦鳩摩羅什譯，CBETA, T08, no.223, p.343, b16–19。高昌國時期。

LM20-1493-06-05　《大般若波羅蜜多經》卷七九

唐玄奘譯，CBETA, T05, no.220, p.446, c23–25。唐時期。

LM20-1493-06-06　殘片

唐時期。

LM20-1493-06-07　《大乘法界無盡藏法釋》

參敦煌本 S.721（《敦煌寶藏》第 6 册, 95 頁下）。唐時期。背面有字，無法揭取拍攝。

LM20-1493-06-08　《大般涅槃經》卷三七

北涼曇無讖譯，CBETA, T12, no.374, p.582, c27–29。唐時期。

LM20-1493-06-09　《佛説大方等頂王經》

西晉竺法護譯，CBETA, T14, no.477, p.595, a20–23。唐時期。

LM20-1493-06-10　《摩訶般若波羅蜜經》卷五

姚秦鳩摩羅什譯，CBETA, T08, no.223, p.251, a20–24。唐時期。

LM20-1493-06-11　《妙法蓮華經》卷六

姚秦鳩摩羅什譯，CBETA, T09, no.262, p.54, a9–10。唐時期。

LM20-1493-07-01　《道行般若經》卷五

後漢支婁迦讖譯，CBETA, T08, no.224, p.451, c1-5。高昌國時期。

LM20-1493-07-02 《五分戒本》

劉宋佛陀什等譯，CBETA, T22, no.1422b, p.202, c2-5。高昌國時期。

LM20-1493-07-03 《諸佛要集經》卷下

西晉竺法護譯，CBETA, T17, no.810, p.769, b23-24。高昌郡時期。

參：《旅博選粹》, 2; 三谷真澄 2006, 68-69;《旅博研究》, 84。

LM20-1493-07-04 《維摩詰所説經》卷中

姚秦鳩摩羅什譯，CBETA, T14, no.475, p.547, a21-22。高昌國時期。

LM20-1493-07-05 《大般涅槃經》卷五

北涼曇無讖譯，CBETA, T12, no.374, p.390, b26-27。高昌國時期。

LM20-1493-07-06 《佛説佛名經》卷三○

譯者不詳，CBETA, T14, no.441, p.300, b28-c2, "道趣"作"惡趣", "足無"作"通無"。高昌國時期。

LM20-1493-07-07 殘片

高昌國時期。

LM20-1493-07-08 佛典殘片

唐時期。

LM20-1493-07-09a 佛典殘片

唐時期。

LM20-1493-07-09b 佛典殘片

唐時期。

LM20-1493-07-10 《大般若波羅蜜多經》卷四二○

唐玄奘譯，CBETA, T07, no.220, p.107, b23-26。唐時期。

LM20-1493-07-11 殘片

唐時期。

LM20-1493-08-01 《妙法蓮華經》卷一

姚秦鳩摩羅什譯，CBETA, T09, no.262, p.2, a19-22。唐時期。

LM20-1493-08-02 《摩訶般若波羅蜜經》卷一六

姚秦鳩摩羅什譯，CBETA, T08, no.223, p.337, a22-25。高昌國時期。

LM20-1493-08-03 《大般涅槃經》卷三

北涼曇無讖譯，CBETA, T12, no.375, p.625, a14-15。唐時期。

LM20-1493-08-04 《妙法蓮華經》卷三

姚秦鳩摩羅什譯，CBETA, T09, no.262, p.21, c20-23。唐時期。

LM20-1493-08-05 《藥師琉璃光七佛本願功德經》卷下

　　　唐義淨譯, CBETA, T14, no.451, p.414, a12-14。唐時期。

LM20-1493-08-06　《大方等大集經》卷六

　　　北涼曇無讖譯, CBETA, T13, no.397, p.40, a5-8。高昌國時期。

LM20-1493-08-07　《金剛經注》

　　　姚秦鳩摩羅什譯, 東晉僧肇注, CBETA, X24, no.454, p.404, a20-23, "故得"作"故復"。
　　　唐時期。

LM20-1493-09-01　《佛説佛名經》卷三

　　　譯者不詳, CBETA, T14, no.440, p.127, c24-26。唐時期。

LM20-1493-09-02　《大般涅槃經》卷三七

　　　北涼曇無讖譯, CBETA, T12, no.374, p.581, a28-b3。高昌國時期。

LM20-1493-09-03　《維摩詰所説經》卷中

　　　姚秦鳩摩羅什譯, CBETA, T14, no.475, p.547, a29-b2。唐時期。

LM20-1493-09-04　《藥師琉璃光如來本願功德經》

　　　唐玄奘譯, CBETA, T14, no.450, p.405, b28-c3。唐時期。

LM20-1493-09-05　《妙法蓮華經》卷三

　　　姚秦鳩摩羅什譯, CBETA, T09, no.262, p.25, b24-27。唐時期。

LM20-1493-09-06　《佛説佛地經》

　　　唐玄奘譯, CBETA, T16, no.680, p.722, b21-23。唐時期。

LM20-1493-10-01　《金光明經》卷三

　　　北涼曇無讖譯, CBETA, T16, no.663, p.351, b5-7, "軻"作"珂"。高昌國時期。

LM20-1493-10-02　《大般若波羅蜜多經》

　　　唐玄奘譯, 此段文字多處可見。唐時期。

LM20-1493-10-03　《佛説佛名經》卷八

　　　譯者不詳, CBETA, T14, no.440, p.161, c8-9, "弗白"作"弗復白"。唐時期。

LM20-1493-10-04　《佛説無量壽經》卷下

　　　曹魏康僧鎧譯, CBETA, T12, no.360, p.274, a12-14。高昌國時期。
　　　參:《旅博選粹》, 114;《淨土集成》, 14-15。

LM20-1493-11-01　《大般涅槃經》卷一二

　　　北涼曇無讖譯, CBETA, T12, no.374, p.439, b9-11。高昌國時期。

LM20-1493-11-02　《金光明經》卷一

　　　北涼曇無讖譯, CBETA, T16, no.663, p.335, b11-16。唐時期。

LM20-1493-11-03　《妙法蓮華經》卷三

　　　姚秦鳩摩羅什譯, CBETA, T09, no.262, p.19, b25-c2。唐時期。

LM20-1493-11-04　《佛説無量壽經》卷下

曹魏康僧鎧譯, CBETA, T12, no.360, p.274, a10–11。高昌國時期。

LM20-1493-11-05 《悲華經》卷五

北涼曇無讖譯, CBETA, T03, no.157, p.197, c3–5。高昌國時期。

LM20-1493-12-01 《大般若波羅蜜多經》卷九九

唐玄奘譯, CBETA, T05, no.220, p.547, a17–21。唐時期。

LM20-1493-12-02 《金剛般若波羅蜜經》

元魏菩提流支譯, CBETA, T08, no.236a, p.755, b1–3。唐時期。

LM20-1493-12-03 《金剛般若波羅蜜經》

元魏菩提流支譯, CBETA, T08, no.235, p.751, b10–12。唐時期。

LM20-1493-12-04 《維摩義記》卷四

隋慧遠撰, CBETA, T38, no.1776, p.510, a12–17。高昌國時期。

參:《旅博選粹》, 149

LM20-1493-12-05 《十地經論》卷二

元魏菩提流支譯, CBETA, T26, no.1522, p.132, c13–15。高昌國時期。

LM20-1493-13-01 《佛説普門品經》

西晉竺法護譯, CBETA, T11, no.315a, p.773, c25–27。唐時期。

LM20-1493-13-02 《維摩詰所説經》卷上

姚秦鳩摩羅什譯, CBETA, T14, no.475, p.540, c20–23。唐時期。

LM20-1493-13-03 《優婆塞戒經》

北涼曇無讖譯, CBETA, T24, no.1488, p.1036, a14–15。唐時期。

LM20-1493-13-04 《大般涅槃經》卷一四

北涼曇無讖譯, CBETA, T12, no.374, p.446, b23–26。高昌國時期。

LM20-1493-13-05 《金剛般若波羅蜜經》挾注

參姚秦鳩摩羅什譯《金剛般若波羅蜜經》, CBETA, T85, no.2739, p.135, c12–14。有雙行小字注。唐時期。

參: 李昀 2017, 88–90。

LM20-1493-13-06 《大方廣佛華嚴經》卷三九

東晉佛陀跋陀羅譯, CBETA, T09, no.278, p.646, a6–9。唐時期。

LM20-1493-13-07 《放光般若經》卷一〇

西晉無羅叉譯, CBETA, T08, no.221, p.69, b25–c3。高昌郡時期。

參:《旅博選粹》, 8。

LM20-1493-14-01 《摩訶般若波羅蜜經》卷二四

姚秦鳩摩羅什譯, CBETA, T08, no.223, p.396, a9–13。高昌國時期。

LM20-1493-14-02 《妙法蓮華經》卷三

姚秦鳩摩羅什譯，CBETA, T09, no.262, p.24, c13-16。高昌國時期。

LM20-1493-14-03　《摩訶般若波羅蜜經》卷二三

姚秦鳩摩羅什譯，CBETA, T08, no.223, p.391, c17-18。唐時期。

LM20-1493-14-04　《大般涅槃經》卷二二

北涼曇無讖譯，CBETA, T12, no.374, p.497, b12-17。高昌郡時期。

LM20-1493-14-05　《太上洞淵神咒經》卷三

作者不詳。《正統道藏》第 6 册，12a20-b4。唐時期。

參：趙洋 2017a, 189；趙洋 2017b, 202。

LM20-1493-15-01　《阿毗曇毗婆沙論》卷七

北涼浮陀跋摩、道泰譯，CBETA, T28, no.1546, p.48, a11-13。唐時期。

LM20-1493-15-02　《金光明經》卷一

北涼曇無讖譯，CBETA, T16, no.663, p.337, b24-c2，"作業"作"作罪"。唐時期。

LM20-1493-15-03　《妙法蓮華經》卷一

姚秦鳩摩羅什譯，CBETA, T09, no.262, p.3, b26-c3。高昌國時期。

LM20-1493-15-04　《金剛般若波羅蜜經》

姚秦鳩摩羅什譯，CBETA, T08, no.235, p.750, a26-29。唐時期。

LM20-1493-16-01　《十誦律》卷二八

姚秦弗若多羅譯，CBETA, T23, no.1435, p.201, c23-26。高昌國時期。

LM20-1493-16-02　《妙法蓮華經》卷三

姚秦鳩摩羅什譯，CBETA, T09, no.262, p.24, c6-12，"相"作"想"。高昌國時期。

LM20-1493-16-03　《妙法蓮華經》卷三

姚秦鳩摩羅什譯，CBETA, T09, no.262, p.22, b20-22。唐時期。

LM20-1493-16-04　《光讚經》卷二

西晉竺法護譯，CBETA, T08, no.222, p.159, a20-22。高昌國時期。

LM20-1493-16-05　《妙法蓮華經》卷五

姚秦鳩摩羅什譯，CBETA, T09, no.262, p.42, a24-27。唐時期。

LM20-1493-16-06　《證契大乘經》卷下

唐地婆訶羅譯，CBETA, T16, no.674, p.663, b23-25。唐時期。

LM20-1493-17-01　《文殊師利所説摩訶般若波羅蜜經》卷上

梁曼陀羅仙譯，CBETA, T08, no.232, p.727, b26-c1。唐時期。

LM20-1493-17-02　《妙法蓮華經》卷一

姚秦鳩摩羅什譯，CBETA, T09, no.262, p.8, a6-10。唐時期。

LM20-1493-17-03　《妙法蓮華經》卷四

姚秦鳩摩羅什譯，CBETA, T09, no.262, p.30, a7-14。高昌國時期。

LM20-1493-17-04 《金剛般若波羅蜜經》

姚秦鳩摩羅什譯，CBETA, T08, no.235, p.749, c4-6。唐時期。

LM20-1493-18-01 《佛説佛名經》卷三

元魏菩提流支譯，CBETA, T14, no.440, p.126, c2-11。唐時期。

LM20-1493-18-02 《金光明經》卷三

北涼曇無讖譯，CBETA, T16, no.663, p.350, b22-26。唐時期。

LM20-1493-18-03 《摩訶般若波羅蜜經》卷一

姚秦鳩摩羅什譯，CBETA, T08, no.223, p.217, c10-14，"界"作"切"。高昌國時期。

LM20-1493-18-04 《大般涅槃經》卷二五

北涼曇無讖譯，CBETA, T12, no.374, p.517, b28-c2。高昌國時期。

參：《旅博選粹》，128。

LM20-1493-19-01 《妙法蓮華經》卷七

姚秦鳩摩羅什譯，CBETA, T09, no.262, p.59, a26-b2。高昌國時期。

LM20-1493-19-02 《金剛般若波羅蜜經》

元魏菩提流支譯，CBETA, T08, no.236a, p.755, a11-14。高昌國時期。

LM20-1493-19-03 《大般涅槃經》卷八

北涼曇無讖譯，CBETA, T12, no.374, p.415, a18-21。唐時期。

LM20-1493-19-04 《大般涅槃經》卷一四

北涼曇無讖譯，CBETA, T12, no.374, p.447, a9-12。唐時期。

LM20-1493-19-05 《妙法蓮華經》卷七

姚秦鳩摩羅什譯，CBETA, T09, no.262, p.56, c16-20。高昌國時期。

LM20-1493-20-01 《請觀世音菩薩消伏毒害陀羅尼咒經》

東晉竺難提譯，CBETA, T20, no.1043, p.36, a19-21。唐時期。

LM20-1493-20-02 《肇論》

姚秦僧肇作，CBETA, T45, no.1858, p.154, a16-24，"智知所"作"智以知所"，"知相"作"知既相"，"曰"作"云"。高昌郡時期。背面有字，無法揭取拍攝。

LM20-1493-20-03 《金剛般若波羅蜜經》

姚秦鳩摩羅什譯，CBETA, T08, no.235, p.749, a8-10。唐時期。

LM20-1493-20-04 《楞伽阿跋多羅寶經》卷四

劉宋求那跋陀羅譯，CBETA, T16, no.670, p.513, a6-10。唐時期。

LM20-1493-20-05 《菩薩瓔珞經》卷一四

姚秦竺佛念譯，CBETA, T16, no.656, p.118, c17-19。唐時期。

LM20-1493-21-01 《妙法蓮華經馬明菩薩品第三十》

作者不詳，CBETA, T85, no.2899, p.1427, b22-25。唐時期。

LM20-1493-21-02　《大般涅槃經》卷六

北涼曇無讖譯，CBETA, T12, no.374, p.399, c8–9。唐時期。

LM20-1493-21-03　《大方廣佛華嚴經》卷一九（五十卷本）

東晉佛陀跋陀羅譯，《中華大藏經》第 12 册，235b15–17; 參 CBETA, T09, no.278, p.542, c16–17。高昌國時期。

LM20-1493-21-04　《大般涅槃經》卷一三

北涼曇無讖譯，CBETA, T12, no.374, p.444, b10–11。唐時期。

LM20-1493-21-05　《光讚經》卷二

西晉竺法護譯，CBETA, T08, no.222, p.160, a19–21、23–24, 高昌國時期。

LM20-1493-22-01　《阿毗曇八犍度論》卷三〇

苻秦僧伽提婆、竺佛念譯，CBETA, T26, no.1543, p.912, b6–9。細字寫本。有貼附殘片，無法揭取。高昌國時期。

LM20-1493-22-02　《大般若波羅蜜多經》卷四一二

唐玄奘譯，CBETA, T07, no.220, p.67, a13–17。唐時期。

LM20-1493-22-03　《大般涅槃經》卷二二

北涼曇無讖譯，CBETA, T12, no.374, p.495, a27–29。高昌國時期。

LM20-1493-22-04　《合部金光明經》卷一

梁真諦譯，隋寶貴合，CBETA, T16, no.664, p.365, a8–11。唐時期。

LM20-1493-22-05　《大方廣佛華嚴經隨疏演義鈔》卷四七

唐澄觀述，CBETA, T36, no.1736, p.363, c15–18。唐時期。

LM20-1493-23-01　《大般若波羅蜜多經》卷一四八

唐玄奘譯，CBETA, T05, no.220, p.802, c10–14。唐時期。

LM20-1493-23-02　《大般若波羅蜜多經》卷七九

唐玄奘譯，CBETA, T05, no.220, p.446, c19–23。唐時期。

LM20-1493-23-03　《金剛般若波羅蜜經》

姚秦鳩摩羅什譯，CBETA, T08, no.235, p.751, b6–9。唐時期。

LM20-1493-23-04　《妙法蓮華經》卷六

姚秦鳩摩羅什譯，CBETA, T09, no.262, p.51, c25–29。唐時期。

LM20-1493-23-05　《合部金光明經》卷一

梁真諦譯，隋寶貴合，CBETA, T16, no.664, p.364, b3–8。高昌國時期。

LM20-1493-24-01　《妙法蓮華經》卷一

姚秦鳩摩羅什譯，CBETA, T09, no.262, p.7, b10–13。唐時期。

LM20-1493-24-02　《摩訶般若波羅蜜經》卷八

姚秦鳩摩羅什譯，CBETA, T08, no.223, p.281, c16–19。高昌國時期。

LM20-1493-24-03 《大般若波羅蜜多經》卷三〇五

唐玄奘譯, CBETA, T06, no.220, p.555, a18–22。唐時期。

LM20-1493-24-04 《金光明經》卷三

北涼曇無讖譯, CBETA, T16, no.663, p.348, c20–25。唐時期。

LM20-1493-25-01 《妙法蓮華經》卷三

姚秦鳩摩羅什譯, CBETA, T09, no.262, p.20, a26–b2。唐時期。

LM20-1493-25-02 《妙法蓮華經》卷一

姚秦鳩摩羅什譯, CBETA, T09, no.262, p.3, c19–21。高昌國時期。

LM20-1493-25-03 《金剛般若波羅蜜經》

姚秦鳩摩羅什譯, CBETA, T08, no.235, p.751, b4–9。細字寫本。唐時期。

參:《旅博選粹》, 97。

LM20-1493-25-04 《大般涅槃經》卷一

北涼曇無讖譯, CBETA, T12, no.374, p.367, c7–11。高昌國時期。

LM20-1493-25-05 《大般涅槃經》卷三

北涼曇無讖譯, CBETA, T12, no.374, p.384, a27–b2。高昌郡時期。

參:《旅博選粹》, 15。

LM20-1493-26-01 《正法念處經》卷五四

元魏般若流支譯, CBETA, T17, no.721, p.317, c23–27。唐時期。

LM20-1493-26-02 《摩訶般若波羅蜜經》卷三

姚秦鳩摩羅什譯, CBETA, T08, no.223, p.234, b2–5。高昌郡時期。

參:《旅博選粹》, 9。

LM20-1493-26-03 《大般涅槃經》卷二

北涼曇無讖譯, CBETA, T12, no.374, p.372, a17–19。唐時期。

LM20-1493-26-04 《金光明最勝王經疏》卷五

唐慧沼撰, CBETA, T39, no.1788, p.301, a2–13。唐時期。

LM20-1493-26-05 《金剛般若波羅蜜經》

姚秦鳩摩羅什譯, CBETA, T08, no.235, p.748, c28–p.749, a3。唐時期。

LM20-1493-27-01 《小品般若波羅蜜經》卷九

姚秦鳩摩羅什譯, CBETA, T08, no.227, p.576, a2–7。高昌國時期。

LM20-1493-27-02 《道行般若經》卷三

後漢支婁迦讖譯, CBETA, T08, no.224, p.439, a19–25。細字寫本。高昌郡時期。

LM20-1493-27-03 《菩薩善戒經》卷一

劉宋求那跋摩譯, CBETA, T30, no.1582, p.965, b23–25。高昌郡時期。

參:《旅博選粹》, 65。

LM20-1493-27-04　《金剛般若波羅蜜經》

元魏菩提流支譯，CBETA，T08，no.236a，p.755，c8-15。唐時期。

LM20-1493-28-01　《大般涅槃經》卷五

北涼曇無讖譯，CBETA，T12，no.374，p.393，c25-p.394，a1。高昌國時期。背面有回鶻文，無法揭取拍攝。

LM20-1493-28-02　《摩訶般若波羅蜜經》卷三

姚秦鳩摩羅什譯，CBETA，T08，no.223，p.234，a24-26。高昌郡時期。

參：《旅博選粹》，9。

LM20-1493-28-03　《摩訶般若波羅蜜經》卷二二

姚秦鳩摩羅什譯，CBETA，T08，no.223，p.380，c6-11。唐時期。

LM20-1493-28-04　《妙法蓮華經》卷四

姚秦鳩摩羅什譯，CBETA，T09，no.262，p.34，a26-b3。唐時期。

LM20-1493-29-01　《合部金光明經》卷二

梁真諦譯，隋寶貴合，CBETA，T16，no.664，p.368，a18-23，"明無量"作"光無量"，"中"作"中於"。唐時期。

LM20-1493-29-02　《妙法蓮華經》卷四

姚秦鳩摩羅什譯，CBETA，T09，no.262，p.27，c27-p.28，a1。唐時期。

LM20-1493-29-03　《大般涅槃經》卷一二

北涼曇無讖譯，CBETA，T12，no.374，p.434，b9-14。唐時期。

LM20-1493-29-04　《佛説仁王般若波羅蜜經》卷上

姚秦鳩摩羅什譯，CBETA，T08，no.245，p.827，b1-6，"行"作"化行"。高昌國時期。

LM20-1493-29-05　《妙法蓮華經》卷六

姚秦鳩摩羅什譯，CBETA，T09，no.262，p.46，c19-26。高昌郡時期。

參：《旅博選粹》，13。

LM20-1493-30-01　《像法決疑經》

作者不詳，CBETA，T85，no.2870，p.1336，a4-8。唐時期。

LM20-1493-30-02　《大般涅槃經》卷三

北涼曇無讖譯，CBETA，T12，no.374，p.380，a10-17。高昌國時期。

LM20-1493-30-03　《大般若波羅蜜多經》卷四八〇

唐玄奘譯，CBETA，T07，no.220，p.435，b28-c1。西州回鶻時期。

LM20-1493-30-04　《妙法蓮華經》卷七

姚秦鳩摩羅什譯，CBETA，T09，no.262，p.56，c23-25。唐時期。

LM20-1493-30-05　《大般涅槃經》卷一三

北涼曇無讖譯，CBETA，T12，no.374，p.444，c26-29。唐時期。

LM20-1493-31-01　《妙法蓮華經》卷一

　　姚秦鳩摩羅什譯，CBETA，T09，no.262，p.8，c10–24。唐時期。

LM20-1493-31-02　《勝思惟梵天所問經論》卷二

　　元魏菩提流支譯，CBETA，T26，no.1532，p.343，c14–25。唐時期。

LM20-1493-32-01　《妙法蓮華經》卷一

　　姚秦鳩摩羅什譯，CBETA，T09，no.262，p.6，a15–28。唐時期。

LM20-1493-32-02　《梵網經》卷下

　　姚秦鳩摩羅什譯，CBETA，T24，no.1484，p.1008，b3–13，“國難”作“國難賊難”。細字寫本。唐時期。

LM20-1493-32-03　《現在十方千五百佛名並雜佛同號》

　　作者不詳，CBETA，T85，no.2905，p.1448，b3–5。高昌國時期。

LM20-1493-32-04　《光讚經》卷一

　　西晉竺法護譯，CBETA，T08，no.222，p.148，b12–18。高昌國時期。

LM20-1493-33-01　《阿毗達磨俱舍論》卷二

　　唐玄奘譯，CBETA，T29，no.1558，p.8，a24–29，“无尋”作“尋”。西州回鶻時期。

LM20-1493-33-02　《佛説灌頂經》卷一二

　　東晉帛尸梨蜜多羅譯，CBETA，T21，no.1331，p.533，b19–25。唐時期。

LM20-1493-33-03　《十誦律》卷四五

　　姚秦弗若多羅、鳩摩羅什譯，CBETA，T23，no.1435，p.325，b23–28，“某甲比丘尼”作“比丘尼”。高昌國時期。

LM20-1493-33-04　《金剛般若波羅蜜經》

　　姚秦鳩摩羅什譯，CBETA，T08，no.235，p.749，a29–b3。唐時期。

LM20-1493-34-01　《大般涅槃經》卷三五

　　北涼曇無讖譯，CBETA，T12，no.374，p.570，b20–22。唐時期。

LM20-1493-34-02　《佛説藥師如來本願經》

　　隋達摩笈多譯，CBETA，T14，no.449，p.402，c14–16。唐時期。

LM20-1493-34-03　《十方千五百佛名經》

　　譯者不詳，CBETA，T14，no.442，p.313，b26–28。高昌國時期。

LM20-1493-34-04　　佛典殘片

　　西州回鶻時期。

LM20-1493-34-05　《摩訶僧祇律》卷二

　　東晉佛陀跋陀羅、法顯譯，CBETA，T22，no.1425，p.240，a12–15。高昌郡時期。

　　參：《旅博選粹》，57。

LM20-1493-34-06　《妙法蓮華經》卷四

姚秦鳩摩羅什譯，CBETA，T09，no.262，p.34，c25-28。唐時期。

LM20-1493-34-07　佛典殘片

唐時期。

LM20-1493-35-01　《妙法蓮華經》卷七

姚秦鳩摩羅什譯，CBETA，T09，no.262，p.57，a22-27。唐時期。

LM20-1493-35-02　《道行般若經》卷八

後漢支婁迦讖譯，CBETA，T08，no.224，p.463，c17-20。唐時期。

參：孫傳波 2006，179。

LM20-1493-35-03　《摩訶般若波羅蜜經》卷二七

姚秦鳩摩羅什譯，CBETA，T08，no.223，p.421，b10-16。高昌國時期。

LM20-1493-35-04　《合部金光明經序》

隋彥琮撰，CBETA，T16，no.664，p.359，c4-8。高昌國時期。

LM20-1493-36-01　《妙法蓮華經》卷三

姚秦鳩摩羅什譯，CBETA，T09，no.262，p.25，b14-16。唐時期。

LM20-1493-36-02　《妙法蓮華經》卷二

姚秦鳩摩羅什譯，CBETA，T09，no.262，p.18，a21-28。高昌郡時期。

參：《旅博選粹》，12。

LM20-1493-36-03　佛教戒律

參唐道宣撰《四分律刪繁補闕行事鈔》，CBETA，T40，no.1804，p.140，b3-13。有雙行小字注。西州回鶻時期。

LM20-1493-36-04　《阿毗曇八犍度論》卷一五

苻秦僧伽提婆、竺佛念譯，此段文字多處可見。細字寫本。高昌國時期。背面有字，無法揭取拍攝。

LM20-1493-36-05　《維摩詰所説經》卷中

姚秦鳩摩羅什譯，CBETA，T14，no.475，p.550，b2-6。高昌國時期。

LM20-1493-36-06　《妙法蓮華經》卷二

姚秦鳩摩羅什譯，CBETA，T09，no.262，p.16，c24-28。唐時期。

LM20-1493-37-01　《大智度論》卷三三

姚秦鳩摩羅什譯，CBETA，T25，no.1509，p.304，b9-16，"如阿毗曇"作"阿毗曇"，"名"作"福"。高昌國時期。

LM20-1493-37-02　《道行般若經》卷三

後漢支婁迦讖譯，CBETA，T08，no.224，p.439，b5-11。細字寫本。高昌郡時期。

LM20-1493-37-03　《大般涅槃經》卷三〇

北涼曇無讖譯，CBETA，T12，no.374，p.544，b5-10。高昌國時期。

LM20-1493-37-04 《妙法蓮華經》卷五

姚秦鳩摩羅什譯，CBETA，T09，no.262，p.37，a20–24。唐時期。

LM20-1493-38-01 《大般涅槃經》卷三七

北涼曇無讖譯，CBETA，T12，no.374，p.584，b5–7。高昌國時期。

LM20-1493-38-02 《妙法蓮華經》卷七

姚秦鳩摩羅什譯，CBETA，T09，no.262，p.60，a29–b4。唐時期。

LM20-1493-38-03 《梵網經》卷下

姚秦鳩摩羅什譯，CBETA，T24，no.1484，p.1003，c5–9。唐時期。

LM20-1493-38-04 《佛説佛名經》卷一〇

譯者不詳，CBETA，T14，no.440，p.169，b7–8。唐時期。

LM20-1493-38-05 《元始五老赤書玉篇真文天書經》卷上

作者不詳，約出於東晉，《正統道藏》第 1 册，784c12–16。唐時期。

參：趙洋 2017a，186；趙洋 2017b，190–191。

經册四十五

LM20-1494-01-01 《放光般若經》卷一九

西晉無羅叉譯，CBETA, T08, no.221, p.135, c8–12。高昌國時期。

LM20-1494-01-02 《大通方廣懺悔滅罪莊嚴成佛經》卷中

作者不詳，CBETA, T85, no.2871, p.1347, a18–21。高昌國時期。

LM20-1494-01-03 《妙法蓮華經》卷六

姚秦鳩摩羅什譯，CBETA, T09, no.262, p.50, c21–24。唐時期。

LM20-1494-01-04 《妙法蓮華經》卷三

姚秦鳩摩羅什譯，CBETA, T09, no.262, p.19, c1–4。唐時期。

LM20-1494-02-01 《佛説仁王般若波羅蜜經》卷下

姚秦鳩摩羅什譯，CBETA, T08, no.245, p.833, b25–29，"爾時"CBETA 無。高昌國時期。

LM20-1494-02-02 佛典注疏

高昌國時期。

參：《旅博選粹》，172。

LM20-1494-02-03 《妙法蓮華經》卷六

姚秦鳩摩羅什譯，CBETA, T09, no.262, p.53, a19–23。唐時期。

LM20-1494-02-04 《妙法蓮華經》卷一

姚秦鳩摩羅什譯，CBETA, T09, no.262, p.6, a1–7。唐時期。

LM20-1494-02-05 《佛説灌頂拔除過罪生死得度經》

參東晉帛尸梨蜜多羅譯《佛説灌頂經》卷一二，CBETA, T21, no.1331, p.535, c13–19。高昌國時期。

LM20-1494-02-06 《維摩詰所説經》卷上

姚秦鳩摩羅什譯，CBETA, T14, no.475, p.537, a10–17。唐時期。

LM20-1494-03-01 《四分律》卷二二

姚秦佛陀耶舍、竺佛念等譯，CBETA, T22, no.1428, p.718, b20–22，"破人"作"破彼人"。唐時期。

LM20-1494-03-02 《妙法蓮華經》卷五

姚秦鳩摩羅什譯，CBETA, T09, no.262, p.43, b26–c4。第 2、3 行間留有空白，疑有脱漏。高昌國時期。

LM20-1494-03-03 《大智度論》卷七七

　　姚秦鳩摩羅什譯，CBETA，T25，no.1509，p.607，b17–18。唐時期。

LM20-1494-03-04 《摩訶般若波羅蜜經》卷九

　　姚秦鳩摩羅什譯，CBETA，T08，no.223，p.285，a20–22。高昌國時期。

LM20-1494-03-05 《妙法蓮華經》卷六

　　姚秦鳩摩羅什譯，CBETA，T09，no.262，p.47，b3–9。唐時期。

LM20-1494-04-01 《妙法蓮華經》卷五

　　姚秦鳩摩羅什譯，CBETA，T09，no.262，p.46，a27–b6。唐時期。

LM20-1494-04-02 《大般若波羅蜜多經》卷一九九

　　唐玄奘譯，CBETA，T05，no.220，p.1065，c27–p.1066，a2。唐時期。

LM20-1494-04-03 《大般涅槃經》卷三七

　　北涼曇無讖譯，CBETA，T12，no.374，p.581，a25–b1。高昌國時期。

LM20-1494-04-04 《佛説盂蘭盆經》

　　西晉竺法護譯，CBETA，T16，no.685，p.779，b20–25，“現在富”作“現在者福”。唐時期。

　　參：《旅博選粹》，136。

LM20-1494-04-05 《大般涅槃經》卷三五

　　北涼曇無讖譯，CBETA，T12，no.374，p.572，c19–21。高昌國時期。

LM20-1494-05-01 《大般涅槃經》卷二一

　　北涼曇無讖譯，CBETA，T12，no.374，p.487，b23–28。高昌國時期。

LM20-1494-05-02 《金光明經》卷四

　　北涼曇無讖譯，CBETA，T16，no.663，p.357，a4–11，“伽”作“迦”。高昌國時期。

　　參：《旅博選粹》，72。

LM20-1494-05-03 《金剛般若波羅蜜經論》卷下

　　元魏菩提流支譯，CBETA，T25，no.1511，p.793，b14–20。高昌國時期。

　　參：李昀 2017，95。

LM20-1494-06-01 《金光明經》卷四

　　北涼曇無讖譯，CBETA，T16，no.663，p.356，b29–c5。高昌國時期。

LM20-1494-06-02 《大方等大集經》卷四

　　北涼曇無讖譯，CBETA，T13，no.397，p.23，c29–p.24，a4。唐時期。

LM20-1494-06-03 《大般涅槃經》卷六

　　北涼曇無讖譯，CBETA，T12，no.374，p.400，a6–10。高昌國時期。

LM20-1494-06-04 《佛説觀藥王藥上二菩薩經》

　　劉宋畺良耶舍譯，CBETA，T20，no.1161，p.660，c12–15。唐時期。

LM20-1494-06-05 《金剛般若波羅蜜經》

元魏菩提流支譯，CBETA, T08, no.236a, p.752, c12-19。唐時期。

LM20-1494-07-01 《大方廣佛華嚴經》卷一〇（五十卷本）

東晉佛陀跋陀羅譯，《中華大藏經》第 12 册, 115b3-6; 參 CBETA, T09, no.278, p.470, a25-27。高昌國時期。

LM20-1494-07-02 《大寶積經》卷四一

唐玄奘譯，CBETA, T11, no.310, p.235, a23-24。唐時期。

LM20-1494-07-03 《大方廣佛華嚴經》卷二八

東晉佛陀跋陀羅譯，CBETA, T09, no.278, p.585, a16-19。唐時期。

LM20-1494-07-04 《大通方廣懺悔滅罪莊嚴成佛經》卷中

作者不詳，CBETA, T85, no.2871, p.1347, a13-17。高昌國時期。

LM20-1494-08-01 《大般涅槃經》卷三

北涼曇無讖譯，CBETA, T12, no.374, p.381, a13-17。高昌國時期。

LM20-1494-08-02 《大般涅槃經》卷三八

北涼曇無讖譯，CBETA, T12, no.374, p.588, a15-19。唐時期。

LM20-1494-08-03 《大方等無想經》卷二

北涼曇無讖譯，CBETA, T12, no.387, p.1087, c25-29, "海"作"雲", "雨"作"雲", "藏"作"密"。高昌國時期。

LM20-1494-08-04 《妙法蓮華經》卷一

姚秦鳩摩羅什譯，CBETA, T09, no.262, p.3, b8-12。唐時期。

LM20-1494-09-01 《禪秘要法經》卷中

姚秦鳩摩羅什等譯，CBETA, T15, no.613, p.260, c24-27。高昌國時期。

LM20-1494-09-02 《大方廣佛華嚴經》卷二三（五十卷本）

東晉佛陀跋陀羅譯，《中華大藏經》第 12 册, 295b4-6; 參 CBETA, T09, no.278, p.582, c23-25。高昌國時期。

LM20-1494-09-03 《妙法蓮華經》卷四

姚秦鳩摩羅什譯，CBETA, T09, no.262, p.32, c5-7。唐時期。

LM20-1494-09-04 《妙法蓮華經》卷五

姚秦鳩摩羅什譯，CBETA, T09, no.262, p.41, c11-14。高昌郡時期。

參：《旅博選粹》, 13。

LM20-1494-09-05 《養生經》

參丹波康賴撰《醫心方》卷二七，人民衛生出版社, 1955 年, 630 頁。疑爲梁陶弘景撰《養性延命録》，又名《養生延命録》，"衣"作"形"，"早"作"旦"。唐時期。

參：趙洋 2017a, 191; 趙洋 2017b, 212。

LM20-1494-10-01 《摩訶般若波羅蜜經》卷二五

姚秦鳩摩羅什譯，CBETA, T08, no.223, p.404, a17–21。高昌國時期。

LM20-1494-10-02 《大般涅槃經》卷二三

北涼曇無讖譯，CBETA, T12, no.374, p.501, a7–12。高昌國時期。

LM20-1494-10-03 《大方等大集經》卷一六

北涼曇無讖譯，CBETA, T13, no.397, p.111, b2–6。高昌國時期。

LM20-1494-10-04 《大通方廣懺悔滅罪莊嚴成佛經》卷中

作者不詳，CBETA, T85, no.2871, p.1347, a25–b1，第 3 行文字與 CBETA 不同。高昌國時期。

LM20-1494-11-01 《金剛般若波羅蜜經》

姚秦鳩摩羅什譯，CBETA, T08, no.235, p.751, c2–5。唐時期。

LM20-1494-11-02 佛典注疏

高昌國時期。

LM20-1494-11-03 《妙法蓮華經》卷三

姚秦鳩摩羅什譯，CBETA, T09, no.262, p.24, b27–c3。唐時期。

LM20-1494-11-04 願文

高昌國時期。

LM20-1494-12-01 《大般若波羅蜜多經》卷五二七

唐玄奘譯，CBETA, T07, no.220, p.703, b27–c1。唐時期。

LM20-1494-12-02 《大方便佛報恩經》卷二

譯者不詳，CBETA, T03, no.156, p.132, c12–15。唐時期。

LM20-1494-12-03 《妙法蓮華經》卷一

姚秦鳩摩羅什譯，CBETA, T09, no.262, p.7, c10–17。唐時期。

LM20-1494-12-04 《大般涅槃經》卷二六

北涼曇無讖譯，CBETA, T12, no.374, p.521, b4–7。高昌國時期。

LM20-1494-12-05 《妙法蓮華經》卷三

姚秦鳩摩羅什譯，CBETA, T09, no.262, p.23, c19–25。唐時期。

LM20-1494-13-01 《救疾經》

作者不詳，CBETA, T85, no.2878, p.1361, c12–15。高昌國時期。

參：馬俊傑 2019, 230–254。

LM20-1494-13-02 《大般涅槃經》卷一三

北涼曇無讖譯，CBETA, T12, no.374, p.444, a15–17。唐時期。

LM20-1494-13-03 《妙法蓮華經》卷四

姚秦鳩摩羅什譯，CBETA, T09, no.262, p.33, b20–23。唐時期。

LM20-1494-13-04 《十地經論》卷五

元魏菩提流支譯，CBETA, T26, no.1522, p.153, c5–9。高昌國時期。

LM20-1494-13-05　《攝大乘論釋》卷一四

陳真諦譯，CBETA, T31, no.1595, p.259, a28–b2。有朱筆句讀。唐時期。

LM20-1494-14-01　《大通方廣懺悔滅罪莊嚴成佛經》卷中

作者不詳，CBETA, T85, no.2871, p.1347, a9–12。高昌國時期。

LM20-1494-14-02　《摩訶般若波羅蜜經》卷四

姚秦鳩摩羅什譯，CBETA, T08, no.223, p.243, c9–13。唐時期。

LM20-1494-14-03　《大智度論》卷八七

姚秦鳩摩羅什譯，CBETA, T25, no.1509, p.670, a20–23。高昌國時期。

LM20-1494-14-04　《妙法蓮華經》卷二

姚秦鳩摩羅什譯，CBETA, T09, no.262, p.11, b15–21。唐時期。

LM20-1494-14-05　《大寶積經》卷一〇九

隋闍那崛多譯，CBETA, T11, no.310, p.610, c27–p.611, a1。唐時期。

LM20-1494-15-01　《大般若波羅蜜多經》卷二九二

唐玄奘譯，CBETA, T06, no.220, p.483, a25–29。唐時期。

LM20-1494-15-02　《大般涅槃經》卷二〇

北涼曇無讖譯，CBETA, T12, no.374, p.481, c12–14。高昌國時期。

LM20-1494-15-03　《摩訶僧祇律大比丘戒本》

東晉佛陀跋陀羅譯，CBETA, T22, no.1426, p.550, b22–27，“應知如法”作“應如法”。
高昌國時期。

LM20-1494-16-01　《妙法蓮華經》卷六

姚秦鳩摩羅什譯，CBETA, T09, no.262, p.53, b7–11。唐時期。

LM20-1494-16-02　《大般涅槃經》卷三〇

北涼曇無讖譯，CBETA, T12, no.374, p.547, a27–b2。高昌國時期。
參：王寧 2006, 56。

LM20-1494-16-03　《攝大乘論釋》卷一四

陳真諦譯，CBETA, T31, no.1595, p.259, a29–b3，“或”作“惑”。有朱筆句讀。唐時期。

LM20-1494-16-04　《大寶積經》卷九

西晉竺法護譯，CBETA, T11, no.310, p.51, a12–17。唐時期。

LM20-1494-16-05　《佛說灌頂經》卷一二

東晉帛尸梨蜜多羅譯，CBETA, T21, no.1331, p.535, c15–19，“萎”作“痿”。唐時期。

LM20-1494-16-06　《大通方廣懺悔滅罪莊嚴成佛經》卷中

作者不詳，CBETA, T85, no.2871, p.1347, a2–4。高昌國時期。

LM20-1494-17-01　《大通方廣懺悔滅罪莊嚴成佛經》卷中

作者不詳，CBETA, T85, no.2871, p.1347, a5-8。高昌國時期。

LM20-1494-17-02　《因明入正理論》

唐玄奘譯，CBETA, T32, no.1630, p.12, a3-6。唐時期。

LM20-1494-17-03　《大通方廣懺悔滅罪莊嚴成佛經》卷中

作者不詳，CBETA, T85, no.2871, p.1347, b4-7, "脫"作"達"。高昌國時期。

LM20-1494-17-04　《大方等無想經》卷六

北涼曇無讖譯，CBETA, T12, no.387, p.1105, c26-p.1106, a2。高昌郡時期。

參：《旅博選粹》, 52。

LM20-1494-17-05a　《大般涅槃經》卷三四

北涼曇無讖譯，CBETA, T12, no.374, p.567, c19-20。高昌國時期。

LM20-1494-17-05b　《大般涅槃經》卷三四

北涼曇無讖譯，CBETA, T12, no.374, p.567, c21-23。高昌國時期。

LM20-1494-18-01　《勝天王般若波羅蜜經》卷一

陳月婆首那譯，CBETA, T08, no.231, p.692, c1-2。高昌國時期。

LM20-1494-18-02　《摩訶般若波羅蜜經》卷五

姚秦鳩摩羅什譯，CBETA, T08, no.223, p.254, a3-8。高昌國時期。

LM20-1494-18-03　《大唐内典録序》

唐道宣撰，CBETA, T55, no.2149, p.220, a25-28。唐時期。

參：《旅博選粹》, 152；王振芬、孟彦弘 2017, 190。

LM20-1494-18-04　《大般涅槃經》卷二四

北涼曇無讖譯，CBETA, T12, no.374, p.509, b21-23。高昌郡時期。

LM20-1494-18-05　《佛本行集經》卷五

隋闍那崛多譯，CBETA, T03, no.190, p.675, a1-6。唐時期。

參：段真子 2019, 164。

LM20-1494-18-06　《大般涅槃經》卷二四

北涼曇無讖譯，CBETA, T12, no.374, p.504, a17-20。唐時期。

LM20-1494-19-01　《大般涅槃經》卷一九

北涼曇無讖譯，CBETA, T12, no.374, p.478, b2-6。第 3 行地腳有朱點。高昌郡時期。

LM20-1494-19-02　《佛説灌頂經》卷一一

東晉帛尸梨蜜多羅譯，CBETA, T21, no.1331, p.530, b1-4。唐時期。

LM20-1494-19-03　佛典注疏

高昌國時期。

LM20-1494-19-04　《大般涅槃經》卷三八

北涼曇無讖譯，CBETA, T12, no.374, p.586, c21-24。高昌國時期。

LM20-1494-19-05　《金剛般若波羅蜜經》

姚秦鳩摩羅什譯，CBETA, T08, no.235, p.748, c26–p.749, a7。唐時期。

LM20-1494-20-01　《摩訶般若波羅蜜經》卷八

姚秦鳩摩羅什譯，CBETA, T08, no.223, p.276, a26–29。高昌國時期。

LM20-1494-20-02　《大般涅槃經》卷一四

北涼曇無讖譯，CBETA, T12, no.374, p.448, b19–24，"術"作"率"。高昌國時期。

LM20-1494-20-03　《十方千五百佛名經》

譯者不詳，CBETA, T14, no.442, p.317, a15–19。高昌國時期。

LM20-1494-20-04　《大般涅槃經》卷八

北涼曇無讖譯，CBETA, T12, no.374, p.414, c22–25。唐時期。

參：橘堂晃一 2006a, 88。

LM20-1494-20-05　《大般若波羅蜜多經》卷二七七

唐玄奘譯，CBETA, T06, no.220, p.406, b20–25。唐時期。

LM20-1494-21-01　《大智度論》卷八四

姚秦鳩摩羅什譯，CBETA, T25, no.1509, p.651, a24–26。高昌國時期。

LM20-1494-21-02　《摩訶般若波羅蜜經》卷一二

姚秦鳩摩羅什譯，CBETA, T08, no.223, p.312, a17–20。高昌國時期。

LM20-1494-21-03　《妙法蓮華經》卷七

姚秦鳩摩羅什譯，CBETA, T09, no.262, p.58, c10–13。唐時期。

LM20-1494-21-04　《勝鬘義疏本義》

梁僧旻撰。參敦煌本 BD5793（《國家圖書館藏敦煌遺書》第 77 册，284 頁）。高昌國時期。

參：橘堂晃一 2006, 88（誤作 LM20-1494-20-04）。

LM20-1494-21-05　《大般涅槃經》卷一九

北涼曇無讖譯，CBETA, T12, no.374, p.475, c15–18。高昌國時期。

LM20-1494-21-06　《放光般若經》卷一八

西晉無羅叉譯，CBETA, T08, no.221, p.128, c26–p.129, a1，"想"作"相"，"言"作"告"。高昌國時期。

LM20-1494-21-07　《大般涅槃經》卷一二

北涼曇無讖譯，CBETA, T12, no.374, p.436, b10–13。唐時期。

LM20-1494-22-01　《妙法蓮華經》卷一

姚秦鳩摩羅什譯，CBETA, T09, no.262, p.4, b3–7。唐時期。

LM20-1494-22-02　《佛本行集經》卷五〇

隋闍那崛多譯，CBETA, T03, no.190, p.884, b4–6。唐時期。

參：段真子 2019, 160。

LM20-1494-22-03　《大般涅槃經》卷六

北涼曇無讖譯，CBETA, T12, no.374, p.397, b26-29。高昌國時期。

LM20-1494-22-04　《大般涅槃經》卷六

北涼曇無讖譯，CBETA, T12, no.374, p.398, b14-16。高昌國時期。

LM20-1494-22-05　佛教戒律

參姚秦佛陀耶舍、竺佛念等譯《四分律》卷二四，CBETA, T22, no.1428, p.734, c19-22；卷二五，CBETA, T22, no.1428, p.738, b8-9。高昌國時期。

LM20-1494-22-06　《佛説灌頂經》卷七

東晉帛尸梨蜜多羅譯，CBETA, T21, no.1331, p.517, b2-5。唐時期。

LM20-1494-23-01　《洞玄靈寶長夜之九幽玉匱明真科》

作者不詳，約出於東晉。與敦煌本 P.2730 第 12-20 行同，《正統道藏》第 34 册，380b8-16。唐時期。

參：《旅博選粹》，203；都築晶子等 2010, 79；趙洋 2017a, 186；趙洋 2017b, 196-197。

LM20-1494-23-02　《大般涅槃經》卷一九

北涼曇無讖譯，CBETA, T12, no.374, p.475, c15-16。高昌國時期。

LM20-1494-23-03　《大般若波羅蜜多經》卷五八五

唐玄奘譯，CBETA, T07, no.220, p.1025, a11-13。唐時期。

LM20-1494-23-04　《大般涅槃經》卷二七

北涼曇無讖譯，CBETA, T12, no.374, p.528, a14-16。高昌國時期。

LM20-1494-23-05　《維摩詰所説經》卷上

姚秦鳩摩羅什譯，CBETA, T14, no.475, p.542, c24-27。唐時期。

LM20-1494-23-06　《金剛般若波羅蜜經》

姚秦鳩摩羅什譯，CBETA, T08, no.235, p.749, a21-26。唐時期。

LM20-1494-24-01　《大般涅槃經》卷三四

北涼曇無讖譯，CBETA, T12, no.374, p.567, c13-16。有朱筆句讀。高昌郡時期。

LM20-1494-24-02　《大般涅槃經》卷八

北涼曇無讖譯，CBETA, T12, no.374, p.415, a7-10，"无憂"作"無有"。唐時期。

LM20-1494-24-03　《四分僧戒本》

姚秦佛陀耶舍譯，CBETA, T22, no.1430, p.1023, b14-15。第 2 行"諸大德"三字上有朱色墨跡。唐時期。

LM20-1494-24-04　《彌沙塞五分戒本》

劉宋佛陀什等譯，CBETA, T22, no.1422a, p.195, a21-26。西州回鶻時期。

LM20-1494-24-05　《佛説灌頂經》卷一二

東晉帛尸梨蜜多羅譯，CBETA, T21, no.1331, p.533, b14-16。西州回鶻時期。

LM20-1494-25-01　《大般若波羅蜜多經》卷二三一

唐玄奘譯, CBETA, T06, no.220, p.162, a11–14。唐時期。

LM20-1494-25-02a　《大般涅槃經》卷二二

北涼曇無讖譯, CBETA, T12, no.374, p.493, c2–7。高昌國時期。

LM20-1494-25-02b　《佛説七千佛神符經》

作者不詳, CBETA, T85, no.2904, p.1446, b26–29, "鬼符"作"鬼弟子佩千佛符"。唐時期。

LM20-1494-25-03　《維摩詰所説經》卷上

姚秦鳩摩羅什譯, CBETA, T14, no.475, p.540, b15–20。唐時期。

參: 王梅 2006, 151。

LM20-1494-25-04　《妙法蓮華經》卷三

姚秦鳩摩羅什譯, CBETA, T09, no.262, p.19, c8–9。唐時期。

LM20-1494-26-01　《大方等陀羅尼經》卷二

北涼法眾譯, CBETA, T21, no.1339, p.650, b29–c3。高昌國時期。

LM20-1494-26-02　《大智度論》卷一五

姚秦鳩摩羅什譯, CBETA, T25, no.1509, p.170, c12–16。唐時期。

LM20-1494-26-03　《妙法蓮華經》卷一

姚秦鳩摩羅什譯, CBETA, T09, no.262, p.6, b2–3。唐時期。

LM20-1494-26-04　《佛説佛名經》卷一六

譯者不詳, CBETA, T14, no.441, p.247, c12–13。高昌國時期。

LM20-1494-26-05　《佛説仁王般若波羅蜜經》卷下

姚秦鳩摩羅什譯, CBETA, T08, no.245, p.832, b8–10。高昌國時期。

LM20-1494-26-06　《舍利弗阿毗曇論》卷六

姚秦曇摩耶舍、曇摩崛多譯, CBETA, T28, no.1548, p.568, b17–19。高昌郡時期。

參:《旅博選粹》, 63。

LM20-1494-26-07　《妙法蓮華經》卷五

姚秦鳩摩羅什譯, CBETA, T09, no.262, p.38, b24–c1。唐時期。

LM20-1494-26-08　《净名經集解關中疏》卷下

唐道液述, CBETA, ZW03, no.25, p.87, a9–13, "云"作"曰"。唐時期。

參: 鄭阿財 2019, 194。

LM20-1494-27-01　《佛説仁王般若波羅蜜經》卷下

姚秦鳩摩羅什譯, CBETA, T08, no.245, p.830, b16–19。高昌國時期。

LM20-1494-27-02　《月燈三昧經》卷五

高齊那連提耶舍譯, CBETA, T15, no.639, p.579, b11–14。唐時期。

LM20-1494-27-03　《大般涅槃經》卷一二

北涼曇無讖譯，CBETA，T12，no.374，p.439，c17–18。唐時期。

LM20-1494-27-04 《金光明經》卷二

北涼曇無讖譯，CBETA，T16，no.663，p.344，b14–17。高昌國時期。

LM20-1494-27-05 《大般涅槃經》卷一五

北涼曇無讖譯，CBETA，T12，no.374，p.455，a28–b1。高昌郡時期。

LM20-1494-27-06 《大般涅槃經》卷三八

北涼曇無讖譯，CBETA，T12，no.374，p.589，c13–19。高昌國時期。

LM20-1494-27-07 《净土五會念佛誦經觀行儀》卷下

唐法照撰，CBETA，T85，no.2827，p.1265，c15–18，"停"作"亭"。唐時期。

LM20-1494-28-01 《賢愚經》卷一三

元魏慧覺等譯，CBETA，T04，no.202，p.440，a14–19。高昌郡時期。

參：《旅博選粹》，8。

LM20-1494-28-02 《妙法蓮華經》卷四

姚秦鳩摩羅什譯，CBETA，T09，no.262，p.34，a19–21，"世"作"界"。唐時期。

LM20-1494-28-03 《妙法蓮華經》卷二

姚秦鳩摩羅什譯，CBETA，T09，no.262，p.16，b9–11。唐時期。

LM20-1494-28-04 《十方千五百佛名經》

譯者不詳，CBETA，T14，no.442，p.313，a4–6。唐時期。

LM20-1494-28-05 《大般涅槃經》卷一九

北涼曇無讖譯，CBETA，T12，no.374，p.477，c24–28。唐時期。

LM20-1494-28-06 《大般涅槃經》卷二三

北涼曇無讖譯，CBETA，T12，no.374，p.499，a19–23。高昌郡時期。

參：《旅博選粹》，51。

LM20-1494-28-07 《妙法蓮華經》卷三

姚秦鳩摩羅什譯，CBETA，T09，no.262，p.25，b18–21。唐時期。

LM20-1494-28-08 《大般涅槃經》卷三一

北涼曇無讖譯，CBETA，T12，no.374，p.549，b28–c2。唐時期。

LM20-1494-29-01 《大般涅槃經》卷九

北涼曇無讖譯，CBETA，T12，no.374，p.419，a26–b2。唐時期。

LM20-1494-29-02 《光讚經》卷一

西晉竺法護譯，CBETA，T08，no.222，p.154，c1–4，"見"作"不"。高昌國時期。

LM20-1494-29-03 佛教經録

參唐道宣《大唐内典録》卷八，CBETA，T55，no.2149，p.305，b2、b13；卷九，CBETA，T55，no.2149，p.318，a18、p.319，c7。西州回鶻時期。

參：《旅博選粹》, 190; 王振芬、孟彥弘 2017, 171–175。

LM20-1494-29-04　《妙法蓮華經》卷一

姚秦鳩摩羅什譯, CBETA, T09, no.262, p.4, c10–20。唐時期。

LM20-1494-29-05　《大方等無想經》卷六

北涼曇無讖譯, CBETA, T12, no.387, p.1105, c6–10。高昌國時期。

LM20-1494-30-01　《摩訶般若波羅蜜經》卷一五

姚秦鳩摩羅什譯, CBETA, T08, no.223, p.328, c14–18。高昌國時期。

LM20-1494-30-02　《妙法蓮華經》卷三

姚秦鳩摩羅什譯, CBETA, T09, no.262, p.20, b6–10。高昌國時期。

LM20-1494-30-03　《佛說觀藥王藥上二菩薩經》

劉宋畺良耶舍譯, CBETA, T20, no.1161, p.662, a29–b2。高昌國時期。

LM20-1494-30-04　《妙法蓮華經》卷一

姚秦鳩摩羅什譯, CBETA, T09, no.262, p.9, c24–p.10, a3。唐時期。

LM20-1494-30-05　《妙法蓮華經》卷二

姚秦鳩摩羅什譯, CBETA, T09, no.262, p.12, a28–b2。唐時期。

LM20-1494-30-06　佛典殘片

有朱筆句讀。高昌國時期。

LM20-1494-31-01　《大般涅槃經》卷一九

北涼曇無讖譯, CBETA, T12, no.374, p.474, c28–p.475, a3。高昌國時期。

LM20-1494-31-02　《大方便佛報恩經》卷七

譯者不詳, CBETA, T03, no.156, p.162, b26–28。唐時期。

LM20-1494-31-03　《摩訶般若波羅蜜經》卷四

姚秦鳩摩羅什譯, CBETA, T08, no.223, p.243, c25–27。高昌國時期。

LM20-1494-31-04　《大般涅槃經》卷一三

北涼曇無讖譯, CBETA, T12, no.374, p.440, b13–17。高昌國時期。

LM20-1494-31-05　《大般涅槃經》卷三

北涼曇無讖譯, CBETA, T12, no.374, p.383, c28–p.384, a3。唐時期。

LM20-1494-31-06　《釋禪波羅蜜次第法門》卷二

隋智顗說, 法慎記, 灌頂再治, CBETA, T46, no.1916, p.489, c23–28, "正身"作"即正身", "恣氣"作"自恣"。唐時期。

參：《旅博選粹》, 151。

LM20-1494-32-01　《妙法蓮華經》卷四

姚秦鳩摩羅什譯, CBETA, T09, no.262, p.28, a3–5。唐時期。

LM20-1494-32-02　《勝天王般若波羅蜜經》卷五

陳月婆首那譯，CBETA，T08，no.231，p.716，b12–14。高昌國時期。

LM20-1494-32-03　《請觀世音菩薩消伏毒害陀羅尼咒經》

東晉竺難提譯，CBETA，T20，no.1043，p.36，c8–12。高昌國時期。

LM20-1494-32-04　《大般涅槃經》卷三四

北涼曇無讖譯，CBETA，T12，no.374，p.568，c9–14。高昌國時期。

LM20-1494-33-01　《大般涅槃經》卷九

北涼曇無讖譯，CBETA，T12，no.374，p.418，c22–p.419，a3。高昌國時期。

LM20-1494-33-02　《佛説佛名經》卷八

元魏菩提流支譯，CBETA，T14，no.440，p.158，b17–24。唐時期。

LM20-1494-33-03　《金光明最勝王經》卷四

唐義净譯，CBETA，T16，no.665，p.420，a23–26。唐時期。

LM20-1494-33-04　《妙法蓮華經》卷七

姚秦鳩摩羅什譯，CBETA，T09，no.262，p.56，c21–26。唐時期。

LM20-1494-34-01　　佛典殘片

高昌郡時期。

參：《旅博選粹》，159。

LM20-1494-34-02　《大般若波羅蜜多經》卷一二九

唐玄奘譯，CBETA，T05，no.220，p.708，c15–19。唐時期。

LM20-1494-34-03　《金光明經》卷四

北涼曇無讖譯，CBETA，T16，no.663，p.355，b24–27。唐時期。

LM20-1494-34-04　《維摩詰所説經》卷中

姚秦鳩摩羅什譯，CBETA，T14，no.475，p.547，b5–7。唐時期。

LM20-1494-34-05　《佛説觀佛三昧海經》卷七

東晉佛陀跋陀羅譯，CBETA，T15，no.643，p.679，a10–16，“諸”作“鬼”。唐時期。

LM20-1494-34-06　《大方廣佛華嚴經隨疏演義鈔》卷一七

唐澄觀述，CBETA，T36，no.1736，p.129，b5–7。唐時期。

LM20-1494-35-01　《佛説決罪福經》卷下

作者不詳，CBETA，T85，no.2868，p.1331，c17–20，“至”作“志”，“塔廟”作“塔”。高昌國時期。

LM20-1494-35-02　《摩訶般若波羅蜜經》卷二三

姚秦鳩摩羅什譯，CBETA，T08，no.223，p.387，c6–11。高昌國時期。

LM20-1494-35-03　《金光明經》卷一

北涼曇無讖譯，CBETA，T16，no.663，p.338，c4–6。唐時期。

LM20-1494-35-04　《大般若波羅蜜多經》卷二四八

唐玄奘譯，此段文字多處可見。唐時期。

LM20-1494-35-05　佛典殘片

唐時期。

LM20-1494-35-06　《大般涅槃經》卷二九

北涼曇無讖譯，CBETA, T12, no.374, p.537, c1-5。高昌國時期。

LM20-1494-36-01　《坐禪三昧經》卷下

姚秦鳩摩羅什譯，CBETA, T15, no.614, p.278, b28-c1, "是"作"有", "苦"作"苦患"。唐時期。

LM20-1494-36-02　佛典殘片

高昌國時期。

LM20-1494-36-03　《大智度論》卷一三

姚秦鳩摩羅什譯，CBETA, T25, no.1509, p.155, b24-28。高昌郡時期。

參：《旅博選粹》，59。

LM20-1494-36-04　《妙法蓮華經》卷四

姚秦鳩摩羅什譯，CBETA, T09, no.262, p.32, c19-22。唐時期。

LM20-1494-36-05　《梵網經》卷下

姚秦鳩摩羅什譯，CBETA, T24, no.1484, p.1007, b22-26。唐時期。

LM20-1494-36-06　《摩訶般若波羅蜜經》卷二〇

姚秦鳩摩羅什譯，CBETA, T08, no.223, p.366, a26-29。高昌國時期。

LM20-1494-37-01　《佛本行集經》卷五

隋闍那崛多譯，CBETA, T03, no.190, p.675, c29-p.676, a2。高昌國時期。

參：段真子 2019, 152。

LM20-1494-37-02　《大般涅槃經》卷三七

北涼曇無讖譯，CBETA, T12, no.374, p.584, a22-26。高昌國時期。

LM20-1494-37-03　《妙法蓮華經》卷一

姚秦鳩摩羅什譯，CBETA, T09, no.262, p.2, c29-a5。西州回鶻時期。

LM20-1494-37-04　《大般涅槃經》卷九

北涼曇無讖譯，CBETA, T12, no.374, p.421, c21-24。唐時期。

LM20-1494-37-05　《佛説灌頂經》卷一二

東晉帛尸梨蜜多羅譯，CBETA, T21, no.1331, p.533, a6-10。唐時期。

LM20-1494-37-06　《大般若波羅蜜多經》卷四二二

唐玄奘譯，CBETA, T07, no.220, p.122, a29-b4。唐時期。

LM20-1494-38-01　《摩訶般若波羅蜜經》卷二四

姚秦鳩摩羅什譯，CBETA, T08, no.223, p.393, b25-28。高昌國時期。

LM20-1494-38-02　《佛本行集經》卷五

隋闍那崛多譯，CBETA, T03, no.190, p.674, c15–18。唐時期。

參：段真子 2019, 150。

LM20-1494-38-03　《佛垂般涅槃略説教誡經》

姚秦鳩摩羅什譯，CBETA, T12, no.389, p.1111, c7–12。高昌郡時期。

參：《旅博選粹》, 53。

LM20-1494-38-04　《大般涅槃經》卷一一

北涼曇無讖譯，CBETA, T12, no.374, p.431, a9–13，"蜜"作"密"。高昌國時期。

LM20-1494-38-05　《摩訶般若波羅蜜經》卷一三

姚秦鳩摩羅什譯，CBETA, T08, no.223, p.314, c27–p.315, a3。高昌國時期。

LM20-1494-38-06　《放光般若經》卷四

西晉無羅叉譯，CBETA, T08, no.221, p.26, b21–24。高昌國時期。

經冊四十六

LM20-1495-01-01　《維摩詰所説經》卷中

姚秦鳩摩羅什譯，CBETA, T14, no.475, p.550, b8–15。高昌國時期。

LM20-1495-01-02　《金剛般若波羅蜜經》

元魏菩提流支譯，CBETA, T08, no.236a, p.753, b11–13。唐時期。

LM20-1495-01-03　《妙法蓮華經》卷四

姚秦鳩摩羅什譯，CBETA, T09, no.262, p.34, b18–22，"誦"作"讀"。唐時期。

LM20-1495-01-04　《大方廣佛華嚴經》卷一五

唐實叉難陀譯，CBETA, T10, no.279, p.77, c28–p.78, a2。唐時期。

LM20-1495-01-05　《妙法蓮華經》卷一

姚秦鳩摩羅什譯，CBETA, T09, no.262, p.7, c9–11。高昌國時期。

LM20-1495-01-06　《菩薩善戒經》卷一

劉宋求那跋摩譯，CBETA, T30, no.1582, p.961, b4–8。天頭欄格上有墨點標示。高昌郡
時期。背面有字，無法揭取拍攝。

參：《旅博選粹》，4；王振芬 2006, 76–77；郭富純、王振芬 2006, 29；《旅博研究》，
109；孫傳波 2008, 67、73；史睿 2019, 74。

LM20-1495-02-01　《妙法蓮華經》卷五

姚秦鳩摩羅什譯，CBETA, T09, no.262, p.39, c14–17。唐時期。背面有回鶻文，無法揭取
拍攝。

LM20-1495-02-02　《金光明最勝王經》卷六

唐義净譯，CBETA, T16, no.665, p.431, b5–10。唐時期。

LM20-1495-02-03　《大般涅槃經後分》卷上

唐若那跋陀羅譯，CBETA, T12, no.377, p.901, c7–10。唐時期。

LM20-1495-02-04　《妙法蓮華經》卷二

姚秦鳩摩羅什譯，CBETA, T09, no.262, p.11, b9–13，"從"作"隨"。高昌國時期。

LM20-1495-02-05　《妙法蓮華經》卷三

姚秦鳩摩羅什譯，CBETA, T09, no.262, p.25, a10–14。唐時期。

LM20-1495-03-01　《摩訶般若波羅蜜經》卷一八

姚秦鳩摩羅什譯，CBETA, T08, no.223, p.354, c11–16。唐時期。

LM20-1495-03-02　《大般若波羅蜜多經》卷三三〇

唐玄奘譯，CBETA, T06, no.220, p.689, b5–10。唐時期。

LM20-1495-03-03　《注維摩詰經》卷四

姚秦僧肇撰，CBETA, T38, no.1775, p.363, b14–24。有雙行小字注。高昌郡時期。

參：橘堂晃一 2006a, 93；鄭阿財 2019, 191。

LM20-1495-03-04　《摩訶般若波羅蜜經》卷二

姚秦鳩摩羅什譯，CBETA, T08, no.223, p.226, c26–29。高昌國時期。

LM20-1495-04-01　《優婆塞戒經》卷一

北涼曇無讖譯，CBETA, T24, no.1488, p.1036, c26–p.1037, a1。高昌國時期。

LM20-1495-04-02　《大智度論》卷一三

姚秦鳩摩羅什譯，CBETA, T25, no.1509, p.158, b18–21，"知"作"不"，"没"作"悶"。唐時期。

LM20-1495-04-03　《大寶積經》卷七六

高齊那連提耶舍譯，CBETA, T11, no.310, p.432, c11–13。唐時期。

LM20-1495-04-04　《摩訶般若波羅蜜經》卷九

姚秦鳩摩羅什譯，CBETA, T08, no.223, p.287, c24–p.288, a3。唐時期。

LM20-1495-04-05　《大智度論》卷七五

姚秦鳩摩羅什譯，CBETA, T25, no.1509, p.588, a22–27。唐時期。

LM20-1495-05-01　《妙法蓮華經》卷五

姚秦鳩摩羅什譯，CBETA, T09, no.262, p.45, b6–9。高昌國時期。

LM20-1495-05-02　《梵網經》卷下

姚秦鳩摩羅什譯，CBETA, T24, no.1484, p.1003, b21–23。唐時期。

LM20-1495-05-03　佛典殘片

高昌國時期。

LM20-1495-05-04　《中本起經》卷上

後漢曇果、康孟詳譯，CBETA, T04, no.196, p.149, b27–c2，"刑"作"形"。高昌郡時期。

參：《旅博選粹》，7。

LM20-1495-05-05　《妙法蓮華經》卷六

姚秦鳩摩羅什譯，CBETA, T09, no.262, p.53, a24–29。高昌郡時期。

參：《旅博選粹》，13。

LM20-1495-05-06　《妙法蓮華經》卷五

姚秦鳩摩羅什譯，CBETA, T09, no.262, p.43, c25–29。唐時期。

LM20-1495-06-01　《佛説仁王般若波羅蜜經》卷下

姚秦鳩摩羅什譯，CBETA, T08, no.245, p.830, a23–28。高昌國時期。

LM20-1495-06-02 《大智度論》卷一〇

姚秦鳩摩羅什譯，CBETA, T25, no.1509, p.129, a2-8。高昌郡時期。

參：《旅博選粹》，20。

LM20-1495-06-03 《妙法蓮華經》卷五

姚秦鳩摩羅什譯，CBETA, T09, no.262, p.44, a29-b3。高昌國時期。

LM20-1495-06-04 《摩訶般若波羅蜜經》卷二七

姚秦鳩摩羅什譯，CBETA, T08, no.223, p.417, a14-19，"爲"作"以爲"。唐時期。

LM20-1495-07-01 《善見律毗婆沙》卷一〇

蕭齊僧伽跋陀羅譯，CBETA, T24, no.1462, p.742, a2-7。唐時期。

LM20-1495-07-02 《大般涅槃經》卷五

北涼曇無讖譯，CBETA, T12, no.374, p.390, b25-28。高昌國時期。

LM20-1495-07-03 《光讚經》卷三

西晉竺法護譯，CBETA, T08, no.222, p.170, b11-16。唐時期。

LM20-1495-07-04 《妙法蓮華經》卷四

姚秦鳩摩羅什譯，CBETA, T09, no.262, p.31, b3-9。高昌國時期。

LM20-1495-08-01 《佛説觀藥王藥上二菩薩經》

劉宋畺良耶舍譯，CBETA, T20, no.1161, p.665, b24-26。唐時期。

LM20-1495-08-02 《摩訶般若波羅蜜經》卷一二

姚秦鳩摩羅什譯，CBETA, T08, no.223, p.307, c20-24。高昌國時期。

LM20-1495-08-03 《四分律》卷四〇

姚秦佛陀耶舍、竺佛念等譯，CBETA, T22, no.1428, p.859, a8-10。高昌國時期。

LM20-1495-08-04 《妙法蓮華經》卷七

姚秦鳩摩羅什譯，CBETA, T09, no.262, p.57, b18-22。西州回鶻時期。

LM20-1495-09-01 《妙法蓮華經》卷一

姚秦鳩摩羅什譯，CBETA, T09, no.262, p.3, a14-18。唐時期。

LM20-1495-09-02a 《妙法蓮華經》卷一

姚秦鳩摩羅什譯，CBETA, T09, no.262, p.3, c11-13，"是"作"爾"。西州回鶻時期。

LM20-1495-09-02b 《大方廣十輪經》卷五

譯者不詳，CBETA, T13, no.410, p.703, c7-10。唐時期。

LM20-1495-09-03 《四分律删繁補闕行事鈔》卷一

唐道宣撰，CBETA, T40, no.1804, p.1, c11-20，"第"皆作"篇第"。有雙行小字注。唐時期。

LM20-1495-09-04 《大般涅槃經》卷六

北涼曇無讖譯，CBETA, T12, no.374, p.401, a9-14。高昌郡時期。

參：《旅博選粹》，49。

LM20-1495-10-01 《佛説灌頂經》卷一一

東晉帛尸梨蜜多羅譯，CBETA, T21, no.1331, p.530, c12-14。西州回鶻時期。

LM20-1495-10-02 《妙法蓮華經》卷七

姚秦鳩摩羅什譯，CBETA, T09, no.262, p.57, c1-4。唐時期。

LM20-1495-10-03 《佛説佛名經》卷一一（十六卷本）

作者不詳。參《七寺經》3, 576 頁, 500-503 行。唐時期。

參：《旅博選粹》, 151。

LM20-1495-10-04 《成實論》卷六

姚秦鳩摩羅什譯，CBETA, T32, no.1646, p.286, a24-b1，"無生"作"死生"。高昌郡時期。

參：《旅博選粹》, 67。

LM20-1495-10-05 《大般涅槃經》卷二七

北涼曇無讖譯，CBETA, T12, no.374, p.522, c17-20。高昌國時期。

LM20-1495-11-01 佛教戒律

參姚秦弗羅多羅、鳩摩羅什譯《十誦律》卷一八，CBETA, T23, no.1435, p.128, a20-b5。高昌郡時期。

參：《旅博選粹》, 70。

LM20-1495-11-02 《阿毗達磨俱舍釋論》卷二一

陳真諦譯，CBETA, T29, no.1559, p.297, b9-11。唐時期。

LM20-1495-11-03 佛典注疏

高昌國時期。

LM20-1495-11-04 《大智度論》卷一五

姚秦鳩摩羅什譯，CBETA, T25, no.1509, p.171, a11-13。唐時期。

LM20-1495-12-01 《大智度論》卷六七

姚秦鳩摩羅什譯，CBETA, T25, no.1509, p.529, c13-21，"事發"作"事新發"，"魔欲"作"魔是欲"。高昌國時期。

LM20-1495-12-02 《金光明經》卷三

北涼曇無讖譯，CBETA, T16, no.663, p.351, a3-5。唐時期。

LM20-1495-12-03 《大般若波羅蜜多經》卷五六九

唐玄奘譯，CBETA, T07, no.220, p.938, b26-28。唐時期。

LM20-1495-12-04 《過去現在因果經》卷三

劉宋求那跋陀羅譯，CBETA, T03, no.189, p.641, b4-7，"初夜"作"夜"。高昌國時期。

LM20-1495-12-05 《賢愚經》卷九

元魏慧覺等譯，CBETA, T04, no.202, p.410, b10-14。唐時期。

LM20-1495-13-01 《大般涅槃經》卷三二

北涼曇無讖譯，CBETA, T12, no.374, p.559, c25–29。高昌國時期。

LM20-1495-13-02 《維摩詰所説經》卷中

姚秦鳩摩羅什譯，CBETA, T14, no.475, p.544, c2–6。高昌國時期。

LM20-1495-13-03 《金光明最勝王經》卷一

唐義净譯，CBETA, T16, no.665, p.403, a21–26。西州回鶻時期。

LM20-1495-13-04 《大通方廣懺悔滅罪莊嚴成佛經》卷中

作者不詳，CBETA, T85, no.2871, p.1345, a36。高昌國時期。

LM20-1495-13-05 《十方千五百佛名經》

譯者不詳，CBETA, T14, no.442, p.313, c12–17。高昌國時期。

LM20-1495-14-01 《佛説仁王般若波羅蜜經》卷上

姚秦鳩摩羅什譯，CBETA, T08, no.245, p.826, b17–19。高昌國時期。

LM20-1495-14-02 《金剛般若波羅蜜經》

元魏菩提流支譯，CBETA, T08, no.236a, p.755, a8–11。唐時期。

LM20-1495-14-03 《佛説灌頂經》卷一二

東晉帛尸梨蜜多羅譯，CBETA, T21, no.1331, p.535, a19–23，"意"作"心"，"已"作"以"。唐時期。

LM20-1495-14-04 《大般若波羅蜜多經》卷九三

唐玄奘譯，CBETA, T05, no.220, p.518, b29–c5。唐時期。

LM20-1495-15-01 《維摩詰所説經》卷上

姚秦鳩摩羅什譯，CBETA, T14, no.475, p.540, b10–17。高昌國時期。

LM20-1495-15-02 《妙法蓮華經》卷二

姚秦鳩摩羅什譯，CBETA, T09, no.262, p.17, a14–17。唐時期。

LM20-1495-15-03 羯磨文

參曹魏曇諦譯《羯磨》，CBETA, T22, no.1433, p.1057, b16–19。高昌國時期。

LM20-1495-15-04 《金剛般若波羅蜜經》

姚秦鳩摩羅什譯，CBETA, T08, no.235, p.750, b1–4。唐時期。

LM20-1495-16-01 《大般涅槃經》卷三三

北涼曇無讖譯，CBETA, T12, no.374, p.563, c3–7。高昌國時期。

LM20-1495-16-02 《四分律》卷二三

姚秦佛陀耶舍、竺佛念等譯，CBETA, T22, no.1428, p.727, c24–29。唐時期。

LM20-1495-16-03 《維摩義記》卷四

隋慧遠撰，CBETA, T38, no.1776, p.510, a20–25。高昌國時期。

LM20-1495-16-04 《摩訶般若波羅蜜經》卷九

姚秦鳩摩羅什譯，CBETA, T08, no.223, p.289, c5–9。唐時期。

LM20-1495-16-05 《大般涅槃經》卷八

北涼曇無讖譯，CBETA，T12，no.374，p.410，c27-p.411，a3。唐時期。

LM20-1495-17-01 《大般涅槃經》卷三二

北涼曇無讖譯，CBETA，T12，no.374，p.556，a25-b1。高昌國時期。

LM20-1495-17-02 《思益梵天所問經》卷一

姚秦鳩摩羅什譯，CBETA，T15，no.586，p.36，c3-6。唐時期。

LM20-1495-17-03 《放光般若經》卷六

西晉無羅叉譯，CBETA，T08，no.221，p.40，b5-7。高昌國時期。

LM20-1495-17-04 《摩訶般若波羅蜜經》卷一九

姚秦鳩摩羅什譯，CBETA，T08，no.223，p.358，c24-27。高昌國時期。

LM20-1495-17-05 佛典注疏

高昌國時期。

參：《旅博選粹》，172。

LM20-1495-18-01 《金光明經》卷一

北涼曇無讖譯，CBETA，T16，no.663，p.338，b29-c5，“微妙”作“妙法”。高昌國時期。

LM20-1495-18-02 《般若波羅蜜多心經》

唐玄奘譯，CBETA，T08，no.251，p.848，c14-15。唐時期。

LM20-1495-18-03 《大般若波羅蜜多經》卷三八〇

唐玄奘譯，CBETA，T06，no.220，p.962，b6-9。唐時期。

LM20-1495-18-04 《妙法蓮華經》卷一

姚秦鳩摩羅什譯，CBETA，T09，no.262，p.2，b28-c6。高昌國時期。

LM20-1495-19-01 《大智度論》卷八五

姚秦鳩摩羅什譯，CBETA，T25，no.1509，p.656，b16-22。高昌郡時期。

LM20-1495-19-02 《大般涅槃經》卷二三

北涼曇無讖譯，CBETA，T12，no.374，p.501，a11-12。唐時期。

LM20-1495-19-03 《妙法蓮華經》卷一

姚秦鳩摩羅什譯，CBETA，T09，no.262，p.5，b28-c4。高昌國時期。

LM20-1495-19-04 《大般涅槃經》卷六

北涼曇無讖譯，CBETA，T12，no.374，p.399，a15-18。高昌國時期。

LM20-1495-19-05 《妙法蓮華經》卷一

姚秦鳩摩羅什譯，CBETA，T09，no.262，p.2，b8-12。唐時期。

LM20-1495-20-01 《放光般若經》卷一四

西晉無羅叉譯，CBETA，T08，no.221，p.97，a29-b5，“若”作“然”。高昌國時期。

LM20-1495-20-02 《大般涅槃經》卷一一

北涼曇無讖譯, CBETA, T12, no.374, p.439, c27-29。高昌國時期。

LM20-1495-20-03　《大般涅槃經》卷一一

北涼曇無讖譯, CBETA, T12, no.374, p.430, c11-15。高昌國時期。

LM20-1495-20-04　《梵網經》卷下

姚秦鳩摩羅什譯, CBETA, T24, no.1484, p.1004, b25-28。唐時期。

LM20-1495-21-01　《摩訶般若波羅蜜經》卷九

姚秦鳩摩羅什譯, CBETA, T08, no.223, p.289, c4-6。唐時期。

LM20-1495-21-02　禮懺文

高昌國時期。

LM20-1495-21-03　佛典注疏

高昌國時期。

LM20-1495-21-04　《妙法蓮華經》卷三

姚秦鳩摩羅什譯, CBETA, T09, no.262, p.22, b25-28。唐時期。

LM20-1495-21-05　《妙法蓮華經》卷一

姚秦鳩摩羅什譯, CBETA, T09, no.262, p.6, b24-c1。高昌國時期。

LM20-1495-22-01　《妙法蓮華經》卷一

姚秦鳩摩羅什譯, CBETA, T09, no.262, p.3, c5-9。高昌國時期。

LM20-1495-22-02　《金剛般若波羅蜜經》

姚秦鳩摩羅什譯, CBETA, T08, no.235, p.750, c12-15。唐時期。

LM20-1495-22-03　《大方廣佛華嚴經》卷三

唐實叉難陀譯, CBETA, T10, no.279, p.13, c29-p.14, a4。唐時期。

LM20-1495-22-04　《小品般若波羅蜜經》卷六

姚秦鳩摩羅什譯, CBETA, T08, no.227, p.562, c29-p.563, a4, "百佛親近供養"作"供養親近"。高昌國時期。

LM20-1495-23-01　《十誦比丘波羅提木叉戒本》

姚秦鳩摩羅什譯, CBETA, T23, no.1436, p.476, a1-6, "罪"作"法", "比丘者"作"比丘", "同"作"共", "行"作"行乃"。高昌國時期。

LM20-1495-23-02　《佛説仁王般若波羅蜜經》卷下

姚秦鳩摩羅什譯, CBETA, T08, no.245, p.832, c5-8。高昌國時期。

LM20-1495-23-03　《金光明經》卷一

北涼曇無讖譯, CBETA, T16, no.663, p.335, b16-21。唐時期。

LM20-1495-23-04　《佛説灌頂經》卷一一

東晉帛尸梨蜜多羅譯, CBETA, T21, no.1331, p.529, c7-11。西州回鶻時期。

LM20-1495-23-05　《妙法蓮華經》卷三

姚秦鳩摩羅什譯，CBETA, T09, no.262, p.24, c5–9, "咸"作"減"。高昌國時期。

LM20-1495-24-01 《大乘密嚴經》卷下

唐地婆訶羅譯，CBETA, T16, no.681, p.739, a8–11。唐時期。

LM20-1495-24-02 佛典殘片

高昌國時期。

LM20-1495-24-03 《妙法蓮華經》卷一

姚秦鳩摩羅什譯，CBETA, T09, no.262, p.9, c10–14。唐時期。

LM20-1495-24-04 《摩訶般若波羅蜜經》卷二七

姚秦鳩摩羅什譯，CBETA, T08, no.223, p.417, c24–27。高昌國時期。

LM20-1495-25-01 《四分律》卷二三

姚秦佛陀耶舍、竺佛念譯，CBETA, T22, no.1428, p.727, c21–24, "辯"作"辦"。唐時期。

LM20-1495-25-02 《妙法蓮華經》卷六

姚秦鳩摩羅什譯，CBETA, T09, no.262, p.47, b25–29。唐時期。

LM20-1495-25-03 《大般若波羅蜜多經》

唐玄奘譯，此段文字多處可見。唐時期。

LM20-1495-25-04 《救疾經》

作者不詳，CBETA, T85, no.2878, p.1362, b16–20。高昌國時期。

參：馬俊傑 2019, 230–254。

LM20-1495-25-05 《維摩詰所説經》卷上

姚秦鳩摩羅什譯，CBETA, T14, no.475, p.540, b11–14。高昌國時期。

LM20-1495-26-01 《阿毗曇毗婆沙論》卷一五

北涼浮陀跋摩、道泰譯，CBETA, T28, no.1546, p.110, b22–23。唐時期。

LM20-1495-26-02 《救疾經》

作者不詳，CBETA, T85, no.2878, p.1362, a23–29。高昌國時期。

參：馬俊傑 2019, 230–254。

LM20-1495-26-03 《妙法蓮華經》卷三

姚秦鳩摩羅什譯，CBETA, T09, no.262, p.19, c3–9。唐時期。

LM20-1495-26-04 《摩訶般若波羅蜜經》卷五

姚秦鳩摩羅什譯，CBETA, T08, no.223, p.255, b5–8。高昌郡時期。

LM20-1495-27-01 《十方千五百佛名經》

譯者不詳，CBETA, T14, no.442, p.312, b17–23, "德生"作"得生"；參《十方千五百佛名經》全文，191 頁。高昌國時期。

LM20-1495-27-02 《佛地經論》卷四

唐玄奘譯，CBETA, T26, no.1530, p.306, c19–23。唐時期。

LM20-1495-27-03　《大般涅槃經》卷三〇

北涼曇無讖譯，CBETA, T12, no.374, p.542, a28-b1。高昌國時期。

LM20-1495-28-01　佛典殘片

參元魏慧覺等譯《賢愚經》卷一〇，CBETA, T04, no.202, p.418, b29-c3。唐時期。

LM20-1495-28-02　《六度集經》卷四

吳康僧會譯，CBETA, T03, no.152, p.22, c25-p.23, a3，"燒"作"數"。高昌國時期。

參:《旅博選粹》, 87。

LM20-1495-28-03　《金光明經》卷三

北涼曇無讖譯，CBETA, T16, no.663, p.346, b17-22，"坐"作"座"。高昌郡時期。

參:《旅博選粹》, 19。

LM20-1495-28-04　《金光明經》卷三

北涼曇無讖譯，CBETA, T16, no.663, p.346, b26-28。高昌國時期。

LM20-1495-28-05　《大般涅槃經》卷七

北涼曇無讖譯，CBETA, T12, no.374, p.406, c2-7。高昌國時期。

LM20-1495-29-01　禮懺文

高昌國時期。

LM20-1495-29-02　《合部金光明經》卷一

北涼曇無讖譯，隋寶貴合，CBETA, T16, no.664, p.362, c2-8。唐時期。

LM20-1495-29-03　《佛説救護身命經》

作者不詳，CBETA, T85, no.2866, p.1327, a9-13。西州回鶻時期。

參: 孟彦弘 2018, 55。

LM20-1495-30-01　《四分律》卷四〇

姚秦佛陀耶舍、竺佛念譯，CBETA, T22, no.1428, p.857, a7-12。唐時期。

LM20-1495-30-02　《善惡因果經》

作者不詳，CBETA, T85, no.2881, p.1382, a21-24，"味"作"沫"。唐時期。

LM20-1495-30-03　《維摩詰所説經》卷中

姚秦鳩摩羅什譯，CBETA, T14, no.475, p.551, a19-23。高昌國時期。

LM20-1495-30-04　《大般若波羅蜜多經》卷二一〇

唐玄奘譯，CBETA, T06, no.220, p.49, c12-14。唐時期。

LM20-1495-30-05　《妙法蓮華經》卷二

姚秦鳩摩羅什譯，CBETA, T09, no.262, p.12, b14-17。唐時期。

LM20-1495-31-01　《思益梵天所問經》卷四

姚秦鳩摩羅什譯，CBETA, T15, no.586, p.60, b20-26。高昌郡時期。

參:《旅博選粹》, 19。

LM20-1495-31-02　《妙法蓮華經》卷一

姚秦鳩摩羅什譯，CBETA, T09, no.262, p.7, c3–5。高昌國時期。

LM20-1495-31-03　《金剛般若波羅蜜經》

姚秦鳩摩羅什譯，CBETA, T08, no.235, p.748, c25–p.749, a1。唐時期。

LM20-1495-31-04　《大般涅槃經》卷三一

北涼曇無讖譯，CBETA, T12, no.374, p.548, b20–23。唐時期。

LM20-1495-32-01　《辟支佛因緣論》卷上

譯者不詳，CBETA, T32, no.1650, p.474, b11–17。唐時期。

LM20-1495-32-02　《維摩詰所説經》卷中

姚秦鳩摩羅什譯，CBETA, T14, no.475, p.548, b27–c2。唐時期。

參：王梅 2006, 155。

LM20-1495-32-03　《沙彌十戒法並威儀》

譯者不詳，CBETA, T24, no.1471, p.926, b25–27。高昌郡時期。

參：《旅博選粹》, 58。

LM20-1495-33-01　《大般涅槃經》卷五

北涼曇無讖譯，CBETA, T12, no.374, p.391, b27–c2。高昌國時期。

LM20-1495-33-02　《妙法蓮華經》卷二

姚秦鳩摩羅什譯，CBETA, T09, no.262, p.16, a29–b3。唐時期。

LM20-1495-33-03　《優婆塞戒經》卷一

北涼曇無讖譯，CBETA, T24, no.1488, p.1036, a14–15。唐時期。

LM20-1495-33-04　《金剛般若波羅蜜經》

姚秦鳩摩羅什譯，CBETA, T08, no.235, p.750, a17–21。唐時期。

LM20-1495-34-01　《摩訶般若波羅蜜經》卷二三

姚秦鳩摩羅什譯，CBETA, T08, no.223, p.391, c1–7。高昌國時期。

LM20-1495-34-02　《放光般若經》卷六

西晉無羅叉譯，CBETA, T08, no.221, p.40, b1–3。高昌國時期。

LM20-1495-34-03　《放光般若經》卷五

西晉無羅叉譯，CBETA, T08, no.221, p.35, a9–13，“本”作“有名”。高昌郡時期。

參：《旅博選粹》, 8。

LM20-1495-35-01　《妙法蓮華經》卷一

姚秦鳩摩羅什譯，CBETA, T09, no.262, p.2, b11–13。唐時期。

LM20-1495-35-02　《雜阿含經》卷三一

劉宋求那跋陀羅譯，CBETA, T02, no.99, p.222, a17–22。唐時期。

LM20-1495-35-03　《大般若波羅蜜多經》卷三五

唐玄奘譯, CBETA, T05, no.220, p.194, a8–12。唐時期。

LM20-1495-35-04a 《放光般若經》卷九

西晉無羅叉譯, CBETA, T08, no.221, p.66, b14–17。高昌郡時期。

參:《旅博選粹》, 29。

LM20-1495-35-04b 《放光般若經》卷九

高昌郡時期。

LM20-1495-36-01 《妙法蓮華經》卷四

姚秦鳩摩羅什譯, CBETA, T09, no.262, p.27, b19–23。唐時期。

LM20-1495-36-02 《四分律》卷五

姚秦佛陀耶舍、竺佛念譯, CBETA, T22, no.1428, p.598, b4–8。唐時期。

LM20-1495-36-03 《梵網經》卷下

姚秦鳩摩羅什譯, CBETA, T24, no.1484, p.1003, c9–11。唐時期。

LM20-1495-36-04 《十住經》卷二

姚秦鳩摩羅什譯, CBETA, T10, no.286, p.510, c14–22。高昌國時期。

LM20-1495-37-01 《光讚經》卷三

西晉竺法護譯, CBETA, T08, no.222, p.167, c19–22。高昌國時期。

LM20-1495-37-02 《大寶積經》卷八〇

隋闍那崛多譯, CBETA, T11, no.310, p.462, c27–p.463, a1。唐時期。

LM20-1495-37-03 佛名經

唐時期。

LM20-1495-37-04 《大般若波羅蜜多經》卷七六

唐玄奘譯, CBETA, T05, no.220, p.428, a10–12。唐時期。

LM20-1495-38-01 《金剛般若波羅蜜經》

姚秦鳩摩羅什譯, CBETA, T08, no.235, p.749, a2–10。唐時期。

LM20-1495-38-02 《賢愚經》卷一三

元魏慧覺等譯, CBETA, T04, no.202, p.441, a1–6。第 4、5 行間有夾寫補字。高昌郡時期。

參:《旅博選粹》, 8。

LM20-1495-38-03 《摩訶般若波羅蜜經》卷一八

姚秦鳩摩羅什譯, CBETA, T08, no.223, p.351, b11–14。高昌國時期。

LM20-1495-38-04 《金剛般若波羅蜜經》

姚秦鳩摩羅什譯, CBETA, T08, no.235, p.748, c25–p.749, a2。唐時期。

LM20-1495-38-05 《發覺净心經》卷上

隋闍那崛多譯, CBETA, T12, no.327, p.44, c10–13。唐時期。

經冊四十七

LM20-1496-01-01　佛典殘片

高昌國時期。

LM20-1496-01-02　《摩訶般若波羅蜜經》卷二五

姚秦鳩摩羅什譯，CBETA，T08，no.223，p.404，b5-7。高昌國時期。

LM20-1496-01-03　《大般涅槃經》卷二六

北涼曇無讖譯，CBETA，T12，no.374，p.520，c9-11。高昌國時期。

LM20-1496-01-04　《雜阿毗曇心論》卷四

劉宋僧伽跋摩等譯，CBETA，T28，no.1552，p.899，c20-26。高昌郡時期。

參：《旅博選粹》，64。

LM20-1496-01-05　《妙法蓮華經》卷一

姚秦鳩摩羅什譯，CBETA，T09，no.262，p.7，a10-14。唐時期。

LM20-1496-01-06　《觀世音三昧經》

作者不詳，CBETA，D11，no.8817，p.4，a6-8。唐時期。

LM20-1496-01-07　《大般涅槃經》卷七

北涼曇無讖譯，CBETA，T12，no.374，p.408，b5-6。唐時期。

LM20-1496-01-08　《摩訶僧祇律》卷二

東晉佛陀跋陀羅、法顯譯，CBETA，T22，no.1425，p.240，c11-16。高昌郡時期。

參：《旅博選粹》，57；小口雅史、片山章雄2013，41-42。

LM20-1496-02-01　《大般涅槃經》卷一四

北涼曇無讖譯，CBETA，T12，no.374，p.448，a23-25。唐時期。

LM20-1496-02-02　《讚僧功德經》

作者不詳，CBETA，T85，no.2911，p.1457，c2-10，"還犯"作"犯還"，"億"作"德"。唐時期。

參：《旅博選粹》，174。

LM20-1496-02-03r　《阿毗曇八犍度論》卷八

苻秦僧伽提婆、竺佛念譯，CBETA，T26，no.1543，p.810，a29-b10。高昌郡時期。

參：《旅博選粹》，23。

LM20-1496-02-03v　《阿毗曇八犍度論》卷八

苻秦僧伽提婆、竺佛念譯，CBETA，T26，no.1543，p.810，b2-8。高昌郡時期。無法揭取拍攝。

LM20-1496-02-04　佛典殘片

西州回鶻時期。

LM20-1496-02-05　《妙法蓮華經》卷三

姚秦鳩摩羅什譯，CBETA，T09，no.262，p.21，a16-20，"萬那"作"萬億那"。高昌國時期。

LM20-1496-03-01　《大方廣佛華嚴經》卷四四（五十卷本）

東晉佛陀跋陀羅譯，《中華大藏經》第 12 册，532c20-533a2；參 CBETA，T09，no.278，p.728，c15-18。高昌國時期。

LM20-1496-03-02　《摩訶般若波羅蜜經》卷二一

姚秦鳩摩羅什譯，CBETA，T08，no.223，p.375，b11-15，"空无"作"空行無"。高昌國時期。

LM20-1496-03-03　《妙法蓮華經》卷二

姚秦鳩摩羅什譯，CBETA，T09，no.262，p.13，a13-15，"腦"作"惱"。高昌國時期。

LM20-1496-03-04　《大般涅槃經》卷一三

北涼曇無讖譯，CBETA，T12，no.374，p.440，c26-p.441，a2，"創"作"瘡"。高昌國時期。

LM20-1496-03-05　《大般涅槃經》卷二二

北涼曇無讖譯，CBETA，T12，no.374，p.497，a19-21。高昌國時期。

LM20-1496-03-06　《大般涅槃經》卷四

北涼曇無讖譯，CBETA，T12，no.374，p.385，b29-c4。高昌國時期。

LM20-1496-04-01　《妙法蓮華經》卷六

姚秦鳩摩羅什譯，CBETA，T09，no.262，p.54，c13-16。高昌國時期。

LM20-1496-04-02　《四分律》卷五八

姚秦佛陀耶舍、竺佛念等譯，CBETA，T22，no.1428，p.997，b26-c1。唐時期。

LM20-1496-04-03　道經殘片

唐時期。

LM20-1496-04-04　佛典殘片

唐時期。

參：《旅博選粹》，186。

LM20-1496-04-05　《大智度論》卷九〇

姚秦鳩摩羅什譯，CBETA，T25，no.1509，p.698，b10-13。高昌國時期。

LM20-1496-04-06　《佛本行集經》卷一

隋闍那崛多譯，CBETA，T03，no.190，p.655，a20-24。高昌國時期。

參：段真子 2019，161。

LM20-1496-04-07　《阿毗曇八犍度論》卷二二

符秦僧伽提婆、竺佛念譯，CBETA，T26，no.1543，p.879，b18-25。高昌郡時期。

參：《旅博選粹》，62。

LM20-1496-05-01　《大般涅槃經》卷五

北涼曇無讖譯，CBETA, T12, no.374, p.395, a12–15。高昌國時期。

LM20-1496-05-02　《大般涅槃經》卷四

北涼曇無讖譯，CBETA, T12, no.375, p.628, c6–8。高昌國時期。

LM20-1496-05-03　《十地經論》卷四

元魏菩提流支譯，CBETA, T26, no.1522, p.152, b6–7。高昌國時期。

LM20-1496-05-04　《大般涅槃經》卷三五

北涼曇無讖譯，CBETA, T12, no.374, p.570, b25–27。唐時期。

LM20-1496-05-05　佛典殘片

唐時期。

LM20-1496-05-06　《妙法蓮華經》卷一

姚秦鳩摩羅什譯，CBETA, T09, no.262, p.6, b18–24，"側"作"測"。高昌國時期。

LM20-1496-05-07　《妙法蓮華經》卷一

姚秦鳩摩羅什譯，CBETA, T09, no.262, p.5, a20–24。唐時期。

LM20-1496-06-01　《佛説佛名經》卷一九

譯者不詳，CBETA, T14, no.441, p.261, c15–17。唐時期。

LM20-1496-06-02　《妙法蓮華經》卷七

姚秦鳩摩羅什譯，CBETA, T09, no.262, p.56, a27–b1。高昌國時期。

LM20-1496-06-03　《佛説觀佛三昧海經》卷九

東晉佛陀跋陀羅譯，CBETA, T15, no.643, p.688, c20–23。高昌國時期。

LM20-1496-06-04　佛典注疏

唐時期。

參：《旅博選粹》，172。

LM20-1496-06-05　《大般涅槃經》卷四

北涼曇無讖譯，CBETA, T12, no.374, p.387, c12–15。高昌國時期。

LM20-1496-06-06　《妙法蓮華經》卷三

姚秦鳩摩羅什譯，CBETA, T09, no.262, p.21, c28–p.22, a2。唐時期。

LM20-1496-07-01　《放光般若經》卷五

西晉無羅叉譯，CBETA, T08, no.221, p.33, a27–b1。高昌國時期。

LM20-1496-07-02　《大方廣佛華嚴經》卷四六（五十卷本）

東晉佛陀跋陀羅譯，《中華大藏經》第 12 册，561c19–20; 參 CBETA, T09, no.278, p.747, c24–26。高昌國時期。

LM20-1496-07-03　佛典殘片

高昌國時期。

LM20-1496-07-04　佛典殘片

唐時期。

LM20-1496-07-05　《金光明經》卷三

北涼曇無讖譯，CBETA, T16, no.663, p.351, c9-11。高昌國時期。

LM20-1496-08-01　《摩訶般若波羅蜜經》卷一六

姚秦鳩摩羅什譯，CBETA, T08, no.223, p.337, a21-24。高昌國時期。

LM20-1496-08-02　佛典注疏

高昌國時期。

參：《旅博選粹》，173。

LM20-1496-08-03　《大智度論》卷三七

姚秦鳩摩羅什譯，CBETA, T25, no.1509, p.330, a14-15。唐時期。

LM20-1496-08-04　《佛説廣博嚴净不退轉輪經》卷五

劉宋智嚴譯，CBETA, T09, no.268, p.277, a14-19。高昌郡時期。

LM20-1496-08-05　《元始五老赤書玉篇真文天書經》卷上

作者不詳，約出於東晉，《正統道藏》第 1 册，775b2-4。唐時期。

參：趙洋 2017a, 186；趙洋 2017b, 190。

LM20-1496-08-06　《大威德陀羅尼經》卷一二

隋闍那崛多譯，CBETA, T21, no.1341, p.807, c25-27。唐時期。

LM20-1496-08-07　《佛説佛名經》卷三

元魏菩提流支譯，CBETA, T14, no.440, p.132, a9-11。唐時期。

LM20-1496-09-01　《梵網經》卷下

姚秦鳩摩羅什譯，CBETA, T24, no.1484, p.1004, a26-b2。唐時期。

LM20-1496-09-02　《妙法蓮華經》卷六

姚秦鳩摩羅什譯，CBETA, T09, no.262, p.49, b16-20，"忽"作"澀"。唐時期。

LM20-1496-09-03　《大般涅槃經》卷三九

北涼曇無讖譯，CBETA, T12, no.374, p.597, a9-11。高昌國時期。

LM20-1496-09-04　《大方廣佛華嚴經》卷四四（五十卷本）

東晉佛陀跋陀羅譯，《中華大藏經》第 12 册，532c15-16；參 CBETA, T09, no.278, p.728, c10-11。上有貼附殘片，無法揭取。高昌國時期。

LM20-1496-09-05　《維摩義記》卷一

隋慧遠撰，CBETA, T38, no.1776, p.423, c27-p.424, a4，"欲"作"如欲"，"得知"作"得知如"。高昌國時期。

參：《旅博選粹》，149。

LM20-1496-10-01a 《大般涅槃經》卷二

　　劉宋慧嚴等譯，CBETA, T12, no.375, p.613, a15-17，"虻"作"蚋"。高昌國時期。

LM20-1496-10-01b 《大般涅槃經》卷三九

　　北涼曇無讖譯，CBETA, T12, no.374, p.590, c26-p.591, a1。高昌國時期。

LM20-1496-10-02 《維摩詰所説經》卷中

　　姚秦鳩摩羅什譯，CBETA, T14, no.475, p.547, c17-19。有朱筆句讀。唐時期。

LM20-1496-10-03 《佛所行讚》卷三

　　北涼曇無讖譯，CBETA, T04, no.192, p.26, a22-26。唐時期。

LM20-1496-10-04 佛典殘片

　　西州回鶻時期。

LM20-1496-10-05 《佛説觀佛三昧海經》卷三

　　東晉佛陀跋陀羅譯，CBETA, T15, no.643, p.662, c8-11。高昌國時期。

LM20-1496-10-06 《佛説轉女身經》

　　劉宋曇摩蜜多譯，CBETA, T14, no.564, p.919, b5-7。高昌國時期。

LM20-1496-11-01 《大般涅槃經》卷三八

　　北涼曇無讖譯，CBETA, T12, no.374, p.586, c18-22。高昌國時期。

LM20-1496-11-02 《放光般若經》卷一

　　西晉無羅叉譯，CBETA, T08, no.221, p.1, b5-7。高昌國時期。

LM20-1496-11-03 《大方廣佛華嚴經》卷四九（五十卷本）

　　東晉佛陀跋陀羅譯，《中華大藏經》第12冊, 602c11-14; 參 CBETA, T09, no.278, p.772, b11-15。高昌國時期。

LM20-1496-11-04 《佛説灌頂經》卷一一

　　東晉帛尸梨蜜多羅譯，CBETA, T21, no.1331, p.532, a7-10。唐時期。

LM20-1496-11-05 《金光明經》卷四

　　北涼曇無讖譯，CBETA, T16, no.663, p.355, a1-5。高昌國時期。

LM20-1496-11-06 《大般涅槃經》卷三

　　北涼曇無讖譯，CBETA, T12, no.374, p.383, b28-c2。高昌郡時期。
　　參：《旅博選粹》, 47。

LM20-1496-12-01 《優婆塞戒經》卷一

　　北涼曇無讖譯，CBETA, T24, no.1488, p.1037, b7-12。高昌國時期。

LM20-1496-12-02 佛典殘片

　　高昌國時期。

LM20-1496-12-03 《金光明經》卷三

　　北涼曇無讖譯，CBETA, T16, no.663, p.347, c29-p.348, a3。高昌國時期。

LM20-1496-12-04　《光讚經》卷三

西晉竺法護譯，CBETA, T08, no.222, p.166, b12–14。高昌國時期。

LM20-1496-12-05　《小品般若波羅蜜經》卷三

姚秦鳩摩羅什譯，CBETA, T08, no.227, p.547, c22–24。高昌國時期。

LM20-1496-12-06　《大般涅槃經》卷二三

北涼曇無讖譯，CBETA, T12, no.374, p.498, c8–10。高昌國時期。

LM20-1496-12-07　《大般涅槃經》卷九

北涼曇無讖譯，CBETA, T12, no.374, p.421, c18–21。高昌國時期。

LM20-1496-12-08　《大般涅槃經》卷二五

北涼曇無讖譯，CBETA, T12, no.374, p.523, b24–26。唐時期。

LM20-1496-13-01　《大般涅槃經》卷三七

北涼曇無讖譯，CBETA, T12, no.374, p.584, a20–25。高昌國時期。

LM20-1496-13-02　《妙法蓮華經》卷七

姚秦鳩摩羅什譯，CBETA, T09, no.262, p.59, a23–28。唐時期。

LM20-1496-13-03　《樂瓔珞莊嚴方便品經》

姚秦曇摩耶舍譯，CBETA, T14, no.566, p.934, a1–3。唐時期。

LM20-1496-13-04　《大般若波羅蜜多經》卷五四〇

唐玄奘譯，CBETA, T07, no.220, p.777, a27–28。唐時期。

LM20-1496-13-05　《妙法蓮華經》卷七

姚秦鳩摩羅什譯，CBETA, T09, no.262, p.57, b4–6。高昌國時期。

LM20-1496-13-06　《大般涅槃經》卷一三

北涼曇無讖譯，CBETA, T12, no.374, p.442, a12–15。高昌郡時期。

參：王宇、王梅 2006b, 53。

LM20-1496-13-07　《佛説仁王般若波羅蜜經》卷下

姚秦鳩摩羅什譯，CBETA, T08, no.245, p.832, a2–4。高昌國時期。

LM20-1496-14-01　《放光般若經》卷二

西晉無羅叉譯，CBETA, T08, no.221, p.13, a29–b2。高昌國時期。

LM20-1496-14-02　《金光明經》卷三

北涼曇無讖譯，CBETA, T16, no.663, p.351, c5–9。第 3、4 行間有夾寫補字。西州回鶻時期。

LM20-1496-14-03　《妙法蓮華經》卷六

姚秦鳩摩羅什譯，CBETA, T09, no.262, p.49, a21–25。高昌國時期。

LM20-1496-14-04　《大般涅槃經》卷一〇

北涼曇無讖譯，CBETA, T12, no.374, p.422, c6–9。高昌國時期。

LM20-1496-14-05 《金剛般若波羅蜜經》

　　姚秦鳩摩羅什譯，CBETA，T08，no.235，p.749，b3-6。唐時期。

LM20-1496-15-01 《餓鬼報應經》

　　譯者不詳，CBETA，T17，no.746，p.561，b25-28。唐時期。

LM20-1496-15-02 《維摩詰所説經》卷上

　　姚秦鳩摩羅什譯，CBETA，T14，no.475，p.538，c18-21。唐時期。

LM20-1496-15-03 《大般涅槃經》卷三六

　　北涼曇無讖譯，CBETA，T12，no.374，p.576，b20-22。高昌國時期。

LM20-1496-15-04 《大般涅槃經》卷二四

　　北涼曇無讖譯，CBETA，T12，no.375，p.764，a18-21。高昌國時期。

LM20-1496-15-05 《佛説觀佛三昧海經》卷二

　　東晉佛陀跋陀羅譯，CBETA，T15，no.643，p.653，c12-14。高昌國時期。

LM20-1496-15-06 　佛名經

　　參譯者不詳《過去莊嚴劫千佛名經》，CBETA，T14，no.446a，p.366，c13-16；北宋德雲集
　　《一切佛菩薩名集》卷四，CBETA，F28，no.1072，p.295，a3-5。高昌國時期。

LM20-1496-15-07 《大般涅槃經》卷一三

　　北涼曇無讖譯，CBETA，T12，no.374，p.441，c20-27。高昌國時期。

LM20-1496-16-01 《妙法蓮華經》卷一

　　姚秦鳩摩羅什譯，CBETA，T09，no.262，p.3，b20-24。唐時期。

LM20-1496-16-02 《妙法蓮華經》卷一

　　姚秦鳩摩羅什譯，CBETA，T09，no.262，p.7，b18-21。唐時期。

LM20-1496-16-03 《十誦比丘波羅提木叉戒本》

　　姚秦鳩摩羅什譯，CBETA，T23，no.1436，p.477，a26-b4。高昌國時期。

LM20-1496-16-04 《中阿含經》卷七

　　東晉僧伽提婆譯，CBETA，T01，no.26，p.462，b21-25。唐時期。

LM20-1496-16-05 《大般涅槃經》卷二

　　北涼曇無讖譯，CBETA，T12，no.374，p.376，b20-22。高昌國時期。

LM20-1496-16-06 《善見律毗婆沙》卷一〇

　　蕭齊僧伽跋陀羅譯，CBETA，T24，no.1462，p.744，c4-11。唐時期。

LM20-1496-17-01 《摩訶僧祇律》卷三一

　　東晉佛陀跋陀羅、法顯譯，CBETA，T22，no.1425，p.477，c10-13。有雙行小字注。唐時期。
　　參：《旅博選粹》，138。

LM20-1496-17-02 《大般涅槃經》卷六

　　北涼曇無讖譯，CBETA，T12，no.374，p.397，b5-6。高昌國時期。

LM20-1496-17-03　《佛説仁王般若波羅蜜經》卷下

姚秦鳩摩羅什譯，CBETA, T08, no.245, p.832, a7–9。高昌國時期。

LM20-1496-17-04　《金光明經》卷一

北涼曇無讖譯，CBETA, T16, no.663, p.339, b3–7。唐時期。

LM20-1496-17-05　《放光般若經》卷一二

西晉無羅叉譯，CBETA, T08, no.221, p.83, b12–14, 品題下有小字"（前缺）放光經有廿卷"，CBETA 未見。高昌國時期。

LM20-1496-17-06　《合部金光明經》卷一

北涼曇無讖譯，隋寶貴合，CBETA, T16, no.664, p.360, c28–p.361, a4。唐時期。

LM20-1496-18-01　《净名經關中釋抄》卷上

唐道掖撰，CBETA, T85, no.2778, p.506, b25–c8。唐時期。

參：《旅博選粹》, 153。

LM20-1496-18-02　《大智度論》卷四

姚秦鳩摩羅什譯，CBETA, T25, no.1509, p.86, b16–19, "言"作"曰"。高昌國時期。

LM20-1496-18-03　佛典殘片

唐時期。

LM20-1496-18-04　《大般涅槃經》卷三五

北涼曇無讖譯，CBETA, T12, no.374, p.573, a9–11。高昌國時期。

LM20-1496-18-05　《大般涅槃經》卷五

北涼曇無讖譯，CBETA, T12, no.374, p.392, b9–11。高昌國時期。

LM20-1496-18-06　《大般若波羅蜜多經》卷三〇〇

唐玄奘譯，CBETA, T06, no.220, p.525, a16–17。唐時期。

LM20-1496-18-07　《妙法蓮華經》卷六

姚秦鳩摩羅什譯，CBETA, T09, no.262, p.51, a19–23。唐時期。

LM20-1496-18-08　《中本起經》卷上

後漢曇果、康孟詳譯，CBETA, T04, no.196, p.155, b24–29。高昌郡時期。

LM20-1496-19-01　《妙法蓮華經》卷一

姚秦鳩摩羅什譯，CBETA, T09, no.262, p.4, b28–c1。唐時期。

LM20-1496-19-02　《道行般若經》卷二

後漢支婁迦讖譯，CBETA, T08, no.224, p.431, a4–7。高昌國時期。

LM20-1496-19-03a　佛名經

參作者不詳《現在十方千五百佛名並雜佛同號》，CBETA, T85, no.2905, p.1449, a21–24。高昌國時期。

LM20-1496-19-03b　《大般涅槃經》卷二八

北涼曇無讖譯，CBETA, T12, no.374, p.531, a1-3。高昌國時期。

LM20-1496-19-04　《佛説灌頂經》卷一一

東晉帛尸梨蜜多羅譯，CBETA, T21, no.1331, p.529, b16-18。唐時期。

LM20-1496-19-05　《佛説仁王般若波羅蜜經》卷上

姚秦鳩摩羅什譯，CBETA, T08, no.245, p.828, a28-b2。高昌國時期。

LM20-1496-19-06　《小品般若波羅蜜經》卷一

姚秦鳩摩羅什譯，CBETA, T08, no.227, p.537, c8-12，"相"作"想"。高昌國時期。

LM20-1496-20-01　《妙法蓮華經》卷六

姚秦鳩摩羅什譯，CBETA, T09, no.262, p.54, c21-24。唐時期。

LM20-1496-20-02　《妙法蓮華經》卷三

姚秦鳩摩羅什譯，CBETA, T09, no.262, p.21, b18-20。唐時期。

LM20-1496-20-03　《金光明經》卷二

北涼曇無讖譯，CBETA, T16, no.663, p.341, c9-10。高昌國時期。

LM20-1496-20-04　《阿毗曇毗婆沙論》卷一七

北涼浮陀跋摩、道泰譯，CBETA, T28, no.1546, p.125, a16-20。高昌國時期。

LM20-1496-20-05　《文殊師利所説摩訶般若波羅蜜經》卷上

梁曼陀羅仙譯，CBETA, T08, no.232, p.726, b18-22。高昌國時期。

LM20-1496-20-06　《妙法蓮華經》卷三

姚秦鳩摩羅什譯，CBETA, T09, no.262, p.21, b20-22。唐時期。

LM20-1496-20-07　《大般若波羅蜜多經》卷五一一

唐玄奘譯，CBETA, T07, no.220, p.607, b16-17。唐時期。

LM20-1496-20-08　《大般涅槃經》卷七

北涼曇無讖譯，CBETA, T12, no.374, p.403, c25-27。高昌國時期。

LM20-1496-20-09　《金剛般若波羅蜜經》

元魏菩提流支譯，CBETA, T08, no.236a, p.756, c28-p.757, a1。高昌國時期。

LM20-1496-20-10　《佛説仁王般若波羅蜜經》卷上

姚秦鳩摩羅什譯，CBETA, T08, no.245, p.825, c18-21。有朱筆句讀。高昌國時期。

LM20-1496-21-01　《大般涅槃經》卷七

北涼曇無讖譯，CBETA, T12, no.374, p.405, b26-27。高昌國時期。

LM20-1496-21-02　《大般涅槃經》卷三八

北涼曇無讖譯，CBETA, T12, no.374, p.589, b27-28。高昌國時期。

LM20-1496-21-03　《妙法蓮華經》卷五

姚秦鳩摩羅什譯，CBETA, T09, no.262, p.46, a22-26。唐時期。

LM20-1496-21-04　《妙法蓮華經》卷五

姚秦鳩摩羅什譯，CBETA, T09, no.262, p.44, b17-21。高昌國時期。

LM20-1496-21-05 《妙法蓮華經》卷七

姚秦鳩摩羅什譯，CBETA, T09, no.262, p.57, a20-22。唐時期。

LM20-1496-21-06 《大般涅槃經》卷二八

北涼曇無讖譯，CBETA, T12, no.374, p.534, c13-15。高昌國時期。

LM20-1496-21-07 《大方等大集經》卷七

北涼曇無讖譯，CBETA, T13, no.397, p.41, a17-19。高昌國時期。

LM20-1496-21-08 《放光般若經》卷六

西晉無羅叉譯，CBETA, T08, no.221, p.41, c4-6。唐時期。

LM20-1496-22-01 《大般涅槃經》卷一六

北涼曇無讖譯，CBETA, T12, no.374, p.458, a24-25。高昌國時期。

LM20-1496-22-02 《菩薩本行經》卷下

譯者不詳，CBETA, T03, no.155, p.120, b29-c4。高昌國時期。

LM20-1496-22-03 《大寶積經》卷八二

曹魏康僧鎧譯，CBETA, T11, no.310, p.474, a25-27。唐時期。

LM20-1496-22-04 《妙法蓮華經》卷七

姚秦鳩摩羅什譯，CBETA, T09, no.262, p.57, b19-24。唐時期。

LM20-1496-22-05 《救疾經》

作者不詳，CBETA, T85, no.2878, p.1361, c4-6。唐時期。

參：王宇、王梅 2006a, 106; 馬俊傑 2019, 230。

LM20-1496-22-06 《四分律》卷一

姚秦佛陀耶舍、竺佛念等譯，CBETA, T22, no.1428, p.567, c27-p.568, a6。唐時期。

LM20-1496-22-07 《大方等陀羅尼經》卷一

北涼法衆譯，CBETA, T21, no.1339, p.641, a14-18，“者”作“生”。高昌國時期。

LM20-1496-23-01 《維摩詰所説經》卷中

姚秦鳩摩羅什譯，CBETA, T14, no.475, p.545, c2-5。高昌國時期。

LM20-1496-23-02 《金剛般若波羅蜜經》

元魏菩提流支譯，CBETA, T08, no.236a, p.757, a3-8。唐時期。

LM20-1496-23-03 《優婆塞戒經》卷六

北涼曇無讖譯，CBETA, T24, no.1488, p.1066, b25-27，“戒”作“持”。高昌國時期。

LM20-1496-23-04 《大般若波羅蜜多經》卷二一三

唐玄奘譯，CBETA, T06, no.220, p.67, a10-12。唐時期。

LM20-1496-23-05 《金光明經》卷二

北涼曇無讖譯，CBETA, T16, no.663, p.346, a19-23。高昌國時期。

LM20-1496-23-06 《菩薩地持經》卷一〇

北涼曇無讖譯，CBETA, T30, no.1581, p.958, c22–26。高昌國時期。

LM20-1496-24-01 《金光明經》卷一

北涼曇無讖譯，CBETA, T16, no.663, p.336, b19–23。高昌國時期。

LM20-1496-24-02 《大寶積經》卷一一三

北涼道龔譯，CBETA, T11, no.310, p.638, c21–25。唐時期。

LM20-1496-24-03 《維摩詰所説經》卷中

姚秦鳩摩羅什譯，CBETA, T14, no.475, p.545, c12–15，"隨禪受生"作"而不隨禪生是"，
"離"作"永離"。高昌國時期。

LM20-1496-24-04 《摩訶般若波羅蜜經》卷二五

姚秦鳩摩羅什譯，CBETA, T08, no.223, p.401, a9–13。高昌國時期。

LM20-1496-24-05 《阿毗達磨順正理論》卷五一

唐玄奘譯，CBETA, T29, no.1562, p.625, c12–15。唐時期。

LM20-1496-25-01 《大智度論》卷一七

姚秦鳩摩羅什譯，CBETA, T25, no.1509, p.184, c3–8。高昌國時期。

LM20-1496-25-02 《大般涅槃經》卷一一

北涼曇無讖譯，CBETA, T12, no.374, p.432, c25–27。高昌國時期。

LM20-1496-25-03 《四分僧戒本》

姚秦佛陀耶舍譯，CBETA, T22, no.1430, p.1024, a24–b3, 第5行"有餘"下疑有脱文。
唐時期。

LM20-1496-25-04 《大般涅槃經》卷八

北涼曇無讖譯，CBETA, T12, no.374, p.410, c26–p.411, a1。唐時期。

LM20-1496-25-05 《妙法蓮華經》卷一

姚秦鳩摩羅什譯，CBETA, T09, no.262, p.9, b13–20。高昌國時期。

LM20-1496-25-06 《大般涅槃經》卷一八

北涼曇無讖譯，CBETA, T12, no.374, p.470, b26–28。高昌國時期。

LM20-1496-26-01 《妙法蓮華經》卷三

姚秦鳩摩羅什譯，CBETA, T09, no.262, p.24, c8–12。唐時期。

LM20-1496-26-02 《妙法蓮華經》卷二

姚秦鳩摩羅什譯，CBETA, T09, no.262, p.16, b28–c1。唐時期。

LM20-1496-26-03 《大般若波羅蜜多經》卷四六一

唐玄奘譯，CBETA, T07, no.220, p.332, b20–22。唐時期。

LM20-1496-26-04 《大般涅槃經》注疏

高昌國時期。

LM20-1496-26-05 《金剛般若波羅蜜經》

元魏菩提流支譯，CBETA, T08, no.236a, p.754, c18–20。高昌國時期。

LM20-1496-26-06 《金剛般若波羅蜜經》

姚秦鳩摩羅什譯，CBETA, T08, no.235, p.752, a29–b5，"德故" 作 "德須"，"故佛説" 作 "故説"。唐時期。

LM20-1496-26-07 《大般涅槃經》卷一七

北涼曇無讖譯，CBETA, T12, no.374, p.466, a2–4。唐時期。

LM20-1496-27-01 《金剛般若波羅蜜經》

姚秦鳩摩羅什譯，CBETA, T08, no.235, p.751, a27–b1。唐時期。

LM20-1496-27-02 《妙法蓮華經》卷七

姚秦鳩摩羅什譯，CBETA, T09, no.262, p.59, b5–8。唐時期。

LM20-1496-27-03 《讚僧功德經》

作者不詳，CBETA, T85, no.2911, p.1457, c11–17。西州回鶻時期。

LM20-1496-27-04 《妙法蓮華經》卷二

姚秦鳩摩羅什譯，CBETA, T09, no.262, p.11, a12–21。西州回鶻時期。

LM20-1496-27-05 《摩訶般若波羅蜜經》卷一二

姚秦鳩摩羅什譯，CBETA, T08, no.223, p.308, c15–19。高昌國時期。

LM20-1496-28-01 《大智度論》卷一三

姚秦鳩摩羅什譯，CBETA, T25, no.1509, p.157, a16–19。高昌國時期。

LM20-1496-28-02 《摩訶般若波羅蜜經》卷一二

姚秦鳩摩羅什譯，CBETA, T08, no.223, p.313, a17–20。高昌郡時期。

參：《旅博選粹》，10。

LM20-1496-28-03 《金光明經》卷四

北涼曇無讖譯，CBETA, T16, no.663, p.354, b16–18。高昌國時期。

LM20-1496-28-04 《大方等大集經》卷一二

北涼曇無讖譯，CBETA, T13, no.397, p.75, a6–10。高昌國時期。

LM20-1496-28-05 《大般涅槃經》卷三一

北涼曇無讖譯，CBETA, T12, no.374, p.547, c28–p.548, a5。高昌國時期。

LM20-1496-29-01 《大般涅槃經》卷三七

北涼曇無讖譯，CBETA, T12, no.374, p.584, c4–7。高昌國時期。

LM20-1496-29-02 佛教戒律

參姚秦弗若多羅譯《十誦律》卷五，CBETA, T23, no.1435, p.32, a17–19。高昌國時期。

LM20-1496-29-03 《金光明經》卷一

北涼曇無讖譯，CBETA, T16, no.663, p.337, c27–p.338, a3。高昌國時期。

LM20-1496-29-04　《大般涅槃經》卷四〇

　　北涼曇無讖譯, CBETA, T12, no.374, p.600, a19–20。唐時期。

LM20-1496-29-05　《四分律比丘戒本》

　　姚秦佛陀耶舍譯, CBETA, T22, no.1429, p.1015, c7–11。唐時期。

LM20-1496-30-01　《妙法蓮華經》卷三

　　姚秦鳩摩羅什譯, CBETA, T09, no.262, p.20, a7–11。唐時期。

LM20-1496-30-02　《大般涅槃經》卷一二

　　北涼曇無讖譯, CBETA, T12, no.374, p.436, c19–21。唐時期。

LM20-1496-30-03　《摩訶般若波羅蜜經》卷一四

　　姚秦鳩摩羅什譯, CBETA, T08, no.223, p.321, b22–26, "含阿"作"含果阿"。高昌國時期。

LM20-1496-30-04　《妙法蓮華經》卷五

　　姚秦鳩摩羅什譯, CBETA, T09, no.262, p.41, c22–24。唐時期。

LM20-1496-31-01　《大般涅槃經》卷二八

　　北涼曇無讖譯, CBETA, T12, no.374, p.529, a21–25。高昌國時期。

LM20-1496-31-02　《摩訶般若波羅蜜經》卷二四

　　姚秦鳩摩羅什譯, CBETA, T08, no.223, p.400, a10–13。高昌國時期。

LM20-1496-31-03　《雜阿毗曇心論》卷一

　　劉宋僧伽跋摩等譯, CBETA, T28, no.1552, p.880, b4–17。高昌郡時期。

　　參:《旅博選粹》, 22。

LM20-1496-32-01　《摩訶般若波羅蜜經》卷二七

　　姚秦鳩摩羅什譯, CBETA, T08, no.223, p.422, a18–22。高昌國時期。

LM20-1496-32-02　《大通方廣懺悔滅罪莊嚴成佛經》卷中

　　作者不詳, CBETA, T85, no.2871, p.1347, a21–25。高昌國時期。

LM20-1496-32-03　《妙法蓮華經》卷二

　　姚秦鳩摩羅什譯, CBETA, T09, no.262, p.14, b1–6, "飢"作"餓"。高昌郡時期。

LM20-1496-32-04　《妙法蓮華經》卷四

　　姚秦鳩摩羅什譯, CBETA, T09, no.262, p.35, a3–8。唐時期。

LM20-1496-33-01　《大般涅槃經》卷一

　　北涼曇無讖譯, CBETA, T12, no.374, p.367, c3–7。唐時期。

LM20-1496-33-02　《勝鬘師子吼一乘大方便方廣經》

　　劉宋求那跋陀羅譯, CBETA, T12, no.353, p.222, b16–19。唐時期。

LM20-1496-33-03　《妙法蓮華經》卷六

　　姚秦鳩摩羅什譯, CBETA, T09, no.262, p.50, a11–17。唐時期。

LM20-1496-33-04　《維摩詰所説經》卷上

姚秦鳩摩羅什譯，CBETA, T14, no.475, p.539, b6–12。唐時期。

參：王梅 2006, 150。

LM20-1496-34-01　《金剛般若波羅蜜經》

姚秦鳩摩羅什譯，CBETA, T08, no.235, p.750, b24–29，"具語"作"真語"。唐時期。

LM20-1496-34-02　《妙法蓮華經》卷七

姚秦鳩摩羅什譯，CBETA, T09, no.262, p.59, a13–16。唐時期。

LM20-1496-34-03　《大智度論》卷一一

姚秦鳩摩羅什譯，CBETA, T25, no.1509, p.143, b14–22。高昌國時期。

LM20-1496-34-04　《妙法蓮華經》卷一

姚秦鳩摩羅什譯，CBETA, T09, no.262, p.7, a20–22。唐時期。

LM20-1496-35-01　《根本説一切有部苾芻尼毗奈耶》卷一五

唐義浄譯，CBETA, T23, no.1443, p.987, a17–21。唐時期。

LM20-1496-35-02r　《佛頂尊勝陀羅尼經教跡義記》卷上

唐法崇述，CBETA, T39, no.1803, p.1018, a11–21，"諮承"作"他諮承"，"僞"作"爲"，"如雲除月朗"作"如月朗雲除"，"爾"作"是"，"緣"作"義"。唐時期。

參：《旅博選粹》, 173。

LM20-1496-35-02v　唐西州户籍

唐時期。

LM20-1496-35-03　《妙法蓮華經》卷七

姚秦鳩摩羅什譯，CBETA, T09, no.262, p.56, c10–13。唐時期。

LM20-1496-35-04　《大般涅槃經》卷一

北涼曇無讖譯，CBETA, T12, no.374, p.366, c14–17。唐時期。

LM20-1496-36-01　《妙法蓮華經》卷四

姚秦鳩摩羅什譯，CBETA, T09, no.262, p.32, b23–28。唐時期。

LM20-1496-36-02　《佛説灌頂經》卷一二

東晉帛尸梨蜜多羅譯，CBETA, T21, no.1331, p.534, c14–18。西州回鶻時期。

LM20-1496-36-03　《摩訶般若波羅蜜經》卷五

姚秦鳩摩羅什譯，CBETA, T08, no.223, p.250, c1–5。高昌國時期。

LM20-1496-36-04　《妙法蓮華經》卷六

姚秦鳩摩羅什譯，CBETA, T09, no.262, p.46, c20–24。唐時期。

LM20-1496-37-01　《妙法蓮華經》卷二

姚秦鳩摩羅什譯，CBETA, T09, no.262, p.16, b22–28，"如"作"若"。唐時期。

LM20-1496-37-02　《金剛般若波羅蜜經》

姚秦鳩摩羅什譯，CBETA, T08, no.235, p.751, a17–20。唐時期。

LM20-1496-37-03　佛典殘片

高昌國時期。

LM20-1496-37-04　《佛説灌頂經》卷一二

東晉帛尸梨蜜多羅譯，CBETA，T21，no.1331，p.535，b16–19，"天王"作"國王"。唐時期。

LM20-1496-38-01　晉史

第 2 行 "穎" 當指司馬穎，第 4 行 "騰" 或指司馬騰，第 5 行 "晏" 當作司馬晏。此段述及西晉八王之亂。司馬晏在永康元年至永寧元年之間嘗爲代王。司馬演亦曾爲代王，並以司馬穎子爲嗣。司馬騰曾大破穎軍。四人在今本《晉書》中有傳。唐時期。

參：陳燁軒 2018，24。

LM20-1496-38-02　《摩訶般若波羅蜜經》卷二五

姚秦鳩摩羅什譯，CBETA，T08，no.223，p.406，a1–7。高昌國時期。

LM20-1496-38-03　《妙法蓮華經》卷七

姚秦鳩摩羅什譯，CBETA，T09，no.262，p.61，b26–29。唐時期。

LM20-1496-38-04　《小品般若波羅蜜經》卷九

姚秦鳩摩羅什譯，CBETA，T08，no.227，p.576，a16–20。高昌國時期。

參：孫傳波 2006，191。

LM20-1496-38-05　《大般涅槃經》卷一一

北涼曇無讖譯，CBETA，T12，no.374，p.432，b21–27。高昌國時期。

經册四十八

LM20-1497-01-01　《大般若波羅蜜多經》

唐玄奘譯，此段文字多處可見。唐時期。

LM20-1497-01-02　《大方廣佛華嚴經》卷三四（五十卷本）

東晉佛陀跋陀羅譯，《中華大藏經》第 12 册，412a7-12；參 CBETA, T09, no.278, p.653, c25-29。高昌國時期。

LM20-1497-01-03　《摩訶般若波羅蜜經》

姚秦鳩摩羅什譯，此段文字多處可見。唐時期。

LM20-1497-01-04　《道行般若經》卷八

後漢支婁迦讖譯，CBETA, T08, no.224, p.465, a12-14。唐時期。

參：孫傳波 2006，181。

LM20-1497-01-05　佛典注疏

高昌國時期。

LM20-1497-01-06　《大般涅槃經》卷二三

北涼曇無讖譯，CBETA, T12, no.374, p.498, b14-18，"遇"作"過"。高昌國時期。

LM20-1497-01-07　《維摩詰所説經》卷中

姚秦鳩摩羅什譯，CBETA, T14, no.475, p.546, a4-5。唐時期。

LM20-1497-01-08　《合部金光明經》卷二

北涼曇無讖譯，隋寶貴合，CBETA, T16, no.664, p.366, c2-6。高昌國時期。

LM20-1497-02-01　《妙法蓮華經》卷一

姚秦鳩摩羅什譯，CBETA, T09, no.262, p.7, b17-21。唐時期。

LM20-1497-02-02　佛典殘片

高昌國時期。

LM20-1497-02-03　《合部金光明經》卷一

梁真諦譯，隋寶貴合，CBETA, T16, no.664, p.363, b27-29。唐時期。

LM20-1497-02-04　《楞伽阿跋多羅寶經》注

參劉宋求那跋陀羅譯《楞伽阿跋多羅寶經》卷三，CBETA, T16, no.670, p.499, a15-17，"惠"作"慧"。有雙行小字注。唐時期。

LM20-1497-02-05　《大方廣佛華嚴經》卷二六（五十卷本）

東晉佛陀跋陀羅譯，《中華大藏經》第 12 册，318a9–13；參 CBETA, T09, no.278, p.595, c20–24。高昌國時期。

LM20-1497-02-06　《大般涅槃經》卷三五

北涼曇無讖譯，CBETA, T12, no.374, p.570, b13–17。高昌國時期。

LM20-1497-02-07　《摩訶僧祇律》卷七

東晉佛陀跋陀羅、法顯譯，CBETA, T22, no.1425, p.286, a23–24。高昌國時期。

LM20-1497-02-08　《大般涅槃經》卷一二

北涼曇無讖譯，CBETA, T12, no.374, p.437, b12–14。高昌國時期。

LM20-1497-03-01　《大方等大集經》卷三三

北涼曇無讖譯，CBETA, T13, no.397, p.226, c8–11。高昌國時期。

LM20-1497-03-02　《大般若波羅蜜多經》

唐玄奘譯，此段文字多處可見。唐時期。

LM20-1497-03-03　《大方廣佛華嚴經》卷四九

東晉佛陀跋陀羅譯，CBETA, T09, no.278, p.711, c4–7。唐時期。

LM20-1497-03-04　《金光明經》卷三

北涼曇無讖譯，CBETA, T16, no.663, p.346, b16–19。唐時期。

LM20-1497-03-05　《金光明經》卷三

北涼曇無讖譯，CBETA, T16, no.663, p.348, c7–10。高昌國時期。

LM20-1497-03-06　《佛説四輩經》

西晉竺法護譯，CBETA, T17, no.769, p.706, a9–13，"夫"作"人"。高昌國時期。

LM20-1497-04-01　《大般涅槃經》卷三八

北涼曇無讖譯，CBETA, T12, no.374, p.589, c11–13。高昌國時期。

LM20-1497-04-02　《佛説灌頂經》卷一二

東晉帛尸梨蜜多羅譯，CBETA, T21, no.1331, p.534, a9–15。唐時期。

LM20-1497-04-03　《大般涅槃經》卷三四

北涼曇無讖譯，CBETA, T12, no.374, p.568, c8–11。高昌國時期。

LM20-1497-04-04　《大般涅槃經》卷九

北涼曇無讖譯，CBETA, T12, no.374, p.417, b1–4。高昌國時期。

LM20-1497-04-05　《妙法蓮華經》卷七

姚秦鳩摩羅什譯，CBETA, T09, no.262, p.58, a25–b2。唐時期。

LM20-1497-04-06　《大般涅槃經》卷一六

北涼曇無讖譯，CBETA, T12, no.374, p.458, b7–9。高昌國時期。

LM20-1497-05-01　《金光明最勝王經》卷一

唐義净譯，CBETA, T16, no.665, p.408, a12–15。唐時期。

LM20-1497-05-02　《佛説佛名經》卷一五

譯者不詳，CBETA, T14, no.441, p.244, a4-8，"泥"作"尼"。唐時期。

LM20-1497-05-03　《大智度論》卷二

姚秦鳩摩羅什譯，CBETA, T25, no.1509, p.66, c11-13，"復"作"復者"，"迦旃"作"删陀迦旃"。唐時期。

LM20-1497-05-04　《金剛般若波羅蜜經》

姚秦鳩摩羅什譯，CBETA, T08, no.235, p.750, b18-20。唐時期。

LM20-1497-05-05　《大般若波羅蜜多經》卷五二九

唐玄奘譯，CBETA, T07, no.220, p.717, b15-18。唐時期。

LM20-1497-05-06　《佛説仁王般若波羅蜜經》卷上

姚秦鳩摩羅什譯，CBETA, T08, no.245, p.828, b21-24，"中"作"中有"。高昌國時期。

LM20-1497-05-07　佛典殘片

高昌國時期。

LM20-1497-06-01　《妙法蓮華經》卷一

姚秦鳩摩羅什譯，CBETA, T09, no.262, p.2, b2-5。唐時期。

LM20-1497-06-02　《放光般若經》卷六

西晉無羅叉譯，CBETA, T08, no.221, p.40, a20-23。唐時期。

LM20-1497-06-03　《太上洞淵神咒經》卷六

作者不詳，與敦煌本 S.930 同。《正統道藏》第 6 册，21a10-16，"取女"作"取人女"。唐時期。

參：趙洋 2017a, 189；趙洋 2017b, 202-204。

LM20-1497-06-04　《入法界體性經》

隋闍那崛多譯，CBETA, T12, no.355, p.234, b24-28。唐時期。

LM20-1497-06-05　《大般涅槃經》卷一五

北涼曇無讖譯，CBETA, T12, no.374, p.456, c4-8，"境即"作"境界即"。高昌郡時期。

參：王宇、王梅 2006b, 54。

LM20-1497-06-06　《妙法蓮華經》卷六

姚秦鳩摩羅什譯，CBETA, T09, no.262, p.46, c14-20。唐時期。

LM20-1497-07-01　《妙法蓮華經》卷一

姚秦鳩摩羅什譯，CBETA, T09, no.262, p.4, b12-16。唐時期。

LM20-1497-07-02　《金光明經》卷三

北涼曇無讖譯，CBETA, T16, no.663, p.347, b21-27。唐時期。

LM20-1497-07-03　《摩訶般若波羅蜜經》卷一一

姚秦鳩摩羅什譯，CBETA, T08, no.223, p.303, b17-20。唐時期。

LM20-1497-07-04　《妙法蓮華經》卷七

姚秦鳩摩羅什譯，CBETA, T09, no.262, p.57, c9–23。唐時期。

LM20-1497-08-01　《佛説灌頂經》卷一二

東晉帛尸梨蜜多羅譯，CBETA, T21, no.1331, p.534, b5–11。唐時期。

LM20-1497-08-02　《金剛般若波羅蜜經》

姚秦鳩摩羅什譯，CBETA, T08, no.235, p.751, c5–8。唐時期。

LM20-1497-08-03　《佛説仁王般若波羅蜜經》卷下

姚秦鳩摩羅什譯，CBETA, T08, no.245, p.833, b23–26。唐時期。

LM20-1497-08-04　　佛典殘片

唐時期。

LM20-1497-08-05　《十地經論》卷一二

元魏菩提流支譯，CBETA, T26, no.1522, p.199, b20–24。高昌國時期。

LM20-1497-08-06　《金剛般若波羅蜜經》

元魏菩提流支譯，CBETA, T08, no.236a, p.756, c2–5。唐時期。

LM20-1497-09-01　《妙法蓮華經》卷七

姚秦鳩摩羅什譯，CBETA, T09, no.262, p.56, c29–p.57, a3–5。唐時期。

LM20-1497-09-02　《大智度論》卷七七

姚秦鳩摩羅什譯，CBETA, T25, no.1509, p.606, c22–23。唐時期。

LM20-1497-09-03　《維摩詰所説經》卷上

姚秦鳩摩羅什譯，CBETA, T14, no.475, p.537, b20–22。唐時期。

LM20-1497-09-04　《大般涅槃經》卷二七

北涼曇無讖譯，CBETA, T12, no.374, p.525, c11–13。高昌國時期。

LM20-1497-09-05　　佛典殘片

唐時期。

LM20-1497-10-01　《十地經論》卷一二

元魏菩提流支譯，CBETA, T26, no.1522, p.199, b1–5。高昌國時期。

LM20-1497-10-02　《大般涅槃經》卷四〇

北涼曇無讖譯，CBETA, T12, no.374, p.600, b4–8。唐時期。

LM20-1497-10-03　《阿吒婆拘鬼神大將上佛陀羅尼神咒經》

譯者不詳，CBETA, T21, no.1237, p.178, c13–17。唐時期。

LM20-1497-10-04　《大般涅槃經》卷三七

北涼曇無讖譯，CBETA, T12, no.374, p.584, a2–4。高昌國時期。

LM20-1497-10-05　《妙法蓮華經》卷五

姚秦鳩摩羅什譯，CBETA, T09, no.262, p.38, c20–22。高昌國時期。

LM20-1497-11-01　《妙法蓮華經》卷三

姚秦鳩摩羅什譯，CBETA, T09, no.262, p.23, c11-16。唐時期。

LM20-1497-11-02 《十誦律》卷三三

姚秦弗若多羅譯，CBETA, T23, no.1435, p.237, c7-10。唐時期。

LM20-1497-11-03 《道行般若經》卷三

後漢支婁迦讖譯，CBETA, T08, no.224, p.440, c10-13。高昌國時期。

參: 孫傳波 2006, 181。

LM20-1497-11-04 《妙法蓮華經》卷五

姚秦鳩摩羅什譯，CBETA, T09, no.262, p.38, c2-5。唐時期。

LM20-1497-11-05 《大般涅槃經》卷二二

北涼曇無讖譯，CBETA, T12, no.374, p.495, a7-9。高昌國時期。

LM20-1497-11-06 《天地八陽神咒經》

唐義净譯，CBETA, T85, no.2897, p.1424, b3-7。西州回鶻時期。

LM20-1497-11-07 《佛説灌頂經》卷一二

東晉帛尸梨蜜多羅譯，CBETA, T21, no.1331, p.533, c7-10。唐時期。

LM20-1497-11-08 《妙法蓮華經》卷六

姚秦鳩摩羅什譯，CBETA, T09, no.262, p.52, b7-11。唐時期。

LM20-1497-12-01 佛典殘片

唐時期。

LM20-1497-12-02 《大寶積經》卷五〇

唐玄奘譯，CBETA, T11, no.310, p.293, b28-29。唐時期。

LM20-1497-12-03 《道行般若經》卷一

後漢支婁迦讖譯，CBETA, T08, no.224, p.426, b20-24。高昌郡時期。

參:《旅博選粹》, 10; 孫傳波 2008, 65。

LM20-1497-12-04 《金剛般若波羅蜜經》

元魏菩提流支譯，CBETA, T08, no.236a, p.756, b20-25。唐時期。

LM20-1497-12-05 《大般涅槃經》卷二二

北涼曇無讖譯，CBETA, T12, no.374, p.494, c22-25。高昌國時期。

LM20-1497-12-06 《大乘大集地藏十輪經》卷二

唐玄奘譯，CBETA, T13, no.411, p.733, c19-22。唐時期。

LM20-1497-12-07 佛典殘片

唐時期。

LM20-1497-12-08 《妙法蓮華經》卷七

姚秦鳩摩羅什譯，CBETA, T09, no.262, p.59, c12-15。唐時期。

LM20-1497-13-01 《妙法蓮華經》卷三

姚秦鳩摩羅什譯，CBETA, T09, no.262, p.22, b2-4。唐時期。

LM20-1497-13-02 《大般涅槃經》卷一七

北涼曇無讖譯，CBETA, T12, no.374, p.463, c1-3。唐時期。

LM20-1497-13-03 《金光明經》卷三

北涼曇無讖譯，CBETA, T16, no.663, p.348, c23-26。高昌國時期。

LM20-1497-13-04 《維摩義記》

參敦煌本 P.2273（《法藏敦煌西域文獻》第 10 冊，317 頁上）。高昌國時期。

參：《旅博選粹》，71；橘堂晃一 2006a，94。

LM20-1497-13-05 《佛本行集經》卷五

隋闍那崛多譯，CBETA, T03, no.190, p.675, b1-4。唐時期。

參：段真子 2019，164。

LM20-1497-13-06 《大般涅槃經》卷二二

北涼曇無讖譯，CBETA, T12, no.374, p.495, b26-c1。高昌國時期。

LM20-1497-13-07 《摩訶般若鈔經》卷五

姚秦曇摩蜱、竺佛念譯，CBETA, T08, no.226, p.534, b10-12。唐時期。

LM20-1497-14-01 《妙法蓮華經》卷五

姚秦鳩摩羅什譯，CBETA, T09, no.262, p.45, b26-c3。唐時期。

LM20-1497-14-02 《大般涅槃經》卷三一

北涼曇無讖譯，CBETA, T12, no.374, p.552, c24-26。高昌國時期。

LM20-1497-14-03 《大般若波羅蜜多經》

唐玄奘譯，此段文字多處可見。唐時期。

LM20-1497-14-04 《佛說觀藥王藥上二菩薩經》

劉宋畺良耶舍譯，CBETA, T20, no.1161, p.665, c10-13。唐時期。

LM20-1497-14-05 《佛頂尊勝陀羅尼經序》

唐志静述，CBETA, T19, no.967, p.349, b10-16，"僧"作"報言"。唐時期。

LM20-1497-15-01 《大般涅槃經》卷一〇

北涼曇無讖譯，CBETA, T12, no.374, p.427, c13-18。高昌國時期。

LM20-1497-15-02 《佛說觀佛三昧海經》卷一

東晉佛陀跋陀羅譯，CBETA, T15, no.643, p.645, c16-18。高昌國時期。

LM20-1497-15-03 《大般涅槃經》卷一三

北涼曇無讖譯，CBETA, T12, no.374, p.440, b9-10。高昌國時期。

LM20-1497-15-04 《妙法蓮華經》卷二

姚秦鳩摩羅什譯，CBETA, T09, no.262, p.15, a14-22。唐時期。

LM20-1497-16-01 《放光般若經》卷一〇

西晉無羅叉譯, CBETA, T08, no.221, p.73, c7-8。唐時期。

LM20-1497-16-02　《大般涅槃經》卷二一

北涼曇無讖譯, CBETA, T12, no.374, p.491, a25-b2。高昌國時期。

LM20-1497-16-03　《宗四分比丘隨門要略行儀》

作者不詳, CBETA, T85, no.2791, p.657, a24-26。有雙行小字注。唐時期。

LM20-1497-16-04　《大通方廣懺悔滅罪莊嚴成佛經》卷中

作者不詳, CBETA, T85, no.2871, p.1345, c28-p.1346, a1。高昌國時期。

LM20-1497-16-05　《佛説灌頂拔除過罪生死得度經》

參東晉帛尸梨蜜多羅譯《佛説灌頂經》卷一二, CBETA, T21, no.1331, p.534, b22-28。
高昌國時期。

LM20-1497-17-01　《摩訶般若波羅蜜經》卷二七

姚秦鳩摩羅什譯, CBETA, T08, no.223, p.424, a8-11。高昌國時期。

LM20-1497-17-02　《大般涅槃經》卷二七

北涼曇無讖譯, CBETA, T12, no.374, p.527, a4-7。唐時期。

LM20-1497-17-03　《發菩提心經論》卷下

姚秦鳩摩羅什譯, CBETA, T32, no.1659, p.513, c9-11。高昌國時期。

LM20-1497-17-04　《大方廣佛華嚴經》卷一八（五十卷本）

東晉佛陀跋陀羅譯,《中華大藏經》第12册, 226a14-16; 參 CBETA, T09, no.278, p.537,
b7-10。高昌國時期。

LM20-1497-17-05　《十方千五百佛名經》

譯者不詳, CBETA, T14, no.442, p.316, c18-21。高昌國時期。

LM20-1497-17-06　《金剛般若波羅蜜經》

姚秦鳩摩羅什譯, CBETA, T08, no.235, p.748, c20-26。唐時期。

LM20-1497-17-07　《金剛般若波羅蜜經》

元魏菩提流支譯, CBETA, T08, no.236a, p.753, a18-21。唐時期。

LM20-1497-18-01　《大般涅槃經》卷九

北涼曇無讖譯, CBETA, T12, no.374, p.422, b7-12。高昌國時期。

LM20-1497-18-02　《雜阿毗曇心論》卷一

劉宋僧伽跋摩等譯, CBETA, T28, no.1552, p.875, a21-25。有朱點句讀。唐時期。

LM20-1497-18-03　《光讚經》卷四

西晉竺法護譯, CBETA, T08, no.222, p.175, a17-20。高昌國時期。

LM20-1497-18-04　《佛説佛名經》卷二

譯者不詳, CBETA, T14, no.440, p.120, c21-22。唐時期。

LM20-1497-18-05　《大智度論》卷二

姚秦鳩摩羅什譯，CBETA, T25, no.1509, p.75, a14-17。高昌國時期。

LM20-1497-18-06 《摩訶僧祇律》卷一八

東晉佛陀跋陀羅、法顯譯，CBETA, T22, no.1425, p.368, c4-11。高昌國時期。

LM20-1497-18-07 《賢愚經》卷五

元魏慧覺等譯，CBETA, T04, no.202, p.387, a17-18。唐時期。

LM20-1497-19-01 《大般涅槃經》卷三五

北涼曇無讖譯，CBETA, T12, no.374, p.570, b22-25。唐時期。

LM20-1497-19-02 《十方千五百佛名經》

譯者不詳，CBETA, T14, no.442, p.316, a8-9。高昌國時期。

LM20-1497-19-03 《佛本行集經》卷五四

隋闍那崛多譯，CBETA, T03, no.190, p.901, c9-10。高昌國時期。

參：段真子 2019, 161。

LM20-1497-19-04 《妙法蓮華經》卷五

姚秦鳩摩羅什譯，CBETA, T09, no.262, p.39, c15-19。唐時期。

LM20-1497-19-05 《大般涅槃經》卷一

北涼曇無讖譯，CBETA, T12, no.374, p.371, b11-12。高昌國時期。

LM20-1497-19-06 《大般涅槃經》卷二四

北涼曇無讖譯，CBETA, T12, no.374, p.509, b10-13。高昌國時期。

LM20-1497-19-07 《道行般若經》卷四

後漢支婁迦讖譯，CBETA, T08, no.224, p.446, c1-4。唐時期。

LM20-1497-20-01 《金剛般若波羅蜜經》

姚秦鳩摩羅什譯，CBETA, T08, no.235, p.749, b1-5。唐時期。

LM20-1497-20-02 《佛說華手經》卷三

姚秦鳩摩羅什譯，CBETA, T16, no.657, p.145, a14-18。高昌郡時期。

LM20-1497-20-03 《大般若波羅蜜多經》

唐玄奘譯，此段文字多處可見。唐時期。

LM20-1497-21-01 《金光明最勝王經》卷五

唐義净譯，CBETA, T16, no.665, p.426, a29-b3。西州回鶻時期。

LM20-1497-21-02 《摩訶般若波羅蜜經》卷二五

姚秦鳩摩羅什譯，CBETA, T08, no.223, p.402, b14-17。高昌國時期。

LM20-1497-21-03 《大般涅槃經》注疏

高昌國時期。

LM20-1497-21-04 《佛說灌頂經》卷一二

東晉帛尸梨蜜多羅譯，CBETA, T21, no.1331, p.535, c29-p.536, a3。西州回鶻時期。

LM20-1497-21-05　《維摩詰所説經》卷中

姚秦鳩摩羅什譯，CBETA, T14, no.475, p.549, c10-18。高昌國時期。

LM20-1497-21-06　《大般涅槃經》卷一一

北涼曇無讖譯，CBETA, T12, no.374, p.428, c6-11，"天"作"大"。唐時期。

LM20-1497-22-01　《大方便佛報恩經》卷一

譯者不詳，CBETA, T03, no.156, p.127, c17-22。唐時期。

LM20-1497-22-02　《大般涅槃經》卷二二

北涼曇無讖譯，CBETA, T12, no.374, p.493, b13-18。唐時期。

LM20-1497-22-03　《妙法蓮華經》卷七

姚秦鳩摩羅什譯，CBETA, T09, no.262, p.59, b8-10。唐時期。

LM20-1497-22-04　《妙法蓮華經馬明菩薩品第三十》

作者不詳，CBETA, T85, no.2899, p.1426, a26-28。唐時期。

LM20-1497-22-05　《佛説佛名經》卷七

元魏菩提流支譯，CBETA, T14, no.440, p.150, c11-13。唐時期。

LM20-1497-22-06　《大般涅槃經》卷一六

北涼曇無讖譯，CBETA, T12, no.374, p.457, b23-25。高昌國時期。

LM20-1497-22-07　《妙法蓮華經》卷六

姚秦鳩摩羅什譯，CBETA, T09, no.262, p.48, c1-4。高昌國時期。

LM20-1497-23-01　《大般涅槃經》卷一二

北涼曇無讖譯，此段文字多處可見。高昌國時期。

LM20-1497-23-02　《大般涅槃經》卷二九

北涼曇無讖譯，CBETA, T12, no.374, p.538, a5-7，"集"作"習"。高昌國時期。

LM20-1497-23-03　《妙法蓮華經》卷一

姚秦鳩摩羅什譯，CBETA, T09, no.262, p.1, c28-p.2, a2。唐時期。

LM20-1497-23-04　《佛説灌頂經》卷八

東晉帛尸梨蜜多羅譯，CBETA, T21, no.1331, p.518, b10-11。唐時期。

LM20-1497-23-05　《佛説仁王般若波羅蜜經》卷下

姚秦鳩摩羅什譯，CBETA, T08, no.245, p.830, b18-21。唐時期。

LM20-1497-23-06　《妙法蓮華經》卷四

姚秦鳩摩羅什譯，CBETA, T09, no.262, p.27, c6-7。唐時期。

LM20-1497-23-07　《大般涅槃經》卷二九

北涼曇無讖譯，CBETA, T12, no.374, p.538, a9-12。高昌國時期。

LM20-1497-24-01　《佛頂尊勝陀羅尼經》

唐佛陀波利譯，CBETA, T19, no.967, p.349, b13-17，"將"作"將此"，"曰"作"言"。唐

時期。

LM20-1497-24-02 《大乘百法明門論開宗義記》

唐曇曠撰，CBETA, T85, no.2810, p.1048, b10–15。西州回鶻時期。

參：《旅博選粹》，181。

LM20-1497-24-03 《妙法蓮華經》卷一

姚秦鳩摩羅什譯，CBETA, T09, no.262, p.4, a16–19。唐時期。

LM20-1497-24-04 《放光般若經》卷二

西晉無羅叉譯，CBETA, T08, no.221, p.14, a22–25。高昌國時期。

LM20-1497-24-05 《放光般若經》卷二

西晉無羅叉譯，CBETA, T08, no.221, p.14, a16–19。高昌國時期。

LM20-1497-24-06 《妙法蓮華經》卷四

姚秦鳩摩羅什譯，CBETA, T09, no.262, p.28, b24–28。唐時期。

LM20-1497-24-07 《净土五會念佛誦經觀行儀》卷中

唐法照撰，CBETA, T85, no.2827, p.1244, a28–b3。有墨點句讀。唐時期。

LM20-1497-24-08 《佛説觀藥王藥上二菩薩經》

劉宋畺良耶舍譯，CBETA, T20, no.1161, p.663, c5–7。高昌國時期。

LM20-1497-25-01 《十住毗婆沙論》卷八

姚秦鳩摩羅什譯，CBETA, T26, no.1521, p.61, b15–19。高昌郡時期。

參：《旅博選粹》，21；《净土集成》，103。

LM20-1497-25-02 《妙法蓮華經》卷五

姚秦鳩摩羅什譯，CBETA, T09, no.262, p.39, a5–8。唐時期。

LM20-1497-25-03 《大般涅槃經》卷一四

北涼曇無讖譯，CBETA, T12, no.374, p.449, a5–7。高昌國時期。

LM20-1497-25-04 《佛本行集經》卷一二

隋闍那崛多譯，CBETA, T03, no.190, p.709, c18–21。高昌國時期。

參：段真子 2019, 160。

LM20-1497-25-05 《大般若波羅蜜多經》

唐玄奘譯，此段文字多處可見。唐時期。

LM20-1497-25-06 《大般涅槃經後分》卷下

唐若那跋陀羅譯，CBETA, T12, no.377, p.906, c21–24，"鐵"作"金"。唐時期。

LM20-1497-25-07 《大般涅槃經》卷二六

北涼曇無讖譯，CBETA, T12, no.374, p.521, a17–19。高昌國時期。

LM20-1497-26-01 《妙法蓮華經》卷二

姚秦鳩摩羅什譯，CBETA, T09, no.262, p.16, a17–21。唐時期。

LM20-1497-26-02　《妙法蓮華經》卷五

姚秦鳩摩羅什譯, CBETA, T09, no.262, p.44, a12–17。唐時期。

LM20-1497-26-03　《大般涅槃經》卷二三

北涼曇無讖譯, CBETA, T12, no.374, p.499, a26–28。高昌國時期。

LM20-1497-26-04　《大智度論》卷一〇〇

姚秦鳩摩羅什譯, CBETA, T25, no.1509, p.753, b25–26。高昌國時期。

LM20-1497-27-01　《十住經》卷一〇

姚秦鳩摩羅什譯, CBETA, T10, no.286, p.498, b20–24。高昌郡時期。

參:《旅博選粹》, 14; 孫傳波 2008, 66。

LM20-1497-27-02　《大方廣佛華嚴經》卷二二（五十卷本）

東晉佛陀跋陀羅譯,《中華大藏經》第 12 册, 284c5–9; 參 CBETA, T09, no.278, p.576, b22–c1。高昌國時期。

LM20-1497-27-03　《妙法蓮華經》卷二

姚秦鳩摩羅什譯, CBETA, T09, no.262, p.15, b21–29, "聆" 作 "聽"。高昌國時期。

LM20-1497-27-04　《妙法蓮華經》卷四

姚秦鳩摩羅什譯, CBETA, T09, no.262, p.30, b9–13。唐時期。

LM20-1497-28-01　《佛說佛名經》卷三〇

譯者不詳, CBETA, T14, no.441, p.308, c17–18。唐時期。

LM20-1497-28-02　《維摩詰所說經》卷下

姚秦鳩摩羅什譯, CBETA, T14, no.475, p.553, c28–p.554, a1。唐時期。

LM20-1497-28-03　《佛說灌頂經》卷一二

東晉帛尸梨蜜多羅譯, CBETA, T21, no.1331, p.534, a12–14。唐時期。

LM20-1497-28-04　《妙法蓮華經》卷七

姚秦鳩摩羅什譯, CBETA, T09, no.262, p.60, a2–5。唐時期。

LM20-1497-28-05　《菩薩地持經》卷八

北涼曇無讖譯, CBETA, T30, no.1581, p.933, a18–24。高昌國時期。

LM20-1497-28-06　《大般涅槃經》卷二八

北涼曇無讖譯, CBETA, T12, no.374, p.535, a15–17。高昌國時期。

LM20-1497-28-07　《大般若波羅蜜多經》卷四八

唐玄奘譯, CBETA, T05, no.220, p.271, c12–14。西州回鶻時期。

LM20-1497-29-01　勝鬘經注疏

參隋吉藏撰《勝鬘寶窟》卷上, CBETA, T37, no.1744, p.23, a12–13。高昌國時期。

LM20-1497-29-02　《小品般若波羅蜜經》卷一〇

姚秦鳩摩羅什譯, CBETA, T08, no.227, p.581, a23–27。唐時期。

參：孫傳波 2006, 193。

LM20-1497-29-03 《佛説廣博嚴净不退轉輪經》卷六

劉宋智嚴譯，CBETA, T09, no.268, p.282, a24–26。唐時期。

LM20-1497-29-04 《佛本行集經》卷四〇

隋闍那崛多譯，CBETA, T03, no.190, p.840, b11–14。唐時期。

參：段真子 2019, 166。

LM20-1497-29-05 《大般涅槃經》卷七

北涼曇無讖譯，CBETA, T12, no.374, p.405, b5–7。高昌國時期。

LM20-1497-29-06 《央掘魔羅經》卷四

劉宋求那跋陀羅譯，CBETA, T02, no.120, p.541, b25–28。唐時期。

LM20-1497-29-07 《大般涅槃經》卷一一

北涼曇無讖譯，CBETA, T12, no.374, p.431, c8–10。高昌國時期。

LM20-1497-30-01 《陀羅尼雜集》卷九

譯者不詳，CBETA, T21, no.1336, p.629, b26–29，“逝”作“旋”。唐時期。

LM20-1497-30-02 《現在十方千五百佛名並雜佛同號》

作者不詳，CBETA, T85, no.2905, p.1448, c5–6。高昌國時期。

LM20-1497-30-03 《大方廣佛華嚴經》卷二七

唐實叉難陀譯，CBETA, T10, no.279, p.144, c14–17。唐時期。

LM20-1497-30-04 《佛説仁王般若波羅蜜經》卷下

姚秦鳩摩羅什譯，CBETA, T08, no.245, p.831, c2–5。高昌國時期。

LM20-1497-30-05 《大般若波羅蜜多經》卷六〇〇

唐玄奘譯，CBETA, T07, no.220, p.1107, b27–30。唐時期。

LM20-1497-30-06 《摩訶般若波羅蜜經》卷一

姚秦鳩摩羅什譯，CBETA, T08, no.223, p.223, a17–20。唐時期。

LM20-1497-30-07 《妙法蓮華經》卷五

姚秦鳩摩羅什譯，CBETA, T09, no.262, p.43, b4–9，“以”作“已”。高昌國時期。

LM20-1497-30-08 《光讚經》卷四

西晉竺法護譯，CBETA, T08, no.222, p.175, a17–18。唐時期。

LM20-1497-30-09 《金剛般若波羅蜜經》

姚秦鳩摩羅什譯，CBETA, T08, no.235, p.752, a5–10。唐時期。

LM20-1497-31-01 《佛説阿彌陀經》

姚秦鳩摩羅什譯，CBETA, T12, no.366, p.346, c11–14。有朱點句讀。唐時期。

參：《旅博選粹》, 122;《净土集成》, 64–65。

LM20-1497-31-02 《妙法蓮華經》卷二

姚秦鳩摩羅什譯, CBETA, T09, no.262, p.16, b13–16。唐時期。

LM20-1497-31-03 《妙法蓮華經》卷七

姚秦鳩摩羅什譯, CBETA, T09, no.262, p.60, c22–25。唐時期。

LM20-1497-31-04 《大般涅槃經》卷三四

北涼曇無讖譯, CBETA, T12, no.374, p.567, b3–5。高昌國時期。

LM20-1497-31-05 《妙法蓮華經》卷六

姚秦鳩摩羅什譯, CBETA, T09, no.262, p.54, a13–15。唐時期。

LM20-1497-31-06 《大般若波羅蜜多經》卷五七八

唐玄奘譯, CBETA, T07, no.220, p.989, b7–9。唐時期。

LM20-1497-31-07 《妙法蓮華經》卷七

姚秦鳩摩羅什譯, CBETA, T09, no.262, p.60, a6–10。唐時期。

LM20-1497-32-01 陀羅尼

唐時期。

LM20-1497-32-02 《小品般若波羅蜜經》卷五

姚秦鳩摩羅什譯, CBETA, T08, no.227, p.560, b1–4。高昌國時期。

LM20-1497-32-03 《妙法蓮華經》卷三

姚秦鳩摩羅什譯, CBETA, T09, no.262, p.24, b10–13。唐時期。

LM20-1497-32-04 《大般涅槃經》卷一三

北涼曇無讖譯, CBETA, T12, no.374, p.440, b13–15。高昌國時期。

LM20-1497-32-05 《金光明經》卷三

北涼曇無讖譯, CBETA, T16, no.663, p.351, c23–27。唐時期。

LM20-1497-32-06 《大智度論》卷一一

姚秦鳩摩羅什譯, CBETA, T25, no.1509, p.140, a13–17。高昌國時期。

LM20-1497-33-01 《金光明經》卷四

北涼曇無讖譯, CBETA, T16, no.663, p.356, c8–12。高昌國時期。

LM20-1497-33-02 《大方廣佛華嚴經》卷二三（五十卷本）

東晉佛陀跋陀羅譯,《中華大藏經》第 12 册, 298a2–7; 參 CBETA, T09, no.278, p.585, c5–14。高昌國時期。

LM20-1497-33-03 《佛説摩利支天陀羅尼咒經》

譯者不詳, CBETA, T21, no.1256, p.261, c25–p.262, a5。高昌國時期。

LM20-1497-33-04 《妙法蓮華經》卷三

姚秦鳩摩羅什譯, CBETA, T09, no.262, p.25, a13–17。唐時期。

LM20-1497-34-01 《大般涅槃經》卷三〇

北涼曇無讖譯, CBETA, T12, no.374, p.541, c25–p.542, a2,"以"作"已"。高昌國時期。

LM20-1497-34-02　《佛説無常經》

唐義净譯，CBETA，T17，no.801，p.745，b17–19，"仁"作"人"。唐時期。

LM20-1497-34-03　《大方等大集經》卷三

北涼曇無讖譯，CBETA，T13，no.397，p.22，a10–15，"波"作"婆"。唐時期。

LM20-1497-34-04　《維摩詰所説經》卷上

姚秦鳩摩羅什譯，CBETA，T14，no.475，p.540，b10–17。高昌國時期。

參：王梅 2006，151。

LM20-1497-35-01　《妙法蓮華經》卷五

姚秦鳩摩羅什譯，CBETA，T09，no.262，p.40，b7–9。唐時期。

LM20-1497-35-02　《虛空藏菩薩神咒經》

劉宋曇摩蜜多譯，CBETA，T13，no.407，p.665，b6–18，"□厭惡悔過捨"作"業慚愧悔過
更"。高昌國時期。

LM20-1497-35-03　《大般涅槃經》卷三九

北涼曇無讖譯，CBETA，T12，no.374，p.592，a27–b2。高昌國時期。

LM20-1497-35-04　《金剛般若波羅蜜經》

元魏菩提流支譯，CBETA，T08，no.235，p.750，c13–17。唐時期。

LM20-1497-35-05　《大般涅槃經》卷六

北涼曇無讖譯，CBETA，T12，no.374，p.399，a16–22。高昌國時期。

LM20-1497-36-01　《佛説佛名經》卷一一

譯者不詳，CBETA，T14，no.441，p.286，c6–7。唐時期。

LM20-1497-36-02　佛經外題

唐時期。

LM20-1497-36-03　《光讚經》卷八

西晉竺法護譯，CBETA，T08，no.222，p.202，b21–25。高昌國時期。

LM20-1497-36-04　《小品般若波羅蜜經》卷六

姚秦鳩摩羅什譯，CBETA，T08，no.227，p.564，b2–6，"人"作"夫"，"有是"作"有如是"。
唐時期。

LM20-1497-37-01　《大般涅槃經》卷一〇

北涼曇無讖譯，CBETA，T12，no.374，p.427，b12–15。高昌國時期。

LM20-1497-37-02　《太上洞玄靈寶無量度人上品妙經》

作者不詳，約出於東晉，與敦煌本 P.2606 第 158–161 行同。唐時期。

參：趙洋 2017a，188；趙洋 2017b，193。

LM20-1497-37-03　《大般若波羅蜜多經》卷三三二

唐玄奘譯，CBETA，T06，no.220，p.701，a4–8。唐時期。

LM20-1497-37-04　《大般涅槃經》卷五

北涼曇無讖譯, CBETA, T12, no.374, p.391, a29–b3。高昌國時期。

LM20-1497-38-01　《維摩詰所説經》卷上

姚秦鳩摩羅什譯, CBETA, T14, no.475, p.542, a1–6。高昌國時期。

參: 王梅 2006, 151。

LM20-1497-38-02　《妙法蓮華經》卷七

姚秦鳩摩羅什譯, CBETA, T09, no.262, p.55, c12–13。唐時期。

LM20-1497-38-03　《大方廣佛華嚴經》卷二〇（五十卷本）

東晉佛陀跋陀羅譯,《中華大藏經》第 12 册, 252a11–13; 參 CBETA, T09, no.278, p.554, a19–21,“爲”作“等”。高昌國時期。

LM20-1497-38-04　佛典注疏

高昌國時期。背面有字, 無法揭取拍攝。

參:《旅博選粹》, 173。

經册四十九

LM20-1498-01-01　《妙法蓮華經》卷一

姚秦鳩摩羅什譯，CBETA，T09，no.262，p.7，b5–10。唐時期。

LM20-1498-01-02　《妙法蓮華經》卷七

姚秦鳩摩羅什譯，CBETA，T09，no.262，p.60，a9–13。唐時期。

LM20-1498-01-03　《大般若波羅蜜多經》卷二八八

唐玄奘譯，CBETA，T06，no.220，p.465，c2–3。唐時期。

LM20-1498-01-04　佛名經

唐時期。

LM20-1498-01-05　佛典注疏

唐時期。

參：《旅博選粹》，189。

LM20-1498-02-01　《妙法蓮華經》卷一

姚秦鳩摩羅什譯，CBETA，T09，no.262，p.7，b21–27。唐時期。

LM20-1498-02-02　《大般若波羅蜜多經》卷一七二

唐玄奘譯，CBETA，T05，no.220，p.926，a28–b5。唐時期。

LM20-1498-02-03　《佛母經》

作者不詳，CBETA，T85，no.2919，p.1463，b1–3，與敦煌本差異較大。與 LM20-1498-06-01 爲同一寫本，據首題定名。西州回鶻時期。

參：《旅博選粹》，187；橘堂晃一 2010，95。

LM20-1498-02-04　佛典殘片

唐時期。

LM20-1498-02-05　《佛說觀藥王藥上二菩薩經》

劉宋畺良耶舍譯，CBETA，T20，no.1161，p.664，c14–16，"政"作"嚴"。唐時期。

LM20-1498-03-01　《大般涅槃經》卷九

北涼曇無讖譯，CBETA，T12，no.374，p.418，a13–16。唐時期。

LM20-1498-03-02　《大般涅槃經》卷七

北涼曇無讖譯，CBETA，T12，no.374，p.407，b18–22。唐時期。

LM20-1498-03-03　《妙法蓮華經》卷一

姚秦鳩摩羅什譯，CBETA, T09, no.262, p.7, c27-p.8, a9。唐時期。

LM20-1498-04-01　《妙法蓮華經》卷四

姚秦鳩摩羅什譯，CBETA, T09, no.262, p.33, b29-c7。唐時期。

LM20-1498-04-02　《維摩詰所説經》卷下

姚秦鳩摩羅什譯，CBETA, T14, no.475, p.556, c8-13。高昌國時期。

參：王梅 2006, 156。

LM20-1498-04-03　《大般涅槃經》卷一

北涼曇無讖譯，CBETA, T12, no.374, p.366, b27-c2。唐時期。

LM20-1498-05-01　佛典殘片

高昌國時期。

LM20-1498-05-02　《大般若波羅蜜多經》

唐玄奘譯，此段文字多處可見。唐時期。

LM20-1498-05-03　《法句譬喻經》卷三

西晉法炬、法立譯，CBETA, T04, no.211, p.599, b13-17。唐時期。

LM20-1498-05-04　《佛頂尊勝陀羅尼經》

唐佛陀波利譯，CBETA, T19, no.967, p.351, c13-14。唐時期。

LM20-1498-05-05　《妙法蓮華經》卷七

姚秦鳩摩羅什譯，CBETA, T09, no.262, p.59, b11-15。唐時期。

LM20-1498-06-01　《佛母經》

作者不詳，CBETA, T85, no.2919, p.1463, a19-21，"如來欲"作"世尊入"，"汝等"作"汝"。西州回鶻時期。

參：《旅博選粹》, 187;《旅博研究》, 226;橘堂晃一 2010, 95。

LM20-1498-06-02　《金剛般若波羅蜜經》

姚秦鳩摩羅什譯，CBETA, T08, no.235, p.750, b2-6。唐時期。

LM20-1498-06-03　《金剛般若波羅蜜經》

姚秦鳩摩羅什譯，CBETA, T08, no.235, p.750, a29-b2。唐時期。

LM20-1498-06-04　《金剛般若波羅蜜經》

姚秦鳩摩羅什譯，CBETA, T08, no.235, p.750, b10-14。唐時期。

LM20-1498-07-01　《妙法蓮華經》卷四

姚秦鳩摩羅什譯，CBETA, T09, no.262, p.36, c13-16。唐時期。

LM20-1498-07-02　涅槃經疏

參隋灌頂撰《涅槃經會疏》卷一七，CBETA, X36, no.659, p.585, a14-15。高昌國時期。

LM20-1498-07-03　《維摩詰所説經》卷中

姚秦鳩摩羅什譯，CBETA, T14, no.475, p.545, a5-9。唐時期。

LM20-1498-07-04　《道行般若經》卷八

後漢支婁迦讖譯，CBETA，T08，no.224，p.464，b16-20，"轉卻"作"聽卻"。唐時期。

參：孫傳波 2006，180。

LM20-1498-07-05　殘片

有題記。高昌國時期。

參：《旅博選粹》，159。

LM20-1498-08-01　《大智度論》卷二四

姚秦鳩摩羅什譯，CBETA，T25，no.1509，p.239，c18-19。高昌國時期。

LM20-1498-08-02　佛典注疏

高昌國時期。

LM20-1498-08-03　《妙法蓮華經》卷五

姚秦鳩摩羅什譯，CBETA，T09，no.262，p.45，c16-18。高昌國時期。

LM20-1498-08-04　《菩薩善戒經》卷八

劉宋求那跋摩譯，CBETA，T30，no.1582，p.1003，b12-15。唐時期。

LM20-1498-08-05　《大般若波羅蜜多經》

唐玄奘譯，此段文字多處可見。唐時期。

LM20-1498-08-06　《金剛般若波羅蜜經》

元魏菩提流支譯，CBETA，T08，no.236a，p.754，b16-20。唐時期。

LM20-1498-08-07　《妙法蓮華經》卷一

姚秦鳩摩羅什譯，CBETA，T09，no.262，p.7，b16-20。唐時期。

LM20-1498-09-01　《光讚經》卷八

西晉竺法護譯，CBETA，T08，no.222，p.200，c14-17。高昌國時期。

LM20-1498-09-02　《大般涅槃經》卷一〇

北涼曇無讖譯，CBETA，T12，no.374，p.423，a16-18。高昌國時期。

LM20-1498-09-03　《大般涅槃經》卷三九

北涼曇無讖譯，CBETA，T12，no.374，p.592，b28-c1。高昌國時期。

LM20-1498-09-04　《維摩詰所説經》卷下

姚秦鳩摩羅什譯，CBETA，T14，no.475，p.553，b23-26，"佛足"作"稽首佛足"，"各各"作"各令"。高昌國時期。

LM20-1498-09-05　《大般若波羅蜜多經》卷五六一

唐玄奘譯，CBETA，T07，no.220，p.896，b21-25。唐時期。

LM20-1498-10-01　《大般涅槃經》卷四〇

北涼曇無讖譯，CBETA，T12，no.374，p.599，a29-b3。高昌國時期。

LM20-1498-10-02　《大般涅槃經》卷二六

北涼曇無讖譯, CBETA, T12, no.374, p.521, c14–19。高昌郡時期。

LM20-1498-10-03　《摩訶般若波羅蜜經》卷二

姚秦鳩摩羅什譯, CBETA, T08, no.223, p.231, a6–9。唐時期。

LM20-1498-10-04　《妙法蓮華經》卷三

姚秦鳩摩羅什譯, CBETA, T09, no.262, p.22, b19–22。唐時期。

LM20-1498-10-05　《道行般若經》卷四

後漢支婁迦讖譯, CBETA, T08, no.224, p.446, a9–11, "政"作"正"。高昌郡時期。
參:《旅博選粹》, 32; 孫傳波 2006, 173。

LM20-1498-11-01　《妙法蓮華經》卷六

姚秦鳩摩羅什譯, CBETA, T09, no.262, p.48, b29–c2。高昌國時期。

LM20-1498-11-02　《妙法蓮華經》卷二

姚秦鳩摩羅什譯, CBETA, T09, no.262, p.11, a15–19。唐時期。

LM20-1498-11-03　《佛説觀佛三昧海經》卷六

東晉佛陀跋陀羅譯, CBETA, T15, no.643, p.676, b2–4。高昌國時期。

LM20-1498-11-04　《金剛般若波羅蜜經》

元魏菩提流支譯, CBETA, T08, no.236a, p.755, a20–23。唐時期。

LM20-1498-11-05　《妙法蓮華經》卷一

姚秦鳩摩羅什譯, CBETA, T09, no.262, p.7, a10–16。唐時期。

LM20-1498-11-06　《金剛般若波羅蜜經》

元魏菩提流支譯, CBETA, T08, no.236a, p.753, a9–12。唐時期。

LM20-1498-11-07　《合部金光明經序》

隋彦琮撰, CBETA, T16, no.664, p.359, b5–8。唐時期。

LM20-1498-12-01　《菩薩地持經》卷三

北涼曇無讖譯, CBETA, T30, no.1581, p.904, c5–6。高昌國時期。

LM20-1498-12-02　《妙法蓮華經》卷四

姚秦鳩摩羅什譯, CBETA, T09, no.262, p.33, a25–26。唐時期。

LM20-1498-12-03　《大般若波羅蜜多經》

唐玄奘譯, 此段文字多處可見。唐時期。

LM20-1498-12-04　《妙法蓮華經》卷三

姚秦鳩摩羅什譯, CBETA, T09, no.262, p.22, b17–22。唐時期。

LM20-1498-12-05　《妙法蓮華經》卷一

姚秦鳩摩羅什譯, CBETA, T09, no.262, p.6, b9–11。唐時期。

LM20-1498-12-06　《大方廣佛華嚴經》卷二九

唐實叉難陀譯, CBETA, T10, no.279, p.159, c25–28。唐時期。

LM20-1498-13-01 《大般涅槃經》卷一六

北涼曇無讖譯，CBETA，T12，no.374，p.459，a3-6。高昌國時期。

LM20-1498-13-02 《金剛般若波羅蜜經》

姚秦鳩摩羅什譯，CBETA，T08，no.235，p.750，b1-4。唐時期。

LM20-1498-13-03 《大般若波羅蜜多經》卷一二七

唐玄奘譯，CBETA，T05，no.220，p.696，c27-30。唐時期。

LM20-1498-13-04 《阿毗曇毗婆沙論》卷一二

北涼浮陀跋摩、道泰譯，CBETA，T28，no.1546，p.88，c12-17。高昌國時期。

LM20-1498-13-05 《妙法蓮華經》卷一

姚秦鳩摩羅什譯，CBETA，T09，no.262，p.9，a18-22。唐時期。

LM20-1498-14-01 《妙法蓮華經》卷一

姚秦鳩摩羅什譯，CBETA，T09，no.262，p.6，a5-11。唐時期。

LM20-1498-14-02 《維摩詰所説經》卷下

姚秦鳩摩羅什譯，CBETA，T14，no.475，p.556，c8-12。高昌國時期。

參：王梅 2006，156。

LM20-1498-14-03a 《金剛般若波羅蜜經》

姚秦鳩摩羅什譯，CBETA，T08，no.235，p.749，c6-13。唐時期。背面有字，無法揭取拍攝。

LM20-1498-14-03b 《金剛般若波羅蜜經》

姚秦鳩摩羅什譯，CBETA，T08，no.235，p.749，c20-21。唐時期。背面有字，無法揭取拍攝。

LM20-1498-14-04 《注維摩詰經》卷六

姚秦僧肇注，CBETA，T38，no.1775，p.389，b12-19。有雙行小字注。高昌郡時期。

LM20-1498-15-01r 《金剛般若波羅蜜經》

姚秦鳩摩羅什譯，CBETA，T08，no.235，p.751，a25-b7。唐時期。

LM20-1498-15-01v 《金剛般若波羅蜜經》

姚秦鳩摩羅什譯，CBETA，T08，no.235，p.751，a12-24。第 6 行"菩提然"作"菩提者然"。細字寫本。唐時期。

LM20-1498-15-02 禮懺文

有朱筆句讀及校改。西州回鶻時期。

參：《旅博選粹》，186。

LM20-1498-15-03 《金剛般若波羅蜜經》

元魏菩提流支譯，CBETA，T08，no.236a，p.755，a18-20，"是去"作"過去"。唐時期。

LM20-1498-15-04 《妙法蓮華經》卷一

姚秦鳩摩羅什譯，CBETA，T09，no.262，p.2，a27-b1。唐時期。

LM20-1498-15-05 《大般若波羅蜜多經》卷二八八

　　唐玄奘譯, CBETA, T06, no.220, p.465, c1-4。唐時期。

LM20-1498-15-06　《妙法蓮華經》卷六

　　姚秦鳩摩羅什譯, CBETA, T09, no.262, p.51, b26-c1。唐時期。　、

LM20-1498-16-01　《摩訶般若波羅蜜經》卷一四

　　姚秦鳩摩羅什譯, CBETA, T08, no.223, p.322, b27-c4。高昌郡時期。

　　參:《旅博選粹》, 30。

LM20-1498-16-02　《妙法蓮華經》卷七

　　姚秦鳩摩羅什譯, CBETA, T09, no.262, p.55, c18-22。唐時期。

LM20-1498-16-03　《大般涅槃經》卷二九

　　北涼曇無讖譯, CBETA, T12, no.374, p.540, c23-28。唐時期。

LM20-1498-16-04　《妙法蓮華經》卷一

　　姚秦鳩摩羅什譯, CBETA, T09, no.262, p.7, a10-15。唐時期。

LM20-1498-16-05　《妙法蓮華經》卷一

　　姚秦鳩摩羅什譯, CBETA, T09, no.262, p.7, a10-15。唐時期。

LM20-1498-17-01　斄孝亮寫經題記

　　高昌國時期。

　　參:《旅博研究》, 227;《旅博選粹》, 200; 橘堂晃一 2006a, 86、101; 都築晶子等 2007, 9;
　　榮新江 2007, 411; 李淑、孟憲實 2017, 115; 孟憲實 2019a, 60。

LM20-1498-17-02　《大智度論》卷一一

　　姚秦鳩摩羅什譯, CBETA, T25, no.1509, p.143, a1-6, "國土"作"世界"。高昌國時期。

LM20-1498-17-03　《妙法蓮華經》卷三

　　姚秦鳩摩羅什譯, CBETA, T09, no.262, p.23, a18-21。唐時期。

LM20-1498-17-04　佛名經

　　唐時期。

LM20-1498-18-01　《注維摩詰經》卷六

　　姚秦僧肇撰, CBETA, T38, no.1775, p.385, c12-27。有雙行小字注。高昌郡時期。

　　參: 橘堂晃一 2006a, 94;《旅博選粹》, 70; 鄭阿財 2019, 192。

LM20-1498-18-02　《大般涅槃經》卷七

　　北涼曇無讖譯, CBETA, T12, no.374, p.408, c8-12。唐時期。

LM20-1498-18-03　《大般涅槃經》卷六

　　北涼曇無讖譯, CBETA, T12, no.374, p.399, b10-13。唐時期。

LM20-1498-18-04　《法句譬喻經》卷三

　　西晉法炬、法立譯, CBETA, T04, no.211, p.599, b9-14。唐時期。

LM20-1498-18-05　《妙法蓮華經》卷二

姚秦鳩摩羅什譯，CBETA，T09，no.262，p.10，c22–29。唐時期。

LM20-1498-18-06 《注維摩詰經》卷六

姚秦僧肇撰，CBETA，T38，no.1775，p.387，c12–p.388，a8。有雙行小字注。高昌郡時期。

參：橘堂晃一2006a，94；《旅博選粹》，70；鄭阿財2019，193。

LM20-1498-18-07 《妙法蓮華經》卷一

姚秦鳩摩羅什譯，CBETA，T09，no.262，p.7，a22–24。唐時期。

LM20-1498-19-01 《妙法蓮華經》卷一

姚秦鳩摩羅什譯，CBETA，T09，no.262，p.7，b28–c3。唐時期。

LM20-1498-19-02 佛教戒律

唐時期。

LM20-1498-19-03 《妙法蓮華經》卷三

姚秦鳩摩羅什譯，CBETA，T09，no.262，p.19，c15–18，“貪”作“含”。高昌國時期。

LM20-1498-20-01 《大般涅槃經》卷二八

北涼曇無讖譯，CBETA，T12，no.374，p.529，b6–13，“大般涅”作“大涅槃”。高昌國時期。

LM20-1498-20-02 《妙法蓮華經》卷三

姚秦鳩摩羅什譯，CBETA，T09，no.262，p.23，c10–13。唐時期。

參：《旅博選粹》，161。

LM20-1498-20-03 《大般涅槃經》卷七

北涼曇無讖譯，CBETA，T12，no.374，p.408，c13–18。唐時期。

LM20-1498-20-04 《金剛般若波羅蜜經》

元魏菩提流支譯，CBETA，T08，no.236a，p.753，a17–22。唐時期。

LM20-1498-21-01 《大般涅槃經》卷七

北涼曇無讖譯，CBETA，T12，no.374，p.407，b26–c3。唐時期。

LM20-1498-21-02 《大般涅槃經》卷一七

北涼曇無讖譯，CBETA，T12，no.374，p.467，a28–b2。高昌郡時期。

參：王宇、王梅2006b，54；《旅博選粹》，16。

LM20-1498-21-03 《大般涅槃經》卷七

北涼曇無讖譯，CBETA，T12，no.374，p.408，a16–20。唐時期。

LM20-1498-21-04 《大般涅槃經》卷三二

北涼曇無讖譯，CBETA，T12，no.374，p.559，b24–27。高昌國時期。

LM20-1498-22-01 《妙法蓮華經》卷二

姚秦鳩摩羅什譯，CBETA，T09，no.262，p.17，c6–11。天頭欄外有分節點。高昌郡時期。

參：《旅博選粹》，11。

LM20-1498-22-02 《維摩詰所説經》卷中

姚秦鳩摩羅什譯, CBETA, T14, no.475, p.547, c9–12。唐時期。

LM20-1498-22-03　《妙法蓮華經》卷一

姚秦鳩摩羅什譯, CBETA, T09, no.262, p.6, a14–22。唐時期。

LM20-1498-22-04　《維摩詰所説經》卷下

姚秦鳩摩羅什譯, CBETA, T14, no.475, p.556, a2–6。高昌國時期。

參: 王梅 2006, 156。

LM20-1498-23-01　《大般涅槃經》卷三五

北涼曇無讖譯, CBETA, T12, no.374, p.572, b4–6。高昌國時期。

LM20-1498-23-02　《妙法蓮華經》卷一

姚秦鳩摩羅什譯, CBETA, T09, no.262, p.1, c20–22。唐時期。

LM20-1498-23-03　《金剛般若波羅蜜經》

元魏菩提流支譯, CBETA, T08, no.236a, p.754, a15–20。唐時期。

LM20-1498-23-04　《大般涅槃經》卷二二

北涼曇無讖譯, CBETA, T12, no.374, p.495, b2–5。唐時期。

LM20-1498-23-05　佛典殘片

高昌國時期。

LM20-1498-24-01　《佛説佛名經》卷四

元魏菩提流支譯, CBETA, T14, no.440, p.136, b20–24。有捺印佛像。唐時期。

LM20-1498-24-02　佛名經

參元魏菩提流支譯《佛説佛名經》卷一一, CBETA, T14, no.440, p.177, b10–11; 譯者不詳《佛説佛名經》卷二六, CBETA, T14, no.441, p.286, a14–15。唐時期。

LM20-1498-24-03　《妙法蓮華經》卷三

姚秦鳩摩羅什譯, CBETA, T09, no.262, p.20, a12–15。高昌郡時期。

參:《旅博選粹》, 12。

LM20-1498-24-04　《道行般若經》卷八

後漢支婁迦讖譯, CBETA, T08, no.224, p.464, b11–15。唐時期。

LM20-1498-24-05　《金剛般若波羅蜜經》

元魏菩提流支譯, CBETA, T08, no.236a, p.753, c19–23, "不"作"若"。唐時期。

LM20-1498-25-01　《大般若波羅蜜多經》

唐玄奘譯, 此段文字多處可見。唐時期。

LM20-1498-25-02　《妙法蓮華經》卷二

姚秦鳩摩羅什譯, CBETA, T09, no.262, p.11, a4–10。唐時期。

LM20-1498-25-03　《妙法蓮華經》卷六

姚秦鳩摩羅什譯, CBETA, T09, no.262, p.53, a13–18。唐時期。

LM20-1498-25-04 《大般涅槃經》卷七

北涼曇無讖譯，CBETA, T12, no.374, p.407, b22-26。唐時期。

LM20-1498-25-05 《救疾經》

作者不詳，CBETA, T85, no.2878, p.1361, b24-28。高昌國時期。

參：馬俊傑 2019, 232-234。

LM20-1498-26-01 《妙法蓮華經》卷六

姚秦鳩摩羅什譯，CBETA, T09, no.262, p.47, c3-7。高昌國時期。

LM20-1498-26-02 《大般涅槃經》卷四〇

北涼曇無讖譯，CBETA, T12, no.374, p.601, a7-9。高昌國時期。

LM20-1498-26-03 《大寶積經》卷四八

唐玄奘譯，CBETA, T11, no.310, p.281, b2-5。唐時期。

LM20-1498-26-04 《摩訶般若波羅蜜經》卷一八

姚秦鳩摩羅什譯，CBETA, T08, no.223, p.351, b17-19。高昌國時期。

LM20-1498-26-05 《維摩詰所説經》卷下

姚秦鳩摩羅什譯，CBETA, T14, no.475, p.556, a2-7, "則" 作 "即"。高昌國時期。

參：王梅 2006, 156。

LM20-1498-26-06 《阿毗曇毗婆沙論》卷四一

北涼浮陀跋摩、道泰譯，CBETA, T28, no.1546, p.303, a29-b2。高昌國時期。

LM20-1498-27-01 《妙法蓮華經》卷七

姚秦鳩摩羅什譯，CBETA, T09, no.262, p.61, c2-9。唐時期。

LM20-1498-27-02 《妙法蓮華經》卷四

姚秦鳩摩羅什譯，CBETA, T09, no.262, p.34, c11-19。唐時期。

LM20-1498-27-03 《大般涅槃經》卷三〇

北涼曇無讖譯，CBETA, T12, no.374, p.545, b22-25。高昌國時期。

LM20-1498-27-04 《維摩詰所説經》卷下

姚秦鳩摩羅什譯，CBETA, T14, no.475, p.555, c25-29。高昌國時期。

參：王梅 2006, 156。

LM20-1498-28-01 《道行般若經》卷九

後漢支婁迦讖譯，CBETA, T08, no.224, p.472, b23-26。唐時期。

參：孫傳波 2006, 182。

LM20-1498-28-02 《太子須大拏經》

西秦聖堅譯，CBETA, T03, no.171, p.419, a6-9, "達" 作 "大"。西州回鶻時期。

LM20-1498-28-03 《太上洞玄靈寶無量度人上品妙經》

作者不詳，約出於東晉，與敦煌本 P.2606 第 98-100 行同。唐時期。

參: 趙洋 2017a, 187; 趙洋 2017b, 193。

LM20-1498-28-04　佛名經

參元魏菩提流支譯《佛説佛名經》卷一一, CBETA, T14, no.440, p.177, b21–23; 譯者不詳《佛説佛名經》卷二六, CBETA, T14, no.441, p.286, a26–28。唐時期。

LM20-1498-28-05　佛名經

參元魏菩提流支譯《佛説佛名經》卷一一, CBETA, T14, no.440, p.177, b14–15; 譯者不詳《佛説佛名經》卷二六, CBETA, T14, no.441, p.286, a18–20。唐時期。

LM20-1498-28-06　佛名經

參元魏菩提流支譯《佛説佛名經》卷一一, CBETA, T14, no.440, p.177, c7–9; 譯者不詳《佛説佛名經》卷二六, CBETA, T14, no.441, p.286, b12–14。唐時期。

LM20-1498-29-01　《佛説佛名經》卷三〇

譯者不詳, CBETA, T14, no.441, p.302, b6–7。唐時期。

LM20-1498-29-02　《金剛般若波羅蜜經》

姚秦鳩摩羅什譯, CBETA, T08, no.235, p.750, c16–28。細字寫本。唐時期。

參:《旅博選粹》, 159。

LM20-1498-29-03　《妙法蓮華經》卷一

姚秦鳩摩羅什譯, CBETA, T09, no.262, p.7, a27–b1。唐時期。

LM20-1498-29-04　《大般涅槃經》卷七

北涼曇無讖譯, CBETA, T12, no.374, p.407, b6–9。唐時期。

LM20-1498-29-05　《維摩詰所説經》卷下

姚秦鳩摩羅什譯, CBETA, T14, no.475, p.553, b27–c1。唐時期。

LM20-1498-29-06　《大般涅槃經》卷二五

北涼曇無讖譯, CBETA, T12, no.374, p.513, c14–16。高昌國時期。

LM20-1498-30-01　佛名經

參元魏菩提流支譯《佛説佛名經》卷一一, CBETA, T14, no.440, p.177, b5–7; 譯者不詳《佛説佛名經》卷二六, CBETA, T14, no.441, p.286, a10–12。唐時期。

LM20-1498-30-02　《妙法蓮華經》卷一

姚秦鳩摩羅什譯, CBETA, T09, no.262, p.8, b10–20。唐時期。

LM20-1498-30-03　《大般涅槃經》卷二八

北涼曇無讖譯, CBETA, T12, no.374, p.529, a23–27。高昌國時期。

LM20-1498-30-04　《金光明經》卷二

北涼曇無讖譯, CBETA, T16, no.663, p.341, b8–13, "經典" 作 "經"。高昌郡時期。

參:《旅博選粹》, 56。

LM20-1498-30-05　《十方千五百佛名經》

譯者不詳，CBETA, T14, no.442, p.314, b18–19。高昌國時期。

LM20-1498-31-01 　佛典殘片

高昌國時期。

LM20-1498-31-02 　《四分律删繁補闕行事鈔》卷上

唐道宣撰，CBETA, T40, no.1804, p.25, a19–b1，"先後"作"前後"，"上"作"尚"。西州回鶻時期。

LM20-1498-31-03 　《佛説佛名經》卷三〇

譯者不詳，CBETA, T14, no.441, p.299, c2–7。西州回鶻時期。

LM20-1498-31-04 　《妙法蓮華經》卷一

姚秦鳩摩羅什譯，CBETA, T09, no.262, p.7, c12–16。唐時期。

LM20-1498-32-01 　《大般若波羅蜜多經》卷五七九

唐玄奘譯，CBETA, T07, no.220, p.993, a5–8。唐時期。

LM20-1498-32-02 　《大般涅槃經》卷一九

北涼曇無讖譯，CBETA, T12, no.374, p.475, a6–9。高昌國時期。

LM20-1498-32-03 　佛典殘片

高昌郡時期。

參:《旅博選粹》, 70。

LM20-1498-32-04 　《太上洞玄靈寶昇玄内教經》卷九

作者不詳，與敦煌本 P.2430 第 28–32 行同。唐時期。

參:《旅博選粹》, 203；橘堂晃一 2010, 93；都築晶子等 2010, 75；趙洋 2017a, 188；趙洋 2017b, 205–206。

LM20-1498-32-05 　《太上洞玄靈寶昇玄内教經》卷九

作者不詳，與敦煌本 P.2430 第 30–32 行同。唐時期。

參:《旅博選粹》, 203；都築晶子等 2010, 75；趙洋 2017a, 188；趙洋 2017b, 205–206。

LM20-1498-32-06 　《大般若波羅蜜多經》卷七九

唐玄奘譯，此段文字多處可見。唐時期。

LM20-1498-32-07 　《金剛般若波羅蜜經》

姚秦鳩摩羅什譯，CBETA, T08, no.235, p.750, b4–9。唐時期。

LM20-1498-33-01 　《大般涅槃經》卷三六

北涼曇無讖譯，CBETA, T12, no.374, p.578, c16–20。高昌國時期。

LM20-1498-33-02 　《金光明經》卷三

北涼曇無讖譯，CBETA, T16, no.663, p.351, c17–20。高昌郡時期。

參:《旅博選粹》, 56。

LM20-1498-33-03 　《妙法蓮華經》卷四

姚秦鳩摩羅什譯，CBETA, T09, no.262, p.29, c12-14。唐時期。

LM20-1498-33-04 《優婆塞戒經》卷七

北涼曇無讖譯，CBETA, T24, no.1488, p.1069, c24-27，"六"作"五"，"十者"作"九作"，"煞人"作"作賊"，"砰"作"押"。高昌郡時期。

LM20-1498-33-05 《四分僧戒本》

姚秦佛陀耶舍譯，CBETA, T22, no.1430, p.1023, b29-c4。高昌國時期。

LM20-1498-33-06 《大般涅槃經》卷二九

北涼曇無讖譯，CBETA, T12, no.374, p.539, c4-8。高昌國時期。

LM20-1498-33-07r 《成實論》卷一

姚秦鳩摩羅什譯，CBETA, T32, no.1646, p.240, b16-23。高昌國時期。背面有字，無法揭取拍攝。

LM20-1498-33-07v 佛典殘片

高昌國時期。

LM20-1498-33-08 《維摩詰所説經》卷上

姚秦鳩摩羅什譯，CBETA, T14, no.475, p.543, c1-4。高昌國時期。

LM20-1498-34-01 《妙法蓮華經》卷一

姚秦鳩摩羅什譯，CBETA, T09, no.262, p.4, c14-19。唐時期。

LM20-1498-34-02 《合部金光明經》卷二

梁真諦譯，隋寶貴合，CBETA, T16, no.664, p.369, c10-13。唐時期。

LM20-1498-34-03 《御注金剛般若波羅蜜經》

唐玄宗注，CBETA, F03, no.100, p.333, a7。有雙行小字注。唐時期。

LM20-1498-34-04 《大般涅槃經》卷二

北涼曇無讖譯，CBETA, T12, no.374, p.378, b10-13。高昌國時期。

LM20-1498-34-05 《釋摩訶衍論》卷四

姚秦筏提摩多譯，CBETA, T32, no.1668, p.628, b16-18。唐時期。

LM20-1498-34-06 《妙法蓮華經》卷二

姚秦鳩摩羅什譯，CBETA, T09, no.262, p.13, c10-11，"種車"作"車"。行間有夾寫補字。高昌郡時期。

LM20-1498-34-07 《佛説維摩詰經》卷下

吳支謙譯，CBETA, T14, no.474, p.531, b3-5。唐時期。

參：王梅 2006, 137。

LM20-1498-35-01 《金剛般若波羅蜜經》

元魏菩提流支譯，CBETA, T08, no.236a, p.755, c6-8。唐時期。

LM20-1498-35-02 《四分僧戒本》

姚秦佛陀耶舍譯，CBETA, T22, no.1430, p.1024, a23–27。高昌國時期。

LM20-1498-35-03　《悲華經》卷七

北涼曇無讖譯，CBETA, T03, no.157, p.210, b22–27。高昌國時期。

LM20-1498-35-04　《妙法蓮華經》卷五

姚秦鳩摩羅什譯，CBETA, T09, no.262, p.39, c11–17。唐時期。

LM20-1498-35-05　《大般涅槃經》卷八

北涼曇無讖譯，CBETA, T12, no.374, p.414, a2–7。高昌國時期。

LM20-1498-35-06　《妙法蓮華經》卷五

姚秦鳩摩羅什譯，CBETA, T09, no.262, p.45, c3–6。唐時期。

LM20-1498-36-01　《大般涅槃經》卷一三

北涼曇無讖譯，CBETA, T12, no.374, p.440, b22–28。高昌國時期。

LM20-1498-36-02　《太上洞玄靈寶昇玄内教經》卷九

作者不詳，與敦煌本 P.2430 第 25–26 行同。唐時期。

參:《旅博選粹》, 203; 榮新江 2007, 412–413; 橘堂晃一 2010, 93; 趙洋 2017a, 188; 趙洋 2017b, 205–206。

LM20-1498-36-03　《大般涅槃經》卷二五

北涼曇無讖譯，CBETA, T12, no.374, p.512, a11–15。唐時期。

參: 陰會蓮 2006, 110。

LM20-1498-36-04　《佛説灌頂經》卷一二

東晉帛尸梨蜜多羅譯，CBETA, T21, no.1331, p.533, c14–16。唐時期。

LM20-1498-37-01　《大方廣佛華嚴經》卷四四（五十卷本）

東晉佛陀跋陀羅譯，《中華大藏經》第 12 册, 533b4–9; 參 CBETA, T09, no.278, p.729, a12–17。高昌國時期。

LM20-1498-37-02　《大般涅槃經》卷三六

北涼曇無讖譯，CBETA, T12, no.374, p.575, a5–9。高昌郡時期。

LM20-1498-37-03　《大方便佛報恩經》卷七

譯者不詳，CBETA, T03, no.156, p.161, c12–17。唐時期。

LM20-1498-37-04　《太上洞玄靈寶昇玄内教經》卷九

作者不詳，與敦煌本 P.2430 第 18–20 行同。唐時期。

參: 趙洋 2017a, 188; 趙洋 2017b, 205–206。

LM20-1498-38-01　《妙法蓮華經》卷一

姚秦鳩摩羅什譯，CBETA, T09, no.262, p.2, a16–20。唐時期。

LM20-1498-38-02　《金剛般若波羅蜜經》

元魏菩提流支譯，CBETA, T08, no.236a, p.753, a19–22。唐時期。

LM20-1498-38-03　《摩訶僧祇比丘尼戒本》

東晉法顯、覺賢譯，CBETA，T22，no.1427，p.560，b17-24。高昌國時期。

LM20-1498-38-04　《大般涅槃經》卷一五

北涼曇無讖譯，CBETA，T12，no.374，p.453，b29-c4。高昌國時期。

LM20-1498-38-05　《摩訶般若波羅蜜經》卷二五

姚秦鳩摩羅什譯，CBETA，T08，no.223，p.405，b26-29。高昌國時期。

LM20-1498-38-06　《放光般若經》卷九

西晉無羅叉譯，CBETA，T08，no.221，p.65，a18-20。高昌郡時期。

LM20-1498-38-07　《根本説一切有部毗奈耶》卷四六

唐義淨譯，CBETA，T23，no.1442，p.880，a20-21。唐時期。

LM20-1498-39-01　《大方廣佛華嚴經》卷四六（五十卷本）

東晉佛陀跋陀羅譯，《中華大藏經》第12冊，565a10-13；參CBETA，T09，no.278，p.750，b2-6。高昌國時期。

LM20-1498-39-02　《妙法蓮華經》卷五

姚秦鳩摩羅什譯，CBETA，T09，no.262，p.45，c8-12。唐時期。

LM20-1498-39-03　《阿毗達磨俱舍釋論》卷二一

陳真諦譯，CBETA，T29，no.1559，p.300，b13-15。唐時期。

LM20-1498-39-04　《道行般若經》卷四

後漢支婁迦讖譯，CBETA，T08，no.224，p.446，a4-11。高昌郡時期。

參：《旅博選粹》，32；孫傳波2006，173。

LM20-1498-39-05　《大般涅槃經》卷二六

北涼曇無讖譯，CBETA，T12，no.374，p.518，c20-23。高昌國時期。

LM20-1498-40-01　《摩訶般若波羅蜜經》卷二六

姚秦鳩摩羅什譯，CBETA，T08，no.223，p.409，c24-29。高昌國時期。

LM20-1498-40-02　《大般涅槃經》卷二五

北涼曇無讖譯，CBETA，T12，no.374，p.512，a16-19。唐時期。

LM20-1498-40-03　《妙法蓮華經》卷五

姚秦鳩摩羅什譯，CBETA，T09，no.262，p.39，c28-29。唐時期。

LM20-1498-40-04　《妙法蓮華經》卷七

姚秦鳩摩羅什譯，CBETA，T09，no.262，p.58，a17-21。唐時期。

LM20-1498-40-05　《大通方廣懺悔滅罪莊嚴成佛經》卷上

作者不詳，CBETA，T85，no.2871，p.1342，a29-b2。高昌國時期。

LM20-1498-41-01　《光讚經》卷二

西晉竺法護譯，CBETA，T08，no.222，p.161，c28-p.162，a1。高昌國時期。

LM20-1498-41-02 《道行般若經》卷八

後漢支婁迦讖譯，CBETA，T08，no.224，p.463，c19-22。唐時期。

參：孫傳波 2006，179。

LM20-1498-41-03 **佛典殘片**

高昌國時期。

LM20-1498-41-04 《老子德經下》

與敦煌本 S.189 同。唐時期。

參：游自勇 2017，146-147；趙洋 2017a，190。

LM20-1498-41-05 《大智度論》卷三〇

姚秦鳩摩羅什譯，CBETA，T25，no.1509，p.284，a15-19。第 3、4 行間有淡墨改字。高昌國時期。

LM20-1498-41-06 《雜阿毗曇心論》卷六

劉宋僧伽跋摩等譯，CBETA，T28，no.1552，p.923，b10-12。高昌國時期。

LM20-1498-42-01 《大方等無想經》卷五

北涼曇無讖譯，CBETA，T12，no.387，p.1101，a12-15。高昌國時期。

LM20-1498-42-02 《妙法蓮華經》卷二

姚秦鳩摩羅什譯，CBETA，T09，no.262，p.14，c20-24。高昌國時期。

LM20-1498-42-03 《妙法蓮華經》卷四

姚秦鳩摩羅什譯，CBETA，T09，no.262，p.28，a14-20。唐時期。

LM20-1498-42-04 《大般涅槃經》卷一六

北涼曇無讖譯，CBETA，T12，no.374，p.457，a22-25。高昌國時期。

LM20-1498-42-05 《大般若波羅蜜多經》

唐玄奘譯，此段文字多處可見。西州回鶻時期。

LM20-1498-42-06 《大般涅槃經》卷一九

北涼曇無讖譯，CBETA，T12，no.374，p.476，a16-23。高昌國時期。

LM20-1498-42-07 《金剛般若波羅蜜經》

姚秦鳩摩羅什譯，CBETA，T08，no.235，p.749，c4-6。唐時期。

LM20-1498-42-08 《金光明經》卷一

北涼曇無讖譯，CBETA，T16，no.663，p.336，a24-29。高昌國時期。

經册五十

LM20-1499-01-01　《大通方廣懺悔滅罪莊嚴成佛經》卷中

作者不詳，CBETA, T85, no.2871, p.1345, a38-40，"答曰當"作"當"。高昌國時期。

LM20-1499-01-02　《大方等大集經》卷八

北涼曇無讖譯，CBETA, T13, no.397, p.47, c7-11。高昌國時期。

LM20-1499-01-03　《因明入正理論》

唐玄奘譯，CBETA, T32, no.1630, p.12, c12-18。唐時期。

LM20-1499-02-01　《維摩詰所説經》卷中

姚秦鳩摩羅什譯，CBETA, T14, no.475, p.548, b24-27。唐時期。

參：王梅 2006, 155。

LM20-1499-02-02　佛教戒律

參姚秦佛陀耶舍譯《四分僧戒本》，CBETA, T22, no.1430, p.1027, c6-8。西州回鶻時期。

LM20-1499-02-03　《金光明經》卷二

北涼曇無讖譯，CBETA, T16, no.663, p.343, c20-23。高昌郡時期。

參：《旅博選粹》, 56。

LM20-1499-02-04　《五分戒本》

劉宋佛陀什等譯，CBETA, T22, no.1422b, p.202, a22-26。高昌國時期。

LM20-1499-02-05　《妙法蓮華經》卷四

姚秦鳩摩羅什譯，CBETA, T09, no.262, p.32, c23-28。高昌國時期。

LM20-1499-03-01　佛教戒律

西州回鶻時期。

LM20-1499-03-02　《妙法蓮華經》卷五

姚秦鳩摩羅什譯，CBETA, T09, no.262, p.41, a8-10。唐時期。

LM20-1499-03-03　《佛説藥師如來本願經》

隋達摩笈多譯，CBETA, T14, no.449, p.401, c14-17。唐時期。

LM20-1499-03-04　《大般涅槃經》卷三五

北涼曇無讖譯，CBETA, T12, no.374, p.570, b11-13。唐時期。

LM20-1499-03-05　《阿毗達磨順正理論》卷六四

唐玄奘譯，CBETA, T29, no.1562, p.692, b23-26。唐時期。

LM20-1499-03-06 《妙法蓮華經》卷六

姚秦鳩摩羅什譯，CBETA, T09, no.262, p.51, c11-13。唐時期。

LM20-1499-04-01 《大般若波羅蜜多經》卷三四二

唐玄奘譯，CBETA, T06, no.220, p.755, b27-c5。唐時期。

LM20-1499-04-02 《妙法蓮華經》卷三

姚秦鳩摩羅什譯，CBETA, T09, no.262, p.22, a20-25。唐時期。

LM20-1499-04-03 《阿毗達磨俱舍釋論》卷二一

陳真諦譯，CBETA, T29, no.1559, p.297, b11-14。唐時期。

LM20-1499-04-04 《金剛般若波羅蜜經》

姚秦鳩摩羅什譯，CBETA, T08, no.235, p.752, b21-24。唐時期。

LM20-1499-05-01 《佛說觀藥王藥上二菩薩經》

劉宋畺良耶舍譯，CBETA, T20, no.1161, p.661, b22-c1。唐時期。

LM20-1499-05-02 《大般涅槃經》卷四〇

北涼曇無讖譯，CBETA, T12, no.374, p.599, c27-p.600, a4。唐時期。

LM20-1499-05-03 《摩訶般若波羅蜜經》卷二六

姚秦鳩摩羅什譯，CBETA, T08, no.223, p.415, a19-22。高昌國時期。

LM20-1499-05-04 《大般若波羅蜜多經》卷四七九

唐玄奘譯，CBETA, T07, no.220, p.431, a5-8。唐時期。

LM20-1499-05-05 《菩薩地持經》卷五

北涼曇無讖譯，CBETA, T30, no.1581, p.914, a7-9。高昌國時期。

LM20-1499-06-01 《大智度論》卷二七

姚秦鳩摩羅什譯，CBETA, T25, no.1509, p.256, b15-19，"勉"作"免"。唐時期。

LM20-1499-06-02 《大般若波羅蜜多經》

唐玄奘譯，此段文字多處可見。唐時期。

LM20-1499-06-03 《大般若波羅蜜多經》卷五五

唐玄奘譯，CBETA, T05, no.220, p.313, a24-28。唐時期。

LM20-1499-06-04 《妙法蓮華經》卷七

姚秦鳩摩羅什譯，CBETA, T09, no.262, p.55, c3-5。唐時期。

LM20-1499-07-01 《大般涅槃經》卷二四

北涼曇無讖譯，CBETA, T12, no.374, p.504, b23-27, 第 4 行"而"作"聞"。唐時期。

LM20-1499-07-02 《妙法蓮華經》卷四

姚秦鳩摩羅什譯，CBETA, T09, no.262, p.35, b23-26。唐時期。

LM20-1499-07-03 《菩薩地持經》卷五

北涼曇無讖譯，CBETA, T30, no.1581, p.914, a4-7。高昌國時期。

LM20-1499-07-04　《佛説灌頂經》卷一二

東晉帛尸梨蜜多羅譯，CBETA, T21, no.1331, p.533, a4-9，"諸天"作"天諸"。唐時期。

LM20-1499-08-01　《佛本行集經》卷一一

隋闍那崛多譯，CBETA, T03, no.190, p.701, b5-10。唐時期。

參：段真子 2019, 168。

LM20-1499-08-02　《佛説佛名經》卷一一

元魏菩提流支譯，CBETA, T14, no.440, p.173, a27-b2。唐時期。

LM20-1499-08-03　《摩訶般若波羅蜜經》卷七

姚秦鳩摩羅什譯，CBETA, T08, no.223, p.266, c14-18。高昌國時期。

LM20-1499-09-01　《大般涅槃經》卷二二

北涼曇無讖譯，CBETA, T12, no.374, p.495, c27-29。高昌國時期。

LM20-1499-09-02　《大般涅槃經》卷二四

北涼曇無讖譯，CBETA, T12, no.374, p.507, a15-18。唐時期。

LM20-1499-09-03　《妙法蓮華經》卷三

姚秦鳩摩羅什譯，CBETA, T09, no.262, p.23, c11-13。唐時期。

LM20-1499-09-04　《大般涅槃經》卷三二

北涼曇無讖譯，CBETA, T12, no.374, p.555, c2-3。唐時期。

LM20-1499-10-01　《大般涅槃經》卷二二

北涼曇無讖譯，CBETA, T12, no.374, p.496, c15-18。高昌國時期。

LM20-1499-10-02　《佛本行集經》卷二四

隋闍那崛多譯，CBETA, T03, no.190, p.764, b6-11。唐時期。

參：段真子 2019, 167。

LM20-1499-10-03　《道行般若經》卷一○

後漢支婁迦讖譯，CBETA, T08, no.224, p.477, c9-13。高昌國時期。

參：孫傳波 2006, 183。

LM20-1499-10-04　《維摩詰所説經》卷上

姚秦鳩摩羅什譯，CBETA, T14, no.475, p.543, a4-8。高昌國時期。

參：王梅 2006, 152。

LM20-1499-11-01　《大般若波羅蜜多經》卷二九五

唐玄奘譯，CBETA, T06, no.220, p.498, b27-c1。唐時期。

LM20-1499-11-02　《大般若波羅蜜多經》卷二三三

唐玄奘譯，CBETA, T06, no.220, p.174, b16-21。唐時期。

LM20-1499-11-03r　《菩薩本行經》卷中

譯者不詳，CBETA, T03, no.155, p.115, c25-p.116, a4，"忘"作"妄"。西州回鶻時期。

參:《旅博選粹》,189。

LM20-1499-11-03v　《金剛般若波羅蜜經》

姚秦鳩摩羅什譯,CBETA,T8,no.235,p.750,c4-13。唐時期。無法揭取拍攝。

參:《旅博選粹》,189。

LM20-1499-11-04　《佛説灌頂經》卷一二

東晉帛尸梨蜜多羅譯,T21,no.1331,p.535,b16-21。唐時期。

LM20-1499-12-01　《光讚經》卷五

西晉竺法護譯,CBETA,T08,no.222,p.184,a4-6,"薩行"作"訶薩"。高昌國時期。

LM20-1499-12-02　《大般涅槃經》卷二二

北涼曇無讖譯,CBETA,T12,no.374,p.496,c20-24。高昌國時期。

LM20-1499-12-03　《妙法蓮華經》卷三

姚秦鳩摩羅什譯,CBETA,T09,no.262,p.22,c5-10。唐時期。

LM20-1499-12-04　《維摩詰所説經》卷上

姚秦鳩摩羅什譯,CBETA,T14,no.475,p.543,b7-13,第1行"好修"作"好故修"。高昌國時期。

LM20-1499-13-01　《大般涅槃經》卷二九

北涼曇無讖譯,CBETA,T12,no.374,p.541,a11-15。高昌國時期。

LM20-1499-13-02　《放光般若經》卷二〇

西晉無羅叉譯,CBETA,T08,no.221,p.145,a27-b1。唐時期。

LM20-1499-13-03　《大般涅槃經》卷三四

北涼曇無讖譯,CBETA,T12,no.374,p.566,b13-15,"具性"作"其生"。高昌國時期。

LM20-1499-13-04　《大般涅槃經》卷三六

北涼曇無讖譯,CBETA,T12,no.374,p.580,b16-19。高昌國時期。

LM20-1499-14-01　《妙法蓮華經》卷三

姚秦鳩摩羅什譯,CBETA,T09,no.262,p.20,b12-19。高昌國時期。

LM20-1499-14-02　佛典注疏

高昌國時期。背面有字,疑爲佛典注疏,無法揭取拍攝。

LM20-1499-14-03　《文殊師利所説摩訶般若波羅蜜經》卷上

梁曼陀羅仙譯,CBETA,T08,no.232,p.726,b9-12。唐時期。

LM20-1499-15-01　《佛頂尊勝陀羅尼經序》

唐志静述,CBETA,T19,no.967,p.349,b7-13。唐時期。

LM20-1499-15-02　《金光明經》卷四

北涼曇無讖譯,CBETA,T16,no.663,p.354,b21-23,"當此"作"當使此"。唐時期。

LM20-1499-15-03　《大般涅槃經》卷二二

北涼曇無讖譯, CBETA, T12, no.374, p.497, b4-6。高昌國時期。

LM20-1499-15-04 《大般若波羅蜜多經》卷五三

唐玄奘譯, CBETA, T05, no.220, p.298, a4-8。唐時期。

LM20-1499-15-05 《大般涅槃經》卷五

北涼曇無讖譯, CBETA, T12, no.374, p.393, b8-12。唐時期。

LM20-1499-16-01 《佛説觀藥王藥上二菩薩經》

劉宋畺良耶舍譯, CBETA, T20, no.1161, p.660, c20-25, "答言"作"答曰"。唐時期。

LM20-1499-16-02 《妙法蓮華經》卷六

姚秦鳩摩羅什譯, CBETA, T09, no.262, p.53, a19-23。高昌國時期。

LM20-1499-16-03 《妙法蓮華經》卷五

姚秦鳩摩羅什譯, CBETA, T09, no.262, p.44, a27-b5。唐時期。

LM20-1499-16-04 《金剛般若波羅蜜經》

姚秦鳩摩羅什譯, CBETA, T08, no.235, p.749, c5-10。唐時期。

LM20-1499-17-01 《維摩詰所説經》卷中

姚秦鳩摩羅什譯, CBETA, T14, no.475, p.545, a15-19。唐時期。

LM20-1499-17-02 《大般若波羅蜜多經》卷四三

唐玄奘譯, CBETA, T05, no.220, p.239, c27-p.240, a2。唐時期。

LM20-1499-17-03 《妙法蓮華經》卷二

姚秦鳩摩羅什譯, CBETA, T09, no.262, p.11, a28-b3。唐時期。

LM20-1499-17-04 《大方廣佛華嚴經》卷二〇（五十卷本）

東晉佛陀跋陀羅譯,《中華大藏經》第 12 册, 252c19-253a2; 參 CBETA, T09, no.278, p.554, c15-19。高昌國時期。

LM20-1499-17-05 《思益梵天所問經》卷一

姚秦鳩摩羅什譯, CBETA, T15, no.586, p.35, c22-24。唐時期。

LM20-1499-17-06 《大般涅槃經》卷九

北涼曇無讖譯, CBETA, T12, no.375, p.661, b10-16。高昌郡時期。

參: 王宇、王梅 2006b, 53。

LM20-1499-18-01 《摩訶般若波羅蜜經》卷一一

姚秦鳩摩羅什譯, CBETA, T08, no.223, p.300, c4-9。高昌國時期。

LM20-1499-18-02 《金光明經》卷二

北涼曇無讖譯, CBETA, T16, no.663, p.343, b25-29。唐時期。

LM20-1499-18-03 《妙法蓮華經》卷五

姚秦鳩摩羅什譯, CBETA, T09, no.262, p.42, b26-c1。唐時期。

LM20-1499-18-04 《大方廣佛華嚴經》卷五（五十卷本）

東晉佛陀跋陀羅譯,《中華大藏經》第 12 册, 55a12–15; 參 CBETA, T09, no.278, p.429, c14–17。高昌國時期。

LM20-1499-19-01 《大智度論》卷二

姚秦鳩摩羅什譯, CBETA, T25, no.1509, p.66, b21–23。唐時期。

LM20-1499-19-02 《大法炬陀羅尼經》卷五

隋闍那崛多等譯, CBETA, T21, no.1340, p.681, b15–18。唐時期。

LM20-1499-19-03 《大方廣佛華嚴經》卷一六

唐實叉難陀譯, CBETA, T10, no.279, p.85, c24–26。唐時期。

LM20-1499-19-04 《太上洞玄靈寶昇玄内教經》卷九

作者不詳, 與敦煌本 P.2430 第 1–5 行同。唐時期。

參:《旅博選粹》, 203; 榮新江 2007, 412–413; 都築晶子等 2010, 75; 橘堂晃一 2010, 93; 趙洋 2017a, 188; 趙洋 2017b, 204–206。

LM20-1499-19-05 《大般若波羅蜜多經》卷一二四

唐玄奘譯, CBETA, T05, no.220, p.680, a7–11。唐時期。背面有回鶻文, 無法揭取拍攝。

LM20-1499-19-06 《道行般若經》卷二

後漢支婁迦讖譯, CBETA, T08, no.224, p.436, a5–9。高昌郡時期。

參:《旅博選粹》, 10; 孫傳波 2006, 170。

LM20-1499-20-01 《毗耶娑問經》卷下

元魏般若流支譯, CBETA, T12, no.354, p.233, a4–7。唐時期。

LM20-1499-20-02 《大般涅槃經》卷一五

北涼曇無讖譯, CBETA, T12, no.374, p.453, b1–6。高昌國時期。

LM20-1499-20-03 《大般涅槃經》卷一○

北涼曇無讖譯, CBETA, T12, no.374, p.423, a1–4。高昌國時期。

LM20-1499-20-04 《金剛般若波羅蜜經》

姚秦鳩摩羅什譯, CBETA, T08, no.235, p.752, b21–24。唐時期。

LM20-1499-20-05 《佛説灌頂經》卷一二

東晉帛尸梨蜜多羅譯, CBETA, T21, no.1331, p.533, b28–c2。唐時期。

LM20-1499-21-01 《金剛般若波羅蜜經》

元魏菩提流支譯, CBETA, T08, no.236a, p.753, a15–17。唐時期。

LM20-1499-21-02 《妙法蓮華經》卷一

姚秦鳩摩羅什譯, CBETA, T09, no.262, p.10, a19–23。唐時期。

LM20-1499-21-03 《大般涅槃經》卷三九

北涼曇無讖譯, CBETA, T12, no.374, p.592, b29–c6。高昌郡時期。

參:《旅博選粹》, 18。

LM20-1499-21-04　《大般涅槃經》卷三〇

北涼曇無讖譯，CBETA, T12, no.374, p.547, b6-8。高昌國時期。

LM20-1499-21-05　《大般涅槃經》卷一二

北涼曇無讖譯，CBETA, T12, no.374, p.435, a26-b1。高昌國時期。

LM20-1499-22-01　《摩訶般若波羅蜜經》卷五

姚秦鳩摩羅什譯，CBETA, T08, no.223, p.254, b8-10。高昌國時期。

LM20-1499-22-02　《摩訶般若波羅蜜經》卷二六

姚秦鳩摩羅什譯，CBETA, T08, no.223, p.409, c28-p.410, a1。高昌國時期。

LM20-1499-22-03　《妙法蓮華經》卷二

姚秦鳩摩羅什譯，CBETA, T09, no.262, p.15, c19-22。唐時期。

LM20-1499-22-04　《大智度論》卷八六

姚秦鳩摩羅什譯，CBETA, T25, no.1509, p.660, b27-c2。唐時期。

LM20-1499-22-05　《光讚經》卷七

西晉竺法護譯，CBETA, T08, no.222, p.194, b17-20。唐時期。

LM20-1499-22-06　《維摩詰所説經》卷中

姚秦鳩摩羅什譯，CBETA, T14, no.475, p.545, b6-9。唐時期。

LM20-1499-23-01　《大般若波羅蜜多經》卷三五三

唐玄奘譯，CBETA, T06, no.220, p.817, c29-p.818, a4。唐時期。

LM20-1499-23-02　《佛説觀佛三昧海經》卷三

東晉佛陀跋陀羅譯，CBETA, T15, no.643, p.659, b23-26。高昌國時期。

LM20-1499-23-03　《小品般若波羅蜜經》卷三

姚秦鳩摩羅什譯，CBETA, T08, no.227, p.546, b28-c3。高昌國時期。

LM20-1499-23-04　《金剛般若波羅蜜經》

姚秦鳩摩羅什譯，CBETA, T08, no.235, p.750, c17-20。唐時期。

LM20-1499-24-01　《妙法蓮華經》卷六

姚秦鳩摩羅什譯，CBETA, T09, no.262, p.52, c9-12。高昌國時期。

LM20-1499-24-02　《大般涅槃經》卷三

北涼曇無讖譯，CBETA, T12, no.374, p.380, a10-15。高昌國時期。

LM20-1499-24-03　《大般涅槃經》卷一五

北涼曇無讖譯，CBETA, T12, no.374, p.452, c14-16。高昌國時期。

LM20-1499-24-04　《維摩詰所説經》尾題

姚秦鳩摩羅什譯，CBETA, T14, no.475, p.537, a3-6。唐時期。

LM20-1499-24-05　《大般涅槃經》卷二二

北涼曇無讖譯，CBETA, T12, no.374, p.496, c29-p.497, a3。高昌國時期。

LM20-1499-24-06 《大般涅槃經》卷二八

北涼曇無讖譯，CBETA，T12，no.374，p.534，c13-22。高昌郡時期。

參：王宇、王梅 2006b，56。

LM20-1499-25-01 《佛説仁王般若波羅蜜經》卷下

姚秦鳩摩羅什譯，CBETA，T08，no.245，p.830，a29-b5。高昌國時期。

LM20-1499-25-02 佛典殘片

高昌國時期。

LM20-1499-25-03 《大般涅槃經》卷三五

北涼曇無讖譯，CBETA，T12，no.374，p.574，a24-25。唐時期。

LM20-1499-25-04 《摩訶般若波羅蜜經》卷一一

姚秦鳩摩羅什譯，CBETA，T08，no.223，p.300，c6-8。高昌國時期。

LM20-1499-25-05 《妙法蓮華經》卷一

姚秦鳩摩羅什譯，CBETA，T09，no.262，p.2，a25-27。唐時期。

LM20-1499-25-06 《佛説灌頂經》卷一二

東晉帛尸梨蜜多羅譯，CBETA，T21，no.1331，p.533，a18-23，"此"作"説"。唐時期。

LM20-1499-25-07 《摩訶僧祇律》卷八

東晉佛陀跋陀羅、法顯譯，CBETA，T22，no.1425，p.291，c2-4。唐時期。

LM20-1499-26-01 《菩薩善戒經》卷一

劉宋求那跋摩譯，CBETA，T30，no.1582，p.965，c24-26。高昌郡時期。

參：《旅博選粹》，65。

LM20-1499-26-02 《大般涅槃經》卷七

北涼曇無讖譯，CBETA，T12，no.374，p.404，b24-27。高昌國時期。

LM20-1499-26-03 《佛説觀藥王藥上二菩薩經》

劉宋畺良耶舍譯，CBETA，T20，no.1161，p.666，a26-29，"此二菩薩"作"二菩薩"。高昌國時期。

LM20-1499-26-04 《大般若波羅蜜多經》

唐玄奘譯，此段文字多處可見。唐時期。

LM20-1499-26-05 《大智度論》卷四二

姚秦鳩摩羅什譯，CBETA，T25，no.1509，p.365，b11-13。唐時期。

LM20-1499-26-06 《賢愚經》卷一〇

元魏慧覺等譯，CBETA，T04，no.202，p.418，b22-25，第3、4行疑有錯行。高昌國時期。

LM20-1499-26-07 《佛説灌頂經》卷一二

東晉帛尸梨蜜多羅譯，CBETA，T21，no.1331，p.533，a20-25。唐時期。

LM20-1499-27-01 佛典注疏

高昌國時期。

參：《旅博選粹》，173。

LM20-1499-27-02　《菩薩地持經》卷一〇

北涼曇無讖譯，CBETA, T30, no.1581, p.953, c13–17，"净净"作"净"。高昌郡時期。

LM20-1499-27-03　佛教戒律

有朱筆。細字寫本。唐時期。

參：《旅博選粹》，173。

LM20-1499-27-04　《大般若波羅蜜多經》

唐玄奘譯，此段文字多處可見。唐時期。

LM20-1499-27-05　《金剛般若波羅蜜經》

姚秦鳩摩羅什譯，CBETA, T08, no.235, p.752, a28–29。唐時期。

LM20-1499-27-06　《老子道經上》

與今本差異較大，與敦煌本 P.2584 同。唐時期。

參：游自勇 2017, 142–144；趙洋 2017a, 189。

LM20-1499-28-01　《佛地經論》卷七

唐玄奘譯，CBETA, T26, no.1530, p.324, a13–16，第 1 行下脱"自在無盡相"。唐時期。

LM20-1499-28-02　《大方等大集經》卷一二

北涼曇無讖譯，CBETA, T13, no.397, p.76, b12–15。高昌國時期。

LM20-1499-28-03　《佛説灌頂經》卷一二

東晉帛尸梨蜜多羅譯，CBETA, T21, no.1331, p.534, a12–15。唐時期。

LM20-1499-28-04　《摩訶般若波羅蜜經》卷二五

姚秦鳩摩羅什譯，CBETA, T08, no.223, p.405, a11–16。高昌國時期。

LM20-1499-29-01　《大般涅槃經》卷一二

北涼曇無讖譯，CBETA, T12, no.374, p.438, a9–14。高昌國時期。

LM20-1499-29-02　《請觀世音菩薩消伏毒害陀羅尼咒經》

東晉竺難提譯，CBETA, T20, no.1043, p.35, c12–14。唐時期。

LM20-1499-29-03　《金剛般若波羅蜜經》

姚秦鳩摩羅什譯，CBETA, T08, no.235, p.751, a2–7。唐時期。

LM20-1499-29-04　《妙法蓮華經》卷二

姚秦鳩摩羅什譯，CBETA, T09, no.262, p.16, b28–c1。唐時期。

LM20-1499-29-05　《摩訶般若波羅蜜經》卷一一

姚秦鳩摩羅什譯，CBETA, T08, no.223, p.300, a26–b1，"不過去"作"不名過去"。高昌國時期。

LM20-1499-30-01a　典籍殘片

參西晉皇甫謐撰《高士傳·許由》。高昌國時期。

LM20-1499-30-01b　漢紀

高昌郡時期。

參：馮璇 2018，8-9。

LM20-1499-30-02　《大般涅槃經》卷二二

北涼曇無讖譯，CBETA，T12，no.374，p.497，a4-8。高昌國時期。

LM20-1499-30-03　《妙法蓮華經》卷二

姚秦鳩摩羅什譯，CBETA，T09，no.262，p.13，c1-6。高昌國時期。

LM20-1499-30-04　《佛説觀佛三昧海經》卷一

東晉佛陀跋陀羅譯，CBETA，T15，no.643，p.647，c15-19。高昌國時期。

LM20-1499-31-01　《善見律毗婆沙》卷一〇

蕭齊僧伽跋陀羅譯，CBETA，T24，no.1462，p.743，b13-18。唐時期。

LM20-1499-31-02　《大智度論》疏

參姚秦鳩摩羅什譯《大智度論》卷七，CBETA，T25，no.1509，p.111，b27。高昌國時期。

參：《旅博選粹》，160。

LM20-1499-31-03　《維摩詰所説經》卷上

姚秦鳩摩羅什譯，CBETA，T14，no.475，p.543，a4-7。高昌國時期。

參：王梅 2006，152。

LM20-1499-31-04　《思益梵天所問經》卷一

姚秦鳩摩羅什譯，CBETA，T15，no.586，p.38，c18-21。唐時期。

LM20-1499-31-05　《放光般若經》卷五

西晉無羅叉譯，CBETA，T08，no.221，p.33，b21-24。唐時期。

LM20-1499-32-01　《大方廣十輪經》卷五

譯者不詳，CBETA，T13，no.410，p.703，c8-11。唐時期。

LM20-1499-32-02　《妙法蓮華經》卷二

姚秦鳩摩羅什譯，CBETA，T09，no.262，p.14，b1-6。唐時期。

LM20-1499-32-03　《大般涅槃經》卷二〇

北涼曇無讖譯，CBETA，T12，no.374，p.485，b8-10。高昌國時期。

LM20-1499-32-04　《大般涅槃經》卷二二

北涼曇無讖譯，CBETA，T12，no.374，p.496，b22-27。高昌國時期。

LM20-1499-33-01　《大般若波羅蜜多經》卷五九二

唐玄奘譯，此段文字多處可見。西州回鶻時期。

LM20-1499-33-02　《思益梵天所問經》卷四

姚秦鳩摩羅什譯，CBETA，T15，no.586，p.60，a18-26。高昌郡時期。

參:《旅博選粹》,19。

LM20-1499-33-03 《大般涅槃經》卷二

北涼曇無讖譯,CBETA, T12, no.374, p.375, b27-c1。唐時期。

LM20-1499-33-04 《大般涅槃經》卷一七

北涼曇無讖譯,CBETA, T12, no.374, p.467, a28-b1。高昌郡時期。

參:《旅博選粹》,16; 王宇、王梅 2006b, 54。

LM20-1499-33-05 《妙法蓮華經》卷四

姚秦鳩摩羅什譯,CBETA, T09, no.262, p.32, b16-19。唐時期。

LM20-1499-34-01 《放光般若經》卷九

西晉無羅叉譯,CBETA, T08, no.221, p.61, b27-c1。唐時期。

LM20-1499-34-02 《十地經論義記》卷二

隋慧遠撰,CBETA, X45, no.753, p.61, c17-23。高昌國時期。

LM20-1499-34-03 《妙法蓮華經》卷二

姚秦鳩摩羅什譯,CBETA, T09, no.262, p.18, b18-24。唐時期。

LM20-1499-34-04 《十地經論》卷一一

元魏菩提流支譯,CBETA, T26, no.1522, p.188, b29-c3。唐時期。

LM20-1499-34-05 《妙法蓮華經》卷一

姚秦鳩摩羅什譯,CBETA, T09, no.262, p.2, b14-19。唐時期。

LM20-1499-35-01 《大般若波羅蜜多經》卷二三九

唐玄奘譯,CBETA, T06, no.220, p.206, c10-11。唐時期。

LM20-1499-35-02 《佛本行集經》卷四〇

隋闍那崛多譯,CBETA, T03, no.190, p.840, b6-9。唐時期。

參:段真子 2019, 155、166。

LM20-1499-35-03 《妙法蓮華經》卷二

姚秦鳩摩羅什譯,CBETA, T09, no.262, p.17, c10-11。唐時期。

LM20-1499-35-04 《妙法蓮華經》卷七

姚秦鳩摩羅什譯,CBETA, T09, no.262, p.61, a29-b2。唐時期。

LM20-1499-35-05 《妙法蓮華經》卷三

姚秦鳩摩羅什譯,CBETA, T09, no.262, p.19, b21-24。唐時期。

LM20-1499-35-06 《大智度論》卷四三

姚秦鳩摩羅什譯,CBETA, T25, no.1509, p.370, c7-10。高昌國時期。

LM20-1499-36-01a 《菩薩地持經》卷三

北涼曇無讖譯,CBETA, T30, no.1581, p.900, a14-20。唐時期。

LM20-1499-36-01b 《大通方廣懺悔滅罪莊嚴成佛經》卷中

作者不詳，CBETA, T85, no.2871, p.1347, a29–b3。高昌國時期。

LM20-1499-36-02 《妙法蓮華經》卷二

姚秦鳩摩羅什譯，CBETA, T09, no.262, p.16, b18–21。唐時期。

LM20-1499-36-03 《大般涅槃經》卷三四

北涼曇無讖譯，CBETA, T12, no.374, p.568, c14–20。高昌郡時期。

LM20-1499-37-01 《菩薩地持經》卷三

北涼曇無讖譯，CBETA, T30, no.1581, p.900, a21–27。唐時期。

LM20-1499-37-02 《妙法蓮華經》卷四

姚秦鳩摩羅什譯，CBETA, T09, no.262, p.30, b12–18。高昌國時期。

LM20-1499-37-03 《大般涅槃經》卷二八

北涼曇無讖譯，CBETA, T12, no.374, p.534, c4–7，"悔故"作"悔還故"。高昌郡時期。

參：王宇、王梅 2006b, 56。

LM20-1499-37-04 《妙法蓮華經》卷五

姚秦鳩摩羅什譯，CBETA, T09, no.262, p.38, b4–6。唐時期。

LM20-1499-38-01 《現在十方千五百佛名並雜佛同號》

作者不詳，CBETA, T85, no.2905, p.1448, a16–18。高昌國時期。

LM20-1499-38-02 《大般涅槃經》卷三一

北涼曇無讖譯，CBETA, T12, no.374, p.549, a29–b2。高昌國時期。

LM20-1499-38-03 《文殊師利所説摩訶般若波羅蜜經》卷下

梁曼陀羅仙譯，CBETA, T08, no.232, p.732, b20–22。高昌國時期。

LM20-1499-38-04 《大般涅槃經》卷六

北涼曇無讖譯，CBETA, T12, no.374, p.399, c17–21。唐時期。

LM20-1499-39-01 《大般涅槃經》卷二二

北涼曇無讖譯，CBETA, T12, no.374, p.494, b9–12。唐時期。

LM20-1499-39-02 《梵網經》卷下

姚秦鳩摩羅什譯，CBETA, T24, no.1484, p.1004, a1–5。唐時期。

LM20-1499-39-03 《妙法蓮華經》卷三

姚秦鳩摩羅什譯，CBETA, T09, no.262, p.19, b22–23。唐時期。

LM20-1499-39-04 《大般涅槃經》卷二三

北涼曇無讖譯，CBETA, T12, no.374, p.498, c10–15，"少果故我"作"少果報故我"。高昌國時期。

LM20-1499-39-05 《道行般若經》卷八

後漢支婁迦讖譯，CBETA, T08, no.224, p.463, c13–16。唐時期。

參：孫傳波 2006, 179。

LM20-1499-39-06 《妙法蓮華經》卷六

姚秦鳩摩羅什譯，CBETA，T09，no.262，p.50，a28–b4。唐時期。

LM20-1499-39-07 《大般涅槃經》卷三八

北涼曇無讖譯，CBETA，T12，no.374，p.586，c8–11，"乏"作"之"。唐時期。

經册五十一

LM20-1500-01-01 《妙法蓮華經》卷四

　　姚秦鳩摩羅什譯，CBETA，T09，no.262，p.28，c2-5，"螽"作"螺"，"姨"作"夷"。高昌國時期。

LM20-1500-01-02 《金光明經》卷二

　　北涼曇無讖譯，CBETA，T16，no.663，p.343，c13-15，"畢"作"必"。高昌國時期。

LM20-1500-01-03 　摩尼教讚文

　　參作者不詳《摩尼教下部讚》，CBETA，T54，no.2140，p.1274，a16-18。唐時期。

LM20-1500-01-04 《大般涅槃經》卷三七

　　北涼曇無讖譯，CBETA，T12，no.374，p.583，c23-26。高昌國時期。

LM20-1500-01-05 《佛説灌頂經》卷一二

　　東晉帛尸梨蜜多羅譯，CBETA，T21，no.1331，p.532，c20-25。唐時期。

LM20-1500-02-01 《大法炬陀羅尼經》卷五

　　隋闍那崛多等譯，CBETA，T21，no.1340，p.683，b1-4。唐時期。

LM20-1500-02-02 《妙法蓮華經》卷六

　　姚秦鳩摩羅什譯，CBETA，T09，no.262，p.51，c10-14。唐時期。

LM20-1500-02-03 《大般涅槃經》卷五

　　北涼曇無讖譯，CBETA，T12，no.374，p.390，c12-16。高昌國時期。

LM20-1500-02-04 《大方廣佛華嚴經》卷五（五十卷本）

　　東晉佛陀跋陀羅譯，《中華大藏經》第12册，55a13-17；參CBETA，T09，no.278，p.429，c14-20，"不能"作"不可"。高昌國時期。

LM20-1500-02-05 《法句經》卷上

　　吴維祇難等譯，CBETA，T04，no.210，p.566，c2-8，第1行"審"作"實"，第2行"審"作"密"，第4行"一百竭其"作"五百偈本"，第5行"炎爲譯將"作"熖爲譯將熖"。高昌郡時期。參：《旅博選粹》，28。

LM20-1500-02-06 《佛説無常經》

　　唐義净譯，CBETA，T17，no.801，p.745，c3-8。唐時期。

LM20-1500-03-01 《放光般若經》卷二

　　西晉無羅叉譯，CBETA，T08，no.221，p.10，c13-19，"以"作"已"。高昌國時期。

LM20-1500-03-02　《大通方廣懺悔滅罪莊嚴成佛經》卷中

作者不詳, CBETA, T85, no.2871, p.1345, c4–10。高昌國時期。

LM20-1500-03-03　《佛説觀藥王藥上二菩薩經》

劉宋畺良耶舍譯, CBETA, T20, no.1161, p.663, b8–10。唐時期。

LM20-1500-03-04　《佛説法句經》

作者不詳, CBETA, T85, no.2901, p.1433, b16–21, "空"作"妄"。唐時期。

LM20-1500-04-01　《放光般若經》卷八

西晉無羅叉譯, CBETA, T08, no.221, p.55, c1–3。高昌國時期。

LM20-1500-04-02　《佛説灌頂經》卷一一

東晉帛尸梨蜜多羅譯, CBETA, T21, no.1331, p.529, b12–18, "鞅"作"央"。唐時期。

LM20-1500-04-03　《大方廣佛華嚴經》卷三九

東晉佛陀跋陀羅譯, CBETA, T09, no.278, p.646, c21–24。唐時期。

LM20-1500-04-04　《大般涅槃經》卷二二

北涼曇無讖譯, CBETA, T12, no.374, p.496, c9–13。高昌國時期。

LM20-1500-05-01　《摩訶般若波羅蜜經》卷二三

姚秦鳩摩羅什譯, CBETA, T08, no.223, p.386, c28–29。唐時期。

LM20-1500-05-02　《大般若波羅蜜多經》卷二六〇

唐玄奘譯, CBETA, T06, no.220, p.317, c17–20。唐時期。

LM20-1500-05-03　《妙法蓮華經》卷五

姚秦鳩摩羅什譯, CBETA, T09, no.262, p.39, c26–p.40, a3。唐時期。

LM20-1500-05-04　《佛説佛名經》卷七

元魏菩提流支譯, CBETA, T14, no.440, p.154, b23–24。唐時期。

LM20-1500-06-01　《大智度論》卷八

姚秦鳩摩羅什譯, CBETA, T25, no.1509, p.116, c7–8。高昌國時期。

LM20-1500-06-02　佛典殘片

高昌國時期。

LM20-1500-06-03　《佛説彌勒下生成佛經》

姚秦鳩摩羅什譯, CBETA, T14, no.454, p.423, c25–p.424, a1。唐時期。

LM20-1500-06-04　《大智度論》卷一三

姚秦鳩摩羅什譯, CBETA, T25, no.1509, p.159, c28–p.160, a5, "形壽"作"壽"。高昌國時期。

LM20-1500-06-05　《大方廣佛華嚴經》卷五（五十卷本）

東晉佛陀跋陀羅譯,《中華大藏經》第12册, 55a10–16; 參 CBETA, T09, no.278, p.429, c11–18。高昌國時期。

LM20-1500-07-01 《光讚經》卷八

西晉竺法護譯，CBETA，T08，no.222，p.203，b24-26，"思"作"計"。唐時期。

LM20-1500-07-02 《大般涅槃經義記》卷五

隋慧遠述，CBETA，T37，no.1764，p.740，a10-17。高昌國時期。

參：《旅博選粹》，148。

LM20-1500-07-03 佛典注疏

高昌國時期。背面有字，無法揭取拍攝。

參：《旅博選粹》，173。

LM20-1500-07-04 《妙法蓮華經》卷一

姚秦鳩摩羅什譯，CBETA，T09，no.262，p.2，b2-12。唐時期。

LM20-1500-07-05 《佛說灌頂經》卷一二

東晉帛尸梨蜜多羅譯，CBETA，T21，no.1331，p.533，b25-28。唐時期。

LM20-1500-08-01 《放光般若經》卷二

西晉無羅叉譯，CBETA，T08，no.221，p.10，b24-29。唐時期。

LM20-1500-08-02 《道行般若經》卷八

後漢支婁迦讖譯，CBETA，T08，no.224，p.465，a17-21，"天人"作"天下人"。唐時期。

參：孫傳波 2006，180。

LM20-1500-08-03 《善惡因果經》

作者不詳，CBETA，T85，no.2881，p.1382，a11-14。唐時期。

LM20-1500-08-04 《維摩詰所説經》卷中

姚秦鳩摩羅什譯，CBETA，T14，no.475，p.545，c8-14，第2、3行間脱漏一行文字。高昌國時期。

LM20-1500-09-01 《大般涅槃經》卷二八

北涼曇無讖譯，CBETA，T12，no.374，p.533，c3-7。高昌國時期。

LM20-1500-09-02 《大般涅槃經》卷七

北涼曇無讖譯，CBETA，T12，no.374，p.406，a13-16。高昌國時期。

LM20-1500-09-03 《妙法蓮華經》卷四

姚秦鳩摩羅什譯，CBETA，T09，no.262，p.27，b26-c1。唐時期。

LM20-1500-09-04 《大智度論》卷九六

姚秦鳩摩羅什譯，CBETA，T25，no.1509，p.729，c14-22，"何故"作"何以故"。高昌郡時期。

參：《旅博選粹》，21。

LM20-1500-10-01 《維摩詰所説經》卷上

姚秦鳩摩羅什譯，CBETA，T14，no.475，p.543，a6-11。高昌國時期。

參：王梅 2006，152。

LM20-1500-10-02　《佛説灌頂經》卷一二

東晉帛尸梨蜜多羅譯，CBETA, T21, no.1331, p.533, a5-8。唐時期。

LM20-1500-10-03　《佛説觀佛三昧海經》卷一

東晉佛陀跋陀羅譯，CBETA, T15, no.643, p.647, c20-24。高昌國時期。

LM20-1500-10-04　《大寶積經》卷一〇七

東晉竺難提譯，CBETA, T11, no.310, p.602, c2-7。唐時期。

LM20-1500-10-05a　《佛説法王經》

作者不詳，CBETA, T85, no.2883, p.1389, b17-23。唐時期。

LM20-1500-10-05b　《金剛般若波羅蜜經》

元魏菩提流支譯，CBETA, T08, no.236a, p.753, c18-21。唐時期。

LM20-1500-11-01　《放光般若經》卷一七

西晉無羅叉譯，CBETA, T08, no.221, p.121, c5-8。高昌國時期。

LM20-1500-11-02　《大方廣佛華嚴經》卷一（五十卷本）

東晉佛陀跋陀羅譯，《中華大藏經》第 12 册，1c12-16；參 CBETA, T09, no.278, p.395, b4-8。高昌國時期。

LM20-1500-11-03　《大方廣佛華嚴經》卷二五（五十卷本）

東晉佛陀跋陀羅譯，《中華大藏經》第 12 册，314a7-13；參 CBETA, T09, no.278, p.593, c17-25。高昌國時期。

LM20-1500-11-04　《大般涅槃經》卷一〇

北涼曇無讖譯，CBETA, T12, no.374, p.423, c29-p.424, a6。高昌國時期。

LM20-1500-12-01　佛典殘片

參後漢支婁迦讖譯《道行般若經》卷八，CBETA, T08, no.224, p.465, a9-10；吳支謙譯《大明度經》卷五，CBETA, T08, no.225, p.500, c22-23。唐時期。

LM20-1500-12-02　《勝天王般若波羅蜜經》卷二

陳月婆首那譯，CBETA, T08, no.231, p.697, b24-c2。高昌國時期。

LM20-1500-12-03　《小品般若波羅蜜經》卷五

姚秦鳩摩羅什譯，CBETA, T08, no.227, p.557, b18-21。高昌國時期。

LM20-1500-12-04　《大威燈光仙人問疑經》

隋闍那崛多等譯，CBETA, T17, no.834, p.883, c28-p.884, a5。唐時期。

LM20-1500-12-05　《維摩詰所説經》卷下

姚秦鳩摩羅什譯，CBETA, T14, no.475, p.553, b29-c2，"來"作"未"。唐時期。

LM20-1500-12-06　《大方廣佛華嚴經》卷四二

唐實叉難陀譯，CBETA, T10, no.279, p.223, a23-27。唐時期。

LM20-1500-12-07　《四分律删繁補闕行事鈔》卷上

唐道宣撰，CBETA, T40, no.1804, p.32, c9–16。細字寫本。唐時期。

LM20-1500-13-01　《維摩詰所説經》卷下

姚秦鳩摩羅什譯，CBETA, T14, no.475, p.555, c21–29。高昌國時期。

參：王梅 2006，156。

LM20-1500-13-02　《大通方廣懺悔滅罪莊嚴成佛經》卷上

作者不詳，CBETA, T85, no.2871, p.1341, a5–8。高昌國時期。

LM20-1500-13-03　《佛頂尊勝陀羅尼經》

唐佛陀波利譯，CBETA, T19, no.967, p.351, a12–15。唐時期。

LM20-1500-13-04　《妙法蓮華經》卷一

姚秦鳩摩羅什譯，CBETA, T09, no.262, p.2, a5–8。唐時期。

LM20-1500-13-05　《妙法蓮華經》卷六

姚秦鳩摩羅什譯，CBETA, T09, no.262, p.49, c16–23。唐時期。

LM20-1500-14-01　《妙法蓮華經》卷一

姚秦鳩摩羅什譯，CBETA, T09, no.262, p.7, a7–10。唐時期。

LM20-1500-14-02　《妙法蓮華經》卷六

姚秦鳩摩羅什譯，CBETA, T09, no.262, p.55, a3–8。唐時期。

LM20-1500-14-03　《東方最勝燈王陀羅尼經》

隋闍那崛多譯，CBETA, T21, no.1353, p.867, a14–17，"也唯"作"耶惟"。高昌國時期。

LM20-1500-14-04　《摩訶般若波羅蜜經》卷二〇

姚秦鳩摩羅什譯，CBETA, T08, no.223, p.362, b8–12。高昌國時期。

LM20-1500-14-05　《妙法蓮華經》卷五

姚秦鳩摩羅什譯，CBETA, T09, no.262, p.40, a16–19。唐時期。

LM20-1500-15-01　《妙法蓮華經》卷七

姚秦鳩摩羅什譯，CBETA, T09, no.262, p.55, c9–12。唐時期。

LM20-1500-15-02　《金光明經》卷二

北涼曇無讖譯，CBETA, T16, no.663, p.343, c24–28，"法治"作"法教"。高昌郡時期。

參：《旅博選粹》，56。

LM20-1500-15-03　《妙法蓮華經》卷七

姚秦鳩摩羅什譯，CBETA, T09, no.262, p.56, b21–24。唐時期。

LM20-1500-15-04　《大般涅槃經》卷四〇

北涼曇無讖譯，CBETA, T12, no.374, p.603, c12–16。唐時期。

LM20-1500-15-05　《大般涅槃經》卷一

北涼曇無讖譯，CBETA, T12, no.374, p.366, a14–17。高昌國時期。

LM20-1500-15-06　《佛説灌頂經》卷一二

東晉帛尸梨蜜多羅譯，CBETA，T21，no.1331，p.532，b26-29，"過"作"十"，"離"作"璃"。
唐時期。

LM20-1500-15-07　《金光明最勝王經》卷一

唐義净譯，CBETA，T16，no.665，p.404，a14-19。唐時期。

LM20-1500-16-01　《撰集百緣經》卷二

吳支謙譯，CBETA，T04，no.200，p.212，b6-12。唐時期。

LM20-1500-16-02　《救疾經》

作者不詳，CBETA，T85，no.2878，p.1362，c4-8，"得勉"作"免"，"不"作"非"。高昌
國時期。

參：王宇、王梅 2007，263；馬俊傑 2019，230-254。

LM20-1500-16-03　《撰集百緣經》卷一〇

吳支謙譯，CBETA，T04，no.200，p.251，a13-18。西州回鶻時期。背面有字，無法揭取拍攝。

參：《旅博選粹》，179。

LM20-1500-16-04　《雜阿毗曇心論》卷一

劉宋僧伽跋摩等譯，CBETA，T28，no.1552，p.879，c20-23。有朱點句讀。唐時期。

LM20-1500-16-05　《四分律》卷九

姚秦佛陀耶舍、竺佛念等譯，CBETA，T22，no.1428，p.621，c7-13。唐時期。

LM20-1500-16-06　《小品般若波羅蜜經》卷七

姚秦鳩摩羅什譯，CBETA，T08，no.227，p.566，a19-23。高昌國時期。

LM20-1500-17-01　佛名經

高昌國時期。

LM20-1500-17-02　《妙法蓮華經》卷六

姚秦鳩摩羅什譯，CBETA，T09，no.262，p.47，b24-c3。高昌國時期。

LM20-1500-17-03　寶積經

參西晉聶道真譯《大寶積經》卷一〇〇，CBETA，T11，no.310，p.556，b16-21，"想"作"相"。
高昌郡時期。

參：《旅博選粹》，47。

LM20-1500-17-04　《放光般若經》卷一四

西晉無羅叉譯，CBETA，T08，no.221，p.99，b5-7。高昌國時期。

LM20-1500-17-05　《大方廣佛華嚴經》卷三五

唐實叉難陀譯，CBETA，T10，no.279，p.185，c1-5。唐時期。

LM20-1500-17-06　《金光明經》卷三

北涼曇無讖譯，CBETA，T16，no.663，p.346，c16-19。高昌國時期。

LM20-1500-18-01　《佛説佛名經》卷四

譯者不詳，CBETA，T14，no.441，p.203，a24-25，"伽陵"作"迦陵"。高昌國時期。

LM20-1500-18-02　殘片

LM20-1500-18-03r　佛典殘片

參姚秦鳩摩羅什譯《妙法蓮華經》卷二，CBETA，T09，no.262，p.11，b17-23。高昌國時期。

LM20-1500-18-03v　《妙法蓮華經》卷四

姚秦鳩摩羅什譯，CBETA，T09，no.262，p.28，a8-22。高昌國時期。無法揭取拍攝。

LM20-1500-18-04　《佛説法句經》

作者不詳，CBETA，T85，no.2901，p.1432，c1-6。唐時期。

LM20-1500-18-05　《妙法蓮華經》卷五

姚秦鳩摩羅什譯，CBETA，T09，no.262，p.40，a5-10。高昌國時期。

LM20-1500-18-06　《大般涅槃經》卷一五

北涼曇無讖譯，CBETA，T12，no.374，p.451，c29-p.452，a3。唐時期。

LM20-1500-18-07　《維摩詰所説經》卷下

姚秦鳩摩羅什譯，CBETA，T14，no.475，p.555，c19-22。高昌國時期。

LM20-1500-19-01　《金剛般若波羅蜜經》

姚秦鳩摩羅什譯，CBETA，T08，no.235，p.752，a23-26，"者"作"心者"。唐時期。

LM20-1500-19-02　《大般涅槃經》卷八

北涼曇無讖譯，CBETA，T12，no.374，p.411，b13-20。高昌國時期。

LM20-1500-19-03　《佛説仁王般若波羅蜜經》卷上

姚秦鳩摩羅什譯，CBETA，T08，no.245，p.827，a25-27。高昌國時期。

LM20-1500-19-04　《妙法蓮華經》卷六

姚秦鳩摩羅什譯，CBETA，T09，no.262，p.52，c14-17。唐時期。

LM20-1500-19-05　《大般涅槃經》卷一〇

北涼曇無讖譯，CBETA，T12，no.374，p.426，a3-6。唐時期。

LM20-1500-19-06　《大方便佛報恩經》卷七

譯者不詳，CBETA，T03，no.156，p.165，a20-24。高昌國時期。

LM20-1500-20-01　《光讚經》卷四

西晉竺法護譯，CBETA，T08，no.222，p.174，c15-19。高昌國時期。

LM20-1500-20-02　《大般涅槃經》卷二〇

北涼曇無讖譯，CBETA，T12，no.374，p.481，a12-15。高昌國時期。

LM20-1500-20-03　《大般涅槃經》卷三七

北涼曇無讖譯，CBETA，T12，no.374，p.580，c28-p.581，a4。高昌國時期。

LM20-1500-20-04r　《涅槃論》

元魏達磨菩提譯，CBETA，T26，no.1527，p.280，a29-b4。高昌國時期。

LM20-1500-20-04v　佛典論疏

　　唐時期。

LM20-1500-20-05　《大般涅槃經》卷三八

　　北涼曇無讖譯，CBETA, T12, no.374, p.587, a11–13。唐時期。

LM20-1500-20-06　《大般涅槃經》卷六

　　北涼曇無讖譯，CBETA, T12, no.374, p.400, c23–26。唐時期。

LM20-1500-21-01　《妙法蓮華經》卷三

　　姚秦鳩摩羅什譯，CBETA, T09, no.262, p.23, c9–11。唐時期。

LM20-1500-21-02　《佛説灌頂經》卷一二

　　東晉帛尸梨蜜多羅譯，CBETA, T21, no.1331, p.533, c14–17，"告"作"語"。唐時期。

LM20-1500-21-03　《大般涅槃經》卷一三

　　北涼曇無讖譯，CBETA, T12, no.374, p.444, c13–17。高昌國時期。

LM20-1500-21-04　《大般涅槃經》卷二

　　北涼曇無讖譯，CBETA, T12, no.374, p.378, a15–21，"奉"作"俸"。高昌郡時期。

LM20-1500-21-05　《妙法蓮華經》卷六

　　姚秦鳩摩羅什譯，CBETA, T09, no.262, p.48, b3–9。唐時期。

LM20-1500-21-06　佛名經

　　參北涼曇無讖譯《悲華經》卷四，CBETA, T03, no.157, p.193, a24–29。高昌國時期。

LM20-1500-21-07　《佛本行集經》卷二三

　　隋闍那崛多譯，CBETA, T03, no.190, p.758, b22–24。高昌國時期。

　　參：段真子 2019, 167。

LM20-1500-22-01　《大般涅槃經》卷三

　　北涼曇無讖譯，CBETA, T12, no.374, p.384, b27–28。高昌國時期。

LM20-1500-22-02　《妙法蓮華經》卷二

　　姚秦鳩摩羅什譯，CBETA, T09, no.262, p.16, a7–10。唐時期。

LM20-1500-22-03　《小品般若波羅蜜經》卷七

　　姚秦鳩摩羅什譯，CBETA, T08, no.227, p.568, b14–17，"未來"作"來"，"華轉身當生"作"今轉女身得"。高昌國時期。

LM20-1500-22-04　《阿毗曇心論》卷三

　　東晉僧伽提婆、慧遠譯，CBETA, T28, no.1550, p.822, c2–8。高昌國時期。

LM20-1500-22-05　《佛本行集經》卷二〇

　　隋闍那崛多譯，CBETA, T03, no.190, p.747, b16–19，"壙"作"曠"。高昌國時期。

　　參：段真子 2019, 160。

LM20-1500-22-06　《華嚴經明法品内立三寶章》卷下

唐法藏述，CBETA, T45, no.1874, p.623, b21–25，"四不"作"四一"，"二由"作"二由
一"，"多一"作"多即一"。唐時期。

參：《旅博選粹》, 189。

LM20-1500-22-07　佛典殘片

高昌國時期。

LM20-1500-23-01　《佛説佛名經》卷三

元魏菩提流支譯，CBETA, T14, no.440, p.131, c28–p.132, a3。高昌國時期。

LM20-1500-23-02　《金剛般若波羅蜜經》

元魏菩提流支譯，CBETA, T08, no.236a, p.754, b22–26。唐時期。

LM20-1500-23-03　《妙法蓮華經》卷三

姚秦鳩摩羅什譯，CBETA, T09, no.262, p.22, b27–29，"佛掌"作"佛常"。唐時期。

LM20-1500-23-04　《金光明經》卷四

北涼曇無讖譯，CBETA, T16, no.663, p.357, a13–16。唐時期。

LM20-1500-23-05　《妙法蓮華經》卷一

姚秦鳩摩羅什譯，CBETA, T09, no.262, p.2, b1–8，"繞"作"遶"。唐時期。

LM20-1500-23-06　《法句經》卷上

吳維祇難等譯，CBETA, T04, no.210, p.559, b20–26。高昌國時期。

LM20-1500-24-01　《妙法蓮華經》卷五

姚秦鳩摩羅什譯，CBETA, T09, no.262, p.45, b15–17。唐時期。

LM20-1500-24-02　佛名經

唐時期。

LM20-1500-24-03　《大方廣佛華嚴經》卷四〇（五十卷本）

東晉佛陀跋陀羅譯，《中華大藏經》第12冊, 487b14–16; 參 CBETA, T09, no.278, p.702,
c13–15。高昌國時期。

LM20-1500-24-04　《妙法蓮華經》卷一

姚秦鳩摩羅什譯，CBETA, T09, no.262, p.6, a1–a13。唐時期。

LM20-1500-24-05　《大般若波羅蜜多經》

唐玄奘譯，此段文字多處可見。唐時期。

LM20-1500-24-06　《佛説灌頂經》卷一二

東晉帛尸梨蜜多羅譯，CBETA, T21, no.1331, p.533, c12–16。唐時期。

LM20-1500-24-07　《妙法蓮華經》卷六

姚秦鳩摩羅什譯，CBETA, T09, no.262, p.47, b23–25。唐時期。

LM20-1500-25-01　《普曜經》卷一

西晉竺法護譯，CBETA, T03, no.186, p.483, b29–c5。高昌國時期。

LM20-1500-25-02　《佛頂尊勝陀羅尼經》

唐佛陀波利譯。CBETA, T19, no.967, p.351, c9-13。唐時期。

LM20-1500-25-03　《別譯雜阿含經》卷一

譯者不詳, CBETA, T02, no.100, p.374, a7-11。唐時期。

LM20-1500-25-04　《大般涅槃經》卷三一

北涼曇無讖譯, CBETA, T12, no.374, p.551, b15-18。高昌國時期。

LM20-1500-25-05　《大方廣佛華嚴經》卷四二

唐實叉難陀譯, CBETA, T10, no.279, p.223, b16-20。唐時期。

LM20-1500-26-01　受菩薩戒文（？）

參姚秦竺佛念譯《菩薩瓔珞本業經》卷下, CBETA, T24, no.1485, p.1021, a25-29。唐時期。背面有字, 無法揭取拍攝。

LM20-1500-26-02　《大般涅槃經》卷一

北涼曇無讖譯, CBETA, T12, no.374, p.368, b1-3。高昌國時期。

LM20-1500-26-03　《大般若波羅蜜多經》

唐玄奘譯, 此段文字多處可見。唐時期。

LM20-1500-26-04　《大般若波羅蜜多經》卷五七四

唐玄奘譯, CBETA, T07, no.220, p.964, b20-22。唐時期。

LM20-1500-26-05　《妙法蓮華經》卷六

姚秦鳩摩羅什譯, CBETA, T09, no.262, p.50, a14-17。唐時期。

LM20-1500-26-06　《大般若波羅蜜多經》卷五六五

唐玄奘譯, CBETA, T07, no.220, p.916, a23-27。唐時期。

LM20-1500-26-07　《妙法蓮華經》卷七

姚秦鳩摩羅什譯, CBETA, T09, no.262, p.56, b16-21。唐時期。

LM20-1500-26-08　《妙法蓮華經》卷二

姚秦鳩摩羅什譯, CBETA, T09, no.262, p.12, c6-9。唐時期。

LM20-1500-27-01　佛名經

高昌國時期。

LM20-1500-27-02　《金剛般若波羅蜜經》

姚秦鳩摩羅什譯, CBETA, T08, no.235, p.749, b12-18。唐時期。

LM20-1500-27-03　《妙法蓮華經》卷一

姚秦鳩摩羅什譯, CBETA, T09, no.262, p.2, a22-29。唐時期。

LM20-1500-27-04　高僧傳記（？）

唐時期。

參:《旅博選粹》, 160。

LM20-1500-27-05　《大般若波羅蜜多經》卷一二六

唐玄奘譯，CBETA, T05, no.220, p.690, b8–10。唐時期。

LM20-1500-27-06　《大般若波羅蜜多經》卷一五八

唐玄奘譯，此段文字多處可見。唐時期。

LM20-1500-28-01　《大般涅槃經》卷二八

北涼曇無讖譯，CBETA, T12, no.374, p.532, b24–27。高昌國時期。

LM20-1500-28-02　《佛説無量壽經》卷下

曹魏康僧鎧譯，CBETA, T12, no.360, p.273, c11–14。唐時期。

參：《旅博選粹》，114；《净土集成》，12–13。

LM20-1500-28-03　《十方千五百佛名經》

譯者不詳，CBETA, T14, no.442, p.312, c19–22。高昌國時期。

LM20-1500-28-04　《佛頂尊勝陀羅尼經》

唐佛陀波利譯，CBETA, T19, no.967, p.351, a25–27。唐時期。

LM20-1500-28-05　《佛説廣博嚴净不退轉輪經》卷三

劉宋智嚴譯，CBETA, T09, no.268, p.269, c6–12，"字故"作"字名故"。高昌國時期。

LM20-1500-28-06　《妙法蓮華經》卷六

姚秦鳩摩羅什譯，CBETA, T09, no.262, p.49, a18–25，"質樹"作"質多樹"。上有貼附殘片，有淡墨界欄，與下層不同，存"□頂禮佛"，無法揭取。高昌國時期。

LM20-1500-28-07　《大般涅槃經》卷二

北涼曇無讖譯，CBETA, T12, no.374, p.373, c18–20。高昌國時期。

LM20-1500-29-01　《妙法蓮華經》卷一

姚秦鳩摩羅什譯，CBETA, T09, no.262, p.7, a7–9。唐時期。

LM20-1500-29-02　《佛頂尊勝陀羅尼經》

唐佛陀波利譯，CBETA, T19, no.967, p.351, a21–23。唐時期。

LM20-1500-29-03　　殘片

唐時期。

LM20-1500-29-04　《金剛般若波羅蜜經》

姚秦鳩摩羅什譯，CBETA, T08, no.235, p.750, b24–c1。西州回鶻時期。

LM20-1500-29-05　《維摩詰所説經》卷下

姚秦鳩摩羅什譯，CBETA, T14, no.475, p.552, c21–25。唐時期。

LM20-1500-29-06　《佛説救護身命經》

作者不詳，CBETA, T85, no.2865, p.1325, c28–p.1326, a1，"汝好憨心"作"阿難勤"。高昌國時期。

參：孟彦弘 2018, 52。

LM20-1500-30-01　《大寶積經》卷一一四

北涼道龔譯，CBETA, T11, no.310, p.645, a12–16。有朱筆句讀。細字寫本。唐時期。

參:《旅博選粹》, 113。

LM20-1500-30-02　《大般涅槃經》卷七

北涼曇無讖譯，CBETA, T12, no.374, p.407, b5–6。唐時期。

LM20-1500-30-03　《放光般若經》卷三

西晉無羅叉譯，CBETA, T08, no.221, p.16, b25–29。高昌國時期。

LM20-1500-30-04　《大智度論》卷一

姚秦鳩摩羅什譯，CBETA, T25, no.1509, p.60, c17–p.61, a7。高昌國時期。

LM20-1500-30-05　《金剛般若波羅蜜經》

姚秦鳩摩羅什譯，CBETA, T08, no.235, p.749, c25–28。唐時期。

LM20-1500-31-01　《放光般若經》卷八

西晉無羅叉譯，CBETA, T08, no.221, p.55, b23–26。高昌國時期。

LM20-1500-31-02　《大般涅槃經》卷一〇

北涼曇無讖譯，CBETA, T12, no.374, p.424, b19–26。唐時期。

LM20-1500-31-03　《注維摩詰經》卷九

姚秦僧肇撰，CBETA, T38, no.1775, p.403, b1–6。有小字注。高昌郡時期。

參:《旅博選粹》, 189。

LM20-1500-31-04　《大般若波羅蜜多經》卷五一五

唐玄奘譯，CBETA, T07, no.220, p.633, a7–9。唐時期。

LM20-1500-31-05　《妙法蓮華經》卷三

姚秦鳩摩羅什譯，CBETA, T09, no.262, p.19, c23–28。唐時期。

LM20-1500-31-06　《佛説救護身命經》

作者不詳，CBETA, T85, no.2865, p.1325, c20–22。高昌國時期。

參: 孟彦弘 2018, 51。

LM20-1500-31-07　佛典殘片

唐時期。

LM20-1500-32-01　《妙法蓮華經》卷一

姚秦鳩摩羅什譯，CBETA, T09, no.262, p.6, a28–b1。上有貼附殘片, 無法揭取。唐時期。

LM20-1500-32-02　《大般若波羅蜜多經》卷四九二

唐玄奘譯, CBETA, T07, no.220, p.501, a1–6。唐時期。

LM20-1500-32-03　《佛説仁王般若波羅蜜經》卷下

姚秦鳩摩羅什譯，CBETA, T08, no.245, p.833, c9–10。高昌國時期。

LM20-1500-32-04　《佛説救護身命經》

作者不詳，CBETA, T85, no.2865, p.1326, a1-4，"汝吾"作"汝等吾"。高昌國時期。

參：孟彦弘 2018, 52。

LM20-1500-32-05 《尊婆須蜜菩薩所集論》卷九

苻秦僧伽跋澄等譯，CBETA, T28, no.1549, p.797, b5-7。唐時期。

LM20-1500-32-06 《妙法蓮華經》卷六

姚秦鳩摩羅什譯，CBETA, T09, no.262, p.51, c1-2。唐時期。

LM20-1500-32-07 《妙法蓮華經》卷一

姚秦鳩摩羅什譯，CBETA, T09, no.262, p.7, a16-20。唐時期。

LM20-1500-32-08 佛典殘片

高昌國時期。

LM20-1500-33-01 《般若波羅蜜多心經》

唐玄奘譯，CBETA, T08, no.251, p.848, c7-12。唐時期。

LM20-1500-33-02 《佛說仁王般若波羅蜜經》卷下

姚秦鳩摩羅什譯，CBETA, T08, no.245, p.833, c11-12。高昌國時期。

LM20-1500-33-03 《維摩詰所説經》卷上

姚秦鳩摩羅什譯，CBETA, T14, no.475, p.541, b11-16。唐時期。

LM20-1500-33-04 《佛說法王經》

作者不詳，CBETA, T85, no.2883, p.1389, b22-25。高昌國時期。

LM20-1500-33-05 佛經外題

唐時期。

LM20-1500-33-06 《金剛般若波羅蜜經》注疏

參元魏菩提流支譯《金剛般若波羅蜜經》，CBETA, T08, no.236a, p.755, a21-24。有雙
行小字注。唐時期。

LM20-1500-33-07 《正法華經》卷七

西晉竺法護譯，CBETA, T09, no.263, p.110, a4-8。西州回鶻時期。

參：《旅博選粹》, 112。

LM20-1500-34-01 《大般涅槃經》卷三七

北涼曇無讖譯，CBETA, T12, no.374, p.581, a2-6。高昌國時期。

LM20-1500-34-02 《維摩詰所説經》卷下

姚秦鳩摩羅什譯，CBETA, T14, no.475, p.552, a17-21。唐時期。

LM20-1500-34-03 《妙法蓮華經》卷二

姚秦鳩摩羅什譯，CBETA, T09, no.262, p.11, b27-29。唐時期。

LM20-1500-34-04 《千眼千臂觀世音菩薩陀羅尼神咒經》卷上

唐智通譯，CBETA, T20, no.1057b, p.91, c8-13。唐時期。

LM20-1500-34-05 《妙法蓮華經》卷二

姚秦鳩摩羅什譯，CBETA，T09，no.262，p.11，b28–c3。唐時期。

LM20-1500-34-06 《勝鬘師子吼一乘大方便方廣經》

劉宋求那跋陀羅譯，CBETA，T12，no.353，p.221，b19–22。高昌國時期。

LM20-1500-34-07 《妙法蓮華經》卷一

姚秦鳩摩羅什譯，CBETA，T09，no.262，p.7，c11–20。唐時期。

經册五十二

LM20-1501-01-01 　《大智度論》卷七四

　　姚秦鳩摩羅什譯，CBETA，T25，no.1509，p.581，c7-10。高昌國時期。

LM20-1501-01-02 　《放光般若經》卷二

　　西晉無羅叉譯，CBETA，T08，no.221，p.8，c20-23。高昌國時期。

LM20-1501-01-03 　《雜阿毗曇心論》卷一

　　劉宋僧伽跋摩等譯，CBETA，T28，no.1552，p.876，b15-18。高昌國時期。

LM20-1501-01-04 　佛典殘片

　　高昌國時期。

LM20-1501-01-05 　《大般若波羅蜜多經》卷二八五

　　唐玄奘譯，CBETA，T06，no.220，p.449，b11-13。唐時期。

LM20-1501-01-06 　《金剛般若波羅蜜經》

　　元魏菩提流支譯，CBETA，T08，no.236a，p.753，c4-7。高昌國時期。

LM20-1501-02-01 　《摩訶般若波羅蜜經》卷二三

　　姚秦鳩摩羅什譯，CBETA，T08，no.223，p.385，b1-4。高昌國時期。

LM20-1501-02-02 　《妙法蓮華經》卷三

　　姚秦鳩摩羅什譯，CBETA，T09，no.262，p.23，b24-25。高昌國時期。

LM20-1501-02-03 　《大般涅槃經》卷二五

　　北涼曇無讖譯，CBETA，T12，no.374，p.510，c12-13。唐時期。

LM20-1501-02-04 　《妙法蓮華經》卷七

　　姚秦鳩摩羅什譯，CBETA，T09，no.262，p.56，b19-21。唐時期。

LM20-1501-02-05 　《妙法蓮華經》卷四

　　姚秦鳩摩羅什譯，CBETA，T09，no.262，p.35，b29-c2。唐時期。

LM20-1501-02-06 　佛典殘片

　　唐時期。

LM20-1501-03-01 　《大般涅槃經》卷八

　　北涼曇無讖譯，CBETA，T12，no.374，p.415，a11-13。唐時期。

LM20-1501-03-02 　《勝天王般若波羅蜜經》卷七

　　陳月婆首那譯，CBETA，T08，no.231，p.721，b24-26。唐時期。

LM20-1501-03-03　佛典殘片

參姚秦鳩摩羅什譯《維摩詰所説經》卷上，CBETA，T14，no.475，p.541，b20-22。高昌郡時期。

LM20-1501-03-04　《佛説仁王般若波羅蜜經》卷上

姚秦鳩摩羅什譯，CBETA，T08，no.245，p.825，b24-27。唐時期。

LM20-1501-03-05　《金剛般若波羅蜜經》

元魏菩提流支譯，CBETA，T08，no.236a，p.753，a10-13。唐時期。

LM20-1501-03-06　《根本説一切有部毗奈耶雜事》卷四〇

唐義浄譯，CBETA，T24，no.1451，p.412，b15-16。唐時期。

LM20-1501-03-07　《妙法蓮華經》卷三

姚秦鳩摩羅什譯，CBETA，T09，no.262，p.23，a25-28。唐時期。

LM20-1501-03-08　《根本説一切有部毗奈耶雜事》卷四〇

唐義浄譯，CBETA，T24，no.1451，p.413，a17-18。唐時期。

LM20-1501-04-01　佛典殘片

高昌國時期。

LM20-1501-04-02　《思益梵天所問經》卷二

姚秦鳩摩羅什譯，CBETA，T15，no.586，p.46，b14-16。唐時期。

LM20-1501-04-03　佛典殘片

唐時期。

LM20-1501-04-04　《妙法蓮華經》卷四

姚秦鳩摩羅什譯，CBETA，T09，no.262，p.34，b3-7。唐時期。

LM20-1501-04-05　《大般涅槃經》卷三一

北涼曇無讖譯，CBETA，T12，no.374，p.548，a1-3。高昌國時期。

LM20-1501-04-06　《大般涅槃經》卷三一

北涼曇無讖譯，CBETA，T12，no.374，p.550，a21-22。高昌國時期。

LM20-1501-05-01　《妙法蓮華經》卷六

姚秦鳩摩羅什譯，CBETA，T09，no.262，p.52，b17-19。唐時期。

LM20-1501-05-02　《摩訶般若波羅蜜經》卷一九

姚秦鳩摩羅什譯，CBETA，T08，no.223，p.358，a8-9。高昌國時期。

LM20-1501-05-03　《因明入正理論》

唐玄奘譯，CBETA，T32，no.1630，p.12，a18-21。唐時期。

LM20-1501-05-04　《妙法蓮華經》卷三

姚秦鳩摩羅什譯，CBETA，T09，no.262，p.19，c11-14。唐時期。

LM20-1501-05-05　《金剛般若波羅蜜經》

姚秦鳩摩羅什譯, CBETA, T08, no.235, p.749, b7–9。唐時期。

LM20-1501-05-06　《小品般若波羅蜜經》卷二

姚秦鳩摩羅什譯, CBETA, T08, no.227, p.544, b16–18。高昌國時期。

LM20-1501-05-07　佛典殘片

唐時期。

LM20-1501-05-08　《妙法蓮華經》卷二

姚秦鳩摩羅什譯, CBETA, T09, no.262, p.13, b20–22; CBETA, T09, no.262, p.13, 23–25。唐時期。

LM20-1501-06-01　《大般涅槃經》卷七

北涼曇無讖譯, CBETA, T12, no.374, p.408, c8–10。唐時期。

LM20-1501-06-02　《妙法蓮華經》卷七

姚秦鳩摩羅什譯, CBETA, T09, no.262, p.61, a17–19。高昌國時期。

LM20-1501-06-03　《大般涅槃經》卷三九

北涼曇無讖譯, CBETA, T12, no.374, p.591, a20–21。高昌國時期。

LM20-1501-06-04　《大方廣佛華嚴經》卷二九

東晉佛陀跋陀羅譯, CBETA, T09, no.278, p.588, a2–3。唐時期。

LM20-1501-06-05　《大般涅槃經》卷三

北涼曇無讖譯, CBETA, T12, no.374, p.385, a7–9。高昌國時期。

LM20-1501-06-06　《大寶積經》卷五〇

唐玄奘譯, CBETA, T11, no.310, p.296, a7。唐時期。

LM20-1501-06-07　《大般涅槃經》卷三六

北涼曇無讖譯, CBETA, T12, no.374, p.578, b2–3, "捨"作"行捨"。高昌國時期。

LM20-1501-06-08　佛名經

唐時期。

LM20-1501-07-01　《合部金光明經序》

隋彥琮撰, CBETA, T16, no.664, p.359, b20–22。高昌國時期。

LM20-1501-07-02　《大方廣十輪經》卷二

譯者不詳, CBETA, T13, no.410, p.689, b29–c2。唐時期。

LM20-1501-07-03　佛典殘片

高昌國時期。

LM20-1501-07-04　《金光明經》卷四

北涼曇無讖譯, CBETA, T16, no.663, p.355, c18–21。唐時期。

LM20-1501-07-05　《金光明經》卷四

北涼曇無讖譯, CBETA, T16, no.663, p.355, c15–17。唐時期。

LM20-1501-07-06　佛典殘片

西州回鶻時期。

LM20-1501-07-07　《大般涅槃經》卷二五

北涼曇無讖譯，CBETA, T12, no.374, p.513, c25–27。高昌國時期。

LM20-1501-07-08　《大般若波羅蜜多經》卷五七五

唐玄奘譯，CBETA, T07, no.220, p.970, b12–14。唐時期。

LM20-1501-08-01　《太上洞玄靈寶智慧罪根上品大戒經》卷下

作者不詳，約出於東晉，《正統道藏》第 6 册，889b3–5。唐時期。

參：趙洋 2017a, 192；趙洋 2017b, 212–213。

LM20-1501-08-02　《摩訶般若波羅蜜經》卷一九

姚秦鳩摩羅什譯，CBETA, T08, no.223, p.357, c8–11。高昌國時期。

LM20-1501-08-03　《大般涅槃經》卷二一

北涼曇無讖譯，CBETA, T12, no.374, p.489, a8–9。唐時期。

LM20-1501-08-04　佛典殘片

唐時期。

LM20-1501-08-05　《十方千五百佛名經》

譯者不詳，CBETA, T14, no.442, p.316, a7–8。高昌國時期。

LM20-1501-08-06　《六度集經》卷二

吴康僧會譯，CBETA, T03, no.152, p.8, b26–27。唐時期。

LM20-1501-08-07　《小品般若波羅蜜經》卷一〇

姚秦鳩摩羅什譯，CBETA, T08, no.227, p.580, c11–13，“得知從”作“得知我從”。唐時期。

參：孫傳波 2006, 192。

LM20-1501-08-08　《放光般若經》卷五

西晉無羅叉譯，CBETA, T08, no.221, p.35, a1–3。高昌國時期。

LM20-1501-08-09　《大般涅槃經》卷二二

北涼曇無讖譯，CBETA, T12, no.374, p.494, a14–15。高昌國時期。

LM20-1501-09-01　《金剛般若波羅蜜經》

元魏菩提流支譯，CBETA, T08, no.236a, p.755, a19–21。唐時期。

LM20-1501-09-02　佛典殘片

唐時期。

LM20-1501-09-03　《佛説仁王般若波羅蜜經》卷下

姚秦鳩摩羅什譯，CBETA, T08, no.245, p.831, b8–9。高昌國時期。

LM20-1501-09-04　《妙法蓮華經》卷一

姚秦鳩摩羅什譯，CBETA, T09, no.262, p.4, a25–28。唐時期。

LM20-1501-09-05 《佛本行集經》卷一六

隋闍那崛多譯，CBETA, T03, no.190, p.725, c16-19。唐時期。

參：段真子 2019, 168。

LM20-1501-09-06 《曇無德律》尾題

唐時期。

LM20-1501-09-07 《道行般若經》卷二

後漢支婁迦讖譯，CBETA, T08, no.224, p.436, a10-13。高昌郡時期。

參：《旅博選粹》, 10; 孫傳波 2006, 170。

LM20-1501-09-08 佛典殘片

高昌國時期。

LM20-1501-10-01 《摩訶般若波羅蜜經》卷七

姚秦鳩摩羅什譯，CBETA, T08, no.223, p.274, b10-11。高昌國時期。

LM20-1501-10-02 《大般涅槃經》卷二九

北涼曇無讖譯，CBETA, T12, no.374, p.539, a28-29。高昌國時期。

LM20-1501-10-03 《放光般若經》卷七

西晉無羅叉譯，CBETA, T08, no.221, p.47, c4-6。唐時期。

LM20-1501-10-04 《因明入正理論》

唐玄奘譯，CBETA, T32, no.1630, p.12, a15-16。唐時期。

LM20-1501-10-05 《妙法蓮華經》卷一

姚秦鳩摩羅什譯，CBETA, T09, no.262, p.3, a10-12。唐時期。

LM20-1501-10-06 《妙法蓮華經》卷六

姚秦鳩摩羅什譯，CBETA, T09, no.262, p.51, c23-26。唐時期。

LM20-1501-11-01 《大般涅槃經》卷二九

北涼曇無讖譯，CBETA, T12, no.374, p.536, a10-12。唐時期。

LM20-1501-11-02 佛教戒律

唐時期。

LM20-1501-11-03 佛典殘片

唐時期。

LM20-1501-11-04 《大般涅槃經》卷二〇

北涼曇無讖譯，CBETA, T12, no.374, p.485, c4-5。高昌國時期。

LM20-1501-11-05 《妙法蓮華經》卷一

姚秦鳩摩羅什譯，CBETA, T09, no.262, p.2, b10-12。唐時期。

LM20-1501-11-06 《大般涅槃經》卷三

北涼曇無讖譯，CBETA, T12, no.374, p.385, a14-15。高昌國時期。

LM20-1501-11-07　《佛説十一面觀世音神咒經》

北周耶舍崛多譯，CBETA, T20, no.1070, p.150, b5-7。高昌國時期。

LM20-1501-11-08　佛典殘片

唐時期。

LM20-1501-11-09　《摩訶般若波羅蜜經》卷二七

姚秦鳩摩羅什譯，CBETA, T08, no.223, p.422, c5-7。高昌國時期。

LM20-1501-12-01　《大般若波羅蜜多經》卷四五

唐玄奘譯，此段文字多處可見。唐時期。

LM20-1501-12-02　《妙法蓮華經》卷七

姚秦鳩摩羅什譯，CBETA, T09, no.262, p.55, a29-b2。唐時期。

LM20-1501-12-03　佛典殘片

參唐玄奘譯《瑜伽師地論》，CBETA, T30, no.1579, p.654, b17-19。唐時期。

LM20-1501-12-04　《妙法蓮華經》卷一

姚秦鳩摩羅什譯，CBETA, T09, no.262, p.4, a3-5。唐時期。

LM20-1501-12-05　《金光明經》卷一

北涼曇無讖譯，CBETA, T16, no.663, p.335, b17-20。唐時期。

LM20-1501-12-06　《大般涅槃經》卷九

北涼曇無讖譯，CBETA, T12, no.374, p.417, c28-p.418, a2。唐時期。

LM20-1501-13-01　《思益梵天所問經》卷二

姚秦鳩摩羅什譯，CBETA, T15, no.586, p.43, a3-4。高昌國時期。

LM20-1501-13-02　《放光般若經》卷一五

西晉無羅叉譯，CBETA, T08, no.221, p.105, c25-26。高昌國時期。

LM20-1501-13-03　《放光般若經》卷五

西晉無羅叉譯，CBETA, T08, no.221, p.32, b24-26。高昌國時期。

LM20-1501-13-04　《大般涅槃經》卷二七

北涼曇無讖譯，CBETA, T12, no.374, p.528, b18-20。高昌國時期。

LM20-1501-13-05　《妙法蓮華經》卷一

姚秦鳩摩羅什譯，CBETA, T09, no.262, p.3, a26-27。高昌國時期。

LM20-1501-13-06　佛典殘片

高昌郡時期。

LM20-1501-13-07　《大般涅槃經》卷一一

北涼曇無讖譯，CBETA, T12, no.374, p.433, c2-5。西州回鶻時期。

LM20-1501-13-08　《妙法蓮華經》卷六

姚秦鳩摩羅什譯，CBETA, T09, no.262, p.52, c14-16。高昌國時期。

LM20-1501-14-01　《妙法蓮華經》卷二

姚秦鳩摩羅什譯，CBETA, T11, no.310, p.206, c28-29。唐時期。

LM20-1501-14-02　《妙法蓮華經》卷二

姚秦鳩摩羅什譯，CBETA, T09, no.262, p.10, c14-17。唐時期。

LM20-1501-14-03　《大般涅槃經》卷一〇

北涼曇無讖譯，CBETA, T12, no.374, p.427, b3-4。高昌國時期。

LM20-1501-14-04　《大般涅槃經》卷五

北涼曇無讖譯，CBETA, T12, no.374, p.390, c10-13。高昌國時期。

LM20-1501-14-05　《大般若波羅蜜多經》

唐玄奘譯，此段文字多處可見。唐時期。

LM20-1501-14-06　《佛本行集經》卷一六

隋闍那崛多譯，CBETA, T03, no.190, p.728, b4。高昌國時期。

LM20-1501-14-07　《優婆塞戒經》卷二

北涼曇無讖譯，CBETA, T24, no.1488, p.1044, b12-14。高昌國時期。

LM20-1501-14-08　漢紀

參後漢荀悅撰《漢紀》卷一三，見《兩漢紀》，中華書局，2002 年，224 頁。唐時期。

參: 馮璇 2018, 6-8。

LM20-1501-15-01　《大般涅槃經》卷六

北涼曇無讖譯，CBETA, T12, no.374, p.400, b14-16。高昌國時期。

LM20-1501-15-02　《大方廣佛華嚴經》卷三四（五十卷本）

東晉佛陀跋陀羅譯，《中華大藏經》第 12 册，408a16-b1; 參 CBETA, T09, no.278, p.651, a16-21。高昌國時期。

LM20-1501-15-03　佛典殘片

高昌國時期。

LM20-1501-15-04　《新譯大乘入楞伽經》序

唐武則天撰，CBETA, T16, no.672, p.587, b2-4。唐時期。

LM20-1501-15-05　《佛說決罪福經》卷下

作者不詳，CBETA, T85, no.2868, p.1332, a24-26。高昌國時期。

LM20-1501-15-06　《佛說灌頂經》卷一二

東晉帛尸梨蜜多羅譯，CBETA, T21, no.1331, p.533, a10-13。唐時期。

LM20-1501-15-07　《佛說灌頂經》卷一一

東晉帛尸梨蜜多羅譯，CBETA, T21, no.1331, p.530, b22-23。唐時期。

LM20-1501-15-08　《大方廣佛華嚴經》卷五

唐實叉難陀譯，CBETA, T10, no.279, p.22, a15-16。唐時期。

LM20-1501-15-09　佛典殘片

唐時期。

LM20-1501-16-01　《大般涅槃經》卷三一

北涼曇無讖譯, CBETA, T12, no.374, p.550, c7-9。高昌國時期。

LM20-1501-16-02　佛典殘片

高昌國時期。

LM20-1501-16-03　佛典殘片

參譯者不詳《佛説佛名經》卷一四, CBETA, T14, no.441, p.239, c16-18; 作者不詳《大通方廣懺悔滅罪莊嚴成佛經》卷下, CBETA, T85, no.2871, p.1351, a19-21。高昌國時期。

LM20-1501-16-04　《大般涅槃經》卷四〇

北涼曇無讖譯, CBETA, T12, no.374, p.599, a6-8。高昌國時期。

LM20-1501-16-05　《妙法蓮華經》卷一

姚秦鳩摩羅什譯, CBETA, T09, no.262, p.4, c29-p.5, a4。唐時期。

LM20-1501-16-06　佛典殘片

唐時期。

LM20-1501-16-07　《摩訶般若波羅蜜經》卷二四

姚秦鳩摩羅什譯, CBETA, T08, no.223, p.394, b12-13。高昌國時期。

LM20-1501-16-08　《妙法蓮華經》卷六

姚秦鳩摩羅什譯, CBETA, T09, no.262, p.47, a21-24。唐時期。

LM20-1501-17-01　《妙法蓮華經》卷一

姚秦鳩摩羅什譯, CBETA, T09, no.262, p.9, b15-19。唐時期。

LM20-1501-17-02　《佛説救護身命經》

作者不詳, CBETA, T85, no.2865, p.1325, c5-7; 作者不詳《佛説救護身命經》, CBETA, F03, no.248, p.557, a23-24。唐時期。

參: 孟彥弘 2018, 50。

LM20-1501-17-03　《大般涅槃經》

北涼曇無讖譯, 此段文字多處可見。高昌國時期。

LM20-1501-17-04　《摩訶般若波羅蜜經》卷一四

姚秦鳩摩羅什譯, CBETA, T08, no.223, p.325, c7-9。高昌國時期。

LM20-1501-17-05　《妙法蓮華經》卷三

姚秦鳩摩羅什譯, CBETA, T09, no.262, p.23, a24-26。唐時期。

LM20-1501-17-06　《大般涅槃經》卷二三

北涼曇無讖譯, CBETA, T12, no.374, p.502, c26-28。唐時期。

LM20-1501-17-07　佛典殘片

唐時期。

LM20-1501-17-08 《摩訶般若波羅蜜經》卷一

姚秦鳩摩羅什譯，CBETA，T08，no.223，p.221，b28-c1。唐時期。

LM20-1501-18-01 《放光般若經》卷一四

西晉無羅叉譯，CBETA，T08，no.221，p.99，c24-26。唐時期。

LM20-1501-18-02 《摩訶般若波羅蜜經》卷一四

姚秦鳩摩羅什譯，CBETA，T08，no.223，p.325，c1-2。高昌國時期。

LM20-1501-18-03 《妙法蓮華經》卷七

姚秦鳩摩羅什譯，CBETA，T09，no.262，p.56，c24-26。唐時期。

LM20-1501-18-04 《四分律删補隨機羯磨》卷上

唐道宣集，CBETA，T40，no.1808，p.496，a12-14。有雙行小字注。唐時期。

LM20-1501-18-05 《根本説一切有部毗奈耶雜事》卷四〇

唐義净譯，CBETA，T24，no.1451，p.412，a20-22。唐時期。

LM20-1501-18-06 《佛本行集經》卷一七

隋闍那崛多譯，CBETA，T03，no.190，p.733，c4-7。高昌國時期。

參：段真子2019，160。

LM20-1501-18-07 《佛本行集經》卷六〇

隋闍那崛多譯，CBETA，T03，no.190，p.930，c18-19。唐時期。

參：段真子2019，160。

LM20-1501-18-08 佛典殘片

高昌國時期。

LM20-1501-19-01 《大通方廣懺悔滅罪莊嚴成佛經》卷中

作者不詳，CBETA，T85，no.2871，p.1347，c19，"濡"作"軟"。高昌國時期。

LM20-1501-19-02 《妙法蓮華經》卷六

姚秦鳩摩羅什譯，CBETA，T09，no.262，p.52，a22-25。唐時期。

LM20-1501-19-03 佛名經

唐時期。

LM20-1501-19-04 《佛説仁王般若波羅蜜經》卷下

姚秦鳩摩羅什譯，CBETA，T08，no.245，p.830，a21-23。高昌國時期。

LM20-1501-19-05 《大般涅槃經》卷一二

北涼曇無讖譯，CBETA，T12，no.374，p.435，c6-8。高昌國時期。

LM20-1501-19-06 《佛説灌頂經》卷五

東晉帛尸梨蜜多羅譯，CBETA，T21，no.1331，p.509，a14-17。唐時期。

LM20-1501-19-07 《合部金光明經》卷三

　　梁真諦譯, 隋寶貴合, CBETA, T16, no.664, p.376, b3-5。唐時期。

LM20-1501-19-08　《妙法蓮華經》卷五

　　姚秦鳩摩羅什譯, CBETA, T09, no.262, p.41, c4-6。唐時期。

LM20-1501-20-01　《光讚經》卷七

　　西晉竺法護譯, CBETA, T08, no.222, p.197, a18-20。高昌國時期。

LM20-1501-20-02　《大方等大集經》卷二

　　北涼曇無讖譯, CBETA, T13, no.397, p.178, a27-28。高昌國時期。

LM20-1501-20-03　《摩訶般若波羅蜜經》卷一六

　　姚秦鳩摩羅什譯, CBETA, T08, no.223, p.339, b20-23。高昌國時期。

LM20-1501-20-04　《大般涅槃經》卷二六

　　北涼曇無讖譯, CBETA, T12, no.374, p.518, b13-14。高昌國時期。

LM20-1501-20-05　佛典殘片

　　高昌郡時期。

　　參:《旅博選粹》, 23。

LM20-1501-20-06　《妙法蓮華經》卷七

　　姚秦鳩摩羅什譯, CBETA, T09, no.262, p.57, a23-24。唐時期。

LM20-1501-20-07　典籍殘片

　　唐時期。

LM20-1501-20-08　《妙法蓮華經》卷三

　　姚秦鳩摩羅什譯, CBETA, T09, no.262, p.22, a24-26。唐時期。

LM20-1501-20-09　《妙法蓮華經》卷五

　　姚秦鳩摩羅什譯, CBETA, T09, no.262, p.41, b21-23。唐時期。

LM20-1501-21-01　《摩訶般若波羅蜜經》卷一七

　　姚秦鳩摩羅什譯, CBETA, T08, no.223, p.346, a13-14。高昌國時期。

LM20-1501-21-02　《妙法蓮華經》卷六

　　姚秦鳩摩羅什譯, CBETA, T09, no.262, p.50, c13-16。唐時期。

LM20-1501-21-03　《佛說灌頂經》卷一二

　　東晉帛尸梨蜜多羅譯, CBETA, T21, no.1331, p.532, b14-16。唐時期。

LM20-1501-21-04　《大般涅槃經》卷三七

　　北涼曇無讖譯, CBETA, T12, no.374, p.581, b17-20。高昌國時期。

LM20-1501-21-05　《佛說無常經》

　　唐義凈譯, CBETA, T17, no.801, p.746, a19-22。唐時期。

LM20-1501-21-06　《大般涅槃經》卷一〇

　　北涼曇無讖譯, CBETA, T12, no.374, p.426, c21-23。高昌國時期。

LM20-1501-21-07 《妙法蓮華經》卷六

　　姚秦鳩摩羅什譯，CBETA，T09，no.262，p.48，a15-18。唐時期。

LM20-1501-21-08 《佛説轉女身經》

　　劉宋曇摩蜜多譯，CBETA，T14，no.564，p.918，b15-17。高昌國時期。

LM20-1501-21-09 《合部金光明經》卷三

　　梁真諦譯，隋寶貴合，CBETA，T16，no.664，p.375，c26-28。唐時期。

LM20-1501-21-10　佛典殘片

　　唐時期。

LM20-1501-21-11 《妙法蓮華經》卷三

　　姚秦鳩摩羅什譯，CBETA，T09，no.262，p.22，b21-23。高昌國時期。

LM20-1501-21-12 《妙法蓮華經》卷四

　　姚秦鳩摩羅什譯，CBETA，T09，no.262，p.28，b23-25。唐時期。

LM20-1501-22-01　佛典殘片

　　唐時期。

LM20-1501-22-02　佛名經

　　唐時期。

LM20-1501-22-03 《大般涅槃經》卷二

　　北涼曇無讖譯，CBETA，T12，no.374，p.372，c29-p.373，a5。高昌國時期。

LM20-1501-22-04 《大寶積經》卷一一三

　　北涼道龔譯，CBETA，T11，no.310，p.638，c22-24。唐時期。

LM20-1501-22-05 《妙法蓮華經》卷五

　　姚秦鳩摩羅什譯，CBETA，T09，no.262，p.37，b13-14。唐時期。

LM20-1501-22-06 《妙法蓮華經》卷三

　　姚秦鳩摩羅什譯，CBETA，T09，no.262，p.22，b21-22。高昌國時期。

LM20-1501-22-07　佛典殘片

　　唐時期。

LM20-1501-22-08　佛典殘片

　　唐時期。

LM20-1501-22-09 《大方廣佛華嚴經》卷一一（五十卷本）

　　東晉佛陀跋陀羅譯，《中華大藏經》第12册，136b20-21；參 CBETA，T09，no.278，p.483，

　　c11-12。高昌國時期。

LM20-1501-22-10　佛典殘片

　　唐時期。

LM20-1501-22-11　佛典殘片

唐時期。

LM20-1501-23-01　《妙法蓮華經》卷二

姚秦鳩摩羅什譯, CBETA, T09, no.262, p.16, c4–6。唐時期。

LM20-1501-23-02　《妙法蓮華經》卷四

姚秦鳩摩羅什譯, CBETA, T09, no.262, p.30, a8–11。唐時期。

LM20-1501-23-03　《妙法蓮華經》卷二

姚秦鳩摩羅什譯, CBETA, T09, no.262, p.18, c13–19。西州回鶻時期。

LM20-1501-23-04　《太上洞玄靈寶真文度人本行妙經》

作者不詳, 約出於東晉, 與敦煌本 P.3022v 第 61–64 行同。唐時期。

參: 趙洋 2017a, 187; 趙洋 2017b, 194–195。

LM20-1501-23-05　佛典殘片

唐時期。

LM20-1501-23-06　《金光明最勝王經》卷一

唐義淨譯, CBETA, T16, no.665, p.405, b29–c1。唐時期。

LM20-1501-23-07　《佛說觀藥王藥上二菩薩經》

劉宋畺良耶舍譯, CBETA, T20, no.1161, p.661, a5–7。唐時期。

LM20-1501-23-08　《金剛般若波羅蜜經》

姚秦鳩摩羅什譯, CBETA, T08, no.235, p.750, a7–8。唐時期。

LM20-1501-23-09　《妙法蓮華經》卷七

姚秦鳩摩羅什譯, CBETA, T09, no.262, p.57, a26–28。唐時期。

LM20-1501-23-10　佛典殘片

唐時期。

LM20-1501-24-01　《攝大乘論釋》卷八

陳真諦譯, CBETA, T31, no.1595, p.207, c23–26。唐時期。

LM20-1501-24-02　《妙法蓮華經》注

參姚秦鳩摩羅什譯《妙法蓮華經》卷四, CBETA, T09, no.262, p.32, c27–28。有雙行小字注。唐時期。

LM20-1501-24-03　《妙法蓮華經》卷七

姚秦鳩摩羅什譯, CBETA, T09, no.262, p.60, b1–3。唐時期。

LM20-1501-24-04　《佛頂尊勝陀羅尼經》

唐佛陀波利譯, CBETA, T19, no.967, p.350, a6–8。唐時期。

LM20-1501-24-05　《七佛八菩薩所說大陀羅尼神咒經》卷一

譯者不詳, CBETA, T21, no.1332, p.539, a22–23; 譯者不詳《陀羅尼雜集》, CBETA, T21, no.1336, p.583, b18–20。唐時期。

LM20-1501-24-06 《金剛般若波羅蜜經》

　　姚秦鳩摩羅什譯, CBETA, T08, no.235, p.749, a12–15。唐時期。

LM20-1501-24-07 《摩訶般若波羅蜜經》卷一二

　　姚秦鳩摩羅什譯, CBETA, T08, no.223, p.311, a12–14。高昌國時期。

LM20-1501-24-08 《大般若波羅蜜多經》

　　唐玄奘譯, 此段文字多處可見。唐時期。

LM20-1501-24-09 《大般涅槃經》卷三

　　北涼曇無讖譯, CBETA, T12, no.374, p.380, c12–14。高昌國時期。

LM20-1501-25-01 《十地經論》卷三

　　元魏菩提流支譯, CBETA, T26, no.1522, p.139, c9–11。唐時期。

LM20-1501-25-02 《金光明經》卷四

　　北涼曇無讖譯, CBETA, T16, no.663, p.354, b13–14。唐時期。

LM20-1501-25-03 《金剛般若波羅蜜經》

　　元魏菩提流支譯, CBETA, T08, no.236a, p.756, c3–6。唐時期。

LM20-1501-25-04 《阿毗達磨大毗婆沙論》卷九七

　　唐玄奘譯, CBETA, T27, no.1545, p.502, a4–6。唐時期。

LM20-1501-25-05 《維摩詰所説經》卷上

　　姚秦鳩摩羅什譯, CBETA, T14, no.475, p.539, a8–10。唐時期。

LM20-1501-25-06 《妙法蓮華經》卷三

　　姚秦鳩摩羅什譯, CBETA, T09, no.262, p.19, c24–27。唐時期。

LM20-1501-25-07 《雜阿毗曇心論》卷七

　　劉宋僧伽跋摩等譯, CBETA, T28, no.1552, p.925, b5–10。高昌國時期。

LM20-1501-25-08 佛典殘片

高昌國時期。

LM20-1501-25-09 《佛説仁王般若波羅蜜經》卷下

　　姚秦鳩摩羅什譯, CBETA, T08, no.245, p.832, b16–18。高昌國時期。

LM20-1501-26-01 《妙法蓮華經》卷六

　　姚秦鳩摩羅什譯, CBETA, T09, no.262, p.52, a29–b4。高昌郡時期。

　　參:《旅博選粹》, 13。

LM20-1501-26-02 《維摩詰所説經》卷中

　　姚秦鳩摩羅什譯, CBETA, T14, no.475, p.549, b10–12。唐時期。

LM20-1501-26-03 《妙法蓮華經》卷二

　　姚秦鳩摩羅什譯, CBETA, T09, no.262, p.17, b4–6。唐時期。

LM20-1501-26-04 《大般涅槃經》卷三九

北涼曇無讖譯, CBETA, T12, no.374, p.593, a14–18。高昌國時期。

LM20-1501-26-05　《金光明經》卷二

北涼曇無讖譯, CBETA, T16, no.663, p.341, c23–24。唐時期。

LM20-1501-26-06　《大方便佛報恩經》卷一

譯者不詳, CBETA, T03, no.156, p.125, a11–12。唐時期。

LM20-1501-26-07　《大般涅槃經》卷二八

北涼曇無讖譯, CBETA, T12, no.374, p.534, c3–5。唐時期。

LM20-1501-26-08　佛典殘片

唐時期。

LM20-1501-27-01　《大方等大集經》卷七

北涼曇無讖譯, CBETA, T13, no.397, p.43, c29–p.44, a4。高昌國時期。

LM20-1501-27-02　《大般涅槃經》卷二九

北涼曇無讖譯, CBETA, T12, no.374, p.539, a6–8。高昌國時期。

LM20-1501-27-03　《金光明最勝王經》卷七

唐義净譯, CBETA, T16, no.665, p.435, a11–13。唐時期。

LM20-1501-27-04　《大般涅槃經》卷二

北涼曇無讖譯, CBETA, T12, no.374, p.376, b28–c2。唐時期。

LM20-1501-27-05　《妙法蓮華經》卷一

姚秦鳩摩羅什譯, CBETA, T09, no.262, p.7, a7–9。唐時期。

LM20-1501-28-01　《道行般若經》卷九

後漢支婁迦讖譯, CBETA, T08, no.224, p.472, a27–29。唐時期。

LM20-1501-28-02　《金光明經》卷三

北涼曇無讖譯, CBETA, T16, no.663, p.350, c14–15。高昌國時期。

LM20-1501-28-03　佛典殘片

唐時期。

LM20-1501-28-04　《摩訶般若波羅蜜經》卷一六

姚秦鳩摩羅什譯, CBETA, T08, no.223, p.336, a21–23。高昌國時期。

LM20-1501-28-05　《妙法蓮華經》卷七

姚秦鳩摩羅什譯, CBETA, T09, no.262, p.60, c27–28。唐時期。

LM20-1501-28-06　《維摩詰所説經》卷下

姚秦鳩摩羅什譯, CBETA, T14, no.475, p.553, a7–8。高昌國時期。

LM20-1501-28-07　《大般涅槃經》卷一〇

北涼曇無讖譯, CBETA, T12, no.374, p.422, c19–22。唐時期。

LM20-1501-28-08　《十誦律》卷二〇

姚秦弗若多羅譯，CBETA，T23，no.1435，p.147，a21-23。唐時期。

LM20-1501-28-09　《摩訶般若波羅蜜經》卷二

姚秦鳩摩羅什譯，CBETA，T08，no.223，p.225，b7-9。高昌國時期。

LM20-1501-28-10　《金剛般若波羅蜜經》

元魏菩提流支譯，CBETA，T08，no.236a，p.755，a19-21。高昌國時期。

LM20-1501-28-11　《大智度論》卷五四

姚秦鳩摩羅什譯，CBETA，T25，no.1509，p.447，a7-9。西州回鶻時期。

LM20-1501-29-01　《大般涅槃經》卷三一

北涼曇無讖譯，CBETA，T12，no.374，p.550，c12-14。高昌國時期。

LM20-1501-29-02　《佛説灌頂經》卷一二

東晉帛尸梨蜜多羅譯，CBETA，T21，no.1331，p.534，a7-9。唐時期。

LM20-1501-29-03　《瑜伽師地論》卷五〇

唐玄奘譯，CBETA，T30，no.1579，p.573，a23-25。唐時期。

LM20-1501-29-04　《妙法蓮華經》卷一

姚秦鳩摩羅什譯，CBETA，T09，no.262，p.1，c27-29。唐時期。

LM20-1501-29-05　《合部金光明經》卷三

梁真諦譯，隋寶貴合，CBETA，T16，no.664，p.377，a15-18。唐時期。

LM20-1501-29-06　典籍殘片

"怒不至詈"見於《禮記》卷一《曲禮上》，《四部叢刊初編》，商務印書館，1919年，葉12a。高昌郡時期。

LM20-1501-29-07　《勸善經》

參敦煌本北大 D109（《北京大學藏敦煌文獻》第 2 册，74 頁）。唐時期。

LM20-1501-29-08　《摩訶般若波羅蜜經》卷二三

姚秦鳩摩羅什譯，CBETA，T08，no.223，p.385，a7-10。唐時期。

LM20-1501-29-09　《十住毗婆沙論》卷一〇

姚秦鳩摩羅什譯，CBETA，T26，no.1521，p.72，a4-7。高昌郡時期。

參:《旅博選粹》，61;《浄土集成》，103。

LM20-1501-30-01　《大般涅槃經》卷二一

北涼曇無讖譯，CBETA，T12，no.374，p.488，c24-26。高昌國時期。

LM20-1501-30-02　《金光明經》卷一

北涼曇無讖譯，CBETA，T16，no.663，p.335，c18-20。唐時期。

LM20-1501-30-03　《大方廣佛華嚴經》卷五（五十卷本）

東晉佛陀跋陀羅譯，《中華大藏經》第 12 册，59c15-17;參 CBETA，T09，no.278，p.433，c4-6。高昌國時期。

LM20-1501-30-04　《大般涅槃經》卷六

北涼曇無讖譯, CBETA, T12, no.374, p.398, b10-12。唐時期。

LM20-1501-30-05　《大智度論》卷三一

姚秦鳩摩羅什譯, CBETA, T25, no.1509, p.291, a28-29。高昌國時期。

LM20-1501-30-06　殘片

唐時期。

LM20-1501-30-07　佛典殘片

高昌國時期。

LM20-1501-30-08　《佛説灌頂經》卷一二

東晉帛尸梨蜜多羅譯, CBETA, T21, no.1331, p.533, a12-15, 唐時期。

LM20-1501-30-09　佛典殘片

西州回鶻時期。

LM20-1501-30-10　《大般涅槃經》卷一一

北涼曇無讖譯, CBETA, T12, no.374, p.431, c17-18, "名一"作"名第一"。高昌國時期。

LM20-1501-30-11　《妙法蓮華經》卷五

姚秦鳩摩羅什譯, CBETA, T09, no.262, p.41, c7-8。唐時期。

LM20-1501-31-01　《大通方廣懺悔滅罪莊嚴成佛經》卷中

作者不詳, CBETA, T85, no.2871, p.1345, a38。高昌國時期。

LM20-1501-31-02　《維摩詰所説經》卷上

姚秦鳩摩羅什譯, CBETA, T14, no.475, p.539, a9-10。高昌國時期。

LM20-1501-31-03　《四分律》卷五七

姚秦佛陀耶舍、竺佛念等譯, CBETA, T22, no.1428, p.986, b26-29。唐時期。

LM20-1501-31-04　《大般涅槃經》卷一三

北涼曇無讖譯, CBETA, T12, no.374, p.441, a16-19。高昌國時期。

LM20-1501-31-05　《妙法蓮華經》卷五

姚秦鳩摩羅什譯, CBETA, T09, no.262, p.46, a18-24。高昌國時期。

LM20-1501-31-06　《妙法蓮華經》卷四

姚秦鳩摩羅什譯, CBETA, T09, no.262, p.29, a19-20。有朱點句讀。唐時期。

LM20-1501-31-07　佛名經

唐時期。

LM20-1501-31-08　《大方等大雲請雨經》

北周闍那耶舍譯, CBETA, T19, no.992, p.504, c3-5, "曾"作"魯"。唐時期。

LM20-1501-31-09　《妙法蓮華經》卷七

姚秦鳩摩羅什譯, CBETA, T09, no.262, p.61, b27-c1。高昌國時期。

LM20-1501-32-01　《妙法蓮華經》卷七

姚秦鳩摩羅什譯，CBETA, T09, no.262, p.57, a20–21。唐時期。

LM20-1501-32-02　《妙法蓮華經》卷六

姚秦鳩摩羅什譯，CBETA, T09, no.262, p.46, c26–28，唐時期。

LM20-1501-32-03　《妙法蓮華經》卷七

姚秦鳩摩羅什譯，CBETA, T09, no.262, p.61, b5–7。高昌郡時期。

參：《旅博選粹》，13。

LM20-1501-32-04　《大般涅槃經》卷三二

北涼曇無讖譯，CBETA, T12, no.374, p.560, a2–4。高昌國時期。

LM20-1501-32-05　《道行般若經》卷二

後漢支婁迦讖譯，CBETA, T08, no.224, p.432, b27–c1。高昌郡時期。

參：《旅博選粹》，10；孫傳波 2006，168。

LM20-1501-32-06　《金光明經》卷二

北涼曇無讖譯，CBETA, T16, no.663, p.344, c15–17。唐時期。

LM20-1501-32-07　《妙法蓮華經》卷四

姚秦鳩摩羅什譯，CBETA, T09, no.262, p.32, c22–25，"華故"作"華經故"。高昌郡時期。

參：《旅博選粹》，23。

LM20-1501-32-08　《妙法蓮華經》卷六

姚秦鳩摩羅什譯，CBETA, T09, no.262, p.47, a26–c1。唐時期。

LM20-1501-32-09　《最勝佛頂陀羅尼净除業障咒經》

唐地婆訶羅譯，CBETA, T19, no.970, p.359, b26–28，"温"作"濕"。唐時期。

LM20-1501-33-01　《阿毗達磨大毗婆沙論》卷一〇

唐玄奘譯，CBETA, T27, no.1545, p.48, c13–14。唐時期。

LM20-1501-33-02　《大般涅槃經》卷一九

北涼曇無讖譯，CBETA, T12, no.374, p.476, c12–14。高昌國時期。

LM20-1501-33-03　《大般涅槃經》卷二九

北涼曇無讖譯，CBETA, T12, no.374, p.536, a17–18。唐時期。

LM20-1501-33-04　《妙法蓮華經》卷二

姚秦鳩摩羅什譯，CBETA, T09, no.262, p.10, c13–14。唐時期。

LM20-1501-33-05　《菩薩善戒經》卷八

姚秦鳩摩羅什譯，CBETA, T30, no.1582, p.1006, a24–27，"遠行々"作"遠行地行"。高昌郡時期。

LM20-1501-33-06　《阿毗達磨順正理論》卷五四

唐玄奘譯，CBETA, T29, no.1562, p.644, c22–24。唐時期。

LM20-1501-33-07　《妙法蓮華經》卷五

　　姚秦鳩摩羅什譯，CBETA, T09, no.262, p.41, b2-4。高昌國時期。

LM20-1501-33-08　《妙法蓮華經》卷四

　　姚秦鳩摩羅什譯，CBETA, T09, no.262, p.33, c7-9。唐時期。

LM20-1501-33-09　《大般涅槃經》卷七

　　北涼曇無讖譯，CBETA, T12, no.374, p.408, c12-15。高昌國時期。

LM20-1501-34-01　《妙法蓮華經》卷五

　　姚秦鳩摩羅什譯，CBETA, T09, no.262, p.44, b3-5。唐時期。

LM20-1501-34-02　《妙法蓮華經》卷三

　　姚秦鳩摩羅什譯，CBETA, T09, no.262, p.23, a20-21。高昌國時期。

LM20-1501-34-03　《妙法蓮華經》卷三

　　姚秦鳩摩羅什譯，CBETA, T09, no.262, p.23, a29-b2。高昌國時期。

LM20-1501-34-04　《佛説轉女身經》

　　劉宋曇摩蜜多譯，CBETA, T14, no.564, p.920, a5-7。高昌國時期。

LM20-1501-34-05　《小品般若波羅蜜經》卷一〇

　　姚秦鳩摩羅什譯，CBETA, T08, no.227, p.581, c6-8。高昌國時期。

　　參：孫傳波 2006, 193。

LM20-1501-34-06　佛典殘片

　　高昌國時期。

LM20-1501-34-07　《大般涅槃經》卷八

　　北涼曇無讖譯，CBETA, T12, no.374, p.412, a9-11。高昌國時期。

LM20-1501-34-08　《佛垂般涅槃略説教誡經》

　　姚秦鳩摩羅什譯，CBETA, T12, no.389, p.1111, c14-15。唐時期。

LM20-1501-34-09　佛典殘片

　　唐時期。

LM20-1501-35-01　《妙法蓮華經》卷五

　　姚秦鳩摩羅什譯，CBETA, T09, no.262, p.43, a22-24。唐時期。

LM20-1501-35-02　佛名經

　　參唐智周撰《佛説佛名經》卷一〇，CBETA, T14, no.440, p.168, b11-12。高昌國時期。

LM20-1501-35-03　《大寶積經》卷五一

　　唐玄奘譯，CBETA, T11, no.310, p.301, a19-20。唐時期。

LM20-1501-35-04　《十方千五百佛名經》

　　譯者不詳，CBETA, T14, no.442, p.317, c18-20。高昌國時期。

LM20-1501-35-05　《妙法蓮華經》卷七

姚秦鳩摩羅什譯，CBETA, T09, no.262, p.57, b7–10。唐時期。

LM20-1501-35-06　《放光般若經》卷五

西晉無羅叉譯，CBETA, T08, no.221, p.35, a25–26。高昌國時期。

LM20-1501-35-07　《十方千五百佛名經》

譯者不詳，CBETA, T14, no.442, p.312, c28。高昌國時期。

LM20-1501-35-08　佛典殘片

西州回鶻時期。

LM20-1501-35-09　《金剛般若波羅蜜經》

元魏菩提流支譯，CBETA, T08, no.236a, p.756, a25–27。唐時期。

LM20-1501-35-10　《救疾經》

作者不詳，CBETA, T85, no.2878, p.1361, c20–21。高昌國時期。

參: 馬俊傑 2019, 230–254。

LM20-1501-36-01　佛典殘片

高昌國時期。

LM20-1501-36-02　《善見律毗婆沙》卷一○

蕭齊伽跋陀羅譯，CBETA, T24, no.1462, p.745, a3–4。唐時期。

LM20-1501-36-03　佛典殘片

高昌國時期。

LM20-1501-36-04　《大般涅槃經》卷七

北涼曇無讖譯，CBETA, T12, no.374, p.408, b12–13。高昌國時期。

LM20-1501-36-05　《大般涅槃經》卷一一

北涼曇無讖譯，CBETA, T12, no.374, p.429, b7。高昌國時期。

LM20-1501-36-06　《大般涅槃經》卷一三

北涼曇無讖譯，CBETA, T12, no.374, p.442, a15–18。唐時期。

LM20-1501-36-07　佛典殘片

高昌國時期。

LM20-1501-36-08　《佛說灌頂經》卷一一

東晉帛尸梨蜜多羅譯，CBETA, T21, no.1331, p.529, b25–28。唐時期。

LM20-1501-36-09　《佛說灌頂拔除過罪生死得度經》

參東晉帛尸梨蜜多羅譯《佛說灌頂經》卷一二，CBETA, T21, no.1331, p.532, c6–7。高昌國時期。

LM20-1501-36-10　《摩訶般若波羅蜜經》卷二五

姚秦鳩摩羅什譯，CBETA, T08, no.223, p.404, a14–16。高昌國時期。

LM20-1501-36-11　《放光般若經》卷五

西晉無羅叉譯，CBETA, T08, no.221, p.35, a28-29。高昌國時期。

LM20-1501-37-01　《金剛般若波羅蜜經》

姚秦鳩摩羅什譯，CBETA, T08, no.235, p.748, c29-p.749, a1。唐時期。

LM20-1501-37-02　《妙法蓮華經》卷二

姚秦鳩摩羅什譯，CBETA, T09, no.262, p.11, b4-9。唐時期。

LM20-1501-37-03　《十方千五百佛名經》

譯者不詳，CBETA, T14, no.442, p.314, b25-26。高昌國時期。

LM20-1501-37-04　《合部金光明經》卷二

梁真諦譯，隋寶貴合，CBETA, T16, no.664, p.372, b5-6。唐時期。

LM20-1501-37-05　《大般涅槃經》卷三九

北涼曇無讖譯，CBETA, T12, no.374, p.592, b28-c2。高昌國時期。

LM20-1501-37-06　佛典殘片

高昌國時期。

LM20-1501-37-07　《佛説灌頂經》卷一二

東晉帛尸梨蜜多羅譯，CBETA, T21, no.1331, p.536, a28-29。唐時期。

LM20-1501-37-08　《菩薩瓔珞本業經》卷下

姚秦竺佛念譯，CBETA, T24, no.1485, p.1018, b2-4。高昌國時期。

LM20-1501-37-09　《小品般若波羅蜜經》卷六

姚秦鳩摩羅什譯，CBETA, T08, no.227, p.562, a6-8。唐時期。

LM20-1501-38-01　《大般涅槃經》卷一三

北涼曇無讖譯，CBETA, T12, no.374, p.445, b1-3。唐時期。

LM20-1501-38-02　《金光明經》卷三

北涼曇無讖譯，CBETA, T16, no.663, p.350, c18-22。高昌國時期。

LM20-1501-38-03　《大般涅槃經》卷二二

北涼曇無讖譯，CBETA, T12, no.374, p.493, c2-4。高昌國時期。

LM20-1501-38-04　《大哀經》卷七

西晉竺法護譯，CBETA, T13, no.398, p.441, a25-27。唐時期。

LM20-1501-38-05　《大般涅槃經》卷二五

北涼曇無讖譯，CBETA, T12, no.374, p.510, b21-24。高昌國時期。

LM20-1501-38-06　《妙法蓮華經》卷七

姚秦鳩摩羅什譯，CBETA, T09, no.262, p.58, b4-5。唐時期。

LM20-1501-38-07　《妙法蓮華經》卷四

姚秦鳩摩羅什譯，CBETA, T09, no.262, p.27, c7-8。唐時期。

LM20-1501-38-08　《合部金光明經》卷三

梁真諦譯，隋寶貴合，CBETA，T16，no.664，p.377，a2-4。唐時期。

LM20-1501-38-09　《妙法蓮華經》卷二

姚秦鳩摩羅什譯，CBETA，T09，no.262，p.13，a15-16，"則"作"利"。唐時期。

LM20-1501-38-10　《大寶積經》卷二〇

唐菩提流志譯，CBETA，T11，no.310，p.107，c10-11。唐時期。

經册五十三

LM20-1502-C0001 　《妙法蓮華經》卷七

　　姚秦鳩摩羅什譯，CBETA, T09, no.262, p.55, a28–b8。唐時期。

LM20-1502-C0002 　《妙法蓮華經》卷七（八卷本）

　　姚秦鳩摩羅什譯，《定本法華經》，207b13–16；參 CBETA, T09, no.262, p.55, a12–20。
　　與 LM20-1478-23-02 可綴合，據以定名。高昌國時期。

LM20-1502-C0003 　《妙法蓮華經》卷七

　　姚秦鳩摩羅什譯，CBETA, T09, no.262, p.55, a20–25。高昌國時期。

LM20-1502-C0004 　《妙法蓮華經》卷七（八卷本）

　　姚秦鳩摩羅什譯，《定本法華經》，207b13–16；參 CBETA, T09, no.262, p.55, a14–19。
　　與 LM20-1478-23-02 可綴合，據以定名。高昌國時期。

LM20-1502-C0005 　《妙法蓮華經》卷六

　　姚秦鳩摩羅什譯，CBETA, T09, no.262, p.47, a22–29。唐時期。

LM20-1502-C0006 　《妙法蓮華經》卷六

　　姚秦鳩摩羅什譯，CBETA, T09, no.262, p.47, a23–b20。唐時期。

LM20-1502-C0007 　《妙法蓮華經》卷六

　　姚秦鳩摩羅什譯，CBETA, T09, no.262, p.46, c20–28。唐時期。

LM20-1502-C0008 　《妙法蓮華經》卷六

　　姚秦鳩摩羅什譯，CBETA, T09, no.262, p.47, a5–9。唐時期。

LM20-1502-C0009 　《妙法蓮華經》卷六

　　姚秦鳩摩羅什譯，CBETA, T09, no.262, p.47, c19–26。唐時期。

LM20-1502-C0010 　《妙法蓮華經》卷六

　　姚秦鳩摩羅什譯，CBETA, T09, no.262, p.47, a22–b2。唐時期。

LM20-1502-C0011 　《妙法蓮華經》卷六

　　姚秦鳩摩羅什譯，CBETA, T09, no.262, p.46, c29–p.47, a8。唐時期。

LM20-1502-C0012 　《妙法蓮華經》卷六

　　姚秦鳩摩羅什譯，CBETA, T09, no.262, p.47, a26–b13。唐時期。

LM20-1502-C0013 　《妙法蓮華經》卷六

　　姚秦鳩摩羅什譯，CBETA, T09, no.262, p.47, b7–17。唐時期。

LM20-1502-C0014 《妙法蓮華經》卷六

姚秦鳩摩羅什譯, CBETA, T09, no.262, p.46, c4-7。唐時期。

LM20-1502-C0015 《妙法蓮華經》卷六

姚秦鳩摩羅什譯, CBETA, T09, no.262, p.46, c2-7。唐時期。

LM20-1502-C0016 《妙法蓮華經》卷六

姚秦鳩摩羅什譯, CBETA, T09, no.262, p.47, a21-b1。唐時期。

LM20-1502-C0017 《妙法蓮華經》卷六

姚秦鳩摩羅什譯, CBETA, T09, no.262, p.46, b21-29。唐時期。

LM20-1502-C0018 《妙法蓮華經》卷五

姚秦鳩摩羅什譯, CBETA, T09, no.262, p.46, a6-14。唐時期。

LM20-1502-C0019 《妙法蓮華經》卷五

姚秦鳩摩羅什譯, CBETA, T09, no.262, p.45, b8-12。唐時期。

LM20-1502-C0020 《妙法蓮華經》卷五

姚秦鳩摩羅什譯, CBETA, T09, no.262, p.45, c2-8。唐時期。

LM20-1502-C0021 《妙法蓮華經》卷七

姚秦鳩摩羅什譯, CBETA, T09, no.262, p.58, a9-23。唐時期。

LM20-1502-C0022 《妙法蓮華經》卷七

姚秦鳩摩羅什譯, CBETA, T09, no.262, p.57, c25-p.58, a10。唐時期。

LM20-1502-C0023 《妙法蓮華經》卷七

姚秦鳩摩羅什譯, CBETA, T09, no.262, p.58, b3-7。唐時期。

LM20-1502-C0024 《妙法蓮華經》卷七

姚秦鳩摩羅什譯, CBETA, T09, no.262, p.58, a6-20。唐時期。

LM20-1502-C0025 《妙法蓮華經》卷七

姚秦鳩摩羅什譯, CBETA, T09, no.262, p.58, a6-14。西州回鶻時期。

LM20-1502-C0026a 《妙法蓮華經》卷七

姚秦鳩摩羅什譯, CBETA, T09, no.262, p.58, a11-17。唐時期。

LM20-1502-C0026b 《妙法蓮華經》卷七

姚秦鳩摩羅什譯, CBETA, T09, no.262, p.58, a23-29。唐時期。

LM20-1502-C0027 《妙法蓮華經》卷五

姚秦鳩摩羅什譯, CBETA, T09, no.262, p.43, c29-p.44, a9。唐時期。

LM20-1502-C0028 雜寫

西州回鶻時期。

LM20-1502-C0029 《妙法蓮華經》卷九外題

唐時期。

LM20-1502-C0030　《大般若波羅蜜多經》外題

西州回鶻時期。

LM20-1502-C0031　《大般涅槃經》卷一一

北涼曇無讖譯，CBETA, T12, no.374, p.432, c11–15。高昌國時期。

LM20-1502-C0032　《觀世音經讚》

題金剛藏菩薩撰，與 LM20-1506-C0871c 可以綴合，存首題，參 BD3351。唐時期。

參：嚴世偉 2019, 304–340。

LM20-1502-C0033a　《大智度論》卷八七

姚秦鳩摩羅什譯，CBETA, T25, no.1509, p.670, a25–28。高昌國時期。

LM20-1502-C0033b　《摩訶般若波羅蜜經》

姚秦鳩摩羅什譯，此段文字多處可見。高昌國時期。

LM20-1502-C0033c　《大方廣佛華嚴經》卷四（五十卷本）

東晉佛陀跋陀羅譯，《中華大藏經》第 12 册，43c4–8; 參 CBETA, T09, no.278, p.422, a15–18。高昌國時期。

LM20-1502-C0034a　《大般涅槃經》卷九

北涼曇無讖譯，CBETA, T12, no.374, p.420, b6–8。高昌國時期。

LM20-1502-C0034b　《大般涅槃經》卷三九

北涼曇無讖譯，CBETA, T12, no.374, p.594, a7–8。唐時期。

LM20-1502-C0034c　佛典殘片

唐時期。

LM20-1502-C0035a　《大般涅槃經義記》卷五

隋慧遠述，CBETA, T37, no.1764, p.730, b19–23。高昌國時期。

LM20-1502-C0035b　維摩詰經注

參姚秦鳩摩羅什譯《維摩詰所説經》卷中，CBETA, T14, no.475, p.547, c1。高昌國時期。

LM20-1502-C0036a　《大般若波羅蜜多經》卷一八三

唐玄奘譯，CBETA, T05, no.220, p.985, a26–27。唐時期。

LM20-1502-C0036b　《悲華經》卷一

北涼曇無讖譯，CBETA, T03, no.157, p.167, a21。唐時期。

LM20-1502-C0036c　佛名經

唐時期。

LM20-1502-C0037a　《大智度論》卷一七

姚秦鳩摩羅什譯，CBETA, T25, no.1509, p.183, b21–24。高昌國時期。

LM20-1502-C0037b　《妙法蓮華經》卷七

姚秦鳩摩羅什譯，CBETA, T09, no.262, p.60, b22–24。高昌國時期。

LM20-1502-C0038a　《大般涅槃經》卷三七

北涼曇無讖譯，CBETA, T12, no.374, p.582, b25-29。高昌國時期。

LM20-1502-C0038b　《妙法蓮華經》卷七

姚秦鳩摩羅什譯，CBETA, T09, no.262, p.59, b24-26。唐時期。

LM20-1502-C0038c　《小品般若波羅蜜經》卷二

姚秦鳩摩羅什譯，CBETA, T08, no.227, p.543, a11-13, "是四天下滿"作"是滿四天下"。唐時期。

LM20-1502-C0039a　《大般涅槃經》卷一○

北涼曇無讖譯，CBETA, T12, no.374, p.428, b8-11。高昌國時期。

LM20-1502-C0039b　《維摩詰所説經》卷中

姚秦鳩摩羅什譯，CBETA, T14, no.475, p.545, c16-18。高昌國時期。

LM20-1502-C0039c　《佛説仁王般若波羅蜜經》卷上

姚秦鳩摩羅什譯，CBETA, T08, no.245, p.825, a28-b2。高昌國時期。

LM20-1502-C0040a　《妙法蓮華經》卷七

姚秦鳩摩羅什譯，CBETA, T09, no.262, p.61, c5-7。唐時期。

LM20-1502-C0040b　《十方千五百佛名經》

譯者不詳，CBETA, T14, no.442, p.313, a24-28。唐時期。

LM20-1502-C0041a　《道行般若經》卷六

後漢支婁迦讖譯，CBETA, T08, no.224, p.455, b15-18。高昌國時期。

LM20-1502-C0041b　《妙法蓮華經》卷七

姚秦鳩摩羅什譯，CBETA, T09, no.262, p.57, c3-6。唐時期。

LM20-1502-C0041c　《光讚經》卷二

西晉竺法護譯，CBETA, T08, no.222, p.162, a24-27。高昌國時期。

LM20-1502-C0042a　《大般若波羅蜜多經》卷四二八

唐玄奘譯，CBETA, T07, no.220, p.153, a2-6。唐時期。

LM20-1502-C0042b　《大般涅槃經》卷一六

北涼曇無讖譯，CBETA, T12, no.374, p.458, a26-28。高昌國時期。

LM20-1502-C0043a　《大般涅槃經》卷三六

北涼曇無讖譯，CBETA, T12, no.374, p.580, c4-7。高昌國時期。

LM20-1502-C0043b　《妙法蓮華經》卷三

姚秦鳩摩羅什譯，CBETA, T09, no.262, p.25, c14-17。唐時期。

LM20-1502-C0044a　《妙法蓮華經》卷二

姚秦鳩摩羅什譯，CBETA, T09, no.262, p.10, c2-6。唐時期。

LM20-1502-C0044b　《金剛般若波羅蜜經論》卷上

元魏菩提流支譯, CBETA, T25, no.1511, p.784, c16-21。唐時期。

LM20-1502-C0045a　《金光明最勝王經》卷五

唐義净譯, CBETA, T16, no.665, p.423, a7-10。唐時期。

LM20-1502-C0045b　《妙法蓮華經》卷七

姚秦鳩摩羅什譯, CBETA, T09, no.262, p.58, c1-7。高昌國時期。

LM20-1502-C0046a　《光讚經》卷四

西晉竺法護譯, CBETA, T08, no.222, p.175, a21-24。高昌國時期。

LM20-1502-C0046b　《大般涅槃經》卷四〇

北涼曇無讖譯, CBETA, T12, no.374, p.599, c10-11。唐時期。

LM20-1502-C0047　《妙法蓮華經》卷四

姚秦鳩摩羅什譯, CBETA, T09, no.262, p.32, c21-p.33, a7。唐時期。

LM20-1502-C0048　勝鬘義記

參劉宋求那跋陀羅譯《勝鬘師子吼一乘大方便方廣經》, CBETA, T12, no.353, p.222, b25-c1。有朱筆句讀。唐時期。

LM20-1502-C0049　《四分律刪繁補闕行事鈔》卷上

唐道宣撰, CBETA, T40, no.1804, p.29, c2-25, 第5行"願令"作"願勿"。有雙行小字注。唐時期。

LM20-1502-C0050　《大般若波羅蜜多經》卷三六八

唐玄奘譯, CBETA, T06, no.220, p.899, a18-b10。唐時期。

LM20-1502-C0051　《大般涅槃經》卷二五

北涼曇無讖譯, CBETA, T12, no.374, p.511, a20-b2。高昌國時期。

LM20-1502-C0052　《十方千五百佛名經》

譯者不詳, CBETA, T14, no.442, p.313, a5-22, 第4行"无邊精進佛網光佛"作"無邊精進網光佛", 第6行"無邊德王明佛"作"無邊德王佛"。高昌國時期。

LM20-1502-C0053　《大般涅槃經》卷三二

北涼曇無讖譯, CBETA, T12, no.374, p.559, b28-29。高昌國時期。

LM20-1502-C0054　《一切經音義》卷一三

唐玄應撰, CBETA, C056, no.1163, p.1015, c6-10。唐時期。

LM20-1502-C0055　《大般涅槃經》卷二五

北涼曇無讖譯, CBETA, T12, no.374, p.511, a14-21。高昌國時期。

LM20-1502-C0056　《成實論》卷七

姚秦鳩摩羅什譯, CBETA, T32, no.1646, p.292, a12-13。高昌郡時期。

LM20-1502-C0057　《妙法蓮華經》卷四

姚秦鳩摩羅什譯, CBETA, T09, no.262, p.29, b23-27。高昌國時期。

LM20-1502-C0058 《大寶積經》卷四八

唐玄奘譯，CBETA，T11，no.310，p.281，b14–15。唐時期。

LM20-1502-C0059 《救疾經》

作者不詳，CBETA，T85，no.2878，p.1361，c29–p.1362，a1，"索"作"牽"。唐時期。

參：馬俊傑 2019，240。

LM20-1502-C0060a 《阿毗達磨大毗婆沙論》卷三八

唐玄奘譯，CBETA，T27，no.1545，p.196，a22–24。唐時期。

LM20-1502-C0060b 《阿毗達磨大毗婆沙論》卷一九六

唐玄奘譯，此段文字多處可見。唐時期。

LM20-1502-C0061 《佛說佛名經》卷五

元魏菩提流支譯，CBETA，T14，no.440，p.139，c27–28。高昌國時期。

LM20-1502-C0062 《金剛般若波羅蜜經》

姚秦鳩摩羅什譯，CBETA，T08，no.235，p.750，c21–25。唐時期。

LM20-1502-C0063 《妙法蓮華經》卷二

姚秦鳩摩羅什譯，CBETA，T09，no.262，p.15，b14–17。唐時期。

LM20-1502-C0064 《大通方廣懺悔滅罪莊嚴成佛經》卷上

作者不詳，CBETA，T85，no.2871，p.1340，b14–15。高昌國時期。

LM20-1502-C0065 《金剛般若波羅蜜經》注疏

參元魏菩提流支譯《金剛般若波羅蜜經》，CBETA，T08，no.236a，p.754，c18–19。有雙行小字注。唐時期。

LM20-1502-C0066 《維摩詰所說經》卷下

姚秦鳩摩羅什譯，CBETA，T14，no.475，p.552，c5–8。唐時期。

LM20-1502-C0067　佛名經

高昌國時期。

LM20-1502-C0068　佛典殘片

唐時期。

LM20-1502-C0069 《阿毗達磨大毗婆沙論》卷四四

唐玄奘譯，CBETA，T27，no.1545，p.228，c25–27。唐時期。

LM20-1502-C0070 《金光明最勝王經》卷四

唐義净譯，CBETA，T16，no.665，p.422，a11–13。唐時期。

LM20-1502-C0071 《大方廣佛華嚴經》卷四六

東晉佛陀跋陀羅譯，CBETA，T09，no.278，p.690，c24–25。唐時期。

LM20-1502-C0072 《佛說佛名經》

譯者不詳，此段文字多處可見。唐時期。

LM20-1502-C0073　《金剛般若波羅蜜經》

元魏菩提流支譯，CBETA，T08，no.236b，p.760，a7-8。唐時期。

LM20-1502-C0074　《妙法蓮華經》卷二

姚秦鳩摩羅什譯，CBETA，T09，no.262，p.12，b27-29。唐時期。

LM20-1502-C0075　《大方廣佛華嚴經》卷五（五十卷本）

東晉佛陀跋陀羅譯，《中華大藏經》第 12 册，58a15-18；參 CBETA，T09，no.278，p.432，a24-27。高昌國時期。

LM20-1502-C0076　《金光明經》卷四

北涼曇無讖譯，CBETA，T16，no.663，p.354，a13-16，"利是舍利者"作"禮是舍利此舍利者"。高昌國時期。

LM20-1502-C0077a　《大般若波羅蜜多經》卷五八五

唐玄奘譯，CBETA，T07，no.220，p.1025，b15-17。唐時期。

LM20-1502-C0077b　佛典殘片

唐時期。

LM20-1502-C0078　《大般涅槃經》卷二五

北涼曇無讖譯，CBETA，T12，no.374，p.511，a10-13。高昌國時期。

LM20-1502-C0079　《妙法蓮華經》卷七

姚秦鳩摩羅什譯，CBETA，T09，no.262，p.61，a14-18。唐時期。

LM20-1502-C0080　《摩訶般若波羅蜜經》卷一五

姚秦鳩摩羅什譯，CBETA，T08，no.223，p.330，c29-p.331，a5。高昌國時期。

LM20-1502-C0081　《大般涅槃經》卷二五

北涼曇無讖譯，CBETA，T12，no.374，p.511，a4-9。高昌國時期。

LM20-1502-C0082　《鳩摩羅什法師誦法》

東晉慧融等集，CBETA，D07，no.8779，p.3，a16-p.4，a2。唐時期。

LM20-1502-C0083　《妙法蓮華經》卷二

姚秦鳩摩羅什譯，CBETA，T09，no.262，p.15，c27-p.16，a4。西州回鶻時期。

LM20-1502-C0084　《妙法蓮華經》卷五

姚秦鳩摩羅什譯，CBETA，T09，no.262，p.39，a18-20。唐時期。

LM20-1502-C0085　《大般涅槃經》卷二五

北涼曇無讖譯，CBETA，T12，no.374，p.511，b3-12。高昌國時期。

LM20-1502-C0086　《妙法蓮華經》卷四

姚秦鳩摩羅什譯，CBETA，T09，no.262，p.36，a2-5。唐時期。

LM20-1502-C0087　佛典殘片

高昌國時期。

LM20-1502-C0088 《大般涅槃經》卷三九

　　北涼曇無讖譯，CBETA, T12, no.374, p.594, b23-29。高昌國時期。

LM20-1502-C0089 《妙法蓮華經》卷三

　　姚秦鳩摩羅什譯，CBETA, T09, no.262, p.19, a26-b6。唐時期。

LM20-1502-C0090 《大般若波羅蜜多經》卷三六八

　　唐玄奘譯，CBETA, T06, no.220, p.899, a11-17。唐時期。

LM20-1502-C0091 《佛説相好經》

　　作者不詳，CBETA, ZW03, no.31b, p.415, a12-20，第 6 行 "眶" 作 "睫"。第 7、8 行間夾寫小字 "如四大海水"。唐時期。

LM20-1502-C0092 《大通方廣懺悔滅罪莊嚴成佛經》卷中

　　作者不詳，CBETA, T85, no.2871, p.1346, a3-8。唐時期。

LM20-1502-C0093 《大般涅槃經》卷二五

　　北涼曇無讖譯，CBETA, T12, no.374, p.510, c29-p.511, a3。高昌國時期。

LM20-1502-C0094 《妙法蓮華經》卷一

　　姚秦鳩摩羅什譯，CBETA, T09, no.262, p.7, c23-29。唐時期。

LM20-1502-C0095 《十住毗婆沙論》卷四

　　姚秦鳩摩羅什譯，CBETA, T26, no.1521, p.36, b6-13。高昌郡時期。

　　參：《净土集成》，97。

LM20-1502-C0096 《佛本行集經》卷一五

　　隋闍那崛多譯，CBETA, T03, no.190, p.721, b18-21。高昌國時期。

　　參：段真子 2019, 170。

LM20-1502-C0097 《佛説灌頂經》卷四

　　東晉帛尸梨蜜多羅譯，CBETA, T21, no.1331, p.505, b7-9，"和" 作 "知"。唐時期。

LM20-1502-C0098 《大般涅槃經》卷二七

　　北涼曇無讖譯，CBETA, T12, no.374, p.527, c4-6。高昌國時期。

LM20-1502-C0099 《大智度論》卷五四

　　姚秦鳩摩羅什譯，CBETA, T25, no.1509, p.444, b24-26。高昌國時期。

LM20-1502-C0100 《安樂集》卷上

　　唐道綽撰，CBETA, T47, no.1958, p.4, c1-5。唐時期。

　　參：《净土集成》，113。

LM20-1502-C0101 《大般涅槃經》卷一一

　　北涼曇無讖譯，CBETA, T12, no.374, p.429, b2-7。唐時期。

LM20-1502-C0102 《妙法蓮華經》卷四

　　姚秦鳩摩羅什譯，CBETA, T09, no.262, p.36, b11-16。唐時期。

LM20-1502-C0103　《佛説佛名經》卷三

元魏菩提流支譯，CBETA, T14, no.440, p.128, a12–17。唐時期。

LM20-1502-C0104　《佛説彌勒下生成佛經》

姚秦鳩摩羅什譯，CBETA, T14, no.454, p.423, c11–16。唐時期。

LM20-1502-C0105　《佛説觀佛三昧海經》卷四

東晉佛陀跋陀羅譯，CBETA, T15, no.643, p.663, a11–13。高昌國時期。

LM20-1502-C0106　《妙法蓮華經》卷五

姚秦鳩摩羅什譯，CBETA, T09, no.262, p.39, a17–20。唐時期。

LM20-1502-C0107　《大般涅槃經》卷二二

北涼曇無讖譯，CBETA, T12, no.374, p.495, a19–24。高昌國時期。

LM20-1502-C0108　《佛説佛名經》卷三

元魏菩提流支譯，CBETA, T14, no.440, p.128, c10–13。唐時期。

LM20-1502-C0109　《大般涅槃經》卷二七

北涼曇無讖譯，CBETA, T12, no.374, p.525, a6–9。唐時期。

LM20-1502-C0110　《摩訶般若波羅蜜經》卷一四

姚秦鳩摩羅什譯，CBETA, T08, no.223, p.323, c17–22。高昌國時期。

LM20-1502-C0111　　佛典殘片

唐時期。

LM20-1502-C0112　《妙法蓮華經》卷七

姚秦鳩摩羅什譯，CBETA, T09, no.262, p.56, c6–10。唐時期。

LM20-1502-C0113　《大般若波羅蜜多經》卷一四八

唐玄奘譯，CBETA, T05, no.220, p.803, b1–4。唐時期。

LM20-1502-C0114　《佛説佛名經》卷一

元魏菩提流支譯，CBETA, T14, no.440, p.115, c15–17。高昌國時期。

LM20-1502-C0115　《大般涅槃經》卷二八

北涼曇無讖譯，CBETA, T12, no.374, p.533, b8–26。高昌國時期。

LM20-1502-C0116　《維摩詰所説經》卷上

姚秦鳩摩羅什譯，CBETA, T14, no.475, p.537, c17–22。唐時期。

LM20-1502-C0117　《大般涅槃經》卷二五

北涼曇無讖譯，CBETA, T12, no.374, p.510, c17–29。高昌國時期。

LM20-1502-C0118　《摩訶般若波羅蜜經》卷二二

姚秦鳩摩羅什譯，CBETA, T08, no.223, p.379, a2–13。唐時期。

LM20-1502-C0119　《大方廣佛華嚴經》卷二五（五十卷本）

東晉佛陀跋陀羅譯，《中華大藏經》第 12 册，314a19–b9; 參 CBETA, T09, no.278, p.594, a2–12。高昌國時期。

LM20-1502-C0120　《妙法蓮華經》卷三

姚秦鳩摩羅什譯, CBETA, T09, no.262, p.20, c11–15。唐時期。

LM20-1502-C0121　《妙法蓮華經度量天地品》

作者不詳。參 BD2463（《國家圖書館藏敦煌遺書》第 34 冊, 300 頁）。唐時期。

LM20-1502-C0122　《摩訶般若波羅蜜經》卷一五

姚秦鳩摩羅什譯, CBETA, T08, no.223, p.334, a7–21。高昌郡時期。

LM20-1502-C0123　《大般若波羅蜜多經》卷五五○

唐玄奘譯, CBETA, T07, no.220, p.834, a12–24。唐時期。

LM20-1502-C0124　《大般涅槃經》卷一四

北涼曇無讖譯, CBETA, T12, no.374, p.450, b5–11。高昌國時期。

LM20-1502-C0125　《金剛般若波羅蜜經》

姚秦鳩摩羅什譯, CBETA, T08, no.235, p.751, b4–20。唐時期。

LM20-1502-C0126　《大般涅槃經》卷二二

北涼曇無讖譯, CBETA, T12, no.374, p.494, a2–15。高昌國時期。

LM20-1502-C0127　《百論》卷下

姚秦鳩摩羅什譯, CBETA, T30, no.1569, p.178, a3–7。有雙行小字注。有朱筆句讀。
唐時期。

LM20-1502-C0128　佛典殘片

高昌國時期。

LM20-1502-C0129　《梵網經》卷下

姚秦鳩摩羅什譯, CBETA, T24, no.1484, p.1003, b17–21。高昌國時期。

LM20-1502-C0130　《大般涅槃經》卷三二

北涼曇無讖譯, CBETA, T12, no.374, p.559, a6–10。高昌國時期。

LM20-1502-C0131　高昌國僧願寫經題記

高昌國時期。

LM20-1502-C0132　《佛説大淨法門經》

西晉竺法護譯, CBETA, T17, no.817, p.817, a10–15。唐時期。

LM20-1502-C0133　《佛説阿彌陀經》

姚秦鳩摩羅什譯, CBETA, T12, no.366, p.347, a20–27。唐時期。
參:《旅博選粹》, 122;《净土集成》, 73。

LM20-1502-C0134　《摩訶般若波羅蜜經》卷二七

姚秦鳩摩羅什譯, CBETA, T08, no.223, p.419, b13–15。唐時期。

LM20-1502-C0135　《摩訶般若波羅蜜經》卷三

姚秦鳩摩羅什譯, CBETA, T08, no.223, p.238, c1–5。高昌國時期。

LM20-1502-C0136　《金剛般若波羅蜜經》

姚秦鳩摩羅什譯, CBETA, T08, no.235, p.748, c25–p.749, a1。唐時期。

LM20-1502-C0137　佛名經

有捺印佛像。唐時期。

LM20-1502-C0138　《佛説佛名經》卷一二

元魏菩提流支譯, CBETA, T14, no.440, p.179, c11–13。地腳處有小字"一万一千三百"。唐時期。

LM20-1502-C0139　《摩訶般若波羅蜜經》卷六

姚秦鳩摩羅什譯, CBETA, T08, no.223, p.261, a28–b3。高昌國時期。

LM20-1502-C0140　《妙法蓮華經》卷二

姚秦鳩摩羅什譯, CBETA, T09, no.262, p.14, a10–17。唐時期。

LM20-1502-C0141　佛名經

高昌國時期。

LM20-1502-C0142　《佛頂尊勝陀羅尼經序》

唐志静述, CBETA, T19, no.967, p.349, b23–26。唐時期。

LM20-1502-C0143　《樂瓔珞莊嚴方便品經》

姚秦曇摩耶舍譯, CBETA, T14, no.566, p.935, c6–12。唐時期。

LM20-1502-C0144　《摩訶般若波羅蜜經》卷三

姚秦鳩摩羅什譯, CBETA, T08, no.223, p.236, b27–c4。高昌國時期。

LM20-1502-C0145　《佛説觀佛三昧海經》卷三

東晉佛陀跋陀羅譯, CBETA, T15, no.643, p.662, a4–10。高昌國時期。

LM20-1502-C0146　《妙法蓮華經》卷六

姚秦鳩摩羅什譯, CBETA, T09, no.262, p.47, b11–19。高昌郡時期。

LM20-1502-C0147　《大方廣佛華嚴經》卷七〇

唐實叉難陀譯, CBETA, T10, no.279, p.381, b15–19。唐時期。

LM20-1502-C0148　《妙法蓮華經》卷一

姚秦鳩摩羅什譯, CBETA, T09, no.262, p.3, a5–11。唐時期。

LM20-1502-C0149　《大般涅槃經》卷四

北涼曇無讖譯, CBETA, T12, no.374, p.386, a9–15。高昌國時期。

LM20-1502-C0150　《大般涅槃經》卷二七

北涼曇無讖譯, CBETA, T12, no.374, p.523, a12–16。高昌國時期。

經冊五十四

LM20-1503-C0151　《佛説阿彌陀經》

　　姚秦鳩摩羅什譯，CBETA，T12，no.366，p.348，a6-12。唐時期。

LM20-1503-C0152　《阿毗曇八犍度論》卷八

　　苻秦僧伽提婆、竺佛念譯，CBETA，T26，no.1543，p.863，a20-b1，第 10 行 "答曰彼心々法" 作 "云何法共緣緣答曰諸"。高昌郡時期。

LM20-1503-C0153　《妙法蓮華經》卷六

　　姚秦鳩摩羅什譯，CBETA，T09，no.262，p.54，c14-16。唐時期。

LM20-1503-C0154　《妙法蓮華經》卷六

　　姚秦鳩摩羅什譯，CBETA，T09，no.262，p.47，c3-5。唐時期。

LM20-1503-C0155　《佛説灌頂經》卷一一

　　東晉帛尸梨蜜多羅譯，CBETA，T21，no.1331，p.530，a8-11。唐時期。

LM20-1503-C0156　佛典殘片

　　有雙行小字注。唐時期。

LM20-1503-C0157　《妙法蓮華經》卷四

　　姚秦鳩摩羅什譯，CBETA，T09，no.262，p.33，a5-7。唐時期。

LM20-1503-C0158　《妙法蓮華經》卷二

　　姚秦鳩摩羅什譯，CBETA，T09，no.262，p.17，c23-27。唐時期。

LM20-1503-C0159　《妙法蓮華經》卷四

　　姚秦鳩摩羅什譯，CBETA，T09，no.262，p.28，b9-16。唐時期。

LM20-1503-C0160　《妙法蓮華經》卷四

　　姚秦鳩摩羅什譯，CBETA，T09，no.262，p.30，b18-22。唐時期。

LM20-1503-C0161　《雜阿含經》卷三一

　　劉宋求那跋陀羅譯，CBETA，T02，no.99，p.221，c27-28。唐時期。

LM20-1503-C0162　《大方廣佛華嚴經》卷三〇（五十卷本）

　　東晉佛陀跋陀羅譯，《中華大藏經》第 12 册，363b16-18；參 CBETA，T09，no.278，p.624，a5-7。高昌國時期。

LM20-1503-C0163　《大般涅槃經》卷四〇

　　北涼曇無讖譯，CBETA，T12，no.374，p.602，b13-16。高昌國時期。

LM20-1503-C0164　《成唯識論述記》卷三

唐窺基撰，CBETA，T43，no.1830，p.343，c11–15。唐時期。

LM20-1503-C0165　佛典殘片

參後漢安世高譯《大比丘三千威儀》卷上，CBETA，T24，no.1470，p.915，c24–p.916，a2。高昌國時期。

LM20-1503-C0166　《四分律刪繁補闕行事鈔》卷中

唐道宣撰，CBETA，T40，no.1804，p.86，a29–b4。有雙行小字注。唐時期。

LM20-1503-C0167　《妙法蓮華經》卷三

姚秦鳩摩羅什譯，CBETA，T09，no.262，p.25，a27–b2。唐時期。

LM20-1503-C0168　《金剛般若波羅蜜經》

姚秦鳩摩羅什譯，CBETA，T08，no.235，p.751，b20–21。唐時期。

LM20-1503-C0169　《大寶積經》卷三六

唐玄奘譯，CBETA，T11，no.310，p.205，a4–10。唐時期。

LM20-1503-C0170　《佛説首楞嚴三昧經》卷上

姚秦鳩摩羅什譯，CBETA，T15，no.642，p.629，b26–1。高昌國時期。

LM20-1503-C0171　《妙法蓮華經》卷二

姚秦鳩摩羅什譯，CBETA，T09，no.262，p.16，c27–p.17，a3。唐時期。

LM20-1503-C0172　《雜阿含經》卷二

劉宋求那跋陀羅譯，CBETA，T02，no.99，p.8，c17–20。唐時期。

LM20-1503-C0173　《大般涅槃經》卷一

北涼曇無讖譯，CBETA，T12，no.374，p.368，b8–10。高昌國時期。

LM20-1503-C0174　《大般若波羅蜜多經》卷五一一

唐玄奘譯，CBETA，T07，no.220，p.607，c4–9。唐時期。

LM20-1503-C0175　《太上洞玄靈寶無量度人上品妙經》

作者不詳，約出於東晉，與敦煌本 P.2606 第 32–35 行同。唐時期。

參：趙洋 2017a，187；趙洋 2017b，192。

LM20-1503-C0176　《妙法蓮華經》卷二

姚秦鳩摩羅什譯，CBETA，T09，no.262，p.14，c29–p.15，a9。高昌郡時期。

LM20-1503-C0177　《大方等大集經》卷二六

北涼曇無讖譯，CBETA，T13，no.397，p.182，b3–10。高昌國時期。

LM20-1503-C0178　《妙法蓮華經》卷三

姚秦鳩摩羅什譯，CBETA，T09，no.262，p.24，b16–26。高昌國時期。

LM20-1503-C0179　《妙法蓮華經》卷五

姚秦鳩摩羅什譯，CBETA，T09，no.262，p.42，c13–18。唐時期。

LM20-1503-C0180　《天地八陽神咒經》

　　唐義净譯，CBETA，T85，no.2897，p.1422，c11–23。西州回鶻時期。

LM20-1503-C0181　《妙法蓮華經》卷二

　　姚秦鳩摩羅什譯，CBETA，T09，no.262，p.14，a26–b4。唐時期。

LM20-1503-C0182　《大般涅槃經》卷二

　　北涼曇無讖譯，CBETA，T12，no.374，p.374，c12–17。唐時期。

LM20-1503-C0183　《大般涅槃經》卷三六

　　北涼曇無讖譯，CBETA，T12，no.374，p.575，a13–19。唐時期。

LM20-1503-C0184　《思益梵天所問經》卷一

　　姚秦鳩摩羅什譯，CBETA，T15，no.586，p.36，a17–25。唐時期。

LM20-1503-C0185　《大般若波羅蜜多經》卷九一

　　唐玄奘譯，CBETA，T05，no.220，p.509，a4–12。唐時期。

LM20-1503-C0186　《妙法蓮華經》卷四

　　姚秦鳩摩羅什譯，CBETA，T09，no.262，p.32，c1–8。唐時期。

LM20-1503-C0187　《妙法蓮華經》卷一

　　姚秦鳩摩羅什譯，CBETA，T09，no.262，p.2，b6–13。唐時期。

LM20-1503-C0188　《如來在金棺囑累清净莊嚴敬福經》

　　作者不詳，CBETA，ZW04，no.43b，p.382，a1–9。唐時期。

LM20-1503-C0189　《妙法蓮華經》卷四

　　姚秦鳩摩羅什譯，CBETA，T09，no.262，p.32，c12–16。唐時期。

LM20-1503-C0190　佛典注疏

　　參梁真諦譯《大乘起信論》，CBETA，T32，no.1666，p.576，a7–b4；姚秦筏提摩多譯《釋
　　摩訶衍論》卷二，CBETA，T32，no.1668，p.605，a26–b26。有朱筆句讀。唐時期。

LM20-1503-C0191　《大般涅槃經》卷一

　　北涼曇無讖譯，CBETA，T12，no.374，p.368，b3–10。高昌國時期。

LM20-1503-C0192　《阿毗達磨俱舍釋論》卷一六

　　陳真諦譯，CBETA，T29，no.1559，p.269，c11–17，第7行"門起能門"作"門起"。唐時期。

LM20-1503-C0193　《觀世音經讚》

　　題金剛藏菩薩撰，據 LM20-1506-C0871c+LM20-1502-C0032 首題定名，參 BD3351。
　　有雙行小字注。唐時期。

　　參：嚴世偉 2019，304–340。

LM20-1503-C0194　《妙法蓮華經》卷七

　　姚秦鳩摩羅什譯，CBETA，T09，no.262，p.56，a2–10。唐時期。

LM20-1503-C0195　《佛説觀無量壽佛經》

劉宋畺良耶舍譯，CBETA，T12，no.365，p.345，c1-7。高昌國時期。

參：《旅博選粹》，120；《净土集成》，57。

LM20-1503-C0196a　《大般涅槃經》卷五

北涼曇無讖譯，CBETA，T12，no.374，p.394，a17-23。高昌國時期。

LM20-1503-C0196b　《大般涅槃經》卷五

北涼曇無讖譯，CBETA，T12，no.374，p.394，a17。與 LM20-1503-C0196a 爲同一寫本，據此定名。高昌國時期。

LM20-1503-C0197　《維摩經義疏》卷六

隋吉藏撰，CBETA，T38，no.1781，p.988，b28-2。高昌國時期。

LM20-1503-C0198　《救疾經》

作者不詳，CBETA，T85，no.2878，p.1362，b27-5。高昌國時期。

參：馬俊傑 2019，240。

LM20-1503-C0199　《大般涅槃經》卷九

北涼曇無讖譯，CBETA，T12，no.374，p.422，a19-23。高昌國時期。

LM20-1503-C0200　《十住毗婆沙論》卷一

姚秦鳩摩羅什譯，CBETA，T26，no.1521，p.23，c11-26。高昌郡時期。

參：《旅博選粹》，21；《净土集成》，97。

LM20-1503-C0201　《大般涅槃經》卷三三

北涼曇無讖譯，CBETA，T12，no.374，p.562，c9-20。高昌國時期。

LM20-1503-C0202　佛典殘片

唐時期。

LM20-1503-C0203　高昌國延昌十七年（五七七）比丘尼僧願寫《涅槃經》題記

高昌國時期。

參：《旅博選粹》，200；《旅博研究》，231。

LM20-1503-C0204　《大般涅槃經》卷一〇

北涼曇無讖譯，CBETA，T12，no.374，p.428，a26-b11，第 2 行 "名" 作 "多"。高昌國時期。

LM20-1503-C0205　《大般涅槃經》卷一一

北涼曇無讖譯，CBETA，T12，no.374，p.433，b28-15。高昌國時期。

LM20-1503-C0206　《四分律比丘戒本》

姚秦佛陀耶舍譯，CBETA，T22，no.1429，p.1018，a3-10，第 4 行 "衆" 作 "僧"，第 5 行 "此是持" 作 "應持此是時"，第 6 行 "縷" 作 "縷線"。唐時期。

LM20-1503-C0207　《佛説觀無量壽佛經》

劉宋畺良耶舍譯，CBETA，T12，no.365，p.345，b24-4。唐時期。

參：《旅博選粹》，120；《净土集成》，55。

LM20-1503-C0208　《妙法蓮華經》卷三

姚秦鳩摩羅什譯，CBETA，T09，no.262，p.20，c28-p.21，a11。高昌國時期。

LM20-1503-C0209　《阿毗達磨大毗婆沙論》卷六八

唐玄奘譯，CBETA，T27，no.1545，p.354，b22-3。唐時期。

LM20-1503-C0210　《妙法蓮華經》卷一

姚秦鳩摩羅什譯，CBETA，T09，no.262，p.9，b25-c10，"弊"作"蔽"。唐時期。

LM20-1503-C0211　《佛説佛名經》卷九

元魏菩提流支譯，CBETA，T14，no.440，p.166，b16-25。唐時期。

LM20-1503-C0212　《金剛般若波羅蜜經》

姚秦鳩摩羅什譯，CBETA，T08，no.235，p.749，a13-19。唐時期。

LM20-1503-C0213　《妙法蓮華經》卷二

姚秦鳩摩羅什譯，CBETA，T09，no.262，p.17，c24-p.18，a4。唐時期。

LM20-1503-C0214　《摩訶般若波羅蜜經》卷一六

姚秦鳩摩羅什譯，CBETA，T08，no.223，p.335，a12-18。高昌國時期。

LM20-1503-C0215　《妙法蓮華經》卷四

姚秦鳩摩羅什譯，CBETA，T09，no.262，p.27，c6-14。唐時期。

LM20-1503-C0216　《妙法蓮華經度量天地品》

作者不詳。參 BD2463（《國家圖書館藏敦煌遺書》第 34 册，300 頁）。唐時期。

LM20-1503-C0217　《大般涅槃經》卷一三

北涼曇無讖譯，CBETA，T12，no.374，p.440，b22-28。唐時期。

LM20-1503-C0218　《妙法蓮華經》卷一

姚秦鳩摩羅什譯，CBETA，T09，no.262，p.2，b9-16。唐時期。背面有字，無法揭取拍攝。

LM20-1503-C0219　《雜阿毗曇心論》卷一

劉宋僧伽跋摩等譯，CBETA，T28，no.1552，p.874，a9-16，"三爲"作"三無爲"。高昌郡
時期。

LM20-1503-C0220　《大智度論》卷六一

姚秦鳩摩羅什譯，CBETA，T25，no.1509，p.487，a17-21。高昌國時期。

LM20-1503-C0221　《觀世音經讚》

題金剛藏菩薩撰，據 LM20-1506-C0871c+LM20-1502-C0032 首題定名，參 BD3351。
有雙行小字注。唐時期。

參：《旅博選粹》，110；嚴世偉 2019，304-340。

LM20-1503-C0222　《大般涅槃經》卷二二

北涼曇無讖譯，CBETA，T12，no.374，p.498，a5-9。第 2、3 行間夾寫小字"受"。高昌郡
時期。

參：《旅博選粹》, 51

LM20-1503-C0223　《妙法蓮華經》卷二

姚秦鳩摩羅什譯, CBETA, T09, no.262, p.10, c12–15。唐時期。

LM20-1503-C0224　《妙法蓮華經》卷六

姚秦鳩摩羅什譯, CBETA, T09, no.262, p.52, c25–p.53, a1。唐時期。

LM20-1503-C0225　《大般涅槃經》卷二五

北涼曇無讖譯, CBETA, T12, no.374, p.516, a21–26。唐時期。

LM20-1503-C0226　《大般涅槃經》卷二〇

北涼曇無讖譯, CBETA, T12, no.374, p.485, b26–29。唐時期。

LM20-1503-C0227　《金剛般若波羅蜜經》

姚秦鳩摩羅什譯, CBETA, T08, no.235, p.749, a28–b3。唐時期。

LM20-1503-C0228　《十方千五百佛名經》

譯者不詳, CBETA, T14, no.442, p.317, b6–9。高昌國時期。

LM20-1503-C0229　《佛説仁王般若波羅蜜經》卷上

姚秦鳩摩羅什譯, CBETA, T08, no.245, p.826, a26–b2。高昌國時期。

LM20-1503-C0230　《大智度論》卷八二

姚秦鳩摩羅什譯, CBETA, T25, no.1509, p.635, a7–12。高昌國時期。

LM20-1503-C0231　佛典殘片

高昌國時期。

LM20-1503-C0232　《大般涅槃經》卷二九

北涼曇無讖譯, CBETA, T12, no.374, p.541, b8–13。高昌國時期。

LM20-1503-C0233　《妙法蓮華經》卷四

姚秦鳩摩羅什譯, CBETA, T09, no.262, p.33, b19–24。唐時期。

LM20-1503-C0234　《佛説法句經》

作者不詳, CBETA, T85, no.2901, p.1432, c4–10。唐時期。

LM20-1503-C0235　《大乘阿毗達磨雜集論》卷一一

唐玄奘譯, CBETA, T31, no.1606, p.743, c12–16。唐時期。

LM20-1503-C0236　《大智度論》卷九一

姚秦鳩摩羅什譯, CBETA, T25, no.1509, p.702, c2–8。唐時期。

LM20-1503-C0237　《金剛般若波羅蜜經》

姚秦鳩摩羅什譯, CBETA, T08, no.235, p.749, a15–22。唐時期。

LM20-1503-C0238　《妙法蓮華經》卷二

姚秦鳩摩羅什譯, CBETA, T09, no.262, p.16, c14–18。唐時期。

LM20-1503-C0239　佛典殘片

高昌國時期。

LM20-1503-C0240　《妙法蓮華經》卷五

姚秦鳩摩羅什譯，CBETA，T09，no.262，p.44，b4-7。唐時期。

LM20-1503-C0241　《大般涅槃經》卷三〇

北涼曇無讖譯，CBETA，T12，no.374，p.545，c10-20。高昌國時期。背面有字，無法揭取拍攝。

LM20-1503-C0242　《金剛般若波羅蜜經》

元魏菩提流支譯，CBETA，T08，no.236a，p.753，a8-17。唐時期。

LM20-1503-C0243　《妙法蓮華經》卷六

姚秦鳩摩羅什譯，CBETA，T09，no.262，p.46，c25-29。唐時期。

LM20-1503-C0244　《金剛般若波羅蜜經》

元魏菩提流支譯，CBETA，T08，no.236a，p.753，a19-27。唐時期。

LM20-1503-C0245　《妙法蓮華經》卷五

姚秦鳩摩羅什譯，CBETA，T09，no.262，p.39，c28-p.40，a6。唐時期。

LM20-1503-C0246　《妙法蓮華經度量天地品》

作者不詳。參 BD2463（《國家圖書館藏敦煌遺書》第 34 册，299 頁）。唐時期。

LM20-1503-C0247　《摩訶般若波羅蜜經》卷一五

姚秦鳩摩羅什譯，CBETA，T08，no.223，p.330，c25-p.331，a5。高昌國時期。

LM20-1503-C0248　《四分律》卷一

姚秦佛陀耶舍、竺佛念譯，CBETA，T22，no.1428，p.570，b19-24。唐時期。

LM20-1503-C0249　《救疾經》

作者不詳，CBETA，T85，no.2878，p.1362，a2-8。高昌國時期。

參：馬俊傑 2019，240。

LM20-1503-C0250　《善惡因果經》

作者不詳，CBETA，T85，no.2881，p.1381，c4-12。唐時期。

LM20-1503-C0251　《大方廣佛華嚴經》卷五（五十卷本）

東晉佛陀跋陀羅譯，《中華大藏經》第 12 册，52c7-14；參 CBETA，T09，no.278，p.427，b6-16，第 2 行 "壽" 作 "籌"，第 3 行 "頌" 作 "答"。高昌國時期。

LM20-1503-C0252　佛典殘片

唐時期。

LM20-1503-C0253　《妙法蓮華經》卷七

姚秦鳩摩羅什譯，CBETA，T09，no.262，p.57，b8-19。唐時期。

LM20-1503-C0254　《金剛般若波羅蜜經》

姚秦鳩摩羅什譯，CBETA，T08，no.235，p.751，c7-8。唐時期。

LM20-1503-C0255　《金剛般若波羅蜜經》

姚秦鳩摩羅什譯，CBETA，T08，no.235，p.749，b24–26。唐時期。

LM20-1503-C0256　《大智度論》卷一

姚秦鳩摩羅什譯，CBETA，T25，no.1509，p.63，a28–b3。唐時期。

LM20-1503-C0257　《金剛般若波羅蜜經略疏》卷上

唐智儼述，CBETA，T33，no.1704，p.242，c21–25。唐時期。

LM20-1503-C0258　《大方廣佛華嚴經》卷九

東晉佛陀跋陀羅譯，CBETA，T09，no.278，p.451，a27–b1。唐時期。

LM20-1503-C0259　《金剛般若波羅蜜經》

姚秦鳩摩羅什譯，CBETA，T08，no.235，p.749，c2–10。唐時期。

LM20-1503-C0260　《妙法蓮華經》卷七

姚秦鳩摩羅什譯，CBETA，T09，no.262，p.57，a21–28。唐時期。

LM20-1503-C0261　《妙法蓮華經》卷三

姚秦鳩摩羅什譯，CBETA，T09，no.262，p.21，a3–23。高昌國時期。

LM20-1503-C0262　《妙法蓮華經》卷五

姚秦鳩摩羅什譯，CBETA，T09，no.262，p.43，b29–16。唐時期。

LM20-1503-C0263　《妙法蓮華經》卷五

姚秦鳩摩羅什譯，CBETA，T09，no.262，p.42，c5–16。唐時期。

LM20-1503-C0264　《妙法蓮華經》卷六

姚秦鳩摩羅什譯，CBETA，T09，no.262，p.52，c10–19。唐時期。

LM20-1503-C0265　《妙法蓮華經》卷七

姚秦鳩摩羅什譯，CBETA，T09，no.262，p.56，a2–9。唐時期。

LM20-1503-C0266　《佛說觀無量壽佛經》

劉宋畺良耶舍譯，CBETA，T12，no.365，p.345，b22–1，第7行"遝"作"經"，第8行"也"作"者"。唐時期。

參：《旅博選粹》，120；《净土集成》，55。

LM20-1503-C0267　《妙法蓮華經》卷六

姚秦鳩摩羅什譯，CBETA，T09，no.262，p.52，c22–p.53，a2。唐時期。

LM20-1503-C0268　《優婆塞戒經》卷一

北涼曇無讖譯，CBETA，T24，no.1488，p.1035，c25–26。唐時期。

LM20-1503-C0269　《妙法蓮華經》卷六

姚秦鳩摩羅什譯，CBETA，T09，no.262，p.53，c7–14。唐時期。

LM20-1503-C0270　《妙法蓮華經》卷三

姚秦鳩摩羅什譯，CBETA，T09，no.262，p.21，a29–b11。唐時期。

LM20-1503-C0271 《維摩詰所説經》卷上

姚秦鳩摩羅什譯，CBETA，T14，no.475，p.543，a4-9。高昌國時期。

參：王梅 2006，152。

LM20-1503-C0272 《大般若波羅蜜多經》卷二六五

唐玄奘譯，CBETA，T06，no.220，p.341，c7-14。唐時期。

LM20-1503-C0273 《大智度論》卷五三

姚秦鳩摩羅什譯，CBETA，T25，no.1509，p.435，c22-26。高昌國時期。

LM20-1503-C0274 《佛説觀藥王藥上二菩薩經》

劉宋畺良耶舍譯，CBETA，T20，no.1161，p.664，a3-10。唐時期。

LM20-1503-C0275 《大般涅槃經》不分卷

北涼曇無讖譯，CBETA，T12，no.374，p.480，b19-c06。高昌國時期。

LM20-1503-C0276 《大般若波羅蜜多經》卷四五

唐玄奘譯，CBETA，T05，no.220，p.256，c13-17。唐時期。

LM20-1503-C0277 《菩薩地持經》卷八

北涼曇無讖譯，CBETA，T30，no.1581，p.936，a13-17。高昌國時期。

LM20-1503-C0278 《大般涅槃經》卷一二

北涼曇無讖譯，CBETA，T12，no.374，p.439，b6-12。高昌國時期。

LM20-1503-C0279 《大通方廣懺悔滅罪莊嚴成佛經》卷上

作者不詳，CBETA，T85，no.2871，p.1340，a3-12。高昌國時期。

LM20-1503-C0280 《合部金光明經》卷一

梁真諦譯，隋寶貴合，CBETA，T16，no.664，p.365，a2-8。唐時期。

LM20-1503-C0281 《金剛般若波羅蜜經略疏》卷上

唐智嚴譯，CBETA，T33，no.1704，p.241，c19-24。唐時期。

LM20-1503-C0282 《大般涅槃經》卷一〇

北涼曇無讖譯，CBETA，T12，no.374，p.428，a25-b3。唐時期。

LM20-1503-C0283 《摩訶般若波羅蜜經》卷九

姚秦鳩摩羅什譯，CBETA，T08，no.223，p.288，b24-28。高昌郡時期。

參：《旅博選粹》，9。

LM20-1503-C0284 《般若波羅蜜多心經》

唐玄奘譯，CBETA，T08，no.251，p.848，c7-10。唐時期。

LM20-1503-C0285 《梵網經》卷下

姚秦鳩摩羅什譯，CBETA，T24，no.1484，p.1003，a28-b10。唐時期。

LM20-1503-C0286 《金剛般若波羅蜜經》

姚秦鳩摩羅什譯，CBETA，T08，no.235，p.751，a15-19。唐時期。

LM20-1503-C0287　佛典殘片

唐時期。

LM20-1503-C0288　《妙法蓮華經》卷二

姚秦鳩摩羅什譯，CBETA，T09，no.262，p.14，c2-5。唐時期。

LM20-1503-C0289　《妙法蓮華經》卷六

姚秦鳩摩羅什譯，CBETA，T09，no.262，p.53，a5-9。唐時期。

LM20-1503-C0290　《金剛般若波羅蜜經》

姚秦鳩摩羅什譯，CBETA，T08，no.235，p.750，a16-19。唐時期。

LM20-1503-C0291　《妙法蓮華經》卷五

姚秦鳩摩羅什譯，CBETA，T09，no.262，p.42，b3-5。唐時期。

LM20-1503-C0292　《小品般若波羅蜜經》卷七

姚秦鳩摩羅什譯，CBETA，T08，no.227，p.571，b6-10。高昌國時期。

LM20-1503-C0293　《佛本行集經》卷五

隋闍那崛多譯，CBETA，T03，no.190，p.674，b22。唐時期。

參：段真子 2019，166。

LM20-1503-C0294　《摩訶般若波羅蜜經》卷一一

姚秦鳩摩羅什譯，CBETA，T08，no.223，p.301，a1-3。高昌國時期。

LM20-1503-C0295　《大般涅槃經》卷一四

北涼曇無讖譯，CBETA，T12，no.374，p.450，a4-6。高昌國時期。

LM20-1503-C0296　《道行般若經》卷二

後漢支婁迦讖譯，CBETA，T08，no.224，p.432，a20-24。高昌郡時期。

參：《旅博選粹》，10；孫傳波 2006，168。

LM20-1503-C0297　《妙法蓮華經》卷三

姚秦鳩摩羅什譯，CBETA，T09，no.262，p.25，a11-12。唐時期。

LM20-1503-C0298　《大方廣佛華嚴經》卷三〇（五十卷本）

東晉佛陀跋陀羅譯，《中華大藏經》第 12 册，363b13-20；參 CBETA，T09，no.278，p.624，a2-9。高昌國時期。

LM20-1503-C0299　空號

LM20-1503-C0300　《大方廣佛華嚴經》卷七〇

唐實叉難陀譯，CBETA，T10，no.279，p.381，b19-28。唐時期。

LM20-1503-C0301　《救疾經》

作者不詳，CBETA，T85，no.2878，p.1362，c5-9。高昌國時期。

參：馬俊傑 2019，240。

LM20-1503-C0302a　《大般涅槃經》卷三四

北涼曇無讖譯，CBETA, T12, no.374, p.565, c28-p.566, a1。高昌國時期。

LM20-1503-C0302b 《長阿含經》卷五

姚秦佛陀耶舍、竺佛念譯，CBETA, T01, no.1, p.34, a21-22。高昌國時期。

LM20-1503-C0302c 佛典殘片

高昌郡時期。

LM20-1503-C0302d 《大方廣佛華嚴經》卷五（五十卷本）

東晉佛陀跋陀羅譯，《中華大藏經》第 12 册, 55c15-18; 參 CBETA, T09, no.278, p.430, b12-14。高昌國時期。

LM20-1503-C0303 《大般涅槃經後分》卷上

唐若那跋陀羅譯，CBETA, T12, no.377, p.900, b15-19。唐時期。

LM20-1503-C0304 《摩訶般若波羅蜜經》卷一六

姚秦鳩摩羅什譯，CBETA, T08, no.223, p.336, a2-4。高昌國時期。

LM20-1503-C0305 《妙法蓮華經》卷五

姚秦鳩摩羅什譯，CBETA, T09, no.262, p.42, c4-6。唐時期。

LM20-1503-C0306 《四分律比丘戒本》

姚秦佛陀耶舍譯，CBETA, T22, no.1429, p.1015, b8-14。高昌國時期。

LM20-1503-C0307 佛典殘片

唐時期。

LM20-1503-C0308 佛典殘片

唐時期。

LM20-1503-C0309 《妙法蓮華經》卷二

姚秦鳩摩羅什譯，CBETA, T09, no.262, p.16, a13-18。唐時期。

LM20-1503-C0310 《大方廣佛華嚴經》卷一八（五十卷本）

東晉佛陀跋陀羅譯，《中華大藏經》第 12 册, 227a22-23; 參 CBETA, T09, no.278, p.538, a15-16。高昌國時期。

LM20-1503-C0311 《合部金光明經》卷二

梁真諦譯，隋寶貴合，CBETA, T16, no.664, p.372, a13-17。唐時期。

LM20-1503-C0312 《救疾經》

作者不詳，CBETA, T85, no.2878, p.1362, b27-2。唐時期。

參: 馬俊傑 2019, 249。

LM20-1503-C0313 《金光明經》卷三

北涼曇無讖譯，CBETA, T16, no.663, p.351, c24-27。唐時期。

LM20-1503-C0314 《正法念處經》卷三三

元魏般若流支譯，CBETA, T17, no.721, p.190, c15-18。唐時期。

LM20-1503-C0315　《妙法蓮華經》卷三

姚秦鳩摩羅什譯，CBETA, T09, no.262, p.24, a3–6。唐時期。

LM20-1503-C0316　《大智度論》卷三三

姚秦鳩摩羅什譯，CBETA, T25, no.1509, p.307, a15–18。高昌國時期。

LM20-1503-C0317　《大般涅槃經後分》卷上

唐若那跋陀羅譯，CBETA, T12, no.377, p.900, b14–19。唐時期。

LM20-1503-C0318　《現在十方千五百佛名並雜佛同號》外題

作者不詳。高昌國時期。

LM20-1503-C0319　《大般涅槃經》卷三一

北涼曇無讖譯，CBETA, T12, no.374, p.548, a18–23。高昌國時期。

LM20-1503-C0320　願文

西州回鶻時期。

LM20-1503-C0321　佛典殘片

參作者不詳《普賢菩薩説證明經》，CBETA, T85, no.2879, p.1364, b12–16。高昌國時期。

LM20-1503-C0322　《大般涅槃經》卷一〇

北涼曇無讖譯，CBETA, T12, no.374, p.423, c28–p.424, a3。唐時期。

LM20-1503-C0323　《妙法蓮華經》卷六

姚秦鳩摩羅什譯，CBETA, T09, no.262, p.52, a2–4。唐時期。

LM20-1503-C0324　《大般涅槃經》卷一

北涼曇無讖譯，CBETA, T12, no.374, p.365, c22–23。高昌國時期。

LM20-1503-C0325　《大般涅槃經》卷二七

北涼曇無讖譯，CBETA, T12, no.374, p.527, c27–29。高昌國時期。

LM20-1503-C0326　《佛頂尊勝陀羅尼經》

唐佛陀波利譯，CBETA, T19, no.967, p.350, a10–14。唐時期。

LM20-1503-C0327　雜寫

西州回鶻時期。

經冊五十五

LM20-1504-C0328 《妙法蓮華經》卷七

姚秦鳩摩羅什譯，CBETA，T09, no.262, p.58, b5-9。唐時期。

LM20-1504-C0329a 《妙法蓮華經》卷一

姚秦鳩摩羅什譯，CBETA，T09, no.262, p.6, b4-7。高昌國時期。

LM20-1504-C0329b 《大般涅槃經》卷一九

北涼曇無讖譯，CBETA，T12, no.374, p.475, c23-25。高昌國時期。

LM20-1504-C0330 《老子德經下》

與敦煌本 S.189 同。唐時期。

參：游自勇 2017, 145-146。

LM20-1504-C0331 《妙法蓮華經》卷四

姚秦鳩摩羅什譯，CBETA，T09, no.262, p.30, b11-13。唐時期。

LM20-1504-C0332 《放光般若經》卷一五

西晉無羅叉譯，CBETA，T08, no.221, p.106, a27-29。高昌國時期。

LM20-1504-C0333 《妙法蓮華經》卷一

姚秦鳩摩羅什譯，CBETA，T09, no.262, p.6, c21-24。唐時期。

LM20-1504-C0334 《大般涅槃經》卷一八

北涼曇無讖譯，CBETA，T12, no.374, p.471, c17-19。高昌國時期.

LM20-1504-C0335 《大般涅槃經》卷三六

北涼曇無讖譯，CBETA，T12, no.374, p.575, c3-5。唐時期。

LM20-1504-C0336 《放光般若經》卷二

西晉無羅叉譯，CBETA，T08, no.221, p.10, a16-20。唐時期。

LM20-1504-C0337 《妙法蓮華經度量天地品》

作者不詳。參 BD2463（《國家圖書館藏敦煌遺書》第 34 冊，302 頁）。唐時期。

LM20-1504-C0338 《大般涅槃經》卷三一

北涼曇無讖譯，CBETA，T12, no.374, p.551, a17-21。高昌郡時期。

LM20-1504-C0339 《妙法蓮華經》卷四

姚秦鳩摩羅什譯，CBETA，T09, no.262, p.32, c3-4。唐時期。

LM20-1504-C0340 《大方廣佛華嚴經》卷二五

東晉佛陀跋陀羅譯, CBETA, T09, no.278, p.562, a21-24。唐時期。

LM20-1504-C0341　《金剛般若波羅蜜經》

姚秦鳩摩羅什譯, CBETA, T08, no.235, p.749, a2-5。唐時期。

LM20-1504-C0342　《佛本行集經》卷一六

隋闍那崛多譯, CBETA, T03, no.190, p.729, c26-27。唐時期。

參: 段真子 2019, 168。

LM20-1504-C0343　《佛説灌頂經》卷一二

東晉帛尸梨蜜多羅譯, CBETA, T21, no.1331, p.535, c11-16。唐時期。

LM20-1504-C0344a　《大般涅槃經》卷五

北涼曇無讖譯, CBETA, T12, no.374, p.392, c5-7。唐時期。

LM20-1504-C0344b　佛典殘片

唐時期。

LM20-1504-C0345　《妙法蓮華經》卷六

姚秦鳩摩羅什譯, CBETA, T09, no.262, p.46, b21-24。唐時期。

LM20-1504-C0346　高昌國延昌十七年（五七七）僧願寫《涅槃經》題記

高昌國時期。

參:《旅博選粹》, 200; 王宇、王梅 2006b, 59-60;《旅博研究》, 232; 都築晶子等 2007, 15; 橘堂晃一 2010, 95。

LM20-1504-C0347　高昌國僧願寫《涅槃經》題記

高昌國時期。

參:《旅博選粹》, 200; 王宇、王梅 2006b, 60;《旅博研究》, 233; 都築晶子等 2007, 16; 橘堂晃一 2010, 95。

LM20-1504-C0348　《大般若波羅蜜多經》卷七三

唐玄奘譯, CBETA, T05, no.220, p.411, c23-27。唐時期。

LM20-1504-C0349　《大般涅槃經》卷二七寫經題記

經題前、下部有雜寫。高昌國時期。

參:《旅博選粹》, 200; 王宇、王梅 2006b, 60;《旅博研究》, 234。

LM20-1504-C0350　《妙法蓮華經》卷七

姚秦鳩摩羅什譯, CBETA, T09, no.262, p.57, a22-24。高昌國時期。

LM20-1504-C0351　《大般涅槃經》卷四〇

北涼曇無讖譯, CBETA, T12, no.374, p.601, b9-10。高昌國時期。

LM20-1504-C0352　佛典殘片

高昌國時期。

LM20-1504-C0353　《金剛般若波羅蜜經》

姚秦鳩摩羅什譯，CBETA，T08，no.235，p.749，c10–14。唐時期。

LM20-1504-C0354　《觀世音經讚》

題金剛藏菩薩撰，據 LM20-1506-C0871c+LM20-1502-C0032 首題定名，參 BD3351。唐時期。

參：嚴世偉 2019，304–340。

LM20-1504-C0355　《摩訶般若波羅蜜經》卷八

姚秦鳩摩羅什譯，CBETA，T08，no.223，p.281，c18–22。高昌國時期。

LM20-1504-C0356　《大般涅槃經》卷一五

北涼曇無讖譯，CBETA，T12，no.374，p.453，a8–9。高昌國時期。

LM20-1504-C0357　《大法炬陀羅尼經》卷五

隋闍那崛多等譯，CBETA，T21，no.1340，p.682，c17–19。唐時期。

LM20-1504-C0358　《大般涅槃經》卷八

北涼曇無讖譯，CBETA，T12，no.374，p.411，a28–b2。高昌國時期。

LM20-1504-C0359　《悲華經》卷一

北涼曇無讖譯，CBETA，T03，no.157，p.168，c29–p.169，a5。高昌國時期。

參：《旅博選粹》，26。

LM20-1504-C0360　《妙法蓮華經》卷二

姚秦鳩摩羅什譯，CBETA，T09，no.262，p.18，a20–26。唐時期。

LM20-1504-C0361　《妙法蓮華經》卷二

姚秦鳩摩羅什譯，CBETA，T09，no.262，p.18，a21–26。唐時期。

LM20-1504-C0362　《金剛般若波羅蜜經》

元魏菩提流支譯，CBETA，T08，no.236a，p.753，c2–6。唐時期。

LM20-1504-C0363　《大般涅槃經》卷三五

北涼曇無讖譯，CBETA，T12，no.374，p.571，c24–29。唐時期。

LM20-1504-C0364　維摩經義疏

參隋吉藏撰《維摩經義疏》卷一，CBETA，T38，no.1781，p.923，c24–28。唐時期。

LM20-1504-C0365　《千手千眼觀世音菩薩廣大圓滿無礙大悲心陀羅尼經》

唐伽梵達摩譯，CBETA，T20，no.1060，p.111，b28–c2，p.110，a18–19。有雙行小字注。西州回鶻時期。

LM20-1504-C0366　佛典殘片

唐時期。

LM20-1504-C0367　《妙法蓮華經》卷七

姚秦鳩摩羅什譯，CBETA，T09，no.262，p.61，a17–20。唐時期。

LM20-1504-C0368　《妙法蓮華經》卷三

姚秦鳩摩羅什譯, CBETA, T09, no.262, p.20, c27-p.21, a1。高昌國時期。

LM20-1504-C0369　《大般涅槃經》卷九

北涼曇無讖譯, CBETA, T12, no.374, p.421, c15-20。高昌國時期。

LM20-1504-C0370　《妙法蓮華經》卷二

姚秦鳩摩羅什譯, CBETA, T09, no.262, p.18, b19-26。高昌國時期。

LM20-1504-C0371　《大般涅槃經》卷一

北涼曇無讖譯, CBETA, T12, no.374, p.366, a17-25。高昌國時期。

LM20-1504-C0372　佛名經

唐時期。

LM20-1504-C0373　《大方廣佛華嚴經》卷四三（五十卷本）

東晉佛陀跋陀羅譯,《中華大藏經》第 12 册, 516c9-13; 參 CBETA, T09, no.278, p.718, b4-7。高昌國時期。

LM20-1504-C0374　高昌國僧願寫經題記

高昌國時期。

參:《旅博選粹》, 200; 王宇、王梅 2006b, 60; 都築晶子等 2007, 17; 孟憲實 2019a, 61。

LM20-1504-C0375　寫經題記

高昌國時期。

參:《旅博選粹》, 200; 王宇、王梅 2006b, 60; 王宇、王梅 2006b, 60; 都築晶子等 2007, 16。

LM20-1504-C0376　《阿毗達磨大毗婆沙論》卷六八

唐玄奘譯, CBETA, T27, no.1545, p.354, b13-17。唐時期。

LM20-1504-C0377　《彌沙塞五分戒本》

劉宋佛陀什等譯, CBETA, T22, no.1422a, p.194, c14-20。高昌國時期。

LM20-1504-C0378　《佛説灌頂經》卷一二

東晉帛尸梨蜜多羅譯, CBETA, T21, no.1331, p.535, b12-16。唐時期。

LM20-1504-C0379　《妙法蓮華經》卷五

姚秦鳩摩羅什譯, CBETA, T09, no.262, p.40, a13-16。唐時期。

LM20-1504-C0380　《妙法蓮華經》卷二

姚秦鳩摩羅什譯, CBETA, T09, no.262, p.14, b17-22。唐時期。

LM20-1504-C0381r　佛典殘片

高昌國時期。

LM20-1504-C0381v　《法句經》卷上

吳維祇難等譯, CBETA, T04, no.210, p.562, a3-9。高昌國時期。無法揭取拍攝。

LM20-1504-C0382 《摩訶般若波羅蜜經》卷二七

姚秦鳩摩羅什譯，CBETA，T08，no.223，p.422，a24-b01。高昌國時期。

LM20-1504-C0383 《彌沙塞部和醯五分律》卷一二

劉宋佛陀什、竺道生等譯，CBETA，T22，no.1421，p.83，c3-13。高昌國時期。

參：《旅博選粹》，138。

LM20-1504-C0384a 佛典殘片

唐時期。

LM20-1504-C0384b 《小品般若波羅蜜經》卷二

姚秦鳩摩羅什譯，CBETA，T08，no.227，p.546，a15-16。高昌國時期。

LM20-1504-C0384c 寫經題記

唐時期。

LM20-1504-C0385a 《金光明經》卷二

北涼曇無讖譯，CBETA，T16，no.663，p.344，a8-11。高昌郡時期。

LM20-1504-C0385b 《大方廣佛華嚴經》卷六一

唐實叉難陀譯，CBETA，T10，no.279，p.327，b28-c2。唐時期。

LM20-1504-C0386a 《金剛般若波羅蜜經》

元魏菩提流支譯，CBETA，T08，no.236a，p.754，b9-12。高昌國時期。

LM20-1504-C0386b 《救疾經》

作者不詳，CBETA，T85，no.2878，p.1362，c6-9，"創"作"瘡"，"病"作"疾"。高昌國時期。

參：馬俊傑 2019，232。

LM20-1504-C0387a 《大般涅槃經》卷三一

北涼曇無讖譯，CBETA，T12，no.374，p.550，b6-8。唐時期。

LM20-1504-C0387b 《大智度論》卷四一

姚秦鳩摩羅什譯，CBETA，T25，no.1509，p.361，b5-8。唐時期。

LM20-1504-C0388a 《金剛般若波羅蜜經》

姚秦鳩摩羅什譯，CBETA，T08，no.235，p.749，a17-20。唐時期。

LM20-1504-C0388b 《大方等無想經》卷六

北涼曇無讖譯，CBETA，T12，no.387，p.1107，a3-5。高昌郡時期。

參：《旅博選粹》，19。

LM20-1504-C0389a 《金光明經》卷四

北涼曇無讖譯，CBETA，T16，no.663，p.358，c22-24。唐時期。

LM20-1504-C0389b 《勝天王般若波羅蜜經》卷三

陳月婆首那譯，CBETA，T08，no.231，p.700，c20-21。高昌國時期。

LM20-1504-C0390a 《四分律》卷五

姚秦佛陀耶舍、竺佛念譯，CBETA，T22，no.1428，p.599，a17–19。高昌郡時期。背面有字，無法揭取拍攝。

LM20-1504-C0390b　《大般涅槃經》卷三八

北涼曇無讖譯，CBETA，T12，no.374，p.587，a7–11。唐時期。

LM20-1504-C0391a　《妙法蓮華經》卷六

姚秦鳩摩羅什譯，CBETA，T09，no.262，p.46，b28–c1。唐時期。

LM20-1504-C0391b　《大般涅槃經》卷一九

北涼曇無讖譯，CBETA，T12，no.374，p.474，b1–3。高昌國時期。

LM20-1504-C0392a　《四分律》卷五〇

姚秦佛陀耶舍、竺佛念等譯，CBETA，T22，no.1428，p.936，c25–26。唐時期。

LM20-1504-C0392b　佛典殘片

唐時期。

LM20-1504-C0393a　《妙法蓮華經》卷一

姚秦鳩摩羅什譯，CBETA，T09，no.262，p.8，c9–11。唐時期。

LM20-1504-C0393b　《大般涅槃經》卷二七

北涼曇無讖譯，CBETA，T12，no.374，p.539，c8–10。高昌國時期。

LM20-1504-C0394a　《妙法蓮華經》卷一

姚秦鳩摩羅什譯，CBETA，T09，no.262，p.1，c26–28。唐時期。

LM20-1504-C0394b　《佛説仁王般若波羅蜜經》卷下

姚秦鳩摩羅什譯，CBETA，T08，no.245，p.830，b18–20。高昌國時期。

LM20-1504-C0395a　《佛説灌頂經》卷一二

東晉帛尸梨蜜多羅譯，CBETA，T21，no.1331，p.534，b2–7，"善女人"作"女人"。唐時期。

LM20-1504-C0395b　《佛本行集經》卷四三

隋闍那崛多譯，CBETA，T03，no.190，p.854，a1–3。唐時期。

參：段真子 2019，157、167。

LM20-1504-C0396a　佛典殘片

唐時期。

LM20-1504-C0396b　《佛本行集經》卷二〇

隋闍那崛多譯，CBETA，T03，no.190，p.744，c16–17。唐時期。

參：段真子 2019，168。

LM20-1504-C0397a　《注維摩詰經》卷七

姚秦僧肇撰，CBETA，T38，no.1775，p.392，b10–15。唐時期。

LM20-1504-C0397b　《方廣大莊嚴經》卷一〇

唐地婆訶羅譯，CBETA，T03，no.187，p.603，b10–14。唐時期。

LM20-1504-C0398a 《大般涅槃經》卷一三

北涼曇無讖譯, CBETA, T12, no.374, p.441, c15-17。高昌國時期。

LM20-1504-C0398b 《大智度論》卷一八

姚秦鳩摩羅什譯, CBETA, T25, no.1509, p.196, b21-23。高昌國時期。

LM20-1504-C0399a 《四分律刪繁補闕行事鈔》卷上

唐道宣撰, CBETA, T40, no.1804, p.1, c10-14, 首行有"崇義寺釋沙門"。唐時期。

LM20-1504-C0399b 《佛頂尊勝陀羅尼經》

唐佛陀波利譯, CBETA, T19, no.967, p.350, b17-18。唐時期。

LM20-1504-C0400a 《釋净土群疑論》卷七

唐懷感撰, CBETA, T47, no.1960, p.76, a5-11。唐時期。

LM20-1504-C0400b 《大方廣佛華嚴經》卷三三（五十卷本）

東晉佛陀跋陀羅譯,《中華大藏經》第12册, 400a16-17; 參 CBETA, T09, no.278, p.646, c22-23。高昌國時期。

LM20-1504-C0400c 《妙法蓮華經》卷七

姚秦鳩摩羅什譯, CBETA, T09, no.262, p.58, c10-11。唐時期。

LM20-1504-C0401a 佛典殘片

唐時期。

LM20-1504-C0401b 《妙法蓮華經》卷二

姚秦鳩摩羅什譯, CBETA, T09, no.262, p.12, c13-15。唐時期。

LM20-1504-C0402a 《大方等大集經》卷一二

北涼曇無讖譯, CBETA, T13, no.397, p.81, c25-27。高昌國時期。

LM20-1504-C0402b 《佛説佛名經》卷一五

譯者不詳, CBETA, T14, no.441, p.244, c19。高昌國時期。

LM20-1504-C0403a 《妙法蓮華經》卷六

姚秦鳩摩羅什譯, CBETA, T09, no.262, p.48, a27-b1。唐時期。

LM20-1504-C0403b 《大般涅槃經》卷三

北涼曇無讖譯, CBETA, T12, no.374, p.379, c27-p.380, a5。高昌國時期。

LM20-1504-C0404a 《大方廣佛華嚴經》卷四五

唐實叉難陀譯, CBETA, T10, no.279, p.237, c10-12。唐時期。

LM20-1504-C0404b 《大般涅槃經》卷二九

北涼曇無讖譯, CBETA, T12, no.374, p.535, c19-22。唐時期。

LM20-1504-C0405a 《佛説灌頂經》卷一一

東晉帛尸梨蜜多羅譯, CBETA, T21, no.1331, p.529, c23-25。唐時期。

LM20-1504-C0405b 《菩薩善戒經》卷一

劉宋求那跋摩譯，CBETA, T30, no.1582, p.965, b19-24。高昌郡時期。

參:《旅博選粹》，65

LM20-1504-C0406a 《妙法蓮華經》卷二

姚秦鳩摩羅什譯，CBETA, T09, no.262, p.12, b19-23。高昌國時期。

LM20-1504-C0406b 《妙法蓮華經》卷六

姚秦鳩摩羅什譯，CBETA, T09, no.262, p.50, b22, b24-27。高昌國時期。

LM20-1504-C0407 《金剛般若波羅蜜經》

姚秦鳩摩羅什譯，CBETA, T08, no.235, p.749, c11-13。高昌國時期。

LM20-1504-C0408a 《大智度論》卷八七

姚秦鳩摩羅什譯，CBETA, T25, no.1509, p.670, a29-b1。高昌國時期。

LM20-1504-C0408b 佛典殘片

高昌國時期。

LM20-1504-C0409a 《大般涅槃經》卷二五

北涼曇無讖譯，CBETA, T12, no.374, p.515, c5-6。高昌國時期。

LM20-1504-C0409b 佛典殘片

西州回鶻時期。

LM20-1504-C0410a 《妙法蓮華經》卷七

姚秦鳩摩羅什譯，CBETA, T09, no.262, p.55, b1-4。唐時期。

LM20-1504-C0410b 《法鏡經》

後漢安玄譯，CBETA, T12, no.322, p.15, b28-c2。唐時期。

LM20-1504-C0411a 佛典殘片

高昌國時期。

LM20-1504-C0411b 《大般涅槃經》卷一

北涼曇無讖譯，CBETA, T12, no.374, p.366, a16-19。高昌國時期。

LM20-1504-C0412a 《大般涅槃經》卷八

北涼曇無讖譯，CBETA, T12, no.374, p.413, c5-9。高昌郡時期。

參:《旅博選粹》，49。

LM20-1504-C0412b 《妙法蓮華經》卷一

姚秦鳩摩羅什譯，CBETA, T09, no.262, p.7, a8-10。高昌國時期。

LM20-1504-C0413a 《佛說觀無量壽佛經》

劉宋畺良耶舍譯，CBETA, T12, no.365, p.344, a12-16。高昌國時期。

參:《旅博選粹》，119;《净土集成》，47。

LM20-1504-C0413b 佛典殘片

西州回鶻時期。

LM20-1504-C0414a 《大般涅槃經》卷一〇

北涼曇無讖譯，CBETA, T12, no.374, p.426, a9-10。高昌國時期。

LM20-1504-C0414b 《思益梵天所問經》卷三

姚秦鳩摩羅什譯，CBETA, T15, no.586, p.50, b1-4。唐時期。

LM20-1504-C0415a 《維摩詰所説經》卷上

姚秦鳩摩羅什撰，CBETA, T14, no.475, p.541, b6-8。高昌國時期。

LM20-1504-C0415b 《御注金剛般若波羅蜜經》

唐玄宗注，CBETA, T85, no.2739, p.135, a4-6。有雙行小字注。唐時期。

LM20-1504-C0416a 《妙法蓮華經》卷三

姚秦鳩摩羅什譯，CBETA, T09, no.262, p.22, a6-9。唐時期。

LM20-1504-C0416b 《思益梵天所問經》卷二

姚秦鳩摩羅什譯，CBETA, T15, no.586, p.41, a24-26。唐時期。

LM20-1504-C0416c 《妙法蓮華經》卷三

姚秦鳩摩羅什譯，CBETA, T09, no.262, p.26, a13-14。唐時期。

LM20-1504-C0417 《妙法蓮華經》卷一

姚秦鳩摩羅什譯，CBETA, T09, no.262, p.5, c12-19。高昌國時期。

LM20-1504-C0418a 《大般涅槃經》卷三五

北涼曇無讖譯，CBETA, T12, no.374, p.569, b9-12。唐時期。

LM20-1504-C0418b 《大方廣佛華嚴經》卷一七（五十卷本）

東晉佛陀跋陀羅譯，《中華大藏經》第 12 册, 211a2-5; 參 CBETA, T09, no.278, p.528, b29-c1。高昌國時期。

LM20-1504-C0419a 《十地經論義記》卷二

隋慧遠撰，CBETA, X45, no.753, p.58, c3-7。唐時期。

LM20-1504-C0419b 《大般涅槃經》卷一三

北涼曇無讖譯，CBETA, T12, no.374, p.445, a1-3。唐時期。

LM20-1504-C0419c 《大般涅槃經》卷五

北涼曇無讖譯，CBETA, T12, no.374, p.392, b7-9。高昌郡時期。

LM20-1504-C0420a 《佛説佛名經》卷一

譯者不詳，CBETA, T14, no.441, p.188, b16-17。西州回鶻時期。

LM20-1504-C0420b 《摩訶僧祇律》卷八

東晉佛陀跋陀羅、法顯譯，CBETA, T22, no.1425, p.291, c2-4。唐時期。

LM20-1504-C0420c 《妙法蓮華經》卷一

姚秦鳩摩羅什譯，CBETA, T09, no.262, p.4, a1-2。高昌國時期。

LM20-1504-C0421a 《摩訶般若波羅蜜經》卷一八

姚秦鳩摩羅什譯，CBETA, T08, no.223, p.349, c14-15。高昌國時期。

LM20-1504-C0421b 《妙法蓮華經》卷一

姚秦鳩摩羅什譯，CBETA, T09, no.262, p.5, c4-7。高昌國時期。

LM20-1504-C0422a 《陀羅尼雜集》卷八

譯者不詳，CBETA21, no.1336, p.627, c23, p.628, a3。高昌國時期。

參：《旅博選粹》(作《灌頂經》，疑誤)，137；《旅博研究》，220(作《佛説咒神水經》殘片)。

LM20-1504-C0422b 佛典殘片

高昌國時期。

LM20-1504-C0422c 《妙法蓮華經》卷二

姚秦鳩摩羅什譯，CBETA, T09, no.262, p.11, a6-8。高昌國時期。

LM20-1504-C0423a 《大般涅槃經》卷一二

北涼曇無讖譯，CBETA, T12, no.374, p.439, a21-23。唐時期。

LM20-1504-C0423b 《小品般若波羅蜜經》卷一

姚秦鳩摩羅什譯，CBETA, T08, no.227, p.539, c11-12。高昌國時期。

LM20-1504-C0424a 《佛頂尊勝陀羅尼經》

唐佛陀波利譯，CBETA, T19, no.967, p.352, a23-24。唐時期。

LM20-1504-C0424b 《金光明經》卷二

北涼曇無讖譯，CBETA, T16, no.663, p.343, a10-12。唐時期。

LM20-1504-C0425a 《御注金剛般若波羅蜜經》

唐玄宗注，CBETA, T85, no.2739, p.135, a5-6。有雙行小字注。唐時期。

LM20-1504-C0425b 《大般涅槃經》卷一

北涼曇無讖譯，CBETA, T12, no.374, p.366, a16-18。高昌國時期。

LM20-1504-C0426a 《四分律》卷二五

姚秦佛陀耶舍、竺佛念等譯，CBETA, T22, no.1428, p.736, a20-22。唐時期。

LM20-1504-C0426b 佛典殘片

高昌郡時期。

參：《旅博選粹》，23。

LM20-1504-C0426c 《大般涅槃經》卷一八

北涼曇無讖譯，CBETA, T12, no.374, p.469, b11-14。高昌國時期。

LM20-1504-C0427 《佛説觀藥王藥上二菩薩經》

劉宋畺良耶舍譯，CBETA, T20, no.1161, p.662, b10-14。唐時期。

LM20-1504-C0428 《大般涅槃經》卷五

北涼曇無讖譯，CBETA, T12, no.374, p.396, a2-5。唐時期。

LM20-1504-C0429a 佛典殘片

高昌國時期。

LM20-1504-C0429b　《合部金光明經》卷四

梁真諦譯, 隋寶貴合, CBETA, T16, no.664, p.380, a24-26。唐時期。

LM20-1504-C0430a　《梵網經》卷下

姚秦鳩摩羅什譯, CBETA, T24, no.1484, p.1004, b17-19。唐時期。

LM20-1504-C0430b　《大寶積經》卷四八

唐玄奘譯, CBETA, T11, no.310, p.281, b13-14。唐時期。

LM20-1504-C0430c　佛典殘片

高昌國時期。

LM20-1504-C0431a　《小品般若波羅蜜經》卷五

姚秦鳩摩羅什譯, CBETA, T08, no.227, p.557, b20-22。高昌國時期。

LM20-1504-C0431b　《維摩詰所説經》卷上

姚秦鳩摩羅什譯, CBETA, T14, no.475, p.543, a3-6。高昌國時期。

參: 王梅 2006, 152。

LM20-1504-C0432a　《大般涅槃經》卷三九

北涼曇無讖譯, CBETA, T12, no.374, p.591, b16-17。高昌國時期。

LM20-1504-C0432b　《妙法蓮華經》卷二

姚秦鳩摩羅什譯, CBETA, T09, no.262, p.16, a4。唐時期。

LM20-1504-C0433a　《佛説伅真陀羅所問如來三昧經》卷下

與 LM20-1504-C0433b 爲同一寫本, 據此定名。

LM20-1504-C0433b　《佛説伅真陀羅所問如來三昧經》卷下

後漢支婁迦讖譯, CBETA, T15, no.624, p.367, a28-29。高昌國時期。

LM20-1504-C0434　《妙法蓮華經》卷二

姚秦鳩摩羅什譯, CBETA, T09, no.262, p.16, c23-24。唐時期。

LM20-1504-C0435a　《佛般泥洹經》卷上

西晉白法祖譯, CBETA, T01, no.5, p.167, b28。有雙行小字注。高昌國時期。背面有字, 無法揭取拍攝。

LM20-1504-C0435b　《妙法蓮華經》卷七

姚秦鳩摩羅什譯, CBETA, T09, no.262, p.59, b3-5。有雙行小字注。唐時期。

LM20-1504-C0436a　《妙法蓮華經》卷二

姚秦鳩摩羅什譯, CBETA, T09, no.262, p.17, b24-26。唐時期。

LM20-1504-C0436b　佛典殘片

唐時期。

LM20-1504-C0437a　《妙法蓮華經》卷五

姚秦鳩摩羅什譯, CBETA, T09, no.262, p.40, c25-p.41, a2。唐時期。

LM20-1504-C0437b　《大般若波羅蜜多經》卷五四七

唐玄奘譯, CBETA, T07, no.220, p.814, b17-20。唐時期。

LM20-1504-C0438a　《妙法蓮華經》卷四

姚秦鳩摩羅什譯, CBETA, T09, no.262, p.28, b2-6。唐時期。

LM20-1504-C0438b　《放光般若經》卷一五

西晉無羅叉譯, CBETA, T08, no.221, p.108, b9-13。高昌國時期。

LM20-1504-C0439a　《大般涅槃經》卷二五

北涼曇無讖譯, CBETA, T12, no.374, p.515, c7-8。高昌國時期。

LM20-1504-C0439b　《大般涅槃經》卷一〇

北涼曇無讖譯, CBETA, T12, no.374, p.424, c25-26。高昌國時期。

LM20-1504-C0440　《大般涅槃經》卷二八

北涼曇無讖譯, CBETA, T12, no.374, p.530, c23-26。高昌國時期。

LM20-1504-C0441　《大智度論》卷九三

姚秦鳩摩羅什譯, CBETA, T25, no.1509, p.714, b18-21。高昌國時期。

LM20-1504-C0442　《大般涅槃經》卷四

北涼曇無讖譯, CBETA, T12, no.374, p.388, c26-29。唐時期。

LM20-1504-C0443a　《道行般若經》卷七

後漢支婁迦讖譯, CBETA, T08, no.224, p.461, b18-20。高昌郡時期。

LM20-1504-C0443b　《放光般若經》卷三

西晉無羅叉譯, CBETA, T08, no.221, p.18, b2-5, "三藐"作"三耶"。高昌國時期。

LM20-1504-C0444　《妙法蓮華經》卷四

姚秦鳩摩羅什譯, CBETA, T09, no.262, p.29, a19-21, "滅度"作"滅"。高昌國時期。

LM20-1504-C0445a　《維摩詰所説經》卷下

姚秦鳩摩羅什譯, CBETA, T14, no.475, p.554, a7-11, "姓"作"性"。有朱筆句讀。唐時期。

LM20-1504-C0445b　《大方等大集經》卷二三

北涼曇無讖譯, CBETA, T13, no.397, p.162, c29-p.163, a2。高昌國時期。

LM20-1504-C0446a　《妙法蓮華經》卷二

姚秦鳩摩羅什譯, CBETA, T09, no.262, p.14, a11-12。唐時期。

LM20-1504-C0446b　《佛説轉女身經》

劉宋曇摩蜜多譯, CBETA, T14, no.564, p.916, a25-b1。西州回鶻時期。

LM20-1504-C0447a　《大般涅槃經》卷一七

北涼曇無讖譯, CBETA, T12, no.374, p.464, a8-10。高昌國時期。

LM20-1504-C0447b　佛典殘片

有朱筆句讀。唐時期。

LM20-1504-C0448a 《妙法蓮華經》卷三

姚秦鳩摩羅什譯，CBETA，T09，no.262，p.25，c22–24。唐時期。

LM20-1504-C0448b 《妙法蓮華經》卷六

姚秦鳩摩羅什譯，CBETA，T09，no.262，p.53，a5–8。唐時期。

LM20-1504-C0449 《大智度論》卷九三

姚秦鳩摩羅什譯，CBETA，T25，no.1509，p.710，a29–b3。高昌郡時期。背面有字，無法揭取拍攝。

LM20-1504-C0450a 《摩訶般若波羅蜜經》卷二一

姚秦鳩摩羅什譯，CBETA，T08，no.223，p.370，b16–19。高昌國時期。

LM20-1504-C0450b 《雜阿含經》卷三一

劉宋求那跋陀羅譯，CBETA，T02，no.99，p.219，c2–5。唐時期。

LM20-1504-C0451a 《十方千五百佛名經》

譯者不詳，CBETA，T14，no.442，p.317，a1–2。高昌國時期。

LM20-1504-C0451b 《大般涅槃經》卷三八

北涼曇無讖譯，CBETA，T12，no.374，p.587，a15–18。高昌國時期。

LM20-1504-C0452a 《大般涅槃經》卷一二

北涼曇無讖譯，CBETA，T12，no.374，p.439，c12–14。高昌國時期。

LM20-1504-C0452b 《大般若波羅蜜多經》卷一〇四

唐玄奘譯，CBETA，T05，no.220，p.577，c5–7。唐時期。

LM20-1504-C0453a 《出曜經》卷一二

姚秦竺佛念譯，CBETA，T04，no.212，p.672，c11–12。唐時期。

LM20-1504-C0453b 佛典殘片

唐時期。

LM20-1504-C0453c 《妙法蓮華經》卷七

姚秦鳩摩羅什譯，CBETA，T09，no.262，p.55，a23–26。唐時期。

LM20-1504-C0454a 佛典殘片

高昌國時期。

LM20-1504-C0454b 《阿毗曇心論》卷三

東晉僧伽提婆、惠遠譯，CBETA，T28，no.1550，p.822，a10–12。高昌郡時期。

參：《旅博選粹》，64。

LM20-1504-C0455a 《金光明經》卷一

北涼曇無讖譯，CBETA，T16，no.663，p.340，a29–b3。唐時期。

LM20-1504-C0455b 《道行般若經》卷七

後漢支婁迦讖譯, CBETA, T08, no.224, p.463, a18-20。高昌國時期。

LM20-1504-C0456a 《妙法蓮華經》卷四

姚秦鳩摩羅什譯, CBETA, T09, no.262, p.27, c28-p.28, a1。唐時期。

LM20-1504-C0456b 《大方等大集經》卷二

北涼曇無讖譯, CBETA, T13, no.397, p.13, a4-8。高昌國時期。

LM20-1504-C0457a 《大般涅槃經》卷二七

北涼曇無讖譯, CBETA, T12, no.374, p.525, a14-15。唐時期。

LM20-1504-C0457b 《大般若波羅蜜多經》卷七六

唐玄奘譯, CBETA, T05, no.220, p.427, b25-27。唐時期。

LM20-1504-C0457c 《大般涅槃經》卷九

北涼曇無讖譯, CBETA, T12, no.374, p.416, a14-18。高昌國時期。

LM20-1504-C0458a 佛典殘片

唐時期。

LM20-1504-C0458b 《妙法蓮華經》卷二

姚秦鳩摩羅什譯, CBETA, T09, no.262, p.15, a8-12。高昌國時期。

LM20-1504-C0459a 《合部金光明經》卷四

梁真諦譯, 隋寶貴合, CBETA, T16, no.664, p.381, b6-8。唐時期。

LM20-1504-C0459b 佛典殘片

西州回鶻時期。

LM20-1504-C0459c 《摩訶般若波羅蜜經》卷二

姚秦鳩摩羅什譯, CBETA, T08, no.223, p.231, a26-27。唐時期。

LM20-1504-C0460a 《妙法蓮華經》卷一

姚秦鳩摩羅什譯, CBETA, T09, no.262, p.4, a16-18。高昌國時期。

LM20-1504-C0460b 《大般涅槃經》卷三三

北涼曇無讖譯, CBETA, T12, no.374, p.561, c24-27。高昌國時期。

LM20-1504-C0461a 佛典殘片

唐時期。

LM20-1504-C0461b 《大智度論》卷三三

姚秦鳩摩羅什譯, CBETA, T25, no.1509, p.307, a15-17。高昌國時期。

LM20-1504-C0462a 《妙法蓮華經》卷四

姚秦鳩摩羅什譯, CBETA, T09, no.262, p.30, b27。唐時期。

LM20-1504-C0462b 《大般涅槃經》卷一二

北涼曇無讖譯, CBETA, T12, no.374, p.434, a27-29。高昌國時期。

LM20-1504-C0463a 《大般若波羅蜜多經》卷一九三

唐玄奘譯，CBETA, T05, no.220, p.1033, b22–24。唐時期。

LM20-1504-C0463b 《摩訶般若波羅蜜經》卷九

姚秦鳩摩羅什譯，CBETA, T08, no.223, p.286, a23–25。高昌國時期。

LM20-1504-C0464a 《合部金光明經》卷五

北涼曇無讖譯，隋寶貴合，CBETA, T16, no.664, p.383, c26–27。高昌國時期。

LM20-1504-C0464b 《合部金光明經》卷五

北涼曇無讖譯，隋寶貴合，CBETA, T16, no.664, p.383, c27。高昌國時期。

LM20-1504-C0464c 佛典殘片

高昌國時期。

LM20-1504-C0465a 《摩訶般若波羅蜜經》卷二三

姚秦鳩摩羅什譯，CBETA, T08, no.223, p.389, b3–6。高昌國時期。

LM20-1504-C0465b 《大般涅槃經》卷三一

北涼曇無讖譯，CBETA, T12, no.374, p.549, a12–14。唐時期。

LM20-1504-C0466a 《藥師琉璃光如來本願功德經》

唐玄奘譯，CBETA, T14, no.450, p.407, c10–13。唐時期。

LM20-1504-C0466b 典籍殘片

有朱筆句讀。唐時期。

LM20-1504-C0467a 《大般涅槃經》卷一九

北涼曇無讖譯，CBETA, T12, no.374, p.479, c26–27。高昌國時期。

LM20-1504-C0467b 《大方便佛報恩經》卷七

譯者不詳，CBETA, T03, no.156, p.164, b24–26。高昌國時期。

LM20-1504-C0468a 《普遍光明清净熾盛如意寶印心無能勝大明王大隨求陀羅尼經》卷下

唐不空譯，CBETA, T20, no.1153, p.622, b26–27。唐時期。

LM20-1504-C0468b 《大般涅槃經》卷三五

北涼曇無讖譯，CBETA, T12, no.374, p.569, a29–b2。高昌國時期。

LM20-1504-C0469a 《大乘大集地藏十輪經》卷二

唐玄奘譯，CBETA, T13, no.411, p.734, b2–5。唐時期。

LM20-1504-C0469b 佛典殘片

唐時期。

LM20-1504-C0470a 《佛説灌頂拔除過罪生死得度經》

參東晉帛尸梨蜜多羅譯《佛説灌頂經》卷一二，CBETA, T21, no.1331, p.535, b9–11。高昌國時期。

LM20-1504-C0470b 《薩婆多毗尼毗婆沙》卷八

譯者不詳，CBETA, T23, no.1440, p.552, a14–16。唐時期。

LM20-1504-C0471a　《妙法蓮華經》卷一

姚秦鳩摩羅什譯，CBETA，T09，no.262，p.8，b9–13。高昌國時期。

LM20-1504-C0471b　佛典殘片

唐時期。

LM20-1504-C0472a　《妙法蓮華經》卷一

姚秦鳩摩羅什譯，CBETA，T09，no.262，p.7，a29–b2。高昌國時期。

參：《旅博選粹》，160。

LM20-1504-C0472b　《毛詩·小雅·谷風》鄭氏箋

參《毛詩》卷一三，《四部叢刊初編》，商務印書館，1919 年，葉 1a。有雙行小字注。唐時期。

參：《旅博選粹》，160；徐媛媛 2017，9。

經册五十六

LM20-1505-C0473a 《妙法蓮華經》卷七

姚秦鳩摩羅什譯，CBETA，T09，no.262，p.58，a18–21。唐時期。

LM20-1505-C0473b 佛名經

唐時期。

LM20-1505-C0474a 《妙法蓮華經》卷二

姚秦鳩摩羅什譯，CBETA，T09，no.262，p.12，c28–p.13，a1。高昌國時期。

LM20-1505-C0474b 陀羅尼

唐時期。

LM20-1505-C0474c 《妙法蓮華經》卷六

姚秦鳩摩羅什譯，CBETA，T09，no.262，p.54，b16–18。唐時期。

LM20-1505-C0474d 佛典殘片

唐時期。

LM20-1505-C0475a 《齋經》

吳支謙譯，CBETA，T01，no.87，p.911，b16–19。唐時期。

LM20-1505-C0475b 《妙法蓮華經》卷五

姚秦鳩摩羅什譯，CBETA，T09，no.262，p.42，c11–12。唐時期。

LM20-1505-C0476a 《勝天王般若波羅蜜經》卷七

陳月婆首那譯，CBETA，T08，no.231，p.723，a12–14。唐時期。

LM20-1505-C0476b 《維摩詰所説經》卷中

姚秦鳩摩羅什譯，CBETA，T14，no.475，p.545，b21–23。高昌國時期。

LM20-1505-C0477a 《放光般若經》卷八

西晉無羅叉譯，CBETA，T08，no.221，p.56，b6–8。高昌國時期。

LM20-1505-C0477b 佛典殘片

高昌國時期。

LM20-1505-C0478a 《大般涅槃經》卷三一

北涼曇無讖譯，CBETA，T12，no.374，p.553，a11–13。高昌國時期。

LM20-1505-C0478b 佛典殘片

唐時期。

LM20-1505-C0479a　《梵網經》卷下

　　姚秦鳩摩羅什譯，CBETA, T24, no.1484, p.1004, b21–23。唐時期。

LM20-1505-C0479b　《佛説仁王般若波羅蜜經》卷下

　　姚秦鳩摩羅什譯，CBETA, T08, no.245, p.832, a8–11。高昌國時期。

LM20-1505-C0480a　《大般涅槃經》卷九

　　北涼曇無讖譯，CBETA, T12, no.374, p.417, a22–23。唐時期。

LM20-1505-C0480b　《根本説一切有部毗奈耶雜事》卷三八

　　唐義净譯，CBETA, T24, no.1451, p.400, a15–16。唐時期。

LM20-1505-C0480c　佛典殘片

　　唐時期。

LM20-1505-C0480d　佛典殘片

　　唐時期。

LM20-1505-C0481a　《妙法蓮華經》卷二

　　姚秦鳩摩羅什譯，CBETA, T09, no.262, p.17, b12–13。唐時期。

LM20-1505-C0481b　無字殘片

LM20-1505-C0482a　《摩訶般若波羅蜜經》卷二五

　　姚秦鳩摩羅什譯，CBETA, T08, no.223, p.403, c22–23。高昌國時期。

LM20-1505-C0482b　《金光明經》卷三

　　北涼曇無讖譯，CBETA, T16, no.663, p.346, b23–26。高昌國時期。

LM20-1505-C0483a　《佛説七千佛神符經》

　　作者不詳，CBETA, T85, no.2904, p.1446, b14–17。唐時期。

LM20-1505-C0483b　《光讚經》卷一〇

　　西晉竺法護譯，CBETA, T08, no.222, p.210, c9–12。唐時期。

LM20-1505-C0484a　《大般若波羅蜜多經》卷四六〇

　　唐玄奘譯，CBETA, T07, no.220, p.324, b23–24。唐時期。

LM20-1505-C0484b　佛經外題

　　唐時期。

LM20-1505-C0485a　《妙法蓮華經》卷二

　　姚秦鳩摩羅什譯，CBETA, T09, no.262, p.17, b9–11。唐時期。

LM20-1505-C0485b　《放光般若經》卷一九

　　西晉無羅叉譯，CBETA, T08, no.221, p.133, b11。高昌國時期。

LM20-1505-C0486a　《妙法蓮華經》卷五

　　姚秦鳩摩羅什譯，CBETA, T09, no.262, p.40, a1–2。唐時期。

LM20-1505-C0486b　《維摩詰所説經》卷上

姚秦鳩摩羅什譯，CBETA，T14，no.475，p.540，a13–15。唐時期。

LM20-1505-C0487a   佛典殘片

高昌國時期。

LM20-1505-C0487b   佛典殘片

高昌國時期。

LM20-1505-C0487c   無字殘片

LM20-1505-C0488a   《妙法蓮華經》卷二

姚秦鳩摩羅什譯，CBETA，T09，no.262，p.16，a17–20。高昌國時期。

LM20-1505-C0488b   《大般涅槃經》卷三〇

北涼曇無讖譯，CBETA，T12，no.374，p.545，c3–5。高昌國時期。

LM20-1505-C0488c   《大般涅槃經》卷三九

北涼曇無讖譯，CBETA，T12，no.374，p.591，a29–b2。高昌國時期。

LM20-1505-C0489a   殘片

“慎”字下有朱點。唐時期。

LM20-1505-C0489b   殘片

唐時期。

LM20-1505-C0489c   殘片

唐時期。

LM20-1505-C0490a   《大寶積經》卷四二

唐玄奘譯，CBETA，T11，no.310，p.245，c14–16。唐時期。

LM20-1505-C0490b   《大方廣佛華嚴經》卷四五

唐實叉難陀譯，CBETA，T10，no.279，p.237，b29–c1。唐時期。

LM20-1505-C0490c   《大般涅槃經》卷一〇

北涼曇無讖譯，CBETA，T12，no.374，p.423，c28–29。唐時期。

LM20-1505-C0491a   《大般若波羅蜜多經》卷四

唐玄奘譯，CBETA，T05，no.220，p.19，b24–25。唐時期。

LM20-1505-C0491b   《妙法蓮華經》卷二

姚秦鳩摩羅什譯，CBETA，T09，no.262，p.17，b6–7。唐時期。

LM20-1505-C0492a   《十地經論》卷一二

元魏菩提流支譯，CBETA，T26，no.1522，p.197，c14–15。唐時期。

LM20-1505-C0492b   殘片

唐時期。

LM20-1505-C0492c   《金剛般若波羅蜜經》

姚秦鳩摩羅什譯，CBETA，T08，no.235，p.749，b20–24。唐時期。

LM20-1505-C0493　《大般涅槃經》卷一六

北涼曇無讖譯，CBETA, T12, no.374, p.462, b19–22。高昌國時期。

LM20-1505-C0494a　《妙法蓮華經》卷七

姚秦鳩摩羅什譯，CBETA, T09, no.262, p.58, b29–c2。唐時期。

LM20-1505-C0494b　佛典殘片

唐時期。

LM20-1505-C0494c　《摩訶般若波羅蜜經》卷九

姚秦鳩摩羅什譯，CBETA, T08, no.223, p.289, b27–c1。唐時期。

LM20-1505-C0495a　《大般涅槃經》卷三四

北涼曇無讖譯，CBETA, T12, no.374, p.568, b7–9。高昌國時期。

LM20-1505-C0495b　佛典殘片

有朱筆句讀。高昌國時期。

LM20-1505-C0496a　《大方便佛報恩經》卷一

譯者不詳，CBETA, T03, no.156, p.125, a22–25。唐時期。

LM20-1505-C0496b　《妙法蓮華經》卷五

姚秦鳩摩羅什譯，CBETA, T09, no.262, p.40, a20–21。唐時期。

LM20-1505-C0497a　《老子德經下》

與敦煌本 S.189 同。唐時期。

參：游自勇 2017, 146。

LM20-1505-C0497b　《金光明經》卷二

北涼曇無讖譯，CBETA, T16, no.663, p.342, b26–29。唐時期。

LM20-1505-C0498a　《摩訶般若波羅蜜經》卷一一

姚秦鳩摩羅什譯，CBETA, T08, no.223, p.299, b25–28。高昌國時期。

LM20-1505-C0498b　《妙法蓮華經》卷七

姚秦鳩摩羅什譯，CBETA, T09, no.262, p.57, a4–9。唐時期。

LM20-1505-C0499a　《妙法蓮華經》卷七

姚秦鳩摩羅什譯，CBETA, T09, no.262, p.57, c28–p.58, a5。唐時期。

LM20-1505-C0499b　《妙法蓮華經》卷一

姚秦鳩摩羅什譯，CBETA, T09, no.262, p.8, b13–15。唐時期。

LM20-1505-C0499c　《小品般若波羅蜜經》卷八

姚秦鳩摩羅什譯，CBETA, T08, no.227, p.572, c1–2。唐時期。

LM20-1505-C0500a　《妙法蓮華經》卷一

姚秦鳩摩羅什譯，CBETA, T09, no.262, p.3, c20–23。高昌國時期。

LM20-1505-C0500b　佛名經

唐時期。

LM20-1505-C0500c　佛典殘片

唐時期。

LM20-1505-C0501a　《佛説十一面觀世音神咒經》

北周耶舍崛多譯，CBETA, T20, no.1070, p.151, c1–4。唐時期。

LM20-1505-C0501b　《大般若波羅蜜多經》

唐玄奘譯，此段文字多處可見。唐時期。

LM20-1505-C0502a　《救疾經》

作者不詳，CBETA, T85, no.2878, p.1362, b22–24。高昌國時期。

參：馬俊傑 2019, 239。

LM20-1505-C0502b　《長阿含經》卷一

姚秦佛陀耶舍、竺佛念譯，CBETA, T01, no.1, p.1, c15–16。唐時期。

LM20-1505-C0502c　佛典殘片

唐時期。

LM20-1505-C0503a　《妙法蓮華經》卷七

姚秦鳩摩羅什譯，CBETA, T09, no.262, p.56, c8–10。唐時期。

LM20-1505-C0503b　佛典殘片

高昌國時期。

LM20-1505-C0503c　《妙法蓮華經》卷一

姚秦鳩摩羅什譯，CBETA, T09, no.262, p.7, b21–22。唐時期。

LM20-1505-C0504a　《放光般若經》卷一九

西晉無羅叉譯，CBETA, T08, no.221, p.137, b1–3。高昌國時期。

LM20-1505-C0504b　《妙法蓮華經》卷二

姚秦鳩摩羅什譯，CBETA, T09, no.262, p.16, a14–15。唐時期。

LM20-1505-C0504c　《大方等大集經》卷一九

北涼曇無讖譯，CBETA, T13, no.397, p.136, c28–29。西州回鶻時期。

LM20-1505-C0505a　《攝大乘論》卷上

元魏佛陀扇多譯，CBETA, T31, no.1592, p.98, b7–8。唐時期。

LM20-1505-C0505b　《妙法蓮華經》卷一

姚秦鳩摩羅什譯，CBETA, T09, no.262, p.3, a21–24。唐時期。

LM20-1505-C0505c　《妙法蓮華經》卷七

姚秦鳩摩羅什譯，CBETA, T09, no.262, p.61, a23–24。唐時期。

LM20-1505-C0506a　殘片

有朱筆句讀。西州回鶻時期。

LM20-1505-C0506b　《摩訶般若波羅蜜經》卷三

姚秦鳩摩羅什譯，CBETA, T08, no.223, p.238, b24–25。高昌國時期。

LM20-1505-C0506c　《妙法蓮華經》卷四

姚秦鳩摩羅什譯，CBETA, T09, no.262, p.32, b29–c2。唐時期。

LM20-1505-C0507a　《佛説觀藥王藥上二菩薩經》

劉宋畺良耶舍譯，CBETA, T20, no.1161, p.661, a18–19。唐時期。

LM20-1505-C0507b　《佛説觀藥王藥上二菩薩經》

與 LM20-1505-C0507a 爲同一寫本，據此定名。唐時期。

LM20-1505-C0507c　《賢愚經》卷七

元魏慧覺等譯，CBETA, T04, no.202, p.402, b14–16，“幡”作“翻”。唐時期。

LM20-1505-C0508a　佛典殘片

唐時期。

LM20-1505-C0508b　《妙法蓮華經》卷一

姚秦鳩摩羅什譯，CBETA, T09, no.262, p.5, b23。高昌國時期。

LM20-1505-C0508c　《妙法蓮華經》卷五

姚秦鳩摩羅什譯，CBETA, T09, no.262, p.41, c16–18。唐時期。

LM20-1505-C0509a　《妙法蓮華經》卷四

姚秦鳩摩羅什譯，CBETA, T09, no.262, p.32, b19–21。唐時期。

LM20-1505-C0509b　佛典注疏

有雙行小字注。唐時期。

LM20-1505-C0509c　佛典殘片

唐時期。

LM20-1505-C0510a　《妙法蓮華經》卷五

姚秦鳩摩羅什譯，CBETA, T09, no.262, p.39, b8–10。唐時期。

LM20-1505-C0510b　佛典殘片

唐時期。

LM20-1505-C0510c　佛典殘片

唐時期。

LM20-1505-C0511a　《妙法蓮華經》卷二

姚秦鳩摩羅什譯，CBETA, T09, no.262, p.11, b19–20。高昌國時期。

LM20-1505-C0511b　殘片

LM20-1505-C0511c　《妙法蓮華經》卷三

姚秦鳩摩羅什譯，CBETA, T09, no.262, p.19, a25–27。唐時期。

LM20-1505-C0512a　《妙法蓮華經》卷二

姚秦鳩摩羅什譯，CBETA, T09, no.262, p.13, b18–19。唐時期。

LM20-1505-C0512b　《妙法蓮華經》卷五

姚秦鳩摩羅什譯，CBETA, T09, no.262, p.43, c2–6。唐時期。

LM20-1505-C0513a　佛典殘片

高昌國時期。

LM20-1505-C0513b　《金剛般若波羅蜜經》

姚秦鳩摩羅什譯，CBETA, T08, no.235, p.749, a26–29。唐時期。

LM20-1505-C0514a　《妙法蓮華經》卷二

姚秦鳩摩羅什譯，CBETA, T09, no.262, p.16, c2–4。唐時期。

LM20-1505-C0514b　佛典殘片

唐時期。

LM20-1505-C0514c　《妙法蓮華經》卷五

姚秦鳩摩羅什譯，CBETA, T09, no.262, p.39, c18–21。高昌國時期。

LM20-1505-C0515a　佛教戒律

高昌國時期。

LM20-1505-C0515b　佛典殘片

唐時期。

LM20-1505-C0515c　《大智度論》卷六一

姚秦鳩摩羅什譯，CBETA, T25, no.1509, p.496, a7–10。唐時期。

LM20-1505-C0516a　《金光明經》卷一

北涼曇無讖譯，CBETA, T16, no.663, p.340, b3–7。高昌國時期。

LM20-1505-C0516b　《佛説法王經》

作者不詳，CBETA, T85, no.2883, p.1385, b2–5。唐時期。

LM20-1505-C0517a　《放光般若經》卷八

西晉無羅叉譯，CBETA, T08, no.221, p.56, b27–c1。高昌國時期。

LM20-1505-C0517b　佛典殘片

唐時期。

LM20-1505-C0517c　佛典殘片

唐時期。

LM20-1505-C0518a　《菩薩從兜術天降神母胎説廣普經》卷二

姚秦竺佛念譯，CBETA, T12, no.384, p.1023, b19–21。唐時期。

LM20-1505-C0518b　《妙法蓮華經》卷五

姚秦鳩摩羅什譯，CBETA, T09, no.262, p.43, a22–23。唐時期。

LM20-1505-C0518c　佛典殘片

唐時期。

LM20-1505-C0519a　《金剛般若波羅蜜經》

姚秦鳩摩羅什譯，CBETA, T08, no.235, p.751, b2-8。唐時期。

LM20-1505-C0519b　《妙法蓮華經》卷四

姚秦鳩摩羅什譯，CBETA, T09, no.262, p.35, a3-4。唐時期。

LM20-1505-C0520　《佛説觀藥王藥上二菩薩經》

劉宋畺良耶舍譯，CBETA, T20, no.1161, p.661, c21-23。唐時期。

LM20-1505-C0521a　《佛説觀佛三昧海經》卷一

東晉佛陀跋陀羅譯，CBETA, T15, no.643, p.647, c21-23。高昌國時期。

LM20-1505-C0521b　《大智度論》卷四一

姚秦鳩摩羅什譯，CBETA, T25, no.1509, p.363, a4。高昌國時期。

LM20-1505-C0521c　《大方廣佛華嚴經》卷四五

唐實叉難陀譯，CBETA, T10, no.279, p.237, c4-5。唐時期。

LM20-1505-C0521d　《大智度論》卷四一

姚秦鳩摩羅什譯，CBETA, T25, no.1509, p.363, a1-3。高昌國時期。

LM20-1505-C0522a　《受十善戒經》

譯者不詳，CBETA, T24, no.1486, p.1023, b24-27。高昌國時期。

LM20-1505-C0522b　《佛本行集經》卷五

隋闍那崛多譯，CBETA, T03, no.190, p.673, a4-8。唐時期。

參：段真子 2019, 163。

LM20-1505-C0523a　《大般若波羅蜜多經》卷一〇

唐玄奘譯，此段文字多處可見。唐時期。

LM20-1505-C0523b　　佛典注疏

有雙行小字注。唐時期。

LM20-1505-C0524a　《雜阿含經》卷三一

劉宋求那跋陀羅譯，CBETA, T02, no.99, p.221, c20-22。唐時期。

LM20-1505-C0524b　《妙法蓮華經》卷七

姚秦鳩摩羅什譯，CBETA, T09, no.262, p.57, a2-8。唐時期。

LM20-1505-C0525a　《大般若波羅蜜多經》卷五二六

唐玄奘譯，CBETA, T07, no.220, p.696, c10-16。唐時期。

LM20-1505-C0525b　　佛經外題

唐時期。

LM20-1505-C0526a　《大智度論》卷八三

姚秦鳩摩羅什譯，CBETA, T25, no.1509, p.640, c21-23。高昌國時期。

LM20-1505-C0526b 《大智度論》卷六七

　　姚秦鳩摩羅什譯，CBETA, T25, no.1509, p.532, b26–28。高昌國時期。

LM20-1505-C0526c 《妙法蓮華經》卷二

　　姚秦鳩摩羅什譯，CBETA, T09, no.262, p.11, b19–23。唐時期。

LM20-1505-C0526d 《妙法蓮華經》卷六

　　姚秦鳩摩羅什譯，CBETA, T09, no.262, p.49, c23–25。高昌國時期。

LM20-1505-C0527a 佛典殘片

　　高昌國時期。

LM20-1505-C0527b 《大方等大集經》卷七

　　北涼曇無讖譯，CBETA, T13, no.397, p.42, a9–11。高昌國時期。

LM20-1505-C0527c 《大方廣佛華嚴經》（五十卷本）

　　東晉佛陀跋陀羅譯，此段文字多處可見。高昌郡時期。

LM20-1505-C0527d 佛典殘片

　　高昌國時期。

LM20-1505-C0527e 《大般涅槃經》卷三八

　　北涼曇無讖譯，CBETA, T12, no.374, p.589, b25–26。高昌國時期。

LM20-1505-C0528a 《梵網經》卷下

　　姚秦鳩摩羅什譯，CBETA, T24, no.1484, p.1006, a9。唐時期。

LM20-1505-C0528b 《大般涅槃經》卷一

　　北涼曇無讖譯，CBETA, T12, no.374, p.368, a26–27。高昌國時期。

LM20-1505-C0528c 佛典殘片

　　高昌國時期。

LM20-1505-C0529a 《大方廣佛華嚴經》卷二四（五十卷本）

　　東晉佛陀跋陀羅譯，《中華大藏經》第12册，303a12–14；參CBETA, T09, no.278, p.587, a29–b2。高昌國時期。

LM20-1505-C0529b 《大般若波羅蜜多經》卷四八六

　　唐玄奘譯，CBETA, T07, no.220, p.467, a21–24。唐時期。

LM20-1505-C0529c 《金光明經》卷三

　　北涼曇無讖譯，CBETA, T16, no.663, p.351, b24–26。高昌國時期。

LM20-1505-C0530a 《大方廣佛華嚴經》卷五（五十卷本）

　　東晉佛陀跋陀羅譯，《中華大藏經》第12册，55c11–15；參CBETA, T09, no.278, p.430, b8–12。高昌國時期。

LM20-1505-C0530b 《大智度論》卷二九

　　姚秦鳩摩羅什譯，CBETA, T25, no.1509, p.275, a26–28。唐時期。

LM20-1505-C0530c　《妙法蓮華經》卷三

姚秦鳩摩羅什譯，CBETA, T09, no.262, p.26, c19-23。唐時期。

LM20-1505-C0531a　《妙法蓮華經》卷三

姚秦鳩摩羅什譯，CBETA, T09, no.262, p.23, b28-c3。高昌國時期。

LM20-1505-C0531b　佛典注疏

高昌國時期。

LM20-1505-C0531c　《放光般若經》卷一四

西晉無羅叉譯，CBETA, T08, no.221, p.95, a20-23。高昌國時期。

LM20-1505-C0532a　《最勝問菩薩十住除垢斷結經》卷四

姚秦竺佛念譯，CBETA, T10, no.309, p.992, c22-24。高昌國時期。

LM20-1505-C0532b　《摩訶僧祇律》卷二

東晉佛陀跋陀羅、法顯譯，CBETA, T22, no.1425, p.240, a4-7。高昌國時期。

LM20-1505-C0532c　《大方廣佛華嚴經》卷七六

唐實叉難陀譯，CBETA, T10, no.279, p.418, b22-25，"音夷"作"夷"。有雙行小字注。唐時期。

LM20-1505-C0533a　《大般涅槃經》卷一四

北涼曇無讖譯，CBETA, T12, no.374, p.447, b5-7。唐時期。

LM20-1505-C0533b　《妙法蓮華經》卷四

姚秦鳩摩羅什譯，CBETA, T09, no.262, p.29, b14-20。唐時期。

LM20-1505-C0533c　《金光明經》卷二

北涼曇無讖譯，CBETA, T16, no.663, p.345, b22-25。唐時期。

LM20-1505-C0534a　《佛垂般涅槃略説教誡經》

姚秦鳩摩羅什譯，CBETA, T12, no.389, p.1111, a8-10。高昌國時期。

LM20-1505-C0534b　《妙法蓮華經》卷六

姚秦鳩摩羅什譯，CBETA, T09, no.262, p.53, c9-10。唐時期。

LM20-1505-C0535a　《放光般若經》卷一九

西晉無羅叉譯，CBETA, T08, no.221, p.137, b26-27。高昌國時期。

LM20-1505-C0535b　《大般涅槃經》卷二二

北涼曇無讖譯，CBETA, T12, no.374, p.495, a28-29。高昌國時期。

LM20-1505-C0536a　《妙法蓮華經》卷五

姚秦鳩摩羅什譯，CBETA, T09, no.262, p.42, c8-10。唐時期。

LM20-1505-C0536b　《大般涅槃經》卷二二

北涼曇無讖譯，CBETA, T12, no.374, p.495, c24-26。高昌國時期。

LM20-1505-C0536c　佛典注疏

西州回鶻時期。

LM20-1505-C0537a　《大智度論》卷二九

姚秦鳩摩羅什譯，CBETA，T25，no.1509，p.275，a10–13。高昌國時期。

LM20-1505-C0537b　《大方等大集經》卷二三

北涼曇無讖譯，CBETA，T13，no.397，p.162，c8–9。高昌國時期。

LM20-1505-C0537c　佛典殘片

高昌國時期。

LM20-1505-C0538a　佛典殘片

唐時期。

LM20-1505-C0538b　《阿毗曇毗婆沙論》卷三

北涼浮陀跋摩、道泰譯，CBETA，T28，no.1546，p.21，a4–10，"辨"作"辦"。高昌郡時期。
參：《旅博選粹》，62。

LM20-1505-C0538c　《大般涅槃經》卷三一

北涼曇無讖譯，CBETA，T12，no.374，p.549，a19–20。高昌國時期。

LM20-1505-C0539a　《金光明經》卷二

北涼曇無讖譯，CBETA，T16，no.663，p.344，c10–13。高昌郡時期。
參：《旅博選粹》，23。

LM20-1505-C0539b　《妙法蓮華經》卷一

姚秦鳩摩羅什譯，CBETA，T09，no.262，p.7，b5–7。唐時期。

LM20-1505-C0539c　《文殊師利所説摩訶般若波羅蜜經》卷下

梁曼陀羅仙譯，CBETA，T08，no.232，p.732，b18–20。高昌國時期。

LM20-1505-C0539d　典籍殘片

高昌國時期。

LM20-1505-C0540a　《大方廣佛華嚴經》卷三八（五十卷本）

東晉佛陀跋陀羅譯，《中華大藏經》第12册，466a7–10；參 CBETA，T09，no.278，p.691，
a23–25。高昌國時期。

LM20-1505-C0540b　《金光明經》卷三

北涼曇無讖譯，CBETA，T16，no.663，p.348，b25–28。高昌國時期。

LM20-1505-C0541a　佛典殘片

高昌國時期。

LM20-1505-C0541b　佛典殘片

唐時期。

LM20-1505-C0541c　佛典殘片

唐時期。

LM20-1505-C0542a　殘片

高昌國時期。

LM20-1505-C0542b　佛典殘片

高昌郡時期。

LM20-1505-C0542c　殘片

LM20-1505-C0542d　佛典殘片

高昌國時期。

LM20-1505-C0543a　《讚僧功德經》

作者不詳，CBETA, T85, no.2911, p.1456, c27–29。唐時期。

LM20-1505-C0543b　佛典殘片

唐時期。

LM20-1505-C0543c　《大般涅槃經》卷九

北涼曇無讖譯，CBETA, T12, no.374, p.416, b21–22。高昌國時期。

LM20-1505-C0544a　《菩薩善戒經》卷四

劉宋求那跋摩譯，CBETA, T30, no.1582, p.984, b6–9。第 3、4 行間夾寫小字“語”。高昌國時期。

LM20-1505-C0544b　《大般涅槃經》卷三一

北涼曇無讖譯，CBETA, T12, no.374, p.550, c15–18。西州回鶻時期。

LM20-1505-C0545a　佛典殘片

唐時期。

LM20-1505-C0545b　無字殘片

LM20-1505-C0545c　《大般涅槃經》卷九

北涼曇無讖譯，CBETA, T12, no.374, p.416, b19–21。高昌國時期。

LM20-1505-C0546a　佛典殘片

唐時期。

LM20-1505-C0546b　佛典殘片

唐時期。

LM20-1505-C0546c　《金光明經》卷二

北涼曇無讖譯，CBETA, T16, no.663, p.346, a8–10。高昌郡時期。

LM20-1505-C0547a　佛典殘片

高昌國時期。

LM20-1505-C0547b　佛典殘片

高昌國時期。

LM20-1505-C0547c　殘片

唐時期。

LM20-1505-C0547d　佛典殘片

唐時期。

LM20-1505-C0548a　佛典殘片

高昌國時期。

LM20-1505-C0548b　佛典殘片

高昌郡時期。

LM20-1505-C0548c　《金光明經》卷四

北涼曇無讖譯，CBETA, T16, no.663, p.355, c28-29。高昌國時期。

LM20-1505-C0549a　殘片

高昌國時期。

LM20-1505-C0549b　殘片

唐時期。

LM20-1505-C0549c　佛典殘片

高昌國時期。

LM20-1505-C0550a　佛典殘片

唐時期。

LM20-1505-C0550b　《金光明經》卷四

北涼曇無讖譯，CBETA, T16, no.663, p.357, a2-6。唐時期。

LM20-1505-C0551a　佛典殘片

高昌國時期。

LM20-1505-C0551b　佛典殘片

唐時期。

LM20-1505-C0551c　佛典殘片

高昌國時期。

LM20-1505-C0552a　《大方等大集經》卷二〇

北涼曇無讖譯，CBETA, T13, no.397, p.140, a28-29。高昌國時期。

LM20-1505-C0552b　《大般涅槃經》卷五

北涼曇無讖譯，CBETA, T12, no.374, p.390, c2-6。高昌國時期。

LM20-1505-C0553a　《大般涅槃經》卷三一

北涼曇無讖譯，CBETA, T12, no.374, p.548, b15-16。唐時期。

LM20-1505-C0553b　佛典殘片

高昌國時期。

LM20-1505-C0553c　《大般涅槃經》卷一二

北涼曇無讖譯, CBETA, T12, no.374, p.440, a2-4。唐時期。

LM20-1505-C0553d 《佛説仁王般若波羅蜜經》卷上

姚秦鳩摩羅什譯, CBETA, T08, no.245, p.825, b12-14。唐時期。

LM20-1505-C0554a 佛典殘片

唐時期。

LM20-1505-C0554b 佛典殘片

唐時期。

LM20-1505-C0555a 《大般涅槃經》卷三五

北涼曇無讖譯, CBETA, T12, no.374, p.573, a22-23。高昌國時期。

LM20-1505-C0555b 佛典殘片

唐時期。

LM20-1505-C0555c 《大般涅槃經》卷一一

北涼曇無讖譯, CBETA, T12, no.374, p.428, c10-12。高昌國時期。

LM20-1505-C0556a 《大般涅槃經》卷一

北涼曇無讖譯, CBETA, T12, no.374, p.366, a7-9。唐時期。

LM20-1505-C0556b 《妙法蓮華經》卷五

姚秦鳩摩羅什譯, CBETA, T09, no.262, p.40, a6-9。唐時期。

LM20-1505-C0556c 《佛説灌頂經》卷一二

東晉帛尸梨蜜多羅譯, CBETA, T21, no.1331, p.533, a9-10。唐時期。

LM20-1505-C0556d 《妙法蓮華經》卷七

姚秦鳩摩羅什譯, CBETA, T09, no.262, p.61, c18-19。唐時期。

LM20-1505-C0556e 無字殘片

LM20-1505-C0557a 《出曜經》卷一二

姚秦竺佛念譯, CBETA, T04, no.212, p.672, c13-14。唐時期。

LM20-1505-C0557b 《毗耶娑問經》卷下

元魏般若流支譯, CBETA, T12, no.354, p.233, b2-4。唐時期。

LM20-1505-C0557c 無字殘片

LM20-1505-C0557d 殘片

西州回鶻時期。

LM20-1505-C0557e 殘片

高昌國時期。

LM20-1505-C0558a 《大般若波羅蜜多經》

唐玄奘譯, 此段文字多處可見。唐時期。

LM20-1505-C0558b 《大般涅槃經》卷三五

北涼曇無讖譯, CBETA, T12, no.374, p.573, b4-5。高昌國時期。

LM20-1505-C0558c　殘片

高昌國時期。

LM20-1505-C0558d　《大般若波羅蜜多經》卷五四五

唐玄奘譯, CBETA, T07, no.220, p.804, b8-9。唐時期。

LM20-1505-C0558e　《金剛般若波羅蜜經》

姚秦鳩摩羅什譯, CBETA, T08, no.235, p.751, b10-12。唐時期。

LM20-1505-C0559a　《維摩詰所説經》卷上

姚秦鳩摩羅什譯, CBETA, T14, no.475, p.538, a20-23。高昌國時期。

參: 王梅 2006, 149。

LM20-1505-C0559b　《金光明經》卷三

北涼曇無讖譯, CBETA, T16, no.663, p.352, a1-4。高昌國時期。

LM20-1505-C0559c　《佛本行集經》卷二一

隋闍那崛多譯, CBETA, T03, no.190, p.751, c23-25。高昌國時期。

參: 段真子 2019, 161。

LM20-1505-C0560a　《大般涅槃經》卷八

北涼曇無讖譯, CBETA, T12, no.374, p.411, b7-8。高昌國時期。

LM20-1505-C0560b　《佛説觀藥王藥上二菩薩經》

劉宋畺良耶舍譯, CBETA, T20, no.1161, p.664, c16-19。高昌國時期。

LM20-1505-C0560c　《大般涅槃經》卷三一

北涼曇無讖譯, CBETA, T12, no.374, p.549, b28-c2。高昌國時期。

LM20-1505-C0560d　《大方等陀羅尼經》卷四

北涼法衆譯, CBETA, T21, no.1339, p.659, a23-24。高昌國時期。

LM20-1505-C0561a　《大般若波羅蜜多經》

唐玄奘譯, 此段文字多處可見。唐時期。

LM20-1505-C0561b　《光讚經》卷二

西晉竺法護譯, CBETA, T08, no.222, p.162, a10-11。唐時期。

LM20-1505-C0561c　《大方廣佛華嚴經》卷六五

唐實叉難陀譯, CBETA, T10, no.279, p.351, c24-26。唐時期。

LM20-1505-C0561d　《金光明經》卷二

北涼曇無讖譯, CBETA, T16, no.663, p.345, c12-13。高昌國時期。

LM20-1505-C0561e　《金光明經》卷四

北涼曇無讖譯, CBETA, T16, no.663, p.353, c27-p.354, a1, "此"作"是"。唐時期。

LM20-1505-C0562a　《妙法蓮華經》卷三

姚秦鳩摩羅什譯, CBETA, T09, no.262, p.19, b16-18。唐時期。

LM20-1505-C0562b　《妙法蓮華經》卷七

姚秦鳩摩羅什譯, CBETA, T09, no.262, p.61, c2-4。高昌國時期。

LM20-1505-C0562c　《大威德陀羅尼經》卷一二

隋闍那崛多譯, CBETA, T21, no.1341, p.808, b2-4。唐時期。

LM20-1505-C0562d　《維摩詰所説經》卷下

姚秦鳩摩羅什譯, CBETA, T14, no.475, p.553, a16-19。高昌國時期。

LM20-1505-C0563a　《大般涅槃經》卷三

北涼曇無讖譯, CBETA, T12, no.374, p.382, a26-28。高昌國時期。

LM20-1505-C0563b　佛典殘片

唐時期。

LM20-1505-C0564a　《大般涅槃經》卷三

北涼曇無讖譯, CBETA, T12, no.374, p.383, c18-19。高昌國時期。

LM20-1505-C0564b　佛典殘片

高昌國時期。

LM20-1505-C0564c　《大般若波羅蜜多經》卷二五一

唐玄奘譯, CBETA, T06, no.220, p.267, a17-19。唐時期。

LM20-1505-C0564d　佛典殘片

唐時期。

LM20-1505-C0565a　佛典殘片

唐時期。

LM20-1505-C0565b　《金剛般若波羅蜜經》

姚秦鳩摩羅什譯, CBETA, T08, no.235, p.749, b21-23。唐時期。

LM20-1505-C0565c　《妙法蓮華經》卷四

姚秦鳩摩羅什譯, CBETA, T09, no.262, p.33, c22-25。唐時期。

LM20-1505-C0566a　佛典殘片

唐時期。

LM20-1505-C0566b　佛典殘片

唐時期。

LM20-1505-C0566c　佛典殘片

高昌國時期。

LM20-1505-C0566d　佛典殘片

唐時期。

LM20-1505-C0567a　《小品般若波羅蜜經》卷一

姚秦鳩摩羅什譯，CBETA，T08，no.227，p.538，b9-11。高昌國時期。

LM20-1505-C0567b　佛典殘片

唐時期。

LM20-1505-C0567c　《維摩義記》卷一

隋慧遠撰，CBETA，T38，no.1776，p.439，b15-16。唐時期。

LM20-1505-C0568a　《妙法蓮華經》卷五

姚秦鳩摩羅什譯，CBETA，T09，no.262，p.42，c5-7。高昌國時期。

LM20-1505-C0568b　佛典殘片

高昌國時期。

LM20-1505-C0568c　《大般涅槃經》卷三一

北涼曇無讖譯，CBETA，T12，no.374，p.552，c3-4。高昌國時期。

LM20-1505-C0569a　《勝天王般若波羅蜜經》卷三

陳月婆首那譯，CBETA，T08，no.231，p.705，c26-27。高昌國時期。

LM20-1505-C0569b　《妙法蓮華經》卷五

姚秦鳩摩羅什譯，CBETA，T09，no.262，p.44，a27-29。高昌國時期。

LM20-1505-C0570a　《净名經關中釋抄》卷上

唐道液撰，CBETA，T85，no.2778，p.511，a20-23。西州回鶻時期。

LM20-1505-C0570b　佛典注疏

高昌國時期。

LM20-1505-C0571a　《大般涅槃經》卷七

北涼曇無讖譯，CBETA，T12，no.374，p.403，b5-11。高昌國時期。

LM20-1505-C0571b　《大般涅槃經》卷四

北涼曇無讖譯，CBETA，T12，no.374，p.387，b7-9。唐時期。

LM20-1505-C0571c　《百論》卷下

姚秦鳩摩羅什譯，CBETA，T30，no.1569，p.177，c23-26。唐時期。

LM20-1505-C0572a　《大方廣佛華嚴經》卷四二（五十卷本）

東晉佛陀跋陀羅譯，《中華大藏經》第 12 册，511a14-17; 參 CBETA，T09，no.278，p.716，a2-8。高昌國時期。

LM20-1505-C0572b　《大般涅槃經》卷二四

北涼曇無讖譯，CBETA，T12，no.374，p.504，b18-20。高昌國時期。

LM20-1505-C0573a　《妙法蓮華經》卷一

姚秦鳩摩羅什譯，CBETA，T09，no.262，p.2，a25-27。唐時期。

LM20-1505-C0573b　《妙法蓮華經》卷五

姚秦鳩摩羅什譯，CBETA，T09，no.262，p.43，a14-18。高昌國時期。

LM20-1505-C0574a　《大般若波羅蜜多經》

唐玄奘譯，此段文字多處可見。唐時期。

LM20-1505-C0574b　《大般若波羅蜜多經》

唐玄奘譯，此段文字多處可見。唐時期。

LM2020-1505-C0574c　《妙法蓮華經》卷三

姚秦鳩摩羅什譯，CBETA, T09, no.262, p.24, c15–18。高昌國時期。

LM20-1505-C0575a　佛典殘片

高昌郡時期。

LM20-1505-C0575b　《大般涅槃經》卷二二

北涼曇無讖譯，CBETA, T12, no.374, p.496, b19–20。高昌國時期。

LM20-1505-C0575c　《大智度論》卷七三

姚秦鳩摩羅什譯，CBETA, T25, no.1509, p.573, a16–17。高昌國時期。

LM20-1505-C0575d　《妙法蓮華經》卷六

姚秦鳩摩羅什譯，CBETA, T09, no.262, p.50, c25–27。唐時期。

LM20-1505-C0575e　《金光明經》卷二

北涼曇無讖譯，CBETA, T16, no.663, p.345, b15–17。唐時期。

LM20-1505-C0576a　《佛説觀彌勒菩薩上生兜率天經》

劉宋沮渠京聲譯，CBETA, T14, no.452, p.419, b15–18。唐時期。

LM20-1505-C0576b　佛典殘片

高昌國時期。

LM20-1505-C0576c　《妙法蓮華經》卷二

姚秦鳩摩羅什譯，CBETA, T09, no.262, p.10, c14–19。唐時期。

LM20-1505-C0576d　《佛説隨願往生十方净土經》

參東晉帛尸梨蜜多羅譯《佛説灌頂經》卷一一，CBETA, T21, no.1331, p.532, a1–5。高昌國時期。

LM20-1505-C0577a　《維摩詰所説經》卷中

姚秦鳩摩羅什譯，CBETA, T14, no.475, p.548, b7–10。唐時期。

LM20-1505-C0577b　佛典殘片

唐時期。

LM20-1505-C0577c　《妙法蓮華經》卷六

姚秦鳩摩羅什譯，CBETA, T09, no.262, p.54, c17–21。高昌國時期。

LM20-1505-C0578a　《摩訶般若波羅蜜經》卷一八

姚秦鳩摩羅什譯，CBETA, T08, no.223, p.354, c1–5。高昌國時期。

LM20-1505-C0578b　《大智度論》卷四一

姚秦鳩摩羅什譯，CBETA，T25，no.1509，p.363，a21-23，"以不"作"不"。高昌郡時期。

LM20-1505-C0579 《妙法蓮華經》卷一

姚秦鳩摩羅什譯，CBETA，T09，no.262，p.9，b16-21。唐時期。

LM20-1505-C0580a 佛典殘片

唐時期。

LM20-1505-C0580b 《金剛般若波羅蜜經》

元魏菩提流支譯，CBETA，T08，no.236a，p.753，c1-3。唐時期。

LM20-1505-C0581a 《大乘集菩薩學論》卷五

劉宋法護等譯，CBETA，T32，no.1636，p.91，a11-13。高昌國時期。

LM20-1505-C0581b 《妙法蓮華經》卷七

姚秦鳩摩羅什譯，CBETA，T09，no.262，p.59，c5-7。唐時期。

LM20-1505-C0582a 《摩訶般若波羅蜜經》卷一八

姚秦鳩摩羅什譯，CBETA，T08，no.223，p.350，c21-24。高昌國時期。

LM20-1505-C0582b 《小品般若波羅蜜經》卷八

姚秦鳩摩羅什譯，CBETA，T08，no.227，p.572，a21-24。高昌國時期。

LM20-1505-C0582c 《金剛般若波羅蜜經》

元魏菩提流支譯，CBETA，T08，no.236a，p.754，b20-22。有朱筆句讀。唐時期。

LM20-1505-C0582d 《大般涅槃經》卷一五

北涼曇無讖譯，CBETA，T12，no.374，p.454，a13-16。唐時期。

LM20-1505-C0583a 《法句經》卷下

吳維祇難等譯，CBETA，T04，no.210，p.571，a18-23。行間夾寫小字"視"。高昌郡時期。參：《旅博選粹》，8。

LM20-1505-C0583b 佛典殘片

唐時期。

LM20-1505-C0583c 《妙法蓮華經》外題

姚秦鳩摩羅什譯。唐時期。

LM20-1505-C0583d 《大般涅槃經》卷四〇

北涼曇無讖譯，CBETA，T12，no.374，p.599，a28-b2。第1、2行間夾寫小字"作"。高昌國時期。

LM20-1505-C0584a 《光讚經》卷二

西晉竺法護譯，CBETA，T08，no.222，p.161，a21-24。高昌國時期。

LM20-1505-C0584b 《大般涅槃經後分》卷上

唐若那跋陀羅譯，CBETA，T12，no.377，p.900，c10-12。唐時期。

LM20-1505-C0584c 《大般涅槃經》卷一六

北涼曇無讖譯, CBETA, T12, no.374, p.459, a4-6。高昌國時期。

LM20-1505-C0584d　《大般涅槃經》卷三二

北涼曇無讖譯, CBETA, T12, no.374, p.556, b10-14。高昌國時期。

LM20-1505-C0585a　佛典殘片

唐時期。

LM20-1505-C0585b　《大通方廣懺悔滅罪莊嚴成佛經》卷下

作者不詳, CBETA, T85, no.2871, p.1353, c17-19。高昌國時期。

LM20-1505-C0585c　《大般涅槃經》卷一五

北涼曇無讖譯, CBETA, T12, no.374, p.452, a21-23。高昌國時期。

LM20-1505-C0585d　佛典殘片

唐時期。

LM20-1505-C0586a　《大威德陀羅尼經》卷一八

隋闍那崛多譯, CBETA, T21, no.1341, p.831, b7。唐時期。

LM20-1505-C0586b　《妙法蓮華經》卷二

姚秦鳩摩羅什譯, CBETA, T09, no.262, p.17, a25-26。唐時期。

LM20-1505-C0587a　《雜阿含經》卷一二

劉宋求那跋陀羅譯, CBETA, T02, no.99, p.83, a14-15。印本。西州回鶻時期。

LM20-1505-C0587b　佛典殘片

高昌郡時期。

LM20-1505-C0588a　《妙法蓮華經》卷五

姚秦鳩摩羅什譯, CBETA, T09, no.262, p.41, c11-13。唐時期。

LM20-1505-C0588b　《妙法蓮華經》卷五

姚秦鳩摩羅什譯, CBETA, T09, no.262, p.39, c23-25。唐時期。

LM20-1505-C0589a　《金剛般若波羅蜜經》

元魏菩提流支譯, CBETA, T08, no.236a, p.754, c25-28。唐時期。

LM20-1505-C0589b　佛典殘片

高昌郡時期。

LM20-1505-C0590a　《佛説大方廣菩薩十地經》

元魏吉迦夜譯, CBETA, T10, no.308, p.964, b15-17。高昌國時期。

LM20-1505-C0590b　佛典殘片

唐時期。

LM20-1505-C0590c　《攝大乘論釋》卷九

陳真諦譯, CBETA, T31, no.1595, p.218, b29-c5。唐時期。

LM20-1505-C0591a　《妙法蓮華經》卷五

姚秦鳩摩羅什譯，CBETA，T09，no.262，p.42，b21-23。高昌國時期。

LM20-1505-C0591b　《正法念處經》卷四二

元魏般若流支譯，CBETA，T17，no.721，p.251，a6-11。高昌國時期。

LM20-1505-C0592a　《維摩詰所説經》卷上

姚秦鳩摩羅什譯，CBETA，T14，no.475，p.541，b16-18。唐時期。

LM20-1505-C0592b　《大般涅槃經》卷一六

北涼曇無讖譯，CBETA，T12，no.374，p.462，c4-9，"乙"作"亦"。高昌郡時期。

LM20-1505-C0593a　《大般涅槃經》卷三五

北涼曇無讖譯，CBETA，T12，no.374，p.571，c25-27。唐時期。

LM20-1505-C0593b　《雜阿含經》卷三一

劉宋求那跋陀羅譯，此段文字多處可見。唐時期。

LM20-1505-C0594a　《大般涅槃經》卷三八

北涼曇無讖譯，CBETA，T12，no.374，p.586，c28-p.587，a1。唐時期。

LM20-1505-C0594b　《妙法蓮華經》卷二

姚秦鳩摩羅什譯，CBETA，T09，no.262，p.14，a2-7。唐時期。

LM20-1505-C0595a　《妙法蓮華經》卷二

姚秦鳩摩羅什譯，CBETA，T09，no.262，p.14，c1-5。唐時期。

LM20-1505-C0595b　《大般涅槃經》卷三二

北涼曇無讖譯，CBETA，T12，no.374，p.554，a15-16。高昌國時期。

LM20-1505-C0596a　《大莊嚴論經》卷五

姚秦鳩摩羅什譯，CBETA，T04，no.201，p.286，b20-25。唐時期。

LM20-1505-C0596b　《大智度論》卷二九

姚秦鳩摩羅什譯，CBETA，T25，no.1509，p.275，a29-b4。高昌國時期。

LM20-1505-C0597a　《妙法蓮華經》卷三

姚秦鳩摩羅什譯，CBETA，T09，no.262，p.20，a25-b1。唐時期。

LM20-1505-C0597b　《阿差末菩薩經》卷四

西晉竺法護譯，CBETA，T13，no.403，p.597，c18-20。唐時期。

LM20-1505-C0598a　《添品妙法蓮華經》卷二

隋闍那崛多、達摩笈多譯，CBETA，T09，no.264，p.149，c26-27。唐時期。

LM20-1505-C0598b　《大般涅槃經後分》卷上

唐若那跋陀羅譯，CBETA，T12，no.377，p.901，b9-12。唐時期。

LM20-1505-C0598c　《大般涅槃經》

北涼曇無讖譯，此段文字多處可見。唐時期。

LM20-1505-C0599a　《金光明經》卷四

北涼曇無讖譯, CBETA, T16, no.663, p.353, b10-12。唐時期。

LM20-1505-C0599b　《妙法蓮華經》卷四

姚秦鳩摩羅什譯, CBETA, T09, no.262, p.30, c5-9。高昌國時期。

LM20-1505-C0599c　佛典殘片

唐時期。

LM20-1505-C0600a　佛典殘片

唐時期。

LM20-1505-C0600b　《佛說觀藥王藥上二菩薩經》

劉宋畺良耶舍譯, CBETA, T20, no.1161, p.661, c28-29。唐時期。

LM20-1505-C0601a　《勝天王般若波羅蜜經》卷六

陳月婆首那譯, CBETA, T08, no.231, p.719, c27-p.720, a1。高昌國時期。

LM20-1505-C0601b　《佛說大乘造像功德經》卷上

唐提雲般若譯, CBETA, T16, no.694, p.790, c22-25。唐時期。

LM20-1505-C0602a　《大般涅槃經》卷二

北涼曇無讖譯, CBETA, T12, no.374, p.371, c27-29。高昌國時期。

LM20-1505-C0602b　殘片

唐時期。

LM20-1505-C0603a　佛典殘片

唐時期。

LM20-1505-C0603b　《大智度論》卷六○

姚秦鳩摩羅什譯, CBETA, T25, no.1509, p.484, b15-20, "人"作"法人", "若是名"作"波羅蜜是名"。高昌國時期。

LM20-1505-C0604a　《大般涅槃經》卷二三

北涼曇無讖譯, CBETA, T12, no.374, p.500, a2-5。高昌國時期。

LM20-1505-C0604b　《佛說觀佛三昧海經》卷五

東晉佛陀跋陀羅譯, CBETA, T15, no.643, p.672, b27-29。高昌國時期。

LM20-1505-C0605a　《妙法蓮華經》卷七

姚秦鳩摩羅什譯, CBETA, T09, no.262, p.57, a14-17。唐時期。

LM20-1505-C0605b　《放光般若經》卷八

西晉無羅叉譯, CBETA, T08, no.221, p.56, b28-c2。高昌國時期。

LM20-1505-C0606a　《大通方廣懺悔滅罪莊嚴成佛經》卷上

作者不詳, CBETA, T85, no.2871, p.1341, b18-21。高昌國時期。

LM20-1505-C0606b　《妙法蓮華經》卷三

姚秦鳩摩羅什譯, CBETA, T09, no.262, p.20, b3。唐時期。

LM20-1505-C0607a 《妙法蓮華經》卷四

姚秦鳩摩羅什譯，CBETA, T09, no.262, p.32, c12-14。唐時期。

LM20-1505-C0607b 佛典殘片

高昌國時期。

LM20-1505-C0607c 《佛說佛名經》

元魏菩提流支譯，此段文字多處可見。唐時期。

LM20-1505-C0607d 《妙法蓮華經》卷四

姚秦鳩摩羅什譯，CBETA, T09, no.262, p.32, c6-7。唐時期。

LM20-1505-C0608a 《金剛般若波羅蜜經》

姚秦鳩摩羅什譯，CBETA, T08, no.235, p.750, c19-22。西州回鶻時期。

LM20-1505-C0608b 《妙法蓮華經》卷四

姚秦鳩摩羅什譯，CBETA, T09, no.262, p.33, a26-28。唐時期。

LM20-1505-C0609a 《大般涅槃經》卷二九

北涼曇無讖譯，CBETA, T12, no.374, p.539, a15-16。高昌國時期。

LM20-1505-C0609b 佛典殘片

高昌國時期。

LM20-1505-C0610a 佛典殘片

唐時期。

LM20-1505-C0610b 《摩訶般若波羅蜜經》卷九

姚秦鳩摩羅什譯，CBETA, T08, no.223, p.283, b26-28。高昌國時期。

LM20-1505-C0611a 《大般若波羅蜜多經》卷五一七

唐玄奘譯，CBETA, T07, no.220, p.645, c23-24。唐時期。

LM20-1505-C0611b 佛典注疏

高昌國時期。

LM20-1505-C0612a 《大智度論》卷四一

姚秦鳩摩羅什譯，CBETA, T25, no.1509, p.360, b10-12。高昌郡時期。

LM20-1505-C0612b 《摩訶般若波羅蜜經》卷一一

姚秦鳩摩羅什譯，此段文字多處可見。高昌國時期。

LM20-1505-C0613a 佛典注疏

唐時期。

LM20-1505-C0613b 《大智度論》卷一九

姚秦鳩摩羅什譯，CBETA, T25, no.1509, p.200, b7-10。高昌國時期。

LM20-1505-C0614a 《大般涅槃經》卷三九

北涼曇無讖譯，CBETA, T12, no.374, p.591, a13-16。唐時期。

LM20-1505-C0614b　《大般若波羅蜜多經》

唐玄奘譯，此段文字多處可見。唐時期。

LM20-1505-C0615a　《大般若波羅蜜多經》卷五六三

唐玄奘譯，CBETA，T07，no.220，p.907，b13–15。唐時期。

LM20-1505-C0615b　《妙法蓮華經》卷四

姚秦鳩摩羅什譯，CBETA，T09，no.262，p.27，c11–13。唐時期。

LM20-1505-C0616a　《大般涅槃經》卷二七

北涼曇無讖譯，CBETA，T12，no.374，p.525，a15–17。唐時期。

LM20-1505-C0616b　《大般涅槃經》卷一三

北涼曇無讖譯，CBETA，T12，no.374，p.442，b26–28。唐時期。

LM20-1505-C0617a　《急就篇》

參張傳官撰《急就篇校理》，中華書局，2017 年，444–445 頁。高昌國時期。

LM20-1505-C0617b　佛典殘片

唐時期。

LM20-1505-C0617c　《法句經》卷上

吳維祇難等譯，CBETA，T04，no.210，p.559，a22–24。高昌國時期。

LM20-1505-C0618a　《金剛般若波羅蜜經》

姚秦鳩摩羅什譯，CBETA，T08，no.235，p.750，a16–18。唐時期。

LM20-1505-C0618b　《妙法蓮華經》卷三

姚秦鳩摩羅什譯，CBETA，T09，no.262，p.20，a21–24。唐時期。

LM20-1505-C0618c　佛典殘片

唐時期。

LM20-1505-C0619a　《金光明經》卷四

北涼曇無讖譯，CBETA，T16，no.663，p.353，a5–9。唐時期。

LM20-1505-C0619b　《妙法蓮華經》卷一

姚秦鳩摩羅什譯，CBETA，T09，no.262，p.2，c11–14。唐時期。

LM20-1505-C0619c　佛典殘片

參作者不詳《佛說法句經》，CBETA，T85，no.2901，p.1435，b6–8。唐時期。

LM20-1505-C0620a　佛典殘片

高昌國時期。

LM20-1505-C0620b　佛典殘片

唐時期。

LM20-1505-C0621a　《大般涅槃經》卷一四

北涼曇無讖譯，CBETA，T12，no.374，p.445，c4–6。高昌國時期。

LM20-1505-C0621b　佛典殘片

高昌國時期。

LM20-1505-C0622a　佛名經

唐時期。

LM20-1505-C0622b　《大般涅槃經》卷三五

北涼曇無讖譯，CBETA，T12，no.374，p.569，b2–6。高昌國時期。

LM20-1505-C0623a　佛典殘片

唐時期。

LM20-1505-C0623b　《光讚經》卷四

西晉竺法護譯，CBETA，T08，no.222，p.175，a12–15。高昌國時期。

LM20-1505-C0623c　《妙法蓮華經》卷二

姚秦鳩摩羅什譯，CBETA，T09，no.262，p.16，b8–12。唐時期。

LM20-1505-C0624a　《阿毗曇毗婆沙論》卷三

北涼浮陀跋摩、道泰譯，CBETA，T28，no.1546，p.21，a4–9。高昌國時期。

LM20-1505-C0624b　《阿毗曇毗婆沙論》卷三

北涼浮陀跋摩、道泰譯，CBETA，T28，no.1546，p.21，a3–8。第3、4行間夾寫小字“□至”。高昌國時期。

LM20-1505-C0625a　《妙法蓮華經》卷三

姚秦鳩摩羅什譯，CBETA，T09，no.262，p.19，b3–5。唐時期。

LM20-1505-C0625b　《佛本行集經》卷二七

隋闍那崛多譯，CBETA，T03，no.190，p.777，b4–6。高昌國時期。

參：段真子2019，161。

LM20-1505-C0626a　《妙法蓮華經》卷四

姚秦鳩摩羅什譯，CBETA，T09，no.262，p.29，a10–13。唐時期。

LM20-1505-C0626b　《中論》卷一

姚秦鳩摩羅什譯，CBETA，T30，no.1564，p.8，c17–21。高昌國時期。

參：《旅博選粹》，146

LM20-1505-C0627a　佛典殘片

高昌國時期。

LM20-1505-C0627b　《妙法蓮華經》卷三

姚秦鳩摩羅什譯，CBETA，T09，no.262，p.20，b16–19。西州回鶻時期。

LM20-1505-C0628a　佛名經

唐時期。

LM20-1505-C0628b　《大般若波羅蜜多經》

唐玄奘譯，此段文字多處可見。唐時期。

LM20-1505-C0629a　《四分律》卷三二

姚秦佛陀耶舍、竺佛念等譯，CBETA, T22, no.1428, p.789, a28–b1。高昌國時期。

LM20-1505-C0629b　佛典殘片

唐時期。

LM20-1505-C0630a　佛典殘片

高昌國時期。

LM20-1505-C0630b　佛典殘片

高昌國時期。

LM20-1505-C0631a　《大方廣佛華嚴經》卷四八（五十卷本）

東晉佛陀跋陀羅譯，《中華大藏經》第 12 冊, 569b14–15; 參 CBETA, T09, no.278, p.769, c27–29。高昌國時期。

LM20-1505-C0631b　書信

西州回鶻時期。

LM20-1505-C0632a　《妙法蓮華經》卷三

姚秦鳩摩羅什譯，CBETA, T09, no.262, p.22, c3–7。唐時期。

LM20-1505-C0632b　《大方廣佛華嚴經》卷六〇

東晉佛陀跋陀羅譯，CBETA, T09, no.278, p.781, b15–18。唐時期。

LM20-1505-C0633a　佛典殘片

唐時期。

LM20-1505-C0633b　佛典殘片

唐時期。

LM20-1505-C0633c　《大般涅槃經》卷二二

北涼曇無讖譯，CBETA, T12, no.374, p.495, c18–20。高昌國時期。

參:《旅博選粹》, 50。

LM20-1505-C0634a　《大明度經》卷六

吳支謙譯，CBETA, T08, no.225, p.504, c18–21。高昌郡時期。

LM20-1505-C0634b　《大般涅槃經》卷二

北涼曇無讖譯，CBETA, T12, no.374, p.378, a6。高昌國時期。

LM20-1505-C0634c　《金剛般若波羅蜜經》

姚秦鳩摩羅什譯，CBETA, T08, no.236a, p.754, a14–16。唐時期。

LM20-1505-C0635a　《妙法蓮華經》卷四

姚秦鳩摩羅什譯，CBETA, T09, no.262, p.30, b29–c2。唐時期。

LM20-1505-C0635b　佛典殘片

高昌國時期。

LM20-1505-C0635c　《大般涅槃經》卷一三

北涼曇無讖譯，CBETA，T12，no.374，p.440，b7–8。唐時期。

LM20-1505-C0635d　《妙法蓮華經》卷六

姚秦鳩摩羅什譯，CBETA，T09，no.262，p.51，c24–27。唐時期。

LM20-1505-C0636a　《涅槃經》寫經題記

高昌國時期。

參：王宇、王梅2006b，60。

LM20-1505-C0636b　《十誦律》卷三三

姚秦弗若多羅譯，此段文字多處可見。高昌國時期。

LM20-1505-C0636c　《妙法蓮華經》卷七

姚秦鳩摩羅什譯，CBETA，T09，no.262，p.58，a16–20。唐時期。

LM20-1505-C0636d　《妙法蓮華經》卷四

姚秦鳩摩羅什譯，CBETA，T09，no.262，p.29，c7–11。唐時期。

LM20-1505-C0636e　佛典殘片

唐時期。

LM20-1505-C0637a　佛典殘片

高昌國時期。

LM20-1505-C0637b　佛典殘片

高昌國時期。

LM20-1505-C0637c　佛典殘片

高昌國時期。

LM20-1505-C0638a　《大般涅槃經》卷二

北涼曇無讖譯，CBETA，T12，no.374，p.372，c8–12。高昌國時期。

LM20-1505-C0638b　佛典殘片

高昌國時期。

LM20-1505-C0638c　《文殊師利所説摩訶般若波羅蜜經》卷上

梁曼陀羅仙譯，CBETA，T08，no.232，p.728，a14–18。高昌國時期。

LM20-1505-C0638d　《妙法蓮華經》卷二

姚秦鳩摩羅什譯，CBETA，T09，no.262，p.12，b28–c2。唐時期。

LM20-1505-C0639a　《大般涅槃經》卷二三

北涼曇無讖譯，CBETA，T12，no.374，p.501，a18–19。唐時期。

LM20-1505-C0639b　《千字文》

西州回鶻時期。

LM20-1505-C0639c　《妙法蓮華經》卷四

姚秦鳩摩羅什譯，CBETA, T09, no.262, p.29, a5-8。高昌國時期。

LM20-1505-C0640a　《摩訶般若波羅蜜經》卷六

姚秦鳩摩羅什譯，此段文字多處可見。高昌國時期。

LM20-1505-C0640b　佛典殘片

參西晉無羅叉譯《放光般若經》卷九，CBETA, T08, no.221, p.66, c20-21。高昌國時期。

LM20-1505-C0640c　佛典殘片

高昌國時期。

LM20-1505-C0641a　殘片

唐時期。

LM20-1505-C0641b　佛典殘片

唐時期。

LM20-1505-C0641c　《大般涅槃經》卷一一

北涼曇無讖譯，CBETA, T12, no.374, p.433, c15-18。高昌國時期。

LM20-1505-C0642a　《摩訶般若波羅蜜經》卷一二

姚秦鳩摩羅什譯，CBETA, T08, no.223, p.309, b9-11。唐時期。

LM20-1505-C0642b　《大般涅槃經》卷一一

北涼曇無讖譯，CBETA, T12, no.374, p.432, a24-28。高昌國時期。

LM20-1505-C0642c　《妙法蓮華經》卷一

姚秦鳩摩羅什譯，CBETA, T09, no.262, p.2, b24-26。高昌國時期。

LM20-1505-C0643a　《文殊師利所説般若波羅蜜經》

梁僧伽婆羅譯，CBETA, T08, no.233, p.735, a19-21。唐時期。

LM20-1505-C0643b　《小品般若波羅蜜經》卷四

姚秦鳩摩羅什譯，CBETA, T08, no.227, p.552, b12-15。高昌郡時期。

LM20-1505-C0643c　《佛頂尊勝陀羅尼經》

唐佛陀波利譯，CBETA, T19, no.967, p.350, a16-18。唐時期。

LM20-1505-C0643d　《大般涅槃經》卷一一

北涼曇無讖譯，CBETA, T12, no.374, p.433, c15-16。唐時期。

LM20-1505-C0644a　《妙法蓮華經》卷三

姚秦鳩摩羅什譯，CBETA, T09, no.262, p.19, b13-17。唐時期。

LM20-1505-C0644b　《像法決疑經》

作者不詳，CBETA, T85, no.2870, p.1336, a23-24。唐時期。

LM20-1505-C0644c　佛典殘片

唐時期。

LM20-1505-C0644d 《小品般若波羅蜜經》卷六

　　姚秦鳩摩羅什譯，CBETA，T08，no.227，p.563，c11–13。唐時期。

LM20-1505-C0644e 《金剛般若波羅蜜經》

　　姚秦鳩摩羅什譯，CBETA，T08，no.236a，p.754，a28–b1。唐時期。

LM20-1505-C0645a 《金光明經》卷二

　　北涼曇無讖譯，CBETA，T16，no.663，p.345，b12–15。高昌國時期。

LM20-1505-C0645b 《十誦律》卷一〇

　　姚秦弗若多羅譯，CBETA，T23，no.1435，p.73，b6–7。高昌國時期。

LM20-1505-C0645c 《妙法蓮華經》卷三

　　姚秦鳩摩羅什譯，CBETA，T09，no.262，p.22，b27–29。唐時期。

LM20-1505-C0645d 佛典殘片

　　高昌郡時期。

LM20-1505-C0645e 《大通方廣懺悔滅罪莊嚴成佛經》卷中

　　作者不詳，CBETA，T85，no.2871，p.1345，a57–b9。高昌國時期。

LM20-1505-C0646a 《金光明經》卷四

　　北涼曇無讖譯，CBETA，T16，no.663，p.357，b28–c1。高昌國時期。

LM20-1505-C0646b 《大智度論》卷四九

　　姚秦鳩摩羅什譯，CBETA，T25，no.1509，p.410，a7–9。高昌國時期。

LM20-1505-C0646c 佛典殘片

　　高昌國時期。

LM20-1505-C0646d 佛典殘片

　　高昌郡時期。

LM20-1505-C0646e 《大般涅槃經》卷二七

　　北涼曇無讖譯，CBETA，T12，no.374，p.523，a10–12。高昌國時期。

LM20-1505-C0647a 《七佛八菩薩所説大陀羅尼神咒經》卷一

　　譯者不詳，CBETA，T21，no.1332，p.536，c22–24。高昌國時期。

LM20-1505-C0647b 《金剛般若波羅蜜經》

　　姚秦鳩摩羅什譯，此段文字多處可見。唐時期。

LM20-1505-C0647c 佛典殘片

　　唐時期。

LM20-1505-C0647d 《妙法蓮華經》卷二

　　姚秦鳩摩羅什譯，CBETA，T09，no.262，p.14，a5–9。唐時期。

LM20-1505-C0647e 《摩訶般若波羅蜜經》卷二六

　　姚秦鳩摩羅什譯，CBETA，T08，no.223，p.413，b27–29。唐時期。

LM20-1505-C0647f　佛典殘片

唐時期。

LM20-1505-C0648a　《瑜伽師地論》卷六

唐玄奘譯，CBETA，T30，no.1579，p.307，c27–29。唐時期。

LM20-1505-C0648b　藥方殘片（？）

唐時期。

LM20-1505-C0649a　《妙法蓮華經》卷三

姚秦鳩摩羅什譯，CBETA，T09，no.262，p.25，c24–26。唐時期。

LM20-1505-C0649b　《大方廣佛華嚴經》卷二七

唐實叉難陀譯，CBETA，T10，no.279，p.144，b18–22。唐時期。

LM20-1505-C0650a　佛典殘片

印本。西州回鶻時期。

LM20-1505-C0650b　殘片

高昌國時期。

LM20-1505-C0650c　《佛説佛名經》卷八

元魏菩提流支譯，CBETA，T14，no.440，p.159，a19–20。唐時期。

LM20-1505-C0650d　殘片

高昌國時期。

LM20-1505-C0650e　佛典殘片

唐時期。

LM20-1505-C0650f　佛典殘片

唐時期。

LM20-1505-C0650g　《摩訶般若波羅蜜經》卷一八

姚秦鳩摩羅什譯，CBETA，T08，no.223，p.350，b29–c1。高昌國時期。

LM20-1505-C0650h　《大方廣佛華嚴經》卷六

東晉佛陀跋陀羅譯，CBETA，T09，no.278，p.431，c18–20。唐時期。

LM20-1505-C0650i　《妙法蓮華經》卷四

姚秦鳩摩羅什譯，CBETA，T09，no.262，p.28，a2–4。高昌國時期。

LM20-1505-C0651a　《妙法蓮華經》卷一

姚秦鳩摩羅什譯，CBETA，T09，no.262，p.3，c25–29。高昌國時期。

LM20-1505-C0651b　《妙法蓮華經》卷四

姚秦鳩摩羅什譯，CBETA，T09，no.262，p.28，a15–18。唐時期。

LM20-1505-C0652a　《大般涅槃經》卷三三

北涼曇無讖譯，CBETA，T12，no.374，p.562，b20–23。高昌郡時期。

LM20-1505-C0652b　佛典殘片

　　唐時期。

LM20-1505-C0652c　佛典殘片

　　西州回鶻時期。

LM20-1505-C0653a　佛典殘片

　　高昌國時期。

LM20-1505-C0653b　佛名經

　　高昌國時期。

LM20-1505-C0653c　佛典殘片

　　唐時期。

LM20-1505-C0653d　殘片

　　唐時期。

LM20-1505-C0653e　佛典殘片

　　唐時期。

LM20-1505-C0653f　《大智度論》卷一九

　　姚秦鳩摩羅什譯，CBETA，T25，no.1509，p.202，c18-20。唐時期。

LM20-1505-C0654a　《大愛道比丘尼經》卷下

　　譯者不詳，CBETA，T24，no.1478，p.951，c4-8。唐時期。

LM20-1505-C0654b　《大般涅槃經》卷一〇

　　北涼曇無讖譯，CBETA，T12，no.375，p.669，a7-10。高昌國時期。

LM20-1505-C0654c　《妙法蓮華經》卷二

　　姚秦鳩摩羅什譯，CBETA，T09，no.262，p.14，a5-11。有貼附殘片，無法揭取。唐時期。

LM20-1505-C0654d　《妙法蓮華經》注疏

　　參姚秦鳩摩羅什譯《妙法蓮華經》卷二，CBETA，T09，no.262，p.10，c10。有雙行小字注。
　　唐時期。

LM20-1505-C0654e　佛典殘片

　　唐時期。

LM20-1505-C0654f　佛名經

　　高昌國時期。

LM20-1505-C0655a　佛典殘片

　　高昌國時期。

LM20-1505-C0655b　《妙法蓮華經》卷四

　　姚秦鳩摩羅什譯，CBETA，T09，no.262，p.33，a18-20。唐時期。

LM20-1505-C0655c　《大般涅槃經》卷一

北涼曇無讖譯，CBETA, T12, no.374, p.371, b2–5。高昌國時期。

LM20-1505-C0655d　《大寶積經》卷六五

高齊那連提耶舍譯，CBETA, T11, no.310, p.374, a28–b3。唐時期。

LM20-1505-C0655e　《大般涅槃經》卷一五

北涼曇無讖譯，CBETA, T12, no.374, p.455, a9–12。高昌國時期。

LM20-1505-C0656a　佛典殘片

高昌國時期。

LM20-1505-C0656b　佛名經

參元魏菩提流支《佛説佛名經》卷七，CBETA, T14, no.440, p.150, c29–p.151, a2。唐時期。

LM20-1505-C0656c　佛典殘片

唐時期。

LM20-1505-C0656d　佛典殘片

高昌國時期。

LM20-1505-C0656e　《妙法蓮華經》卷三

姚秦鳩摩羅什譯，CBETA, T09, no.262, p.21, a21–23。唐時期。

LM20-1505-C0657a　《菩薩地持經》卷三

北涼曇無讖譯，CBETA, T30, no.1581, p.903, a11–13。高昌國時期。

LM20-1505-C0657b　《放光般若經》卷五

西晉無羅叉譯，CBETA, T08, no.221, p.37, c25–27。高昌國時期。

LM20-1505-C0657c　《大般涅槃經》卷四

北涼曇無讖譯，CBETA, T12, no.374, p.389, b3–7。高昌國時期。

LM20-1505-C0658a　《大方廣佛華嚴經》卷五（五十卷本）

東晉佛陀跋陀羅譯，《中華大藏經》第12冊，55b21–1; 參CBETA, T09, no.278, p.430, a26–b2。高昌國時期。

LM20-1505-C0658b　《寂調音所問經》

劉宋法海譯，CBETA, T24, no.1490, p.1081, c3–5。高昌國時期。

LM20-1505-C0659a　佛典殘片

西州回鶻時期。

LM20-1505-C0659b　《大般涅槃經後分》卷上

唐若那跋陀羅譯，CBETA, T12, no.377, p.900, c9–10。唐時期。

LM20-1505-C0660a　《十方千五百佛名經》

譯者不詳，CBETA, T14, no.442, p.312, b10–14，"寶高"作"高寶"。高昌國時期。

LM20-1505-C0660b　《大智度論》卷八

姚秦鳩摩羅什譯，CBETA，T25，no.1509，p.116，c4-8。高昌國時期。

LM20-1505-C0661a 《大般若波羅蜜多經》卷二〇四

唐玄奘譯，CBETA，T06，no.220，p.20，c19-24。唐時期。

LM20-1505-C0661b 《大般涅槃經》卷三八

北凉曇無讖譯，CBETA，T12，no.374，p.588，b12-16。高昌國時期。

LM20-1505-C0662a 《佛説佛名經》卷八

元魏菩提流支譯，CBETA，T14，no.440，p.161，c11-13。唐時期。

LM20-1505-C0662b 《大般涅槃經》卷二五

北凉曇無讖譯，CBETA，T12，no.374，p.511，a11-12。高昌國時期。

LM20-1505-C0663a 《佛頂尊勝陀羅尼經》

唐佛陀波利譯，CBETA，T19，no.967，p.352，b5-6。唐時期。

LM20-1505-C0663b 《合部金光明經》卷六

隋闍那崛多譯，隋寶貴合，CBETA，T16，no.664，p.387，b3-8。唐時期。

LM20-1505-C0664a 《摩訶般若波羅蜜經》卷二七

姚秦鳩摩羅什譯，CBETA，T08，no.223，p.421，b9-13。高昌國時期。

LM20-1505-C0664b 《佛説仁王般若波羅蜜經》卷下

姚秦鳩摩羅什譯，CBETA，T08，no.245，p.832，a7-12。高昌國時期。

LM20-1505-C0665a 《光讚經》卷七

西晉竺法護譯，CBETA，T08，no.222，p.194，b8-13，"於"作"於是"。第3、4行間夾寫小字"覺"。唐時期。

LM20-1505-C0665b 《十地經論》卷一二

元魏菩提流支等譯，CBETA，T26，no.1522，p.200，a2-5。高昌國時期。

LM20-1505-C0666 《妙法蓮華經》卷二

姚秦鳩摩羅什譯，CBETA，T09，no.262，p.18，a19-26。唐時期。

LM20-1505-C0667a 佛名經

高昌國時期。

LM20-1505-C0667b 《妙法蓮華經》卷一

姚秦鳩摩羅什譯，CBETA，T09，no.262，p.8，b2-7。高昌國時期。

LM20-1505-C0668a 《俱舍論頌疏論本》卷二八

唐圓暉述，CBETA，T41，no.1823，p.974，c27-p.975，a2。唐時期。

LM20-1505-C0668b 《摩訶般若波羅蜜經》卷一二

姚秦鳩摩羅什譯，CBETA，T08，no.223，p.307，a17-20。高昌國時期。

LM20-1505-C0669a 《大般若波羅蜜多經》卷四六六

唐玄奘譯，此段文字多處可見。唐時期。

LM20-1505-C0669b 《大般涅槃經》卷二二

北涼曇無讖譯，CBETA, T12, no.374, p.497, a12-13。高昌國時期。

LM20-1505-C0669c 《金光明最勝王經》卷六

唐義淨譯，CBETA, T16, no.665, p.427, c22-24。唐時期。

LM20-1505-C0670a 《大方等陀羅尼經》卷四

北涼法衆譯，CBETA, T21, no.1339, p.656, b9-10。高昌國時期。

LM20-1505-C0670b 《妙法蓮華經》卷六

姚秦鳩摩羅什譯，CBETA, T09, no.262, p.54, a22-24。唐時期。

LM20-1505-C0671a 《妙法蓮華經》卷三

姚秦鳩摩羅什譯，CBETA, T09, no.262, p.21, a22-24。唐時期。

LM20-1505-C0671b 《治禪病祕要法》卷上

劉宋沮渠京聲譯，CBETA, T15, no.620, p.336, b18-24。高昌國時期。

參：包曉悦 2016, 112-122。

LM20-1505-C0671c 《摩訶般若波羅蜜經》卷一三

姚秦鳩摩羅什譯，CBETA, T08, no.223, p.318, b26-29。唐時期。

LM20-1505-C0672a 《大般若波羅蜜多經》卷三三二外題

唐玄奘譯，CBETA, T06, no.220, p.699, c24-25。唐時期。

LM20-1505-C0672b 佛典殘片

參東晉帛尸梨蜜多羅譯《佛説灌頂章句拔除過罪生死得度經》，CBETA, F03, no.88, p.2, a24。高昌國時期。

LM20-1505-C0672c 《道行般若經》卷二

後漢支婁迦讖譯，CBETA, T08, no.224, p.432, b25-27。高昌郡時期。

LM20-1505-C0673a 佛典殘片

唐時期。

LM20-1505-C0673b 佛典注疏

高昌國時期。

LM20-1505-C0673c 《放光般若經》卷八

西晉無羅叉譯，此段文字多處可見。高昌國時期。

LM20-1505-C0674a 《妙法蓮華經》卷三

姚秦鳩摩羅什譯，CBETA, T09, no.262, p.25, a4-7。唐時期。

LM20-1505-C0674b 佛典殘片

唐時期。

LM20-1505-C0675a 《金光明經》卷二

北涼曇無讖譯，CBETA, T16, no.663, p.345, b10-14。高昌國時期。

LM20-1505-C0675b　《大般涅槃經後分》卷上

唐若那跋陀羅譯，CBETA，T12，no.377，p.905，a10-13。唐時期。

LM20-1505-C0675c　《妙法蓮華經》卷三

姚秦鳩摩羅什譯，CBETA，T09，no.262，p.25，a2-3。唐時期。

LM20-1505-C0675d　佛典殘片

高昌國時期。

LM20-1505-C0675e　佛典殘片

唐時期。

LM20-1505-C0676a　《維摩詰所説經》卷下

姚秦鳩摩羅什譯，CBETA，T14，no.475，p.554，a12-15。高昌國時期。

LM20-1505-C0676b　《妙法蓮華經》卷六

姚秦鳩摩羅什譯，CBETA，T09，no.262，p.52，a8-11。唐時期。

LM20-1505-C0676c　《梵網經》卷下

姚秦鳩摩羅什譯，CBETA，T24，no.1484，p.1007，b25-28。唐時期。

LM20-1505-C0677a　《大般若波羅蜜多經》

唐玄奘譯，此段文字多處可見。印本。唐時期。

LM20-1505-C0677b　佛典殘片

高昌國時期。

LM20-1505-C0677c　佛典殘片

高昌國時期。

LM20-1505-C0677d　殘片

有朱筆句讀。唐時期。

LM20-1505-C0677e　《十地經論義記》卷二

隋慧遠撰，CBETA，X45，no.753，p.63，a21-b1，“與”作“此”。第2、3行間夾寫小字。
高昌國時期。

LM20-1505-C0678a　《大般涅槃經》卷三二

北涼曇無讖譯，CBETA，T12，no.374，p.560，a2-4。高昌國時期。

LM20-1505-C0678b　《大般涅槃經》卷二五

北涼曇無讖譯，CBETA，T12，no.374，p.516，a26-28。高昌國時期。

LM20-1505-C0679a　《大般涅槃經》卷二二

北涼曇無讖譯，CBETA，T12，no.374，p.497，a14-16。高昌國時期。

LM20-1505-C0679b　《摩訶般若波羅蜜經》卷二七

姚秦鳩摩羅什譯，CBETA，T08，no.223，p.417，a18-19。高昌國時期。

LM20-1505-C0679c　《佛説灌頂經》卷一一

東晉帛尸梨蜜多羅譯，CBETA, T21, no.1331, p.531, b7–10。唐時期。

LM20-1505-C0679d 《大乘大集地藏十輪經》卷五

唐玄奘譯，CBETA, T13, no.411, p.745, b17–21。唐時期。

LM20-1505-C0680a 《維摩詰經》注疏

參隋吉藏撰《維摩經義疏》卷二，CBETA, T38, no.1781, p.927, a24–27。唐時期。

LM20-1505-C0680b 《大唐龍興三藏聖教序》

唐中宗撰。參敦煌本 P.3154 第 63–64 行。唐時期。

參：王衛平 2019，262。

LM20-1505-C0680c 《大般涅槃經》卷三三

北涼曇無讖譯，CBETA, T12, no.374, p.563, b8–11。唐時期。

LM20-1505-C0681a 《佛説仁王般若波羅蜜經》卷上

姚秦鳩摩羅什譯，CBETA, T08, no.245, p.827, c10–12。高昌國時期。

LM20-1505-C0681b 《金剛般若波羅蜜經》

姚秦鳩摩羅什譯，CBETA, T08, no.235, p.750, b8–10。唐時期。

LM20-1505-C0681c 《大方廣佛華嚴經》卷三九

東晉佛陀跋陀羅譯，CBETA, T09, no.278, p.649, b4–6。唐時期。

LM20-1505-C0682a 《大般涅槃經》卷一三

北涼曇無讖譯，CBETA, T12, no.374, p.443, c21–24。唐時期。

LM20-1505-C0682b 《金光明經》卷三

北涼曇無讖譯，CBETA, T16, no.663, p.348, b23–26。唐時期。

LM20-1505-C0682c 《佛説迴向輪經》

唐尸羅達摩譯，CBETA, T19, no.998, p.578, a1–4。有朱筆句讀。唐時期。

LM20-1505-C0683a 《大樹緊那羅王所問經》卷二

姚秦鳩摩羅什譯，CBETA, T15, no.625, p.375, b15–17，"濡"作"軟"。高昌國時期。

LM20-1505-C0683b 《妙法蓮華經》卷二

姚秦鳩摩羅什譯，CBETA, T09, no.262, p.17, a24–25。唐時期。

LM20-1505-C0684a 佛典殘片

唐時期。

LM20-1505-C0684b 佛典殘片

唐時期。

LM20-1505-C0684c 佛典殘片

高昌國時期。

LM20-1505-C0685a 《妙法蓮華經》卷四

姚秦鳩摩羅什譯，CBETA, T09, no.262, p.30, c4–7, 高昌郡時期。

LM20-1505-C0685b　佛典殘片

高昌國時期。

LM20-1505-C0685c　佛典殘片

高昌國時期。

LM20-1505-C0685d　佛典殘片

唐時期。

LM20-1505-C0685e　無字殘片

LM20-1505-C0686a　《妙法蓮華經》卷一

姚秦鳩摩羅什譯，CBETA, T09, no.262, p.6, b12–17。高昌國時期。

LM20-1505-C0686b　《妙法蓮華經》卷二

姚秦鳩摩羅什譯，CBETA, T09, no.262, p.17, a18–21。高昌國時期。

LM20-1505-C0686c　《摩訶般若波羅蜜經》卷一〇

姚秦鳩摩羅什譯，CBETA, T08, no.223, p.292, c1–4。高昌國時期。

LM20-1505-C0687a　《佛説灌頂經》卷一一

東晉帛尸梨蜜多羅譯，CBETA, T21, no.1331, p.531, b21–24。唐時期。

LM20-1505-C0687b　《摩訶般若鈔經》卷五

符秦曇摩蜱、竺佛念譯，CBETA, T08, no.226, p.532, a5–7。唐時期。

LM20-1505-C0687c　《妙法蓮華經》卷一

姚秦鳩摩羅什譯，CBETA, T09, no.262, p.5, c6–10。高昌國時期。

LM20-1505-C0688a　《摩訶般若波羅蜜經》卷一八

姚秦鳩摩羅什譯，CBETA, T08, no.223, p.350, b24–28，“隧”作“墜”。高昌國時期。

LM20-1505-C0688b　《添品妙法蓮華經》卷一

隋闍那崛多、達摩笈多譯，CBETA, T09, no.264, p.140, b7–10。高昌國時期。

LM20-1505-C0688c　《佛説觀無量壽佛經》

劉宋畺良耶舍譯，CBETA, T12, no.365, p.345, a29–b1。高昌國時期。

參：《旅博選粹》，120；《净土集成》，53；橘堂晃一 2010, 95。

LM20-1505-C0689a　《道行般若經》卷七

後漢支婁迦讖譯，CBETA, T08, no.224, p.463, a18–21。高昌國時期。

LM20-1505-C0689b　唐西州户籍

唐時期。

參：孟憲實 2019a, 61。

LM20-1505-C0689c　佛典殘片

高昌國時期。

LM20-1505-C0690a　《金剛般若波羅蜜經》

姚秦鳩摩羅什譯，CBETA, T08, no.235, p.750, b21–23。唐時期。

LM20-1505-C0690b　佛典殘片

高昌郡時期。

LM20-1505-C0690c　《大般若波羅蜜多經》

唐玄奘譯，此段文字多處可見。唐時期。

LM20-1505-C0691a　佛典殘片

唐時期。

LM20-1505-C0691b　《金光明經》卷三

北涼曇無讖譯，CBETA, T16, no.663, p.349, c8–11。唐時期。

LM20-1505-C0691c　佛典殘片

唐時期。

LM20-1505-C0692a　《説無垢稱經》卷一

唐玄奘譯，CBETA, T14, no.476, p.558, c9–10。唐時期。

LM20-1505-C0692b　殘片

唐時期。

LM20-1505-C0692c　《大般涅槃經》卷二九

北涼曇無讖譯，CBETA, T12, no.374, p.540, c23–26。高昌國時期。

LM20-1505-C0693a　《大方等大集經》卷二

北涼曇無讖譯，CBETA, T13, no.397, p.13, a3–8。高昌國時期。

LM20-1505-C0693b　《楞伽阿跋多羅寶經》卷二

劉宋求那跋陀羅譯，CBETA, T16, no.670, p.490, c10–13，"故"作"是故"。唐時期。

LM20-1505-C0694a　《悲華經》卷一

北涼曇無讖譯，CBETA, T03, no.157, p.167, c4–8。高昌郡時期。

參：《旅博選粹》, 7; 陰會蓮 2006, 107。

LM20-1505-C0694b　《大般涅槃經》卷五

北涼曇無讖譯，CBETA, T12, no.374, p.393, c9–13。唐時期。

LM20-1505-C0694c　《佛説佛名經》卷九

元魏菩提流支譯，CBETA, T14, no.440, p.167, a8–10。唐時期。

LM20-1505-C0695a　《妙法蓮華經》卷四

姚秦鳩摩羅什譯，CBETA, T09, no.262, p.35, a3–4。唐時期。

LM20-1505-C0695b　佛典殘片

高昌國時期。

LM20-1505-C0695c　佛典殘片

高昌國時期。

LM20-1505-C0696a 《妙法蓮華經》卷四

姚秦鳩摩羅什譯, CBETA, T09, no.262, p.29, b7-14。唐時期。

LM20-1505-C0696b 佛典殘片

唐時期。

LM20-1505-C0696c 《佛説觀佛三昧海經》卷八

東晉佛陀跋陀羅譯, CBETA, T15, no.643, p.683, b17-19。高昌國時期。

LM20-1505-C0697a 《大般涅槃經》卷三七

北涼曇無讖譯, CBETA, T12, no.374, p.586, a4-6。唐時期。

LM20-1505-C0697b 佛典殘片

高昌國時期。

LM20-1505-C0697c 佛名經

唐時期。

LM20-1505-C0698a 佛典注疏

高昌國時期。

LM20-1505-C0698b 《大般涅槃經》卷六

北涼曇無讖譯, CBETA, T12, no.374, p.398, b17-20。高昌國時期。

LM20-1505-C0699a 佛典殘片

唐時期。

LM20-1505-C0699b 《妙法蓮華經》卷二

姚秦鳩摩羅什譯, CBETA, T09, no.262, p.15, c16-19。唐時期。

LM20-1505-C0699c 《妙法蓮華經》卷三

姚秦鳩摩羅什譯, CBETA, T09, no.262, p.21, c23-25。唐時期。

LM20-1505-C0700a 《妙法蓮華經》卷一

姚秦鳩摩羅什譯, CBETA, T09, no.262, p.10, b9-14。唐時期。

LM20-1505-C0700b 佛典殘片

唐時期。

LM20-1505-C0701a 《大般若波羅蜜多經》

唐玄奘譯, 此段文字多處可見。西州回鶻時期。

LM20-1505-C0701b 佛典殘片

高昌郡時期。

LM20-1505-C0701c 佛典殘片

唐時期。

LM20-1505-C0701d 佛典殘片

唐時期。

LM20-1505-C0702a 《妙法蓮華經》卷二

姚秦鳩摩羅什譯，CBETA, T09, no.262, p.11, b13–16。唐時期。

LM20-1505-C0702b 佛典殘片

唐時期。

LM20-1505-C0702c 《大通方廣懺悔滅罪莊嚴成佛經》卷上

作者不詳，CBETA, T85, no.2871, p.1343, b9–13，"一億百億"作"一億十億百億"，"億劫"作"萬劫"。第4、5行間有夾寫小字。高昌國時期。

LM20-1505-C0703a 《四分律刪繁補闕行事鈔》卷下

唐道宣撰，CBETA, T40, no.1804, p.134, b20–23，"覆"作"藏覆"。唐時期。

LM20-1505-C0703b 《妙法蓮華經》卷四

姚秦鳩摩羅什譯，CBETA, T09, no.262, p.32, c3–6。唐時期。

LM20-1505-C0703c 《摩訶般若波羅蜜經》卷二

姚秦鳩摩羅什譯，CBETA, T08, no.223, p.231, a27–28。高昌國時期。

LM20-1505-C0704a 《佛說普門品經》

西晉竺法護譯，CBETA, T11, no.315b, p.779, c3–5。唐時期。

LM20-1505-C0704b 《楞伽阿跋多羅寶經》卷四

劉宋求那跋陀羅譯，CBETA, T16, no.670, p.512, c19–p.513, a8。細字寫本。唐時期。

LM20-1505-C0705a 《大般若波羅蜜多經》卷五八八

唐玄奘譯，CBETA, T07, no.220, p.1043, c19–20。唐時期。

參：《旅博選粹》，160。

LM20-1505-C0705b 《論語·子罕》鄭氏注

參王素《唐寫本論語鄭氏注及其研究》，文物出版社，1991年，108頁。有雙行小字注。有朱筆句讀。唐時期。

參：《旅博選粹》，160；何亦凡2019，116、123、125。

LM20-1505-C0706a 《放光般若經》卷一一

西晉無羅叉譯，CBETA, T08, no.221, p.75, c17–19。高昌郡時期。

LM20-1505-C0706b 《光讚經》卷二

西晉竺法護譯，CBETA, T08, no.222, p.157, c6–7。唐時期。

LM20-1505-C0706c 《五分戒本》

劉宋佛陀什等譯，CBETA, T22, no.1422b, p.201, c8–13，"亦"作"如是"。有雙行小字注。高昌國時期。

LM20-1505-C0707a 《大般涅槃經》卷一一

北涼曇無讖譯，CBETA, T12, no.374, p.429, a5–6。唐時期。

LM20-1505-C0707b 佛典殘片

高昌國時期。

LM20-1505-C0707c　《阿毗達磨俱舍釋論》卷一五

陳真諦譯，CBETA, T29, no.1559, p.262, c2–3。唐時期。

LM20-1505-C0707d　佛典殘片

唐時期。

LM20-1505-C0708a　《大般涅槃經》卷二〇

北涼曇無讖譯，CBETA, T12, no.374, p.482, b5–7。高昌國時期。

LM20-1505-C0708b　佛典殘片

高昌國時期。

LM20-1505-C0708c　《大方廣佛華嚴經》卷五（五十卷本）

東晉佛陀跋陀羅譯，《中華大藏經》第 12 冊, 55c8–12; 參 CBETA, T09, no.278, p.430, b5–9。高昌國時期。

LM20-1505-C0709a　佛典殘片

唐時期。

LM20-1505-C0709b　《金光明經》卷四

北涼曇無讖譯，CBETA, T16, no.663, p.356, b17–19。唐時期。

LM20-1505-C0710a　《妙法蓮華經》卷四

姚秦鳩摩羅什譯，CBETA, T09, no.262, p.27, c7–9。唐時期。

LM20-1505-C0710b　《大般涅槃經》卷一〇

北涼曇無讖譯，CBETA, T12, no.374, p.425, b2–6。高昌國時期。

LM20-1505-C0711a　《妙法蓮華經》卷七

姚秦鳩摩羅什譯，CBETA, T09, no.262, p.57, a17–20。唐時期。

LM20-1505-C0711b　《阿毗達磨俱舍釋論》卷一六

陳真諦譯，CBETA, T29, no.1559, p.269, c14–17。唐時期。

LM20-1505-C0711c　《合部金光明經》卷五

北涼曇無讖譯，隋寶貴合，CBETA, T16, no.664, p.385, b1–5。唐時期。

LM20-1505-C0712a　佛典殘片

唐時期。

LM20-1505-C0712b　《大般涅槃經》卷八

北涼曇無讖譯，CBETA, T12, no.374, p.410, a2–3。唐時期。

LM20-1505-C0712c　佛典殘片

高昌國時期。

LM20-1505-C0712d　《大方便佛報恩經》卷四

譯者不詳，CBETA, T03, no.156, p.144, a1–4。唐時期。

LM20-1505-C0713a　佛典殘片

唐時期。

LM20-1505-C0713b　《律戒本疏》

作者不詳，CBETA，T85，no.2788，p.639，a15–27。高昌國時期。

LM20-1505-C0713c　《摩訶般若波羅蜜經》卷一一

姚秦鳩摩羅什譯，此段文字多處可見。高昌國時期。

LM20-1505-C0714a　《金光明經》卷二

北涼曇無讖譯，CBETA，T16，no.663，p.341，a3–7。唐時期。

LM20-1505-C0714b　《大般涅槃經》卷二六

北涼曇無讖譯，CBETA，T12，no.374，p.521，b28–c1。高昌國時期。

LM20-1505-C0714c　《慧上菩薩問大善權經》卷下

西晉竺法護譯，CBETA，T12，no.345，p.162，a29–b2，"炎華"作"焰花"。唐時期。

LM20-1505-C0715a　《大般涅槃經》卷一八

北涼曇無讖譯，CBETA，T12，no.374，p.470，b7–9。高昌國時期。

LM20-1505-C0715b　佛典殘片

唐時期。

LM20-1505-C0715c　佛典殘片

高昌國時期。

LM20-1505-C0716a　佛典殘片

高昌國時期。

LM20-1505-C0716b　佛典殘片

高昌國時期。

LM20-1505-C0716c　《菩薩地持經》卷七

北涼曇無讖譯，CBETA，T30，no.1581，p.925，b26–29。唐時期。

LM20-1505-C0717a　《梵網經》卷下

姚秦鳩摩羅什譯，CBETA，T24，no.1484，p.1003，c18–20。唐時期。

LM20-1505-C0717b　《大方廣佛華嚴經》卷六

東晉佛陀跋陀羅譯，CBETA，T09，no.278，p.430，a24–26。唐時期。

參：《旅博選粹》，23。

LM20-1505-C0717c　《大方等大集經》卷一三

北涼曇無讖譯，CBETA，T13，no.397，p.86，a4–6。第2、3行間夾寫小字"与"。高昌郡時期。

經冊五十七

LM20-1506-C0718a 《妙法蓮華經》卷六

　　姚秦鳩摩羅什譯，CBETA，T09，no.262，p.46，c23–25。唐時期。

LM20-1506-C0718b 《金剛般若波羅蜜經》

　　姚秦鳩摩羅什譯，CBETA，T08，no.235，p.750，b14–17，"割截"作"截"。高昌郡時期。

LM20-1506-C0718c 佛典殘片

　　高昌國時期。

LM20-1506-C0719a 《大般涅槃經》卷八

　　北涼曇無讖譯，CBETA，T12，no.374，p.415，a6–8。唐時期。

LM20-1506-C0719b 《妙法蓮華經》卷一

　　姚秦鳩摩羅什譯，CBETA，T09，no.262，p.2，b13–16。唐時期。

LM20-1506-C0720a 《摩訶般若波羅蜜經》卷二七

　　姚秦鳩摩羅什譯，CBETA，T08，no.223，p.418，a23–24。唐時期。

LM20-1506-C0720b 《大般涅槃經》卷二

　　北涼曇無讖譯，CBETA，T12，no.374，p.373，c19–22。高昌國時期。

LM20-1506-C0721a 《妙法蓮華經》卷七

　　姚秦鳩摩羅什譯，CBETA，T09，no.262，p.59，c3–5。高昌國時期。

LM20-1506-C0721b 《佛説灌頂經》卷一二

　　東晉帛尸梨蜜多羅譯，CBETA，T21，no.1331，p.533，b24–26。唐時期。

LM20-1506-C0722a 《道行般若經》注疏

　　參後漢支婁迦讖譯《道行般若經》卷二，CBETA，T08，no.224，p.432，b23–26。有雙行小字注。高昌郡時期。背面有字，無法揭取拍攝。

　　參：《旅博選粹》，70。

LM20-1506-C0722b 佛典殘片

　　有貼附殘片，無法揭取。高昌國時期。

LM20-1506-C0722c 《妙法蓮華經》卷一

　　姚秦鳩摩羅什譯，CBETA，T09，no.262，p.5，b4–8。有貼附殘片，無法揭取。高昌國時期。

LM20-1506-C0723a 《大般涅槃經》卷二

　　北涼曇無讖譯，CBETA，T12，no.374，p.378，b5–9。第3、4行間夾寫小字。高昌郡時期。

LM20-1506-C0723b　《金剛般若波羅蜜經》

元魏菩提流支譯，CBETA, T08, no.236a, p.756, a11。唐時期。

LM20-1506-C0723c　《大般若波羅蜜多經》

唐玄奘譯，此段文字多處可見。西州回鶻時期。

參：陳耕 2019, 355。

LM20-1506-C0724a　《維摩詰所説經》卷中

姚秦鳩摩羅什譯，CBETA, T14, no.475, p.546, b8–12。唐時期。

LM20-1506-C0724b　《菩薩地持經》卷三

北涼曇無讖譯，CBETA, T30, no.1581, p.903, a12–13。高昌國時期。

LM20-1506-C0725a　《優婆塞戒經》卷一

北涼曇無讖譯，CBETA, T24, no.1488, p.1037, b27–c1。高昌國時期。

LM20-1506-C0725b　《妙法蓮華經》卷二

姚秦鳩摩羅什譯，CBETA, T09, no.262, p.17, a25–28。高昌國時期。

LM20-1506-C0725c　《大般涅槃經》卷一四

北涼曇無讖譯，CBETA, T12, no.374, p.446, b9–10，“羅羅”作“羅邏”。唐時期。

LM20-1506-C0726a　《維摩詰所説經》卷中

姚秦鳩摩羅什譯，CBETA, T14, no.475, p.544, c2–4。高昌國時期。

參：王梅 2006, 154。

LM20-1506-C0726b　《大般若波羅蜜多經》

唐玄奘譯，此段文字多處可見。唐時期。

LM20-1506-C0726c　《佛説仁王般若波羅蜜經》卷下

姚秦鳩摩羅什譯，CBETA, T08, no.245, p.830, c26–29。高昌國時期。

LM20-1506-C0727a　《佛説佛名經》卷二

譯者不詳，CBETA, T14, no.441, p.195, a14–16。唐時期。

LM20-1506-C0727b　《大般若波羅蜜多經》

唐玄奘譯，此段文字多處可見。西州回鶻時期。

LM20-1506-C0727c　《大般涅槃經後分》卷上

唐若那跋陀羅譯，CBETA, T12, no.377, p.902, a10–12。唐時期。

LM20-1506-C0727d　《大智度論》卷二一

姚秦鳩摩羅什譯，CBETA, T25, no.1509, p.217, a9–11，“果”作“果報”。高昌國時期。

LM20-1506-C0728a　《大般涅槃經》卷三二

北涼曇無讖譯，CBETA, T12, no.374, p.554, a7–9。高昌國時期。

LM20-1506-C0728b　《大通方廣懺悔滅罪莊嚴成佛經》卷中

作者不詳，CBETA, T85, no.2871, p.1345, a36。唐時期。

LM20-1506-C0729a　《妙法蓮華經》卷二

姚秦鳩摩羅什譯，CBETA，T09，no.262，p.18，b18–21。唐時期。

LM20-1506-C0729b　《妙法蓮華經度量天地品》

作者不詳。參 BD2463（《國家圖書館藏敦煌遺書》第 34 冊，299 頁）。唐時期。

LM20-1506-C0729c　殘片

唐時期。

LM20-1506-C0729d　《大般涅槃經》卷五

北涼曇無讖譯，CBETA，T12，no.374，p.392，b26–27。高昌國時期。

LM20-1506-C0730a　《妙法蓮華經》卷七

姚秦鳩摩羅什譯，CBETA，T09，no.262，p.55，a27–29。唐時期。

LM20-1506-C0730b　《金剛般若波羅蜜經》

姚秦鳩摩羅什譯，CBETA，T08，no.235，p.751，b17–19，"何如"作"何"。唐時期。

LM20-1506-C0730c　《大智度論》卷六

姚秦鳩摩羅什譯，CBETA，T25，no.1509，p.106，c27–29。唐時期。

LM20-1506-C0730d　佛典殘片

高昌國時期。

LM20-1506-C0730e　《大般涅槃經》卷三〇

北涼曇無讖譯，CBETA，T12，no.374，p.546，b13–16。高昌國時期。

LM20-1506-C0731a　《大般涅槃經》卷三二

北涼曇無讖譯，CBETA，T12，no.374，p.557，c25–27。高昌國時期。

LM20-1506-C0731b　《大般涅槃經》卷一一

北涼曇無讖譯，CBETA，T12，no.374，p.430，b22–24。高昌國時期。

LM20-1506-C0731c　《摩訶般若波羅蜜經》卷二一

姚秦鳩摩羅什譯，CBETA，T08，no.223，p.376，b12–14。高昌國時期。

LM20-1506-C0731d　殘片

2 殘字書於欄外。西州回鶻時期。

LM20-1506-C0731e　《金剛般若波羅蜜經》

姚秦鳩摩羅什譯，CBETA，T08，no.235，p.750，b16–17。唐時期。

LM20-1506-C0732a　《大般涅槃經》卷一三

北涼曇無讖譯，CBETA，T12，no.374，p.441，b7–11。唐時期。

LM20-1506-C0732b　《妙法蓮華經》卷五

姚秦鳩摩羅什譯，CBETA，T09，no.262，p.39，c19–24。唐時期。

LM20-1506-C0732c　《佛說觀藥王藥上二菩薩經》

劉宋畺良耶舍譯，CBETA，T20，no.1161，p.664，b28–c1。唐時期。

LM20-1506-C0732d　《大般涅槃經》卷一四

北涼曇無讖譯, CBETA, T12, no.374, p.451, a11-12。唐時期。

LM20-1506-C0732e　《妙法蓮華經》卷六

姚秦鳩摩羅什譯, CBETA, T09, no.262, p.46, c29-p.47, a2。高昌國時期。

LM20-1506-C0733a　佛典殘片

參姚秦鳩摩羅什譯《大智度論》卷一四, CBETA, T25, no.1509, p.164, c6-8。高昌國時期。

LM20-1506-C0733b　《妙法蓮華經》卷二

姚秦鳩摩羅什譯, CBETA, T09, no.262, p.17, b14-18。唐時期。

LM20-1506-C0733c　佛典殘片

唐時期。

LM20-1506-C0733d　《大般涅槃經》卷二五

北涼曇無讖譯, CBETA, T12, no.374, p.517, a10-15。高昌國時期。

LM20-1506-C0733e　《維摩詰所説經》卷上

姚秦鳩摩羅什譯, CBETA, T14, no.475, p.542, b2-5。唐時期。

LM20-1506-C0734a　《老子道德經序訣》

舊題吳葛玄撰, 與敦煌本 S.75 同。唐時期。

參: 游自勇 2017, 153-154。

LM20-1506-C0734b　《摩訶般若波羅蜜經》卷二

姚秦鳩摩羅什譯, CBETA, T08, no.223, p.231, a17-19。唐時期。

LM20-1506-C0734c　殘片

唐時期。

LM20-1506-C0734d　《僧羯磨》

唐懷素集, CBETA, T40, no.1809, p.516, c2-4。唐時期。

LM20-1506-C0734e　《大方等無想經》卷四

北涼曇無讖譯, CBETA, T12, no.387, p.1098, a28-b4。高昌郡時期。

LM20-1506-C0735a　《大般涅槃經》卷六

北涼曇無讖譯, CBETA, T12, no.374, p.401, b18-21。唐時期。

LM20-1506-C0735b　《妙法蓮華經》卷二

姚秦鳩摩羅什譯, CBETA, T09, no.262, p.13, a5-9。高昌國時期。

LM20-1506-C0735c　《佛説仁王般若波羅蜜經》卷下

姚秦鳩摩羅什譯, CBETA, T08, no.245, p.832, b1-2。唐時期。

LM20-1506-C0736a　《妙法蓮華經》卷六

姚秦鳩摩羅什譯, CBETA, T09, no.262, p.46, c17-19。唐時期。

LM20-1506-C0736b　《金剛般若波羅蜜經》

姚秦鳩摩羅什譯，CBETA, T08, no.235, p.749, a29-b5。唐時期。

LM20-1506-C0736c 《小品般若波羅蜜經》卷三

姚秦鳩摩羅什譯，CBETA, T08, no.227, p.550, b8-10。高昌國時期。

LM20-1506-C0737a 《道行般若經》卷五

後漢支婁迦讖譯，CBETA, T08, no.224, p.449, a8-12。高昌郡時期。

LM20-1506-C0737b 佛典殘片

唐時期。

LM20-1506-C0738a 《大般涅槃經》卷四

北涼曇無讖譯，CBETA, T12, no.374, p.389, c7-8。高昌國時期。

LM20-1506-C0738b 佛典殘片

唐時期。

LM20-1506-C0739a 殘片

高昌國時期。

參：《旅博選粹》，23。

LM20-1506-C0739b 《妙法蓮華經》卷二

姚秦鳩摩羅什譯，CBETA, T09, no.262, p.17, b11-13。唐時期。

LM20-1506-C0740a 《大般涅槃經》卷一○

北涼曇無讖譯，CBETA, T12, no.374, p.425, b27-29。唐時期。

LM20-1506-C0740b 《妙法蓮華經》卷六

姚秦鳩摩羅什譯，CBETA, T09, no.262, p.51, c18-23。唐時期。

LM20-1506-C0740c 《光讚經》卷七

西晉竺法護譯，CBETA, T08, no.222, p.194, b13-15。高昌國時期。

LM20-1506-C0741a 《妙法蓮華經》卷五

姚秦鳩摩羅什譯，CBETA, T09, no.262, p.41, b2-4。唐時期。

LM20-1506-C0741b 《光讚經》卷七

西晉竺法護譯，CBETA, T08, no.222, p.194, b15-17。唐時期。

LM20-1506-C0742a 《妙法蓮華經》卷五

姚秦鳩摩羅什譯，CBETA, T09, no.262, p.38, b15-17。唐時期。

LM20-1506-C0742b 《妙法蓮華經》卷三

姚秦鳩摩羅什譯，CBETA, T09, no.262, p.24, c15-17。唐時期。

LM20-1506-C0743a 《佛説觀藥王藥上二菩薩經》

劉宋畺良耶舍譯，CBETA, T20, no.1161, p.664, b4-6。唐時期。

LM20-1506-C0743b 《大般涅槃經》卷三○

北涼曇無讖譯，CBETA, T12, no.374, p.546, c17-19。高昌郡時期。

LM20-1506-C0743c　《大般涅槃經》卷一四

北涼曇無讖譯，CBETA，T12，no.374，p.450，a14-17。高昌國時期。

LM20-1506-C0743d　《十誦律》卷二八

姚秦弗若多羅譯，CBETA，T23，no.1435，p.202，a29-b1。唐時期。

LM20-1506-C0743e　《大方廣佛華嚴經》卷二一（五十卷本）

東晉佛陀跋陀羅譯，《中華大藏經》第12册，260a7-12；參CBETA，T09，no.278，p.559，a25-29。高昌國時期。

LM20-1506-C0744a　《妙法蓮華經》卷四

姚秦鳩摩羅什譯，CBETA，T09，no.262，p.31，c15-16。唐時期。

LM20-1506-C0744b　《維摩詰所説經》卷下

姚秦鳩摩羅什譯，CBETA，T14，no.475，p.553，a24-26。高昌國時期。

LM20-1506-C0744c　《佛説法句經》

作者不詳，CBETA，T85，no.2901，p.1435，a3-4，"坐"作"座"。唐時期。

LM20-1506-C0744d　《大般涅槃經》卷五

北涼曇無讖譯，CBETA，T12，no.374，p.396，b21-22。高昌國時期。

LM20-1506-C0744e　《佛説灌頂經》卷一二

東晉帛尸梨蜜多羅譯，CBETA，T21，no.1331，p.532，c14-16。唐時期。

LM20-1506-C0745a　《摩訶般若波羅蜜經》卷三

姚秦鳩摩羅什譯，CBETA，T08，no.223，p.236，b8-10。高昌國時期。

LM20-1506-C0745b　《妙法蓮華經》卷二

姚秦鳩摩羅什譯，CBETA，T09，no.262，p.18，a11-14。唐時期。

LM20-1506-C0745c　《妙法蓮華經》卷四

姚秦鳩摩羅什譯，CBETA，T09，no.262，p.30，b1-3。唐時期。

LM20-1506-C0745d　《大般涅槃經》卷一〇

北涼曇無讖譯，CBETA，T12，no.374，p.426，a25-28。高昌國時期。

LM20-1506-C0746a　《放光般若經》卷一〇

西晉無羅叉譯，CBETA，T08，no.221，p.69，b4-9，"事"作"解"。高昌郡時期。

LM20-1506-C0746b　《菩薩善戒經》卷七

劉宋求那跋摩譯，CBETA，T30，no.1582，p.998，a17-19。唐時期。

LM20-1506-C0746c　《楞伽阿跋多羅寶經》卷二

劉宋求那跋陀羅譯，CBETA，T16，no.670，p.496，b13-17。唐時期。

LM20-1506-C0746d　《大方廣華嚴十惡品經》

作者不詳，CBETA，T85，no.2875，p.1359，c14-16。西州回鶻時期。

LM20-1506-C0746e　《妙法蓮華經》卷三

姚秦鳩摩羅什譯，CBETA, T09, no.262, p.20, c28–29。唐時期。

LM20-1506-C0747a　《妙法蓮華經》卷六

姚秦鳩摩羅什譯，CBETA, T09, no.262, p.46, c18–20。唐時期。

LM20-1506-C0747b　《妙法蓮華經》卷二

姚秦鳩摩羅什譯，CBETA, T09, no.262, p.17, b4–6。唐時期。

LM20-1506-C0747c　《維摩詰所説經》卷下

姚秦鳩摩羅什譯，CBETA, T14, no.475, p.553, c18–20。唐時期。

參：王梅 2006, 157。

LM20-1506-C0747d　《大般涅槃經》卷一八

北涼曇無讖譯，CBETA, T12, no.374, p.469, a11–15。高昌國時期。

LM20-1506-C0747e　《大般若波羅蜜多經》卷五四

唐玄奘譯，CBETA, T05, no.220, p.304, b2–6。唐時期。

LM20-1506-C0748a　佛典殘片

唐時期。

LM20-1506-C0748b　《佛説仁王般若波羅蜜經》卷下

姚秦鳩摩羅什譯，CBETA, T08, no.245, p.831, b28–c2。高昌國時期。

LM20-1506-C0748c　《妙法蓮華經》卷二

姚秦鳩摩羅什譯，CBETA, T09, no.262, p.12, c25–27。高昌國時期。

LM20-1506-C0748d　《太上洞玄靈寶業報因緣經》卷一

作者不詳，與敦煌本臺北 4721 第 48–50 行同。《正統道藏》第 6 册, 81c10–12。唐時期。

參：趙洋 2017a, 188; 趙洋 2017b, 199–200。

LM20-1506-C0748e　《大般若波羅蜜多經》卷五七八

唐玄奘譯，CBETA, T07, no.220, p.990, c9–12。唐時期。

參：《旅博選粹》, 24。

LM20-1506-C0749a　《大方廣佛華嚴經》卷三九（五十卷本）

東晉佛陀跋陀羅譯，《中華大藏經》第 12 册, 471b5–8; 參 CBETA, T09, no.278, p.692, b29–c3。高昌國時期。

LM20-1506-C0749b　佛典殘片

唐時期。

LM20-1506-C0749c　《佛説弘道廣顯三昧經》卷一

西晉竺法護譯，CBETA, T15, no.635, p.488, c17–18。唐時期。

LM20-1506-C0749d　《大般涅槃經》卷二二

北涼曇無讖譯，CBETA, T12, no.374, p.497, a6–8。高昌國時期。

LM20-1506-C0749e　《妙法蓮華經》卷七

姚秦鳩摩羅什譯, CBETA, T09, no.262, p.56, b27-c1, "往來"作"來往"。高昌國時期。

LM20-1506-C0750a　《道行般若經》卷五

後漢支婁迦讖譯, CBETA, T08, no.224, p.450, b13-16。高昌國時期。

參: 孫傳波 2006, 175。

LM20-1506-C0750b　《妙法蓮華經》卷五

姚秦鳩摩羅什譯, CBETA, T09, no.262, p.37, c12-13。唐時期。

LM20-1506-C0750c　《十方千五百佛名經》

譯者不詳, CBETA, T14, no.442, p.315, a8-12。高昌國時期。

LM20-1506-C0750d　《龍樹菩薩爲禪陀迦王説法要偈》

劉宋求那跋摩譯, CBETA, T32, no.1672, p.747, b8-11。高昌國時期。

LM20-1506-C0750e　《大方等大集經》卷一九

北涼曇無讖譯, CBETA, T13, no.397, p.131, c12-16。唐時期。

LM20-1506-C0751a　《大寶積經》卷四五

唐玄奘譯, CBETA, T11, no.310, p.264, b20-22。唐時期。

LM20-1506-C0751b　《放光般若經》卷一四

西晉無羅叉譯, CBETA, T08, no.221, p.96, a29-b2。唐時期。

LM20-1506-C0751c　佛典殘片

高昌國時期。

LM20-1506-C0751d　《維摩詰所説經》卷上

姚秦鳩摩羅什譯, CBETA, T14, no.475, p.543, b27-28。唐時期。

LM20-1506-C0751e　《大方廣佛華嚴經》卷四五

唐實叉難陀譯, CBETA, T10, no.279, p.237, c5-8。唐時期。

LM20-1506-C0752a　《勝天王般若波羅蜜經》卷三

陳月婆首那譯, CBETA, T08, no.231, p.701, a3-5。高昌國時期。

LM20-1506-C0752b　《大方廣佛華嚴經》卷七二

唐實叉難陀譯, CBETA, T10, no.279, p.394, c24-p.395, a2。唐時期。

LM20-1506-C0752c　《妙法蓮華經》卷三

姚秦鳩摩羅什譯, CBETA, T09, no.262, p.20, a23-24。唐時期。

LM20-1506-C0752d　佛典殘片

西州回鶻時期。

LM20-1506-C0752e　《妙法蓮華經》卷七

姚秦鳩摩羅什譯, CBETA, T09, no.262, p.60, b25-26。唐時期。

LM20-1506-C0753a　《小品般若波羅蜜經》卷一〇

姚秦鳩摩羅什譯, CBETA, T08, no.227, p.584, a10-14。高昌國時期。

LM20-1506-C0753b 《金剛般若波羅蜜經》

元魏菩提流支譯，CBETA，T08，no.236a，p.756，a1–3。高昌國時期。

LM20-1506-C0753c 殘片

唐時期。

LM20-1506-C0753d 《大般若波羅蜜多經》卷五三七

唐玄奘譯，CBETA，T07，no.220，p.757，b25–27。唐時期。

LM20-1506-C0753e 《大般涅槃經》卷一六

北涼曇無讖譯，CBETA，T12，no.374，p.459，a17–20。高昌國時期。

LM20-1506-C0754a 《金光明經》卷三

北涼曇無讖譯，CBETA，T16，no.663，p.348，b1–5。唐時期。

LM20-1506-C0754b 《金剛般若波羅蜜經》

姚秦鳩摩羅什譯，CBETA，T08，no.236a，p.756，b3–6。唐時期。

LM20-1506-C0754c 《妙法蓮華經》卷一

姚秦鳩摩羅什譯，CBETA，T09，no.262，p.8，a20–24。唐時期。

LM20-1506-C0754d 《金剛般若波羅蜜經》

姚秦鳩摩羅什譯，CBETA，T08，no.235，p.750，a4–6。唐時期。

LM20-1506-C0754e 《佛本行集經》卷一七

隋闍那崛多譯，CBETA，T03，no.190，p.733，c7–9。高昌國時期。

參：段真子2019，160。

LM20-1506-C0755a 《大般涅槃經》卷一四

北涼曇無讖譯，CBETA，T12，no.374，p.445，c3–5。高昌國時期。

LM20-1506-C0755b 《妙法蓮華經》卷二

姚秦鳩摩羅什譯，CBETA，T09，no.262，p.13，b20–23。唐時期。

LM20-1506-C0755c 佛典殘片

唐時期。

LM20-1506-C0755d 《合部金光明經》卷五

北涼曇無讖譯，隋寶貴合，CBETA，T16，no.664，p.385，a23–25。高昌國時期。

LM20-1506-C0755e 《四分律》卷五七

姚秦佛陀耶舍、竺佛念等譯，CBETA，T22，no.1428，p.992，b12–13。唐時期。

LM20-1506-C0756a 《大通方廣懺悔滅罪莊嚴成佛經》卷上

作者不詳，CBETA，T85，no.2871，p.1340，a22–25。高昌國時期。

LM20-1506-C0756b 佛典殘片

高昌國時期。

LM20-1506-C0756c 《佛說觀藥王藥上二菩薩經》

劉宋畺良耶舍譯, CBETA, T20, no.1161, p.664, b13–15。唐時期。

LM20-1506-C0756d　《金光明經》卷二

北涼曇無讖譯, CBETA, T16, no.663, p.343, a20–23。高昌國時期。

LM20-1506-C0756e　《四分律》卷三五

姚秦佛陀耶舍、竺佛念等譯, CBETA, T22, no.1428, p.815, c15–16。唐時期。

LM20-1506-C0757a　《金光明經》卷二

北涼曇無讖譯, CBETA, T16, no.663, p.343, b1–4。唐時期。

LM20-1506-C0757b　《天地八陽神咒經》

唐義净譯, CBETA, T85, no.2897, p.1423, a1–3, "煞"作"殺"。西州回鶻時期。

LM20-1506-C0757c　佛典殘片

西州回鶻時期。

LM20-1506-C0757d　《像法決疑經》

作者不詳, CBETA, T85, no.2870, p.1336, a28–29。唐時期。

LM20-1506-C0757e　《妙法蓮華經》卷七

姚秦鳩摩羅什譯, CBETA, T09, no.262, p.60, b12–17。唐時期。

LM20-1506-C0758a　《妙法蓮華經》卷五

姚秦鳩摩羅什譯, CBETA, T09, no.262, p.46, a16–22。唐時期。

LM20-1506-C0758b　《大般涅槃經》卷七

北涼曇無讖譯, CBETA, T12, no.374, p.404, a5–8。高昌國時期。

LM20-1506-C0758c　佛典殘片

唐時期。

LM20-1506-C0758d　醫書殘片

唐時期。

LM20-1506-C0758e　《佛説無量壽經》卷上

曹魏康僧鎧譯, CBETA, T12, no.360, p.267, a2–5。唐時期。

LM20-1506-C0759a　《大方等大集經》卷四二

隋那連提耶舍譯, CBETA, T13, no.397, p.280, c16–18。唐時期。

LM20-1506-C0759b　《妙法蓮華經》卷五

姚秦鳩摩羅什譯, CBETA, T09, no.262, p.40, b18–19。高昌國時期。

LM20-1506-C0759c　殘片

二殘字書於欄外。西州回鶻時期。

LM20-1506-C0759d　《金剛般若波羅蜜經》

姚秦鳩摩羅什譯, CBETA, T08, no.235, p.748, c24–25。唐時期。

LM20-1506-C0759e　佛典殘片

高昌國時期。

LM20-1506-C0760a　《大般涅槃經》卷六

北涼曇無讖譯，CBETA，T12，no.374，p.396，c29–p.397，a1。高昌國時期。

LM20-1506-C0760b　《大般涅槃經》卷三六

北涼曇無讖譯，CBETA，T12，no.374，p.580，a9–11。高昌國時期。

LM20-1506-C0760c　《摩訶般若波羅蜜經》卷九

姚秦鳩摩羅什譯，CBETA，T08，no.223，p.290，a3–6。高昌國時期。

LM20-1506-C0760d　《大方廣佛華嚴經》卷三七

東晉佛陀跋陀羅譯，CBETA，T09，no.278，p.635，b27–28。唐時期。

LM20-1506-C0760e　《四分律刪繁補闕行事鈔》卷中

唐道宣撰述，CBETA，T40，no.1804，p.64，b5–10。西州回鶻時期。

LM20-1506-C0761a　《佛說觀無量壽佛經》

劉宋畺良耶舍譯，CBETA，T12，no.365，p.342，b3–6，"流離"作"琉璃"。高昌國時期。

LM20-1506-C0761b　《大般涅槃經》卷三二

北涼曇無讖譯，CBETA，T12，no.374，p.559，b27–29。高昌國時期。

LM20-1506-C0761c　《妙法蓮華經》卷一

姚秦鳩摩羅什譯，CBETA，T09，no.262，p.3，b9–12。唐時期。

LM20-1506-C0761d　　佛典殘片

高昌國時期。

LM20-1506-C0761e　《阿差末菩薩經》卷七

西晉竺法護譯，CBETA，T13，no.403，p.609，a3–4。唐時期。

LM20-1506-C0761f　《妙法蓮華經》卷三

姚秦鳩摩羅什譯，CBETA，T09，no.262，p.19，b6–9。唐時期。

LM20-1506-C0762a　《妙法蓮華經》卷七

姚秦鳩摩羅什譯，CBETA，T09，no.262，p.60，c3–8。唐時期。

LM20-1506-C0762b　《妙法蓮華經》卷一

姚秦鳩摩羅什譯，此段文字多處可見。唐時期。

LM20-1506-C0762c　　佛典殘片

唐時期。

LM20-1506-C0762d　《妙法蓮華經》卷四

姚秦鳩摩羅什譯，CBETA，T09，no.262，p.33，c1–3。高昌國時期。

LM20-1506-C0762e　《光讚經》卷七

西晉竺法護譯，CBETA，T08，no.222，p.195，b6–7。高昌國時期。

LM20-1506-C0763a　　佛典殘片

唐時期。

LM20-1506-C0763b　《大般涅槃經》卷三八

北涼曇無讖譯, CBETA, T12, no.374, p.588, c17–18。高昌國時期。

LM20-1506-C0763c　《佛説無常經》

唐義净譯, CBETA, T17, no.801, p.746, b6–7。西州回鶻時期。

LM20-1506-C0763d　佛典殘片

高昌國時期。

LM20-1506-C0763e　《大方廣佛華嚴經》卷五（五十卷本）

東晉佛陀跋陀羅譯,《中華大藏經》第 12 冊, 56c8–11; 參 CBETA, T09, no.278, p.431,
a12–15。高昌國時期。

LM20-1506-C0764a　《金剛般若波羅蜜經》

姚秦鳩摩羅什譯, CBETA, T08, no.235, p.750, c24–27。唐時期。

LM20-1506-C0764b　《大般若波羅蜜多經》

唐玄奘譯, 此段文字多處可見。唐時期。

LM20-1506-C0764c　佛典殘片

唐時期。

LM20-1506-C0764d　《大般涅槃經》卷一六

北涼曇無讖譯, CBETA, T12, no.374, p.458, b11–14, "蘇"作"穌"。唐時期。

LM20-1506-C0764e　《阿毗曇毗婆沙論》卷四一

北涼浮陀跋摩、道泰譯, CBETA, T28, no.1546, p.303, c6–7。高昌郡時期。

LM20-1506-C0765a　《妙法蓮華經》卷三

姚秦鳩摩羅什譯, CBETA, T09, no.262, p.22, b5–7。唐時期。

LM20-1506-C0765b　《大般若波羅蜜多經》

唐玄奘譯, 此段文字多處可見。唐時期。

LM20-1506-C0765c　佛典殘片

唐時期。

LM20-1506-C0765d　《阿毗達磨大毗婆沙論》卷九〇

唐玄奘譯, CBETA, T27, no.1545, p.462, c25–28。唐時期。

LM20-1506-C0765e　《大般涅槃經》卷一六

北涼曇無讖譯, CBETA, T12, no.374, p.457, b28–c2。唐時期。

LM20-1506-C0766a　道經殘片

唐時期。

參: 趙洋 2017a, 191; 趙洋 2017b, 213。

LM20-1506-C0766b　佛典殘片

唐時期。

LM20-1506-C0766c　《妙法蓮華經》卷四

姚秦鳩摩羅什譯, CBETA, T09, no.262, p.27, c29–p.28, a3。唐時期。

LM20-1506-C0766d　《大般涅槃經》不分卷

北涼曇無讖譯, CBETA, T12, no.374, p.564, b27–28、CBETA, T12, no.374, p.564, c6–7。高昌郡時期。

LM20-1506-C0766e　佛典殘片

唐時期。

LM20-1506-C0767a　《大方等大集經》卷一〇

北涼曇無讖譯, CBETA, T13, no.397, p.63, c14–17。高昌國時期。

LM20-1506-C0767b　《大般涅槃經》卷三七

北涼曇無讖譯, CBETA, T12, no.374, p.581, a10–12。高昌國時期。

LM20-1506-C0767c　《大般涅槃經》卷二〇

北涼曇無讖譯, CBETA, T12, no.374, p.483, b20–22。高昌國時期。

LM20-1506-C0767d　《大般若波羅蜜多經》卷五四八

唐玄奘譯, CBETA, T07, no.220, p.819, b2–4; 卷五六一, CBETA, T07, no.220, p.896, b18–21。唐時期。

LM20-1506-C0767e　《大般涅槃經》卷三四

北涼曇無讖譯, CBETA, T12, no.374, p.567, a3–6。高昌郡時期。

LM20-1506-C0768a　《妙法蓮華經》卷一

姚秦鳩摩羅什譯, CBETA, T09, no.262, p.7, b29–c2。唐時期。

LM20-1506-C0768b　《大般涅槃經》卷二〇

北涼曇無讖譯, CBETA, T12, no.374, p.481, c7–10。唐時期。

LM20-1506-C0768c　《大般涅槃經》卷六

北涼曇無讖譯, CBETA, T12, no.374, p.399, a15–17。高昌國時期。

LM20-1506-C0768d　《大般涅槃經》卷三六

北涼曇無讖譯, CBETA, T12, no.374, p.580, a17–19。高昌國時期。

LM20-1506-C0768e　《大般涅槃經》卷二九

北涼曇無讖譯, CBETA, T12, no.374, p.541, a3–9。高昌國時期。

LM20-1506-C0769a　《佛説迴向輪經》

唐尸羅達摩譯, CBETA, T19, no.998, p.577, c19–25, "羅"作"尼"。唐時期。

LM20-1506-C0769b　《維摩詰所説經》卷上

姚秦鳩摩羅什譯, CBETA, T14, no.475, p.538, a24–26。高昌國時期。

參: 王梅 2006, 149。

LM20-1506-C0769c　《大辯邪正經》

作者不詳，CBETA, T85, no.2893, p.1412, c18–22。唐時期。

LM20-1506-C0769d　《大般涅槃經》卷二七

北涼曇無讖譯，CBETA, T12, no.374, p.525, a9–13。唐時期。

LM20-1506-C0769e　《鞞婆沙論》卷四

苻秦僧伽跋澄譯，CBETA, T28, no.1547, p.446, b22–23。行間夾寫小字"千"。高昌郡時期。

參：《旅博選粹》，63。

LM20-1506-C0770a　《妙法蓮華經》卷五

姚秦鳩摩羅什譯，CBETA, T09, no.262, p.44, b6–9。唐時期。

LM20-1506-C0770b　佛典殘片

高昌國時期。

LM20-1506-C0770c　《大般涅槃經》卷一

北涼曇無讖譯，CBETA, T12, no.374, p.366, a8–9。唐時期。

LM20-1506-C0770d　《大般涅槃經》卷二五

北涼曇無讖譯，CBETA, T12, no.374, p.517, b6–9。高昌郡時期。

參：《旅博選粹》，24。

LM20-1506-C0770e　《妙法蓮華經》卷三

姚秦鳩摩羅什譯，CBETA, T09, no.262, p.20, a6–11。唐時期。

LM20-1506-C0771a　陀羅尼

唐時期。

LM20-1506-C0771b　《大般涅槃經》卷二二

北涼曇無讖譯，CBETA, T12, no.374, p.493, c12–14。高昌國時期。

LM20-1506-C0771c　《金剛般若波羅蜜經》

姚秦鳩摩羅什譯，CBETA, T08, no.235, p.749, c15–17。唐時期。

LM20-1506-C0771d　《大般涅槃經》卷一

北涼曇無讖譯，CBETA, T12, no.374, p.370, a28–b1。唐時期。

LM20-1506-C0771e　《肘後備急方》卷二

東晉葛洪撰，《正統道藏》第33冊，24c1。唐時期。

LM20-1506-C0772a　《妙法蓮華經》卷六

姚秦鳩摩羅什譯，CBETA, T09, no.262, p.54, c25–p.55, a2。唐時期。

LM20-1506-C0772b　《大般若波羅蜜多經》

唐玄奘譯，此段文字多處可見。唐時期。

LM20-1506-C0772c　《梵網經》卷下

姚秦鳩摩羅什譯，CBETA, T24, no.1484, p.1007, a11–16。唐時期。

LM20-1506-C0772d 《阿育王息壞目因緣經》

　　苻秦曇摩難提譯，CBETA, T50, no.2045, p.172, b25-c1。唐時期。

LM20-1506-C0772e 《妙法蓮華經》卷二

　　姚秦鳩摩羅什譯，CBETA, T09, no.262, p.11, a10-15。唐時期。

LM20-1506-C0773a 《大般涅槃經》卷四

　　北涼曇無讖譯，CBETA, T12, no.374, p.385, b23-24。唐時期。

LM20-1506-C0773b 《妙法蓮華經》卷四

　　姚秦鳩摩羅什譯，CBETA, T09, no.262, p.32, a8-12。唐時期。

LM20-1506-C0773c　佛典殘片

　　唐時期。

LM20-1506-C0773d 《金光明經》卷四

　　北涼曇無讖譯，CBETA, T16, no.663, p.356, c9-15。高昌國時期。

LM20-1506-C0774a 《大智度論》卷二四

　　姚秦鳩摩羅什譯，CBETA, T25, no.1509, p.239, c21-23。高昌國時期。

LM20-1506-C0774b 《佛説佛名經》卷九

　　元魏菩提流支譯，CBETA, T14, no.440, p.166, c22-24。唐時期。

LM20-1506-C0774c 《佛説無常經》

　　唐義净譯，CBETA, T17, no.801, p.746, a21-23。唐時期。

LM20-1506-C0774d　佛典殘片

　　唐時期。

LM20-1506-C0774e 《入大乘論》卷上

　　北涼道泰等譯，CBETA, T32, no.1634, p.38, a10-12。唐時期。

LM20-1506-C0775a 《妙法蓮華經》卷二

　　姚秦鳩摩羅什譯，CBETA, T09, no.262, p.14, a26-b1，"以"作"已"。高昌郡時期。

　　參:《旅博選粹》，24。

LM20-1506-C0775b 《小品般若波羅蜜經》卷四

　　姚秦鳩摩羅什譯，CBETA, T08, no.227, p.552, a4-9。高昌郡時期。

　　參:《旅博選粹》，34。

LM20-1506-C0775c 《妙法蓮華經》卷三

　　姚秦鳩摩羅什譯，CBETA, T09, no.262, p.23, a28-b1。高昌郡時期。

　　參:《旅博選粹》，24。

LM20-1506-C0775d　佛典殘片

　　唐時期。

LM20-1506-C0775e 《大般涅槃經》卷三

北涼曇無讖譯, CBETA, T12, no.374, p.379, a18–20。高昌國時期。

LM20-1506-C0776a 《千手千眼觀世音菩薩廣大圓滿無礙大悲心陀羅尼經》

唐伽梵達摩譯, 此段文字多處可見。唐時期。

LM20-1506-C0776b 《因明入正理論》

唐玄奘譯, CBETA, T32, no.1630, p.12, c8–10。唐時期。

LM20-1506-C0776c 《大般若波羅蜜多經》卷六〇〇

唐玄奘譯, CBETA, T07, no.220, p.1108, a28–b2。唐時期。

LM20-1506-C0776d 《大般若波羅蜜多經》卷六〇〇

唐玄奘譯, CBETA, T07, no.220, p.1108, b6–9。唐時期。

LM20-1506-C0776e 《妙法蓮華經》卷四

姚秦鳩摩羅什譯, CBETA, T09, no.262, p.34, c12–14。唐時期。

LM20-1506-C0777a 《大智度論》卷六八

姚秦鳩摩羅什譯, CBETA, T25, no.1509, p.534, c14–15。高昌國時期。

LM20-1506-C0777b 佛典殘片

參吳維祇難等譯《法句經》, CBETA, T04, no.210。高昌郡時期。下疊壓一回鶻文殘片, 無法揭取。背面有字, 無法揭取拍攝。

LM20-1506-C0777c 《佛頂尊勝陀羅尼經》

唐佛陀波利譯, CBETA, T19, no.967, p.351, b3–7。唐時期。

LM20-1506-C0777d 《大般若波羅蜜多經》卷五二七

唐玄奘譯, CBETA, T07, no.220, p.703, a8–10。唐時期。

LM20-1506-C0777e 《大般若波羅蜜多經》卷二一一

唐玄奘譯, CBETA, T06, no.220, p.53, c17–20。唐時期。

LM20-1506-C0778a 《摩訶般若波羅蜜經》卷二〇

姚秦鳩摩羅什譯, CBETA, T08, no.223, p.363, c28–p.364, a1。高昌國時期。

LM20-1506-C0778b 《妙法蓮華經》卷七

姚秦鳩摩羅什譯, CBETA, T09, no.262, p.61, a13–18。唐時期。

LM20-1506-C0778c 《佛説無量壽經》卷上

曹魏康僧鎧譯, CBETA, T12, no.360, p.269, a9–12。高昌國時期。

LM20-1506-C0778d 佛典殘片

高昌國時期。

LM20-1506-C0778e 《大方等大集經》卷二〇

北涼曇無讖譯, CBETA, T13, no.397, p.142, b19–22。高昌國時期。

LM20-1506-C0779a 《大方廣佛華嚴經》卷二七

唐實叉難陀譯, CBETA, T10, no.279, p.144, c7–9。唐時期。

LM20-1506-C0779b 《佛説灌頂經》卷一二

東晉帛尸梨蜜多羅譯，CBETA，T21，no.1331，p.534，c19–20。唐時期。

LM20-1506-C0779c 《千手千眼觀世音菩薩廣大圓滿無礙大悲心陀羅尼經》

唐伽梵達摩譯，CBETA，T20，no.1060，p.106，a8–12。唐時期。

LM20-1506-C0779d 《妙法蓮華經》卷二

姚秦鳩摩羅什譯，CBETA，T09，no.262，p.17，b4–6。唐時期。

LM20-1506-C0780a 《妙法蓮華經》卷三

姚秦鳩摩羅什譯，CBETA，T09，no.262，p.24，a20–26。唐時期。

LM20-1506-C0780b 《妙法蓮華經》卷一

姚秦鳩摩羅什譯，CBETA，T09，no.262，p.1，c21–24。唐時期。

LM20-1506-C0780c 《妙法蓮華經》卷一

姚秦鳩摩羅什譯，CBETA，T09，no.262，p.1，c19–20。唐時期。

LM20-1506-C0780d 《佛説寶雨經》卷四

唐達摩流支譯，CBETA，T16，no.660，p.297，b19–22。唐時期。

LM20-1506-C0781 佛教戒律

參劉宋佛陀什等譯《彌沙塞五分戒本》，CBETA，T22，no.1422a，p.197，b27–c1；姚秦弗若多羅譯《十誦律》卷一三，CBETA，T23，no.1435，p.92，a11–15。唐時期。

LM20-1506-C0782 《南陽和尚問答雜徵義》

唐劉澄集。序與正文間有朱色"△"。唐時期。

參：李昀 2019，282、285、299。

LM20-1506-C0783 《妙法蓮華經》卷三

姚秦鳩摩羅什譯，CBETA，T09，no.262，p.19，b18–24。唐時期。

LM20-1506-C0784a 《梵網經》卷下

姚秦鳩摩羅什譯，CBETA，T24，no.1484，p.1003，b6–15。唐時期。

LM20-1506-C0784b 《佛説阿彌陀經》

姚秦鳩摩羅什譯，CBETA，T12，no.366，p.347，a27–29。唐時期。

參：《旅博選粹》，123；《净土集成》，75。

LM20-1506-C0784c 《佛説無量壽經》卷上

曹魏康僧鎧譯，CBETA，T12，no.360，p.271，a11–13。高昌國時期。

LM20-1506-C0784d 《佛説首楞嚴三昧經》卷上

姚秦鳩摩羅什譯，CBETA，T15，no.642，p.633，b25–27。高昌郡時期。

LM20-1506-C0784e 佛典殘片

唐時期。

LM20-1506-C0785a 《妙法蓮華經》卷一

姚秦鳩摩羅什譯，CBETA，T09，no.262，p.9，a11–13。唐時期。

LM20-1506-C0785b　佛典殘片

高昌國時期。

LM20-1506-C0785c　《摩訶般若波羅蜜經》卷五

姚秦鳩摩羅什譯，CBETA，T08，no.223，p.253，b23–25。高昌國時期。

LM20-1506-C0785d　佛典殘片

唐時期。

LM20-1506-C0785e　《妙法蓮華經》卷六

姚秦鳩摩羅什譯，CBETA，T09，no.262，p.51，c21–27。唐時期。

LM20-1506-C0786　佛教論釋

參唐玄奘譯《顯揚聖教論》卷八，CBETA，T31，no.1602，p.520，c19–24；唐玄奘譯《大乘阿毗達磨雜集論》卷一一，CBETA，T31，no.1606，p.743，c27–p.744，a5。唐時期。

LM20-1506-C0787　《放光般若經》卷一一

西晉無羅叉譯，CBETA，T08，no.221，p.80，c29–p.81，a5。高昌國時期。

LM20-1506-C0788　《金剛般若波羅蜜經》

元魏菩提流支譯，CBETA，T08，no.236a，p.754，b2–3。唐時期。

LM20-1506-C0789　空號

LM20-1506-C0790　《佛説佛名經》卷一

元魏菩提流支譯，CBETA，T14，no.440，p.117，a6–8。唐時期。

LM20-1506-C0791　佛典殘片

唐時期。

LM20-1506-C0792a　《妙法蓮華經》卷四

姚秦鳩摩羅什譯，CBETA，T09，no.262，p.35，a6–11。唐時期。

LM20-1506-C0792b　《妙法蓮華經》卷四

姚秦鳩摩羅什譯，CBETA，T09，no.262，p.33，a27–b1。唐時期。

LM20-1506-C0792c　《放光般若經》卷一

西晉無羅叉譯，CBETA，T08，no.221，p.2，a17–21。唐時期。

LM20-1506-C0792d　《大智度論》卷六七

姚秦鳩摩羅什譯，CBETA，T25，no.1509，p.529，c11–14，“邪”作“形”。高昌國時期。

LM20-1506-C0793a　《佛本行集經》卷四八

隋闍那崛多譯，CBETA，T03，no.190，p.877，a2–6。唐時期。

參：段真子 2019，169。

LM20-1506-C0793b　《妙法蓮華經》卷五

姚秦鳩摩羅什譯，CBETA，T09，no.262，p.42，c10–11。唐時期。

LM20-1506-C0793c 《維摩詰所説經》卷下

姚秦鳩摩羅什譯，CBETA, T14, no.475, p.553, c17–18。唐時期。

LM20-1506-C0793d 《妙法蓮華經》卷七

姚秦鳩摩羅什譯，CBETA, T09, no.262, p.58, c7–8; CBETA, T09, no.262, p.59, a8–9。唐時期。

LM20-1506-C0794a 《佛説仁王般若波羅蜜經》卷上

姚秦鳩摩羅什譯，CBETA, T08, no.245, p.828, c5–10。高昌國時期。

LM20-1506-C0794b 《妙法蓮華經》卷五

姚秦鳩摩羅什譯，CBETA, T09, no.262, p.43, c22–24。唐時期。

LM20-1506-C0794c 《摩訶般若波羅蜜經》卷一

姚秦鳩摩羅什譯，CBETA, T08, no.223, p.219, c16–18。高昌國時期。

LM20-1506-C0794d 《妙法蓮華經》卷七

姚秦鳩摩羅什譯，CBETA, T09, no.262, p.57, c12–18。唐時期。

LM20-1506-C0795a 佛典殘片

唐時期。

LM20-1506-C0795b 《妙法蓮華經》卷七

姚秦鳩摩羅什譯，CBETA, T09, no.262, p.59, b16–18。唐時期。

LM20-1506-C0795c 《金光明經》卷二

北涼曇無讖譯，CBETA, T16, no.663, p.340, c16–20。唐時期。

LM20-1506-C0795d 《妙法蓮華經》卷三

姚秦鳩摩羅什譯，CBETA, T09, no.262, p.22, a22–27。唐時期。

LM20-1506-C0796a 《維摩詰所説經》卷上

姚秦鳩摩羅什譯，CBETA, T14, no.475, p.542, b22–25。唐時期。

LM20-1506-C0796b 《妙法蓮華經》卷三

姚秦鳩摩羅什譯，CBETA, T09, no.262, p.26, b11–13。唐時期。

LM20-1506-C0796c 佛典殘片

唐時期。

LM20-1506-C0796d 佛典殘片

唐時期。

LM20-1506-C0797a 《妙法蓮華經》卷三

姚秦鳩摩羅什譯，CBETA, T09, no.262, p.22, a20–24。唐時期。

LM20-1506-C0797b 《金剛仙論》卷八（異本）

元魏菩提流支譯，CBETA, T25, no.1512, p.855, a18–21。唐時期。

LM20-1506-C0797c 《放光般若經》

西晉無羅叉譯，此段文字多處可見。高昌國時期。

LM20-1506-C0797d　《大般涅槃經》卷二一

北涼曇無讖譯，CBETA, T12, no.374, p.493, a9–11，"杖"作"材"。高昌國時期。

LM20-1506-C0798a　《妙法蓮華經》卷七

姚秦鳩摩羅什譯，CBETA, T09, no.262, p.57, c13–21。唐時期。

LM20-1506-C0798b　佛典殘片

唐時期。

LM20-1506-C0798c　《觀世音三昧經》

作者不詳，CBETA, D11, no.8817, p.3, a9–13。高昌國時期。

LM20-1506-C0798d　《維摩詰所説經》卷中

姚秦鳩摩羅什譯，CBETA, T14, no.475, p.545, a18–20。高昌國時期。

LM20-1506-C0799a　《佛説無量壽經》卷上

曹魏康僧鎧譯，CBETA, T12, no.360, p.269, a15–17。高昌國時期。

LM20-1506-C0799b　《法鏡經》

後漢安玄譯，CBETA, T12, no.322, p.15, b25–28。唐時期。

LM20-1506-C0799c　佛名經

高昌國時期。

LM20-1506-C0799d　《佛説灌頂經》卷一二

東晉帛尸梨蜜多羅譯，CBETA, T21, no.1331, p.533, a15–19。唐時期。

LM20-1506-C0800a　《金剛般若波羅蜜經》

姚秦鳩摩羅什譯，CBETA, T08, no.235, p.750, b6–8。唐時期。

LM20-1506-C0800b　《十地經論》卷二

元魏菩提流支譯，CBETA, T26, no.1522, p.135, b3–5。唐時期。

LM20-1506-C0800c　《妙法蓮華經》卷三

姚秦鳩摩羅什譯，CBETA, T09, no.262, p.21, c12–17。唐時期。

LM20-1506-C0800d　《光讚經》卷七

西晉竺法護譯，CBETA, T08, no.222, p.197, a19–22。高昌國時期。

LM20-1506-C0801a　《大智度論》卷三〇

姚秦鳩摩羅什譯，CBETA, T25, no.1509, p.277, c2–5。高昌國時期。

LM20-1506-C0801b　《大般涅槃經》卷一六

北涼曇無讖譯，CBETA, T12, no.374, p.457, b25–26。高昌郡時期。

LM20-1506-C0801c　《妙法蓮華經》卷一

姚秦鳩摩羅什譯，CBETA, T09, no.262, p.9, c10–16。唐時期。

LM20-1506-C0801d　《佛頂尊勝陀羅尼經》

唐佛陀波利譯，CBETA, T19, no.967, p.352, a5–7。唐時期。

LM20-1506-C0802a　《合部金光明經》卷六

北涼曇無讖譯，隋寶貴合，CBETA, T16, no.664, p.386, c18–19。唐時期。

LM20-1506-C0802b　《大方廣佛華嚴經》卷五

唐實叉難陀譯，CBETA, T10, no.279, p.23, a25–27。唐時期。

LM20-1506-C0802c　《佛頂尊勝陀羅尼經》

唐佛陀波利譯，CBETA, T19, no.967, p.350, a9–11。唐時期。

LM20-1506-C0802d　《妙法蓮華經》卷三

姚秦鳩摩羅什譯，CBETA, T09, no.262, p.23, b20–22。唐時期。

LM20-1506-C0803a　《佛説佛名經》卷四

元魏菩提流支譯，CBETA, T14, no.440, p.136, a24。唐時期。

LM20-1506-C0803b　《妙法蓮華經》卷五

姚秦鳩摩羅什譯，CBETA, T09, no.262, p.42, c22–25。唐時期。

LM20-1506-C0803c　《大般涅槃經》卷二五

北涼曇無讖譯，CBETA, T12, no.374, p.510, c26–27。高昌國時期。

LM20-1506-C0803d　《文殊師利所説摩訶般若波羅蜜經》卷下

梁曼陀羅仙譯，CBETA, T08, no.232, p.731, b19–22。高昌國時期。

LM20-1506-C0804a　《大般涅槃經》卷三六

北涼曇無讖譯，CBETA, T12, no.374, p.578, a15–17。高昌國時期。

LM20-1506-C0804b　《妙法蓮華經》卷二

姚秦鳩摩羅什譯，CBETA, T09, no.262, p.10, c10–13。唐時期。

LM20-1506-C0804c　《金剛般若波羅蜜經》

元魏菩提流支譯，CBETA, T08, no.236a, p.753, c14–17。唐時期。

LM20-1506-C0804d　《佛説佛名經》卷九

元魏菩提流支譯，CBETA, T14, no.440, p.166, b24–26。唐時期。

LM20-1506-C0805a　《妙法蓮華經》卷四

姚秦鳩摩羅什譯，CBETA, T09, no.262, p.32, c20–23。唐時期。

LM20-1506-C0805b　《大智度論》卷四一

姚秦鳩摩羅什譯，CBETA, T25, no.1509, p.360, b2–5，"是如智"作"如是智"。高昌郡時期。

LM20-1506-C0805c　《大般涅槃經》卷四〇

北涼曇無讖譯，CBETA, T12, no.374, p.598, b16–19。高昌國時期。

LM20-1506-C0805d　《妙法蓮華經》卷六

姚秦鳩摩羅什譯，CBETA, T09, no.262, p.52, c15–18。高昌國時期。

LM20-1506-C0806a　《注維摩詰經》卷六

姚秦僧肇撰，CBETA, T38, no.1775, p.383, a15-18。有雙行小字注。高昌國時期。

LM20-1506-C0806b　《大般涅槃經》卷五

北涼曇無讖譯，CBETA, T12, no.374, p.390, b27-29。高昌國時期。

LM20-1506-C0806c　《金光明經》卷二

北涼曇無讖譯，CBETA, T16, no.663, p.344, a25-27。唐時期。

LM20-1506-C0806d　《大般涅槃經》卷二二

北涼曇無讖譯，CBETA, T12, no.374, p.493, c27-p.494, a1。高昌國時期。

LM20-1506-C0807a　《妙法蓮華經》卷三

姚秦鳩摩羅什譯，CBETA, T09, no.262, p.24, b11-14，“其”作“斯”。唐時期。

LM20-1506-C0807b　《大般涅槃經》卷四

北涼曇無讖譯，CBETA, T12, no.374, p.386, a19-22。高昌國時期。

LM20-1506-C0807c　《大方等大集經》卷三〇

劉宋智嚴、寶雲譯，CBETA, T13, no.397, p.211, b19-21。高昌國時期。

LM20-1506-C0807d　《摩訶般若波羅蜜經》卷一一

姚秦鳩摩羅什譯，CBETA, T08, no.223, p.301, a1-2。高昌國時期。

LM20-1506-C0808a　殘片

唐時期。

LM20-1506-C0808b　《大般涅槃經》卷一

北涼曇無讖譯，CBETA, T12, no.374, p.367, c13-15。高昌國時期。

LM20-1506-C0808c　《佛説觀佛三昧海經》卷九

東晉佛陀跋陀羅譯，CBETA, T15, no.643, p.690, a20-23。高昌國時期。

LM20-1506-C0808d　《大般涅槃經》卷一

北涼曇無讖譯，CBETA, T12, no.374, p.367, c12-15。高昌國時期。

LM20-1506-C0808e　佛典殘片

唐時期。

LM20-1506-C0809a　《金剛般若波羅蜜經》

元魏菩提流支譯，CBETA, T08, no.236a, p.753, c16-19。唐時期。

LM20-1506-C0809b　《金光明經》卷三

北涼曇無讖譯，CBETA, T16, no.663, p.347, c11-13。唐時期。

LM20-1506-C0809c　《大般若波羅蜜多經》卷九四

唐玄奘譯，CBETA, T05, no.220, p.523, b18-20。唐時期。

LM20-1506-C0809d　佛典殘片

高昌國時期。

LM20-1506-C0809e　《摩訶般若波羅蜜經》卷三

姚秦鳩摩羅什譯，CBETA, T08, no.223, p.236, b22–26。高昌國時期。

LM20-1506-C0810a 《樂瓔珞莊嚴方便品經》

姚秦曇摩耶舍譯，CBETA, T14, no.566, p.938, a21–24。唐時期。

LM20-1506-C0810b 《妙法蓮華經》卷一

姚秦鳩摩羅什譯，CBETA, T09, no.262, p.5, b25–27。唐時期。

LM20-1506-C0810c 《梵網經》卷下

姚秦鳩摩羅什譯，CBETA, T24, no.1484, p.1009, a25–27。高昌國時期。

LM20-1506-C0810d 《大智度論》卷一

姚秦鳩摩羅什譯，CBETA, T25, no.1509, p.63, a4–9。高昌國時期。

LM20-1506-C0810e 《摩訶般若波羅蜜經》卷二四

姚秦鳩摩羅什譯，CBETA, T08, no.223, p.396, c14–16。唐時期。

LM20-1506-C0811a 《大般若波羅蜜多經》

唐玄奘譯，此段文字多處可見。與 LM20-1506-C0811c 爲同一寫本，據此定名。唐時期。

LM20-1506-C0811b 《大般若波羅蜜多經》

唐玄奘譯，此段文字多處可見。與 LM20-1506-C0811c 爲同一寫本，據此定名。唐時期。

LM20-1506-C0811c 《大般若波羅蜜多經》卷一六八

唐玄奘譯，此段文字多處可見。唐時期。

LM20-1506-C0811d 《佛説華手經》卷九

姚秦鳩摩羅什譯，CBETA, T16, no.657, p.193, a2–6。高昌國時期。

LM20-1506-C0811e 《妙法蓮華經》卷五

姚秦鳩摩羅什譯，CBETA, T09, no.262, p.40, b8–11。高昌國時期。

LM20-1506-C0812a 《大般涅槃經》卷三六

北涼曇無讖譯，CBETA, T12, no.374, p.578, c16–19。高昌國時期。

LM20-1506-C0812b 《大方廣佛華嚴經》卷二八（五十卷本）

東晉佛陀跋陀羅譯，《中華大藏經》第 12 册, 338b4–9; 參 CBETA, T09, no.278, p.607, a6–11。高昌國時期。

LM20-1506-C0812c 《大般涅槃經》卷二三

北涼曇無讖譯，CBETA, T12, no.374, p.498, c24–28。高昌國時期。

LM20-1506-C0812d 《大般涅槃經》卷二五

北涼曇無讖譯，CBETA, T12, no.374, p.514, a21–26，“炎”作“焰”。高昌郡時期。

LM20-1506-C0812e 《妙法蓮華經》卷三

姚秦鳩摩羅什譯，CBETA, T09, no.262, p.21, c7–11。唐時期。

LM20-1506-C0813a 齋文（？）

高昌國時期。

LM20-1506-C0813b　《妙法蓮華經》卷四

姚秦鳩摩羅什譯，CBETA, T09, no.262, p.27, c4-6。唐時期。

LM20-1506-C0813c　《大般涅槃經》卷一六

北涼曇無讖譯，CBETA, T12, no.374, p.460, c27-29。高昌國時期。

LM20-1506-C0813d　佛典殘片

高昌國時期。

LM20-1506-C0813e　《佛説須摩提菩薩經》

姚秦鳩摩羅什譯，CBETA, T12, no.335, p.79, b24-26。唐時期。

LM20-1506-C0814a　《妙法蓮華經》卷六

姚秦鳩摩羅什譯，CBETA, T09, no.262, p.48, b12-16。唐時期。

LM20-1506-C0814b　《妙法蓮華經》卷五

姚秦鳩摩羅什譯，CBETA, T09, no.262, p.42, b18-20。唐時期。

LM20-1506-C0814c　《妙法蓮華經》卷二

姚秦鳩摩羅什譯，CBETA, T09, no.262, p.15, c3-6。唐時期。

LM20-1506-C0814d　《妙法蓮華經》卷四

姚秦鳩摩羅什譯，CBETA, T09, no.262, p.32, b9-11。唐時期。

LM20-1506-C0814e　《妙法蓮華經》卷一

姚秦鳩摩羅什譯，CBETA, T09, no.262, p.9, b3-11。唐時期。

LM20-1506-C0815a　《大般涅槃經》卷二二

北涼曇無讖譯，CBETA, T12, no.374, p.497, b13-14。高昌郡時期。

LM20-1506-C0815b　《十誦律》卷三七

姚秦弗若多羅譯，CBETA, T23, no.1435, p.266, b16-19，"憂"作"優"。高昌國時期。

LM20-1506-C0815c　《妙法蓮華經》卷七

姚秦鳩摩羅什譯，CBETA, T09, no.262, p.60, b24-27。唐時期。

LM20-1506-C0815d　《金光明經》卷二

北涼曇無讖譯，CBETA, T16, no.663, p.341, c25-29, 第3行"以"作"已"。高昌國時期。

LM20-1506-C0815e　《金剛般若波羅蜜經》

元魏菩提流支譯，CBETA, T08, no.236a, p.752, c24-27。唐時期。

LM20-1506-C0816a　《妙法蓮華經》卷六

姚秦鳩摩羅什譯，CBETA, T09, no.262, p.52, a13-18。唐時期。

LM20-1506-C0816b　《大般若波羅蜜多經》

唐玄奘譯，此段文字多處可見。唐時期。

LM20-1506-C0816c　《妙法蓮華經》卷一

姚秦鳩摩羅什譯，CBETA, T09, no.262, p.2, c6-8。高昌國時期。

LM20-1506-C0816d　《金剛般若波羅蜜經》

　　姚秦鳩摩羅什譯, CBETA, T08, no.235, p.749, b24–29。唐時期。

LM20-1506-C0817a　《净名經關中釋抄》卷上

　　唐道液集, CBETA, T85, no.2778, p.506, c9–13。唐時期。

LM20-1506-C0817b　《十誦律》卷一〇

　　姚秦弗若多羅譯, CBETA, T23, no.1435, p.72, b27–29。高昌國時期。

LM20-1506-C0817c　《大般若波羅蜜多經》

　　唐玄奘譯, 此段文字多處可見。唐時期。

LM20-1506-C0817d　《大般若波羅蜜多經》

　　唐玄奘譯, 此段文字多處可見。唐時期。

LM20-1506-C0818a　佛名經

　　高昌國時期。

LM20-1506-C0818b　《維摩詰所説經》卷中

　　姚秦鳩摩羅什譯, CBETA, T14, no.475, p.544, b29–c4。高昌國時期。

LM20-1506-C0818c　《道行般若經》卷二

　　後漢支婁迦讖譯, CBETA, T08, no.224, p.433, a5–8。高昌國時期。

　　參: 孫傳波 2006, 169。

LM20-1506-C0818d　《大般涅槃經》卷一三

　　北涼曇無讖譯, CBETA, T12, no.374, p.440, c27–p.441, a3。高昌國時期。

LM20-1506-C0819a　佛典殘片

　　高昌國時期。

LM20-1506-C0819b　《佛説百佛名經》

　　隋那連提耶舍譯, CBETA, T14, no.444, p.354, a16–19。唐時期。

LM20-1506-C0819c　佛教戒律

　　參蕭齊僧伽跋陀羅譯《善見律毗婆沙》卷一, CBETA, T24, no.1462, p.674, a2–6; 唐懷
素撰《四分律開宗記》卷一, CBETA, X42, no.735, p.337, b21–c1。唐時期。

LM20-1506-C0819d　佛典殘片

　　高昌國時期。

LM20-1506-C0820a　佛名經

　　參元魏菩提流支譯《佛説佛名經》卷六, CBETA, T14, no.440, p.142, c19–21。唐時期。

LM20-1506-C0820b　《大般涅槃經》卷三三

　　北涼曇無讖譯, CBETA, T12, no.374, p.563, a23–25。唐時期。

LM20-1506-C0820c　《摩訶般若波羅蜜經》卷二二

　　姚秦鳩摩羅什譯, CBETA, T08, no.223, p.378, c9–11。高昌國時期。

LM20-1506-C0820d　《大方廣佛華嚴經》卷三七

東晉佛陀跋陀羅譯，CBETA，T09，no.278，p.634，b11–13。唐時期。

LM20-1506-C0821a　《金剛般若波羅蜜經》

姚秦鳩摩羅什譯，CBETA，T08，no.235，p.751，a28–b2。高昌國時期。

LM20-1506-C0821b　《妙法蓮華經》卷六

姚秦鳩摩羅什譯，CBETA，T09，no.262，p.54，b11–15。唐時期。

LM20-1506-C0821c　《妙法蓮華經》卷七

姚秦鳩摩羅什譯，CBETA，T09，no.262，p.55，c10–12。唐時期。

LM20-1506-C0821d　《大方便佛報恩經》卷七

譯者不詳，CBETA，T03，no.156，p.165，c9–11；劉宋求那跋摩譯《菩薩善戒經》卷九，
CBETA，T30，no.1582，p.1010，b27–29。唐時期。

LM20-1506-C0822a　《妙法蓮華經》卷二

姚秦鳩摩羅什譯，CBETA，T09，no.262，p.17，c15–18。唐時期。

LM20-1506-C0822b　《大般涅槃經》卷二一

北涼曇無讖譯，CBETA，T12，no.374，p.488，b20–21。高昌國時期。

LM20-1506-C0822c　佛典殘片

唐時期。

LM20-1506-C0822d　《摩訶般若波羅蜜經》卷二四

姚秦鳩摩羅什譯，CBETA，T08，no.223，p.396，a5–9。高昌國時期。

LM20-1506-C0823a　《大方廣佛華嚴經》卷三七

東晉佛陀跋陀羅譯，此段文字多處可見。唐時期。

LM20-1506-C0823b　《摩訶般若波羅蜜經》

姚秦鳩摩羅什譯，此段文字多處可見。高昌國時期。

LM20-1506-C0823c　《大般涅槃經》卷一〇

北涼曇無讖譯，CBETA，T12，no.374，p.425，b17–18。高昌國時期。

LM20-1506-C0823d　《大般若波羅蜜多經》卷四六〇

唐玄奘譯，CBETA，T07，no.220，p.323，c21–24。唐時期。

LM20-1506-C0824a　《大般涅槃經》卷一九

北涼曇無讖譯，CBETA，T12，no.374，p.474，b10–11。高昌國時期。

LM20-1506-C0824b　殘片

唐時期。

LM20-1506-C0824c　殘片

高昌郡時期。

LM20-1506-C0824d　《大般涅槃經》卷三〇

北涼曇無讖譯，CBETA, T12, no.374, p.547, b16–18。高昌國時期。

LM20-1506-C0824e 《大智度論》卷一

姚秦鳩摩羅什譯，CBETA, T25, no.1509, p.62, a1–3，"抓"作"爪"。高昌國時期。

LM20-1506-C0825a 《大般若波羅蜜多經》卷五二九

唐玄奘譯，CBETA, T07, no.220, p.715, c20–24。唐時期。

LM20-1506-C0825b 佛典殘片

唐時期。

LM20-1506-C0825c 《摩訶僧祇律大比丘戒本》

東晉佛陀跋陀羅譯，CBETA, T22, no.1426, p.554, a6–10。高昌國時期。

LM20-1506-C0825d 《大乘起信論》

梁真諦譯，CBETA, T32, no.1666, p.575, b13–15。唐時期。

LM20-1506-C0826a 《大方廣佛華嚴經》卷三七

東晉佛陀跋陀羅譯，此段文字多處可見。唐時期。

LM20-1506-C0826b 《大般涅槃經》卷四〇

北涼曇無讖譯，CBETA, T12, no.374, p.598, a13–15。高昌國時期。

LM20-1506-C0826c 《妙法蓮華經》卷一

姚秦鳩摩羅什譯，CBETA, T09, no.262, p.1, c28–p.2, a2。唐時期。

LM20-1506-C0826d 《大般若波羅蜜多經》

唐玄奘譯，此段文字多處可見。唐時期。

LM20-1506-C0827a 佛典殘片

高昌國時期。

LM20-1506-C0827b 《大通方廣懺悔滅罪莊嚴成佛經》卷中

作者不詳，CBETA, T85, no.2871, p.1348, a14–16。高昌國時期。

LM20-1506-C0827c 《文殊師利所説摩訶般若波羅蜜經》卷上

梁曼陀羅仙譯，CBETA, T08, no.232, p.728, b17–18。高昌國時期。

LM20-1506-C0827d 殘片

西州回鶻時期。

LM20-1506-C0827e 無字殘片

LM20-1506-C0828a 《妙法蓮華經》卷四

姚秦鳩摩羅什譯，CBETA, T09, no.262, p.33, b25–28。唐時期。

LM20-1506-C0828b 《大般涅槃經》卷六

北涼曇無讖譯，CBETA, T12, no.374, p.402, b18–20。高昌國時期。

LM20-1506-C0828c 殘片

高昌國時期。

LM20-1506-C0828d　《大方廣佛華嚴經》卷三七

東晉佛陀跋陀羅譯，此段文字多處可見。唐時期。

LM20-1506-C0828e　《大智度論》卷二九

姚秦鳩摩羅什譯，CBETA, T25, no.1509, p.275, a19–21。高昌國時期。

LM20-1506-C0829a　《妙法蓮華經》卷七

姚秦鳩摩羅什譯，CBETA, T09, no.262, p.57, a4–9。唐時期。

LM20-1506-C0829b　《安樂行道轉經願生净土法事讚》卷下

唐善導集，CBETA, T47, no.1979, p.430, c11–15。唐時期。

參：《净土集成》，63。

LM20-1506-C0829c　《佛説觀藥王藥上二菩薩經》

劉宋畺良耶舍譯，CBETA, T20, no.1161, p.661, a11–12。高昌國時期。

LM20-1506-C0829d　《妙法蓮華經》卷三

姚秦鳩摩羅什譯，CBETA, T09, no.262, p.20, b15–19。唐時期。

LM20-1506-C0830a　《五分戒本》

劉宋佛陀什等譯，CBETA, T22, no.1422b, p.202, c28–p.203, a6，"丘犯僧伽婆尸"作
"丘犯僧"。高昌國時期。

LM20-1506-C0830b　《大般涅槃經》卷三二

北涼曇無讖譯，CBETA, T12, no.374, p.555, a22–27。高昌國時期。

LM20-1506-C0830c　《四分律》卷三六

姚秦佛陀耶舍、竺佛念等譯，CBETA, T22, no.1428, p.822, a1–4。唐時期。

LM20-1506-C0830d　《佛頂尊勝陀羅尼經》

唐佛陀波利譯，CBETA, T19, no.967, p.351, b11–13。唐時期。

LM20-1506-C0831a　《摩訶般若波羅蜜經》卷二一

姚秦鳩摩羅什譯，CBETA, T08, no.223, p.368, c8–10。高昌國時期。

LM20-1506-C0831b　《道行般若經》卷九

後漢支婁迦讖譯，CBETA, T08, no.224, p.471, a7–10。高昌郡時期。

參：《旅博選粹》，33。

LM20-1506-C0831c　《妙法蓮華經》卷五

姚秦鳩摩羅什譯，CBETA, T09, no.262, p.40, c2–8。高昌國時期。

LM20-1506-C0831d　《佛説灌頂經》卷一二

東晉帛尸梨蜜多羅譯，CBETA, T21, no.1331, p.535, a17–19。唐時期。

LM20-1506-C0832a　《妙法蓮華經》卷七

姚秦鳩摩羅什譯，CBETA, T09, no.262, p.56, c2–4。高昌國時期。

LM20-1506-C0832b　《大寶積經》卷八二

曹魏康僧鎧譯, CBETA, T11, no.310, p.473, b1-3。唐時期。

LM20-1506-C0832c　《妙法蓮華經》卷二

姚秦鳩摩羅什譯, CBETA, T09, no.262, p.16, a21-25。唐時期。

LM20-1506-C0832d　《佛説維摩詰經》卷下

吳支謙譯, CBETA, T14, no.474, p.529, c7-10。高昌郡時期。

參: 王梅 2006, 137。

LM20-1506-C0833a　《摩訶般若波羅蜜經》卷六

姚秦鳩摩羅什譯, CBETA, T08, no.223, p.263, b21-23。高昌國時期。

LM20-1506-C0833b　《妙法蓮華經》卷六

姚秦鳩摩羅什譯, CBETA, T09, no.262, p.46, c15-19。唐時期。

LM20-1506-C0833c　《大通方廣懺悔滅罪莊嚴成佛經》卷下

作者不詳, CBETA, T85, no.2871, p.1352, b5-7。唐時期。

LM20-1506-C0833d　《大乘起信論》

梁真諦譯, CBETA, T32, no.1666, p.575, c26-27。唐時期。

LM20-1506-C0834a　《大方廣佛華嚴經》卷三一

唐實叉難陀譯, CBETA, T10, no.293, p.801, a11-12。唐時期。

LM20-1506-C0834b　《大般涅槃經》卷一四

北涼曇無讖譯, CBETA, T12, no.374, p.449, b16-19。唐時期。

LM20-1506-C0834c　《大方廣佛華嚴經》卷三七

東晉佛陀跋陀羅譯, 此段文字多處可見。唐時期。

LM20-1506-C0834d　佛名經

高昌國時期。

LM20-1506-C0835a　《金光明經》卷三

北涼曇無讖譯, CBETA, T16, no.663, p.348, c17-20。高昌國時期。

LM20-1506-C0835b　《妙法蓮華經》卷七

姚秦鳩摩羅什譯, CBETA, T09, no.262, p.56, b24-28。高昌國時期。

LM20-1506-C0835c　《大般若波羅蜜多經》卷五八九

唐玄奘譯, CBETA, T07, no.220, p.1044, c6-8。唐時期。

LM20-1506-C0835d　道經殘片

高昌國時期。

LM20-1506-C0836a　《妙法蓮華經》卷七

姚秦鳩摩羅什譯, CBETA, T09, no.262, p.59, c8-9。唐時期。

LM20-1506-C0836b　《大般涅槃經》卷二三

北涼曇無讖譯, CBETA, T12, no.374, p.499, b2-5。高昌郡時期。

LM20-1506-C0836c　佛典殘片

參姚秦鳩摩羅什譯《大智度論》卷三〇, CBETA, T25, no.1509, p.280, b18-19。高昌郡時期。

LM20-1506-C0837a　《放光般若經》卷二〇

西晉無羅叉譯, CBETA, T08, no.221, p.145, a7-9。唐時期。

LM20-1506-C0837b　《佛説灌頂經》卷四

東晉帛尸梨蜜多羅譯, CBETA, T21, no.1331, p.505, c25-27。唐時期。

LM20-1506-C0837c　《大方等陀羅尼經》卷三

北涼法衆譯, CBETA, T21, no.1339, p.653, b13-15。高昌國時期。

LM20-1506-C0837d　《妙法蓮華經》卷五

姚秦鳩摩羅什譯, CBETA, T09, no.262, p.42, b6-9。唐時期。

LM20-1506-C0838a　《妙法蓮華經》卷七

姚秦鳩摩羅什譯, CBETA, T09, no.262, p.56, c3-6, "坐"作"座"。高昌國時期。

LM20-1506-C0838b　《妙法蓮華經》卷三

姚秦鳩摩羅什譯, CBETA, T09, no.262, p.24, c01-c5, "爲"作"於"。高昌國時期。

LM20-1506-C0838c　《妙法蓮華經》卷三

姚秦鳩摩羅什譯, CBETA, T09, no.262, p.19, b26-27。高昌國時期。

LM20-1506-C0838d　殘片

高昌國時期。

LM20-1506-C0839a　《大方廣佛華嚴經》卷六

東晉佛陀跋陀羅譯, CBETA, T09, no.278, p.430, c8-10。唐時期。

LM20-1506-C0839b　《金光明經》卷三

北涼曇無讖譯, CBETA, T16, no.663, p.349, b8-13。高昌國時期。

LM20-1506-C0839c　佛典殘片

唐時期。

LM20-1506-C0839d　《妙法蓮華經》卷三

姚秦鳩摩羅什譯, CBETA, T09, no.262, p.24, a23-29。高昌國時期。

LM20-1506-C0840a　《十方千五百佛名經》

譯者不詳, CBETA, T14, no.442, p.316, c8-10。高昌國時期。

LM20-1506-C0840b　《佛説灌頂經》卷一二

東晉帛尸梨蜜多羅譯, CBETA, T21, no.1331, p.535, c14-16。唐時期。

LM20-1506-C0840c　佛典殘片

高昌郡時期。

LM20-1506-C0840d　《妙法蓮華經》卷四

姚秦鳩摩羅什譯，CBETA, T09, no.262, p.29, a17-21。唐時期。

LM20-1506-C0841a 佛典殘片

高昌國時期。

LM20-1506-C0841b 殘片

高昌國時期。

LM20-1506-C0841c 《妙法蓮華經》卷六

姚秦鳩摩羅什譯，CBETA, T09, no.262, p.46, c3-5。高昌國時期。

LM20-1506-C0841d 《佛説灌頂經》卷一二

東晉帛尸梨蜜多羅譯，CBETA, T21, no.1331, p.533, b16-18。唐時期。

LM20-1506-C0842a 《小品般若波羅蜜經》卷二

姚秦鳩摩羅什譯，CBETA, T08, no.227, p.544, b7-11。高昌國時期。

參: 孫傳波 2006, 185。

LM20-1506-C0842b 《大般涅槃經》卷三六

北涼曇無讖譯，CBETA, T12, no.374, p.576, c12-14。高昌國時期。

LM20-1506-C0842c 《龍樹菩薩爲禪陀迦王説法要偈》

劉宋求那跋摩譯，CBETA, T32, no.1672, p.747, b13-19, 疑脱兩句。唐時期。

LM20-1506-C0842d 《金剛般若波羅蜜經》

姚秦鳩摩羅什譯，CBETA, T08, no.235, p.751, a18-23。唐時期。

LM20-1506-C0843a 《妙法蓮華經》卷一

姚秦鳩摩羅什譯，CBETA, T09, no.262, p.5, c17-19。高昌國時期。

LM20-1506-C0843b 佛典殘片

唐時期。

LM20-1506-C0843c 《妙法蓮華經》卷一

姚秦鳩摩羅什譯，CBETA, T09, no.262, p.7, a21-25。唐時期。

LM20-1506-C0843d 《毗耶娑問經》卷下

元魏般若流支譯，CBETA, T12, no.354, p.233, a7-9。唐時期。

LM20-1506-C0844a 《大智度論》卷五

姚秦鳩摩羅什譯，CBETA, T25, no.1509, p.95, b19-21, "合"作"含"。唐時期。

LM20-1506-C0844b 佛教戒律

唐時期。

LM20-1506-C0844c 《大方廣佛華嚴經》外題

唐時期。

LM20-1506-C0844d 《十方千五百佛名經》

譯者不詳。參《十方千五百佛名經》全文, 190 頁, 106 行。高昌國時期。

LM20-1506-C0845a 《大般涅槃經》卷一九

北涼曇無讖譯，CBETA, T12, no.374, p.477, c19-20。高昌國時期。

LM20-1506-C0845b 《金光明經》卷三

北涼曇無讖譯，CBETA, T16, no.663, p.348, c26-29。唐時期。

LM20-1506-C0845c 《妙法蓮華經》卷二

姚秦鳩摩羅什譯，CBETA, T09, no.262, p.16, a17-21，"净"作"潔"。唐時期。

LM20-1506-C0845d 《佛説弘道廣顯三昧經》卷一

西晉竺法護譯，CBETA, T15, no.635, p.488, c14-16。唐時期。

LM20-1506-C0846a 《金剛般若波羅蜜經》

元魏菩提流支譯，CBETA, T08, no.236a, p.752, c20-22。高昌國時期。

LM20-1506-C0846b 《妙法蓮華經》卷六

姚秦鳩摩羅什譯，CBETA, T09, no.262, p.53, a1-4。高昌國時期。

LM20-1506-C0846c 《大方廣佛華嚴經》卷三七

東晉佛陀跋陀羅譯，此段文字多處可見。唐時期。

LM20-1506-C0846d 《妙法蓮華經》卷一

姚秦鳩摩羅什譯，CBETA, T09, no.262, p.8, b10-16。唐時期。

LM20-1506-C0847a 《大般涅槃經》卷一

北涼曇無讖譯，CBETA, T12, no.374, p.371, a24-25。唐時期。

LM20-1506-C0847b 《妙法蓮華經》卷七

姚秦鳩摩羅什譯，CBETA, T09, no.262, p.55, b24-26。唐時期。

LM20-1506-C0847c 《妙法蓮華經》卷二

姚秦鳩摩羅什譯，CBETA, T09, no.262, p.11, b18-20。唐時期。

LM20-1506-C0847d 維摩詰經注疏

參唐道液集《净名經關中釋抄》卷上，CBETA, T85, no.2778, p.506, c1-3。高昌國時期。

LM20-1506-C0848a 《救疾經》

作者不詳，CBETA, T85, no.2878, p.1362, b3-6。高昌國時期。

參: 馬俊傑 2019, 232。

LM20-1506-C0848b 《大般涅槃經》卷七

北涼曇無讖譯，CBETA, T12, no.374, p.405, b28-29。高昌國時期。

LM20-1506-C0848c 佛教戒律

參劉宋求那跋摩譯《四分比丘尼羯磨法》，CBETA, T22, no.1434, p.1065, c13-17。高昌國時期。

LM20-1506-C0848d 《大智度論》卷六〇

姚秦鳩摩羅什譯，CBETA, T25, no.1509, p.486, a3-5。高昌國時期。

LM20-1506-C0849a　《妙法蓮華經》卷一

姚秦鳩摩羅什譯，CBETA，T09，no.262，p.2，b12-16。唐時期。

LM20-1506-C0849b　《金光明經》卷三

北涼曇無讖譯，CBETA，T16，no.663，p.348，b26-29。高昌國時期。

LM20-1506-C0849c　《佛說仁王般若波羅蜜經》卷上

姚秦鳩摩羅什譯，CBETA，T08，no.245，p.826，b15-17。有朱筆句讀。高昌國時期。

LM20-1506-C0849d　《大般涅槃經》卷三六

北涼曇無讖譯，CBETA，T12，no.374，p.576，a1-6。高昌郡時期。

LM20-1506-C0850a　《大般涅槃經》卷三六

北涼曇無讖譯，CBETA，T12，no.374，p.577，a5-9。高昌國時期。

LM20-1506-C0850b　《妙法蓮華經》卷一

姚秦鳩摩羅什譯，CBETA，T09，no.262，p.6，a24-29。高昌國時期。

LM20-1506-C0850c　《妙法蓮華經》卷一

姚秦鳩摩羅什譯，CBETA，T09，no.262，p.2，b27-29。唐時期。

參：《旅博選粹》，11。

LM20-1506-C0850d　《摩訶般若鈔經》卷三

苻秦曇摩蜱、竺佛念譯，CBETA，T08，no.226，p.520，b22-24。高昌郡時期。

LM20-1506-C0851a　《妙法蓮華經》卷三

姚秦鳩摩羅什譯，CBETA，T09，no.262，p.22，a29-b4。唐時期。

LM20-1506-C0851b　《道行般若經》卷九

後漢支婁迦讖譯，CBETA，T08，no.224，p.472，b17-19。唐時期。

LM20-1506-C0851c　《妙法蓮華經》卷一

姚秦鳩摩羅什譯，CBETA，T09，no.262，p.3，c14-18。高昌國時期。

LM20-1506-C0851d　《妙法蓮華經》卷七

姚秦鳩摩羅什譯，CBETA，T09，no.262，p.56，c14-19。唐時期。

LM20-1506-C0852a　《大般涅槃經》卷三一

北涼曇無讖譯，CBETA，T12，no.374，p.548，b23-26。高昌國時期。

LM20-1506-C0852b　《妙法蓮華經》卷二

姚秦鳩摩羅什譯，CBETA，T09，no.262，p.13，b8-10。唐時期。

LM20-1506-C0852c　《大智度論》卷一八

姚秦鳩摩羅什譯，CBETA，T25，no.1509，p.196，b23-26。高昌國時期。

LM20-1506-C0852d　《大方等陀羅尼經》卷二

北涼法衆譯，CBETA，T21，no.1339，p.647，a19-21。唐時期。

LM20-1506-C0852e　《摩訶般若波羅蜜經》卷一八

姚秦鳩摩羅什譯, CBETA, T08, no.223, p.354, c23-24。高昌國時期。

LM20-1506-C0853a　《大智度論》卷七七

姚秦鳩摩羅什譯, CBETA, T25, no.1509, p.599, b26-28。唐時期。

LM20-1506-C0853b　《像法决疑經》

作者不詳, CBETA, T85, no.2870, p.1336, b5-6, "多"作"大"。唐時期。

LM20-1506-C0853c　《妙法蓮華經》卷七

姚秦鳩摩羅什譯, CBETA, T09, no.262, p.58, b13-15。高昌國時期。

LM20-1506-C0853d　佛名經

唐時期。

LM20-1506-C0854a　《金剛般若論》卷上

隋達摩笈多譯, CBETA, T25, no.1510a, p.757, b6-9。高昌國時期。

LM20-1506-C0854b　《大般若波羅蜜多經》

唐玄奘譯, 此段文字多處可見。唐時期。

LM20-1506-C0854c　佛典殘片

高昌國時期。

LM20-1506-C0854d　寶積經

參西晉聶道真譯《大寶積經》卷一〇〇, CBETA, T11, no.310, p.556, b9-13, "願"作"願令"。高昌國時期。

LM20-1506-C0855a　《解脱道論》卷一

梁僧伽婆羅譯, CBETA, T32, no.1648, p.401, c10-12。高昌國時期。

LM20-1506-C0855b　《請觀世音菩薩消伏毒害陀羅尼咒經》

東晉竺難提譯, CBETA, T20, no.1043, p.36, c18-22。高昌國時期。

LM20-1506-C0855c　《摩訶般若波羅蜜經》卷一九

姚秦鳩摩羅什譯, CBETA, T08, no.223, p.355, c16-19。高昌國時期。

LM20-1506-C0855d　《妙法蓮華經》卷一

姚秦鳩摩羅什譯, CBETA, T09, no.262, p.7, c20-24。高昌國時期。

LM20-1506-C0856a　《十地經論》卷五

元魏菩提流支譯, CBETA, T26, no.1522, p.154, a17-21。高昌國時期。

LM20-1506-C0856b　《佛説仁王般若波羅蜜經》卷上

姚秦鳩摩羅什譯, CBETA, T08, no.245, p.825, c18-21。高昌國時期。

LM20-1506-C0856c　《妙法蓮華經》卷四

姚秦鳩摩羅什譯, CBETA, T09, no.262, p.30, a5-8。唐時期。

LM20-1506-C0856d　《金剛般若波羅蜜經》

姚秦鳩摩羅什譯, CBETA, T08, no.235, p.751, c8-9。唐時期。

LM20-1506-C0856e 《合部金光明經》卷二

　　梁真諦譯, 隋寶貴合, CBETA, T16, no.664, p.368, b9–10。唐時期。

LM20-1506-C0857a 《大般若波羅蜜多經》

　　唐玄奘譯, 此段文字多處可見。唐時期。

LM20-1506-C0857b 《摩訶般若波羅蜜經》卷二四

　　姚秦鳩摩羅什譯, CBETA, T08, no.223, p.398, b16–19。高昌國時期。

LM20-1506-C0857c 殘片

　　唐時期。

LM20-1506-C0857d 《慧上菩薩問大善權經》卷下

　　西晉竺法護譯, CBETA, T12, no.345, p.162, a25–28, "炎華"作"焰花"。有雙行小字注。
　　唐時期。

LM20-1506-C0858a 《妙法蓮華經》卷一

　　姚秦鳩摩羅什譯, CBETA, T09, no.262, p.2, b3–6。唐時期。

LM20-1506-C0858b 《金剛般若波羅蜜經》

　　姚秦鳩摩羅什譯, CBETA, T08, no.235, p.750, a3–6。唐時期。

LM20-1506-C0858c 佛典殘片

　　高昌郡時期。背面有字, 無法揭取拍攝。

LM20-1506-C0858d 《妙法蓮華經》卷一

　　姚秦鳩摩羅什譯, CBETA, T09, no.262, p.5, c9–11。高昌國時期。

LM20-1506-C0859a 佛典殘片

　　唐時期。

LM20-1506-C0859b 《大方廣佛華嚴經》卷七六

　　唐實叉難陀譯, CBETA, T10, no.279, p.418, b13–14。唐時期。

LM20-1506-C0859c 殘片

　　殘墨跡。

LM20-1506-C0859d 佛典殘片

　　高昌國時期。

LM20-1506-C0859e 《請觀世音菩薩消伏毒害陀羅尼咒經》

　　東晉竺難提譯, CBETA, T20, no.1043, p.37, a29–b2。唐時期。

LM20-1506-C0860a 殘片

　　唐時期。

LM20-1506-C0860b 殘片

　　唐時期。

LM20-1506-C0860c 《大般涅槃經》卷七

北涼曇無讖譯, CBETA, T12, no.374, p.403, b22-23。唐時期。

LM20-1506-C0861a　《佛說觀藥王藥上二菩薩經》

劉宋畺良耶舍譯, CBETA, T20, no.1161, p.663, c15-17, "金花光佛"作"金花光"。唐時期。

LM20-1506-C0861b　《妙法蓮華經》卷四

姚秦鳩摩羅什譯, CBETA, T09, no.262, p.27, b22-24。唐時期。

LM20-1506-C0862a　《觀世音經讚》

題金剛藏菩薩撰, 據 LM20-1506-C0871c+LM20-1502-C0032 首題定名, 參 BD3351。
有雙行小字注。唐時期。

參:《旅博選粹》, 160; 橘堂晃一 2010, 94; 嚴世偉 2019, 304-340。

LM20-1506-C0862b　佛典殘片

唐時期。

LM20-1506-C0863a　《道行般若經》卷七

後漢支婁迦讖譯, CBETA, T08, no.224, p.463, a22-25。高昌國時期。

LM20-1506-C0863b　《五分戒本》

劉宋佛陀什等譯, CBETA, T22, no.1422b, p.202, a5-13, "士所辨"作"士婦爲辦"。有
朱筆句讀。高昌國時期。

LM20-1506-C0864a　《妙法蓮華經》卷五

姚秦鳩摩羅什譯, CBETA, T09, no.262, p.39, c28-p.40, a1。唐時期。

LM20-1506-C0864b　《佛說觀佛三昧海經》卷二

東晉佛陀跋陀羅譯, CBETA, T15, no.643, p.653, c8-10; 作者不詳《大通方廣懺悔滅罪
莊嚴成佛經》卷下, CBETA, T85, no.2871, p.1354, a22-24。高昌國時期。

LM20-1506-C0865a　《大般若波羅蜜多經》

唐玄奘譯, 此段文字多處可見。唐時期。

LM20-1506-C0865b　《大般涅槃經》卷七

北涼曇無讖譯, CBETA, T12, no.374, p.404, b16-21。唐時期。

LM20-1506-C0866a　《合部金光明經》卷七

北涼曇無讖譯, 隋寶貴合, CBETA, T16, no.664, p.391, b11-12。唐時期。

LM20-1506-C0866b　《大方廣佛華嚴經》卷八（五十卷本）

東晉佛陀跋陀羅譯,《中華大藏經》第 12 册, 98c1-2; 參 CBETA, T09, no.278, p.459,
c17-18, "悉皆"作"皆悉"。高昌郡時期。

LM20-1506-C0866c　《維摩詰所說經》卷下

姚秦鳩摩羅什譯, CBETA, T14, no.475, p.556, b5-7。高昌國時期。

LM20-1506-C0867a　《過去現在因果經》卷一

劉宋求那跋陀羅譯, CBETA, T03, no.189, p.626, b14-15, "頻婆娑羅"作"頻毗娑羅"。

高昌國時期。

LM20-1506-C0867b　僧傳

參唐道宣撰《續高僧傳》卷三，CBETA，T50，no.2060，p.445，c27-p.446，a2。西州回鶻時期。

LM20-1506-C0868a　《大般涅槃經》卷三九

北涼曇無讖譯，CBETA，T12，no.374，p.595，c25-27。高昌國時期。

LM20-1506-C0868b　《大般涅槃經》卷四

北涼曇無讖譯，CBETA，T12，no.374，p.386，a15-17。第2、3行間夾寫小字"肉"。高昌國時期。

LM20-1506-C0868c　《元始五老赤書玉篇真文天書經》卷上

作者不詳，約出於東晉，《正統道藏》第1册，784b2-4。唐時期。

參：趙洋 2017a，186；趙洋 2017b，190-191。

LM20-1506-C0869a　佛典殘片

唐時期。

LM20-1506-C0869b　《沙彌羅經》

譯者不詳，CBETA，T17，no.750，p.572，b29-c1。唐時期。

LM20-1506-C0869c　經籤

西州回鶻時期。

LM20-1506-C0869d　《金剛般若波羅蜜經》

姚秦鳩摩羅什譯，CBETA，T08，no.235，p.750，a2-3。唐時期。

LM20-1506-C0870a　《過去現在因果經》卷三

劉宋求那跋陀羅譯，CBETA，T03，no.189，p.639，b24-28。高昌國時期。

LM20-1506-C0870b　《大方等大集經》卷四〇

隋那連提耶舍譯，CBETA，T13，no.397，p.267，b21-22。唐時期。雙層疊壓，有字，無法揭取拍攝。

LM20-1506-C0870c　《大般涅槃經》卷二四

北涼曇無讖譯，CBETA，T12，no.374，p.507，a15-17。唐時期。

LM20-1506-C0870d　《維摩詰所説經》卷上

姚秦鳩摩羅什譯，CBETA，T14，no.475，p.541，c28-p.542，a2。唐時期。

LM20-1506-C0871a　《佛本行集經》卷四九

隋闍那崛多譯，CBETA，T03，no.190，p.879，a11-14。高昌國時期。

參：《旅博選粹》，24；段真子 2019，159。

LM20-1506-C0871b　《妙法蓮華經》卷二

姚秦鳩摩羅什譯，CBETA，T09，no.262，p.18，b21-25，"悕"作"希"。高昌郡時期。

LM20-1506-C0871c　《觀世音經讚》

題金剛藏菩薩撰，與 LM20-1502-C0032 可以綴合，存首題，參 BD3351。唐時期。

參：嚴世偉 2019，304-340。

LM20-1506-C0872a　《佛説無垢賢女經》

西晉竺法護譯，CBETA，T14，no.562，p.914，b5-7。唐時期。

LM20-1506-C0872b　寫經題記

高昌國時期。

參：《旅博選粹》，200；《旅博研究》，226；都築晶子等 2007，17；橘堂晃一 2010，95。

LM20-1506-C0872c　《放光般若經》卷二〇

西晉無羅叉譯，CBETA，T08，no.221，p.142，a26-28。高昌國時期。

LM20-1506-C0873a　殘片

唐時期。

LM20-1506-C0873b　《放光般若經》卷二〇

西晉無羅叉譯，CBETA，T08，no.221，p.146，b16-17。唐時期。

LM20-1506-C0873c　《大般若波羅蜜多經》

唐玄奘譯，此段文字多處可見。唐時期。

LM20-1506-C0873d　維摩詰經注疏

參姚秦僧肇撰《注維摩詰經》卷六，CBETA，T38，no.1775，p.389，b23-c1。唐時期。

LM20-1506-C0874a　《大般涅槃經後分》卷上

唐若那跋陀羅譯，CBETA，T12，no.377，p.900，b20-21。唐時期。

LM20-1506-C0874b　《維摩經義疏》卷二

隋吉藏撰，CBETA，T38，no.1781，p.924，a26-b3。唐時期。

LM20-1506-C0874c　《中阿含經》卷三五

東晉僧伽提婆譯，CBETA，T01，no.26，p.652，c17-19。印本。西州回鶻時期。

LM20-1506-C0874d　《妙法蓮華經》卷七

姚秦鳩摩羅什譯，CBETA，T09，no.262，p.60，b21-23。高昌國時期。

LM20-1506-C0875a　佛典殘片

唐時期。

LM20-1506-C0875b　《金光明經》卷三

北涼曇無讖譯，CBETA，T16，no.663，p.350，b26-c1。唐時期。

LM20-1506-C0875c　佛典注疏

有雙行小字注。唐時期。

LM20-1506-C0876a　《妙法蓮華經》卷一

姚秦鳩摩羅什譯，CBETA，T09，no.262，p.2，a2-6。唐時期。

LM20-1506-C0876b 《妙法蓮華經》卷五

姚秦鳩摩羅什譯，CBETA, T09, no.262, p.38, a24-28。唐時期。

LM20-1506-C0877a 《大般涅槃經》卷一五

北涼曇無讖譯，CBETA, T12, no.374, p.453, c19-22。高昌國時期。

LM20-1506-C0877b 《大般若波羅蜜多經》

唐玄奘譯，此段文字多處可見。唐時期。

LM20-1506-C0878a 《大智度論》卷三一

姚秦鳩摩羅什譯，CBETA, T25, no.1509, p.291, a25-27。高昌國時期。

LM20-1506-C0878b 《大般涅槃經》卷三〇

北涼曇無讖譯，CBETA, T12, no.374, p.541, c24-28。唐時期。

LM20-1506-C0878c 《合部金光明經》卷一

北涼曇無讖譯，隋寶貴合，CBETA, T16, no.664, p.361, a15-17。高昌國時期。

LM20-1506-C0879a 《妙法蓮華經》卷三

姚秦鳩摩羅什譯，CBETA, T09, no.262, p.19, b13-15。唐時期。

LM20-1506-C0879b 《妙法蓮華經》卷一

姚秦鳩摩羅什譯，CBETA, T09, no.262, p.2, b18-20。高昌國時期。

LM20-1506-C0879c 《妙法蓮華經》卷一

姚秦鳩摩羅什譯，CBETA, T09, no.262, p.5, c24-p.6, a1。唐時期。

LM20-1506-C0880a 《大方便佛報恩經》卷五

譯者不詳，CBETA, T03, no.156, p.153, b17-18。唐時期。

LM20-1506-C0880b 《妙法蓮華經》卷二

姚秦鳩摩羅什譯，CBETA, T09, no.262, p.18, a23-24。唐時期。

LM20-1506-C0880c 殘片

高昌郡時期。

LM20-1506-C0880d 佛典殘片

唐時期。

LM20-1506-C0881a 《大般涅槃經》卷二二

北涼曇無讖譯，CBETA, T12, no.374, p.498, a12-13。高昌郡時期。

LM20-1506-C0881b 《大般涅槃經》卷二七

北涼曇無讖譯，CBETA, T12, no.374, p.528, c4-6。高昌郡時期。

LM20-1506-C0881c 《大般涅槃經》卷二〇

北涼曇無讖譯，CBETA, T12, no.374, p.482, b5-6。高昌國時期。

LM20-1506-C0881d 《佛説觀藥王藥上二菩薩經》

劉宋畺良耶舍譯，CBETA, T20, no.1161, p.661, a11-14。唐時期。

LM20-1506-C0882a 《五分戒本》

劉宋佛陀什等譯，CBETA，T22，no.1422b，p.200，c16–20。唐時期。

LM20-1506-C0882b 《大般若波羅蜜多經》卷二八

唐玄奘譯，此段文字多處可見。唐時期。

LM20-1506-C0882c 《妙法蓮華經》卷三

姚秦鳩摩羅什譯，CBETA，T09，no.262，p.23，c10–16。唐時期。

LM20-1506-C0882d 《金光明經》卷四

北涼曇無讖譯，CBETA，T16，no.663，p.354，a21–23。唐時期。

LM20-1506-C0883a 《四分僧戒本》

姚秦佛陀耶舍譯，CBETA，T22，no.1430，p.1027，a5–8。唐時期。

LM20-1506-C0883b 《大般涅槃經》卷四〇

北涼曇無讖譯，CBETA，T12，no.374，p.599，a9–10。高昌國時期。

LM20-1506-C0883c 《妙法蓮華經》卷二

姚秦鳩摩羅什譯，CBETA，T09，no.262，p.16，c27–28。唐時期。

LM20-1506-C0883d 《妙法蓮華經》卷二

姚秦鳩摩羅什譯，CBETA，T09，no.262，p.14，c9–12。高昌國時期。

LM20-1506-C0884a 《大法炬陀羅尼經》卷五

隋闍那崛多等譯，CBETA，T21，no.1340，p.682，c6–8。唐時期。

LM20-1506-C0884b 《佛説維摩詰經》卷下

吳支謙譯，CBETA，T14，no.474，p.531，c8–11。唐時期。

LM20-1506-C0884c 《佛説灌頂經》卷一二

東晉帛尸梨蜜多羅譯，CBETA，T21，no.1331，p.533，c18–22，"前白佛"作"白佛"。唐時期。

LM20-1506-C0884d 《合部金光明經》卷一

北涼曇無讖譯，隋寶貴合，CBETA，T16，no.664，p.360，c28–p.361，a3。高昌國時期。

LM20-1506-C0885a 《大方廣佛華嚴經》

東晉佛陀跋陀羅譯，此段文字多處可見。唐時期。

LM20-1506-C0885b 《摩訶般若波羅蜜經》卷二三

姚秦鳩摩羅什譯，CBETA，T08，no.223，p.387，c8–10。高昌國時期。

LM20-1506-C0885c 《妙法蓮華經》卷五

姚秦鳩摩羅什譯，CBETA，T09，no.262，p.42，b18–20。唐時期。

LM20-1506-C0885d 《大方廣佛華嚴經》卷三七

東晉佛陀跋陀羅譯，CBETA，T09，no.278，p.634，b14–18。唐時期。

LM20-1506-C0886a 《大方廣佛華嚴經》卷三八（五十卷本）

東晉佛陀跋陀羅譯，《中華大藏經》第12冊，456b13–17；參CBETA，T09，no.278，p.684，

a9–13。高昌郡時期。

LM20-1506-C0886b　金剛經注疏

參姚秦鳩摩羅什譯《金剛般若波羅蜜經》，CBETA，T08，no.235，p.751，a22–23。有雙行小字注。唐時期。

LM20-1506-C0886c　《妙法蓮華經》卷二

姚秦鳩摩羅什譯，CBETA，T09，no.262，p.11，c18–22。唐時期。

LM20-1506-C0886d　佛典殘片

唐時期。

LM20-1506-C0887a　佛典殘片

高昌國時期。

LM20-1506-C0887b　《妙法蓮華經》卷二

姚秦鳩摩羅什譯，CBETA，T09，no.262，p.16，a20–24。唐時期。

LM20-1506-C0887c　《大般涅槃經》卷一〇

北涼曇無讖譯，CBETA，T12，no.374，p.422，c13–16。唐時期。

LM20-1506-C0887d　《大通方廣懺悔滅罪莊嚴成佛經》卷中

作者不詳，CBETA，T85，no.2871，p.1345，a36。唐時期。

LM20-1506-C0888a　佛教戒律

參姚秦佛陀耶舍、竺佛念等譯《四分律》卷一四，CBETA，T22，no.1428，p.661，a2。唐時期。

LM20-1506-C0888b　《菩薩地持經》卷二

北涼曇無讖譯，CBETA，T30，no.1581，p.895，b13–17。西州回鶻時期。

LM20-1506-C0888c　《大般若波羅蜜多經》

唐玄奘譯，此段文字多處可見。唐時期。

LM20-1506-C0888d　《妙法蓮華經》卷七

姚秦鳩摩羅什譯，CBETA，T09，no.262，p.61，c7–12。唐時期。

LM20-1506-C0889a　《妙法蓮華經》卷二

姚秦鳩摩羅什譯，CBETA，T09，no.262，p.14，c9–13，"賈"作"價"。高昌國時期。

LM20-1506-C0889b　佛典殘片

唐時期。

LM20-1506-C0889c　《摩訶般若波羅蜜經》卷二四

姚秦鳩摩羅什譯，CBETA，T08，no.223，p.395，a16–18。高昌國時期。

LM20-1506-C0889d　《妙法蓮華經》卷一

姚秦鳩摩羅什譯，CBETA，T09，no.262，p.3，b22–28。唐時期。

LM20-1506-C0890a　《中本起經》卷上

後漢曇果、康孟詳譯，CBETA，T04，no.196，p.148，c16–20，"伎"作"妓"。高昌郡時期。

參：《旅博選粹》，24。

LM20-1506-C0890b　《大智度論》卷一〇

姚秦鳩摩羅什譯，CBETA，T25，no.1509，p.129，a3–7。高昌郡時期。

參：《旅博選粹》，24。

LM20-1506-C0890c　《大般若波羅蜜多經》

唐玄奘譯，此段文字多處可見。唐時期。

LM20-1506-C0890d　《佛頂尊勝陀羅尼經》

唐佛陀波利譯，CBETA，T19，no.967，p.350，a11–13。唐時期。

LM20-1506-C0891a　《大般涅槃經》卷八

北涼曇無讖譯，CBETA，T12，no.374，p.410，c15–18。高昌國時期。

LM20-1506-C0891b　《妙法蓮華經》注疏

參姚秦鳩摩羅什譯《妙法蓮華經》卷四，CBETA，T09，no.262，p.32，c23–26。有雙行小字注。唐時期。

LM20-1506-C0891c　佛典殘片

高昌國時期。

LM20-1506-C0891d　《金光明經》卷三

北涼曇無讖譯，CBETA，T16，no.663，p.352，a19–20，“蘇”作“酥”。高昌郡時期。

LM20-1506-C0892a　《大方廣佛華嚴經》

東晉佛陀跋陀羅譯，此段文字多處可見。唐時期。

LM20-1506-C0892b　《妙法蓮華經》卷三

姚秦鳩摩羅什譯，CBETA，T09，no.262，p.24，c20。高昌國時期。

LM20-1506-C0892c　《大方廣佛華嚴經》

東晉佛陀跋陀羅譯，此段文字多處可見。唐時期。

LM20-1506-C0892d　《大方廣佛華嚴經》卷三七

東晉佛陀跋陀羅譯，此段文字多處可見。唐時期。

LM20-1506-C0893a　《十誦律》卷一〇

姚秦弗若多羅譯，CBETA，T23，no.1435，p.72，c21–26。高昌國時期。

LM20-1506-C0893b　《十誦律》卷一四

姚秦弗若多羅譯，CBETA，T23，no.1435，p.101，b11–15。高昌國時期。

LM20-1506-C0893c　佛典殘片

唐時期。

LM20-1506-C0893d　佛典殘片

唐時期。

LM20-1506-C0894a　《妙法蓮華經》卷三

姚秦鳩摩羅什譯，CBETA, T09, no.262, p.23, b4-8。唐時期。

LM20-1506-C0894b　佛典注疏

參唐道暹述《涅槃經疏私記》卷五，CBETA, X37, no.661, p.216, c15-18。唐時期。

LM20-1506-C0894c　佛典殘片

參譯者不詳《十方千五百佛名經》，CBETA, T14, no.442, p.315, a24-26。高昌國時期。

LM20-1506-C0894d　《摩訶般若波羅蜜經》卷一五

姚秦鳩摩羅什譯，此段文字多處可見。高昌國時期。

LM20-1506-C0895a　《妙法蓮華經》卷七

姚秦鳩摩羅什譯，CBETA, T09, no.262, p.56, c25-28。唐時期。

LM20-1506-C0895b　《妙法蓮華經》卷七

姚秦鳩摩羅什譯，CBETA, T09, no.262, p.57, a2-4。唐時期。

LM20-1506-C0895c　《金剛般若波羅蜜經》

姚秦鳩摩羅什譯，CBETA, T08, no.235, p.749, c8-12。唐時期。

LM20-1506-C0895d　《妙法蓮華經》卷一

姚秦鳩摩羅什譯，CBETA, T09, no.262, p.7, b9-11。唐時期。

LM20-1506-C0896a　《維摩詰所説經》卷中

姚秦鳩摩羅什譯，CBETA, T14, no.475, p.544, b24-28。唐時期。

參：王梅 2006, 153。

LM20-1506-C0896b　《妙法蓮華經》卷七

姚秦鳩摩羅什譯，CBETA, T09, no.262, p.58, b12-13。唐時期。

LM20-1506-C0896c　《大方廣佛華嚴經》

東晉佛陀跋陀羅譯，此段文字多處可見。疊壓同卷寫本，無法揭取唐時期。

LM20-1506-C0896d　《大方廣佛華嚴經》卷三七

東晉佛陀跋陀羅譯，CBETA, T09, no.278, p.634, a3-5。唐時期。

LM20-1506-C0897a　《妙法蓮華經》卷四

姚秦鳩摩羅什譯，CBETA, T09, no.262, p.27, b21-24。高昌國時期。

LM20-1506-C0897b　《佛説佛名經》卷一

元魏菩提流支譯，CBETA, T14, no.440, p.115, c23-25，"須彌"作"須彌山"。高昌國時期。

LM20-1506-C0897c　《妙法蓮華經》卷四

姚秦鳩摩羅什譯，CBETA, T09, no.262, p.36, a27-29。唐時期。

LM20-1506-C0897d　《一切經音義》卷一

唐玄應撰，CBETA, C056, no.1163, p.816, b5-6。唐時期。

參：趙洋 2018, 33。

LM20-1506-C0898a　《大般涅槃經》卷三

北涼曇無讖譯, CBETA, T12, no.374, p.382, a24–27。高昌國時期。

LM20-1506-C0898b　《金剛般若波羅蜜經》

姚秦鳩摩羅什譯, CBETA, T08, no.235, p.749, c13–16。唐時期。

LM20-1506-C0898c　《金剛般若波羅蜜經》

姚秦鳩摩羅什譯, CBETA, T08, no.235, p.752, a29–b3, "故佛説"作"故説"。唐時期。

LM20-1506-C0898d　《大般涅槃經》卷三一

北涼曇無讖譯, CBETA, T12, no.374, p.553, a7–10。高昌國時期。

LM20-1506-C0899a　《妙法蓮華經》卷二

姚秦鳩摩羅什譯, CBETA, T09, no.262, p.11, b11–15, 第2行"道"作"導"。唐時期。

LM20-1506-C0899b　佛典殘片

唐時期。

LM20-1506-C0899c　《小品般若波羅蜜經》卷四

姚秦鳩摩羅什譯, CBETA, T08, no.227, p.553, c11–15。高昌國時期。

LM20-1506-C0899d　《大般涅槃經》卷二一

北涼曇無讖譯, CBETA, T12, no.374, p.493, a20–23。高昌國時期。

LM20-1506-C0900a　《梁朝傅大士頌金剛經》

作者不詳, CBETA, T85, no.2732, p.6, c15–20。唐時期。

LM20-1506-C0900b　《妙法蓮華經》卷四

姚秦鳩摩羅什譯, CBETA, T09, no.262, p.27, c16–19。高昌國時期。

LM20-1506-C0900c　《大般若波羅蜜多經》卷九一

唐玄奘譯, CBETA, T05, no.220, p.507, b15–17。唐時期。

LM20-1506-C0900d　寫經題記

高昌國時期。

LM20-1506-C0901a　《合部金光明經》卷六

北涼曇無讖譯, 隋寶貴合, CBETA, T16, no.664, p.386, c20–23。唐時期。

LM20-1506-C0901b　《妙法蓮華經》卷五

姚秦鳩摩羅什譯, CBETA, T09, no.262, p.40, a19–22。唐時期。

LM20-1506-C0901c　《大般涅槃經》卷三六

北涼曇無讖譯, CBETA, T12, no.374, p.574, b19–22。唐時期。

LM20-1506-C0901d　《妙法蓮華經》卷二

姚秦鳩摩羅什譯, CBETA, T09, no.262, p.16, a28–b3。唐時期。

LM20-1506-C0902a　《道行般若經》卷九

後漢支婁迦讖譯, CBETA, T08, no.224, p.471, c20–23。高昌郡時期。

參:《旅博選粹》, 33。

LM20-1506-C0902b　《妙法蓮華經》卷三

姚秦鳩摩羅什譯，CBETA, T09, no.262, p.23, b12–18。唐時期。

LM20-1506-C0902c　佛典殘片

唐時期。

LM20-1506-C0902d　《大方等大集經》卷一〇

北涼曇無讖譯，CBETA, T13, no.397, p.65, a1–7。高昌郡時期。

LM20-1506-C0903a　佛教戒律

參姚秦鳩摩羅什譯《十誦比丘波羅提木叉戒本》，CBETA, T23, no.1436, p.477, a16–20。高昌國時期。

LM20-1506-C0903b　《金剛般若波羅蜜經》

姚秦鳩摩羅什譯，CBETA, T08, no.235, p.750, b9–11。唐時期。

LM20-1506-C0903c　《妙法蓮華經》卷一

姚秦鳩摩羅什譯，CBETA, T09, no.262, p.6, a12–16。高昌國時期。

LM20-1506-C0903d　《大般涅槃經》卷一

北涼曇無讖譯，CBETA, T12, no.374, p.366, b20–22。高昌國時期。

LM20-1506-C0904a　《大方廣佛華嚴經》卷三七

東晉佛陀跋陀羅譯，CBETA, T09, no.278, p.636, b4–8。唐時期。

LM20-1506-C0904b　《大般涅槃經》卷二二

北涼曇無讖譯，CBETA, T12, no.374, p.496, c1–4。高昌國時期。

LM20-1506-C0904c　《菩薩地持經》卷二

北涼曇無讖譯，CBETA, T30, no.1581, p.895, b17–22。高昌國時期。

LM20-1506-C0904d　《妙法蓮華經》卷七

姚秦鳩摩羅什譯，CBETA, T09, no.262, p.57, b25–28。唐時期。

LM20-1506-C0905a　佛典殘片

參北涼曇無讖譯《大方等大集經》卷八，CBETA, T13, no.397, p.50, b27–c2。高昌郡時期。
參：《旅博選粹》, 24。

LM20-1506-C0905b　《大智度論》卷一一

姚秦鳩摩羅什譯，CBETA, T25, no.1509, p.143, b11–13。高昌國時期。

LM20-1506-C0905c　《大方等大集經》卷二二

北涼曇無讖譯，CBETA, T13, no.397, p.161, b10–13，"忍順"作"順忍"。高昌國時期。

LM20-1506-C0905d　《妙法蓮華經》卷三

姚秦鳩摩羅什譯，CBETA, T09, no.262, p.20, b29–c1。唐時期。

LM20-1506-C0906a　《大般涅槃經》卷七

北涼曇無讖譯，CBETA, T12, no.374, p.404, b12–14。高昌國時期。

LM20-1506-C0906b　《道行般若經》卷一○

後漢支婁迦讖譯，CBETA, T08, no.224, p.477, c6-8。高昌國時期。

參：孫傳波 2006, 183。

LM20-1506-C0906c　《大佛頂如來放光悉怛多般怛羅大神力都攝一切咒王陀羅尼經大威德最勝金輪三昧咒品》

譯者不詳，CBETA, T19, no.947, p.182, b28-c3。唐時期。

LM20-1506-C0906d　《摩訶般若波羅蜜經》卷八

姚秦鳩摩羅什譯，CBETA, T08, no.223, p.276, c25-p.277, a1。高昌郡時期。

參：《旅博選粹》，9。

LM20-1506-C0907a　《大方廣佛華嚴經》卷三七

東晉佛陀跋陀羅譯，CBETA, T09, no.278, p.634, b24-29。唐時期。

LM20-1506-C0907b　佛典殘片

唐時期。

LM20-1506-C0907c　《阿毗達磨品類足論》卷二

唐玄奘譯，CBETA, T26, no.1542, p.697, b6-8。唐時期。

LM20-1506-C0907d　《摩訶般若波羅蜜經》卷一○

姚秦鳩摩羅什譯，CBETA, T08, no.223, p.292, c3-6。高昌國時期。

LM20-1506-C0908a　《大般涅槃經》卷二五

北涼曇無讖譯，CBETA, T12, no.374, p.512, b28-c2。高昌國時期。

LM20-1506-C0908b　齋文

西州回鶻時期。

LM20-1506-C0908c　《妙法蓮華經》卷一

姚秦鳩摩羅什譯，CBETA, T09, no.262, p.8, b19-25。唐時期。

LM20-1506-C0908d　《妙法蓮華經》卷七

姚秦鳩摩羅什譯，CBETA, T09, no.262, p.57, a21-24。唐時期。

LM20-1506-C0909a　《妙法蓮華經》卷三

姚秦鳩摩羅什譯，CBETA, T09, no.262, p.22, a8-9。唐時期。

LM20-1506-C0909b　《正法念處經》卷一

元魏般若流支譯，CBETA, T17, no.721, p.3, a12-14。唐時期。

LM20-1506-C0909c　《太子須大拏經》

西秦聖堅譯，CBETA, T03, no.171, p.421, c19-21，"倉"作"蒼"。唐時期。

LM20-1506-C0909d　《大方便佛報恩經》卷一

譯者不詳，CBETA, T03, no.156, p.124, c25-29，唐時期。

LM20-1506-C0910a　《道行般若經》卷一

後漢支婁迦讖譯，CBETA, T08, no.224, p.427, a14–17。高昌郡時期。

參：《旅博選粹》, 24。

LM20-1506-C0910b 《摩訶般若波羅蜜經》卷一一

姚秦鳩摩羅什譯，CBETA, T08, no.223, p.302, c2–6。高昌郡時期。

LM20-1506-C0910c 《佛説五無反復經》

劉宋沮渠京聲譯，CBETA, T17, no.751a, p.573, a14–16。唐時期。

LM20-1506-C0910d 《大方廣佛華嚴經》

東晉佛陀跋陀羅譯，此段文字多處可見。唐時期。

LM20-1506-C0911a 《合部金光明經》卷三

梁真諦譯，隋寶貴合，CBETA, T16, no.664, p.374, a13–19。唐時期。

LM20-1506-C0911b 《道行般若經》卷一

後漢支婁迦讖譯，CBETA, T08, no.224, p.426, a27–29。"不受如"塗黄。高昌郡時期。

參：《旅博選粹》, 10; 孫傳波 2006, 167。

LM20-1506-C0911c 《金剛般若波羅蜜經》

元魏菩提流支譯，CBETA, T08, no.236a, p.753, c24–27。唐時期。

LM20-1506-C0911d 《大方廣佛華嚴經》卷三七

東晉佛陀跋陀羅譯，CBETA, T09, no.278, p.634, b18–24。唐時期。

LM20-1506-C0912a 《寶誌和尚大乘讚》

與 LM20-1507-C1106d 等爲同一寫本，據此定名。唐時期。

LM20-1506-C0912b 《佛説仁王般若波羅蜜經》卷上

姚秦鳩摩羅什譯，CBETA, T08, no.245, p.825, b20–22。高昌國時期。

LM20-1506-C0912c 《菩薩地持經》卷三

北涼曇無讖譯，CBETA, T30, no.1581, p.905, b15–18。高昌郡時期。

LM20-1506-C0912d 《佛説佛名經》卷二

元魏菩提流支譯，CBETA, T14, no.440, p.120, c22。唐時期。

LM20-1506-C0913a 《妙法蓮華經》卷七

姚秦鳩摩羅什譯，CBETA, T09, no.262, p.57, c11–15。唐時期。

LM20-1506-C0913b 《道行般若經》卷四

後漢支婁迦讖譯，CBETA, T08, no.224, p.447, c11–13。高昌郡時期。

參：《旅博選粹》, 33。

LM20-1506-C0913c 《梵網經》卷下

姚秦鳩摩羅什譯，CBETA, T24, no.1484, p.1004, b23–26。唐時期。

LM20-1506-C0913d 《大般涅槃經》卷四

北涼曇無讖譯，CBETA, T12, no.374, p.385, c20–22。唐時期。

LM20-1506-C0914a　《大般涅槃經》卷一

北涼曇無讖譯，CBETA, T12, no.374, p.367, a8-10。高昌郡時期。

LM20-1506-C0914b　《小品般若波羅蜜經》卷一〇

姚秦鳩摩羅什譯，CBETA, T08, no.227, p.581, c15-17。高昌國時期。

LM20-1506-C0914c　《般若波羅蜜多心經》

唐玄奘譯，CBETA, T08, no.251, p.848, c21-22。唐時期。

LM20-1506-C0914d　《妙法蓮華經》卷四

姚秦鳩摩羅什譯，CBETA, T09, no.262, p.28, c20-22。唐時期。

LM20-1506-C0915a　寶積經

參西晉竺法護譯《大寶積經》卷一三，CBETA, T11, no.310, p.73, b6-10。高昌國時期。

LM20-1506-C0915b　《思益梵天所問經》卷一

姚秦鳩摩羅什譯，CBETA, T15, no.586, p.34, b20-23。唐時期。

LM20-1506-C0915c　《妙法蓮華經》卷三

姚秦鳩摩羅什譯，CBETA, T09, no.262, p.25, c26-28。唐時期。

LM20-1506-C0915d　《大方廣佛華嚴經》

東晉佛陀跋陀羅譯，此段文字多處可見。唐時期。

LM20-1506-C0915e　佛典殘片

唐時期。

LM20-1506-C0916a　《根本説一切有部苾芻尼毗奈耶》卷一五

唐義凈譯，CBETA, T23, no.1443, p.987, a15-18。唐時期。

LM20-1506-C0916b　《妙法蓮華經》卷一

姚秦鳩摩羅什譯，CBETA, T09, no.262, p.7, a23-24。唐時期。

LM20-1506-C0916c　佛典殘片

唐時期。

LM20-1506-C0916d　《妙法蓮華經》卷四

姚秦鳩摩羅什譯，CBETA, T09, no.262, p.32, c10-12。唐時期。

LM20-1506-C0916e　《佛説灌頂經》卷一二

東晉帛尸梨蜜多羅譯，CBETA, T21, no.1331, p.533, a24-26。唐時期。

LM20-1506-C0917a　殘片

有貼附殘片，無法揭取。唐時期。

LM20-1506-C0917b　《妙法蓮華經》卷五

姚秦鳩摩羅什譯，CBETA, T09, no.262, p.44, c17-19。唐時期。

LM20-1506-C0917c　《妙法蓮華經》卷三

姚秦鳩摩羅什譯，CBETA, T09, no.262, p.19, b10-11。唐時期。

LM20-1506-C0917d 《大般涅槃經》卷六

北涼曇無讖譯，CBETA, T12, no.374, p.400, a9–11。高昌郡時期。

LM20-1506-C0917e 佛典殘片

唐時期。

LM20-1506-C0918a 佛典殘片

高昌國時期。

LM20-1506-C0918b 《大般涅槃經》卷二三

北涼曇無讖譯，CBETA, T12, no.374, p.500, a15–16。唐時期。

LM20-1506-C0918c 佛典殘片

高昌國時期。

LM20-1506-C0918d 《梵網經》卷下

姚秦鳩摩羅什譯，CBETA, T24, no.1484, p.1008, c19–22。唐時期。

LM20-1506-C0919a 《佛説灌頂經》卷一二

東晉帛尸梨蜜多羅譯，CBETA, T21, no.1331, p.535, a29–b4，"坐"作"座"。唐時期。

LM20-1506-C0919b 《妙法蓮華經》卷二

姚秦鳩摩羅什譯，CBETA, T09, no.262, p.15, c29–p.16, a1。唐時期。

LM20-1506-C0919c 《大方廣佛華嚴經》卷一七

唐般若譯，CBETA, T10, no.293, p.741, b29–c6。唐時期。

LM20-1506-C0919d 《金剛般若波羅蜜經》

姚秦鳩摩羅什譯，CBETA, T08, no.235, p.751, a13–15。唐時期。

LM20-1506-C0920a 《摩訶僧祇律》卷三

東晉佛陀跋陀羅、法顯譯，CBETA, T22, no.1425, p.251, b25–27。高昌國時期。

LM20-1506-C0920b 佛典殘片

唐時期。背面有字，無法揭取拍攝。

LM20-1506-C0920c 佛教戒律

高昌國時期。

LM20-1506-C0920d 《大方廣佛華嚴經》卷二四（五十卷本）

東晉佛陀跋陀羅譯，《中華大藏經》第12冊，301b17–19；參 CBETA, T09, no.278, p.586, a19–21。高昌國時期。

LM20-1506-C0920e 《大般涅槃經》卷一五

北涼曇無讖譯，CBETA, T12, no.374, p.455, c6–10。高昌國時期。

LM20-1506-C0921a 《唐律》

此段文字多處可見。唐時期。

LM20-1506-C0921b 《合部金光明經》卷三

梁真諦譯, 隋寶貴合, CBETA, T16, no.664, p.377, a29–b3。唐時期。

LM20-1506-C0921c　佛典殘片

唐時期。

LM20-1506-C0921d　佛典殘片

唐時期。

LM20-1506-C0922a　《妙法蓮華經》卷一

姚秦鳩摩羅什譯, CBETA, T09, no.262, p.2, b12–13。唐時期。

LM20-1506-C0922b　《妙法蓮華經》卷二

姚秦鳩摩羅什譯, CBETA, T09, no.262, p.12, a26–28。唐時期。

LM20-1506-C0922c　佛典殘片

唐時期。

LM20-1506-C0922d　佛典殘片

高昌國時期。

LM20-1506-C0922e　佛典殘片

唐時期。

LM20-1506-C0922f　《長阿含經》卷八

姚秦佛陀耶舍、竺佛念譯, CBETA, T01, no.1, p.49, a4–7。唐時期。

LM20-1506-C0923a　《佛説無量壽經》卷下

曹魏康僧鎧譯, CBETA, T12, no.360, p.275, a28–b2。高昌國時期。

LM20-1506-C0923b　《佛説阿彌陀經》

姚秦鳩摩羅什譯, CBETA, T12, no.366, p.347, a22–24。唐時期。

參:《净土集成》, 73。

LM20-1506-C0923c　《救疾經》

作者不詳, CBETA, T85, no.2878, p.1362, c2–4。唐時期。

參: 馬俊傑 2019, 232。

LM20-1506-C0923d　唐名籍

唐時期。兩層, 底紙背面有字, 無法揭取拍攝。

LM20-1506-C0924a　《大般涅槃經》卷一六

北涼曇無讖譯, CBETA, T12, no.374, p.462, b3–6。高昌國時期。

LM20-1506-C0924b　佛典殘片

唐時期。

LM20-1506-C0924c　《大智度論》卷七三

姚秦鳩摩羅什譯, CBETA, T25, no.1509, p.570, b5–6。唐時期。

LM20-1506-C0924d　《大智度論》卷三六

姚秦鳩摩羅什譯，CBETA, T25, no.1509, p.326, a1-6。高昌國時期。

LM20-1506-C0925a 《大般涅槃經》卷一八

北涼曇無讖譯，CBETA, T12, no.374, p.469, c28-p.470, a2。高昌國時期。

LM20-1506-C0925b 《維摩詰所説經》卷上

姚秦鳩摩羅什譯，CBETA, T14, no.475, p.538, c12-15，"如"作"汝"。高昌國時期。

參：王梅 2006, 150。

LM20-1506-C0925c 《大莊嚴論經》卷三

姚秦鳩摩羅什譯，CBETA, T04, no.201, p.269, b25-c2。唐時期。

LM20-1506-C0925d 《大寶積經》卷八二

曹魏康僧鎧譯，CBETA, T11, no.310, p.473, b7-10。唐時期。

LM20-1506-C0926a 《佛説觀佛三昧海經》卷二

東晉佛陀跋陀羅譯，CBETA, T15, no.643, p.655, a19-22，"檢"作"斂"。高昌國時期。

LM20-1506-C0926b 《妙法蓮華經》卷二

姚秦鳩摩羅什譯，CBETA, T09, no.262, p.11, a19-21。唐時期。

LM20-1506-C0926c 《大般涅槃經》卷三七

北涼曇無讖譯，CBETA, T12, no.374, p.584, b9-11。高昌國時期。

LM20-1506-C0926d 《阿毗達磨大毗婆沙論》卷一〇

唐玄奘譯，CBETA, T27, no.1545, p.46, c25-26。唐時期。

LM20-1506-C0927a 《大般涅槃經》卷三三

北涼曇無讖譯，CBETA, T12, no.374, p.563, b5-6。高昌國時期。

LM20-1506-C0927b 佛典殘片

唐時期。

LM20-1506-C0927c 《大方廣佛華嚴經》卷三七

東晉佛陀跋陀羅譯，CBETA, T09, no.278, p.634, c21-23。疊壓同卷寫本，無法揭取。唐時期。

LM20-1506-C0927d 《妙法蓮華經》卷四

姚秦鳩摩羅什譯，CBETA, T09, no.262, p.30, b1-6。唐時期。

LM20-1506-C0928a 佛典殘片

唐時期。

LM20-1506-C0928b 《佛説廣博嚴净不退轉輪經》卷五

劉宋智嚴譯，CBETA, T09, no.268, p.279, c9-11。第3行天頭欄外有一墨點。高昌國時期。

LM20-1506-C0928c 《金光明最勝王經》卷二

唐義净譯，CBETA, T16, no.665, p.411, a21-23。唐時期。

LM20-1506-C0928d 佛典殘片

唐時期。

LM20-1506-C0928e　《大般若波羅蜜多經》卷一八四

唐玄奘譯, CBETA, T05, no.220, p.989, b20-21。唐時期。

LM20-1506-C0929a　《維摩詰所説經》卷上

姚秦鳩摩羅什譯, CBETA, T14, no.475, p.542, c25-28。唐時期。

LM20-1506-C0929b　《妙法蓮華經》卷一

姚秦鳩摩羅什譯, CBETA, T09, no.262, p.2, b28-c1。唐時期。

LM20-1506-C0929c　《大般若波羅蜜多經》

唐玄奘譯, 此段文字多處可見。唐時期。

LM20-1506-C0929d　《大般涅槃經》卷三七

北涼曇無讖譯, CBETA, T12, no.374, p.584, a6-8。高昌國時期。

LM20-1506-C0930a　《大般涅槃經》卷八

北涼曇無讖譯, CBETA, T12, no.374, p.411, a18-21。高昌國時期。

LM20-1506-C0930b　佛典殘片

高昌國時期。

LM20-1506-C0930c　《大般涅槃經》卷二八

北涼曇無讖譯, CBETA, T12, no.374, p.531, a28-b3。高昌國時期。

LM20-1506-C0930d　《佛説觀無量壽佛經》

劉宋畺良耶舍譯, CBETA, T12, no.365, p.342, c2-5。唐時期。

LM20-1506-C0931a　《金剛般若波羅蜜經》

姚秦鳩摩羅什譯, CBETA, T08, no.235, p.752, a20-24。唐時期。

LM20-1506-C0931b　《妙法蓮華經》卷一

姚秦鳩摩羅什譯, CBETA, T09, no.262, p.6, c22-27。唐時期。

LM20-1506-C0931c　《妙法蓮華經》卷五

姚秦鳩摩羅什譯, CBETA, T09, no.262, p.38, c18-21。高昌國時期。

LM20-1506-C0932a　《妙法蓮華經》卷七

姚秦鳩摩羅什譯, CBETA, T09, no.262, p.55, a24-28。唐時期。

LM20-1506-C0932b　《摩訶般若波羅蜜經》卷一六

姚秦鳩摩羅什譯, CBETA, T08, no.223, p.339, a22-24。高昌國時期。

LM20-1506-C0932c　《大般涅槃經》卷四〇

北涼曇無讖譯, CBETA, T12, no.374, p.602, b5-7。高昌國時期。

LM20-1506-C0932d　《大般涅槃經》卷四〇

北涼曇無讖譯, CBETA, T12, no.374, p.602, b5-7。高昌國時期。

LM20-1506-C0932e　《悲華經》卷六

北涼曇無讖譯，CBETA，T03，no.157，p.204，a1-3。高昌郡時期。

LM20-1506-C0933a 《妙法蓮華經》卷七

姚秦鳩摩羅什譯，CBETA，T09，no.262，p.61，b29-c2。高昌國時期。

LM20-1506-C0933b 《五分戒本》

劉宋佛陀什等譯，CBETA，T22，no.1422b，p.204，a2-4。高昌國時期。

LM20-1506-C0933c 《大般涅槃經》卷三二

北涼曇無讖譯，CBETA，T12，no.374，p.554，c9-11。高昌國時期。

LM20-1506-C0933d 《妙法蓮華經》卷四

姚秦鳩摩羅什譯，CBETA，T09，no.262，p.34，b5-8。唐時期。

LM20-1506-C0934a 《大般涅槃經》卷二八

北涼曇無讖譯，CBETA，T12，no.374，p.535，a13-15。高昌國時期。

LM20-1506-C0934b 《佛本行集經》卷二四

隋闍那崛多譯，CBETA，T03，no.190，p.764，a16-18。唐時期。

參：段真子 2019，167。

LM20-1506-C0934c 《妙法蓮華經》卷四

姚秦鳩摩羅什譯，CBETA，T09，no.262，p.33，b22-24。唐時期。

LM20-1506-C0934d 《金光明經》卷三

北涼曇無讖譯，CBETA，T16，no.663，p.349，a9-10。唐時期。

LM20-1506-C0935a 《合部金光明經》卷四

梁真諦譯，隋寶貴合，CBETA，T16，no.664，p.380，a23-26。唐時期。

LM20-1506-C0935b 《金光明經》卷二

北涼曇無讖譯，CBETA，T16，no.663，p.346，a6-9，"畢"作"必"。高昌國時期。

LM20-1506-C0935c 《大般涅槃經》卷九

北涼曇無讖譯，CBETA，T12，no.374，p.422，a5-7。高昌國時期。

LM20-1506-C0935d 《大般涅槃經後分》卷上

唐若那跋陀羅譯，CBETA，T12，no.377，p.901，c2-5。唐時期。

LM20-1506-C0935e 《賢愚經》卷九

元魏慧覺等譯，CBETA，T04，no.202，p.411，c4-6。高昌國時期。

LM20-1506-C0936a 《妙法蓮華經》卷七

姚秦鳩摩羅什譯，CBETA，T09，no.262，p.56，c18-20。唐時期。

LM20-1506-C0936b 《佛説阿彌陀經》

姚秦鳩摩羅什譯，此段文字多處可見。唐時期。

參：《净土集成》，75。

LM20-1506-C0936c 《大般涅槃經》卷二五

北涼曇無讖譯，CBETA, T12, no.374, p.512, c27–p.513, a2。高昌國時期。

LM20-1506-C0936d　《金光明經》卷三

北涼曇無讖譯，CBETA, T16, no.663, p.348, c23–26。唐時期。

LM20-1506-C0937a　《大般涅槃經》卷一六

北涼曇無讖譯，CBETA, T12, no.374, p.457, b2–4。高昌國時期。

LM20-1506-C0937b　《金剛般若波羅蜜經》

元魏菩提流支譯，CBETA, T08, no.236a, p.753, b6–8。高昌國時期。

LM20-1506-C0937c　《大般涅槃經》卷二五

北涼曇無讖譯，CBETA, T12, no.374, p.517, b28–c3。高昌國時期。

LM20-1506-C0937d　《大方等大集經》卷八

北涼曇無讖譯，CBETA, T13, no.397, p.49, b27–29。高昌國時期。

LM20-1506-C0937e　《十地經論義記》卷二

隋慧遠撰，CBETA, X45, no.753, p.61, c21–p.62, a3。高昌國時期。

LM20-1506-C0938a　《放光般若經》卷一一

西晉無羅叉譯，CBETA, T08, no.221, p.75, c13–15。高昌郡時期。

參:《旅博選粹》, 28。

LM20-1506-C0938b　《大般涅槃經》卷一八

北涼曇無讖譯，CBETA, T12, no.374, p.469, b16–20。高昌國時期。

LM20-1506-C0938c　《大般涅槃經》卷三

北涼曇無讖譯，CBETA, T12, no.374, p.385, a21–22。唐時期。

LM20-1506-C0938d　佛典殘片

高昌郡時期。

LM20-1506-C0939a　《大般若波羅蜜多經》卷五六三

唐玄奘譯，CBETA, T07, no.220, p.907, b7–8。唐時期。

LM20-1506-C0939b　《妙法蓮華經》卷四

姚秦鳩摩羅什譯，CBETA, T09, no.262, p.34, b3–4。唐時期。

LM20-1506-C0939c　《妙法蓮華經》卷四

姚秦鳩摩羅什譯，CBETA, T09, no.262, p.32, c26–28。唐時期。

LM20-1506-C0939d　《大般涅槃經》卷二五

北涼曇無讖譯，CBETA, T12, no.374, p.515, c2–3。高昌國時期。

LM20-1506-C0939e　《妙法蓮華經》卷二

姚秦鳩摩羅什譯，CBETA, T09, no.262, p.10, c17–25。高昌國時期。

LM20-1506-C0940a　《佛説華手經》卷九

姚秦鳩摩羅什譯，CBETA, T16, no.657, p.202, c7–11。高昌國時期。

LM20-1506-C0940b　佛經尾題

唐時期。

LM20-1506-C0940c　《妙法蓮華經》卷一

姚秦鳩摩羅什譯，CBETA，T09，no.262，p.4，c7。高昌國時期。

LM20-1506-C0940d　《妙法蓮華經》卷五

姚秦鳩摩羅什譯，CBETA，T09，no.262，p.38，b3–5。唐時期。

LM20-1506-C0941a　《大般涅槃經》卷四

劉宋慧嚴譯，CBETA，T12，no.375，p.625，c27–29。高昌國時期。

LM20-1506-C0941b　《羯磨》

曹魏曇諦譯，CBETA，T22，no.1433，p.1064，a13–16。唐時期。

LM20-1506-C0941c　《論語集解》卷六

參李方録校《敦煌〈論語集解〉校證》，江蘇古籍出版社，1998年，449頁。唐時期。

參：何亦凡 2019，112–137。

LM20-1506-C0942a　《救疾經》

作者不詳，CBETA，T85，no.2878，p.1361，c8–14，"佛從四面起"作"佛從西面"。唐時期。

參：馬俊傑 2019，232。

LM20-1506-C0942b　《放光般若經》卷一三

西晉無羅叉譯，CBETA，T08，no.221，p.89，c28–p.90，a1。高昌國時期。

LM20-1506-C0942c　《大寶積經》卷七

唐菩提流志譯，CBETA，T11，no.310，p.42，a4–7。唐時期。

LM20-1506-C0942d　《妙法蓮華經》卷六

姚秦鳩摩羅什譯，CBETA，T09，no.262，p.52，a3–5。高昌國時期。

LM20-1506-C0943a　《大智度論》卷七五

姚秦鳩摩羅什譯，CBETA，T25，no.1509，p.588，a28–b1。高昌國時期。

LM20-1506-C0943b　《大般涅槃經》卷二

北涼曇無讖譯，CBETA，T12，no.374，p.372，c24–p.373，a1，"供"作"養"。高昌國時期。

LM20-1506-C0943c　佛典殘片

唐時期。

LM20-1506-C0943d　《大智度論》卷一〇

姚秦鳩摩羅什譯，CBETA，T25，no.1509，p.132，b21–22。高昌國時期。

LM20-1506-C0944　《大唐内典録》卷八

唐道宣撰，CBETA，T55，no.2149，p.308，c18–28。有武周新字，第 4、5 行排序與傳世本略有不同。唐時期。

參：《旅博選粹》，186；王振芬、孟彦弘 2017，194–195。

LM20-1506-C0945a　《根本説一切有部毗奈耶雜事》卷三

唐義净譯, CBETA, T24, no.1451, p.216, a21-23。唐時期。

LM20-1506-C0945b　《妙法蓮華經》卷一

姚秦鳩摩羅什譯, CBETA, T09, no.262, p.8, c11-17。唐時期。

LM20-1506-C0945c　《妙法蓮華經》卷三

姚秦鳩摩羅什譯, CBETA, T09, no.262, p.25, c12-14。唐時期。

LM20-1506-C0945d　《大般涅槃經》卷七

北涼曇無讖譯, CBETA, T12, no.374, p.404, b20-22。高昌國時期。

LM20-1506-C0946a　《大方廣佛華嚴經》卷六

東晉佛陀跋陀羅譯, CBETA, T09, no.278, p.430, c10-13。唐時期。

LM20-1506-C0946b　《大般涅槃經義記》卷五

隋慧遠述, CBETA, T37, no.1764, p.740, b15-20。高昌國時期。

LM20-1506-C0946c　《治禪病祕要法》卷上

劉宋沮渠京聲譯, CBETA, T15, no.620, p.336, b26-27。高昌國時期。

LM20-1506-C0946d　佛典殘片

高昌國時期。

LM20-1506-C0946e　《大般涅槃經》卷九

北涼曇無讖譯, CBETA, T12, no.374, p.417, b29-c1。高昌國時期。

LM20-1506-C0947a　殘片

唐時期。

LM20-1506-C0947b　佛典殘片

高昌國時期。

LM20-1506-C0947c　《妙法蓮華經》卷三

姚秦鳩摩羅什譯, CBETA, T09, no.262, p.21, a14-18。唐時期。

LM20-1506-C0948a　《勝天王般若波羅蜜經》卷二

陳月婆首那譯, CBETA, T08, no.231, p.699, a3-5。高昌國時期。

LM20-1506-C0948b　《大般涅槃經》卷一八

北涼曇無讖譯, CBETA, T12, no.374, p.468, c18-22。高昌國時期。

LM20-1506-C0949a　《佛説灌頂拔除過罪生死得度經》

參東晉帛尸梨蜜多羅譯《佛説灌頂經》卷一二, CBETA, T21, no.1331, p.534, a19-20。
高昌國時期。

LM20-1506-C0949b　佛典殘片

唐時期。

LM20-1506-C0949c　《妙法蓮華經》卷一

姚秦鳩摩羅什譯，CBETA，T09，no.262，p.6，b24-26。高昌國時期。

LM20-1506-C0950a　佛典殘片

第 1、2 行參北涼曇無讖譯《大般涅槃經》卷三一，CBETA，T12，no.374，p.549，c4-7。
高昌國時期。

LM20-1506-C0950b　《大智度論》卷一〇

姚秦鳩摩羅什譯，CBETA，T25，no.1509，p.129，a1-4。高昌郡時期。

LM20-1506-C0950c　《十方千五百佛名經》

譯者不詳，CBETA，T14，no.442，p.313，c29-p.314，a1。高昌國時期。

LM20-1506-C0950d　《大般涅槃經》卷三一

北涼曇無讖譯，CBETA，T12，no.374，p.551，a21-22。高昌國時期。

LM20-1506-C0950e　《大般涅槃經》卷三一

北涼曇無讖譯，此段文字多處可見。高昌國時期。

LM20-1506-C0951a　《大般涅槃經》卷一

北涼曇無讖譯，CBETA，T12，no.374，p.371，b2-5。高昌國時期。

LM20-1506-C0951b　《妙法蓮華經》卷四

姚秦鳩摩羅什譯，CBETA，T09，no.262，p.28，a2-7。唐時期。

LM20-1506-C0952a　《妙法蓮華經》卷三

姚秦鳩摩羅什譯，CBETA，T09，no.262，p.23，b28-c5。西州回鶻時期。

LM20-1506-C0952b　《大般涅槃經》卷一

北涼曇無讖譯，CBETA，T12，no.374，p.371，b8-10。高昌國時期。

LM20-1506-C0953a　《大般涅槃經》卷二一

北涼曇無讖譯，CBETA，T12，no.374，p.492，c1-5。高昌國時期。

LM20-1506-C0953b　佛典殘片

唐時期。

LM20-1506-C0953c　《大般涅槃經》卷二一

北涼曇無讖譯，CBETA，T12，no.374，p.492，c1-3。高昌國時期。

LM20-1506-C0954a　佛典殘片

唐時期。

LM20-1506-C0954b　《妙法蓮華經》卷一

姚秦鳩摩羅什譯，CBETA，T09，no.262，p.5，b11-15。高昌國時期。

LM20-1506-C0954c　《大般涅槃經》卷一

北涼曇無讖譯，CBETA，T12，no.374，p.371，b5-7。高昌國時期。

LM20-1506-C0955a　外題

唐時期。

LM20-1506-C0955b　《妙法蓮華經》卷五

姚秦鳩摩羅什譯, CBETA, T09, no.262, p.38, b27–29。高昌國時期。

LM20-1506-C0955c　無字殘片

LM20-1506-C0955d　《合部金光明經》卷二

梁真諦譯, 隋寶貴合, CBETA, T16, no.664, p.368, c20–23。唐時期。

LM20-1506-C0956a　無字殘片

LM20-1506-C0956b　《勝天王般若波羅蜜經》卷二

陳月婆首那譯, CBETA, T08, no.231, p.699, a5–6。高昌國時期。

LM20-1506-C0956c　無字殘片

LM20-1506-C0956d　佛典殘片

高昌國時期。

LM20-1506-C0956e　佛典殘片

唐時期。

LM20-1506-C0957a　佛典殘片

唐時期。

LM20-1506-C0957b　殘片

唐時期。

LM20-1506-C0957c　殘片

高昌國時期。

LM20-1506-C0957d　《大般若波羅蜜多經》

唐玄奘譯, 此段文字多處可見。印本。西州回鶻時期。

LM20-1506-C0957e　佛典殘片

唐時期。

LM20-1506-C0957f　無字殘片

LM20-1506-C0958a　《大方等大集經》卷七

北涼曇無讖譯, CBETA, T13, no.397, p.42, b13–15。高昌國時期。

LM20-1506-C0958b　《金剛般若波羅蜜經》

姚秦鳩摩羅什譯, CBETA, T08, no.235, p.748, c20–22。唐時期。

LM20-1506-C0959a　《大般涅槃經》卷三三

北涼曇無讖譯, CBETA, T12, no.374, p.560, b17–19。高昌國時期。

LM20-1506-C0959b　《妙法蓮華經》卷四

姚秦鳩摩羅什譯, CBETA, T09, no.262, p.28, a26–b3。唐時期。

LM20-1506-C0960a　《妙法蓮華經》卷五

姚秦鳩摩羅什譯, CBETA, T09, no.262, p.38, b6–8。唐時期。

LM20-1506-C0960b 《救疾經》

作者不詳，CBETA, T85, no.2878, p.1361, c19–23。唐時期。

參: 馬俊傑 2019, 241。

LM20-1506-C0961a 《佛説無常經》

唐義净譯，CBETA, T17, no.801, p.746, a8–12。唐時期。

LM20-1506-C0961b 《佛頂尊勝陀羅尼經》

唐佛陀波利譯，CBETA, T19, no.967, p.351, a24–25。唐時期。

LM20-1506-C0962a 《維摩詰所説經》卷上

姚秦鳩摩羅什譯，CBETA, T14, no.475, p.541, b2–5。唐時期。

LM20-1506-C0962b 《妙法蓮華經》卷七

姚秦鳩摩羅什譯，CBETA, T09, no.262, p.60, b18–21。高昌國時期。

LM20-1506-C0963a 《維摩詰所説經》卷下

姚秦鳩摩羅什譯，CBETA, T14, no.475, p.553, a14–17。唐時期。

LM20-1506-C0963b 佛典注疏

參唐曇曠撰《金剛般若經旨讚》卷上，CBETA, T85, no.2735, p.77, a1–3。唐時期。

LM20-1506-C0964a 《金剛般若波羅蜜經》

姚秦鳩摩羅什譯，CBETA, T08, no.235, p.748, c23–25。唐時期。

LM20-1506-C0964b 佛典殘片

高昌郡時期。

LM20-1506-C0964c 《辟支佛因緣論》卷上

譯者不詳，CBETA, T32, no.1650, p.473, c19–20。唐時期。

LM20-1506-C0965a 佛教戒律

高昌國時期。

LM20-1506-C0965b 《金剛般若波羅蜜經》

姚秦鳩摩羅什譯，CBETA, T08, no.235, p.751, c9–11。唐時期。

LM20-1506-C0965c 《維摩經義疏》卷二

隋吉藏撰，CBETA, T38, no.1781, p.925, a10–15。唐時期。

LM20-1506-C0966a 佛典殘片

唐時期。

LM20-1506-C0966b 《四分律》卷一五

姚秦佛陀耶舍、竺佛念等譯，CBETA, T22, no.1428, p.664, b24–26。唐時期。

LM20-1506-C0966c 《放光般若經》卷二〇

西晉無羅叉譯，CBETA, T08, no.221, p.144, c22–23。唐時期。

LM20-1506-C0966d 佛典殘片

參譯者不詳《虛空藏菩薩神咒經》，CBETA, T13, no.406, p.661, c13-17。高昌國時期。

LM20-1506-C0967a　《大般涅槃經》卷二四

北涼曇無讖譯，CBETA, T12, no.374, p.504, b24-27。高昌郡時期。

LM20-1506-C0967b　殘片

唐時期。

LM20-1506-C0967c　《南陽和尚問答雜徵義》

唐劉澄集。唐時期。

參：李昀 2019, 282、288、302。

LM20-1506-C0968a　《妙法蓮華經》卷四

姚秦鳩摩羅什譯，CBETA, T09, no.262, p.35, a2-5。高昌國時期。

LM20-1506-C0968b　《妙法蓮華經》卷五

姚秦鳩摩羅什譯，CBETA, T09, no.262, p.40, b14-16。唐時期。

LM20-1506-C0969a　《合部金光明經》卷二

梁真諦譯，隋寶貴合，CBETA, T16, no.664, p.368, c16-20。唐時期。

LM20-1506-C0969b　《無量大慈教經》

作者不詳，CBETA, T85, no.2903, p.1445, c17-20，“受我語”作“受我語者”。唐時期。

LM20-1506-C0969c　殘片

高昌國時期。

LM20-1506-C0970a　《大般涅槃經》卷五

北涼曇無讖譯，CBETA, T12, no.374, p.390, c4-6。高昌國時期。

LM20-1506-C0970b　《大般涅槃經》卷一八

北涼曇無讖譯，CBETA, T12, no.374, p.470, c7-10。高昌國時期。

LM20-1506-C0971a　《妙法蓮華經》卷三

姚秦鳩摩羅什譯，CBETA, T09, no.262, p.26, a13-18。第 2、3 行間夾寫小字。高昌郡時期。

參：《旅博選粹》, 12。

LM20-1506-C0971b　《阿毗達磨俱舍論》卷一八

唐玄奘譯，CBETA, T29, no.1558, p.93, b4-6。唐時期。

LM20-1506-C0972a　《妙法蓮華經》卷五

姚秦鳩摩羅什譯，CBETA, T09, no.262, p.45, c9-11。高昌國時期。

LM20-1506-C0972b　《維摩詰所説經》卷上

姚秦鳩摩羅什譯，CBETA, T14, no.475, p.541, c23-25。唐時期。

LM20-1506-C0972c　佛典殘片

唐時期。

LM20-1506-C0973a　《大方廣佛華嚴經》卷三九

東晉佛陀跋陀羅譯，CBETA，T09，no.278，p.648，c19-20。唐時期。

LM20-1506-C0973b　佛典殘片

唐時期。

LM20-1506-C0973c　《無量大慈教經》

作者不詳，CBETA，T85，no.2903，p.1445，a24-29。唐時期。

LM20-1506-C0974a　《妙法蓮華經》卷七

姚秦鳩摩羅什譯，CBETA，T09，no.262，p.57，a4-6。唐時期。

LM20-1506-C0974b　《妙法蓮華經》卷一

姚秦鳩摩羅什譯，CBETA，T09，no.262，p.2，b5-7。唐時期。

LM20-1506-C0975a　《妙法蓮華經》卷一

姚秦鳩摩羅什譯，CBETA，T09，no.262，p.3，a11-14。唐時期。

LM20-1506-C0975b　《大方等大集經》卷五七

高齊那連提耶舍譯，CBETA，T13，no.397，p.383，b27-28。唐時期。

LM20-1506-C0975c　《大般涅槃經》卷一二

北涼曇無讖譯，CBETA，T12，no.374，p.435，b15-17。高昌國時期。

LM20-1506-C0976a　《法句經》卷上

吳維祇難等譯，CBETA，T04，no.210，p.559，b20-25。高昌國時期。

LM20-1506-C0976b　《佛說寶雨經》卷九

唐達摩流支譯，CBETA，T16，no.660，p.320，c22-25。唐時期。

LM20-1506-C0976c　《妙法蓮華經》卷一

姚秦鳩摩羅什譯，CBETA，T09，no.262，p.6，c23-25。唐時期。

LM20-1506-C0977a　《妙法蓮華經》卷四

姚秦鳩摩羅什譯，CBETA，T09，no.262，p.33，a27-b1。唐時期。

LM20-1506-C0977b　《大般涅槃經》卷一七

北涼曇無讖譯，CBETA，T12，no.374，p.467，c22-24。唐時期。

經册五十八

LM20-1507-C0978a 《妙法蓮華經》卷五

姚秦鳩摩羅什譯，CBETA，T09，no.262，p.41，a22-28。高昌國時期。

LM20-1507-C0978b 《小品般若波羅蜜經》卷二

姚秦鳩摩羅什譯，CBETA，T08，no.227，p.542，c11-15。高昌國時期。

LM20-1507-C0979a 《妙法蓮華經》卷一

姚秦鳩摩羅什譯，CBETA，T09，no.262，p.3，c10-13。唐時期。

LM20-1507-C0979b 《放光般若經》卷四

西晉無羅叉譯，CBETA，T08，no.221，p.25，a1-5，"身菩薩"作"身行菩薩"。高昌郡時期。

LM20-1507-C0980a 《維摩詰所説經》卷下

姚秦鳩摩羅什譯，CBETA，T14，no.475，p.554，a10-13。唐時期。

參：王梅 2006，157。

LM20-1507-C0980b 《羅云忍辱經》

西晉法炬譯，CBETA，T14，no.500，p.769，c5-6。高昌郡時期。

LM20-1507-C0981a 《妙法蓮華經》卷一

姚秦鳩摩羅什譯，CBETA，T09，no.262，p.4，c28-p.5，a1。唐時期。

LM20-1507-C0981b 《四分律》卷六

姚秦佛陀耶舍、竺佛念等譯，CBETA，T22，no.1428，p.606，b13-15。唐時期。

LM20-1507-C0982a 《善惡因果經》

作者不詳，CBETA，T85，no.2881，p.1381，b15-17，"污净"作"污净行"。唐時期。

LM20-1507-C0982b 《大般涅槃經》卷一八

北涼曇無讖譯，CBETA，T12，no.374，p.470，c4-7，"常十方"作"常爲十方"。高昌國時期。

LM20-1507-C0983a 《南陽和尚問答雜徵義》

唐劉澄集。參敦煌本 S.6557（《英藏敦煌文獻》第 11 卷，121-125 頁）。唐時期。背面有字，無法揭取拍攝。

參：李昀 2019，282、287、301。

LM20-1507-C0983b 佛名經

唐時期。

LM20-1507-C0983c 《金光明經》卷三

北涼曇無讖譯，CBETA，T16，no.663，p.349，c5–10。唐時期。

LM20-1507-C0984a 《妙法蓮華經》卷七

姚秦鳩摩羅什譯，CBETA，T09，no.262，p.61，a23–28。高昌國時期。

LM20-1507-C0984b 《妙法蓮華經》卷四

姚秦鳩摩羅什譯，CBETA，T09，no.262，p.32，c25–26。唐時期。

LM20-1507-C0984c 《摩訶般若波羅蜜經》卷二三

姚秦鳩摩羅什譯，CBETA，T08，no.223，p.388，b22–26。唐時期。

LM20-1507-C0985a 結界陀羅尼并延昌三十七年（五九七）題記

高昌國時期。

參：《旅博選粹》，200。

LM20-1507-C0985b 《十方千五百佛名經》

譯者不詳，CBETA，T14，no.442，p.313，c24–25；參《十方千五百佛名經》全文，187–188頁。
高昌國時期。

LM20-1507-C0985c 《妙法蓮華經》卷六

姚秦鳩摩羅什譯，CBETA，T09，no.262，p.50，a29–b1。唐時期。

LM20-1507-C0986a 《維摩詰所説經》卷上

姚秦鳩摩羅什譯，CBETA，T14，no.475，p.541，b6–10。唐時期。

LM20-1507-C0986b 《摩訶般若波羅蜜經》卷八

姚秦鳩摩羅什譯，CBETA，T08，no.223，p.281，a23–25。高昌國時期。

LM20-1507-C0986c 《金剛般若波羅蜜經》

姚秦鳩摩羅什譯，CBETA，T08，no.235，p.749，a14–17。高昌國時期。

LM20-1507-C0987a 《摩訶般若波羅蜜經》卷三

姚秦鳩摩羅什譯，CBETA，T08，no.223，p.239，b2–4。高昌國時期。

LM20-1507-C0987b 《諸法最上王經》

隋闍那崛多譯，CBETA，T17，no.824，p.864，a24–27。唐時期。

LM20-1507-C0987c 《合部金光明經》卷三

梁真諦譯，隋寶貴合，CBETA，T16，no.664，p.374，b11–15。唐時期。

LM20-1507-C0988a 《大般涅槃經》卷三一

北涼曇無讖譯，CBETA，T12，no.374，p.553，b2–4。高昌國時期。

LM20-1507-C0988b 《大般涅槃經》卷一〇

北涼曇無讖譯，CBETA，T12，no.374，p.425，c8–9。唐時期。

LM20-1507-C0988c 《唐開元律疏·名例》

參唐長孫無忌等撰《唐律疏議》卷三《名例》，中華書局，1983年，74頁。唐時期。

參：《旅博選粹》，202；《旅博研究》，177–178；榮新江2009，6–7；辻正博2012，268；

岡野誠 2013, 86-91; 岡野誠 2019, 122-123。

LM20-1507-C0988d　《金剛般若波羅蜜經》

姚秦鳩摩羅什譯, CBETA, T08, no.235, p.749, c17-18。唐時期。

LM20-1507-C0989a　佛典殘片

高昌國時期。

LM20-1507-C0989b　《佛說觀佛三昧海經》卷九

東晉佛陀跋陀羅譯, CBETA, T15, no.643, p.688, b23-25。唐時期。

LM20-1507-C0989c　醫書殘片

高昌國時期。

LM20-1507-C0989d　《大般涅槃經》卷二二

北涼曇無讖譯, CBETA, T12, no.374, p.494, a29-b2。高昌國時期。

LM20-1507-C0990a　《摩訶般若波羅蜜經》卷八

姚秦鳩摩羅什譯, CBETA, T08, no.223, p.281, c15-18。高昌國時期。

LM20-1507-C0990b　《現在十方千五百佛名並雜佛同號》

作者不詳, CBETA, T85, no.2905, p.1448, c29-p.1449, a4。高昌國時期。

LM20-1507-C0991a　《文殊師利所說摩訶般若波羅蜜經》卷下

梁曼陀羅仙譯, CBETA, T08, no.232, p.732, a8-11。高昌國時期。

LM20-1507-C0991b　典籍殘片

唐時期。

LM20-1507-C0991c　《大方廣佛華嚴經》卷五（五十卷本）

東晉佛陀跋陀羅譯,《中華大藏經》第 12 册, 58a23-b3; 參 CBETA, T09, no.278, p.432, b3-6。高昌國時期。

LM20-1507-C0992a　《寂調音所問經》

劉宋法海譯, CBETA, T24, no.1490, p.1081, b19-22。高昌國時期。

LM20-1507-C0992b　《大般涅槃經》卷三〇

北涼曇無讖譯, CBETA, T12, no.374, p.547, b4-5。高昌國時期。

LM20-1507-C0992c　佛典殘片

唐時期。

LM20-1507-C0992d　《放光般若經》卷一

西晉無羅叉譯, CBETA, T08, no.221, p.7, a28-b1。唐時期。

LM20-1507-C0993a　殘片

唐時期。

LM20-1507-C0993b　佛典殘片

唐時期。

LM20-1507-C0993c　《大般涅槃經》卷九

北涼曇無讖譯，CBETA，T12，no.374，p.420，a20–22。唐時期。

LM20-1507-C0994a　《金剛般若波羅蜜經》

姚秦鳩摩羅什譯，CBETA，T08，no.236a，p.754，a13–14。高昌國時期。

LM20-1507-C0994b　《妙法蓮華經》卷一

姚秦鳩摩羅什譯，CBETA，T09，no.262，p.9，a23–29。唐時期。

LM20-1507-C0994c　《妙法蓮華經》卷七

姚秦鳩摩羅什譯，CBETA，T09，no.262，p.60，b15–20。唐時期。

LM20-1507-C0994d　《妙法蓮華經》卷七

姚秦鳩摩羅什譯，CBETA，T09，no.262，p.56，c5–7。高昌國時期。

LM20-1507-C0995a　佛典殘片

唐時期。

LM20-1507-C0995b　《妙法蓮華經》卷七

姚秦鳩摩羅什譯，CBETA，T09，no.262，p.59，b2–4。有雙行小字注。唐時期。

LM20-1507-C0995c　《大般涅槃經》卷二

北涼曇無讖譯，CBETA，T12，no.374，p.372，a24–25。唐時期。

LM20-1507-C0995d　佛典殘片

唐時期。

LM20-1507-C0996a　《佛本行集經》卷五九

隋闍那崛多譯，CBETA，T03，no.190，p.926，c23–25。唐時期。

參：段真子2019，170。

LM20-1507-C0996b　佛典殘片

參劉宋求那跋陀羅譯《雜阿含經》卷四〇，CBETA，T02，no.99，p.297，a6–9。高昌郡時期。

LM20-1507-C0997a　佛典殘片

參譯者不詳《陀羅尼雜集》卷一，CBETA，T21，no.1336，p.584，a26。唐時期。

LM20-1507-C0997b　《大般涅槃經》卷三七

北涼曇無讖譯，CBETA，T12，no.374，p.582，c20–21。唐時期。

LM20-1507-C0998a　殘片

唐時期。

LM20-1507-C0998b　《光讚經》卷三

西晉竺法護譯，CBETA，T08，no.222，p.168，b23–26。高昌國時期。

LM20-1507-C0999　《妙法蓮華經》卷一

姚秦鳩摩羅什譯，CBETA，T09，no.262，p.7，c29–p.8，a5。唐時期。

LM20-1507-C1000a　《摩訶般若波羅蜜經》卷二七

姚秦鳩摩羅什譯，CBETA, T08, no.223, p.417, b8-9。唐時期。

LM20-1507-C1000b　《大般涅槃經》卷二九

北涼曇無讖譯，CBETA, T12, no.374, p.537, a2-4。高昌郡時期。

LM20-1507-C1001a　《大般若波羅蜜多經》卷五二八

唐玄奘譯，CBETA, T07, no.220, p.713, a6-8。唐時期。

LM20-1507-C1001b　《道行般若經》卷六

後漢支婁迦讖譯，CBETA, T08, no.224, p.456, c19-20, "何"作"云何"。高昌國時期。

LM20-1507-C1002a　《大般若波羅蜜多經》

唐玄奘譯，此段文字多處可見。唐時期。

LM20-1507-C1002b　《金剛般若波羅蜜經》

姚秦鳩摩羅什譯，CBETA, T08, no.235, p.749, c26-27。唐時期。

LM20-1507-C1003a　《十地經論》卷八

元魏菩提流支譯，CBETA, T26, no.1522, p.169, c23-24。高昌國時期。

LM20-1507-C1003b　《摩訶般若波羅蜜經》卷二四

姚秦鳩摩羅什譯，CBETA, T08, no.223, p.397, b25-26。唐時期。

LM20-1507-C1003c　殘片

唐時期。

LM20-1507-C1004a　《妙法蓮華經》卷二

姚秦鳩摩羅什譯，CBETA, T09, no.262, p.15, b24-28。唐時期。

LM20-1507-C1004b　《妙法蓮華經》卷六

姚秦鳩摩羅什譯，CBETA, T09, no.262, p.50, a13-17。唐時期。

LM20-1507-C1005a　《菩薩善戒經》卷七

劉宋求那跋摩譯，CBETA, T30, no.1582, p.998, b18-19。高昌國時期。

參：《旅博選粹》，66。

LM20-1507-C1005b　《大般涅槃經》卷三四

北涼曇無讖譯，CBETA, T12, no.374, p.568, c18-21。高昌郡時期。

LM20-1507-C1006a　佛典殘片

唐時期。

LM20-1507-C1006b　《佛説觀無量壽佛經》

劉宋畺良耶舍譯，CBETA, T12, no.365, p.342, a15-17。高昌國時期。

參：《旅博選粹》，117；《净土集成》，35。

LM20-1507-C1007　佛典殘片

唐時期。

LM20-1507-C1008　《妙法蓮華經》卷七

姚秦鳩摩羅什譯，CBETA, T09, no.262, p.57, a7-10。唐時期。

LM20-1507-C1009 《佛説仁王般若波羅蜜經》卷下

姚秦鳩摩羅什譯，CBETA, T08, no.245, p.832, c17-27，"扶"作"符"。高昌國時期。

LM20-1507-C1010 《十王經》

與 Ot.3325 可以綴合，存尾題"佛説閻羅天子十王授記逆修（下殘）"，參敦煌本 P.2870（《法藏敦煌西域文獻》第 19 册, 217 頁上）。西州回鶻時期。

參：《旅博選粹》，175；橘堂晃一 2010，95。

LM20-1507-C1011a 《放光般若經》卷四

西晉無羅叉譯，CBETA, T08, no.221, p.26, b25-27。高昌國時期。

LM20-1507-C1011b 佛典殘片

高昌國時期。

LM20-1507-C1012a 佛典殘片

唐時期。

LM20-1507-C1012b 佛典殘片

高昌國時期。

LM20-1507-C1013a 《大般涅槃經》卷二一

北涼曇無讖譯，CBETA, T12, no.374, p.489, c4-5。高昌郡時期。

參：《旅博選粹》，50。

LM20-1507-C1013b 《大方廣佛華嚴經》卷二二

唐實叉難陀譯，CBETA, T10, no.279, p.116, b26-27。唐時期。

LM20-1507-C1014a 《大般涅槃經》卷二〇

北涼曇無讖譯，CBETA, T12, no.374, p.481, c1-3。唐時期。

LM20-1507-C1014b 《大方廣佛華嚴經》卷一八（五十卷本）

東晉佛陀跋陀羅譯，《中華大藏經》第 12 册, 226a16-17；參 CBETA, T09, no.278, p.537, b9-11。高昌國時期。

LM20-1507-C1015 《妙法蓮華經》卷七

姚秦鳩摩羅什譯，CBETA, T09, no.262, p.61, b27-c1。唐時期。

LM20-1507-C1016a 《大般若波羅蜜多經》

唐玄奘譯。此段文字多處可見。唐時期。

LM20-1507-C1016b 《佛説觀佛三昧海經》卷二

東晉佛陀跋陀羅譯，CBETA, T15, no.643, p.652, c7-8。高昌國時期。

LM20-1507-C1017 《大智度論》卷二五

姚秦鳩摩羅什譯，CBETA, T25, no.1509, p.243, c2-4。高昌國時期。

LM20-1507-C1018 佛典殘片

高昌國時期。

LM20-1507-C1019　《佛説佛名經》卷一一

元魏菩提流支譯, CBETA, T14, no.440, p.177, b25-27。唐時期。

LM20-1507-C1020　《放光般若經》卷一四

西晉無羅叉譯, CBETA, T08, no.221, p.99, a8-12。高昌國時期。

LM20-1507-C1021　佛典殘片

唐時期。

LM20-1507-C1022　《摩訶般若波羅蜜經》卷二三

姚秦鳩摩羅什譯, CBETA, T08, no.223, p.387, a16-18。高昌國時期。

LM20-1507-C1023a　《道行般若經》卷一〇

後漢支婁迦讖譯, CBETA, T08, no.224, p.476, a5-6。高昌國時期。

LM20-1507-C1023b　佛典殘片

高昌國時期。

LM20-1507-C1024a　佛典殘片

高昌國時期。

LM20-1507-C1024b　佛典殘片

唐時期。

LM20-1507-C1024c　《大般涅槃經》卷一一

北涼曇無讖譯, CBETA, T12, no.374, p.431, b25-27。高昌國時期。

LM20-1507-C1025a　佛典殘片

高昌國時期。

LM20-1507-C1025b　《大智度論》卷九一

姚秦鳩摩羅什譯, CBETA, T25, no.1509, p.704, b18-19。高昌國時期。

LM20-1507-C1026a　佛經外題

唐時期。

LM20-1507-C1026b　《金剛般若波羅蜜經》

姚秦鳩摩羅什譯, CBETA, T08, no.235, p.750, a1-2。唐時期。

LM20-1507-C1027a　《大般涅槃經》卷一八

北涼曇無讖譯, CBETA, T12, no.374, p.470, b27-c1。高昌國時期。

LM20-1507-C1027b　《妙法蓮華經》卷五

姚秦鳩摩羅什譯, CBETA, T09, no.262, p.39, a17-19。唐時期。

LM20-1507-C1028　佛典殘片

唐時期。

LM20-1507-C1029ar　殘片

唐時期。

LM20-1507-C1029av 《天地八陽神咒經》

唐義净譯，CBETA，T85，no.2897，p.1424，b1。西州回鶻時期。無法揭取拍攝。

LM20-1507-C1029b 殘片

西州回鶻時期。背面有字，無法揭取拍攝。

LM20-1507-C1030a 《妙法蓮華經》卷四

姚秦鳩摩羅什譯，CBETA，T09，no.262，p.28，a22-28。唐時期。

LM20-1507-C1030b 佛典殘片

高昌國時期。

LM20-1507-C1031a 《佛説灌頂經》卷一一

東晉帛尸梨蜜多羅譯，CBETA，T21，no.1331，p.530，a1-5。唐時期。

LM20-1507-C1031b 《摩訶般若波羅蜜經》卷二六

姚秦鳩摩羅什譯，CBETA，T08，no.223，p.408，b15-19。高昌國時期。

LM20-1507-C1032a 《佛説無量壽經》卷下

曹魏康僧鎧譯，CBETA，T12，no.360，p.275，b9-12。第3、4行間夾寫小字。高昌國時期。

LM20-1507-C1032b 《妙法蓮華經》卷七

姚秦鳩摩羅什譯，CBETA，T09，no.262，p.58，b19-21。有雙行小字注。唐時期。

LM20-1507-C1033a 佛典殘片

高昌國時期。

LM20-1507-C1033b 《妙法蓮華經》卷一

姚秦鳩摩羅什譯，CBETA，T09，no.262，p.2，b29-c2。唐時期。

LM20-1507-C1034a 佛典殘片

高昌國時期。

LM20-1507-C1034b 佛典殘片

唐時期。

LM20-1507-C1035a 《大寶積經》卷一九

唐菩提流志譯，CBETA，T11，no.310，p.105，c25-27。唐時期。

LM20-1507-C1035b 《大般涅槃經》卷三五

北凉曇無讖譯，CBETA，T12，no.374，p.573，a6-8。高昌國時期。

LM20-1507-C1036a 《大方等大集經》卷五五

北凉曇無讖譯，CBETA，T13，no.397，p.370，a23-26。唐時期。

LM20-1507-C1036b 佛典殘片

唐時期。

LM20-1507-C1037a 《金剛般若波羅蜜經》

　　姚秦鳩摩羅什譯, CBETA, T08, no.235, p.750, c7-9。唐時期。

LM20-1507-C1037b　佛典殘片

　　高昌國時期。

LM20-1507-C1038a　《金光明經》卷二

　　北涼曇無讖譯, CBETA, T16, no.663, p.345, b12-14, "波" 作 "婆", "寧" 作 "尼"。高
昌國時期。

LM20-1507-C1038b　《千眼千臂觀世音菩薩陀羅尼神咒經》卷下

　　唐智通譯, CBETA, T20, no.1057b, p.94, c3-8, "恐" 作 "怖", "摧碎" 作 "破"。唐時期。

LM20-1507-C1039a　佛名經

　　高昌國時期。

LM20-1507-C1039b　佛名經

　　唐時期。

LM20-1507-C1040a　《維摩詰所説經》卷上

　　姚秦鳩摩羅什譯, CBETA, T14, no.475, p.540, a17-19。唐時期。

LM20-1507-C1040b　《妙法蓮華經》卷七

　　姚秦鳩摩羅什譯, CBETA, T09, no.262, p.56, b19-24。唐時期。

LM20-1507-C1041a　《大智度論》卷二九

　　姚秦鳩摩羅什譯, CBETA, T25, no.1509, p.271, a10-13。高昌國時期。

LM20-1507-C1041b　陀羅尼

　　高昌國時期。

　　參: 磯邊友美 2006, 212。

LM20-1507-C1042a　《妙法蓮華經》卷五

　　姚秦鳩摩羅什譯, CBETA, T09, no.262, p.40, b28-c1。高昌國時期。

LM20-1507-C1042b　《維摩詰所説經》卷中

　　姚秦鳩摩羅什譯, CBETA, T14, no.475, p.547, b4-6。唐時期。

LM20-1507-C1043a　《佛説灌頂經》卷一二

　　東晉帛尸梨蜜多羅譯, CBETA, T21, no.1331, p.533, c16-19。唐時期。

LM20-1507-C1043b　《大般若波羅蜜多經》

　　唐玄奘譯, 此段文字多處可見。唐時期。

LM20-1507-C1044a　佛典殘片

　　唐時期。

LM20-1507-C1044b　殘片

　　唐時期。

LM20-1507-C1045a　佛名經

唐時期。

LM20-1507-C1045b　佛名經

高昌國時期。

LM20-1507-C1046a　《道行般若經》卷一〇

後漢支婁迦讖譯，CBETA，T08，no.224，p.476，a3-6。高昌國時期。

LM20-1507-C1046b　佛典殘片

高昌國時期。

LM20-1507-C1047a　《金光明經》卷四

北涼曇無讖譯，CBETA，T16，no.663，p.356，b20-22。高昌國時期。

LM20-1507-C1047b　《大般涅槃經》卷二四

北涼曇無讖譯，CBETA，T12，no.374，p.506，a1-3。高昌國時期。

LM20-1507-C1048a　《十方千五百佛名經》

譯者不詳，CBETA，T14，no.442，p.316，c7-10。高昌國時期。

LM20-1507-C1048b　《等集衆德三昧經》卷下

西晉竺法護譯，CBETA，T12，no.381，p.986，b8-9。唐時期。

LM20-1507-C1049a　《妙法蓮華經》卷六

姚秦鳩摩羅什譯，CBETA，T09，no.262，p.47，a13-15。唐時期。

LM20-1507-C1049b　《大般若波羅蜜多經》

唐玄奘譯，此段文字多處可見。唐時期。

LM20-1507-C1050a　《大般若波羅蜜多經》卷四三三

唐玄奘譯，CBETA，T07，no.220，p.179，a18-20。唐時期。

LM20-1507-C1050b　《大般涅槃經》卷三一

北涼曇無讖譯，CBETA，T12，no.374，p.549，b22-23。高昌國時期。

LM20-1507-C1051a　殘片

唐時期。

LM20-1507-C1051b　《大法炬陀羅尼經》卷一三經題

隋闍那崛多譯，CBETA，T21，no.1340，p.716，a23。高昌國時期。

LM20-1507-C1052a　《根本説一切有部毗奈耶雜事》卷四〇

唐義净譯，CBETA，T24，no.1451，p.412，a16-19。唐時期。

LM20-1507-C1052b　《大般涅槃經》卷一一

北涼曇無讖譯，CBETA，T12，no.374，p.431，c10-11。高昌國時期。

LM20-1507-C1053a　《妙法蓮華經》卷一

姚秦鳩摩羅什譯，CBETA，T09，no.262，p.4，b21-26。唐時期。

LM20-1507-C1053b　佛經外題

唐時期。

LM20-1507-C1054a　《大智度論》卷一三

　　姚秦鳩摩羅什譯, CBETA, T25, no.1509, p.160, a14-16。高昌國時期。

LM20-1507-C1054b　《金光明經》卷一

　　北涼曇無讖譯, CBETA, T16, no.663, p.337, a5-10。唐時期。

LM20-1507-C1055a　《大通方廣懺悔滅罪莊嚴成佛經》卷下

　　作者不詳, CBETA, T85, no.2871, p.1354, a6-8。高昌國時期。

LM20-1507-C1055b　《金剛般若波羅蜜經》

　　姚秦鳩摩羅什譯, CBETA, T08, no.235, p.752, c1-3。唐時期。

LM20-1507-C1056a　佛典殘片

　　唐時期。

LM20-1507-C1056b　《大般涅槃經》卷三〇

　　北涼曇無讖譯, CBETA, T12, no.374, p.547, b10-12。高昌郡時期。

　　參:《旅博選粹》, 24。

LM20-1507-C1056c　《大般涅槃經》卷二七

　　北涼曇無讖譯, CBETA, T12, no.374, p.528, b11-12。高昌國時期。

LM20-1507-C1057a　《菩薩地持經》卷一

　　北涼曇無讖譯, CBETA, T30, no.1581, p.889, b19-20。高昌郡時期。

LM20-1507-C1057b　《大法炬陀羅尼經》卷一七

　　隋闍那崛多譯, CBETA, T21, no.1340, p.735, c9-12。唐時期。

LM20-1507-C1058a　《摩訶般若波羅蜜經》卷二一

　　姚秦鳩摩羅什譯, CBETA, T08, no.223, p.371, c14-17。唐時期。

LM20-1507-C1058b　《金光明最勝王經》卷一

　　唐義净譯, CBETA, T16, no.665, p.405, c15-17。唐時期。

LM20-1507-C1058c　佛典殘片

　　高昌國時期。

LM20-1507-C1059a　《佛説轉女身經》

　　劉宋曇摩蜜多譯, CBETA, T14, no.564, p.918, a13-15。高昌國時期。

LM20-1507-C1059b　《大般涅槃經》卷一九

　　北涼曇無讖譯, CBETA, T12, no.374, p.480, b11-13。高昌國時期。

LM20-1507-C1060a　《妙法蓮華經》卷七

　　姚秦鳩摩羅什譯, CBETA, T09, no.262, p.56, c23-25。唐時期。

LM20-1507-C1060b　佛典殘片

　　高昌國時期。

LM20-1507-C1061a 《大唐三藏聖教序》

　　唐太宗撰，CBETA，T50，no.2053，p.256，c13-15。唐時期。

LM20-1507-C1061b 《妙法蓮華經》卷四

　　姚秦鳩摩羅什譯，CBETA，T09，no.262，p.32，c12-14。唐時期。

LM20-1507-C1062a 《金剛般若波羅蜜經》

　　姚秦鳩摩羅什譯，CBETA，T08，no.235，p.751，c29-p.752，a7。唐時期。

LM20-1507-C1062b 《大般涅槃經》卷三八

　　北涼曇無讖譯，CBETA，T12，no.374，p.589，b12-16。高昌國時期。

LM20-1507-C1063a 《大般涅槃經》卷七

　　北涼曇無讖譯，CBETA，T12，no.374，p.406，c21-24。高昌國時期。

LM20-1507-C1063b 《大智度論》卷六

　　姚秦鳩摩羅什譯，CBETA，T25，no.1509，p.106，b22-26。唐時期。

LM20-1507-C1064a 《妙法蓮華經》卷五

　　姚秦鳩摩羅什譯，CBETA，T09，no.262，p.42，c8-10。唐時期。

LM20-1507-C1064b 《説無垢稱經》卷一

　　唐玄奘譯，CBETA，T14，no.476，p.559，a13-16。唐時期。

　　參：王梅 2006，158。

LM20-1507-C1065a 佛典殘片

　　唐時期。

LM20-1507-C1065b 《大般若波羅蜜多經》卷五六八

　　唐玄奘譯，CBETA，T07，no.220，p.936，b3-5。唐時期。

LM20-1507-C1065c 《金剛般若波羅蜜經》

　　姚秦鳩摩羅什譯，CBETA，T08，no.235，p.751，b16-17。唐時期。

LM20-1507-C1066a 佛典殘片

　　唐時期。

LM20-1507-C1066b 佛典殘片

　　唐時期。

LM20-1507-C1066c 《妙法蓮華經》卷四

　　姚秦鳩摩羅什譯，CBETA，T09，no.262，p.32，a13-19。唐時期。

LM20-1507-C1067a 《妙法蓮華經》卷六

　　姚秦鳩摩羅什譯，CBETA，T09，no.262，p.46，c2-5。唐時期。

LM20-1507-C1067b 《大般若波羅蜜多經》卷三六八

　　唐玄奘譯，CBETA，T06，no.220，p.899，a9-12。唐時期。

LM20-1507-C1067c 《妙法蓮華經》卷七

姚秦鳩摩羅什譯, CBETA, T09, no.262, p.60, a6-9。唐時期。

LM20-1507-C1067d　《賢劫經》卷三

西晉竺法護譯, CBETA, T14, no.425, p.22, c2-4。唐時期。

LM20-1507-C1067e　《妙法蓮華經》卷二

姚秦鳩摩羅什譯, CBETA, T09, no.262, p.17, a5-8。唐時期。

LM20-1507-C1068a　佛典殘片

印本。西州回鶻時期。

LM20-1507-C1068b　《不空胃索神變真言經》卷七

唐菩提流志譯, CBETA, T20, no.1092, p.263, c13-14。唐時期。

LM20-1507-C1068c　《金剛般若波羅蜜經》

姚秦鳩摩羅什譯, CBETA, T08, no.235, p.749, b9-11。唐時期。

LM20-1507-C1069a　佛典殘片

唐時期。

LM20-1507-C1069b　佛典殘片

高昌國時期。

LM20-1507-C1069c　佛典殘片

高昌國時期。

LM20-1507-C1070a　《大方廣佛華嚴經》卷三七

東晉佛陀跋陀羅譯, CBETA, T09, no.278, p.634, c10-18。唐時期。

LM20-1507-C1070b　佛典殘片

高昌國時期。

LM20-1507-C1070c　佛典殘片

唐時期。

LM20-1507-C1070d　《妙法蓮華經》卷四

姚秦鳩摩羅什譯, CBETA, T09, no.262, p.34, b12-14。唐時期。

LM20-1507-C1071a　《摩訶般若波羅蜜經》卷二四

姚秦鳩摩羅什譯, CBETA, T08, no.223, p.395, a14-17。高昌國時期。

LM20-1507-C1071b　《妙法蓮華經》卷一

姚秦鳩摩羅什譯, CBETA, T09, no.262, p.7, b22-24。高昌國時期。

LM20-1507-C1071c　《十地經論義記》卷三

隋慧遠撰, CBETA, X45, no.753, p.96, b3-5。高昌國時期。

LM20-1507-C1071d　《妙法蓮華經》卷五

姚秦鳩摩羅什譯, CBETA, T09, no.262, p.37, a13-16。唐時期。

LM20-1507-C1072a　佛典殘片

西州回鶻時期。

LM20-1507-C1072b　佛典注疏

唐時期。

LM20-1507-C1072c　《觀世音經讚》

題金剛藏菩薩撰，據 LM20-1506-C0871c+LM20-1502-C0032 首題定名，參 BD3351。

唐時期。

參：嚴世偉 2019，304–340。

LM20-1507-C1072d　《大般若波羅蜜多經》卷三二六

唐玄奘譯，CBETA，T06，no.220，p.667，c9–10。唐時期。

LM20-1507-C1072e　《佛説佛名經》卷六

元魏菩提流支譯，CBETA，T14，no.440，p.144，c1–4。唐時期。

LM20-1507-C1073a　《四分律》卷六

姚秦佛陀耶舍、竺佛念等譯，CBETA，T22，no.1428，p.605，a5–7。唐時期。

LM20-1507-C1073b　《佛説維摩詰經》卷下

吳支謙譯，CBETA，T14，no.474，p.531，c11–13。高昌國時期。

參：王梅 2006，137。

LM20-1507-C1073c　《金剛般若波羅蜜經》

姚秦鳩摩羅什譯，CBETA，T08，no.235，p.749，c14–16。唐時期。

LM20-1507-C1073d　《放光般若經》卷一一

西晉無羅叉譯，此段文字多處可見。高昌郡時期。背面有字，無法揭取拍攝。

LM20-1507-C1073e　《大般涅槃經》卷四〇

北涼曇無讖譯，CBETA，T12，no.374，p.599，a10–12。高昌國時期。

LM20-1507-C1074a　佛典殘片

唐時期。

LM20-1507-C1074b　殘片

LM20-1507-C1074c　《大方廣佛華嚴經》卷四（五十卷本）

東晉佛陀跋陀羅譯，《中華大藏經》第 12 册，39a16–17；參 CBETA，T09，no.278，p.418，c17–19。高昌國時期。

LM20-1507-C1074d　佛典殘片

唐時期。

LM20-1507-C1074e　《佛説無量壽經》卷下

曹魏康僧鎧譯，CBETA，T12，no.360，p.272，b17–21。高昌國時期。

LM20-1507-C1075a　《鳩摩羅什法師誦法》

東晉慧融等集，CBETA，D07，no.8779，p.3，a14–17。唐時期。

LM20-1507-C1075b　《佛頂尊勝陀羅尼經》

　　唐佛陀波利譯, CBETA, T19, no.967, p.350, a9–12。唐時期。

LM20-1507-C1076a　《大般涅槃經》卷三五

　　北涼曇無讖譯, CBETA, T12, no.374, p.570, c19–21。唐時期。

LM20-1507-C1076b　《妙法蓮華經》卷七

　　姚秦鳩摩羅什譯, CBETA, T09, no.262, p.57, c13–14。唐時期。

LM20-1507-C1076c　《大般涅槃經》卷三〇

　　北涼曇無讖譯, CBETA, T12, no.374, p.542, c27–29。唐時期。

LM20-1507-C1076d　《大般涅槃經》卷二五

　　北涼曇無讖譯, CBETA, T12, no.374, p.511, b24–27。高昌郡時期。

LM20-1507-C1077a　《净土論》卷中

　　唐迦才撰, CBETA, T47, no.1963, p.92, c9–11。唐時期。

LM20-1507-C1077b　殘片

　　西州回鶻時期。

LM20-1507-C1077c　佛典殘片

　　唐時期。

LM20-1507-C1077d　《大方廣佛華嚴經》卷六八

　　唐實叉難陀譯, CBETA, T10, no.279, p.366, b10–13。唐時期。

LM20-1507-C1078a　《大寶積經》卷四五

　　唐玄奘譯, CBETA, T11, no.310, p.265, a4–7。唐時期。

LM20-1507-C1078b　《彌沙塞部和醯五分律》卷二

　　劉宋佛陀什、竺道生等譯, CBETA, T22, no.1421, p.10, b29–c2。唐時期。

LM20-1507-C1078c　《佛説觀藥王藥上二菩薩經》

　　劉宋畺良耶舍譯, CBETA, T20, no.1161, p.663, b7–9。唐時期。

LM20-1507-C1078d　《大般涅槃經》卷四

　　北涼曇無讖譯, CBETA, T12, no.374, p.388, b15–18。唐時期。

LM20-1507-C1079a　《小品般若波羅蜜經》卷一〇

　　姚秦鳩摩羅什譯, CBETA, T08, no.227, p.581, a22–23。唐時期。

　　參: 孫傳波 2006, 193。

LM20-1507-C1079b　《大般涅槃經》卷一五

　　北涼曇無讖譯, CBETA, T12, no.374, p.452, c26–29。唐時期。

LM20-1507-C1079c　《佛説無常經》

　　唐義净譯, CBETA, T17, no.801, p.746, a1–3。西州回鶻時期。

LM20-1507-C1079d　佛典殘片

唐時期。

LM20-1507-C1080a　《大方廣佛華嚴經》卷三九

東晉佛陀跋陀羅譯，CBETA，T09，no.278，p.646，c19-20。唐時期。

LM20-1507-C1080b　《大般涅槃經》卷一二

北涼曇無讖譯，CBETA，T12，no.374，p.435，a23-25。高昌郡時期。

參:《旅博選粹》，67。

LM20-1507-C1080c　佛名經

唐時期。

LM20-1507-C1080d　《妙法蓮華經》卷三

姚秦鳩摩羅什譯，CBETA，T09，no.262，p.23，b23-28。唐時期。

LM20-1507-C1081a　《妙法蓮華經》卷四

姚秦鳩摩羅什譯，CBETA，T09，no.262，p.27，b16-18。唐時期。

LM20-1507-C1081b　《妙法蓮華經》卷三

姚秦鳩摩羅什譯，CBETA，T09，no.262，p.20，a3-6。高昌國時期。

LM20-1507-C1081c　《佛説灌頂經》卷四

東晉帛尸梨蜜多羅譯，CBETA，T21，no.1331，p.506，a1-3。唐時期。

LM20-1507-C1081d　《佛説灌頂經》卷四

東晉帛尸梨蜜多羅譯，CBETA，T21，no.1331，p.506，a1-3。唐時期。

LM20-1507-C1081e　《大般涅槃經》卷一〇

北涼曇無讖譯，CBETA，T12，no.374，p.428，a25-29。高昌郡時期。

參:《旅博選粹》，24。

LM20-1507-C1082a　佛典殘片

唐時期。

LM20-1507-C1082b　《金剛般若波羅蜜經》注疏

參姚秦鳩摩羅什譯《金剛般若波羅蜜經》，CBETA，T08，no.235，p.750，c27-p.751，

a3。有雙行小字注。高昌國時期。

LM20-1507-C1082c　佛典殘片

高昌國時期。

LM20-1507-C1082d　《妙法蓮華經》卷三

姚秦鳩摩羅什譯，CBETA，T09，no.262，p.22，c26-28。唐時期。

LM20-1507-C1082e　《金剛般若波羅蜜經》

姚秦鳩摩羅什譯，CBETA，T08，no.235，p.749，a12-15。唐時期。

LM20-1507-C1083a　《菩薩地持經》卷二

北涼曇無讖譯，CBETA，T30，no.1581，p.898，c5-9。唐時期。

LM20-1507-C1083b　殘片

　　高昌國時期。

LM20-1507-C1083c　佛典殘片

　　唐時期。

LM20-1507-C1083d　《摩訶般若波羅蜜經》卷二二

　　姚秦鳩摩羅什譯，CBETA，T08，no.223，p.381，b8–10。高昌郡時期。

LM20-1507-C1083e　《摩訶般若波羅蜜經》卷五

　　姚秦鳩摩羅什譯，CBETA，T08，no.223，p.255，b1–3。高昌國時期。

LM20-1507-C1084a　《大般涅槃經》卷二四

　　北涼曇無讖譯，CBETA，T12，no.374，p.510，a25–27。高昌國時期。

LM20-1507-C1084b　《大方等大集經》卷一二

　　北涼曇無讖譯，CBETA，T13，no.397，p.80，c29–p.81，a3。高昌國時期。

LM20-1507-C1084c　《金光明經》卷三

　　北涼曇無讖譯，CBETA，T16，no.663，p.348，c20–23。唐時期。

LM20-1507-C1084d　《四分僧戒本》

　　姚秦佛陀耶舍譯，CBETA，T22，no.1430，p.1027，c14–17。唐時期。

LM20-1507-C1084e　《妙法蓮華經》卷三

　　姚秦鳩摩羅什譯，CBETA，T09，no.262，p.23，b1–3。唐時期。

LM20-1507-C1085a　《金剛般若波羅蜜經》

　　姚秦鳩摩羅什譯，CBETA，T08，no.236a，p.754，c13–16。唐時期。

LM20-1507-C1085b　《大智度論》卷九一

　　姚秦鳩摩羅什譯，CBETA，T25，no.1509，p.703，b21–23。高昌國時期。

LM20-1507-C1085c　《妙法蓮華經》卷二

　　姚秦鳩摩羅什譯，CBETA，T09，no.262，p.11，a8–13。唐時期。

LM20-1507-C1085d　《妙法蓮華經》卷二

　　姚秦鳩摩羅什譯，CBETA，T09，no.262，p.10，c7–11。高昌國時期。

LM20-1507-C1086a　《大般涅槃經後分》卷上

　　唐若那跋陀羅譯，CBETA，T12，no.377，p.900，b13–14。唐時期。

LM20-1507-C1086b　《大智度論》卷四二

　　姚秦鳩摩羅什譯，CBETA，T25，no.1509，p.366，a14–15。唐時期。

LM20-1507-C1086c　《佛説灌頂經》卷一二

　　東晉帛尸梨蜜多羅譯，CBETA，T21，no.1331，p.535，b15–18，"天"作"國"。唐時期。

LM20-1507-C1086d　《元始五老赤書玉篇真文天書經》卷上

　　撰人不詳，約出於東晉，《正統道藏》第1册，782b1–3，"大劫西"作"大劫子"。唐時期。

參: 趙洋 2017a, 168–171、186; 趙洋 2017b, 190–191。

LM20-1507-C1086e 佛典殘片

唐時期。

LM20-1507-C1086f 《金剛般若波羅蜜經》

姚秦鳩摩羅什譯, CBETA, T08, no.235, p.749, b24–26。唐時期。

LM20-1507-C1086g 《阿毗曇八犍度論》卷二四

苻秦僧伽提婆、竺佛念譯, 此段文字多處可見。唐時期。

LM20-1507-C1086h 《大般涅槃經》卷六

北涼曇無讖譯, CBETA, T12, no.374, p.401, a5–6。唐時期。

LM20-1507-C1087a 《金剛般若波羅蜜經》

姚秦鳩摩羅什譯, CBETA, T08, no.235, p.750, b6–10。唐時期。

LM20-1507-C1087b 《勝天王般若波羅蜜經》卷三

陳月婆首那譯, CBETA, T08, no.231, p.703, c21–22。唐時期。

LM20-1507-C1087c 佛典殘片

唐時期。

LM20-1507-C1087d 《佛説灌頂經》卷一二

東晉帛尸蜜梨多羅譯, CBETA, T21, no.1331, p.536, a21–29。西州回鶻時期。

LM20-1507-C1088a 《合部金光明經》卷三

梁真諦譯, 隋寶貴合, CBETA, T16, no.664, p.373, b5–7。唐時期。

LM20-1507-C1088b 《妙法蓮華經》卷六

姚秦鳩摩羅什譯, CBETA, T09, no.262, p.53, c15–18。高昌國時期。

LM20-1507-C1088c 《大般涅槃經》卷一二

北涼曇無讖譯, CBETA, T12, no.374, p.434, b6–8。唐時期。

LM20-1507-C1088d 《佛藏經》卷中

姚秦鳩摩羅什譯, CBETA, T15, no.653, p.794, c3–5。高昌郡時期。

LM20-1507-C1088e 《金剛般若波羅蜜經》

姚秦鳩摩羅什譯, CBETA, T08, no.236a, p.753, a22–24。高昌國時期。

LM20-1507-C1089a 佛典注疏

高昌國時期。

參:《旅博選粹》, 173。

LM20-1507-C1089b 《妙法蓮華經》注疏

參姚秦鳩摩羅什譯《妙法蓮華經》卷四, CBETA, T09, no.262, p.31, b17–21。唐時期。

LM20-1507-C1089c 《妙法蓮華經》卷一

姚秦鳩摩羅什譯, 此段文字多處可見。唐時期。

LM20-1507-C1089d　《金光明經》卷三

北涼曇無讖譯，CBETA, T16, no.663, p.348, b5-12。唐時期。

LM20-1507-C1090a　《觀世音經讚》

題金剛藏菩薩撰，據 LM20-1506-C0871c+LM20-1502-C0032 首題定名，參 BD3351。有雙行小字注。唐時期。

參：嚴世偉 2019，304-340。

LM20-1507-C1090b　佛典殘片

唐時期。

LM20-1507-C1090c　《佛説須摩提菩薩經》

西晉竺法護譯，CBETA, T12, no.334, p.78, c4-6。唐時期。

LM20-1507-C1090d　《思益梵天所問經》卷一

姚秦鳩摩羅什譯，CBETA, T15, no.586, p.36, a12-17。高昌郡時期。

LM20-1507-C1091a　《妙法蓮華經》卷四

姚秦鳩摩羅什譯，CBETA, T09, no.262, p.33, a7-11。高昌國時期。

LM20-1507-C1091b　《大般涅槃經》卷一八

北涼曇無讖譯，CBETA, T12, no.374, p.471, a11-14。高昌國時期。

LM20-1507-C1091c　《佛説灌頂經》卷一一

東晉帛尸梨蜜多羅譯，CBETA, T21, no.1331, p.529, c8-10。唐時期。

LM20-1507-C1091d　佛典殘片

唐時期。

LM20-1507-C1091e　《妙法蓮華經》卷三

姚秦鳩摩羅什譯，CBETA, T09, no.262, p.20, b28-29。唐時期。

LM20-1507-C1092a　《佛頂尊勝陀羅尼經》

唐佛陀波利譯，CBETA, T19, no.967, p.350, b18-21。唐時期。

LM20-1507-C1092b　《維摩詰所説經》卷下

姚秦鳩摩羅什譯，CBETA, T14, no.475, p.554, a12-16。唐時期。

參：王梅 2006，157。

LM20-1507-C1092c　佛典殘片

唐時期。

LM20-1507-C1092d　《大般涅槃經》卷一二

北涼曇無讖譯，CBETA, T12, no.374, p.439, b9-11。高昌國時期。

LM20-1507-C1092e　《阿毗曇毗婆沙論》卷一五

北涼浮陀跋摩、道泰譯，CBETA, T28, no.1546, p.110, b18-20。唐時期。

LM20-1507-C1092f　《大般涅槃經》卷二七

北涼曇無讖譯, CBETA, T12, no.374, p.527, c12–14。高昌國時期。

LM20-1507-C1093a 《大般涅槃經》卷四

北涼曇無讖, CBETA, T12, no.374, p.388, c21–24。高昌郡時期。

LM20-1507-C1093b 《賢劫經》卷五

西晉竺法護譯, CBETA, T14, no.425, p.38, a2–5。唐時期。

LM20-1507-C1093c 《大般涅槃經》卷一九

北涼曇無讖譯, CBETA, T12, no.374, p.475, b16–19。唐時期。

LM20-1507-C1093d 《妙法蓮華經》卷四

姚秦鳩摩羅什譯, CBETA, T09, no.262, p.35, a10–12。唐時期。

LM20-1507-C1093e 《金剛般若波羅蜜經》

姚秦鳩摩羅什譯, CBETA, T08, no.235, p.751, c8–11。高昌國時期。

LM20-1507-C1094 《金剛般若波羅蜜經》

姚秦鳩摩羅什譯, CBETA, T08, no.235, p.751, b27–28。高昌國時期。

LM20-1507-C1095a 《合部金光明經》卷三

梁真諦譯, 隋寶貴合, CBETA, T16, no.664, p.377, a24–27。唐時期。

LM20-1507-C1095b 《大般涅槃經》卷一八

北涼曇無讖譯, CBETA, T12, no.374, p.472, a25–29。高昌國時期。

LM20-1507-C1095c 《大般涅槃經》卷二一

北涼曇無讖譯, CBETA, T12, no.374, p.492, c27–p.493, a2。高昌國時期。

LM20-1507-C1095d 《大般涅槃經》卷二四

北涼曇無讖譯, CBETA, T12, no.374, p.508, b11–14。唐時期。

LM20-1507-C1096a 《一切經音義》卷一

唐玄應撰, CBETA, C056, no.1163, p.816, b14–17。唐時期。

LM20-1507-C1096b 《大法鼓經》卷下

劉宋求那跋陀羅譯, CBETA, T09, no.270, p.296, c10–14。唐時期。

LM20-1507-C1096c 《妙法蓮華經》卷四

姚秦鳩摩羅什譯, CBETA, T09, no.262, p.34, a8–11。唐時期。

LM20-1507-C1096d 《妙法蓮華經》卷五

姚秦鳩摩羅什譯, CBETA, T09, no.262, p.40, b7–11。唐時期。

LM20-1507-C1096e 《大般涅槃經》卷二七

北涼曇無讖譯, CBETA, T12, no.374, p.527, a7–10。唐時期。

LM20-1507-C1097a 《妙法蓮華經》卷六

姚秦鳩摩羅什譯, CBETA, T09, no.262, p.51, a26–27。唐時期。

LM20-1507-C1097b 《大般涅槃經》卷三

北涼曇無讖譯, CBETA, T12, no.374, p.379, b1–2。高昌國時期。

LM20-1507-C1097c　《大般涅槃經》卷三六

北涼曇無讖譯, CBETA, T12, no.374, p.577, a18–20。高昌國時期。

LM20-1507-C1097d　《大般若波羅蜜多經》

唐玄奘譯, 此段文字多處可見。唐時期。

LM20-1507-C1098a　《大般涅槃經》卷二九

北涼曇無讖譯, CBETA, T12, no.374, p.535, c10–13。高昌國時期。

LM20-1507-C1098b　佛典殘片

唐時期。

LM20-1507-C1098c　《大般涅槃經》卷二四

北涼曇無讖譯, CBETA, T12, no.374, p.508, b6–8。唐時期。

LM20-1507-C1098d　佛典殘片

高昌國時期。

LM20-1507-C1098e　《妙法蓮華經》卷四

姚秦鳩摩羅什譯, CBETA, T09, no.262, p.31, b12–16。唐時期。

LM20-1507-C1099a　《大方廣佛華嚴經》卷五〇

唐實叉難陀譯, CBETA, T10, no.279, p.264, b12–14。行間有婆羅謎字。唐時期。

參:《旅博選粹》, 162。

LM20-1507-C1099b　佛典殘片

西州回鶻時期。

LM20-1507-C1099c　佛典殘片

高昌國時期。

LM20-1507-C1099d　《大般若波羅蜜多經》卷二八六

唐玄奘譯, CBETA, T06, no.220, p.456, b19–22。唐時期。

LM20-1507-C1100a　《金剛般若波羅蜜經》

姚秦鳩摩羅什譯, 此段文字多處可見。唐時期。

LM20-1507-C1100b　佛典殘片

唐時期。

LM20-1507-C1100c　《賢愚經》卷九

元魏慧覺等譯, CBETA, T04, no.202, p.410, b23–26。唐時期。

LM20-1507-C1100d　《大乘起信論義記》卷中

唐法藏撰, CBETA, T44, no.1846, p.266, b2–3。唐時期。

LM20-1507-C1101a　《阿毗曇八犍度論》卷一五

苻秦僧伽提婆、竺佛念譯, CBETA, T26, no.1543, p.842, a9–10。高昌國時期。

LM20-1507-C1101b 《妙法蓮華經》卷五

姚秦鳩摩羅什譯，CBETA，T09，no.262，p.40，b10–11。唐時期。

LM20-1507-C1101c 《妙法蓮華經》卷三

姚秦鳩摩羅什譯，CBETA，T09，no.262，p.22，a11–15。唐時期。

LM20-1507-C1102a 《妙法蓮華經》卷五

姚秦鳩摩羅什譯，CBETA，T09，no.262，p.45，c15–18。唐時期。

LM20-1507-C1102b 《妙法蓮華經》卷七

姚秦鳩摩羅什譯，此段文字多處可見。唐時期。

LM20-1507-C1102c 佛典殘片

唐時期。

LM20-1507-C1103a 《大般涅槃經》卷一三

北涼曇無讖譯，CBETA，T12，no.374，p.440，b10–14。唐時期。

LM20-1507-C1103b 《佛本行集經》卷二〇

隋闍那崛多譯，CBETA，T03，no.190，p.748，b5–6。高昌國時期。

參：段真子 2019，169。

LM20-1507-C1103c 《大般涅槃經》卷一五

北涼曇無讖譯，CBETA，T12，no.374，p.452，a15–17。唐時期。

LM20-1507-C1103d 《摩訶般若波羅蜜經》卷一〇

姚秦鳩摩羅什譯，CBETA，T08，no.223，p.292，a11–13。高昌國時期。

LM20-1507-C1104a 《金剛般若波羅蜜經》

姚秦鳩摩羅什譯，CBETA，T08，no.235，p.751，c2–6。唐時期。

LM20-1507-C1104b 《摩訶僧祇律》卷三

東晉佛陀跋陀羅、法顯譯，CBETA，T22，no.1425，p.251，b27–c1。高昌國時期。

LM20-1507-C1104c 《衆事分阿毗曇論》卷二

劉宋求那跋陀羅、菩提耶舍譯，CBETA，T26，no.1541，p.632，a25–27。唐時期。

LM20-1507-C1104d 《文殊師利所說摩訶般若波羅蜜經》卷下

梁曼陀羅仙譯，CBETA，T08，no.232，p.730，b1–5。高昌國時期。

LM20-1507-C1105a 《佛頂尊勝陀羅尼經》

唐佛陀波利譯，CBETA，T19，no.967，p.351，c9–11。唐時期。

LM20-1507-C1105b 佛典殘片

唐時期。

LM20-1507-C1105c 佛典殘片

唐時期。

LM20-1507-C1105d 《摩訶般若波羅蜜經》卷一七

姚秦鳩摩羅什譯，此段文字多處可見。高昌國時期。

LM20-1507-C1105e　佛名經

唐時期。

LM20-1507-C1106a　佛典殘片

唐時期。

LM20-1507-C1106b　佛典殘片

唐時期。

LM20-1507-C1106c　《悲華經》卷一

北涼曇無讖譯，CBETA，T03，no.157，p.169，b4-5。高昌郡時期。

LM20-1507-C1106d　《寶誌和尚大乘讚》

參北宋道原纂《景德傳燈録》卷二九，CBETA，T51，no.2076，p.449，a29-b6。唐時期。

LM20-1507-C1107a　佛典殘片

唐時期。

LM20-1507-C1107b　《妙法蓮華經》卷五

姚秦鳩摩羅什譯，CBETA，T09，no.262，p.40，b9-10。唐時期。

LM20-1507-C1107c　《十誦律》卷四六

姚秦弗若多羅、鳩摩羅什譯，CBETA，T23，no.1435，p.334，a19-22。高昌國時期。

LM20-1507-C1107d　《黄仕强傳》

作者不詳，與敦煌本浙敦 026 第 2-3 行同。唐時期。

LM20-1507-C1107e　佛典殘片

高昌國時期。

LM20-1507-C1108a　《妙法蓮華經》卷七

姚秦鳩摩羅什譯，CBETA，T09，no.262，p.56，c7-10。唐時期。

LM20-1507-C1108b　佛典殘片

唐時期。

LM20-1507-C1108c　《妙法蓮華經》卷六

姚秦鳩摩羅什譯，CBETA，T09，no.262，p.52，b6-11。高昌國時期。

LM20-1507-C1108d　《金剛般若波羅蜜經》

姚秦鳩摩羅什譯，CBETA，T08，no.235，p.751，a8-12。唐時期。

LM20-1507-C1109a　《佛説無常經》

唐義净譯，CBETA，T17，no.801，p.745，c15-21。西州回鶻時期。

LM20-1507-C1109b　醫書殘片

唐時期。

LM20-1507-C1109c　佛典殘片

唐時期。

LM20-1507-C1109d　佛典殘片

高昌國時期。

LM20-1507-C1110a　佛典殘片

唐時期。

LM20-1507-C1110b　《佛説觀佛三昧海經》卷八

東晉佛陀跋陀羅譯，CBETA，T15，no.643，p.684，c24-p.685，a1，"猶"作"彌"。高昌國時期。

LM20-1507-C1110c　《彌沙塞部和醯五分律》卷二○

劉宋佛陀什、竺道生等譯，CBETA，T22，no.1421，p.135，c16-19。唐時期。

LM20-1507-C1110d　《大般若波羅蜜多經》卷五二八

唐玄奘譯，CBETA，T07，no.220，p.709，c25-27。唐時期。

LM20-1507-C1111a　《虛空藏菩薩經》

姚秦佛陀耶舍譯，CBETA，T13，no.405，p.652，c17-20，"度"作"入"。高昌國時期。

LM20-1507-C1111b　《阿毗曇毗婆沙論》卷二八

北涼浮陀跋摩、道泰等譯，CBETA，T28，no.1546，p.204，b11-20。細字寫本。高昌郡時期。

參：《旅博選粹》，173。

LM20-1507-C1111c　《金剛般若波羅蜜經》

姚秦鳩摩羅什譯，CBETA，T08，no.235，p.751，c26-p.752，a1。唐時期。

LM20-1507-C1111d　《請觀世音菩薩消伏毒害陀羅尼咒經》

東晉竺難提譯，CBETA，T20，no.1043，p.35，a19-22。高昌國時期。

LM20-1507-C1112a　佛典殘片

唐時期。

LM20-1507-C1112b　《大般涅槃經》卷一三

北涼曇無讖譯，CBETA，T12，no.374，p.442，a25-27。高昌國時期。

LM20-1507-C1112c　《妙法蓮華經》卷五

姚秦鳩摩羅什譯，CBETA，T09，no.262，p.38，c18-19。唐時期。

LM20-1507-C1112d　《賢愚經》卷七

元魏慧覺等譯，CBETA，T04，no.202，p.402，b6-8。唐時期。

LM20-1507-C1112e　佛典殘片

唐時期。

LM20-1507-C1113a　《金剛般若波羅蜜經》

姚秦鳩摩羅什譯，CBETA，T08，no.235，p.749，b27-29。唐時期。

LM20-1507-C1113b 《摩訶僧祇律》卷四

東晉佛陀跋陀羅、法顯譯，CBETA, T22, no.1425, p.262, a8–11。高昌國時期。

LM20-1507-C1113c 《佛説灌頂拔除過罪生死得度經》

參東晉帛尸梨蜜多羅譯《佛説灌頂經》卷一二, CBETA, T21, no.1331, p.535, c3–6。高昌國時期。

LM20-1507-C1113d 佛典殘片

唐時期。

LM20-1507-C1113e 佛典殘片

高昌郡時期。

LM20-1507-C1114a 《金剛般若波羅蜜經》

姚秦鳩摩羅什譯，CBETA, T08, no.235, p.752, b18–19。唐時期。

LM20-1507-C1114b 《妙法蓮華經》卷五

姚秦鳩摩羅什譯，CBETA, T09, no.262, p.46, a10–13。唐時期。

LM20-1507-C1114c 佛典殘片

高昌國時期。

LM20-1507-C1114d 《大般涅槃經》卷一五

北涼曇無讖譯，CBETA, T12, no.374, p.453, a6–8。唐時期。

LM20-1507-C1115a 佛典殘片

唐時期。背面有回鶻文，無法揭取拍攝。

LM20-1507-C1115b 佛典殘片

唐時期。背面有回鶻文，無法揭取拍攝。

LM20-1507-C1115c 佛典殘片

唐時期。

LM20-1507-C1115d 《合部金光明經》卷六

北涼曇無讖譯，隋寶貴合，CBETA, T16, no.664, p.388, b21–24。高昌國時期。

LM20-1507-C1115e 《十方千五百佛名經》

譯者不詳，CBETA, T14, no.442, p.312, b14; 參《十方千五百佛名經》全文，191頁。高昌國時期。

LM20-1507-C1116a 《妙法蓮華經》卷七

姚秦鳩摩羅什譯，CBETA, T09, no.262, p.56, c10–14。高昌國時期。

LM20-1507-C1116b 佛名經

高昌國時期。

LM20-1507-C1116c 《悲華經》卷六

北涼曇無讖譯，CBETA, T03, no.157, p.204, a6–9。高昌郡時期。

LM20-1507-C1116d　《妙法蓮華經》卷一

姚秦鳩摩羅什譯，CBETA，T09，no.262，p.2，b3–5。唐時期。

LM20-1507-C1117a　《彌勒菩薩所問本願經》

西晉竺法護譯，CBETA，T12，no.349，p.188，c20–23，"語"作"言"。唐時期。

LM20-1507-C1117b　《妙法蓮華經》卷二

姚秦鳩摩羅什譯，CBETA，T09，no.262，p.16，a25–29。唐時期。

LM20-1507-C1117c　《妙法蓮華經》卷四

姚秦鳩摩羅什譯，CBETA，T09，no.262，p.34，c6–9。唐時期。

LM20-1507-C1117d　《大般涅槃經》卷三一

北涼曇無讖譯，CBETA，T12，no.374，p.552，b8–11。高昌國時期。

LM20-1507-C1118a　《佛説大般泥洹經》卷三

東晉法顯譯，CBETA，T12，no.376，p.869，a3–6。高昌國時期。

LM20-1507-C1118b　《金剛般若波羅蜜經》

姚秦鳩摩羅什譯，CBETA，T08，no.235，p.749，a26–28。西州回鶻時期。

LM20-1507-C1118c　佛典殘片

參姚秦鳩摩羅什譯《佛説華手經》卷二，CBETA，T16，no.657，p.139，b25–26。西州回鶻時期。

LM20-1507-C1118d　《勝天王般若波羅蜜經》卷六

陳月婆首那譯，CBETA，T08，no.231，p.717，b13–15。高昌國時期。

LM20-1507-C1119a　《妙法蓮華經》卷四

姚秦鳩摩羅什譯，CBETA，T09，no.262，p.29，b11–15。唐時期。

LM20-1507-C1119b　佛教戒律

高昌國時期。

LM20-1507-C1119c　《佛説摩訶衍寶嚴經》

譯者不詳，CBETA，T12，no.351，p.195，b16–17。唐時期。

LM20-1507-C1119d　《妙法蓮華經》卷四

姚秦鳩摩羅什譯，CBETA，T09，no.262，p.29，a11–13。唐時期。

LM20-1507-C1119e　佛典殘片

高昌國時期。

LM20-1507-C1120a　《佛説灌頂拔除過罪生死得度經》

參東晉帛尸梨蜜多羅譯《佛説灌頂經》卷一二，CBETA，T21，no.1331，p.534，a9–12。高昌國時期。

LM20-1507-C1120b　《摩訶僧祇律大比丘戒本》

東晉佛陀跋陀羅譯，CBETA，T22，no.1426，p.549，c27–p.550，a1。高昌郡時期。

LM20-1507-C1120c 《妙法蓮華經》卷一

姚秦鳩摩羅什譯，CBETA, T09, no.262, p.8, b24-26。唐時期。

LM20-1507-C1120d　醫書殘片

唐時期。

參：《旅博研究》，176；陳陟、沈澍農 2014, 58。

LM20-1507-C1121a 《坐禪三昧經》卷上

姚秦鳩摩羅什譯，CBETA, T15, no.614, p.271, a24-26。唐時期。

LM20-1507-C1121b 《金剛般若波羅蜜經》

姚秦鳩摩羅什譯，CBETA, T08, no.235, p.749, a7-8。唐時期。

LM20-1507-C1121c　佛典殘片

唐時期。

LM20-1507-C1121d　醫書殘片

唐時期。

LM20-1507-C1122a 《妙法蓮華經》卷一

姚秦鳩摩羅什譯，CBETA, T09, no.262, p.5, b5-11。唐時期。

LM20-1507-C1122b　佛典殘片

有貼附殘片，無法揭取。高昌國時期。

LM20-1507-C1122c 《十方千五百佛名經》

譯者不詳。參《十方千五百佛名經》全文，189 頁。高昌國時期。

LM20-1507-C1122d　佛典殘片

參唐實叉難陀譯《大方廣佛華嚴經》卷七，CBETA, T10, no.279, p.34, a3-7。唐時期。

LM20-1507-C1123a 《金光明經》卷四

北涼曇無讖譯，CBETA, T16, no.663, p.356, b19-23。高昌國時期。

LM20-1507-C1123b　佛典殘片

西州回鶻時期。

LM20-1507-C1123c　占卜文書

唐時期。

LM20-1507-C1123d　醫書殘片

唐時期。

LM20-1507-C1123e 《妙法蓮華經》卷六

姚秦鳩摩羅什譯，CBETA, T09, no.262, p.50, b28-c1。高昌國時期。

LM20-1507-C1124a 《大般涅槃經》卷一〇

北涼曇無讖譯，CBETA, T12, no.374, p.427, c10-12。高昌國時期。

LM20-1507-C1124b 《維摩經義疏》卷二

隋吉藏撰，CBETA, T38, no.1781, p.926, b15–17，"此歡第四"作"此第四"，"密難前"作"密難思前"。唐時期。

LM20-1507-C1124c 《金光明經》卷四

北涼曇無讖譯，CBETA, T16, no.663, p.353, c17–19。高昌國時期。

LM20-1507-C1124d 《大般涅槃經》卷七

北涼曇無讖譯，此段文字多處可見。高昌國時期。

LM20-1507-C1124e 《妙法蓮華經》卷四

姚秦鳩摩羅什譯，CBETA, T09, no.262, p.34, a13–14。唐時期。

LM20-1507-C1125a 佛典殘片

高昌國時期。

LM20-1507-C1125b 《妙法蓮華經》卷二

姚秦鳩摩羅什譯，CBETA, T09, no.262, p.16, b29–c1。唐時期。

LM20-1507-C1125c 《大般涅槃經》卷三二

北涼曇無讖譯，CBETA, T12, no.374, p.559, a22–24。高昌國時期。

LM20-1507-C1125d 《佛說仁王般若波羅蜜經》卷上

姚秦鳩摩羅什譯，CBETA, T08, no.245, p.828, c28–29。高昌國時期。

LM20-1507-C1126a 《妙法蓮華經》卷三

姚秦鳩摩羅什譯，CBETA, T09, no.262, p.26, b25–c1。唐時期。

LM20-1507-C1126b 《大方廣佛華嚴經》卷三七

東晉佛陀跋陀羅譯，此段經文多處可見。唐時期。

LM20-1507-C1126c 佛典殘片

唐時期。

LM20-1507-C1126d 《小品般若波羅蜜經》卷九

姚秦鳩摩羅什譯，CBETA, T08, no.227, p.578, a26–28。高昌國時期。

LM20-1507-C1127a 《金剛般若波羅蜜經》

元魏菩提流支譯，CBETA, T08, no.236a, p.756, b19–23。唐時期。

LM20-1507-C1127b 佛典殘片

唐時期。

LM20-1507-C1127c 《維摩經義疏》卷二

隋吉藏撰，CBETA, T38, no.1781, p.926, b10–14，"莫不敬也"作"莫不敬"。唐時期。

LM20-1507-C1127d 《小品般若波羅蜜經》卷一〇

姚秦鳩摩羅什譯，CBETA, T08, no.227, p.580, a28–b1。高昌國時期。

LM20-1507-C1128a 《妙法蓮華經》卷七

姚秦鳩摩羅什譯，CBETA, T09, no.262, p.61, a6–8。唐時期。

LM20-1507-C1128b 《金光明經》卷二

北涼曇無讖譯, CBETA, T16, no.663, p.342, a16–18。高昌國時期。

LM20-1507-C1128c 《大方廣佛華嚴經》卷四二（五十卷本）

東晉佛陀跋陀羅譯,《中華大藏經》第 12 册, 512a13–18; 參 CBETA, T09, no.278, p.716, c2–7。高昌國時期。

LM20-1507-C1128d 《佛説灌頂經》卷一二

東晉帛尸梨蜜多羅譯, CBETA, T21, no.1331, p.535, b1–4。唐時期。

LM20-1507-C1129a 《大般涅槃經》卷七

北涼曇無讖譯, CBETA, T12, no.374, p.408, b18–20。高昌國時期。

LM20-1507-C1129b 《妙法蓮華經》卷四

姚秦鳩摩羅什譯, CBETA, T09, no.262, p.28, b10–18。唐時期。

LM20-1507-C1130a 佛名經

高昌國時期。

LM20-1507-C1130b 《大般涅槃經》卷二四

北涼曇無讖譯, CBETA, T12, no.374, p.508, b8–9。唐時期。

LM20-1507-C1130c 佛教經録

參唐道宣撰《大唐内典録》卷二, CBETA, T55, no.2149, p.238, c23–26。西州回鶻時期。
參: 王振芬、孟彦弘 2017, 183。

LM20-1507-C1130d 《金剛般若波羅蜜經》

元魏菩提流支譯, CBETA, T08, no.236a, p.755, a3–9。唐時期。

LM20-1507-C1131a 《維摩詰所説經》卷下

姚秦鳩摩羅什譯, CBETA, T14, no.475, p.556, c13–17, "供養" 作 "供養佛告"。唐時期。

LM20-1507-C1131b 《大智度論》卷三〇

姚秦鳩摩羅什譯, CBETA, T25, no.1509, p.281, c4–9。高昌國時期。

LM20-1507-C1131c 《妙法蓮華經》卷二

姚秦鳩摩羅什譯, CBETA, T09, no.262, p.13, c3–4。唐時期。

LM20-1507-C1131d 《鳩摩羅什法師誦法》

東晉慧融等集, CBETA, D07, no.8779, p.1, a10–p.2, a4。唐時期。

LM20-1507-C1132a 《一切經音義》卷一

唐玄應撰, CBETA, C056, no.1163, p.816, b1–5。唐時期。

LM20-1507-C1132b 《大智度論》卷一九

姚秦鳩摩羅什譯, CBETA, T25, no.1509, p.197, c2–5。高昌國時期。

LM20-1507-C1132c 《維摩詰所説經》卷上

姚秦鳩摩羅什譯, CBETA, T14, no.475, p.539, a15–18。唐時期。

LM20-1507-C1132d 《大智度論》卷二九

姚秦鳩摩羅什譯，CBETA，T25，no.1509，p.275，b5-7。高昌國時期。

LM20-1507-C1133a 《妙法蓮華經》卷三

姚秦鳩摩羅什譯，CBETA，T09，no.262，p.21，c2-7。唐時期。

LM20-1507-C1133b 《十誦律》卷八

姚秦弗若多羅、鳩摩羅什譯，CBETA，T23，no.1435，p.55，a27-b1。高昌國時期。

LM20-1507-C1133c 陀羅尼

唐時期。

LM20-1507-C1133d 《阿毗達磨順正理論》卷六〇

唐玄奘譯，CBETA，T29，no.1562，p.673，c7-8。唐時期。

LM20-1507-C1134a 《大般涅槃經》卷一

北涼曇無讖譯，此段文字多處可見。高昌國時期。

LM20-1507-C1134b 佛典殘片

高昌國時期。

LM20-1507-C1134c 《安樂集》卷上

唐道綽撰，CBETA，T47，no.1958，p.4，b29-c3。唐時期。

參：《旅博選粹》，151；《净土集成》，111。

LM20-1507-C1134d 《妙法蓮華經》卷七

姚秦鳩摩羅什譯，CBETA，T09，no.262，p.61，b15-18。唐時期。

LM20-1507-C1135a 佛典殘片

高昌國時期。

LM20-1507-C1135b 《大方等大集經》卷一一

北涼曇無讖譯，CBETA，T13，no.397，p.72，c21-23。唐時期。

LM20-1507-C1135c 《大智度論》卷五四

姚秦鳩摩羅什譯，CBETA，T25，no.1509，p.447，b20-22，"所念語念"作"所念語舍"。高昌國時期。

LM20-1507-C1135d 《大般若波羅蜜多經》外題

唐玄奘譯。唐時期。

LM20-1507-C1136a 《金剛般若波羅蜜經》

元魏菩提流支譯，CBETA，T08，no.236a，p.756，c16-20。唐時期。

LM20-1507-C1136b 《大般涅槃經》卷二五

北涼曇無讖譯，CBETA，T12，no.374，p.510，b14-15。唐時期。

LM20-1507-C1136c 《佛藏經》卷中

姚秦鳩摩羅什譯，CBETA，T15，no.653，p.794，c4-8。第3、4行間夾寫小字。高昌郡時期。

LM20-1507-C1136d 《佛頂尊勝陀羅尼經》

唐佛陀波利譯, CBETA, T19, no.967, p.350, b18–23。唐時期。

LM20-1507-C1137a 佛典殘片

高昌國時期。

LM20-1507-C1137b 《大智度論》卷六二

姚秦鳩摩羅什譯, CBETA, T25, no.1509, p.499, c23–25。高昌國時期。

LM20-1507-C1138a 《合部金光明經》卷四

梁真諦譯, 隋寶貴合, CBETA, T16, no.664, p.381, b19–23, "恩"作"德"。唐時期。

LM20-1507-C1138b 《放光般若經》卷二

西晉無羅叉譯, CBETA, T08, no.221, p.14, a7–11, "壽命終始"作"壽亦不見命衆生終始"。
高昌國時期。

LM20-1507-C1138c 《放光般若經》卷五

西晉無羅叉譯, CBETA, T08, no.221, p.31, b25–28, "輪"作"倫"。高昌國時期。

LM20-1507-C1138d 《救疾經》

作者不詳, CBETA, T85, no.2878, p.1361, c29–p.1362, a1。唐時期。
參: 馬俊傑 2019, 240。

LM20-1507-C1139a 《雜阿毗曇心論》卷一

劉宋僧伽跋摩等譯, CBETA, T28, no.1552, p.877, a26–28。高昌郡時期。

LM20-1507-C1139b 《大寶積經》卷二四

唐菩提流志譯, CBETA, T11, no.310, p.135, c29–p.136, a3。唐時期。

LM20-1507-C1139c 《大方廣佛華嚴經》卷五二

唐實叉難陀譯, CBETA, T10, no.279, p.277, a5–8。唐時期。

LM20-1507-C1139d 《妙法蓮華經》卷二

姚秦鳩摩羅什譯, CBETA, T09, no.262, p.12, b28–c2。高昌國時期。

LM20-1507-C1140a 佛典殘片

唐時期。

LM20-1507-C1140b 文書殘片

唐時期。

LM20-1507-C1140c 《金剛般若波羅蜜經》

姚秦鳩摩羅什譯, CBETA, T08, no.235, p.752, b12–15。唐時期。

LM20-1507-C1140d 《妙法蓮華經》卷三

姚秦鳩摩羅什譯, 此段文字多處可見。唐時期。

LM20-1507-C1140e 《佛説迴向輪經》

唐尸羅達摩譯, CBETA, T19, no.998, p.577, c28–p.578, a3。唐時期。

LM20-1507-C1141a 《妙法蓮華經》卷七

姚秦鳩摩羅什譯，CBETA, T09, no.262, p.59, a1–2。唐時期。

LM20-1507-C1141b 佛典殘片

唐時期。

LM20-1507-C1141c 《大智度論》卷二三

姚秦鳩摩羅什譯，CBETA, T25, no.1509, p.232, c6–9。有貼附殘片，無法揭取。高昌國時期。

LM20-1507-C1141d 《摩訶般若波羅蜜經》卷二四

姚秦鳩摩羅什譯，CBETA, T08, no.223, p.397, a21–24。高昌國時期。

LM20-1507-C1142a 佛典殘片

高昌國時期。

LM20-1507-C1142b 占卜文書

西州回鶻時期。

LM20-1507-C1142c 《妙法蓮華經》卷四

姚秦鳩摩羅什譯，CBETA, T09, no.262, p.29, a1–4。高昌國時期。

LM20-1507-C1142d 《妙法蓮華經》卷二

姚秦鳩摩羅什譯，CBETA, T09, no.262, p.15, c22–24。唐時期。

LM20-1507-C1143a 《大方廣佛華嚴經》卷一九（五十卷本）

東晉佛陀跋陀羅譯，《中華大藏經》第 12 冊，244c14–15; 參 CBETA, T09, no.278, p.550, a26–27。高昌國時期。

LM20-1507-C1143b 《妙法蓮華經》卷一

姚秦鳩摩羅什譯，CBETA, T09, no.262, p.4, a2–5。唐時期。

LM20-1507-C1143c 《妙法蓮華經》卷五

姚秦鳩摩羅什譯，CBETA, T09, no.262, p.44, c7–12。高昌國時期。

LM20-1507-C1143d 《佛說觀藥王藥上二菩薩經》

劉宋畺良耶舍譯，CBETA, T20, no.1161, p.664, c12–14。唐時期。

LM20-1507-C1144a 《大方廣佛華嚴經》卷四五

唐實叉難陀譯，CBETA, T10, no.279, p.237, c8–10。唐時期。

LM20-1507-C1144b 《妙法蓮華經》卷四

姚秦鳩摩羅什譯，CBETA, T09, no.262, p.29, b4–7。唐時期。

LM20-1507-C1144c 《妙法蓮華經》卷三

姚秦鳩摩羅什譯，CBETA, T09, no.262, p.19, b3–6。唐時期。

LM20-1507-C1144d 《一切經音義》卷八

唐玄應撰，CBETA, C056, no.1163, p.937, c5–8。唐時期。

LM20-1507-C1145a　《大般若波羅蜜多經》

唐玄奘譯，此段文字多處可見。唐時期。

LM20-1507-C1145b　《佛説觀佛三昧海經》卷八

東晉佛陀跋陀羅譯，CBETA，T15，no.643，p.683，c28–p.684，a3。高昌國時期。

LM20-1507-C1145c　《四分律》卷二二

姚秦佛陀耶舍、竺佛念等譯，CBETA，T22，no.1428，p.720，a25–28。唐時期。

LM20-1507-C1145d　《十方千五百佛名經》

譯者不詳，CBETA，T14，no.442，p.317，c2–5；參《十方千五百佛名經》全文，205頁。高昌國時期。

LM20-1507-C1146a　《大般涅槃經》卷八

北涼曇無讖譯，CBETA，T12，no.374，p.410，b22–25。唐時期。

LM20-1507-C1146b　《佛説灌頂拔除過罪生死得度經》

參東晉帛尸梨蜜多羅譯《佛説灌頂經》卷一二，CBETA，T21，no.1331，p.534，b21–24。高昌國時期。

LM20-1507-C1146c　《妙法蓮華經》卷四

姚秦鳩摩羅什譯，CBETA，T09，no.262，p.33，a24–28，“第莊嚴”作“第嚴”。唐時期。

LM20-1507-C1147a　《妙法蓮華經》卷五

姚秦鳩摩羅什譯，CBETA，T09，no.262，p.37，c5–11。高昌國時期。

LM20-1507-C1147b　《大般涅槃經》卷二〇

北涼曇無讖譯，CBETA，T12，no.374，p.483，a26–28。高昌國時期。

LM20-1507-C1147c　《妙法蓮華經》卷四

姚秦鳩摩羅什譯，CBETA，T09，no.262，p.36，b12–15。唐時期。

LM20-1507-C1147d　《大般涅槃經》卷一一

北涼曇無讖譯，CBETA，T12，no.374，p.429，c27–29。唐時期。

LM20-1507-C1148a　《四分律》卷五二

姚秦佛陀耶舍、竺佛念等譯，CBETA，T22，no.1428，p.954，b15–18。唐時期。

LM20-1507-C1148b　佛典殘片

唐時期。

LM20-1507-C1148c　《大通方廣懺悔滅罪莊嚴成佛經》卷上

作者不詳，CBETA，T85，no.2871，p.1341，b21–25。唐時期。

LM20-1507-C1148d　《光讚經》卷四

西晉竺法護譯，CBETA，T08，no.222，p.175，c26–28。唐時期。

LM20-1507-C1149a　《佛本行集經》卷四〇

隋闍那崛多譯，CBETA，T03，no.190，p.840，b7–9。唐時期。

參：段真子 2019, 155、166。

LM20-1507-C1149b　《金光明經》卷三

北涼曇無讖譯，CBETA, T16, no.663, p.348, a9–13。高昌國時期。

LM20-1507-C1149c　《大般涅槃經》卷二二

北涼曇無讖譯，CBETA, T12, no.374, p.493, c13–16。高昌國時期。

LM20-1507-C1149d　《大般涅槃經》卷一八

北涼曇無讖譯，CBETA, T12, no.374, p.469, a14–17。高昌國時期。

LM20-1507-C1150a　《妙法蓮華經》卷七

姚秦鳩摩羅什譯，CBETA, T09, no.262, p.61, a12–15。高昌國時期。

LM20-1507-C1150b　《妙法蓮華經》卷一

姚秦鳩摩羅什譯，CBETA, T09, no.262, p.3, c23–24。高昌國時期。

LM20-1507-C1150c　《阿毗達磨順正理論》卷六〇

唐玄奘譯，CBETA, T29, no.1562, p.673, a16–17。唐時期。

LM20-1507-C1150d　《妙法蓮華經》卷二

姚秦鳩摩羅什譯，CBETA, T09, no.262, p.11, c4–7。高昌國時期。

LM20-1507-C1151a　《大般涅槃經》卷一八

北涼曇無讖譯，CBETA, T12, no.374, p.468, c11–13。高昌國時期。

LM20-1507-C1151b　《大乘起信論》序

梁智愷作，CBETA, T32, no.1666, p.575, a25–b2，"論"作"章"。唐時期。

LM20-1507-C1151c　佛典殘片

高昌國時期。

LM20-1507-C1151d　《金光明最勝王經》卷七

唐義净撰，CBETA, T16, no.665, p.436, a25–27。唐時期。

LM20-1507-C1152a　《大般若波羅蜜多經》卷一二五

唐玄奘譯，CBETA, T05, no.220, p.687, b2–4。唐時期。

LM20-1507-C1152b　禮懺文

參作者不詳《文殊師利菩薩無相十禮》，CBETA, T85, no.2844, p.1296, b21–29。唐時期。

LM20-1507-C1152c　《摩訶般若波羅蜜經》卷九

姚秦鳩摩羅什譯，CBETA, T08, no.223, p.284, a29–b6。高昌國時期。

LM20-1507-C1152d　佛名經

參元魏菩提流支譯《佛說佛名經》卷一二，CBETA, T14, no.440, p.180, c7–11; 譯者不詳《佛說佛名經》卷二八，CBETA, T14, no.441, p.291, c18–22。唐時期。

LM20-1507-C1153a　《大般若波羅蜜多經》卷三四五

唐玄奘譯，此段文字多處可見。唐時期。

LM20-1507-C1153b　《大方廣佛華嚴經》卷六

東晉佛陀跋陀羅譯，CBETA, T09, no.278, p.430, c15–17。唐時期。

LM20-1507-C1153c　《大般涅槃經》卷一五

北涼曇無讖譯，CBETA, T12, no.374, p.454, a16–17。唐時期。

LM20-1507-C1153d　佛典殘片

唐時期。

LM20-1507-C1154a　《大般涅槃經》卷三二

北涼曇無讖譯，CBETA, T12, no.374, p.559, a4–5。高昌國時期。

LM20-1507-C1154b　《摩訶般若波羅蜜經》卷二四

姚秦鳩摩羅什譯，CBETA, T08, no.223, p.398, b24–27。高昌國時期。

LM20-1507-C1154c　《金光明經》卷二

北涼曇無讖譯，CBETA, T16, no.663, p.343, c10–11, 第2行"得"作"以"。唐時期。

LM20-1507-C1154d　《大般涅槃經》卷二八

北涼曇無讖譯，CBETA, T12, no.374, p.529, a23–24。唐時期。

LM20-1507-C1155a　《金光明經》卷三

北涼曇無讖譯，CBETA, T16, no.663, p.349, b22–23。高昌國時期。

LM20-1507-C1155b　佛典殘片

參姚秦弗若多羅譯《十誦律》卷三九，CBETA, T23, no.1435, p.282, a1–2；東晉帛尸蜜梨多羅譯《佛説灌頂經》卷一二，CBETA, T21, no.1331, p.536, a28–b1。唐時期。

LM20-1507-C1155c　《妙法蓮華經》卷二

姚秦鳩摩羅什譯，CBETA, T09, no.262, p.16, c12–17。唐時期。

LM20-1507-C1155d　《妙法蓮華經》卷七

姚秦鳩摩羅什譯，CBETA, T09, no.262, p.57, b14–16。唐時期。

LM20-1507-C1156a　《大般涅槃經》卷二二

北涼曇無讖譯，CBETA, T12, no.374, p.495, b8–12。唐時期。

LM20-1507-C1156b　《光讚經》卷二

西晉竺法護譯，CBETA, T08, no.222, p.160, a20–23。高昌國時期。

LM20-1507-C1156c　《維摩詰所説經》卷中

姚秦鳩摩羅什譯，CBETA, T14, no.475, p.547, c1–3。唐時期。

LM20-1507-C1156d　佛典殘片

西州回鶻時期。

LM20-1507-C1157a　《大般涅槃經》卷三

北涼曇無讖譯，CBETA, T12, no.374, p.382, c14–16。高昌國時期。

LM20-1507-C1157b　《大般涅槃經》卷二四

北涼曇無讖譯，CBETA, T12, no.374, p.508, c4-8。高昌郡時期。

LM20-1507-C1157c 《妙法蓮華經》卷五

姚秦鳩摩羅什譯，CBETA, T09, no.262, p.42, a23-26。唐時期。

LM20-1507-C1157d 《妙法蓮華經》卷七

姚秦鳩摩羅什譯，CBETA, T09, no.262, p.57, a4-7。唐時期。

LM20-1507-C1158a 《大般涅槃經》卷三七

北涼曇無讖譯，CBETA, T12, no.374, p.581, a7-9。高昌國時期。

LM20-1507-C1158b 佛典殘片

唐時期。

LM20-1507-C1158c 《大般涅槃經》卷一六

北涼曇無讖譯，CBETA, T12, no.374, p.459, a24-26。高昌國時期。

LM20-1507-C1158d 《摩訶般若波羅蜜經》卷一一

姚秦鳩摩羅什譯，CBETA, T08, no.223, p.298, c20-25。唐時期。

LM20-1507-C1159a 《成實論》卷六

姚秦鳩摩羅什譯，CBETA, T32, no.1646, p.288, a11-14。高昌郡時期。

LM20-1507-C1159b 《妙法蓮華經》卷二

姚秦鳩摩羅什譯，CBETA, T09, no.262, p.16, a15-20。高昌國時期。

LM20-1507-C1159c 《僧伽吒經》卷三

元魏月婆首那譯，CBETA, T13, no.423, p.970, a26-29。唐時期。

LM20-1507-C1159d 《佛本行集經》卷三六

隋闍那崛多譯，CBETA, T03, no.190, p.822, c19-21，"辨"作"辦"。唐時期。

參：段真子 2019, 166。

LM20-1507-C1160a 《佛說觀藥王藥上二菩薩經》

劉宋畺良耶舍譯，CBETA, T20, no.1161, p.664, b19-20。唐時期。

LM20-1507-C1160b 佛典殘片

唐時期。

LM20-1507-C1160c 《維摩經義疏》卷二

隋吉藏撰，CBETA, T38, no.1781, p.926, b18-21。唐時期。

LM20-1507-C1160d 《金光明經》卷二

北涼曇無讖譯，CBETA, T16, no.663, p.340, c17-20。唐時期。

LM20-1507-C1161a 《妙法蓮華經》卷六

姚秦鳩摩羅什譯，CBETA, T09, no.262, p.48, b2-7。唐時期。

LM20-1507-C1161b 《大般涅槃經》卷九

北涼曇無讖譯，CBETA, T12, no.374, p.422, a4-6。高昌國時期。

LM20-1507-C1161c　《妙法蓮華經》卷三

姚秦鳩摩羅什譯，CBETA, T09, no.262, p.22, a8–11。唐時期。

LM20-1507-C1161d　《佛説華手經》

姚秦鳩摩羅什譯，此段經文多處可見。高昌國時期。

LM20-1507-C1162a　《大雲輪請雨經》卷下

隋那連提耶舍譯，CBETA, T19, no.991, p.500, a6–8。唐時期。

LM20-1507-C1162b　《妙法蓮華經》卷六

姚秦鳩摩羅什譯，CBETA, T09, no.262, p.51, b24–27。高昌國時期。

LM20-1507-C1162c　《大智度論》卷四

姚秦鳩摩羅什譯，CBETA, T25, no.1509, p.90, c11–12, "嵐"作"藍"。高昌國時期。

LM20-1507-C1162d　佛典殘片

高昌國時期。

LM20-1507-C1163a　《大般涅槃經》卷二七

北涼曇無讖譯，CBETA, T12, no.374, p.527, c6–7。高昌國時期。

LM20-1507-C1163b　《金剛般若波羅蜜經》

姚秦鳩摩羅什譯，CBETA, T08, no.235, p.751, a17–20。唐時期。

LM20-1507-C1163c　《光讚經》卷九

西晉竺法護譯，CBETA, T08, no.222, p.209, c27–28。高昌國時期。

LM20-1507-C1163d　《大智度論》卷五

姚秦鳩摩羅什譯，CBETA, T25, no.1509, p.99, c9–11。高昌國時期。

LM20-1507-C1164a　《放光般若經》卷五

西晉無羅叉譯，CBETA, T08, no.221, p.36, a15–16。唐時期。

LM20-1507-C1164b　無字殘片

LM20-1507-C1164c　《金剛般若經疏》

參作者不詳《金剛般若經疏》，CBETA, ZW03, no.29, p.267, a20。唐時期。

LM20-1507-C1164d　《妙法蓮華經》卷四

姚秦鳩摩羅什譯，CBETA, T09, no.262, p.28, a21–24。唐時期。

LM20-1507-C1165a　佛典殘片

唐時期。

LM20-1507-C1165b　《大智度論》卷九四

姚秦鳩摩羅什譯，CBETA, T25, no.1509, p.718, a12–14。高昌國時期。

LM20-1507-C1165c　《妙法蓮華經》卷六

姚秦鳩摩羅什譯，CBETA, T09, no.262, p.51, b7–9。高昌國時期。

LM20-1507-C1165d　《請觀世音菩薩消伏毒害陀羅尼咒經》

東晉竺難提譯，CBETA, T20, no.1043, p.36, b24–28, "求拔衆苦本"作"令離生死苦"。高昌國時期。

LM20-1507-C1166a　佛典殘片

唐時期。

LM20-1507-C1166b　殘片

唐時期。

LM20-1507-C1166c　《妙法蓮華經》卷五

姚秦鳩摩羅什譯，CBETA, T09, no.262, p.46, a16–21。唐時期。

LM20-1507-C1166d　《放光般若經》卷三

西晉無羅叉譯，CBETA, T08, no.221, p.19, b12–13。唐時期。

LM20-1507-C1166e　佛典殘片

唐時期。

LM20-1507-C1166f　《大智度論》卷三三

姚秦鳩摩羅什譯，CBETA, T25, no.1509, p.304, a11–14。高昌國時期。

LM20-1507-C1167a　《妙法蓮華經》卷一

姚秦鳩摩羅什譯，CBETA, T09, no.262, p.7, c25–28。高昌國時期。

LM20-1507-C1167b　《妙法蓮華經》卷四

姚秦鳩摩羅什譯，CBETA, T09, no.262, p.28, a27–b3, "慧"作"智"。高昌國時期。

LM20-1507-C1167c　《妙法蓮華經》卷六

姚秦鳩摩羅什譯，CBETA, T09, no.262, p.46, c12–14。唐時期。

LM20-1507-C1167d　《佛本行集經》卷一五

隋闍那崛多譯，CBETA, T03, no.190, p.721, b16–18。唐時期。

參：段真子 2019, 170。

LM20-1507-C1168a　《大般涅槃經》卷九

北涼曇無讖譯，CBETA, T12, no.374, p.418, b9–12。高昌國時期。

LM20-1507-C1168b　《放光般若經》卷一一

西晉無羅叉譯，CBETA, T08, no.221, p.76, b28–c1。高昌郡時期。

LM20-1507-C1168c　佛典殘片

高昌國時期。

LM20-1507-C1168d　《大般涅槃經》卷三三

北涼曇無讖譯，CBETA, T12, no.374, p.563, a26–b1。高昌郡時期。

LM20-1507-C1169a　《大般涅槃經》卷三九

北涼曇無讖譯，CBETA, T12, no.374, p.592, a18–20, "苦呪術"作"苦行呪術"。高昌郡時期。

LM20-1507-C1169b 《大般涅槃經》卷三

北涼曇無讖譯, CBETA, T12, no.374, p.383, c14-19。高昌郡時期。

LM20-1507-C1169c 《大般涅槃經》卷一

北涼曇無讖譯, CBETA, T12, no.374, p.365, c18-19。唐時期。

LM20-1507-C1169d 佛典殘片

唐時期。

LM20-1507-C1170a 《妙法蓮華經》卷一

姚秦鳩摩羅什譯, CBETA, T09, no.262, p.2, a8-11。唐時期。

LM20-1507-C1170b 《妙法蓮華經》卷五

姚秦鳩摩羅什譯, CBETA, T09, no.262, p.40, a23-25。高昌國時期。

LM20-1507-C1170c 《悲華經》卷三

北涼曇無讖譯, CBETA, T03, no.157, p.185, a13-14。唐時期。

LM20-1507-C1170d 《妙法蓮華經》卷二

姚秦鳩摩羅什譯, CBETA, T09, no.262, p.15, b5-11。高昌國時期。

LM20-1507-C1171a 《大般涅槃經》卷三四

北涼曇無讖譯, CBETA, T12, no.374, p.565, a3-4。高昌國時期。

LM20-1507-C1171b 《金剛般若波羅蜜經》

姚秦鳩摩羅什譯, CBETA, T08, no.235, p.749, a27-28。唐時期。

LM20-1507-C1171c 《金光明最勝王經》卷六

唐義净譯, CBETA, T16, no.665, p.427, c19-20。唐時期。

LM20-1507-C1171d 《金剛般若波羅蜜經》

元魏菩提流支譯, CBETA, T08, no.236a, p.753, a17-20。唐時期。

LM20-1507-C1172a 《大方等大集經》卷五二

高齊那連提耶舍譯, CBETA, T13, no.397, p.348, b14-16。唐時期。

LM20-1507-C1172b 《大般涅槃經》卷二五

北涼曇無讖譯, CBETA, T12, no.374, p.513, a13-14。高昌郡時期。

LM20-1507-C1172c 《佛説佛名經》卷五

元魏菩提流支譯, CBETA, T14, no.440, p.138, b7-8。唐時期。

LM20-1507-C1172d 佛典殘片

唐時期。

LM20-1507-C1173a 佛典殘片

唐時期。

LM20-1507-C1173b 《佛本行集經》卷一

隋闍那崛多譯, CBETA, T03, no.190, p.658, b2-3。唐時期。

參: 段真子 2019, 162。

LM20-1507-C1173c 《道行般若經》卷四

後漢支婁迦讖譯, CBETA, T08, no.224, p.448, b3-5。高昌國時期。

LM20-1507-C1173d 《妙法蓮華經》卷四

姚秦鳩摩羅什譯, CBETA, T09, no.262, p.30, a27-b1。高昌國時期。

LM20-1507-C1174a 佛典殘片

唐時期。

LM20-1507-C1174b 《大佛頂如來密因修證了義諸菩薩萬行首楞嚴經》卷二

唐般刺蜜帝譯, CBETA, T19, no.945, p.110, b27-29。唐時期。

LM20-1507-C1174c 《大般涅槃經》卷二四

北涼曇無讖譯, CBETA, T12, no.374, p.506, b9-10。唐時期。

LM20-1507-C1174d 《佛説灌頂經》卷一二

東晉帛尸梨蜜多羅譯, CBETA, T21, no.1331, p.536, a29-b1。西州回鶻時期。

LM20-1507-C1175a 佛典殘片

唐時期。

LM20-1507-C1175b 《大般涅槃經》卷三二

北涼曇無讖譯, CBETA, T12, no.374, p.556, a12-14。高昌國時期。

LM20-1507-C1175c 佛典殘片

唐時期。

LM20-1507-C1175d 佛典殘片

高昌國時期。

LM20-1507-C1176a 《妙法蓮華經》卷三

姚秦鳩摩羅什譯, CBETA, T09, no.262, p.20, a4-9。唐時期。

LM20-1507-C1176b 《唐開元律疏・名例》

參唐長孫無忌等撰《唐律疏議》卷三《名例》, 中華書局, 1983 年, 74 頁。唐時期。

參:《旅博選粹》, 202;《旅博研究》, 178; 榮新江 2009, 6-7; 辻正博 2012, 268; 岡野誠 2013, 90-91; 陳燁軒 2016, 184-185; 岡野誠 2019, 124-125。

LM20-1507-C1176c 《大寶積經》卷八七

唐菩提流志譯, CBETA, T11, no.310, p.500, a22-24。唐時期。

LM20-1507-C1176d 佛典殘片

唐時期。

LM20-1507-C1177a 《小品般若波羅蜜經》卷三

姚秦鳩摩羅什譯, CBETA, T08, no.227, p.546, c15-18。唐時期。

LM20-1507-C1177b 《道行般若經》卷九

後漢支婁迦讖譯，CBETA, T08, no.224, p.470, c28-p.471, a1。高昌國時期。

LM20-1507-C1177c 《妙法蓮華經》卷七

姚秦鳩摩羅什譯，CBETA, T09, no.262, p.57, c5-6。唐時期。

LM20-1507-C1177d 《妙法蓮華經》卷一

姚秦鳩摩羅什譯，CBETA, T09, no.262, p.6, b8-9。唐時期。

LM20-1507-C1178a 《金光明經》卷四

北涼曇無讖譯，CBETA, T16, no.663, p.353, c14-19。高昌國時期。

參：《旅博選粹》，56。

LM20-1507-C1178b 《大般涅槃經》卷一六

北涼曇無讖譯，CBETA, T12, no.374, p.457, b26-c2。高昌郡時期。

LM20-1507-C1178c 《妙法蓮華經》卷三

姚秦鳩摩羅什譯，CBETA, T09, no.262, p.22, a8-10。唐時期。

LM20-1507-C1178d 《注維摩詰經》卷五

姚秦僧肇撰，CBETA, T38, no.1775, p.372, b24-27。有雙行小字注。唐時期。

LM20-1507-C1179a 《菩薩地持經》卷二

北涼曇無讖譯，CBETA, T30, no.1581, p.898, a27-29。唐時期。

LM20-1507-C1179b 《大般涅槃經》卷二五

北涼曇無讖譯，CBETA, T12, no.374, p.510, c26-p.511, a1。高昌國時期。

LM20-1507-C1179c 《妙法蓮華經》卷一

姚秦鳩摩羅什譯，CBETA, T09, no.262, p.7, c29-p.8, a5。唐時期。

LM20-1507-C1179d 《注維摩詰經》卷四

姚秦僧肇撰，CBETA, T38, no.1775, p.368, b9-12。有雙行小字注。唐時期。

LM20-1507-C1180a 《妙法蓮華經》卷七

姚秦鳩摩羅什譯，CBETA, T09, no.262, p.57, a7-10，"受"作"愛"。唐時期。

LM20-1507-C1180b 佛典殘片

高昌國時期。

LM20-1507-C1180c 《妙法蓮華經》卷七

姚秦鳩摩羅什譯，CBETA, T09, no.262, p.57, b10-11。高昌國時期。

LM20-1507-C1180d 醫書殘片

唐時期。

LM20-1507-C1181a 《摩訶般若波羅蜜經》卷一

姚秦鳩摩羅什譯，CBETA, T08, no.223, p.217, c11-14，"諸佛"作"等國"。高昌國時期。

LM20-1507-C1181b 《月燈三昧經》卷四

高齊那連提耶舍譯，CBETA, T15, no.639, p.571, c13-16。唐時期。

LM20-1507-C1181c　佛典殘片

高昌國時期。

LM20-1507-C1181d　《金剛般若波羅蜜經論》卷下

元魏菩提流支譯，CBETA，T25，no.1511，p.793，c9–11。唐時期。

LM20-1507-C1182a　典籍殘片

唐時期。

LM20-1507-C1182b　《諸法無行經》卷下

姚秦鳩摩羅什譯，CBETA，T15，no.650，p.761，b6–8。高昌郡時期。

LM20-1507-C1182c　《摩訶般若波羅蜜經》卷一四

姚秦鳩摩羅什譯，CBETA，T08，no.223，p.325，b23–25。高昌國時期。

LM20-1507-C1182d　佛典殘片

唐時期。

LM20-1507-C1182e　《妙法蓮華經》卷七

姚秦鳩摩羅什譯，CBETA，T09，no.262，p.58，a16–27。高昌國時期。

LM20-1507-C1183a　《大般涅槃經》卷四〇

北涼曇無讖譯，CBETA，T12，no.374，p.603，b16–19。高昌國時期。

LM20-1507-C1183b　《妙法蓮華經》卷五

姚秦鳩摩羅什譯，CBETA，T09，no.262，p.42，c15–18。唐時期。

LM20-1507-C1183c　《佛本行集經》卷四五

隋闍那崛多譯，CBETA，T03，no.190，p.865，a7–8。有貼附殘片，無法揭取。高昌國時期。
參：段真子 2019，169。

LM20-1507-C1183d　《大般涅槃經》卷三〇

北涼曇無讖譯，CBETA，T12，no.374，p.541，c21–23。高昌郡時期。

LM20-1507-C1184a　《大方等陀羅尼經》卷一

北涼法衆譯，CBETA，T21，no.1339，p.641，c13–16。高昌國時期。

LM20-1507-C1184b　《大般若波羅蜜多經》

唐玄奘譯，此段文字多處可見。唐時期。

LM20-1507-C1184c　《妙法蓮華經》卷三

姚秦鳩摩羅什譯，CBETA，T09，no.262，p.21，b14–18。唐時期。

LM20-1507-C1185a　《維摩詰所説經》卷中

姚秦鳩摩羅什譯，CBETA，T14，no.475，p.544，b13–17。高昌國時期。

LM20-1507-C1185b　《佛説相好經》

作者不詳，CBETA，ZW03，no.31b，p.421，a9–10。西州回鶻時期。

LM20-1507-C1185c　佛典殘片

高昌國時期。

LM20-1507-C1185d　《妙法蓮華經》卷七

姚秦鳩摩羅什譯，CBETA, T09, no.262, p.57, b11–14。唐時期。

LM20-1507-C1186a　《妙法蓮華經》卷五

姚秦鳩摩羅什譯，CBETA, T09, no.262, p.44, a26–29。唐時期。

LM20-1507-C1186b　《佛本行集經》卷一七

隋闍那崛多譯，CBETA, T03, no.190, p.731, a10–12。唐時期。

參：段真子 2019, 161。

LM20-1507-C1186c　佛典殘片

唐時期。

LM20-1507-C1186d　《放光般若經》卷二

西晉無羅叉譯，CBETA, T08, no.221, p.10, a11–13，"然"作"若"。高昌國時期。

LM20-1507-C1187a　《大般涅槃經》卷三二

北涼曇無讖譯，CBETA, T12, no.374, p.557, a22–25。高昌國時期。

LM20-1507-C1187b　《佛說仁王般若波羅蜜經》卷下

姚秦鳩摩羅什譯，CBETA, T08, no.245, p.830, c22–25。高昌國時期。

LM20-1507-C1187c　《妙法蓮華經》卷二

姚秦鳩摩羅什譯，CBETA, T09, no.262, p.12, b15–16。唐時期。

LM20-1507-C1187d　寶積經

參唐菩提流志譯《大寶積經》卷七九，CBETA, T11, no.310, p.454, b25–28，"物"作"聞"。
高昌國時期。

LM20-1507-C1188ar　《妙法蓮華經》卷七

姚秦鳩摩羅什譯，CBETA, T09, no.262, p.61, b29–c5。高昌國時期。

LM20-1507-C1188av　《妙法蓮華經》卷七

姚秦鳩摩羅什譯，CBETA, T09, no.262, p.62, a2–8。高昌國時期。無法揭取拍攝。

LM20-1507-C1188b　《妙法蓮華經》卷三

姚秦鳩摩羅什譯，CBETA, T09, no.262, p.24, c14–15。唐時期。

LM20-1507-C1188c　《妙法蓮華經》卷五

姚秦鳩摩羅什譯，CBETA, T09, no.262, p.40, b18–22。唐時期。

LM20-1507-C1188d　《梵網經》卷下

姚秦鳩摩羅什譯，CBETA, T24, no.1484, p.1009, b16–19，"謗"作"誹謗"。唐時期。

LM20-1507-C1189a　《大智度論》卷七九

姚秦鳩摩羅什譯，CBETA, T25, no.1509, p.615, a16–18。高昌國時期。

LM20-1507-C1189b　殘片

西州回鶻時期。

LM20-1507-C1189c 《妙法蓮華經》卷一

姚秦鳩摩羅什譯，CBETA, T09, no.262, p.7, c29-p.8, a4。唐時期。

LM20-1507-C1189d 《妙法蓮華經》卷七

姚秦鳩摩羅什譯，CBETA, T09, no.262, p.56, c16-22。唐時期。

LM20-1507-C1190a 佛教戒律

唐時期。

LM20-1507-C1190b 《大般若波羅蜜多經》

唐玄奘譯，此段文字多處可見。唐時期。

LM20-1507-C1190c 《大般若波羅蜜多經》卷五九九

唐玄奘譯，CBETA, T07, no.220, p.1104, b29-c2。唐時期。

LM20-1507-C1190d 佛典注疏

唐時期。

LM20-1507-C1191a 《妙法蓮華經》卷五

姚秦鳩摩羅什譯，CBETA, T09, no.262, p.41, c16-20。唐時期。

LM20-1507-C1191b 《十方千五百佛名經》

譯者不詳。參《十方千五百佛名經》全文，191頁。高昌國時期。

LM20-1507-C1191c 《金光明最勝王經》卷六

唐義淨譯，CBETA, T16, no.665, p.427, c27-p.428, a2。唐時期。

LM20-1507-C1192a 佛典殘片

高昌國時期。背面有字，無法揭取拍攝。

LM20-1507-C1192b 《中阿含經》卷二六

東晉僧伽提婆譯，CBETA, T01, no.26, p.590, b28-29。唐時期。

LM20-1507-C1192c 《妙法蓮華經》卷四

姚秦鳩摩羅什譯，CBETA, T09, no.262, p.27, b24-27。唐時期。

LM20-1507-C1192d 佛典殘片

唐時期。

LM20-1507-C1193 佛典殘片

高昌國時期。

LM20-1507-C1194 《菩薩地持經》卷七

北涼曇無讖譯，CBETA, T30, no.1581, p.925, b27-c1。唐時期。

LM20-1507-C1195 《大般涅槃經》卷二七

北涼曇無讖譯，CBETA, T12, no.374, p.526, a29-b3。高昌國時期。

LM20-1507-C1196 護首

LM20-1507-C1197　《佛説佛名經》卷一〇（十六卷本）

作者不詳。參《七寺經》3, 529 頁, 619–621 行。唐時期。

LM20-1507-C1198　《妙法蓮華經》卷二

姚秦鳩摩羅什譯, CBETA, T09, no.262, p.10, c9–10。唐時期。

LM20-1507-C1199　《妙法蓮華經》外題

姚秦鳩摩羅什譯。唐時期。

LM20-1507-C1200　《沙彌羅經》

譯者不詳, CBETA, T17, no.750, p.572, b21–24。唐時期。背面有字, 無法揭取拍攝。

LM20-1507-C1201　《金剛般若波羅蜜經》

姚秦鳩摩羅什譯, CBETA, T08, no.235, p.750, a17–18。唐時期。

LM20-1507-C1202　《大方廣華嚴十惡品經》

作者不詳, CBETA, T85, no.2875, p.1360, c12–15。唐時期。

LM20-1507-C1203　佛典殘片

唐時期。

LM20-1507-C1204　《十誦律》卷二八

姚秦弗若多羅譯, CBETA, T23, no.1435, p.202, b2–11。唐時期。

LM20-1507-C1205　《大般涅槃經》卷二一及寫經題記

北涼曇無讖譯, CBETA, T12, no.374, p.492, c7–10。高昌國時期。

參:《旅博選粹》, 202;《旅博研究》, 236。

LM20-1507-C1206　《佛説灌頂經》卷一一

東晉帛尸梨蜜多羅譯, CBETA, T21, no.1331, p.531, b2–5。唐時期。

LM20-1507-C1207　《光讚經》卷五

西晉竺法護譯, CBETA, T08, no.222, p.178, c4–8。高昌國時期。

LM20-1507-C1208　《大般涅槃經》卷二九

北涼曇無讖譯, CBETA, T12, no.374, p.540, c15–19。高昌國時期。

LM20-1507-C1209　《妙法蓮華經》卷六

姚秦鳩摩羅什譯, CBETA, T09, no.262, p.46, b19–24。唐時期。

LM20-1507-C1210　佛教戒律

參姚秦弗若多羅、鳩摩羅什譯《十誦律》卷四五, CBETA, T23, no.1435, p.327, c6–15。高昌國時期。

LM20-1507-C1211　護首

LM20-1507-C1212a　《妙法蓮華經》卷四外題

姚秦鳩摩羅什譯。唐時期。

LM20-1507-C1212b　《妙法蓮華經》外題

姚秦鳩摩羅什譯。唐時期。

LM20-1507-C1213　《妙法蓮華經》卷七

姚秦鳩摩羅什譯，CBETA, T09, no.262, p.57, a15-18。西州回鶻時期。

LM20-1507-C1214　空號

LM20-1507-C1215　空號

LM20-1507-C1216　空號

LM20-1507-C1217　空號

LM20-1507-C1218　空號

LM20-1507-C1219　空號

LM20-1507-C1220　空號

LM20-1507-C1221　空號

LM20-1507-C1222　空號

LM20-1507-C1223　空號

LM20-1507-C1224　空號

LM20-1507-C1225　空號

LM20-1507-C1226　空號

LM20-1507-C1227　空號

LM20-1507-C1228　空號

LM20-1507-C1229　空號

LM20-1507-C1230　空號

LM20-1507-C1231　《大般涅槃經》卷一八

北涼曇無讖譯，CBETA, T12, no.374, p.470, a5-8。高昌國時期。

LM20-1507-C1232　《大般涅槃經》卷六

北涼曇無讖譯，CBETA, T12, no.374, p.401, a11-18。高昌郡時期。

參：《旅博選粹》，70。

LM20-1507-C1233　佛典殘片

參唐不空譯《大聖文殊師利菩薩佛刹功德莊嚴經》卷中，CBETA, T11, no.319, p.912, b13-18；北宋施護等譯《頂生王因緣經》卷六，CBETA, T03, no.165, p.406, a8-11。高昌國時期。

LM20-1507-C1234　《大般涅槃經》卷一三

北涼曇無讖譯，CBETA, T12, no.374, p.441, b6-11。高昌國時期。

LM20-1507-C1235　《大方廣佛華嚴經》卷三七

東晉佛陀跋陀羅譯，CBETA, T09, no.278, p.633, c25-p.634, a3。唐時期。

LM20-1507-C1236　《大般涅槃經》卷五

北涼曇無讖譯, CBETA, T12, no.374, p.392, b24–27。唐時期。

LM20-1507-C1237　《大般涅槃經》卷一九

北涼曇無讖譯, CBETA, T12, no.374, p.476, a26–29。高昌國時期。

經册五十九

LM20-1508-C1238 《大般若波羅蜜多經》卷五二

唐玄奘譯，CBETA，T05，no.220，p.294，b17–21。唐時期。

LM20-1508-C1239 《優婆塞戒經》卷一

北涼曇無讖譯，CBETA，T24，no.1488，p.1037，b8–12。高昌國時期。

LM20-1508-C1240 《大般涅槃經》卷六

北涼曇無讖譯，CBETA，T12，no.374，p.396，c18–21。高昌國時期。

LM20-1508-C1241 《放光般若經》卷三

西晉無羅叉譯，CBETA，T08，no.221，p.18，c4–7。高昌國時期。

LM20-1508-C1242 《大般若波羅蜜多經》卷一九九

唐玄奘譯，CBETA，T05，no.220，p.1068，c18–24。唐時期。

LM20-1508-C1243 《太上洞玄靈寶無量度人上品妙經》

作者不詳，約出於東晉，與敦煌本 P.2606 第 233–236 行同。唐時期。

參：趙洋 2017a，187；趙洋 2017b，193。

LM20-1508-C1244 《摩訶般若波羅蜜經》卷五

姚秦鳩摩羅什譯，CBETA，T08，no.223，p.252，c28–p.253，a3。高昌國時期。

LM20-1508-C1245 《大般涅槃經》卷一八

北涼曇無讖譯，CBETA，T12，no.374，p.468，b13–17，"爲應"作"名應"。高昌國時期。

LM20-1508-C1246 空號

LM20-1508-C1247 《妙法蓮華經》卷三

姚秦鳩摩羅什譯，CBETA，T09，no.262，p.22，c14–25。高昌國時期。

LM20-1508-C1248 《妙法蓮華經》卷一

姚秦鳩摩羅什譯，CBETA，T09，no.262，p.2，b29–c4。唐時期。

LM20-1508-C1249 《大般若波羅蜜多經》卷二三九

唐玄奘譯，CBETA，T06，no.220，p.204，c14–20。唐時期。

LM20-1508-C1250 《現在十方千五百佛名並雜佛同號》

作者不詳，CBETA，T85，no.2905，p.1449，b17–19。高昌國時期。

LM20-1508-C1251 《雜阿毗曇心論》卷二

劉宋僧伽跋摩等譯，CBETA，T28，no.1552，p.881，b8–14。高昌國時期。

LM20-1508-C1252　《大般若波羅蜜多經》卷三〇六

唐玄奘譯, CBETA, T06, no.220, p.560, a11–14。唐時期。

LM20-1508-C1253　《菩提資糧論》卷二

隋達磨笈多譯, CBETA, T32, no.1660, p.524, b13–19。唐時期。

LM20-1508-C1254　《佛本行集經》卷七

隋闍那崛多譯, CBETA, T03, no.190, p.684, b15–18。唐時期。

參: 段真子 2019, 161。

LM20-1508-C1255　《大般涅槃經》卷一八

北涼曇無讖譯, CBETA, T12, no.374, p.470, b9–13。高昌國時期。

LM20-1508-C1256　《陀羅尼雜集》卷四

譯者不詳, CBETA, T21, no.1336, p.603, c27–p.604, a3, 第1行文字不同, 第3行"鳩"作"究"。高昌國時期。

參:《旅博選粹》, 137。

LM20-1508-C1257　《金光明經》卷二

北涼曇無讖譯, CBETA, T16, no.663, p.341, c25–28。高昌國時期。

LM20-1508-C1258　空號

LM20-1508-C1259　空號

LM20-1508-C1260　空號

LM20-1508-C1261　空號

LM20-1508-C1262　空號

LM20-1508-C1263　空號

LM20-1508-C1264　空號

LM20-1508-C1265　空號

LM20-1508-C1266　空號

LM20-1508-C1267a　佛教戒律

高昌國時期。

LM20-1508-C1267b　佛典殘片

高昌國時期。

LM20-1508-C1267c　佛典殘片

唐時期。

LM20-1508-C1267d　《妙法蓮華經》卷三

姚秦鳩摩羅什譯, CBETA, T09, no.262, p.20, a16–17。唐時期。

LM20-1508-C1267e　佛典殘片

唐時期。

LM20-1508-C1267f　佛典殘片

唐時期。

LM20-1508-C1267g　佛典殘片

唐時期。

LM20-1508-C1267h　佛典殘片

唐時期。

LM20-1508-C1267i　《妙法蓮華經》卷六

隋闍那崛多譯，CBETA，T09，no.262，p.50，b24–26。唐時期。

LM20-1508-C1267j　佛典殘片

唐時期。

LM20-1508-C1268a　佛典殘片

高昌國時期。

LM20-1508-C1268b　佛典殘片

高昌國時期。

LM20-1508-C1268c　《十住經》卷一

姚秦鳩摩羅什譯，CBETA，T10，no.286，p.498，c4–6。高昌國時期。

LM20-1508-C1268d　佛名經

參譯者不詳《十方千五百佛名經》，CBETA，T14，no.442，p.317，a29–b5。唐時期。

LM20-1508-C1268e　《金光明經》卷一

北涼曇無讖譯，CBETA，T16，no.663，p.339，a11–13。高昌國時期。

LM20-1508-C1268f　《佛説諸法勇王經》

劉宋曇摩密多譯，CBETA，T17，no.822，p.850，a13–15。高昌國時期。

LM20-1508-C1268g　《妙法蓮華經》卷三

姚秦鳩摩羅什譯，CBETA，T09，no.262，p.19，a27–28。唐時期。

LM20-1508-C1268h　《悲華經》卷四

北涼曇無讖譯，CBETA，T03，no.157，p.188，c17–18。高昌國時期。

LM20-1508-C1268i　《唐律》

此段文字多處可見。唐時期。

LM20-1508-C1268j　《大般涅槃經》卷二五

北涼曇無讖譯，CBETA，T12，no.374，p.511，a19。高昌國時期。

LM20-1508-C1269a　《妙法蓮華經》卷四

姚秦鳩摩羅什譯，CBETA，T09，no.262，p.30，b29。唐時期。

LM20-1508-C1269b　佛典殘片

唐時期。

LM20-1508-C1269c　佛典殘片

唐時期。

LM20-1508-C1269d　《大般若波羅蜜多經》卷五七七

唐玄奘譯，CBETA, T07, no.220, p.981, a22–23。唐時期。

LM20-1508-C1269e　《大般涅槃經》卷三

北涼曇無讖譯，CBETA, T12, no.374, p.379, a29–b1。高昌國時期。

LM20-1508-C1270a　《妙法蓮華經》卷七

姚秦鳩摩羅什譯，CBETA, T09, no.262, p.56, b2–5。唐時期。

LM20-1508-C1270b　《金光明最勝王經》卷九

唐義凈譯，CBETA, T16, no.665, p.445, a2–4。唐時期。

LM20-1508-C1271a　《妙法蓮華經》卷四

姚秦鳩摩羅什譯，CBETA, T09, no.262, p.33, a1。唐時期。

LM20-1508-C1271b　《阿毗曇八犍度論》卷一四

符秦僧伽提婆、竺佛念譯，CBETA, T26, no.1543, p.840, a19–21。細字寫本。高昌郡時期。

LM20-1508-C1271c　佛典殘片

高昌國時期。

LM20-1508-C1271d　《妙法蓮華經》卷二

姚秦鳩摩羅什譯，CBETA, T09, no.262, p.18, a26–b1。唐時期。

LM20-1508-C1271e　佛典殘片

唐時期。

LM20-1508-C1271f　《妙法蓮華經》卷二

姚秦鳩摩羅什譯，CBETA, T09, no.262, p.18, a20–21。唐時期。

LM20-1508-C1271g　《妙法蓮華經》卷一

姚秦鳩摩羅什譯，CBETA, T09, no.262, p.2, a10–13。唐時期。

LM20-1508-C1271h　《妙法蓮華經》卷三

姚秦鳩摩羅什譯，CBETA, T09, no.262, p.19, a21–22。唐時期。

LM20-1508-C1271i　《妙法蓮華經》卷三

姚秦鳩摩羅什譯，CBETA, T09, no.262, p.27, a25–29。高昌國時期。

LM20-1508-C1271j　《妙法蓮華經》卷二

姚秦鳩摩羅什譯，CBETA, T09, no.262, p.18, b6–7。高昌國時期。

LM20-1508-C1271k　《妙法蓮華經》卷三

姚秦鳩摩羅什譯，CBETA, T09, no.262, p.26, b21–25。唐時期。

LM20-1508-C1271l　佛典殘片

高昌國時期。

LM20-1508-C1271m　佛典殘片

高昌國時期。

LM20-1508-C1272a　佛典殘片

高昌國時期。

LM20-1508-C1272b　佛典殘片

唐時期。

LM20-1508-C1272c　《佛說灌頂經》卷一二

東晉帛尸梨蜜多羅譯，CBETA，T21，no.1331，p.535，b11-13。唐時期。

LM20-1508-C1272d　《妙法蓮華經》卷三

姚秦鳩摩羅什譯，CBETA，T09，no.262，p.23，b17-18。唐時期。

LM20-1508-C1272e　《大般若波羅蜜多經》

唐玄奘譯，此段文字多處可見。唐時期。

LM20-1508-C1273a　佛典殘片

唐時期。

LM20-1508-C1273b　《妙法蓮華經》卷二

姚秦鳩摩羅什譯，CBETA，T09，no.262，p.16，b17-18。唐時期。

LM20-1508-C1273c　佛典殘片

高昌國時期。

LM20-1508-C1273d　佛典殘片

高昌國時期。

LM20-1508-C1273e　《大般涅槃經》卷二一

北涼曇無讖譯，CBETA，T12，no.374，p.487，c1-2。高昌國時期。

LM20-1508-C1274　《太上洞玄靈寶昇玄內教經》卷九

作者不詳，與敦煌本 P.2750 第 69-71 行同。唐時期。

參：趙洋 2017a，188；趙洋 2017b，204-206。

LM20-1508-C1275　《大般涅槃經》卷二四

北涼曇無讖譯，CBETA，T12，no.374，p.504，b3-5。高昌國時期。

LM20-1508-C1276　佛名經

唐時期。

LM20-1508-C1277　《大般涅槃經》卷二七

北涼曇無讖譯，CBETA，T12，no.374，p.523，b19-21。高昌國時期。

LM20-1508-C1278　《摩訶般若波羅蜜經》卷一三

姚秦鳩摩羅什譯，CBETA，T08，no.223，p.314，a17-22。唐時期。

LM20-1508-C1279　《觀世音經讚》

題金剛藏菩薩撰，據 LM20-1506-C0871c+LM20-1502-C0032 首題定名，參 BD3351。有雙行小字注。唐時期。

參:《旅博選粹》, 166; 王梅 2006, 149; 橘堂晃一 2010, 94; 嚴世偉 2019, 304-340。

LM20-1508-C1280a 《妙法蓮華經》卷七

姚秦鳩摩羅什譯，CBETA, T09, no.262, p.61, c4-8。唐時期。

LM20-1508-C1280b 《四分律删繁補闕行事鈔》卷中

唐道宣撰，CBETA, T40, no.1804, p.86, a21-27, "路"作"露"。唐時期。

LM20-1508-C1281 《大般涅槃經》卷二

北涼曇無讖譯，CBETA, T12, no.374, p.371, c20-24。高昌國時期。

LM20-1508-C1282 《大般涅槃經》卷五

北涼曇無讖譯，CBETA, T12, no.374, p.393, a22-26。高昌國時期。

LM20-1508-C1283 《大般涅槃經》卷三六

北涼曇無讖譯，CBETA, T12, no.374, p.575, b26-c1。高昌國時期。

LM20-1508-C1284 《金光明經》卷二

北涼曇無讖譯，CBETA, T16, no.663, p.345, a9-12。高昌國時期。

LM20-1508-C1285 《阿毗曇八犍度論》卷四

苻秦僧伽提婆、竺佛念譯，CBETA, T26, no.1543, p.785, c26-p.786, a3。細字寫本。高昌郡時期。

參:《旅博選粹》, 61。

LM20-1508-C1286 《佛説華手經》卷七

姚秦鳩摩羅什譯，CBETA, T16, no.657, p.176, b10-17。高昌國時期。

LM20-1508-C1287 《大般涅槃經》卷三七

北涼曇無讖譯，CBETA, T12, no.374, p.580, c24-28。唐時期。

LM20-1508-C1288 《妙法蓮華經》卷一

姚秦鳩摩羅什譯，CBETA, T09, no.262, p.2, a23-27。高昌國時期。

LM20-1508-C1289 經題

高昌國時期。

LM20-1508-C1290 《維摩詰所説經》卷上

姚秦鳩摩羅什譯，CBETA, T14, no.475, p.538, a4-7。唐時期。

參: 王梅 2006, 149。

LM20-1508-C1291 《金剛般若波羅蜜經》

姚秦鳩摩羅什譯，CBETA, T08, no.235, p.750, a6-10。高昌國時期。

LM20-1508-C1292 《妙法蓮華經》卷七

姚秦鳩摩羅什譯，CBETA, T09, no.262, p.57, b15-19。高昌國時期。

LM20-1508-C1293　《妙法蓮華經》卷七

　　姚秦鳩摩羅什譯，CBETA，T09，no.262，p.58，a15-23，"當願"作"常願"。唐時期。

LM20-1508-C1294　空號

LM20-1508-C1295　空號

LM20-1508-C1296　空號

LM20-1508-C1297　空號

LM20-1508-C1298　空號

LM20-1508-C1299　空號

LM20-1508-C1300　空號

LM20-1508-C1301　空號

LM20-1508-C1302　經題

　　西州回鶻時期。

LM20-1508-C1303　空號

LM20-1508-C1304　《維摩詰所説經》卷上

　　姚秦鳩摩羅什譯，CBETA，T14，no.475，p.542，a25-b1。唐時期。

LM20-1508-C1305　空號

LM20-1508-C1306　《妙法蓮華經》卷四

　　姚秦鳩摩羅什譯，CBETA，T09，no.262，p.33，a17-21。唐時期。

LM20-1508-C1307　《金剛般若波羅蜜經》

　　姚秦鳩摩羅什譯，CBETA，T08，no.235，p.752，b14-18。唐時期。

LM20-1508-C1308　《佛説觀藥王藥上二菩薩經》

　　劉宋畺良耶舍譯，CBETA，T20，no.1161，p.666，b21-24，"天"作"大"。唐時期。

LM20-1508-C1309　《大般涅槃經》卷三六

　　北涼曇無讖譯，CBETA，T12，no.374，p.575，b29-c5。唐時期。

LM20-1508-C1310　《妙法蓮華經》卷一

　　姚秦鳩摩羅什譯，CBETA，T09，no.262，p.7，b1-5。唐時期。

LM20-1508-C1311　《大般涅槃經》卷四〇

　　北涼曇無讖譯，CBETA，T12，no.374，p.601，a28-b3。高昌國時期。

LM20-1508-C1312　《金剛般若波羅蜜經》

　　元魏菩提流支譯，CBETA，T08，no.236a，p.753，b12-15，"則"作"即"，"法相"作"法非"。高昌國時期。

LM20-1508-C1313　《大般涅槃經》卷三八

　　北涼曇無讖譯，CBETA，T12，no.374，p.589，b19-22。高昌國時期。

LM20-1508-C1314　《妙法蓮華經》卷二

姚秦鳩摩羅什譯, CBETA, T09, no.262, p.11, c4–8。唐時期。

LM20-1508-C1315　齋文

"承軀" 參敦煌 S.343v《齋儀抄》。西州回鶻時期。

LM20-1508-C1316　《金剛般若波羅蜜經》

元魏菩提流支譯, CBETA, T08, no.236a, p.753, c5–8。唐時期。

LM20-1508-C1317　《金剛般若波羅蜜經》

姚秦鳩摩羅什譯, CBETA, T08, no.235, p.750, a15–18。唐時期。

LM20-1508-C1318　《妙法蓮華經》卷二

姚秦鳩摩羅什譯, CBETA, T09, no.262, p.14, a15–20。高昌郡時期。

參:《旅博選粹》, 11。

LM20-1508-C1319　《佛本行集經》卷二〇

隋闍那崛多譯, CBETA, T03, no.190, p.747, c5–8。高昌國時期。

參: 段真子 2019, 160。

LM20-1508-C1320　佛典殘片

唐時期。

LM20-1508-C1321a　《救疾經》

作者不詳, 前 2 行參 BD6083(《國家圖書館藏敦煌遺書》第 81 冊, 369 頁), 後 2 行參 CBETA, T85, no.2878, p.1361, c1–2。高昌國時期。

參: 馬俊傑 2019, 248。

LM20-1508-C1321b　《寂調音所問經》

劉宋法海譯, CBETA, T24, no.1490, p.1081, c21–26。高昌國時期。

LM20-1508-C1321c　《無量大慈教經》

作者不詳, CBETA, T85, no.2903, p.1445, a18–19, "一難囚" 作 "一難禁囚"。唐時期。

LM20-1508-C1321d　《佛説灌頂經》卷一一

東晉帛尸梨蜜多羅譯, CBETA, T21, no.1331, p.529, a23–25, "鞅" 作 "央"。唐時期。

LM20-1508-C1322a　《大唐内典録》卷八

唐道宣撰, CBETA, T55, no.2149, p.307, b17–18。唐時期。

LM20-1508-C1322b　《妙法蓮華經》卷五

姚秦鳩摩羅什譯, CBETA, T09, no.262, p.44, b10–14。高昌國時期。

LM20-1508-C1322c　《大般涅槃經》卷三一

北涼曇無讖譯, CBETA, T12, no.374, p.548, a2–6。高昌國時期。

LM20-1508-C1322d　《小品般若波羅蜜經》卷七

姚秦鳩摩羅什譯, CBETA, T08, no.227, p.566, a13–16。高昌國時期。

LM20-1508-C1322e　殘片

LM20-1508-C1323a 《佛説盂蘭盆經》

西晉竺法護譯，CBETA，T16，no.685，p.779，b6-10。唐時期。

LM20-1508-C1323b 《七佛八菩薩所説大陀羅尼神咒經》卷一

譯者不詳，CBETA，T21，no.1332，p.537，a3-4。高昌國時期。

LM20-1508-C1323c 《妙法蓮華經》卷一

姚秦鳩摩羅什譯，CBETA，T09，no.262，p.2，a7-8。唐時期。

LM20-1508-C1323d 《道行般若經》卷四

後漢支婁迦讖譯，CBETA，T08，no.224，p.444，c13-14。高昌國時期。

LM20-1508-C1324a 《妙法蓮華經》卷二

姚秦鳩摩羅什譯，CBETA，T09，no.262，p.12，c11-13。唐時期。

LM20-1508-C1324b 《金光明經》卷一

北涼曇無讖譯，CBETA，T16，no.663，p.336，b28-c2。唐時期。

LM20-1508-C1324c 涅槃經疏

參隋灌頂撰，唐湛然再治《大般涅槃經疏》卷二二，CBETA，T38，no.1767，p.168，a25-26。高昌國時期。

LM20-1508-C1324d 《瑜伽師地論》卷六

唐玄奘譯，CBETA，T30，no.1579，p.307，c26-27。唐時期。

LM20-1508-C1325a 《四分律》卷四二

姚秦佛陀耶舍、竺佛念等譯，CBETA，T22，no.1428，p.867，c23-26。唐時期。

LM20-1508-C1325b 《妙法蓮華經》卷七

姚秦鳩摩羅什譯，CBETA，T09，no.262，p.58，a2-4。唐時期。

LM20-1508-C1325c 《大般涅槃經》卷八

北涼曇無讖譯，CBETA，T12，no.374，p.410，c21-24。高昌國時期。

LM20-1508-C1325d 佛典殘片

唐時期。

LM20-1508-C1326a 《佛説佛名經》卷八

元魏菩提流支譯，CBETA，T14，no.440，p.160，b24-26。唐時期。

LM20-1508-C1326b 《文殊師利問菩提經》注

參姚秦鳩摩羅什譯《文殊師利問菩提經》，CBETA，T14，no.464，p.483，b23-25。有雙行小字注。高昌國時期。

參：《旅博選粹》，130

LM20-1508-C1326c 《妙法蓮華經》卷三

姚秦鳩摩羅什譯，CBETA，T09，no.262，p.23，c12-17。唐時期。

LM20-1508-C1326d 《佛説觀彌勒菩薩上生兜率天經》

劉宋沮渠京聲譯，CBETA, T14, no.452, p.419, b17–18。西州回鶻時期。

LM20-1508-C1327a　《妙法蓮華經》卷四

姚秦鳩摩羅什譯，CBETA, T09, no.262, p.33, b16–18。唐時期。

LM20-1508-C1327b　《大般涅槃經後分》卷上

唐若那跋陀羅譯，CBETA, T12, no.377, p.900, c6–11。唐時期。

LM20-1508-C1327c　《大般若波羅蜜多經》卷一九六

唐玄奘譯，CBETA, T05, no.220, p.1053, c24–27。唐時期。

LM20-1508-C1327d　《大般涅槃經》卷二四

北涼曇無讖譯，CBETA, T12, no.374, p.508, b29–c3。高昌郡時期。

LM20-1508-C1328a　《妙法蓮華經》卷七

姚秦鳩摩羅什譯，CBETA, T09, no.262, p.57, a3–5。唐時期。

LM20-1508-C1328b　《妙法蓮華經》卷三

姚秦鳩摩羅什譯，CBETA, T09, no.262, p.21, c21–22。唐時期。

LM20-1508-C1328c　《維摩經義疏》卷二

隋吉藏撰，CBETA, T38, no.1781, p.925, c19–21。唐時期。

LM20-1508-C1328d　《大法鼓經》卷上

劉宋求那跋陀羅譯，CBETA, T09, no.270, p.294, b9–15。高昌國時期。

LM20-1508-C1328e　《漸備一切智德經》卷四

西晉竺法護譯，CBETA, T10, no.285, p.481, c28–29。高昌國時期。

LM20-1508-C1328f　《金剛般若波羅蜜經》

姚秦鳩摩羅什譯，CBETA, T08, no.235, p.750, b26–28。唐時期。

LM20-1508-C1329a　《大般涅槃經》卷三一

北涼曇無讖譯，CBETA, T12, no.374, p.550, c23–26。高昌郡時期。

參：《旅博選粹》，18；小口雅史、片山章雄 2015, 35。

LM20-1508-C1329b　《彌沙塞部和醯五分律》卷六

劉宋佛陀什、竺道生等譯，CBETA, T22, no.1421, p.37, c7–9，“上”作“尚”。唐時期。

LM20-1508-C1329c　《妙法蓮華經》卷三

姚秦鳩摩羅什譯，CBETA, T09, no.262, p.19, b23–25。唐時期。

LM20-1508-C1329d　佛典殘片

高昌國時期。

LM20-1508-C1330a　《金剛般若波羅蜜經》

姚秦鳩摩羅什譯，CBETA, T08, no.235, p.750, c2–6。唐時期。

LM20-1508-C1330b　《千手千眼觀世音菩薩廣大圓滿無礙大悲心陀羅尼經》

唐伽梵達摩譯，CBETA, T20, no.1060, p.109, b2–3。唐時期。

LM20-1508-C1330c　《大方等陀羅尼經》卷一

北涼法衆譯，CBETA, T21, no.1339, p.646, b17–20。唐時期。

LM20-1508-C1330d　《摩訶般若波羅蜜經》卷二七

姚秦鳩摩羅什譯，CBETA, T08, no.223, p.423, c10–13。第 2、3 行間夾寫小字。高昌郡時期。

LM20-1508-C1330e　《四分律》

姚秦佛陀耶舍、竺佛念等譯《四分律》卷三四，CBETA, T22, no.1428, p.809, a9–14；卷五五，CBETA, T22, no.1428, p.972, b11–16。高昌國時期。

LM20-1508-C1331a　《合部金光明經序》

隋彥琮撰，CBETA, T16, no.664, p.359, c1–4。唐時期。

LM20-1508-C1331b　《合部金光明經》卷六

北涼曇無讖譯，隋寶貴合，CBETA, T16, no.664, p.387, c28–p.388, a2。唐時期。

LM20-1508-C1331c　《大般涅槃經》卷一二

北涼曇無讖譯，CBETA, T12, no.374, p.435, c10–12。高昌郡時期。

LM20-1508-C1331d　《大般涅槃經》卷一四

北涼曇無讖譯，CBETA, T12, no.374, p.449, a18–21。高昌國時期。

LM20-1508-C1332a　《妙法蓮華經》卷五

姚秦鳩摩羅什譯，CBETA, T09, no.262, p.40, c14–25。高昌郡時期。

參：《旅博選粹》，13。

LM20-1508-C1332b　佛典殘片

唐時期。

LM20-1508-C1332c　《菩薩地持經》卷三

北涼曇無讖譯，CBETA, T30, no.1581, p.904, a16–18。唐時期。

LM20-1508-C1332d　《金光明經》卷三

北涼曇無讖譯，CBETA, T16, no.663, p.348, c13–16。高昌國時期。

LM20-1508-C1333a　《十方千五百佛名經》

譯者不詳，CBETA, T14, no.442, p.313, c5–6。高昌國時期。

LM20-1508-C1333b　《道行般若經》卷九

後漢支婁迦讖譯，CBETA, T08, no.224, p.470, c22–24。高昌郡時期。

LM20-1508-C1333c　《放光般若經》卷一〇

西晉無羅叉譯，CBETA, T08, no.221, p.73, a16–17。唐時期。

LM20-1508-C1333d　《大般若波羅蜜多經》

唐玄奘譯，此段文字多處可見。唐時期。

參：《旅博選粹》，11。

LM20-1508-C1334a　佛典殘片

唐時期。

LM20-1508-C1334b　《賢愚經》卷一二

元魏慧覺等譯，CBETA，T04，no.202，p.435，a29-b2。高昌國時期。

LM20-1508-C1334c　《切韻》

唐時期。

參：《旅博選粹》，166；張新朋 2014，122-123。

LM20-1508-C1334d　佛典殘片

高昌國時期。

LM20-1508-C1334e　殘片

西州回鶻時期。

LM20-1508-C1335a　經題

高昌國時期。

LM20-1508-C1335b　佛典殘片

高昌國時期。

LM20-1508-C1335c　佛典殘片

高昌國時期。

LM20-1508-C1335d　《光讚經》卷三

西晉竺法護譯，CBETA，T08，no.222，p.170，b26-29，“懷懅”作“懷懅則”。高昌國時期。

LM20-1508-C1336a　《大般涅槃經》卷二八

北涼曇無讖譯，CBETA，T12，no.374，p.534，a29-b2。唐時期。

LM20-1508-C1336b　《大方等大集經》卷六

北涼曇無讖譯，CBETA，T13，no.397，p.35，c14-17。高昌郡時期。

LM20-1508-C1336c　《金剛般若波羅蜜經》

姚秦鳩摩羅什譯，CBETA，T08，no.235，p.751，b18-21。唐時期。

LM20-1508-C1336d　《大方等大集經菩薩念佛三昧分》卷五

隋達磨笈多譯，CBETA，T13，no.415，p.849，c29-p.850，a2。唐時期。

LM20-1508-C1337a　《摩訶般若波羅蜜經》卷二

姚秦鳩摩羅什譯，CBETA，T08，no.223，p.231，b19-23。高昌國時期。

LM20-1508-C1337b　《妙法蓮華經》卷七

姚秦鳩摩羅什譯，CBETA，T09，no.262，p.56，a8-10。唐時期。

LM20-1508-C1337c　佛典殘片

唐時期。

LM20-1508-C1337d　無字殘片

LM20-1508-C1337e　佛典殘片

高昌國時期。

LM20-1508-C1337f　無字殘片

LM20-1508-C1338a　《金剛般若波羅蜜經》

元魏菩提流支譯，CBETA，T08，no.236a，p.753，c1-2。唐時期。

LM20-1508-C1338b　佛典殘片

高昌國時期。

LM20-1508-C1338c　《大般若波羅蜜多經》卷六七

唐玄奘譯，CBETA，T05，no.220，p.376，c8-10。唐時期。

LM20-1508-C1338d　《大方廣佛華嚴經》卷五六

唐實叉難陀譯，CBETA，T10，no.279，p.295，b1-3。唐時期。

LM20-1508-C1338e　《十誦律》卷四六

姚秦弗若多羅、鳩摩羅什譯，CBETA，T23，no.1435，p.334，b25-29。“侶无伴”作“伴无侶”。高昌國時期。

LM20-1508-C1338f　《妙法蓮華經》卷六

姚秦鳩摩羅什譯，CBETA，T09，no.262，p.46，c1-4。唐時期。

LM20-1508-C1339a　佛典殘片

唐時期。

LM20-1508-C1339b　佛典殘片

唐時期。

LM20-1508-C1339c　《摩訶般若波羅蜜經》卷二三

姚秦鳩摩羅什譯，CBETA，T08，no.223，p.384，c29-p.385，a3。高昌國時期。

LM20-1508-C1339d　佛教戒律

參蕭齊僧伽跋陀羅譯《善見律毗婆沙》卷一四，CBETA，T24，no.1462，p.773，b26-c2。唐時期。

LM20-1508-C1340a　《妙法蓮華經》卷一

姚秦鳩摩羅什譯，CBETA，T09，no.262，p.6，c16-17。唐時期。

LM20-1508-C1340b　《大般若波羅蜜多經》

唐玄奘譯，此段文字多處可見。唐時期。

LM20-1508-C1340c　《大方廣佛華嚴經》卷六三

唐實叉難陀譯，CBETA，T10，no.279，p.337，c14-17。唐時期。

LM20-1508-C1340d　《妙法蓮華經》卷六

姚秦鳩摩羅什譯，CBETA，T09，no.262，p.47，c11-14。唐時期。

LM20-1508-C1341a　佛教戒律

唐時期。

LM20-1508-C1341b　《妙法蓮華經》卷二

姚秦鳩摩羅什譯, CBETA, T09, no.262, p.12, a9–12。唐時期。

LM20-1508-C1341c　《摩訶般若波羅蜜經》卷一四

姚秦鳩摩羅什譯, CBETA, T08, no.223, p.325, b21–22。高昌國時期。

LM20-1508-C1341d　佛典殘片

唐時期。

LM20-1508-C1341e　《大般涅槃經》卷二八

北涼曇無讖譯, CBETA, T12, no.374, p.530, c8–11。高昌國時期。

LM20-1508-C1342a　《妙法蓮華經》卷一

姚秦鳩摩羅什譯, CBETA, T09, no.262, p.4, b29–c7。唐時期。

LM20-1508-C1342b　《妙法蓮華經》卷二

姚秦鳩摩羅什譯, CBETA, T09, no.262, p.17, a10–12。高昌國時期。

LM20-1508-C1342c　《摩訶般若波羅蜜經》卷二二

姚秦鳩摩羅什譯, CBETA, T08, no.223, p.379, b10–15。高昌郡時期。

參:《旅博選粹》, 30。

LM20-1508-C1342d　《佛説温室洗浴衆僧經》

後漢安世高譯, CBETA, T16, no.701, p.803, a6–8。高昌國時期。

LM20-1508-C1343a　《千眼千臂觀世音菩薩陀羅尼神咒經》卷下

唐智通譯, CBETA, T20, no.1057a, p.89, a29–b3。唐時期。

LM20-1508-C1343b　《金剛般若波羅蜜經》

姚秦鳩摩羅什譯, CBETA, T08, no.235, p.748, c23–25。唐時期。

LM20-1508-C1343c　《大智度論》卷四五

姚秦鳩摩羅什譯, CBETA, T25, no.1509, p.383, a20–23。高昌國時期。

LM20-1508-C1343d　佛典殘片

高昌郡時期。

LM20-1508-C1344a　《大方廣佛華嚴經》卷一二（五十卷本）

東晉佛陀跋陀羅譯,《中華大藏經》第 12 册, 151a4–5; 參 CBETA, T09, no.278, p.493, c2–3。高昌國時期。

LM20-1508-C1344b　《大般涅槃經》卷一七

北涼曇無讖譯, CBETA, T12, no.374, p.465, a26–27。高昌國時期。

LM20-1508-C1344c　佛典殘片

高昌國時期。

LM20-1508-C1344d　《妙法蓮華經》卷四

姚秦鳩摩羅什譯, CBETA, T09, no.262, p.31, a15–19。高昌國時期。

LM20-1508-C1345a　佛典殘片

高昌國時期。

LM20-1508-C1345b　《佛説仁王般若波羅蜜經》卷上

姚秦鳩摩羅什譯, CBETA, T08, no.245, p.827, a17–20。高昌國時期。

LM20-1508-C1345c　《大般涅槃經》卷八

北涼曇無讖譯, CBETA, T12, no.374, p.415, b16–17。唐時期。

LM20-1508-C1345d　佛典殘片

唐時期。

LM20-1508-C1345e　《妙法蓮華經》卷一

姚秦鳩摩羅什譯, CBETA, T09, no.262, p.2, a22–23。高昌國時期。

LM20-1508-C1345f　佛典殘片

高昌國時期。

LM20-1508-C1346a　《妙法蓮華經》卷二

姚秦鳩摩羅什譯, CBETA, T09, no.262, p.11, b27–29。唐時期。

LM20-1508-C1346b　《大般涅槃經》卷一八

北涼曇無讖譯, CBETA, T12, no.374, p.470, b20–22。唐時期。

LM20-1508-C1346c　佛典殘片

高昌郡時期。

LM20-1508-C1346d　《佛説灌頂經》卷一二

東晉帛尸梨蜜多羅譯, CBETA, T21, no.1331, p.532, b22–24。唐時期。

LM20-1508-C1346e　《大般涅槃經》卷二六

北涼曇無讖譯, CBETA, T12, no.374, p.522, a3–4。高昌國時期。

LM20-1508-C1347a　《妙法蓮華經》卷二

姚秦鳩摩羅什譯, CBETA, T09, no.262, p.16, c25–27。唐時期。

LM20-1508-C1347b　殘片

唐時期。

LM20-1508-C1347c　佛典殘片

參姚秦鳩摩羅什譯《大智度論》卷一九, CBETA, T25, no.1509, p.202, c7–9。唐時期。

LM20-1508-C1347d　《無量大慈教經》

作者不詳, CBETA, T85, no.2903, p.1445, a16–20。唐時期。

LM20-1508-C1348a　《金剛般若波羅蜜經》

姚秦鳩摩羅什譯, CBETA, T08, no.235, p.751, a2–5。唐時期。

LM20-1508-C1348b　《大般涅槃經》卷七

北涼曇無讖譯, CBETA, T12, no.374, p.405, b21-22。高昌國時期。

LM20-1508-C1348c　《金光明經》卷一

北涼曇無讖譯, CBETA, T16, no.663, p.337, b7-9。高昌國時期。

LM20-1508-C1348d　佛典殘片

唐時期。

LM20-1508-C1349a　《千手千眼觀世音菩薩廣大圓滿無礙大悲心陀羅尼經》

唐伽梵達摩譯, CBETA, T20, no.1060, p.106, a4-8。唐時期。

LM20-1508-C1349b　佛典殘片

唐時期。

LM20-1508-C1349c　《大般若波羅蜜多經》

唐玄奘譯, 此段文字多處可見。唐時期。

LM20-1508-C1349d　《大般涅槃經》卷二五

北涼曇無讖譯, CBETA, T12, no.374, p.513, a23。唐時期。

LM20-1508-C1350a　《妙法蓮華經》卷七

姚秦鳩摩羅什譯, CBETA, T09, no.262, p.57, a12-13。唐時期。

LM20-1508-C1350b　涅槃經義記

參梁寶亮等集《大般涅槃經集解》, CBETA, T37, no.1763, p.381, c13-15。高昌國時期。

LM20-1508-C1350c　佛典殘片

參姚秦鳩摩羅什譯《妙法蓮華經》卷四, CBETA, T09, no.262, p.34, b4。高昌國時期。

LM20-1508-C1350d　殘片

唐時期。

LM20-1508-C1351a　《妙法蓮華經》卷五

姚秦鳩摩羅什譯, CBETA, T09, no.262, p.41, c5-6。高昌國時期。

LM20-1508-C1351b　《金光明經》卷四

北涼曇無讖譯, CBETA, T16, no.663, p.355, a7-10。高昌國時期。

LM20-1508-C1351c　《妙法蓮華經》卷二

姚秦鳩摩羅什譯, CBETA, T09, no.262, p.11, b26-28。唐時期。

LM20-1508-C1351d　《大般涅槃經》卷一三

北涼曇無讖譯, CBETA, T12, no.374, p.440, b27-c1。高昌國時期。

LM20-1508-C1352a　《妙法蓮華經》卷七

姚秦鳩摩羅什譯, CBETA, T09, no.262, p.58, b14-16。唐時期。

LM20-1508-C1352b　《佛說七千佛神符經》

作者不詳, CBETA, T85, no.2904, p.1446, a7-9。唐時期。

LM20-1508-C1352c　《大智度論》卷八八

姚秦鳩摩羅什譯, CBETA, T25, no.1509, p.683, b10–12。高昌國時期。

LM20-1508-C1352d　《妙法蓮華經》卷四

姚秦鳩摩羅什譯, CBETA, T09, no.262, p.30, a15–18。唐時期。

LM20-1508-C1352e　佛典殘片

"世間愚人亦復如是"句, 多見於《百喻經》。唐時期。

LM20-1508-C1353a　《大般涅槃經》卷二四

北涼曇無讖譯, CBETA, T12, no.374, p.505, b16–18。高昌國時期。

LM20-1508-C1353b　《大般涅槃經》卷三三

北涼曇無讖譯, CBETA, T12, no.374, p.563, b20–22。唐時期。

LM20-1508-C1353c　佛典殘片

唐時期。

LM20-1508-C1353d　《大方廣佛華嚴經》卷四〇

東晉佛陀跋陀羅譯, 此段文字多處可見。印本。西州回鶻時期。

LM20-1508-C1354a　佛典殘片

高昌國時期。

LM20-1508-C1354b　《大智度論》卷八〇

姚秦鳩摩羅什譯, CBETA, T25, no.1509, p.624, b16–21。高昌國時期。

LM20-1508-C1354c　《金光明最勝王經》卷六

唐義净譯, CBETA, T16, no.665, p.427, c24–27。唐時期。

LM20-1508-C1354d　《大般涅槃經》卷三一

北涼曇無讖譯, CBETA, T12, no.374, p.549, b15–16。高昌國時期。

LM20-1508-C1355a　《如來在金棺囑累清净莊嚴敬福經》

作者不詳, CBETA, T85, no.2877, p.1361, b7–8。唐時期。

LM20-1508-C1355b　佛典殘片

唐時期。

LM20-1508-C1355c　《大般涅槃經》卷三五

北涼曇無讖譯, CBETA, T12, no.374, p.570, b5–6。高昌國時期。

LM20-1508-C1355d　《摩訶般若波羅蜜經》卷二七

姚秦鳩摩羅什譯, CBETA, T08, no.223, p.421, b15–18。高昌國時期。

LM20-1508-C1356a　《佛說觀佛三昧海經》卷一

東晉佛陀跋陀羅譯, CBETA, T15, no.643, p.647, a2–5。高昌國時期。

LM20-1508-C1356b　《大般涅槃經》卷六

北涼曇無讖譯, CBETA, T12, no.374, p.400, b3–6。高昌郡時期。

參:《旅博選粹》, 49。

LM20-1508-C1356c　《佛説觀佛三昧海經》卷二

　　東晉佛陀跋陀羅譯，CBETA，T15，no.643，p.652，b6–9。高昌國時期。

LM20-1508-C1356d　《十誦比丘波羅提木叉戒本》

　　姚秦鳩摩羅什譯，CBETA，T23，no.1436，p.478，b8–10。高昌國時期。

LM20-1508-C1357a　《大乘密嚴經》卷中

　　唐地婆訶羅譯，CBETA，T16，no.681，p.732，b13–15。唐時期。

LM20-1508-C1357b　《佛頂尊勝陀羅尼經》

　　唐佛陀波利譯，CBETA，T19，no.967，p.351，a16–19。唐時期。

LM20-1508-C1357c　《妙法蓮華經》卷一

　　姚秦鳩摩羅什譯，CBETA，T09，no.262，p.2，b15–16。唐時期。

LM20-1508-C1357d　《佛説觀藥王藥上二菩薩經》

　　劉宋畺良耶舍譯，CBETA，T20，no.1161，p.661，b22–25。唐時期。

LM20-1508-C1358a　《佛説佛名經》卷五

　　元魏菩提流支譯，CBETA，T14，no.440，p.140，c21–22。高昌國時期。

LM20-1508-C1358b　《摩訶般若波羅蜜經》卷二二

　　姚秦鳩摩羅什譯，CBETA，T08，no.223，p.381，b10–12。高昌國時期。

LM20-1508-C1358c　《金剛般若波羅蜜經》

　　姚秦鳩摩羅什譯，CBETA，T08，no.235，p.749，b18–20。唐時期。

LM20-1508-C1358d　《大智度論》卷一二

　　姚秦鳩摩羅什譯，CBETA，T25，no.1509，p.147，a29–b1。高昌國時期。

LM20-1508-C1359a　《妙法蓮華經》卷七

　　姚秦鳩摩羅什譯，CBETA，T09，no.262，p.60，a2–7。唐時期。

LM20-1508-C1359b　《妙法蓮華經》卷二

　　姚秦鳩摩羅什譯，CBETA，T09，no.262，p.18，a3–5。唐時期。

LM20-1508-C1359c　《大般涅槃經》卷一九

　　北涼曇無讖譯，CBETA，T12，no.374，p.475，a20–21。高昌國時期。

LM20-1508-C1359d　《大般涅槃經》卷二九

　　北涼曇無讖譯，CBETA，T12，no.374，p.536，a20–22。唐時期。

LM20-1508-C1360a　《中論》卷三

　　姚秦鳩摩羅什譯，CBETA，T30，no.1564，p.23，a23–25。唐時期。

　　參：《旅博選粹》，146。

LM20-1508-C1360b　《大智度論》卷一

　　姚秦鳩摩羅什譯，CBETA，T25，no.1509，p.62，a3–7。高昌國時期。

LM20-1508-C1360c　《摩訶般若波羅蜜經》卷七

姚秦鳩摩羅什譯，CBETA，T08，no.223，p.273，c13–15。唐時期。

LM20-1508-C1360d　《妙法蓮華經》卷七

姚秦鳩摩羅什譯，CBETA，T09，no.262，p.57，b21–23。高昌國時期。

LM20-1508-C1361a　《大般涅槃經》卷三

北涼曇無讖譯，CBETA，T12，no.374，p.379，b24–26。高昌國時期。

LM20-1508-C1361b　佛典殘片

高昌國時期。

LM20-1508-C1361c　《大般若波羅蜜多經》

唐玄奘譯，此段文字多處可見。唐時期。

LM20-1508-C1361d　《佛頂尊勝陀羅尼經》

唐佛陀波利譯，CBETA，T19，no.967，p.352，b26–c3。有雙行小字注。唐時期。

參：《旅博選粹》，166。

LM20-1508-C1362a　《一切經音義》卷八

唐玄應撰，CBETA，C056，no.1163，p.946，b3–6。西州回鶻時期。

LM20-1508-C1362b　《小品般若波羅蜜經》卷四

姚秦鳩摩羅什譯，CBETA，T08，no.227，p.552，a7–9。高昌國時期。

參：孫傳波 2006，187。

LM20-1508-C1362c　佛典殘片

唐時期。

LM20-1508-C1362d　《佛説法王經》

作者不詳，CBETA，T85，no.2883，p.1389，b26–c2。唐時期。

LM20-1508-C1363a　《大般涅槃經》卷一六

北涼曇無讖譯，CBETA，T12，no.374，p.459，b21–22。高昌國時期。

LM20-1508-C1363b　《大般涅槃經》卷九

北涼曇無讖譯，CBETA，T12，no.374，p.419，a14–18。高昌國時期。

LM20-1508-C1363c　佛名經

高昌國時期。

LM20-1508-C1363d　《大般涅槃經》卷六

北涼曇無讖譯，CBETA，T12，no.374，p.399，b25–28。高昌國時期。

LM20-1508-C1364a　《妙法蓮華經》卷四

姚秦鳩摩羅什譯，CBETA，T09，no.262，p.34，a28–b3，“其”作“中”。唐時期。

LM20-1508-C1364b　《賢愚經》卷一一

元魏慧覺等譯，CBETA，T04，no.202，p.429，b21–24。高昌國時期。

LM20-1508-C1364c　《樂瓔珞莊嚴方便品經》

姚秦曇摩耶舍譯，CBETA, T14, no.566, p.937, b24-26，"答言須"作"答言大德須"。唐時期。

LM20-1508-C1364d　《妙法蓮華經》卷一

姚秦鳩摩羅什譯，CBETA, T09, no.262, p.6, c23-26。高昌國時期。

LM20-1508-C1365a　《大般涅槃經》卷二一

北涼曇無讖譯，CBETA, T12, no.374, p.490, c20-23。高昌郡時期。

參：《旅博選粹》，50。

LM20-1508-C1365b　《大般涅槃經》卷二七

北涼曇無讖譯，CBETA, T12, no.374, p.524, c24-27。高昌國時期。

LM20-1508-C1365c　《妙法蓮華經》卷七

姚秦鳩摩羅什譯，CBETA, T09, no.262, p.57, a20-21。唐時期。

LM20-1508-C1365d　佛典殘片

高昌郡時期。

LM20-1508-C1366a　《思益梵天所問經》卷一

姚秦鳩摩羅什譯，CBETA, T15, no.586, p.38, c20-22。唐時期。

LM20-1508-C1366b　《摩訶般若波羅蜜經》卷二四

姚秦鳩摩羅什譯，CBETA, T08, no.223, p.394, a3-5。高昌國時期。

LM20-1508-C1366c　佛典殘片

高昌郡時期。

LM20-1508-C1366d　《放光般若經》卷三

西晉無羅叉譯，CBETA, T08, no.221, p.19, b10-11，"梨"作"犁"，"度"作"受"，"靫"作"央"。唐時期。

LM20-1508-C1367a　《大乘大集地藏十輪經》卷一〇

唐玄奘譯，CBETA, T13, no.411, p.772, b22-23。唐時期。

LM20-1508-C1367b　佛名經

高昌國時期。

LM20-1508-C1367c　《十方千五百佛名經》

譯者不詳，CBETA, T14, no.442, p.313, c17-19。高昌國時期。

LM20-1508-C1367d　佛典殘片

唐時期。

LM20-1508-C1368a　《妙法蓮華經》卷三

姚秦鳩摩羅什譯，CBETA, T09, no.262, p.23, a22-28。高昌郡時期。

參：《旅博選粹》，37。

LM20-1508-C1368b　《大般涅槃經》卷一二

北涼曇無讖譯，CBETA，T12，no.374，p.438，a22–24。高昌國時期。

LM20-1508-C1368c　殘片

高昌郡時期。

LM20-1508-C1368d　《大般涅槃經》注疏

參隋慧遠述《大般涅槃經義記》卷八，CBETA，T37，no.1764，p.818，c17–19。高昌國時期。
參：《旅博選粹》，173。

LM20-1508-C1369a　《天地八陽神咒經》

唐義淨譯，CBETA，T85，no.2897，p.1423，b20–22。西州回鶻時期。

LM20-1508-C1369b　《摩訶般若波羅蜜經》卷二四

姚秦鳩摩羅什譯，CBETA，T08，no.223，p.394，b17–18。高昌郡時期。

LM20-1508-C1369c　《天地八陽神咒經》

唐義淨譯，CBETA，T85，no.2897，p.1422，c4–6。唐時期。

LM20-1508-C1369d　佛典殘片

唐時期。

LM20-1508-C1370a　《妙法蓮華經》卷三

姚秦鳩摩羅什譯，CBETA，T09，no.262，p.19，b12。唐時期。

LM20-1508-C1370b　佛典殘片

唐時期。

LM20-1508-C1370c　佛典殘片

參姚秦鳩摩羅什譯《妙法蓮華經》卷六，CBETA，T09，no.262，p.49，b23–25。唐時期。

LM20-1508-C1370d　無字殘片

LM20-1508-C1370e　《道行般若經》卷三

後漢支婁迦讖譯，CBETA，T08，no.224，p.442，a8–10。高昌國時期。

LM20-1508-C1371a　《大般涅槃經》卷七

北涼曇無讖譯，CBETA，T12，no.374，p.404，b23–25。高昌國時期。

LM20-1508-C1371b　《妙法蓮華經》卷二

姚秦鳩摩羅什譯，CBETA，T09，no.262，p.16，c12–16。唐時期。

LM20-1508-C1371c　《金剛般若波羅蜜經》

元魏菩提流支譯，CBETA，T08，no.236a，p.753，a21–24。唐時期。

LM20-1508-C1371d　《大智度論》卷二九

姚秦鳩摩羅什譯，CBETA，T25，no.1509，p.275，a3–4。唐時期。

LM20-1508-C1372a　《彌沙塞部和醯五分律》卷二九

劉宋佛陀什、竺道生等譯，CBETA，T22，no.1421，p.185，b14–16。唐時期。

LM20-1508-C1372b　《大般涅槃經》卷一〇

北涼曇無讖譯, CBETA, T12, no.374, p.426, c8-11。高昌國時期。

LM20-1508-C1372c　《最勝佛頂陀羅尼净除業障咒經》

唐地婆訶羅譯, CBETA, T19, no.970, p.359, b22, "余迦反廿五"作"二十五"。唐時期。

LM20-1508-C1372d　《大般若波羅蜜多經》

唐玄奘譯, 此段文字多處可見。唐時期。

LM20-1508-C1372e　《妙法蓮華經》卷七

姚秦鳩摩羅什譯, CBETA, T09, no.262, p.61, a23-25。唐時期。

LM20-1508-C1373a　《合部金光明經》卷二

梁真諦譯, 隋寶貴合, CBETA, T16, no.664, p.370, a27-29。唐時期。

LM20-1508-C1373b　佛典殘片

唐時期。

LM20-1508-C1373c　《根本説一切有部毗奈耶雜事》卷三

唐義净譯, CBETA, T24, no.1451, p.216, a23-25。唐時期。

LM20-1508-C1373d　《妙法蓮華經》卷二

姚秦鳩摩羅什譯, CBETA, T09, no.262, p.11, b29-c2。唐時期。

LM20-1508-C1374a　《妙法蓮華經》卷一

姚秦鳩摩羅什譯, CBETA, T09, no.262, p.3, a15-16。唐時期。

LM20-1508-C1374b　《妙法蓮華經》卷六

姚秦鳩摩羅什譯, CBETA, T09, no.262, p.47, a21-23。唐時期。

LM20-1508-C1374c　《攝大乘論釋》卷九

陳真諦譯, CBETA, T31, no.1595, p.217, a13-16。唐時期。

LM20-1508-C1374d　《妙法蓮華經》卷三

姚秦鳩摩羅什譯, CBETA, T09, no.262, p.24, a25-27。唐時期。

LM20-1508-C1375a　佛典殘片

朱筆書寫。西州回鶻時期。

LM20-1508-C1375b　佛典殘片

有朱筆書寫。唐時期。

LM20-1508-C1376a　《大般涅槃經》卷六

北涼曇無讖譯, CBETA, T12, no.374, p.400, c5-8。高昌國時期。

LM20-1508-C1376b　佛典殘片

高昌國時期。

LM20-1508-C1376c　《妙法蓮華經》卷二

姚秦鳩摩羅什譯, CBETA, T09, no.262, p.12, c10-11。唐時期。

LM20-1508-C1376d　《大般若波羅蜜多經》卷五四

唐玄奘譯，CBETA，T05，no.220，p.304，c1-2。唐時期。

LM20-1508-C1377a 《妙法蓮華經》卷二

姚秦鳩摩羅什譯，CBETA，T09，no.262，p.11，b4-6。有貼附殘片，無法揭取。唐時期。

LM20-1508-C1377b 《文殊師利所説摩訶般若波羅蜜經》卷上

梁曼陀羅仙譯，CBETA，T08，no.232，p.726，c8-10。唐時期。

LM20-1508-C1377c 《維摩詰經》注疏（？）

西州回鶻時期。

LM20-1508-C1377d 《金光明經》卷四

北涼曇無讖譯，CBETA，T16，no.663，p.357，a15-17。高昌國時期。

LM20-1508-C1378a 《妙法蓮華經》卷六

姚秦鳩摩羅什譯，CBETA，T09，no.262，p.52，c15-16。唐時期。

LM20-1508-C1378b 佛典殘片

西州回鶻時期。

LM20-1508-C1378c 佛典殘片

高昌國時期。

LM20-1508-C1378d 《妙法蓮華經》卷四

姚秦鳩摩羅什譯，CBETA，T09，no.262，p.31，b23-25。唐時期。

LM20-1508-C1379a 佛典殘片

唐時期。

LM20-1508-C1379b 佛典殘片

唐時期。

LM20-1508-C1379c 《妙法蓮華經》卷一

姚秦鳩摩羅什譯，CBETA，T09，no.262，p.6，a10-16。高昌國時期。

LM20-1508-C1379d 《維摩詰所説經》卷上

姚秦鳩摩羅什譯，CBETA，T14，no.475，p.543，a8-11。唐時期。

參：王梅 2006，152。

LM20-1508-C1380a 《妙法蓮華經》卷七

姚秦鳩摩羅什譯，CBETA，T09，no.262，p.56，c10-15。唐時期。

LM20-1508-C1380b 經題

西州回鶻時期。

LM20-1508-C1380c 《小品般若波羅蜜經》卷四

姚秦鳩摩羅什譯，CBETA，T08，no.227，p.555，a23-25。高昌國時期。

LM20-1508-C1380d 佛名經

唐時期。

LM20-1508-C1380e　《大般涅槃經》卷二五

北涼曇無讖譯, CBETA, T12, no.374, p.513, a19–21。高昌郡時期。

LM20-1508-C1381a　《妙法蓮華經》卷六

姚秦鳩摩羅什譯, CBETA, T09, no.262, p.50, c10–12。高昌郡時期。

LM20-1508-C1381b　《妙法蓮華經》卷二

姚秦鳩摩羅什譯, CBETA, T09, no.262, p.11, c20–24。唐時期。

LM20-1508-C1381c　佛典殘片

唐時期。

LM20-1508-C1381d　佛典殘片

唐時期。

LM20-1508-C1381e　《金剛般若波羅蜜經》

姚秦鳩摩羅什譯, CBETA, T08, no.235, p.749, a27–b2。唐時期。

LM20-1508-C1382a　佛典殘片

唐時期。

LM20-1508-C1382b　佛典殘片

高昌國時期。

LM20-1508-C1382c　《妙法蓮華經》卷一

姚秦鳩摩羅什譯, CBETA, T09, no.262, p.6, b11–12。高昌國時期。

LM20-1508-C1382d　佛典殘片

高昌國時期。

LM20-1508-C1382e　佛典殘片

唐時期。

LM20-1508-C1383a　《大方廣佛華嚴經》卷一四（五十卷本）

東晉佛陀跋陀羅譯,《中華大藏經》第 12 册, 168b8–11; 參 CBETA, T09, no.278, p.503, a24–26。高昌郡時期。

LM20-1508-C1383b　《妙法蓮華經》卷七

姚秦鳩摩羅什譯, CBETA, T09, no.262, p.58, a11–17。高昌國時期。

LM20-1508-C1383c　佛典殘片

唐時期。

LM20-1508-C1384a　《妙法蓮華經》卷七

姚秦鳩摩羅什譯, CBETA, T09, no.262, p.58, b6–8。唐時期。

LM20-1508-C1384b　《大般涅槃經》卷八

北涼曇無讖譯, CBETA, T12, no.374, p.413, a6–8。高昌國時期。

LM20-1508-C1385　空號

LM20-1508-C1386　空號

LM20-1508-C1387　空號

LM20-1508-C1388　空號

LM20-1508-C1389　空號

LM20-1508-C1390　空號

LM20-1508-C1391　空號

LM20-1508-C1392　空號

LM20-1508-C1393　空號

LM20-1508-C1394　空號

LM20-1508-C1395　《放光般若經》卷五

　　西晉無羅叉譯，CBETA, T08, no.221, p.31, c10–14。高昌國時期。

LM20-1508-C1396　《彌沙塞五分戒本》

　　劉宋佛陀什等譯，CBETA, T22, no.1422, p.194, c6–8，"求精"作"精"。唐時期。

LM20-1508-C1397　《金剛般若波羅蜜經》

　　姚秦鳩摩羅什譯，CBETA, T08, no.235, p.749, b16–21。唐時期。

LM20-1508-C1398　《大智度論》卷一四

　　姚秦鳩摩羅什譯，CBETA, T25, no.1509, p.164, b16–19。高昌國時期。

LM20-1508-C1399　《維摩經義疏》卷二

　　隋吉藏撰，CBETA, T38, no.1781, p.924, b27–c4。唐時期。

LM20-1508-C1400　《金剛般若波羅蜜經》

　　姚秦鳩摩羅什譯，CBETA, T08, no.235, p.749, c25–28。唐時期。

LM20-1508-C1401　空號

LM20-1508-C1402　《金剛般若波羅蜜經》

　　元魏菩提流支譯，CBETA, T08, no.236a, p.752, c22–26。高昌國時期。

LM20-1508-C1403　《佛説灌頂拔除過罪生死得度經》

　　參東晉帛尸梨蜜多羅譯《佛説灌頂經》卷一二，CBETA, T21, no.1331, p.534, b13–18。
高昌國時期。

LM20-1508-C1404　《梵摩渝經》

　　吳支謙譯，CBETA, T01, no.76, p.884, b11–15，"娥"作"頯"，"佛衣"作"拂衣"。唐時期。

LM20-1508-C1405　《佛説仁王般若波羅蜜經》卷上

　　姚秦鳩摩羅什譯，CBETA, T08, no.245, p.825, b3–8。高昌國時期。

LM20-1508-C1406　《金剛般若波羅蜜經》

　　元魏菩提流支譯，CBETA, T08, no.236a, p.757, a7–11。唐時期。

LM20-1508-C1407　《大智度論》卷二

姚秦鳩摩羅什譯, CBETA, T25, no.1509, p.68, a17-23。高昌國時期。

LM20-1508-C1408　《妙法蓮華經》卷六

姚秦鳩摩羅什譯, CBETA, T09, no.262, p.52, b18-28。高昌國時期。

LM20-1508-C1409　《大般涅槃經》卷二四

北涼曇無讖譯, CBETA, T12, no.374, p.506, a18-21。唐時期。

LM20-1508-C1410a　《大方廣佛華嚴經》卷二一（五十卷本）

東晉佛陀跋陀羅譯,《中華大藏經》第 12 册, 260a6-9; 參 CBETA, T09, no.278, p.559, a24-26。高昌國時期。

LM20-1508-C1410b　《小品般若波羅蜜經》卷二

姚秦鳩摩羅什譯, CBETA, T08, no.227, p.543, c3-5。高昌國時期。

參:《旅博選粹》, 34

LM20-1508-C1410c　《大般涅槃經》卷二九

北涼曇無讖譯, CBETA, T12, no.374, p.536, a4-6。高昌國時期。

LM20-1508-C1410d　佛典殘片

高昌國時期。

LM20-1508-C1410e　《金剛般若波羅蜜經》

姚秦鳩摩羅什譯, CBETA, T08, no.235, p.750, c12-14。高昌國時期。

LM20-1508-C1411　《大方等大集經》卷一二

北涼曇無讖譯, CBETA, T13, no.397, p.76, a29-b3。高昌國時期。

LM20-1508-C1412　《妙法蓮華經》卷一

姚秦鳩摩羅什譯, CBETA, T09, no.262, p.3, b25-c2。唐時期。

LM20-1508-C1413　《妙法蓮華經》卷七

姚秦鳩摩羅什譯, CBETA, T09, no.262, p.57, a2-5。唐時期。

LM20-1508-C1414　《放光般若經》卷二〇

西晉無羅叉譯, CBETA, T08, no.221, p.142, a15-20, "琦" 作 "寶"。高昌國時期。

LM20-1508-C1415　《妙法蓮華經》卷一

姚秦鳩摩羅什譯, CBETA, T09, no.262, p.5, b16-22。唐時期。

LM20-1508-C1416　《妙法蓮華經》卷二

姚秦鳩摩羅什譯, CBETA, T09, no.262, p.17, c19-23。唐時期。

LM20-1508-C1417　佛教戒律

唐時期。

LM20-1508-C1418　《妙法蓮華經》卷五

姚秦鳩摩羅什譯, CBETA, T09, no.262, p.43, a17-19。唐時期。

LM20-1508-C1419　空號

LM20-1508-C1420　《妙法蓮華經》卷六

姚秦鳩摩羅什譯，CBETA, T09, no.262, p.53, a29–b5。唐時期。

LM20-1508-C1421　《大方廣佛華嚴經》卷三

東晉佛陀跋陀羅譯，CBETA, T09, no.278, p.411, b14–18。唐時期。

LM20-1508-C1422　《大般涅槃經》卷五

北涼曇無讖譯，CBETA, T12, no.374, p.394, a11–13。高昌國時期。

LM20-1508-C1423　佛名經

高昌國時期。

LM20-1508-C1424　法華義記

參梁法雲撰《法華經義記》，CBETA, T33, no.1715, p.581, a17–24。唐時期。

參:《旅博選粹》, 173。

LM20-1508-C1425　《救疾經》

作者不詳，CBETA, T85, no.2878, p.1361, c25–29。唐時期。

參: 馬俊傑 2019, 240。

LM20-1508-C1426　佛典殘片

第 3、4 行間夾寫小字。高昌國時期。

LM20-1508-C1427　《佛説佛名經》卷二

元魏菩提流支譯，CBETA, T14, no.440, p.123, b29–c6。唐時期。

LM20-1508-C1428　《大般涅槃經》卷二三

北涼曇無讖譯，CBETA, T12, no.374, p.502, a14–17。高昌國時期。

LM20-1508-C1429　《四分律》卷七

姚秦佛陀耶舍、竺佛念等譯，CBETA, T22, no.1428, p.612, c24–25。唐時期。

LM20-1508-C1430　《阿毗曇毗婆沙論》卷三三

北涼浮陀跋摩、道泰譯，CBETA, T28, no.1546, p.238, b24–28。高昌郡時期。

LM20-1508-C1431　佛典殘片

高昌郡時期。

LM20-1508-C1432　《佛本行集經》卷二〇

隋闍那崛多譯，CBETA, T03, no.190, p.748, a9–11。高昌國時期。

參: 段真子 2019, 160。

LM20-1508-C1433　《梵網經》卷下

姚秦鳩摩羅什譯，CBETA, T24, no.1484, p.1007, b21–25。高昌國時期。

LM20-1508-C1434　空號

LM20-1508-C1435　空號

LM20-1508-C1436　空號

LM20-1508-C1437　《持心梵天所問經》卷三

西晉竺法護譯，CBETA, T15, no.585, p.18, c6-7。唐時期。

LM20-1508-C1438　《放光般若經》卷二

西晉無羅叉譯，CBETA, T08, no.221, p.12, a22-23。高昌國時期。

LM20-1508-C1439　《金剛般若波羅蜜經》

姚秦鳩摩羅什譯，CBETA, T08, no.235, p.749, b17-19。唐時期。

LM20-1508-C1440　佛名經

唐時期。

LM20-1508-C1441　《維摩經義疏》卷二

隋吉藏撰，CBETA, T38, no.1781, p.925, c11-17。唐時期。

LM20-1508-C1442　《妙法蓮華經》注

參姚秦鳩摩羅什譯《妙法蓮華經》卷二，CBETA, T09, no.262, p.11, c9-12。有雙行小字注。唐時期。

LM20-1508-C1443　《妙法蓮華經》卷七

姚秦鳩摩羅什譯，CBETA, T09, no.262, p.62, a3-9。高昌國時期。

LM20-1508-C1444　《金光明經》卷二

北涼曇無讖譯，CBETA, T16, no.663, p.341, b24-27。高昌國時期。

LM20-1508-C1445　佛典殘片

高昌國時期。

LM20-1508-C1446　文書殘片

唐時期。

LM20-1508-C1447　《大般涅槃經》卷三七

北涼曇無讖譯，CBETA, T12, no.374, p.585, b29-c3。高昌國時期。

LM20-1508-C1448　《大方等大集經》卷三八

隋那連提耶舍譯，CBETA, T13, no.397, p.258, c28-29。高昌國時期。

LM20-1508-C1449a　佛典殘片

高昌國時期。

LM20-1508-C1449b　《大般涅槃經疏》卷八

隋灌頂撰，CBETA, T38, no.1767, p.85, c10-12。高昌國時期。

LM20-1508-C1449c　佛教戒律

唐時期。

LM20-1508-C1449d　佛典殘片

高昌國時期。

LM20-1508-C1449e　《千手千眼觀世音菩薩姥陀羅尼身經》

唐菩提流志譯, CBETA, T20, no.1058, p.99, a13-15。唐時期。

LM20-1508-C1450a 《大方廣佛華嚴經》卷六

東晉佛陀跋陀羅譯, CBETA, T09, no.278, p.431, c4。唐時期。

LM20-1508-C1450b 佛典殘片

唐時期。

LM20-1508-C1450c 《妙法蓮華經》卷三

姚秦鳩摩羅什譯, CBETA, T09, no.262, p.23, c18-20。唐時期。

LM20-1508-C1450d 佛典殘片

唐時期。

LM20-1508-C1450e 《佛説觀佛三昧海經》卷三

東晉佛陀跋陀羅譯, CBETA, T15, no.643, p.657, a17-20。唐時期。

LM20-1508-C1451a 佛典殘片

高昌國時期。

LM20-1508-C1451b 佛典殘片

唐時期。

LM20-1508-C1451c 佛典殘片

唐時期。

LM20-1508-C1451d 佛典殘片

高昌國時期。

LM20-1508-C1451e 佛典殘片

高昌國時期。

LM20-1508-C1452a 《賢愚經》卷四

元魏慧覺等譯, CBETA, T04, no.202, p.376, a9-10。高昌國時期。

LM20-1508-C1452b 佛典殘片

高昌國時期。

LM20-1508-C1452c 《妙法蓮華經》卷四

姚秦鳩摩羅什譯, CBETA, T09, no.262, p.29, c2-3。高昌國時期。

LM20-1508-C1452d 佛典殘片

高昌國時期。

LM20-1508-C1452e 佛典殘片

唐時期。

LM20-1508-C1453a 佛典殘片

唐時期。

LM20-1508-C1453b 佛典殘片

西州回鶻時期。

LM20-1508-C1453c　佛名經

唐時期。

LM20-1508-C1453d　《十方千五百佛名經》

譯者不詳, CBETA, T14, no.442, p.312, b25–26。西州回鶻時期。

LM20-1508-C1453e　《佛說佛名經》卷五

元魏菩提流支譯, CBETA, T14, no.440, p.141, c3–4。西州回鶻時期。

LM20-1508-C1454a　佛典殘片

唐時期。

LM20-1508-C1454b　《佛說廣博嚴凈不退轉輪經》卷三

劉宋智嚴譯, CBETA, T09, no.268, p.264, b2–3。唐時期。

LM20-1508-C1454c　《妙法蓮華經》卷四

姚秦鳩摩羅什譯, CBETA, T09, no.262, p.28, a19–22。唐時期。

LM20-1508-C1454d　《金剛般若波羅蜜經》

姚秦鳩摩羅什譯, CBETA, T08, no.235, p.752, b7–8。唐時期。

LM20-1508-C1454e　佛典殘片

高昌國時期。

LM20-1508-C1455a　《阿彌陀經疏》

唐窺基撰, CBETA, T37, no.1757, p.317, c14–15。唐時期。

參:《旅博選粹》, 148;《凈土集成》, 111。

LM20-1508-C1455b　《妙法蓮華經》卷一

姚秦鳩摩羅什譯, CBETA, T09, no.262, p.4, b11–12。唐時期。

LM20-1508-C1455c　《妙法蓮華經》卷七

姚秦鳩摩羅什譯, CBETA, T09, no.262, p.55, b24–26。唐時期。

LM20-1508-C1455d　佛典殘片

唐時期。

LM20-1508-C1455e　佛典殘片

唐時期。

LM20-1508-C1456a　佛典殘片

唐時期。

LM20-1508-C1456b　《大般涅槃經》卷一八

北涼曇無讖譯, CBETA, T12, no.374, p.469, a10–11。唐時期。

LM20-1508-C1456c　佛典殘片

印本。西州回鶻時期。

LM20-1508-C1456d　佛典殘片

高昌國時期。

LM20-1508-C1456e　《大般涅槃經》注疏

參北涼曇無讖譯《大般涅槃經》卷二六，CBETA，T12，no.374，p.518，b20。高昌國時期。

LM20-1508-C1457a　《佛本行集經》卷六〇

隋闍那崛多譯，CBETA，T03，no.190，p.931，c27-28。高昌國時期。

參：段真子 2019，170。

LM20-1508-C1457b　《大般若波羅蜜多經》卷五一六

唐玄奘譯，CBETA，T07，no.220，p.638，a28-b1。唐時期。

LM20-1508-C1457c　《金剛般若波羅蜜經》

姚秦鳩摩羅什譯，CBETA，T08，no.235，p.750，b4-6。唐時期。

LM20-1508-C1457d　佛典殘片

唐時期。

LM20-1508-C1457e　《摩訶般若波羅蜜經》卷一六

姚秦鳩摩羅什譯，CBETA，T08，no.223，p.335，c12-15。唐時期。

LM20-1508-C1458a　佛典殘片

唐時期。

LM20-1508-C1458b　佛典殘片

高昌國時期。

LM20-1508-C1458c　《妙法蓮華經》卷一

姚秦鳩摩羅什譯，CBETA，T09，no.262，p.2，a6-10。唐時期。

LM20-1508-C1458d　《妙法蓮華經》卷七

姚秦鳩摩羅什譯，CBETA，T09，no.262，p.57，b8-11。唐時期。

LM20-1508-C1458e　佛典殘片

唐時期。

LM20-1508-C1459a　《大般若波羅蜜多經》

唐玄奘譯，此段文字多處可見。唐時期。

LM20-1508-C1459b　《大智度論》卷四

姚秦鳩摩羅什譯，CBETA，T25，no.1509，p.91，c2-3。唐時期。

LM20-1508-C1459c　《金光明經》卷四

北涼曇無讖譯，CBETA，T16，no.663，p.357，a20-22。唐時期。

LM20-1508-C1459d　佛典殘片

唐時期。

LM20-1508-C1459e　《摩訶般若波羅蜜經》卷二三

姚秦鳩摩羅什譯，CBETA, T08, no.223, p.384, c16–18。唐時期。

LM20-1508-C1460a　《佛説灌頂經》卷四

東晉帛尸梨蜜多羅譯，CBETA, T21, no.1331, p.505, b8。唐時期。

LM20-1508-C1460b　《大般涅槃經》卷三二

北涼曇無讖譯，CBETA, T12, no.374, p.554, c8–9。高昌國時期。

LM20-1508-C1460c　《妙法蓮華經》卷一

姚秦鳩摩羅什譯，CBETA, T09, no.262, p.7, b8–9。唐時期。

LM20-1508-C1460d　《摩訶般若波羅蜜經》卷七

姚秦鳩摩羅什譯，CBETA, T08, no.223, p.267, a1–2。唐時期。

LM20-1508-C1460e　《大智度論》卷一

姚秦鳩摩羅什譯，CBETA, T25, no.1509, p.64, a10–11。高昌國時期。

LM20-1508-C1461a　陀羅尼

參唐佛陀波利譯《佛頂尊勝陀羅尼經》，CBETA, T19, no.967, p.352, b20–23。唐時期。

LM20-1508-C1461b　經題

唐時期。

LM20-1508-C1461c　《大般涅槃經》卷七

北涼曇無讖譯，CBETA, T12, no.374, p.408, a11–12。高昌國時期。

LM20-1508-C1461d　《大般涅槃經》卷三八

北涼曇無讖譯，CBETA, T12, no.374, p.586, c6–8。唐時期。

LM20-1508-C1461e　佛典殘片

唐時期。

LM20-1508-C1462a　佛典殘片

唐時期。

LM20-1508-C1462b　佛典殘片

唐時期。

LM20-1508-C1462c　佛典殘片

高昌國時期。

LM20-1508-C1462d　佛典殘片

唐時期。

LM20-1508-C1462e　佛典殘片

唐時期。

LM20-1508-C1463a　《大般涅槃經》卷二一

北涼曇無讖譯，CBETA, T12, no.374, p.492, c21–24。唐時期。

LM20-1508-C1463b　《大般涅槃經》卷三

北涼曇無讖譯，CBETA, T12, no.374, p.379, b3。高昌國時期。

LM20-1508-C1463c　佛典殘片

高昌國時期。

LM20-1508-C1463d　佛典殘片

高昌國時期。

LM20-1508-C1463e　《妙法蓮華經》卷一

姚秦鳩摩羅什譯，CBETA, T09, no.262, p.5, c14–16。唐時期。

LM20-1508-C1464a　《金剛般若波羅蜜經》

元魏菩提流支譯，CBETA, T08, no.236a, p.752, c23。高昌國時期。

LM20-1508-C1464b　《大般涅槃經》卷三

北涼曇無讖譯，CBETA, T12, no.374, p.379, a15–17。唐時期。

LM20-1508-C1464c　《佛本行集經》卷二〇

隋闍那崛多譯，CBETA, T03, no.190, p.744, c16–18。唐時期。

參: 段真子 2019, 168。

LM20-1508-C1464d　佛名經

唐時期。

LM20-1508-C1464e　佛典殘片

唐時期。

LM20-1508-C1465　空號

LM20-1508-C1466a　《光讚經》卷七

西晉竺法護譯，CBETA, T08, no.222, p.195, b5–8。唐時期。

LM20-1508-C1466b　《大般涅槃經》卷二三

北涼曇無讖譯，CBETA, T12, no.374, p.503, c16–18。高昌國時期。

LM20-1508-C1466c　《道行般若經》卷八

後漢支婁迦讖譯，CBETA, T08, no.224, p.463, c28–p.464, a1。高昌郡時期。

LM20-1508-C1466d　《大般涅槃經》卷二四

北涼曇無讖譯，CBETA, T12, no.374, p.509, c11–13。唐時期。

LM20-1508-C1466e　《四分律》卷一五

姚秦佛陀耶舍、竺佛念等譯，CBETA, T22, no.1428, p.664, b18–20。唐時期。

LM20-1508-C1467a　《妙法蓮華經》卷二

姚秦鳩摩羅什譯，CBETA, T09, no.262, p.16, c16–18。唐時期。

LM20-1508-C1467b　佛典殘片

唐時期。

LM20-1508-C1468a　《大方廣佛華嚴經》卷二九

東晉佛陀跋陀羅譯, CBETA, T09, no.278, p.586, c7–9。唐時期。

LM20-1508-C1468b　《大般涅槃經》卷五

北涼曇無讖譯, CBETA, T12, no.374, p.392, c10–13。唐時期。

LM20-1508-C1469　《摩訶般若波羅蜜經》卷二五

姚秦鳩摩羅什譯, CBETA, T08, no.223, p.402, a2–7。唐時期。

LM20-1508-C1470　《大般若波羅蜜多經》卷三一四

唐玄奘譯, CBETA, T06, no.220, p.600, a21–24。唐時期。

LM20-1508-C1471　《佛本行集經》卷二一

隋闍那崛多譯, CBETA, T03, no.190, p.750, b24–27。唐時期。

參: 段真子 2019, 161。

LM20-1508-C1472　空號

LM20-1508-C1473　《文殊師利問菩提經》注

參姚秦鳩摩羅什譯《文殊師利問菩提經》, CBETA, T14, no.464, p.482, b23–27。有雙行小字注。高昌國時期。

參:《旅博選粹》, 173。

LM20-1508-C1474　《摩訶般若波羅蜜經》卷二五

姚秦鳩摩羅什譯, CBETA, T08, no.223, p.403, a3–9。高昌國時期。

LM20-1508-C1475　《妙法蓮華經》卷五

姚秦鳩摩羅什譯, CBETA, T09, no.262, p.42, c2–5。唐時期。

LM20-1508-C1476　《大般涅槃經》卷九

北涼曇無讖譯, CBETA, T12, no.374, p.418, a20–24。唐時期。

LM20-1508-C1477　空號

LM20-1508-C1478　空號

LM20-1508-C1479　空號

LM20-1508-C1480　《大般若波羅蜜多經》卷三〇六

唐玄奘譯, CBETA, T06, no.220, p.558, c5–10。唐時期。

LM20-1508-C1481a　佛名經

唐時期。

LM20-1508-C1481b　佛典殘片

高昌國時期。

LM20-1508-C1481c　佛名經

高昌國時期。

LM20-1508-C1481d　《佛説佛名經》卷八

元魏菩提流支譯, CBETA, T14, no.440, p.158, b6–7。有捺印佛像。唐時期。

LM20-1508-C1481e 《佛説佛名經》卷九

元魏菩提流支譯，此段文字多處可見。唐時期。

LM20-1508-C1482a 《大智度論》卷七〇

姚秦鳩摩羅什譯，CBETA, T25, no.1509, p.549, c21-23。高昌國時期。

LM20-1508-C1482b 《大般涅槃經》卷二

北涼曇無讖譯，CBETA, T12, no.374, p.372, b10-11。唐時期。

LM20-1508-C1482c 佛典殘片

唐時期。

LM20-1508-C1482d 《妙法蓮華經》卷五

姚秦鳩摩羅什譯，CBETA, T09, no.262, p.42, b5-7。唐時期。

LM20-1508-C1482e 《金光明經》卷四

北涼曇無讖譯，CBETA, T16, no.663, p.357, a26-b1，"相微妙"作"相好微妙"。唐時期。

LM20-1508-C1483a 《佛説觀藥王藥上二菩薩經》

劉宋畺良耶舍譯，CBETA, T20, no.1161, p.664, c4-5。唐時期。

LM20-1508-C1483b 佛典殘片

唐時期。

LM20-1508-C1483c 《佛説觀佛三昧海經》卷六

東晉佛陀跋陀羅譯，CBETA, T15, no.643, p.676, c22-23。高昌國時期。

LM20-1508-C1483d 《佛説佛名經》卷一

元魏菩提流支譯，CBETA, T14, no.440, p.115, c19。高昌國時期。

LM20-1508-C1483e 《妙法蓮華經》卷五

姚秦鳩摩羅什譯，CBETA, T09, no.262, p.44, b19-25。高昌國時期。

LM20-1508-C1484a 《大般涅槃經》卷一一

北涼曇無讖譯，CBETA, T12, no.374, p.429, b19-21，"槃龍"作"盤龍"。高昌國時期。

LM20-1508-C1484b 佛典殘片

高昌國時期。

LM20-1508-C1484c 佛典殘片

高昌國時期。

LM20-1508-C1484d 佛典殘片

高昌國時期。

LM20-1508-C1484e 《合部金光明經》卷一

北涼曇無讖譯，隋寶貴合，CBETA, T16, no.664, p.361, a4-5。高昌國時期。

LM20-1508-C1485a 佛典殘片

高昌國時期。

LM20-1508-C1485b　《佛説無常經》

唐義净譯, CBETA, T17, no.801, p.746, a24。唐時期。

LM20-1508-C1485c　《佛本行集經》卷三六

隋闍那崛多譯, CBETA, T03, no.190, p.821, b15。唐時期。

參: 段真子 2019, 159。

LM20-1508-C1485d　《妙法蓮華經》卷七

姚秦鳩摩羅什譯, CBETA, T09, no.262, p.57, a17-18。唐時期。

LM20-1508-C1485e　《阿毗曇八犍度論》

苻秦僧伽提婆、竺佛念譯, 此段文字多處可見。唐時期。

LM20-1508-C1486a　《大般涅槃經》卷二

北涼曇無讖譯, CBETA, T12, no.374, p.372, b12-13。唐時期。

LM20-1508-C1486b　《大般涅槃經》卷五

北涼曇無讖譯, CBETA, T12, no.374, p.390, c28-p.391, a1。唐時期。

LM20-1508-C1486c　《妙法蓮華經》卷一○

姚秦鳩摩羅什譯, 此段文字多處可見。唐時期。

LM20-1508-C1486d　《大般涅槃經》卷六

北涼曇無讖譯, CBETA, T12, no.374, p.401, b6-7。唐時期。

LM20-1508-C1486e　佛典殘片

唐時期。

LM20-1508-C1487a　《大般涅槃經》卷二五

北涼曇無讖譯, CBETA, T12, no.374, p.512, c18-20。高昌國時期。

LM20-1508-C1487b　《老子德經下》

與敦煌本 P.2375 同。唐時期。

參: 游自勇 2017, 144-145。

LM20-1508-C1488a　佛典殘片

唐時期。

LM20-1508-C1488b　佛教戒律

唐時期。

LM20-1508-C1488c　《妙法蓮華經》卷三

姚秦鳩摩羅什譯, CBETA, T09, no.262, p.21, b19-21。高昌郡時期。

參:《旅博選粹》, 37。

LM20-1508-C1488d　佛典殘片

高昌國時期。

LM20-1508-C1488e　佛典殘片

西州回鶻時期。

LM20-1508-C1489a　佛典殘片

唐時期。

LM20-1508-C1489b　佛典殘片

唐時期。

LM20-1508-C1489c　佛名經

西州回鶻時期。

LM20-1508-C1489d　佛名經

西州回鶻時期。

LM20-1508-C1489e　佛名經

西州回鶻時期。

LM20-1508-C1489f　《十方千五百佛名經》

譯者不詳。參《十方千五百佛名經》全文，188 頁。西州回鶻時期。

LM20-1508-C1490　《金剛般若波羅蜜經》

姚秦鳩摩羅什譯，CBETA, T08, no.235, p.749, a9–12。西州回鶻時期。

LM20-1508-C1491　《大般涅槃經》卷三〇

北涼曇無讖譯，CBETA, T12, no.374, p.545, b26–c11。高昌國時期。

LM20-1508-C1492　《妙法蓮華經》卷七

姚秦鳩摩羅什譯，CBETA, T09, no.262, p.62, a25–29。唐時期。

LM20-1508-C1493　《妙法蓮華經》卷四

姚秦鳩摩羅什譯，CBETA, T09, no.262, p.32, b24–27。唐時期。

LM20-1508-C1494　《勝天王般若波羅蜜經》卷五

陳月婆首那譯，CBETA, T08, no.231, p.711, b12–18。西州回鶻時期。

LM20-1508-C1495　空號

LM20-1508-C1496　《妙法蓮華經》卷五

姚秦鳩摩羅什譯，CBETA, T09, no.262, p.41, a21–27。唐時期。

LM20-1508-C1497　佛名經

參譯者不詳《十方千五百佛名經》，CBETA, T14, no.442, p.316, a1–3。高昌國時期。